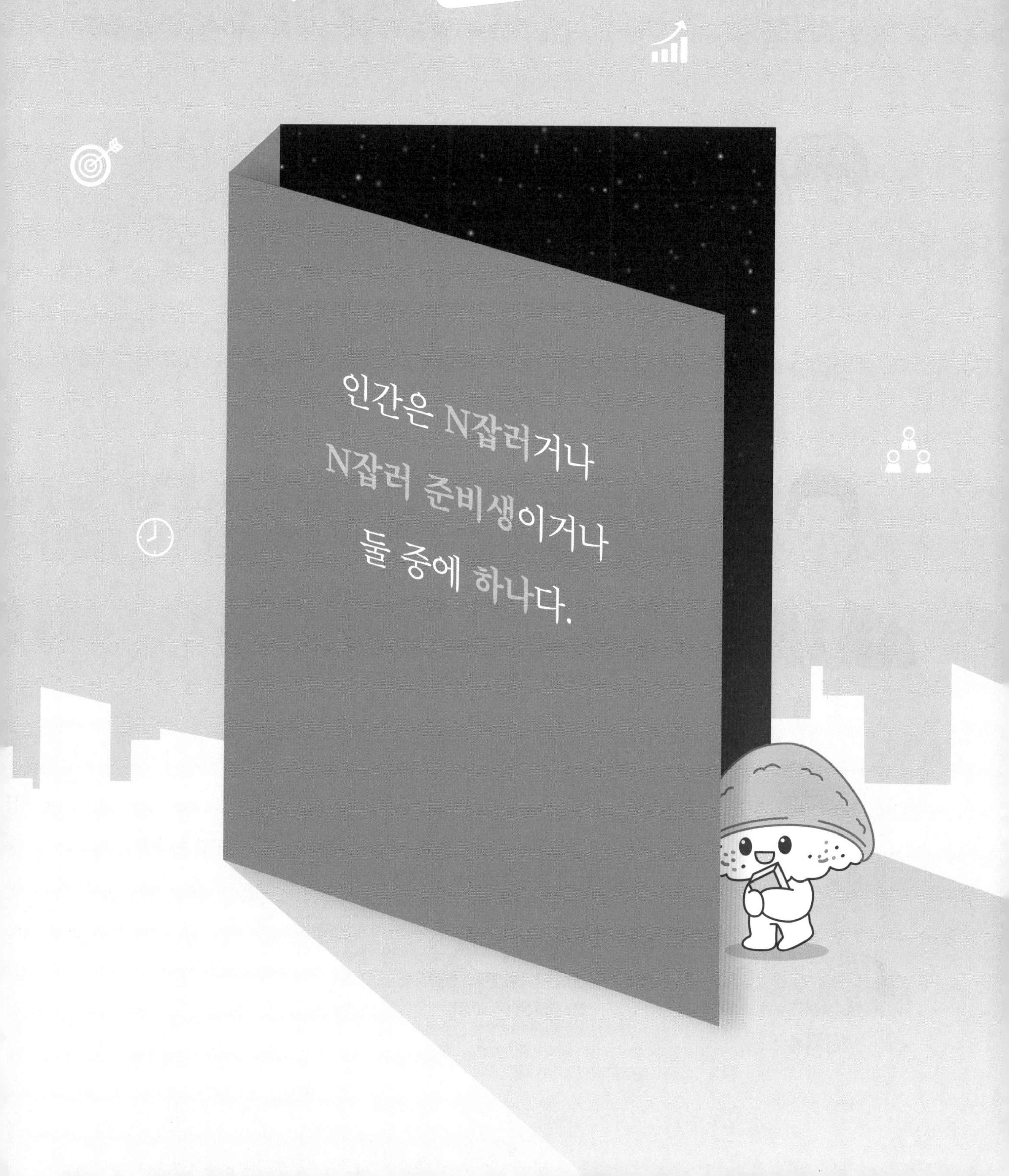
인간은 N잡러거나
N잡러 준비생이거나
둘 중에 하나다.

저자소개

최승국

‘혼자 꾸는 꿈은 꿈이지만, 함께 꾸는 꿈은 현실이 된다.’
우리 모두 미래의 스포츠지도사가 되기 위해 다함께 준비합시다.

학력 명지대학교 대학원 박사

경력 현) 명지대학교 스포츠레저교육학과 겸임교수
현) 사단법인 한국스포츠레저교육협회 운영이사

김 범

우리가 아껴야 할 마음은 초심입니다. 훌륭한 인물이 되고, 중요한 과업을 성취하기 위해서는 첫째는 초심, 둘째는 열심, 셋째는 뒷심입니다.

학력 단국대학교 대학원 박사

경력 현) 경동대학교 체육학과 교수
현) 대한체육회 사단법인 공공스포츠클럽 대표

최지수

“작은 행동들이 큰 목표를 이룹니다. 여러분이 꿈꾸는 목표에 한 걸음씩 나아가길 바라며, 그 여정을 함께 응원하겠습니다.”

학력 한양대학교 박사과정

경력 현) 진주교육대학교 출강
전) 신안산대학교 출강

머리말

스포츠와 체육 활동은 현대 사회에서 건강 증진뿐 아니라, 전인적 성장과 공동체 의식을 함양하는 중요한 수단이므로 이러한 역할을 담당하는 스포츠지도자는 개인의 신체적, 정신적 발달을 돕는 지도자로서 그 책임이 막중합니다. 생활스포츠지도사 2급 자격증은 체계적인 지식과 전문성을 바탕으로, 다양한 체육 활동에서 지도자의 역량을 발휘할 수 있도록 요구되는 기본 자격입니다.

본 수험서는 생활스포츠지도사 2급 시험을 준비하는 수험생들이 이론을 효율적으로 학습할 수 있도록 구성되었습니다. 각 분야의 최신 이론과, 최신 기출문제를 바탕으로 체계적인 학습 내용을 제공하며, 시험에서 요구하는 필수적인 지식과 실전 감각을 익히는 데 중점을 두었습니다.

특히, 필수적인 기초 이론과 더불어, 실제 지도 현장에서 적용할 수 있는 실전 팁과 전략을 제시하여 수험생 여러분이 스포츠지도자로서의 첫 발걸음을 내딛는 데 도움이 되고자 합니다. 앞으로 여러분이 스포츠 현장에서 전문성과 윤리 의식을 갖춘 지도자로 성장하여, 건강한 사회를 만드는 데 기여할 수 있기를 기대합니다.

마지막으로, 이 수험서를 통해 학습하는 모든 수험생 여러분의 합격을 진심으로 기원합니다.

자격증 정의

1 자격증 정의와 종류

"스포츠지도사"란 학교 · 직장 · 지역사회 또는 체육단체 등에서 체육을 지도할 수 있도록 국민체육진흥법에 따라 해당 자격을 취득한 사람을 말한다.

[전문/생활 스포츠지도사] » 자격 종목에 대하여 전문 체육이나 생활 체육을 지도하는 사람

[장애인 스포츠지도사] » 장애 유형에 따른 운동 방법 등에 대한 지식을 갖추고, 자격 종목에 대하여 장애인들을 대상으로 전문 체육이나 생활 체육을 지도하는 사람

[유소년 스포츠지도사] » 유소년(만 3세부터 중학교 취학 전)의 행동 양식, 신체 발달 등에 대한 지식을 갖추고 자격 종목에 대하여 유소년을 대상으로 체육을 지도하는 사람

[노인 스포츠지도사] » 노인의 신체적 · 정신적 변화 등에 대한 지식을 갖추고 자격 종목에 대하여 노인을 대상으로 생활 체육을 지도하는 사람

2 자격취득 과정

필기시험		실기 및 구술		연수
필기검정기관	»	실기 및 구술검정기관	»	연수기관
국민체육진흥공단		대한체육회, 국기원(태권도 단일종목)		경기대 포함 20개 대학

3 생활스포츠지도사 2급 자격 종목 (총 65개 종목)

· 동계(설상): 스키

· 하계, 동계(빙상): 검도, 게이트볼, 골프, 국학기공, 궁도, 농구, 당구, 댄스스포츠, 등산, 라켓볼, 럭비, 레슬링, 레크리에이션, 배구, 배드민턴, 보디빌딩, 복싱, 볼링, 빙상, 사격, 세팍타크로, 소프트볼, 소프트테니스, 수상스키, 수영, 스쿼시, 스킨스쿠버, 승마, 씨름, 아이스하키, 야구, 양궁, 에어로빅, 오리엔티어링, 요트, 우슈, 윈드서핑, 유도, 육상, 인라인스케이트, 자전거, 조정, 족구, 주짓수, 줄넘기, 철인3종경기, 체조, 축구, 치어리딩, 카누, 탁구, 태권도, 택견, 테니스, 파크골프, 패러글라이딩, 펜싱, 풋살, 플로어볼, 하키, 합기도, 핸드볼, 행글라이딩, 힙합

4 자격 취득 시 유의사항

· 동일 자격 등급에 한하여 **연간 1인 1종목**만 취득 가능 (동, 하계 중복 응시 불가)

· 하계 필기시험 또는 동계 실기구술시험에 합격한 사람은 다음 해에 실시하는 **해당 자격 검정 1회 면제**

· 필기시험에 합격한 해의 12월 31일부터 **3년 이내**에 연수과정을 이수해야 함 (병역 복무를 위해 군에 입대한 경우 의무복무 기간은 포함하지 않음)

5 자격검정 합격 및 연수 이수기준

- **필기시험 :** 과목마다 만점의 40% 이상 득점하고 전 과목 총점 60% 이상 득점
- **실기 · 구술시험 :** 실기시험과 구술시험 각각 만점의 70% 이상 득점
- **연수 :** 연수과정의 100분의 90 이상을 참여하고, 연수태도 · 체육 지도 · 현장실습에 대한 평가점수 각각 만점의 100분의 60 이상

6 필기시험과목 (7과목 중 5과목 선택)

스포츠 교육학 | 스포츠 사회학 | 스포츠 심리학 | 스포츠 윤리 | 운동 생리학 | 운동 역학 | 한국 체육사

7 필기시험 개요

(2024년 기준)

[일시]

- **시험일 :** 2024년 4월 27일 (토)
- **원서접수 :** 2024년 3월 28일~ 2024년 4월 1일
- **합격자발표 :** 2024년 05월 17일

[장소]

별도 홈페이지 공고

[시험 방법]

객관식 4지 선다형, 100문항 (5과목, 과목당 20문항)

[시험 시간]

구분	시간	주요 내용	비고
입실 완료	08:30~09:30	시험장 입실	시험 종료 후, 답안지 전량 회수
시험 안내	09:30~10:00	유의 사항 안내, 문제지 배부	
시험	10:00~11:40	시험 진행	

[시험 과목]

● 선택과목
★ 필수과목

시험 과목	전문 스포츠지도사		생활 스포츠지도사		장애인 스포츠지도사		노인 스포츠지도사	유소년 스포츠지도사
	1급 (필수 4과목)	2급 (선택 5과목)	1급 (필수 4과목)	2급 (선택 5과목)	1급 (필수 4과목)	2급 (선택 4과목 +필수 1과목)	(선택 4과목 +필수 1과목)	(선택 4과목 +필수 1과목)
스포츠심리학		●		●		●	●	●
운동생리학		●		●		●	●	●
스포츠사회학		●		●		●	●	●
운동역학		●		●		●	●	●
스포츠교육학		●		●		●	●	●
스포츠윤리		●		●		●	●	●
한국체육사		●		●		●	●	●
특수체육론						★		
노인체육론							★	
유아체육론								★

이 책의 목차

이 책의 구성

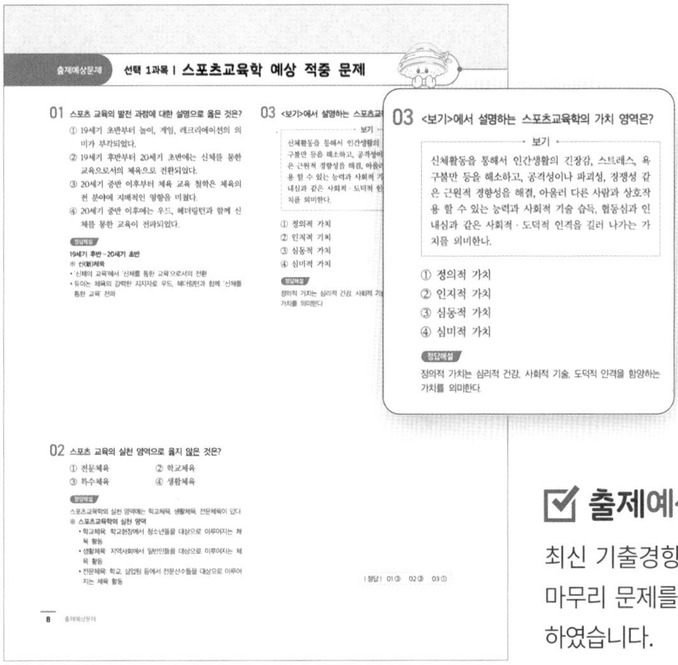
출제예상문제 선택 1과목 | 스포츠교육학 예상 적중 문제

01 스포츠 교육의 발전 과정에 대한 설명으로 옳은 것은?
① 19세기 초반부터 놀이, 게임, 레크리에이션의 의미가 부각되었다.
② 19세기 후반부터 20세기 초반에는 신체를 통한 교육으로서의 체육으로 전환되었다.
③ 20세기 중반 이후부터 체육 교육 철학은 체육의 전 분야에 지배적인 영향을 미쳤다.
④ 20세기 중반 이후에는 우드, 헤더링턴과 함께 신체를 통한 교육이 전파되었다.

03 <보기>에서 설명하는 스포츠교육학의 가치 영역은?

보기
신체활동을 통해서 인간생활의 긴장감, 스트레스, 욕구불만 등을 해소하고, 공격성이나 파괴성, 경쟁성 같은 근원적 경향성을 해결, 아울러 다른 사람과 상호작용 할 수 있는 능력과 사회적 기술 습득, 협동심과 인내심과 같은 사회적 · 도덕적 인격을 길러 나가는 가치를 의미한다.

① 정의적 가치
② 인지적 가치
③ 심동적 가치
④ 심미적 가치

정답해설
정의적 가치는 심리적 건강, 사회적 기술, 도덕적 인격을 함양하는 가치를 의미한다.

02 스포츠 교육의 실천 영역으로 옳지 않은 것은?
① 전문체육 ② 학교체육
③ 특수체육 ④ 생활체육

출제예상문제

최신 기출경향을 반영한 과목별 마무리 문제를 해설과 함께 수록하였습니다.

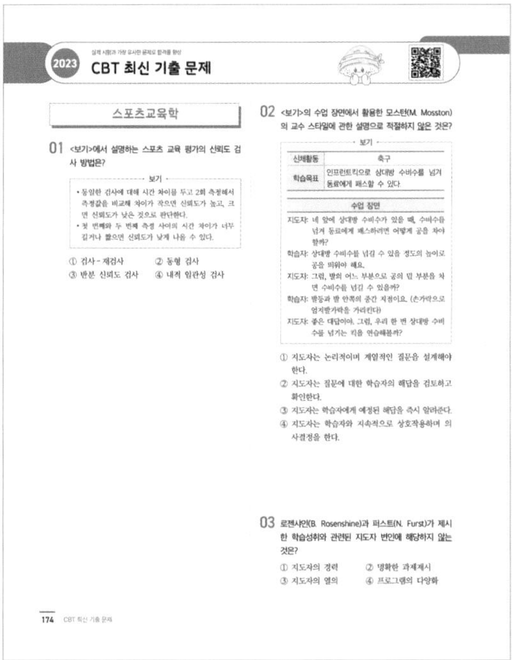
2023 CBT 최신 기출 문제

스포츠교육학

01 <보기>에서 설명하는 스포츠 교육 평가의 신뢰도 검사 방법은?
① 검사 - 재검사 ② 동형 검사
③ 반분 신뢰도 검사 ④ 내적 일관성 검사

02 <보기>의 수업 장면에서 활용한 모스턴(M. Mosston)의 교수 스타일에 관한 설명으로 적절하지 않은 것은?

03 로젠샤인(B. Rosenshine)과 퍼스트(N. Furst)가 제시한 학습성취와 관련된 지도자 변인에 해당하지 않는 것은?
① 지도자의 열정 ② 명확한 과제제시
③ 지도자의 열의 ④ 프로그램의 다양화

출제기출문제

2019~2023년 5개년 기출문제, 정답 및 해설을 모두 수록하였습니다.

CBT 실전 모의고사-1회차

스포츠교육학

01 <보기>의 ㉠, ㉡에 해당하는 용어로 바르게 연결된 것은?

02 스포츠교육의 발전 과정에 관한 설명으로 옳지 않은 것은?

03 다음 중 <보기>에서 설명하는 스포츠교육의 실천 영역은?
① 학교체육 ② 전문체육
③ 생활체육 ④ 유아체육

04 스포츠기본법(시행 2022.6.16.) 제3조 '정의'에 관한 내용 중 옳지 않은 것은?

05 학교체육 진흥법 시행령(시행 2021.4.21.) 제4조 '스포츠강사의 자격기준 등'에서 제시한 스포츠강사의 재임용 평가 내용이 아닌 것은?
① 강사로서의 자질
② 학교운동부 운영 성과
③ 복무 태도
④ 학생의 만족도

실전모의고사

실제 시험에서 실력을 최종 점검할 수 있도록 최종모의고사를 수록하였습니다

01

과목별

출제예상문제

01 스포츠 교육의 발전 과정에 대한 설명으로 옳은 것은?

① 19세기 초반부터 놀이, 게임, 레크리에이션의 의미가 부각되었다.
② 19세기 후반부터 20세기 초반에는 신체를 통한 교육으로서의 체육으로 전환되었다.
③ 20세기 중반 이후부터 체육 교육 철학은 체육의 전 분야에 지배적인 영향을 미쳤다.
④ 20세기 중반 이후에는 우드, 헤더링턴과 함께 신체를 통한 교육이 전파되었다.

정답해설

19세기 후반~20세기 초반 신(新)체육
- '신체의 교육'에서 '신체를 통한 교육'으로 전환됨
- 듀이는 체육의 강력한 지지자로 우드, 해더링턴과 함께 '신체를 통한 교육을' 전파함

02 스포츠 교육의 실천 영역으로 옳지 않은 것은?

① 전문체육 ② 학교체육
③ 특수체육 ④ 생활체육

정답해설

스포츠교육학의 실천 영역에는 학교체육, 생활체육, 전문체육이 있다.

추가해설

스포츠교육학의 실천 영역
- 학교체육: 학교현장에서 청소년들을 대상으로 이루어지는 체육 활동
- 생활체육: 지역사회에서 일반인들을 대상으로 이루어지는 체육 활동
- 전문체육: 학교, 실업팀 등에서 전문선수들을 대상으로 이루어지는 체육 활동

03 <보기>에서 설명하는 스포츠교육학의 가치 영역은?

보기

신체활동을 통해서 인간생활의 긴장감, 스트레스, 욕구불만 등을 해소하고, 공격성이나 파괴성, 경쟁성 같은 근원적 경향성을 해결한다. 아울러 다른 사람과 상호작용 할 수 있는 능력과 사회적 기술 습득, 협동심과 인내심과 같은 사회적 · 도덕적 인격을 길러 나가는 가치를 의미한다.

① 정의적 가치
② 인지적 가치
③ 심동적 가치
④ 심미적 가치

정답해설

<보기>는 정의적 가치 영역에 대한 설명이다. 정의적 가치는 심리적 건강, 사회적 기술, 도덕적 인격을 함양하는 가치를 의미한다.

| 정답 | 01 ② 02 ③ 03 ①

04 스포츠기본법(시행 2022.6.16.) 제7조 '스포츠 정책 수립 · 시행의 기본원칙' 중 국가와 지방단체가 스포츠 정책을 수립하고 시행할 때 고려해야 할 사항이 아닌 것은?

① 국민과 국가의 스포츠 역량을 높이고 국위선양할 것
② 스포츠 활동을 존중하고 사회전반에 확산되도록 할 것
③ 스포츠 활동 참여와 스포츠 교육의 기회가 확대되도록 할 것
④ 스포츠의 가치를 존중하고 스포츠의 역동성을 높일 수 있을 것

정답해설

국가와 지방 단체가 스포츠 정책 수립 · 시행 시 고려해야 할 사항은 '국민과 국가의 스포츠 역량을 높이기 위한 여건을 조성하고 지원할 것'이다.

추가해설

「스포츠 기본법」 제7조(스포츠 정책 수립 · 시행의 기본원칙) 국가와 지방자치단체는 스포츠에 관한 정책을 수립하고 시행할 때에는 다음 각 호의 사항을 충분히 고려하여야 한다.

1. 스포츠권을 보장할 것
2. 스포츠 활동을 존중하고 사회전반에 확산되도록 할 것
3. 국민과 국가의 스포츠 역량을 높이기 위한 여건을 조성하고 지원할 것
4. 스포츠 활동 참여와 스포츠 교육의 기회가 확대되도록 할 것
5. 스포츠의 가치를 존중하고 스포츠의 역동성을 높일 수 있을 것
6. 스포츠 활동과 관련한 안전사고를 방지할 것
7. 스포츠의 국제 교류 · 협력을 증진할 것

05 학교체육진흥법 시행령(시행 2021.4.21.) 제3조 '학교운동부지도자의 자격기준 등'에서 제시된 학교운동부지도자 재임용 평가 내용이 아닌 것은?

① 복무 태도
② 학생의 만족도
③ 학교운동부 운영 성과
④ 학생선수의 학습권 및 인권 침해 여부

정답해설

학교운동부지도자의 재임용 평가 내용으로는 복무 태도, 학교운동부 운영 성과, 학생선수의 학습권 및 인권 침해 여부 등이 있다.

추가해설

「학교체육진흥법 시행령」 제3조(학교운동부지도자의 자격기준 등)
④ 학교의 장은 학교운동부지도자를 재임용할 때에는 다음 각 호의 사항을 평가한 후 그 결과에 따라 재임용 여부를 결정해야 한다.

1. 제3항 각 호의 직무수행 실적
2. 복무 태도
3. 학교운동부 운영 성과
4. 학생선수의 학습권 및 인권 침해 여부

06 <보기> 중 국민체육진흥법(2019.1.15. 일부개정)에 명시된 내용으로만 모두 고른 것은?

보기

㉠ 직장에는 직장인의 체력 증진과 체육 활동 지도 · 육성을 위하여 체육지도자를 두어야 한다.
㉡ 직장에는 한 종목 이상의 운동경기부를 설치 · 운영하고 체육지도자를 두어야 한다.
㉢ 국가와 지방자치단체는 우수 선수와 체육지도자 육성을 위하여 필요한 표창제도를 마련하여야 한다.
㉣ 국가와 지방자치단체는 스포츠 강사와 체육지도자를 배치하여야 한다.

① ㉠, ㉡, ㉢　　② ㉠, ㉢, ㉣
③ ㉠, ㉡, ㉣　　④ ㉡, ㉢, ㉣

오답해설

㉣ 「학교체육진흥법」에 해당하는 내용이다.

| 정답 | 04 ① 05 ② 06 ①

07 학교체육진흥법(시행 2017.10.19.) 제11조 학교운동부 운영에 대한 내용으로 적절하지 않은 것은?

① 학교의 장은 학교운동부 관련 후원금을 학교회계에 편입시켜 운영할 수 없다.

② 학교의 장은 원거리에서 통학하는 학생선수를 위하여 기숙사를 운영할 수 있다.

③ 국가 및 지방자치단체는 예산의 범위에서 학교운동부 운영과 관련된 경비를 지원할 수 있다.

④ 최저학력의 기준 및 실시 시기에 필요한 사항과 기초학력보장 프로그램의 운영 등에 필요한 사항은 교육부령으로 정한다.

정답해설

학교의 장은 학교운동부 관련 후원금을 「초·중등교육법」 제30조의2에 따라 설치된 학교회계에 편입시켜 운영하여야 한다.

추가해설

「학교체육진흥법」 제11조(학교운동부 운영 등) ① 학교의 장은 학생선수가 일정 수준의 학력기준에 도달하지 못한 경우에는 교육부령으로 정하는 경기대회의 참가를 허용하여서는 아니 된다. 다만, 「초·중등교육법」 제2조 제3호에 따른 고등학교 또는 이에 준하는 학교에 재학 중인 학생선수가 제2항에 따른 기초학력보장 프로그램을 이수한 경우에는 그 참가를 허용할 수 있다.

② 학교의 장은 최저학력에 도달하지 못한 학생선수에게 별도의 기초학력보장 프로그램을 제공하여야 한다.

③ 최저학력의 기준 및 실시 시기에 필요한 사항과 기초학력보장 프로그램의 운영 등에 필요한 사항은 교육부령으로 정한다.

④ 학교의 장은 학생선수의 학습권 보장 및 신체적·정서적 발달을 위하여 학기 중의 상시 합숙훈련이 근절될 수 있도록 노력하여야 한다. 다만, 경기대회 참가 등을 위하여 불가피하게 합숙훈련을 실시하는 경우에는 학생선수의 안전 및 인권보호를 위하여 필요한 조치를 하여야 한다.

⑤ 학교의 장은 원거리에서 통학하는 학생선수를 위하여 기숙사를 운영할 수 있다. 이 경우 필요한 사항은 교육부령으로 정한다.

⑥ 학교의 장은 학교운동부 관련 후원금을 「초·중등교육법」 제30조의2에 따라 설치된 학교회계에 편입시켜 운영하여야 한다.

⑦ 국가 및 지방자치단체는 예산의 범위에서 학교운동부 운영과 관련된 경비를 지원할 수 있다.

08 다음 ㉠~㉣에서 체육시설법 시행규칙(시행 2021.7.1.) 제22조 '체육지도자 배치기준'에 부합하는 것을 모두 고른 것은?

체육시설업의 종류	규모	배치인원
㉠ 골프장업	• 골프코스 18홀 이상 36홀 이하 • 골프코스 36홀 초과	1명 이상 2명 이상
㉡ 요트장업	• 요트 10척 이하 • 요트 10척	1명 이상 2명 이상
㉢ 조정장업	• 조정 20척 이하 • 조정 20척 초과	1명 이상 2명 이상
㉣ 수영장업	• 수영조 바닥면적이 300제곱미터 이하인 실내 수영장 • 수영조 바닥면적이 300제곱미터를 초과하는 실내 수영장	1명 이상 2명 이상

① ㉠, ㉡　　② ㉠, ㉢

③ ㉡, ㉢　　④ ㉢, ㉣

오답해설

체육시설업의 종류	규모	배치인원
요트장업	• 요트 20척 이하 • 요트 20척	1명 이상 2명 이상
수영장업	• 수영조 바닥면적이 400제곱미터 이하인 실내 수영장 • 수영조 바닥면적이 400제곱미터를 초과하는 실내 수영장	1명 이상 2명 이상

| 정답 | 07 ① 08 ②

09 학교체육진흥법(시행 2020.10.20.) 제12조에서 규정하고 있는 내용으로 옳지 않은 것은?

① 학교의 장은 학생선수의 훈련과 지도를 위하여 학교운동부에 지도자를 둘 수 있다.
② 학교의 장은 학교운동부지도자가 학생선수의 학습권을 박탈하거나 폭력, 금품·향응 수수(授受) 등의 부적절한 행위를 하였을 경우 학교운영위원회의 심의를 거쳐 계약을 해지할 수 있다.
③ 국가는 학교운동부지도자의 지도 등을 위하여 학교운동부지도자관리위원회를 설치하여야 한다.
④ 국가는 학교운동부지도자의 자질 향상 및 전문성 강화를 위하여 연수교육 계획을 수립하고, 이를 실시하여야 한다.

정답해설

교육감은 학교운동부지도자의 지도 등을 위하여 학교운동부지도자관리위원회를 설치한다.

추가해설

「학교체육진흥법」 제12조(학교운동부지도자) ① 학교의 장은 학생선수의 훈련과 지도를 위하여 학교운동부에 지도자(이하 "학교운동부지도자"라 한다)를 둘 수 있다.
② 국가는 학교운동부지도자의 자질 향상 및 전문성 강화를 위하여 연수교육 계획을 수립하고, 이를 실시하여야 한다. 이 경우 연수교육을 관련 단체에 위탁할 수 있다.
③ 국가 및 지방자치단체는 학교운동부지도자의 급여에 필요한 경비를 지원하도록 노력하여야 하며, 학교의 장은 학교운동부지도자 임용에 필요한 경비를 「초·중등교육법」 제30조의2에 따라 설치된 학교회계에 반영하여 집행하여야 한다.
④ 학교의 장은 학교운동부지도자가 학생선수의 학습권을 박탈하거나 폭력, 금품·향응 수수(授受) 등의 부적절한 행위를 하였을 경우 학교운영위원회의 심의를 거쳐 계약을 해지할 수 있다.
⑤ 교육감은 학교운동부지도자의 지도 등을 위하여 학교운동부지도자관리위원회를 설치한다.
⑥ 교육감은 제4항의 사유 이외에 학교의 장이 부당하게 학교운동부지도자를 계약 해지하였을 경우 학교운동부지도자관리위원회의 심의를 거쳐 관련 계약 해지를 철회할 수 있다.
⑦ 그 밖에 학교운동부지도자의 자격기준, 임용, 급여, 신분, 직무 등에 필요한 사항은 대통령령으로 정한다.

10 <보기>에서 설명하는 생활체육활성화 정책은?

> **보기**
> 스포츠복지 사회 구현의 일환으로 저소득층 유·청소년과 장애인에게 스포츠강좌 혜택을 받을 수 있는 일정금액의 이용권을 제공하는 사업이다.

① 국민체력 100
② 행복나눔 스포츠교실
③ 여성체육활동 지원
④ 스포츠 강좌 이용권 지원

정답해설

<보기>는 스포츠 강좌 이용권 지원에 관한 설명이다.

오답해설

① **국민체력 100**: 국민의 체력 및 건강 증진에 목적을 두고 체력상태를 과학적 방법에 의해 측정·평가를 하여 운동 상담 및 처방을 해주는 대국민 무상 스포츠 복지 서비스이다.
② **행복나눔 스포츠교실**: 소외계층 청소년을 대상으로 체육활동 참여기회를 제공하고, 사회 적응력을 배양하는 것을 목적으로 시행되는 사업이다.
③ **여성체육활동 지원**: 초·중·고 여학생을 대상으로 하는 종목별 스포츠 교실 운영, 생애주기 여성체육활동 지원, 여성 환우를 대상으로 찾아가는 체력교실 지원 사업이다.

| 정답 | 09 ③ 10 ④

11 스포츠교육지도자의 개념에 대한 설명으로 옳지 않은 것은?

① 체육교사: 체육교사자격증을 소지하며 전문 지식과 교사로서 인격과 자질을 갖춘 체육 교육 전문가
② 스포츠강사: 정규체육수업을 진행하며 정규 수업 후 방과 후 활동을 지도하는 체육전문강사
③ 전문 스포츠지도사: 선수의 경기력과 팀의 역량을 높이고 전문 지도능력 그리고 리더십을 갖춘 스포츠지도사
④ 생활 스포츠지도사: 생활체육 참여자들을 대상으로 적합한 프로그램 제공 및 지속적인 스포츠 활동이 가능하도록 안내하는 스포츠지도사

정답해설

스포츠 강사는 정규체육수업 보조하며 학교스포츠클럽 및 정규 수업 후 방과 후 활동을 지도하는 체육전문 강사이다.

12 <보기>에서 김 코치가 고려하고 있는 학습자 특성은?

보기

김 코치는 초등학생들에게 축구를 가르칠 때 저학년은 공을 가지고 놀이 위주로, 고학년은 기술 및 게임 방법에 대해 가르쳤다

① 학습자의 기능 수준
② 학습자의 인지 능력
③ 학습자의 발달 수준
④ 학습자의 감정 코칭 능력

정답해설

학습자의 성별, 연령, 환경 요인 등 개인차를 고려하여 가르치는 것은 학습자의 발달 수준을 고려하는 것이다. <보기>에서 김 코치는 학습자의 발달 수준을 고려하여 학습 단계를 결정하고 있다.

13 다음 중 스포츠지도사의 자질에 관한 내용으로 옳지 않은 것은?

① 지도자는 재능과 인성적 차원의 자질을 고루 갖추어야 한다.
② 지도자는 활달하고 강인한 성격으로 우호적 분위기를 조성해야 한다.
③ 지도자는 참가자의 사회적, 경제적 배경에 따라 지도방법에 차이를 두어야 한다.
④ 지도자는 높은 도덕적 품성을 가지며 참가자와 원만한 인간관계를 유지해야 한다.

정답해설

지도자는 참가자의 사회적, 경제적 배경에 따른 편견 없이 공정하게 지도해야 한다.

14 <보기>의 생애 주기별 스포츠 교육 프로그램의 목적 중 옳은 것을 모두 고른 것은?

보기

㉠ 유소년스포츠: 신체적, 인지적 발달 도모, 기본적인 인간관계 형성
㉡ 청소년스포츠: 운동기능 습득, 삶의 즐거움과 활력, 양질의 정적 스포츠
㉢ 성인스포츠: 신체적 건강 유지, 흥미 확대, 사회적 안정을 추구
㉣ 노년스포츠: 신체적 건강과 체력 수준에 적합한 신체활동

① ㉠, ㉢　　② ㉢, ㉣
③ ㉠, ㉡, ㉣　　④ ㉠, ㉢, ㉣

오답해설

청소년스포츠는 운동기능 습득, 삶의 즐거움과 활력, 양질의 동적 스포츠이다.

| 정답 | 11 ② 12 ③ 13 ③ 14 ④

15 학교스포츠클럽의 운영에 대한 설명으로 옳지 않은 것은?

① 학교스포츠클럽 리그에는 통합리그, 조별리그, 스플릿 리그가 있다.
② 통합리그는 경기 수가 많다는 장점이 있지만, 순위가 고착화될 수 있는 단점이 있다.
③ 녹다운 토너먼트는 승리한 팀은 계속 다음 경기를 진행하고, 패배한 팀에게는 한 번의 기회를 더 주는 방식이다.
④ 스플릿 토너먼트는 승리한 팀은 승리한 팀 간의 경기를, 패배한 팀은 패배한 팀 간의 경기를 계속하여 진행하는 방식이다.

정답해설

녹다운 토너먼트
- 승리한 팀은 계속하여 승리한 팀끼리 다음 경기를 진행함
- 패배한 팀은 패배하는 순간 대회를 종료함(별도의 순위산정 없음)
- 전승한 팀이 우승, 결승전 패배 팀이 준우승

16 학교스포츠클럽에 대한 설명으로 옳지 않은 것은?

① 학교스포츠클럽은 정규교육과정 외에 이루어지는 활동이다.
② 학교스포츠클럽은 등교 전, 점심시간, 방과 후 등의 시간에 이루어진다.
③ 학교스포츠클럽은 방과 후 체육에 흥미를 가진 학생들로 구성된 스포츠 동아리이다.
④ 학교스포츠클럽은 초·중등학교 교육과정 및 중학교 교육과정 지침에 근거한다.

정답해설

학교스포츠클럽은 「학교체육진흥법」 제10조에 근거한다.

17 스포츠지도사가 생활체육 프로그램 설계 시 고려해야 하는 구성요소가 아닌 것은?

① 프로그램 설계 시 목적과 목표를 상세히 결정해야 한다.
② 프로그램이 제공되는 장소는 접근성을 고려해야 한다.
③ 프로그램에 적극적으로 참여할 수 있는 대상자를 선정해야 한다.
④ 시설 대여비, 용품 구입비, 인건비 등을 고려하여 예산을 예측해야 한다.

정답해설

생활체육 프로그램 설계의 고려 요소

내용	프로그램의 목적과 목표를 상세히 결정함
예산	예산을 설정하고 시설 대여비, 용품 구입, 인건비 등 경비를 예측함
장소와 시설	프로그램이 제공되는 위치 및 활동 공간을 설정함
시간대	대상의 여가 시간 또는 활동 가능 시간을 파악하여 효율적인 시간대를 결정함
지도자와 대상	프로그램 개발에 있어 누구를 위해 실행할 것인지 대상을 설정함

| 정답 | 15 ③ 16 ④ 17 ③

18 <보기>의 대화에서 정 코치에 해당하는 교사지식으로 옳은 것은?

보기

- 윤 코치: 다가오는 대회를 준비 중인 선수들에게 무리한 훈련과 어려운 기술들을 가르쳤지만 선수들이 따라오지 못해 스트레스가 많습니다.
- 정 코치: 아무리 대회가 중요하지만 장기적으로 보면 선수들의 수준에 맞게 적절한 기능을 선정하고 가르치는 방법이 더욱 효과적이라고 볼 수 있습니다.

① 내용지식 ② 내용교수법 지식
③ 교육환경 지식 ④ 지도방법 지식

정답해설

Shulman(1987)의 7가지 교사지식

내용지식	가르칠 교과내용에 대한 지식
지도방법 지식	모든 교과에 적용되는 지도법에 대한 지식
내용교수법 지식	특정 학생에게 어느 교과나 주제를 특정한 상황에서 지도할 수 있는 방법에 대한 지식
교육과정 지식	각 학년의 발달 단계에 적합한 내용과 프로그램에 대한 지식
교육환경 지식	수업환경에 영향을 미치는 지식
학습자와 학습자 특성 지식	수업에 영향을 미치는 학습자에 관한 지식
교육목적 지식	목적, 내용 및 교육시스템의 구조에 관한 지식

19 생활체육프로그램의 개발에 대한 설명으로 옳지 않은 것은?

① 프로그램의 전개는 변화를 주어 다양하게 설정한다.
② 프로그램의 목표는 구체적이고 세부적으로 기술한다.
③ 프로그램 개발 전 지역사회와 참여자의 요구를 분석한다.
④ 프로그램을 추진하고자 하는 지역사회와 참여자를 사전분석한다.

정답해설

생활체육프로그램의 전개에 있어 다양한 변화는 참여자의 혼란을 유발할 수 있으므로 일관된 지침 역할을 할 수 있도록 설정하는 것이 바람직하다.

20 <보기>에서 설명하는 메츨러(M. Metzler)의 교사지식은?

보기

지도자가 실제로 수업 전 · 중 · 후에 적용할 수 있는 지식을 말하며, 수업 관리에 필요한 지식으로 명제적 지식을 활용하는 능력이다.

① 상황적 지식
② 절차적 지식
③ 맥락적 지식
④ 명제적 지식

정답해설

메츨러(M. Metzler)의 3가지 교사지식

- 명제적 지식: 교사가 구두나 문서로 표현할 수 있는 지식으로 체육수업에 필요한 여러 가지 내용에 대한 지식과 관련된 정보(규칙, 원리, 내용, 움직임)
- 절차적 지식: 교사가 실제로 수업 전 · 중 · 후에 적용할 수 있는 지식을 말하며, 수업 관리에 필요한 지식으로 명제적 지식을 활용하는 능력
- 상황적 지식: 교사가 특수한 상황에서 적절한 의사결정을 언제, 왜 해야 하는지에 관한 내용

| 정답 | 18 ② 19 ① 20 ②

21 <보기>의 설명에 해당하는 스포츠교육의 학습 영역으로 옳은 것은?

보기

학습 영역	행동 목표
㉠	학습자는 축구 경기규칙을 3가지 이상 정확하게 설명할 수 있다.
	학습자는 축구와 야구의 차이를 3개 이상 설명할 수 있다.
㉡	학습자는 팀원들과 분쟁 없이 경기에 참여할 수 있다.
	학습자는 경기 중 스포츠맨십에 어긋난 행동을 하지 않을 것이다.
㉢	학습자는 롱 패스를 3회 중 2회 이상 성공할 수 있다.
	학습자는 1분 동안 공을 바닥에 떨어뜨리지 않고 리프팅 할 수 있다.

	㉠	㉡	㉢
①	심동적 영역	정의적 영역	인지적 영역
②	심동적 영역	인지적 영역	정의적 영역
③	인지적 영역	심동적 영역	정의적 영역
④	인지적 영역	정의적 영역	심동적 영역

정답해설

스포츠 교육의 학습영역

- 인지적 영역: 지식을 획득하고 사용하는 방식과 관련된 능력으로 학업 성적, 지적기능, 문해력과 수리력과 관련된 영역을 말함
- 정의적 영역: 인간의 감정과 정서를 바탕으로 형성되는 행동으로 심리적 건강, 사회적 기술, 도덕적 인격과 관련된 영역을 말함
- 심동적 영역: 근육의 발달과 사용, 운동을 조절하는 신체 능력으로 건강 및 체력, 스포츠 기능과 관련된 영역을 말함

22 <보기>의 전문체육프로그램 개발의 6단계에서 ㉠, ㉡에 해당하는 단계로 알맞은 것은?

보기

선수에게 필요한 기술 파악 - 선수 이해 - (㉠) - 우선순위 결정 및 목표 설정 - 지도방법 선택 - (㉡)

	㉠	㉡
①	경기 분석	전술 선택
②	상황 분석	연습 계획 수립
③	선수 분석	전술 선택
④	훈련 분석	연습 계획 수립

정답해설

전문체육프로그램 개발의 6단계

선수에게 필요한 기술 파악 → 선수 이해 → 상황분석 → 우선순위 결정 및 목표 설정 → 지도방법 선택 → 연습 계획 수립

23 협동학습모형에 대한 설명으로 옳지 않은 것은?

① 모든 학생들에게 동등한 학습 참여 기회를 보장하고, 학생 중심으로 수업이 운영된다.

② 모형을 통해 학생은 책임감 있는 팀원이 되며, 자신의 잠재능력을 최대한 개발할 수 있다.

③ 모형의 세가지 개념에는 팀 보상, 개인 책무성, 학습 성공에 대한 평등한 기회 제공이 있다.

④ 학습영역의 우선순위는 심동적 영역, 정의적 영역, 인지적 영역의 순으로 구성된다.

정답해설

학습영역의 우선순위

인지적 학습에 초점이 있는 경우	• 1순위 - 정의적, 인지적 영역 • 2순위: 심동적 영역
심동적 학습에 초점이 있는 경우	• 1순위: 정의적, 심동적 영역 • 2순위: 인지적 영역

| 정답 | 21 ④ 22 ② 23 ④

24 스포츠 교육 모형의 주제로 적절한 것은?

① 지도자가 수업의 리더 역할을 한다.
② 수업 진도는 학습자가 결정한다.
③ 유능하고 박식하며 열정적인 스포츠인으로 성장한다.
④ 나는 너를 가르치고, 너는 나를 가르친다.

정답해설

스포츠 교육 모형의 목적

- 유능한 스포츠인: 게임기술, 게임전략, 경기지식을 가지고 있는 스포츠 참여자
- 박식한 스포츠인: 스포츠 수행을 잘하는 참여자이자 안목 있는 스포츠 소비자
- 열정적 스포츠인: 다양한 스포츠 문화를 보존하고 보호하며 증진하도록 참여하는 스포츠인

25 모스턴(M. Mosston)의 수업 스타일 중 수렴 발견형의 특징으로 적절하지 않은 것은?

① 학습자는 문제 해결과 같은 합리적 사고 과정으로 문제를 해결하게 된다.
② 지도자는 탐색되어야 할 목표 개념을 포함한 교과 내용을 결정한다.
③ 학습자는 추리력, 호기심, 논리적 사고를 통해 문제에 대한 해답을 찾는다.
④ 지도자는 학습자가 발견해야 할 목표 개념을 포함한 계열적 질문을 설계한다.

정답해설

학습자가 발견해야 할 목표 개념을 포함한 계열적 질문을 설계하는 것은 유도 발견형 스타일에 관한 설명이다.

26 <보기>에서 설명하는 행동수정기법에 해당하는 것은?

보기

학습자가 좋아하는 활동으로 싫어하는 활동에 학습 동기를 부여하는 기법이다.

① 행동계약
② 행동공표
③ 토큰기법
④ 프리맥 원리

정답해설

지도내용의 행동수정기법

행동계약	행동에 따른 보상과 처벌에 관한 규칙을 학생과 함께 결정함
행동공표	행동계약으로 결정된 보상과 처벌을 공식적으로 공고
프리맥 원리	좋아하는 활동으로 싫어하는 활동에 학습동기를 부여
토큰기법	어떤 행동을 할 때마다 점수를 제공하여 일정 수준이 되면 보상을 제공함
타임아웃	위반 행동에 대한 처벌로 일정 시간 동안 활동에 참가할 수 없도록 제지함

| 정답 | 24 ③ 25 ④ 26 ④

27 <보기>의 ㉠, ㉡에 해당하는 생활체육 프로그램의 유형과 교육모형으로 바르게 연결한 것은?

보기

㉠ 학생들은 다양한 역할 경험을 통해 스포츠 속에 내재되어 있는 다양한 관점과 가치를 배울 수 있으며, 이를 통해 긍정적이고 교육적인 체험을 하게 된다.
㉡ 스포츠는 이벤트의 성격을 지닌다. 리그에 참여하는 팀들은 각자 역할을 맡고 실력에 상관없이 모두가 다양하게 활동을 즐기며 흥겨운 분위기 속에서 친목을 도모할 수 있다.

	㉠	㉡
①	스포츠교육모형	축제화
②	스포츠교육모형	결승전 행사
③	협동학습모형	축제화
④	협동학습모형	결승전 행사

정답해설

<보기>는 스포츠교육모형과 관련된 설명이며, 스포츠교육모형은 시즌, 팀 소속, 공식 경기, 결승전 행사, 기록 보존, 축제화의 6가지 요소를 가지고 있다.

추가해설

(1) **의의**: 스포츠교육모형은 학생에게 스포츠 참여를 통해 다양한 경험과 학습을 할 수 있는 구조를 제공하며, 스포츠 리그를 통해 다양한 관점과 가치를 배움으로써 긍정적이고 교육적인 체험 습득을 가능하게 해준다.
(2) **스포츠교육모형의 6가지 요소**
① 시즌: 내용 단원보다는 시즌이라는 개념을 사용
② 팀 소속: 시즌 동안 한 팀의 일원으로 참여
③ 공식 경기: 시즌을 조직하고 운영하는 의사결정에 참여
④ 결승전 행사: 시즌은 토너먼트, 팀 경쟁, 개인 경쟁 등 다양한 형태로 마무리
⑤ 기록 보존: 게임 기록은 전략을 가르치거나 흥미 유발에 활용하고 평가에 반영
⑥ 축제화: 시즌 동안 경기의 진행이 축제 분위기로 유지

28 링크(J. Rink)의 내용발달 단계를 순서대로 나열한 것은?

① 시작과제 - 세련과제 - 응용과제 - 확대과제
② 시작과제 - 확대과제 - 세련과제 - 응용과제
③ 확대과제 - 세련과제 - 응용과제 - 시작과제
④ 확대과제 - 응용과제 - 시작과제 - 세련과제

정답해설

링크(J.Rink)의 내용발달 단계

단계	내용
시작	가장 먼저 제시하는 과제로 기초적인 수준에서 가르칠 내용이나 전략을 소개
확대	학습 경험을 간단하거나 쉬운 과제에서 복잡하거나 어려운 과제로 발전
세련	수행의 질적 발달에 초점을 두고 학습자에게 책무성을 부여
응용	습득한 기능을 실제(혹은 유사한 상황)에서 사용할 수 있도록 내용을 조직

29 <보기>에서 설명하고 있는 교수기능 연습법에 해당하는 것은?

보기

학생들에게 수업의 목표와 평가 방법을 설명하고, 수업 후 교수 내용에 대한 평가와 교수 방법을 평가하는 방법이다.

① 1인 연습　② 동료 교수
③ 마이크로 티칭　④ 반성적 교수

정답해설

교수기능의 연습 방법

- 1인 연습: 거울 앞에서 자신의 말을 들으며 교수 행위를 살펴보는 연습 방법
- 마이크로 티칭: 예비지도자가 모의 상황에서 동료 또는 소수의 참여자들을 대상으로 일정한 시간 내에 구체적인 내용으로 지도 기능을 연습하는 방법
- 동료 교수: 소집단 동료들이 모의적인 수업 장면을 만들어 교수 기능을 연습하는 방법
- 반성적 교수: 학생들에게 수업의 목표와 평가 방법을 설명하고 수업 후 교수 내용에 대한 평가와 교수 방법을 평가하는 방법

| 정답 | 27 ① 28 ② 29 ④

30 탐구수업모형에 대한 설명으로 옳은 것은?

① 지도자는 직접적으로 설명하고 질문에 답한다.
② 학습자가 관리계획과 특정 수업절차를 결정한다.
③ 인지적 및 심동적 차원의 창의적인 대답을 폭넓게 요구한다.
④ 기술 위주로 지도한 전통적인 게임지도 방식에서 탈피하였다.

정답해설

탐구 수업 모형은 질문 중심의 수업으로, 이에 해당되는 전략은 수업시간 교사가 학생들의 사고력, 문제해결력, 탐구력 등을 증진시키는데 활용된다.

31 모스턴(M. Mosston)의 수업 스타일 중 학습자가 구체적인 인지 작용을 통해 어느 문제에 대한 다양한 해답을 발견하는 것은?

① 유도 발견형 스타일
② 수렴 발견형 스타일
③ 확산 발견형 스타일
④ 자기 주도형 스타일

정답해설

확산 발견형(확산 생산식) 스타일

- 구체적인 인지 작용을 통해 다양한 해답 발견
- 교사는 문제를 결정하고 학생의 반응을 수용하는 동시에 과제에 대한 검증자료를 제공
- 학생은 확산적인 반응을 생성하며 문제에 대한 설계, 해답, 반응을 발견

32 <보기>에서 설명하는 협동학습모형의 교수 전략은?

보기

- 지도자는 학습자를 몇 개의 팀으로 구분하고, 각 팀에게 학습 과제를 제시한다(예 배드민턴의 경우 A팀은 하이클리어, B팀은 헤어핀, C팀은 드롭, D팀은 스매싱).
- 각 팀의 팀원들은 할당된 과제를 습득한 후, 자신의 팀으로 돌아가 해당 과제를 가르친다.

① 직소(Jigsaw)
② 팀 게임 토너먼트(TGT)
③ 학생 팀-성취 배분(STAD)
④ 집단연구(GI)

정답해설

<보기>는 직소(Jigsaw)에 대한 설명이다. 직소는 퍼즐이라는 의미가 있으며 분배되어 있던 것들을 다시 맞추는 방법이다. 이 전략에서 각 팀원은 기술의 전문가가 되기 위해, 동일한 기술을 담당한 학습자들과 전문가 집단을 구성하여 학습하게 된다. 이후 서로 다른 학습 요소를 배운 학습자는 본래 자신의 팀으로 돌아가 학습한 내용을 동료 교수방식으로 팀원에게 가르치게 된다.

33 학습 목표와 관련된 신체활동 소비시간 중 과제참여시간(TOT)에 대한 설명으로 옳은 것은?

① 학습자가 실제로 신체활동에 참여한 시간
② 학습과제와 관련하여 신체활동에 참여한 시간
③ 학습자가 신체활동에 참여하도록 계획된 시간
④ 학습목표와 관련하여 신체활동에 성공을 경험하며 참여한 시간

정답해설

학습목표와 관련된 신체활동 소비시간

- 할당시간(AT): 신체활동에 참여하도록 계획된 시간
- 운동참여시간(MET): 실제로 신체활동에 참여한 시간
- 과제참여시간(TOT): 학습과제 관련 신체활동에 참여한 시간
- 실제학습시간(ALT): 학습목표 관련 신체활동에 성공을 경험하며 소비한 시간

| 정답 | 30 ③ 31 ③ 32 ① 33 ②

34 학생들이 주어진 문제를 해결할 수 있는 능력을 길러 주는 데 초점을 두는 수업 방식으로 학생들의 직접적인 경험을 중시하는 교육 모형은?

① 탐구 수업 모형
② 동료 교수 모형
③ 전술 게임 모형
④ 개인적 · 사회적 책임감 지도 모형

정답해설

탐구 수업 모형은 질문 중심의 수업으로, 이에 해당되는 전략은 수업시간 교사가 학생들의 사고력, 문제해결력, 탐구력 등을 증진시키는데 활용된다.

35 <보기>의 ㉠, ㉡에서 정 코치가 선수에게 제공한 피드백이 적절하게 연결된 것은?

보기

- 최 선수: 어제 경기에서 그동안의 노력한 만큼의 경기 결과가 나오지 않아 아쉬웠어요.
- 정 코치: <u>㉠ 그래도 어제는 지금까지의 경기 중 최고의 경기였어.</u>
- 최 선수: 이번 대회를 통해 저의 부족한 부분들을 파악할 수 있는 계기가 되었어요. 앞으로 보완해 나가며 다음 대회에서는 좋은 결과를 꼭 가져오도록 할게요.
- 정 코치: <u>㉡ 어제 경기에서는 포핸드 스트로크의 정확도가 많이 떨어졌어. 공을 맞히는 타이밍을 조금만 빠르게 가져온다면 정확도가 높아질 거야.</u> 앞으로 그 부분을 중점적으로 연습해 보자.

	㉠	㉡
①	정확한 피드백	긍정적 피드백
②	개별적 피드백	부정적 피드백
③	긍정적 피드백	교정적 피드백
④	개별적 피드백	비교정적 피드백

정답해설

피드백의 구분과 유형

구분	피드백 유형
피드백 제공자 (정보의 출처)	• 내재적 피드백: 운동기능을 수행한 결과를 스스로 관찰하고 얻는 피드백 • 외재적 피드백: 운동기능의 정보가 다른 사람으로부터 제공되는 피드백
피드백 방향성 (피드백 대상)	• 정확한 피드백: 운동수행 정보가 운동기능을 정확하게 설명 • 부정확한 피드백: 운동수행 정보가 운동기능을 부정확하게 설명
피드백 정확성	• 언어 피드백: 운동수행 결과를 언어로 제공 • 비언어 피드백: 운동수행 결과를 행동으로 제공 • 언어와 비언어 결합 피드백: 운동수행 결과를 언어와 비언어를 함께 제공
피드백 양식	• 긍정적 피드백: 운동수행 결과에 대해 만족 • 부정적 피드백: 운동수행 결과에 대해 불만족 • 중립적 피드백: 운동수행 결과에 관한 만족 · 불만족 표시가 불분명
피드백 평가	• 교정적 피드백: 다음 수행을 위해 개선 방안을 제공 • 비교정적 피드백: 교정적 정보는 제공하지 않고 잘못된 부분의 정보만 제공
교정적 특성	• 개별적 피드백: 학습자에게 개별적으로 제공 • 집단적 피드백: 수업 맥락에서 구분한 집단에게 제공 • 전체 수업 피드백: 수업에 참여하는 모든 학습자에게 제공

| 정답 | 34 ① 35 ③

36 <보기>에서 설명하는 질문의 유형은?

> 보기
>
> 이전에 경험하지 않은 문제의 해결에 필요한 질문으로, 데이터가 부족할 때 자유롭게 데이터를 산출하거나 정답 없이 생각을 확장시킬 수 있다. (예 1사 1, 3루에서 내야 땅볼이 나왔을 때 홈에 던질 것인지 아니면 3루에 던져 더블플레이를 선택할 것인가?)

① 수렴적 질문
② 확산형 질문
③ 가치적 질문
④ 회고적 질문

정답해설

질문의 유형

회고적 질문	• 기억 수준의 대답을 필요로 하는 질문 • 예 농구에서 슛을 할 때 시선은 어디에 두는가?
수렴적(집중적) 질문	• 이전에 경험한 내용분석 및 통합에 필요한 질문 • 예 4쿼터 10초를 남겨두고 1점차로 지고 있다면 당신은 수비 시 무엇을 해야 하는가?
확산형(분산적) 질문	• 이전에 경험하지 않은 문제해결에 필요한 질문 • 예 속공 시 1명의 수비만 있다면 당신은 3점을 던질 것인지 아니면 2점을 던질 것인가?
가치적 질문	• 사실보다는 가치문제를 다루며 태도 · 의견 등을 표현하는 데 필요한 질문 • 예 상대팀의 공격적인 흐름을 끊기 위해 의도적으로 파울을 하는 것을 어떻게 생각하는가?

37 모스턴(M. Mosston)의 체육 교수 스타일에 대한 설명으로 옳지 않은 것은?

① 체육 교수 스타일의 구조는 '수업 활동은 연속되는 의사결정의 과정이다'라는 전제를 갖는다.
② 연습형 스타일에서 학생은 교사의 피드백을 통해 개별적으로 연습하게 된다.
③ 수렴 발견식 스타일에서 학생은 교사의 역할과 학생의 역할을 동시에 수행한다.
④ 자기 주도형 스타일에서 학생은 학습 설계와 학습 경험 등에 대한 책임을 갖는다.

정답해설

수렴 발견식 스타일

• 이미 결정된 반응을 다양한 수렴적 과정을 통해 발견하는 것
• 논리적 규칙, 비판적 사고, 문제해결 등과 같은 합리적 사고 과정으로 문제해결
• 학생은 추리력, 호기심, 논리적 사고를 통해 문제에 대해 논리적으로 연결된 해답 발견

| 정답 | 36 ② 37 ③

38 <보기>에서 설명하는 교육모형으로 옳은 것은?

보기

- 직접 교수 모형의 변형으로 학생이 수행하는 연습에 대한 교사의 관찰과 피드백이 부족하다는 문제점을 해결하기 위한 대안적인 지도방법이다.
- 학생들이 개인교사와 학습자의 역할을 교대로 수행하여 학습하며, 개인교사일 때 학습 영역의 우선순위는 1순위 인지적 영역, 2순위 정의적 영역, 3순위 심동적 영역 순이다.

① 탐구 수업 모형　② 전술 게임 모형
③ 협동 학습 모형　④ 동료 교수 모형

정답해설

동료 교수 모형

(1) 내용
　① 직접 교수 모형의 변형이며, 학생의 인지발달을 향상시킴
　② 학생은 교사 역할과 학습자 역할을 번갈아가며 협력하여 과제를 완수

(2) 우선순위

① 학습자(실행자 역할	• 1 순위: 심동적 영역 • 2 순위: 인지적 영역 • 3 순위: 정의적 영역
② 개인교사(관찰자 역할)	• 1 순위: 인지적 영역 • 2 순위: 정의적 영역 • 3 순위: 심동적 영역

39 효과적인 과제 전달 방법에 대한 설명으로 옳지 않은 것은?

① 언어적 전달은 전체 학생을 대상으로 적은 양을 설명할 때 효과적이다.
② 경험이 많지 않은 학습자들에게 언어적 전달만으로 과제를 전달하는 것은 한계가 있다.
③ 시범은 정확한 것이 효과적이기 때문에 학습자를 활용한 시범은 지양하는 것이 좋다.
④ 시범은 연습 조건과 일치하는 것이 좋으며 시범 후 학습자의 이해도를 확인해야 한다.

정답해설

정확한 시범을 보일 수 있는 학습자가 있다면 학습자를 활용한 시범이 효과적일 때가 있다. 학습자가 시범을 보일 때 지도사는 언어적 설명을 제공할 수 있다.

| 정답 | 38 ④　39 ③

40 체육 프로그램을 지도할 때 평가의 목적으로 옳지 않은 것은?

① 교수 - 학습의 효과성 판단
② 교육과정의 적합성과 적절성 확인
③ 학습 관리 운영의 효율성과 결과 중심
④ 운동 수행 참여 및 향상 동기 촉진

정답해설

평가의 목적

- 교수 - 학습 효과성 판단
- 학습자 운동수행 참여 및 동기 촉진
- 학습자의 학습 상태와 학습 지도 정보 제공
- 학습 지도 및 관리 운영 효율성을 위한 집단 편성
- 학습자 역량 판단으로 이수 과정 선택 정보 제공
- 교육 프로그램 및 교육과정 적절성 등 확인
- 교육 목표에 따른 학습 진행 상태 점검 및 지도 활동 조정

41 학습자로 하여금 지식과 기능을 활용하여 과제 수행 능력을 과시하도록 요구하는 평가 방법은?

① 총괄 평가　　② 규준 지향 평가
③ 준거 지향 평가　　④ 자기 지향 평가

오답해설

① 총괄 평가: 교육 프로그램과 지도방법을 적용 이후 학습자들의 성취도를 포함한 프로그램의 효과 및 효율성 등의 결과를 종합적으로 판단한다.
② 규준 지향 평가(상대평가): 교육 프로그램이나 지도방법의 개발 단계에서 이루어지는 과정 중심의 평가활동으로 지도방법과 과정, 결과의 향상과 효율을 증진시키는 방향으로 프로그램과 지도방법을 수정한다.
③ 준거 지향 평가(절대평가): 교육 프로그램 실시 이전에 학습자의 특성을 점검하는 평가활동으로 학습자의 정보를 수집하고 교육 방향을 설정하며 학습장애의 원인 정도를 파악한다.

| 정답 | 40 ③　41 ④

42 <보기>의 대화에서 평가의 개념에 대해 잘못 이해하고 있는 지도자는?

보기

- 윤 감독: 평가는 측정의 이전 단계로 자료를 해석하는 과정입니다.
- 최 감독: 평가의 유사개념으로는 측정, 검사, 사정 등이 있습니다.
- 정 감독: 평가는 학습자의 학습상태와 지도에 관한 정보를 제공하는 과정입니다.
- 김 감독: 평가는 교육활동에 대한 피드백을 제공하는 수단이 되기도 합니다.

① 윤 감독　② 최 감독
③ 정 감독　④ 김 감독

정답해설

측정은 평가보다 먼저 생긴 개념으로 일정한 양을 기준으로 하여 같은 유형의 양에 수치를 부여하는 방법이다.

43 평가의 타당도에 대한 설명으로 옳지 않은 것은?

① 준거 타당도는 측정도구의 측정결과가 준거가 되는 다른 측경결과와 관련이 있는 정도이다.
② 내용 타당도는 검사 문항이 측정하고자 하는 내용을 얼마나 잘 대표하고 있는 정도이다.
③ 타당도는 측정하고자 하는 것을 측정도구가 얼마나 정확하고 적합한 도구로 측정하는가에 관한 정보이다.
④ 미래의 측정 결과와의 연관성을 공인 타당도, 현재의 다른 측정 결과와의 연관성을 예측 타당도라고 한다.

정답해설

미래의 측정 결과와의 연관성을 예측 타당도, 현재의 다른 측정 결과와의 연관성을 공인 타당도라고 한다.

44 <보기>에 해당하는 평가 유형으로 적절한 것은?

보기

	설문 내용			
1	준비된 개인 장비를 모두 체크하세요.	① 라켓	② 신발	③ 운동복
2	강습 시 희망하는 강습 형태를 고르세요.	① 개인	② 단체	③ 상관없음
3	최근 1년 내 강습을 받은 경험이 있나요?	① 있다.	② 없다.	③ 모르겠다.

① 구성평가
② 진단평가
③ 형성평가
④ 총괄평가

정답해설

<보기>의 평가 유형은 진단평가이다.

추가해설

진단평가의 역할
- 학습 전 학습목표에 따른 학습자 수준 결정
- 학습자의 지속적인 학습 오류에 대한 적절한 의사결정
- 학습자의 일정한 상황에 의도적으로 머무르게 유도

| 정답 | 42 ① 43 ④ 44 ②

45 <보기>에서 정 코치와 이 코치가 학생들의 성적을 평가하는데 적용한 기준은?

보기

- 정 코치: 수업 전체 학생 중 상위 10%만 A점수를 부여했어요.
- 이 코치: 학생들이 과제로 제출한 영상물로 점수를 부여했어요.

	㉠	㉡
①	절대평가	진단평가
②	절대평가	상대평가
③	상대평가	진단평가
④	상대평가	수행평가

정답해설

㉠ 상대평가: 교육 성취도를 평가할 때 집단 내의 상대적인 서열을 중심으로 이루어지는 평가방식이다.
㉡ 수행평가: 학생의 수행이나 산출물을 직접 관찰하거나 검토한 것을 토대로 수행이나 산출물에 대한 질적인 평가방식이다.

46 <보기>에서 설명하는 평가 기법은?

보기

	만족도	매우 만족	만족	보통	불만족	매우 불만족
1	학교교실의 청결 상태는?					
2	학교시설 관리 상태는?					
3	운동장 조명의 밝기 정도는?					

① 평정척도　　② 관찰법
③ 루브릭　　④ 체크리스트

정답해설

<보기>는 평정척도 평가 기법이다. 평정척도는 교육현장에서 자주 사용하는 평가 기법으로 3~5단계 척도이며, 학습자가 스스로 기능을 평가하기 용이한 평가 도구이다.

47 <보기>에서 설명하는 스포츠교육 전문인으로서의 성장 유형은?

보기

- 자기 주도적인 학습이라고도 하며, 일상적인 경험으로부터 얻는 배움의 형식
- 과거 선수 경험, 실제 코칭 경험, 동료들과의 대화 등 실제적 경험에 대한 반성을 통해 전문성의 성장에 도움

① 형식적 성장
② 무형식적 성장
③ 비형식적 성장
④ 반형식적 성장

정답해설

<보기>는 비형식적 성장에 관한 설명이다. 비형식적 성장은 일상적인 경험으로부터 얻는 배움의 형식으로 선수 경험, 실제 코칭 경험, 동료들과의 대화, 독서, 스포츠과학 관련 비디오 등이 있다.

48 형식적 성장에 대한 설명으로 옳지 않은 것은?

① 교육과정에 의해 조직된 교육이다.
② 공식화된 교육 기관 밖에서 이루어진다.
③ 교육 이수를 통해 성적과 자격증을 부여한다.
④ 대학 학위 과정, 체육 지도자 연수 과정 등이 있다.

정답해설

② 무형식적 성장에 관한 설명이다.

추가해설

형식적 성장

- 교육으로 교육 이수를 통해 성적, 학위 및 자격증을 부여하는 교육
- 고도로 제도적이고 관료적인 프로그램을 통해 체육전문인으로 성장
  예 학위과정, 체육지도자 연수 과정, 협회의 자격증 제도 등

| 정답 | 45 ④　46 ①　47 ③　48 ②

49 <보기>의 대화에서 유 코치와 최 코치가 자신의 성장 및 발달을 위해 적용한 성장 방법은?

보기

- 유 코치: 저는 이번 시즌이 끝난 후 코칭 기술 향상을 위해 협회에서 운영하는 지도자 연수과정에 등록하여 자격증을 취득할 예정입니다.
- 최 코치: 좋은 생각입니다. 지도자의 지속적인 개발이 팀을 위한 일이라 생각합니다. 저도 이번에 광주에서 열리는 코칭 컨퍼런스에 참여하여 지도자들과 교류를 할 생각입니다.

	유 코치	최 코치
①	형식적 성장	비형식적 성장
②	형식적 성장	무형식적 성장
③	비형식적 성장	무형식적 성장
④	무형식적 성장	비형식적 성장

정답해설

㉠ 형식적 성장: 교육과정에 의해 조직된 교육으로 교육 이수를 통해 성적, 학위 및 자격증을 부여하는 교육이다.

㉡ 무형식적 성장: 공식화된 교육기관 밖에서 행해지는 조직적인 학습의 기회 참여를 통해 성장한다.

50 <보기>의 대화에서 정 코치가 이야기하는 생활체육 전문인의 핵심역량은?

보기

- 김 코치: 이번 시즌 새로 개강한 배드민턴 프로그램의 참여자 한 분이 정해진 수업시간을 지키지 않을 뿐더러 자주 결석도 하셔서 지도하는 데 어려움이 많습니다.
- 정 코치: 지도하시는 데 어려움이 많으시겠군요. 하지만 자발적으로 참여가 이루어지는 것이 생활체육이라 생각합니다. 참여자 개인의 상황을 이해하고 어느 정도 포용해 주는 것도 지도자의 자질로 필요하다고 생각합니다.

① 정의적 자질
② 인성적 자질
③ 기능적 자질
④ 신체적 자질

정답해설

생활체육 전문인의 핵심역량

- 인지적 자질: 생활체육 참여자에 대한 지식, 종목내용 지식, 교수내용 지식, 교육환경 지식 등이 요구
- 기능적 자질: 프로그램 개발, 종목 지도 관리 등의 능력 및 지식 요구
- 인성적 자질: 참여자의 개인차 이해 및 포용 등이 요구

| 정답 | 49 ② 50 ②

01 <보기>에서 설명하는 스포츠의 사회적 기능은?

> 보기
>
> 2023 아시안게임 남자 축구대회에서 대한민국은 3연속 금메달을 획득하였다. 전 국민은 2002 한 · 월드컵을 회상하며 함께 '대한민국'을 외치며 아시안 게임 국가 대표 선수들을 위해 응원하였다.

① 사회 통합 기능
② 정서적 동화 기능
③ 사회화 기능
④ 상업주의 기능

정답해설

<보기>는 사회적 배경이 서로 다른 사람들이 스포츠를 통해서 서로 공감하며 하나로 통합하는 사회 통합 기능에 대한 설명이다.

02 <보기>에서 설명하는 스포츠의 사회 이론은?

> 보기
>
> • 열심히 훈련하면 승리를 쟁취할 수 있다는 가치관을 강조
> • 스포츠의 본질적인 모습이 아닌 강제적으로 조정된 결합
> • 지배 계급의 헤게모니를 강화시키는 수단으로 활용

① 구조 기능주의
② 갈등 이론
③ 비판 이론
④ 지배 이론

정답해설

갈등 이론
• 사회적 실체의 본질을 경쟁과 갈등의 관계로 이해함
• 불화나 대립이 사회의 본질적 속성이라고 봄

03 스포츠 일탈에 대한 설명으로 옳지 않은 것은?

① 경기력 하락으로 인한 심리적 위축
② 스포츠맨쉽에서 벗어난 행동
③ 의도적인 승부조작
④ 비합법적인 용구 파손

정답해설

경기력 하락으로 인한 심리적 위축은 스포츠 일탈과 관련 없다.

04 스포츠의 세계화에 대한 설명으로 옳지 않은 것은?

① 국제 스포츠 경쟁에서 국가 간 경쟁은 심화되고 있어 국제 스포츠 조직의 역할이 중요시 된다.
② 첨단 기술의 발달로 스포츠가 행해지는 공간적 거리가 무의미해 지고 있다.
③ 국제 스포츠의 국가 간 배분의 불평등 문제는 많이 개선되고 있다.
④ 스포츠 정보를 거래하는 데 드는 비용과 시간이 중요시되고 있다.

정답해설

스포츠의 세계화는 개인과 조직, 국가가 개인적 · 조직적 · 국가적 차원에서 상호 거래를 통해 세계 사회에 효율적으로 적응해 나갈 수 있는 형태와 경험의 유형을 발전시켜 가는 총체적인 과정이다. 국가 간에 있어 국제 스포츠의 경쟁은 축소되고, 국제 스포츠 조직의 확대를 통해 범세계적 교류를 증진시키고 있다.

| 정답 | 01 ① 02 ② 03 ① 04 ①

05 스포츠의 정치적 활용에 있어 성격이 다른 하나는?

① 사회 운동 수단
② 경쟁 스포츠를 통한 생산성 제고
③ 권력의 형성과 유지
④ 외교적 수단의 기능

정답해설

권력의 형성과 유지는 스포츠의 정치적 역기능에 해당한다.

오답해설

①②④ 스포츠의 정치적 순기능에 해당한다.

06 <보기>에서 설명하는 스포츠 일탈에 대한 관점이 적절하게 연결된 것은?

보기

㉠ 어떤 사회에서든 통용되는 보편적 기준이 있음
㉡ 특정 사회구조나 제도와의 일치 여부로 일탈을 판단하는 관점
㉢ 동일한 행위도 사회제도와 문화에 따라 다르게 평가
㉣ 스포츠맨십, 법률, 기타의 가치체계에 대한 준수 여부로 일탈 구분

	절대론적 관점	상대론적 관점
①	㉠, ㉡	㉢, ㉣
②	㉠, ㉢	㉡, ㉣
③	㉠, ㉣	㉡, ㉢
④	㉡, ㉢	㉠, ㉣

정답해설

스포츠 일탈에 대한 관점

절대론적 관점	• 어떤 사회에서든 통용되는 보편적 기준이 있다는 관점 • 스포츠맨십, 법률, 기타의 가치체계에 대한 준수 여부로 일탈 구분 • 일탈행위에 대한 절대적 기준이 있고, 그 기준을 준수해야 함 • 개인적인 차원의 행위로 일탈을 판단
상대론적 관점	• 특정 사회구조나 제도와의 일치 여부로 일탈을 판단하는 관점 • 동일한 행위도 사회제도와 문화에 따라 다르게 평가 • 스포츠 규칙의 변화에 개방적 • 사회 구조적인 문제로 일탈을 판단

| 정답 | 05 ③ 06 ③

07 폭력행위 중 도구적 공격에 행위에 해당하는 것은?

① 농구에서 상대방의 진로를 방해하기 위해 다리를 거는 행위
② 축구에서 상대방 선수를 가격하기 팔꿈치를 사용하는 행위
③ 유격수에게 과감한 슬라이딩으로 더블플레이를 방해하는 행위
④ 야구에서 투수가 타자에게 데드볼을 던지는 행위

정답해설

도구적 공격은 상대의 고통이 목적이 아닌 승리, 금전, 위공 등 다른 외적 보상이나 목표를 획득하는 것을 말한다.

08 프로스포츠의 순기능에 대한 설명으로 옳지 않은 것은?

① 스포츠 관람을 통해 각종 스트레스를 해소하고 생활의 활력소를 얻는다.
② 대중이 동류의식을 갖도록 융합시키는 사회 통합의 기능을 수행한다.
③ 아마추어 선수에게 진로 개척과 희망을 제공하는 등 스포츠계의 활성화를 촉진한다.
④ 스포츠가 삶의 수단적 가치를 추구하는 매개체로 전락한다.

정답해설

스포츠가 삶의 수단적 가치를 추구하는 매개체로 전락하는 것은 프로스포츠의 역기능이다.

| 정답 | 07 ③ 08 ④

09 <보기>는 스포츠사회화의 과정 중 어느 단계에 해당하는가?

> 보기
>
> 축구선수로 훌륭한 업적을 쌓고 있는 정 선수는 선수 활동 이외에도 향후 은퇴 후 감독이나 코치가 되기 위해 대학에서 지도자 양성과정을 별도로 수강하고 있다.

① 스포츠로의 사회화
② 스포츠를 통한 사회화
③ 스포츠로부터 탈사회화
④ 스포츠 재사회화

정답해설

<보기>는 스포츠를 통한 사회화에 대한 설명이다. 이는 스포츠 활동의 경험을 통하여 특정 사회에서의 생존과 성공에 필요한 자질을 습득하는 과정에서 가치나 태도 및 행동의 학습을 습득하는 과정이다.

10 상업주의로 인한 스포츠의 변화로 옳지 않은 것은?

① 아마추어리즘 강조
② 스포츠 규칙 변화
③ 도박 및 경기 조작
④ 스포츠 제도 변화

정답해설

시대 변천에 따른 국가주의와 상업주의의 대두, 금전적 · 물질적 이익을 추구하는 프로 스포츠의 발달로 아마추어리즘이 퇴조되었다.

오답해설

② 스포츠 규칙 변화: 광고 수입을 위해 발생하는 경기 규칙 변경 및 시간 이동 등을 말한다.
③ 도박 및 경기 조작: 승리를 통해 금전적 · 물질적 이익을 추구하는 것이다.
④ 스포츠 제도 변화: 스포츠의 규칙과 제도, 프로그램 구성의 변화를 말한다.

11 다음 중 스포츠사회화의 과정에 대해 바르게 나열한 것은?

① 스포츠로의 사회화 → 스포츠 참가 → 스포츠 참가 결과 → 스포츠 참가 중단
② 스포츠 참가 중단 → 스포츠 참가 → 스포츠로의 사회화 → 스포츠 참가 결과
③ 스포츠 참가 → 스포츠 참가 결과 → 스포츠 참가 중단 → 스포츠로의 사회화
④ 스포츠 참가 → 스포츠 참가 중단 → 스포츠 참가 결과 → 스포츠로의 사회화

정답해설

스포츠사회화의 과정

스포츠로의 사회화 → 스포츠 참가 → 스포츠 참가 결과 → 스포츠 참가 중단

12 <보기>는 사회계층의 특성 중 무엇에 대한 설명인가?

> 보기
>
> 특정 시대의 사회문화적 배경에 따라 상이하게 나타나며 특히 사회 계층적 지위와 관련하여 스포츠 참여 및 관람의 특권이 다양하게 변천함

① 고래성
② 보편성
③ 다양성
④ 영향성

정답해설

<보기>는 사회계층의 특성 중 고래성(역사성)에 대한 설명이다.

| 정답 | 09 ② 10 ① 11 ① 12 ①

13 <보기>에서 설명하는 올림픽 경기의 정치 도구화의 사례는?

보기

제22회 모스크바 올림픽경기대회의 미국 불참에 대한 보복으로, 소련과 공조한 사회주의 국가 14개국이 불참하는 정치적 문제가 있는 대회였다.

① 아테네 올림픽(1896)
② 베를린 올림픽(1936)
③ 몬트리올 올림픽(1976)
④ 로스앤젤레스 올림픽(1984)

정답해설

<보기>는 제23회 로스앤젤레스 올림픽경기대회(1984)에 대한 설명이다. 미국이 모스크바에서 개최된 제22회 올림픽경기대회에 불참하자 소련과 공조한 사회주의 14개국이 제23회 로스앤젤레스 올림픽경기대회에 불참하였다.

오답해설

① 아테네 올림픽(1896): 그리스와의 적대 관계로 터키가 불참하였다.
② 베를린 올림픽(1936): 히틀러 정부에 의해 나치 권위와 위대성 과시를 위한 도구로 사용되었다.
③ 몬트리올 올림픽(1976): 아프리카 국가들이 뉴질랜드의 참가를 저지하며, 항의의 뜻으로 불참하였다.

14 <보기>에서 설명하는 것은?

보기

국제올림픽위원회(IOC)의 올림픽 마케팅 프로그램으로 기업으로부터 금전 혹은 물자를 제공받고 그 대가로 올림픽을 광고 · 홍보 · 마케팅 수단에 독점적으로 사용할 수 있는 권리를 주는 제도

① TV 중계권
② TOP 프로그램
③ Ticket sales
④ License

정답해설

<보기>는 TOP(The Olympic Partner) 프로그램에 대한 설명이다. Top 프로그램은 1985년 처음 도입하여 1988년 서울 올림픽부터 '올림픽 스폰서'라는 명칭을 사용하였다.

15 사회계층에 따른 스포츠 참가에 대한 설명으로 옳은 것은?

① 중 · 하류층은 골프, 수영, 테니스와 같은 개인 스포츠에 많이 참여한다.
② 상류층의 경우 경제적으로 여유가 없어 스포츠 참가에 제한이 있다.
③ 경제적인 측면에서 개인 스포츠는 하류층이 즐기기에 좋다.
④ 상류층은 사치스러운 활동을 주위 사람들에게 인식시키기를 선호한다.

정답해설

과시 소비와 관련하여 상류층은 사치스러운 활동을 주위 사람들에게 인식시키기 위하여 개인 스포츠에 참여한다.

16 <보기>에서 스포츠가 미디어에 미치는 영향에 대해 옳은 것만 고른 것은?

보기

㉠ 농구의 쿼터제 및 24초 룰을 도입하여 박진감 넘치는 경기 시청
㉡ 시청률 증대를 위해 국내 프로 스포츠는 대부분 저녁에 경기가 진행
㉢ 스포츠 중계의 인기로 다양한 스포츠 전문 종합 방송 채널 구축
㉣ 경기장의 다양한 장비 보급을 통해 직접 관람하는 것 같은 영상 제공
㉤ 선진 기술 도입으로 경기 기술 및 전략의 전문화

① ㉠, ㉡
② ㉠, ㉡, ㉢
③ ㉢, ㉣
④ ㉢, ㉣, ㉤

정답해설

스포츠가 미디어에 미치는 영향
• 미디어 콘텐츠 제공
• 미디어 기술의 발전
• 미디어 장비의 확대
• 스포츠 보도 위상 제고
• 미디어 이윤 창출 기여

| 정답 | 13 ④ 14 ② 15 ④ 16 ③

17 <보기>에서 설명하는 국제 정치에서 스포츠의 역할은?

보기

2013년 4월 15일(현지시간) 미국 매사추세츠 주에서 진행된 보스턴마라톤 대회의 결승점 근처에서 두 차례의 폭발 테러로 인해 대형 참사가 발생하였다. 1775년 미 독립전쟁의 첫 전투가 열린 날을 기념하는 애국자의 날에 일어난 이 테러로 부상 260여 명, 사망 3명의 희생자가 발생하였다.

① 국위 선양
② 외교적 항의
③ 국가 경제력 표출
④ 갈등 및 전쟁 촉매

정답해설

<보기>는 갈등 및 전쟁 촉매에 대한 설명이다. 국제 관계에서 스포츠는 각국의 이해와 관련된 갈등 및 전행의 촉매 역할을 한다.

18 <보기>에서 설명하는 것은?

보기

어느 누구든 국민적 관심이 높은 스포츠 경기나 이벤트 등을 누구나 볼 수 있도록 하는 권리를 말한다. 즉, 스포츠 경기 중계 방송을 공공재(public goods)로 간주한다.

① 중계의 독점권
② 스포츠 저널리즘
③ 보편적 접근권
④ 맥루한의 매체 이론

정답해설

<보기>는 보편적 접근권에 관한 내용이다.

19 스포츠와 정치의 활용에 있어 성격이 다른 하나는?

① 사회운동수단
② 경쟁 스포츠를 통한 생산성 제고
③ 권력의 형성과 유지
④ 외교적 수단의 기능

정답해설

권력의 형성과 유지는 스포츠의 정치적 역기능에 해당한다.

추가해설

스포츠의 정치적 순기능
- 외교적 수단의 기능
- 국민화합 및 구성원 결속, 일체감 조성
- 경쟁 스포츠를 통한 생산성 제고
- 사회운동의 수단

20 스포츠의 정치적 순기능으로 올바르게 묶인 것은?

㉠ 외교적 수단, ㉡ 국민 화합, ㉢ 선의의 경쟁을 통한 생산성 향상, ㉣ 국제적 갈등 가능성, ㉤ 권력 유지 및 지배 정당성 유지, ㉥ 국수주의 조장

① ㉠, ㉡, ㉢
② ㉠, ㉡, ㉤
③ ㉡, ㉢, ㉤
④ ㉡, ㉢, ㉥

정답해설

- 순기능: 외교적 수단, 국민 화합, 선의의 경쟁을 통한 생산성 향상 등
- 역기능: 국제적 갈등 가능성, 권력 유지 및 지배 정당성 유지, 국수주의 조장 등

| 정답 | 17 ④ 18 ③ 19 ③ 20 ①

21 국제 스포츠 이벤트의 경제적 효과에 대한 설명으로 옳지 않은 것은?

① 주민 상호 이해의 촉진과 갈등을 전면적으로 해석할 수 있다.
② 지역에 대한 기존의 부정적 이미지를 개선할 수 있다.
③ 사회 각 부분의 제도를 국제 표준에 의거, 선진화하는 효과를 기대할 수 있다.
④ 개최 지역의 관광자원 광고 효과를 통해 외국인 관광객을 확보할 수 있다.

정답해설

국제 스포츠 이벤트를 통해 주민 상호 이해의 갈등 요인의 감소는 가능하나, 갈등을 전면적으로 해소하기는 어렵다.

22 <보기>에서 설명하는 스포츠의 현상으로 가장 적절한 것은?

보기
- 인기 종목 결승전의 경기 시간 조정
- 광고 수입 증대를 위해 저녁 시간으로 경기 변경
- 메이저리그(MLB) 경기의 지루함을 방지하기 위해 '10초 이내 타석 입장', '2분 내 공수교대' 등 규정 변경

① 스포츠의 지역화
② 스포츠의 양극화
③ 스포츠의 상업화
④ 스포츠의 세계화

정답해설

<보기>는 스포츠의 상업주의에 관한 내용 중 스포츠의 구조 변화에 대한 설명이다.

23 상류층이 개인 스포츠에 많이 참가하는 이유로 적절하지 않은 것은?

① 경제적 원인
② 계층 평등화
③ 과시적 소비
④ 직업적 특성

정답해설

상류층이 개인 스포츠에 많이 참여할 경우 오히려 계층 분열화가 더욱 심해질 것이다.

24 <보기>에서 스포츠의 교육적 순기능으로 옳은 것만 고른 것은?

보기

㉠ 사회화 촉진	㉡ 학교 내 통합
㉢ 승리제일주의	㉣ 위선과 착취
㉤ 스포츠의 상업화	㉥ 여권 신장

① ㉠, ㉡, ㉢
② ㉠, ㉡, ㉥
③ ㉢, ㉣, ㉤
④ ㉣, ㉤, ㉥

정답해설

스포츠의 교육적 순기능
- 전인교육: 학업활동의 격려, 사회화 촉진, 정서 순환
- 사회통합: 사회 통합, 학교와 지역사회 통합
- 사회선도: 여권 신장, 장애자의 적응력 배양, 평생 체육의 조장

| 정답 | 21 ① 22 ③ 23 ② 24 ②

25 사회 이동 기제로서의 스포츠의 역할로 성격이 다른 것은?

① 조직적인 스포츠 참가는 은퇴 후 직업적 후원을 받을 수 있는 대인 관계에 도움이 된다.
② 스포츠 참가는 사회생활을 하는 데 있어 태도 및 사회적 기준을 발달시킨다.
③ 학교 재원을 운동 경기에 과다하게 소모하여 교육의 본래적 기능이 왜곡될 수 있다.
④ 스포츠 참가는 사회적 상승 이동을 촉진하는 매개체 역할을 한다.

정답해설

사회 이동의 기제로서 스포츠의 역할을 부정하는 입장이다.

오답해설

①②④ 사회 이동의 기제로서의 스포츠의 역할에 동의하는 입장이다.

26 다음의 미디어의 유형 중 성격이 다른 하나는?

① 신문
② TV
③ 인터넷
④ 모바일

정답해설

- 신문은 핫 매체로 문자미디어에 해당한다.
- 핫 매체에는 신문, 잡지, 라디오, 사진, 화보 등

27 <보기>에서 설명하는 머튼(R. K. Merton)의 아노미(anomie) 이론과 관련된 일탈 행동은?

보기

사회의 문화적 목표를 받아들이고 그 목표를 성취하도록 제도화된 수단을 채택하여 따르며 그 목표를 성취하기 위한 수단을 모두 수용한다.

① 동조주의 ② 반란주의
③ 혁신주의 ④ 도피주의

정답해설

<보기>는 동조주의에 대한 설명이다.

오답해설

② 반란주의: 새로운 목표와 수단을 주장하며 사회의 변혁에 노력하는 행위이다.
③ 혁신주의: 문화적 행동 목표는 수용하나 이를 성취하기 위한 수단은 거부하는 행위로 수단과 방법을 가리지 않고 성공하려는 행위이다.
④ 도피주의: 문화적으로 승인된 목표와 사회적으로 용인되는 수단을 모두 거부하는 행위이다.

28 <보기>에서 스포츠의 사회적 순기능에 관한 내용으로 적절한 것은?

보기

- 나는 스포츠활동을 통하여 사회적으로 더 좋은 사람이 될 것이다.
- 스포츠에 참여하는 것은 다양한 경험을 할 수 있기 때문이다.

① 사회 역할적 기능 ② 사회 통합의 기능
③ 사회화 기능 ④ 사회 기능적 역할

정답해설

<보기>는 사회화 기능에 대한 설명이다. 사회적 순기능으로 사회화 기능은 스포츠 참여를 통하여 긍정적인 사회생활을 배우고, 경험하면서 진취적인 사회화의 긍정적인 기능이 있다.

| 정답 | 25 ③ 26 ① 27 ① 28 ③

29 <보기>에서 설명하는 내용에서 필요로 하는 스포츠사회 분야는 무엇인가?

보기

현대사회가 고도화, 과학화가 되어가며 스포츠의 가치를 더 증대시키고, 대중화하기 위해 행정적인 지원이 필요한 시점이다.

① 스포츠 과학 ② 스포츠 정치
③ 스포츠 정책 ④ 스포츠 법률

정답해설

스포츠의 가치를 증대시키고 대중화하고자, 제도와 행정적인 지원을 위해 스포츠 정책이 필요하다.

30 스포츠 일탈의 유형에 해당하지 않는 것은?

① 관중 폭력
② 조직적 일탈
③ 부정행위
④ 고도화된 훈련

정답해설

고도화된 훈련은 스포츠 일탈의 유형에 해당하지 않는다.

31 <보기>에서 설명하는 스포츠 미디어 이론으로 적절한 것은?

보기

인구학적 특성에 따라서 사람은 여러 가지 집합으로 구분하여 분류하는 것으로 경제 수준, 연령, 성별, 인종, 종교 등을 포함하며, 이는 사람이 속한 위치나 환경에 따라 행동을 구성하는 데 유사한 환경에서 생활하면 생각과 행동이 유사해지는 사회학적 이론

① 개인차 이론 ② 문화규범 이론
③ 사회관계 이론 ④ 사회범주 이론

정답해설

- 개인차 이론: 인간은 다양한 차이로 인하여 서로 다른 가치관과 성격 및 행동양식을 형성하며, 각 개인적 특성은 사물을 인식하고 판단하는 근거가 된다는 것
- 문화규범 이론: 매스미디어가 사회와 인간에 영향을 미친다는 이론
- 사회관계 이론: 인간이 여러 가지 행동과 생각을 해석하는 것은 주변 사람의 영향도 크게 미치며, 준거집단에서도 영향을 주고 받게 된다는 이론
- 사회범주 이론: 인구학적 특성에 따라서 사람은 여러 가지 집합으로 구분하여 분류하는 것으로 경제 수준, 연령, 성별, 인종, 종교 등을 포함하며, 이는 사람이 속한 위치나 환경에 따라 행동을 구성하는데 유사한 환경에서 생활하면 생각과 행동이 유사해지는 사회학적 이론

32 프로스포츠 경기에서 관중들의 난동사태가 일어나는 경우에 대한 설명으로 옳지 않은 것은?

① 스포츠 경기가 점점 더 가열되는 후반전에 들어갈수록 발생한다.
② 스포츠 경기 시즌의 중반 정도가 되면 과열되는 양상으로 발생한다.
③ 비교적 스포츠 경기 관람석의 입장권 가격이 낮을수록 발생한다.
④ 기온이 올라가고, 관중석의 관중이 많을수록 많이 발생한다.

정답해설

스포츠 경기 시즌의 후반으로 갈수록 관중들의 난동사태가 발생할 수 있다.

| 정답 | 29 ③ 30 ④ 31 ④ 32 ②

33 스포츠에서 폭력이 발생하는 원인이 아닌 것은?

① 스포츠팀에서 정체성과 우월성을 조절하기 위한 수단으로 발생한다.
② 스포츠팀에서 자신의 존재감을 과시하기 위한 수단으로 사용된다.
③ 스포츠의 보수적인 성향이 스포츠조직 내에서 발생한다.
④ 스포츠 상업화에 따른 승리지상주의가 원인이다.

정답해설

스포츠에서 폭력은 스포츠팀에서 정체성과 우월성을 보이기 위한 수단으로 발생한다.

34 <보기>는 스포츠 사회화의 과정에 대한 설명이다. 스포츠 사회와 과정의 순서를 바르게 연결한 것은?

보기

㉠ 야구의 흥미로 야구부에 들어가고 좋은 성적으로 프로 구단에 입단하였다.
㉡ 선수 활동 중 갑작스런 부상으로 선수 생활을 은퇴하게 되었다.
㉢ 은퇴 후 지도자 양성 수업을 듣고 프로팀의 코치로 다시 활동하게 되었다.
㉣ 철수는 어릴 적 아버지와 함께 야구 경기 관람 후 야구 종목에 관심을 갖게 되었다.

① ㉠ 스포츠로의 사회화 → ㉡ 스포츠를 통한 사회화 → ㉢ 스포츠로부터의 탈사회화 → ㉣ 스포츠로의 재사회화
② ㉠ 스포츠로의 사회화 → ㉡ 스포츠로부터의 탈사회화 → ㉢ 스포츠를 통한 재사회화 → ㉣ 스포츠로의 사회화
③ ㉠ 스포츠로부터의 탈사회화 → ㉡ 스포츠로의 재사회화 → ㉢ 스포츠로의 사회화 → ㉣ 스포츠를 통한 사회화
④ ㉠ 스포츠를 통한 사회화 → ㉡ 스포츠로부터의 탈사회화 → ㉢ 스포츠로의 재사회화 → ㉣ 스포츠로의 사회화

정답해설

ㄱ. 스포츠를 통한 사회화
ㄴ. 스포츠로의 탈사회화
ㄷ. 스포츠로의 재사회화
ㄹ. 스포츠로의 사회화

| 정답 | 33 ① 34 ④

35 <보기>의 대화 중 스포츠 참여 형태가 같은 것끼리 연결한 것은?

보기

- 철수: 나는 만수의 팀 코치로 전담 트레이너로 활동하고 있어.
- 소인: 나는 우리 동네 야구팀의 열혈 팬이야. 경기 관람만으로도 기분이 좋아.
- 만수: 나는 요즘 일주일에 3번씩 야구 동호회에서 유격수를 맡고 있어.

① 철수, 소인
② 철수, 만수
③ 소인, 만수
④ 철수, 소인, 만수

정답해설

<보기>는 스포츠 참가의 유형 중 행동적 참가에 대한 설명이다. 행동적 참가란 스포츠 활동에 직접 참여하여 승자나 패자, 주전선수나 후보선수 등으로 활약하게 되는 직접 참여와 선수로 직접 참여하지 않지만 스포츠 활동과 관련된 생산과 소비활동을 하는 간접 참여를 포함한다.

36 부정행위가 많이 발생하는 상황 아닌 것은?

① 승리에 대한 보상이 크다고 생각되는 경우
② 경기 규칙이 지나치게 엄격한 경우
③ 경기 결과가 승리로 거의 확실한 경우
④ 사회 · 경제적 지위가 낮은 선수가 많은 경우

정답해설

③ 경기 결과가 패배로 거의 확실한 경우 부정행위를 하고 싶은 욕망이 생긴다.

37 미래 사회의 스포츠 변화로 옳지 않은 것은?

① 스포츠 장비의 성능 향상으로 부상 증가
② 신체적 능력 및 경기력 향상을 위한 프로그램 개발
③ 상업화를 통한 소비자의 소비 활동 촉진
④ 통신과 전자 매체의 발달로 다양한 스포츠 종목 시청

정답해설

기록 향상을 위한 스포츠 장비의 성능 향상은 안전을 제고해 부상 발생을 방지할 수 있다.

38 부정행위에 대한 설명 중 성격이 다른 것은?

① 경기 지연을 위한 빈번한 항의
② 상대편의 경기용구 파손
③ 의도적인 승부조작
④ 규정에 어긋난 장비 사용

정답해설

경기 지연을 위한 빈번한 항의는 주정행위 중 제도적 부정행위에 대한 설명이다.

| 정답 | 35 ① 36 ③ 37 ① 38 ①

39 세계화에 따른 스포츠의 변화로 옳지 않은 것은?

① 국제 스포츠 경쟁에서 국가 간의 경쟁이라는 의미가 축소됐다.
② 기술과 정보의 혁명을 통하여 스포츠가 행해지는 공간적 거리가 무의미해졌다.
③ 국제 스포츠 조직의 확대를 통한 범세계적 교류가 증진했다.
④ 국제 스포츠의 국가 간 배분의 불평등 문제는 완전히 개선됐다.

정답해설

국제 스포츠의 국가 간 배분의 불평등 문제는 많이 개선되었지만, 서구 스포츠가 전 세계적 스포츠 문화 영역으로 확대될 가능성은 여전히 존재한다.

40 <보기>에서 설명하는 스포츠의 사회 이론은?

보기

2002년 한일 월드컵에서 한국 축구 대표팀은 4강 신화를 만들었다. 당시 많은 국민들이 길거리로 나와 성별, 연령에 관계없이 모두 하나 되어 응원에 참가하며 국가에 대한 애착심과 소속감을 되새겼다.

① 구조 기능주의
② 갈등 이론
③ 비판 이론
④ 교환 이론

정답해설

<보기>는 구조 기능주의에 대한 설명이다. 사회를 실체로 보고 사회적 실체의 본질을 규명하는 이론이다. 사회 구성원은 일반적으로 동일한 가치관을 지니고 있으며, 사회의 주요 부분인 가정, 교육, 경제, 정부, 종교, 스포츠는 상호 보완적이며 조화를 갖춘다고 본다.

41 <보기>에서 설명하는 정치의 스포츠 이용 방법은?

보기

- 선수의 승리를 개인적 승리가 아닌 민족과 국가의 영광으로 해석
- 국제경기에 임한 선수를 개인이 아닌 국가를 대표하는 인물로 설정

① 내면화
② 상징
③ 동일화
④ 조작

정답해설

<보기>는 스포츠와 정치의 결합 방법 중 상징에 대한 설명이다. 상징은 어떤 특정한 의미와 의의를 가지며, 본질과 다른 무엇을 대리하고 지칭하는 것을 말한다. 국가주의, 민족주의, 인종주의, 지역주의, 분리주의는 상징화를 의미하고, 순수 스포츠의 경쟁 및 승리는 지역, 국가의 경쟁 및 승리를 의미한다.

42 <보기>에서 설명하는 국제정치에 있어 스포츠의 역할은?

보기

1952년 헬싱키올림픽에서 구소련은 종합순위 1위를 차지하며 전 세계에서 가장 강력한 스포츠 국가로 인정받았다.

① 외교적 도구
② 국위선양
③ 이데올로기 및 체제 선전의 수단
④ 외교적 항의

정답해설

<보기>는 이데올로기 및 체제 선전의 수단에 대한 설명이다. 이는 스포츠에서의 승리를 특정 정치체제의 우월성을 입증하는 증거로 본다.

| 정답 | 39 ④ 40 ① 41 ② 42 ③

43 올림픽 경기의 정치와 요인과 관련이 없는 것은?

① 민족주의 심화
② 상업주의 팽창
③ 정치권력 강화
④ 국제평화 촉구

오답해설

① 민족주의 심화: 민족주의는 국가 간의 경쟁을 심화시키고 올림픽 경기에서의 정치화 현상을 유발하는 요인으로 간주한다.
② 상업주의 팽창: 경제규모의 확대를 위한 수단으로 활용과 상업적 이익 추구를 위한 도구로 이용한다.
③ 정치권력 강화: 스포츠는 국력의 과시 및 외교수단 등의 큰 효용 가치를 지니고 있기에 스포츠를 국가정책의 수단으로 활용한다.

44 <보기>에서 설명하는 저널리즘의 유형은?

보기

스포츠 보도에서 많이 나타나는 현상으로 선정적이며 질 낮은 호기심에 호소하는 흥미 본위의 보도를 의미한다.

① 옐로 저널리즘
② 팩 저널리즘
③ 하이에나 저널리즘
④ 뉴 저널리즘

정답해설

<보기>는 독자들의 관심과 주목을 끌기 위해 특정 선수 및 관계자를 비평하고 의도적으로 사생활을 침범하는 선정적·비도덕적인 기사들을 과도하게 취재하는 옐로 저널리즘을 말한다.

45 스포츠 메가 이벤트의 긍정적 기능 중 성격이 다른 것은?

① 개최 지역에 여가 생활 기회 제공
② 지역 주민 화합과 단결
③ 개최 지역의 인지도 상승
④ 지역 경제의 활성화

정답해설

지역 경제의 활성화는 경제적 측면에서의 긍정적 기능에 해당한다.

오답해설

①②③ 사회적 측면에서의 긍정적 기능에 해당한다.

추가해설

사회적 측면에서의 긍정적 기능
- 개최 지역에 여가 생활 기회 제공
- 지역 주민의 화합과 단결
- 개최 지역의 인지도 상승
- 스포츠 인프라를 통한 지역 주민의 스포츠 참여 증대

46 <보기>에서 학원스포츠의 순기능에 대해 모두 고른 것은?

보기

㉠ 정서의 순화	㉡ 승리지상주의
㉢ 학습권 제한	㉣ 지역사회와 통합
㉤ 역량 개발의 기회 부여	
㉥ 인권 침해	

① ㉠, ㉡, ㉢
② ㉡, ㉣, ㉥
③ ㉠, ㉣, ㉤
④ ㉢, ㉤, ㉥

정답해설

학원스포츠의 순기능
- 학업 활동 촉진
- 정서의 순화
- 체육활동에 대한 흥미 유발
- 학교 내 통합
- 지역사회와 통합
- 역량 개발의 기회 부여

| 정답 | 43 ④ 44 ① 45 ④ 46 ③

47 <보기>에서 설명하는 스포츠 메가 이벤트의 파급 효과는?

보기

우리나라의 평창이 2018년 동계올림픽 개최지로 선정되면서 대한민국 이미지 개선 및 자국 내 기업 이미지가 제고되는 등 전 세계적으로 대한민국을 널리 알리게 되는 홍보 효과를 얻게 되었다.

① 고용 창출 효과
② 생산 유발 효과
③ 부가 가치 효과
④ 사회 통합 효과

정답해설

국가 이미지 및 브랜드 홍보 효과는 스포츠 메가 이벤트를 통한 부가 가치 효과에 해당한다.

48 <보기>의 투민(M. Tumin)의 스포츠 계층 형성 과정에 대한 설명이다. 스포츠 형성 과정 순서를 바르게 연결한 것은?

보기

㉠ 축구선수 철수는 국가대표 경기에서 선발 명단에 포함되어 경기를 뛰었다.
㉡ 축구는 선수, 코치, 감독, 트레이너 등으로 역할이 구분되어 있다.
㉢ 월드컵에서 4강에 오른 국가대표 선수 철수는 사회적 명성을 얻었다.
㉣ 철수는 기업으로부터 많은 광고와 TV 출연으로 경제적인 이득을 받고 있다.

① ㉠ → ㉡ → ㉢ → ㉣
② ㉡ → ㉠ → ㉢ → ㉣
③ ㉡ → ㉢ → ㉠ → ㉣
④ ㉢ → ㉠ → ㉣ → ㉡

정답해설

<보기>는 스포츠 계층의 형성과정에 대한 설명이다. 스포츠 계층의 형성과정은 '지위의 분화 → 지위의 서열화 → 평가 → 보수 부여'순이다.

49 <보기>에서 설명하는 스포츠 참가의 유형은?

보기

평소 몸만들기에 관심이 있던 박소홀 학생은 학교 체육 시간에 몸을 만들기 위해서는 근력 운동을 해야 한다는 정보를 접하고, 다음날 집 주변에 헬스장을 등록하였다.

① 행동적 참가
② 인지적 참가
③ 정의적 참가
④ 일탈적 참가

정답해설

<보기>는 학교, 사회 기관, 매스컴, 대회 등을 통하여 스포츠에 관한 일정 정보를 수용함으로써 이루어지는 스포츠 참가 유형인 인지적 참가에 대한 설명이다.

50 스포츠와 미디어의 상호작용에 대한 설명으로 옳지 않은 것은?

① 미디어 기술의 발달은 스포츠 수요자의 욕구를 충족시켰다.
② 스포츠는 미디어에 다양한 방송 및 기사를 제공했다.
③ 올림픽 같은 대형 이벤트는 미디어 중계권료로 거대한 이윤을 창출했다.
④ 미디어를 통한 선진 기술 도입으로 경기 기술 및 전략이 전문화됐다.

정답해설

미디어를 통한 선진 기술 도입으로 경기 기술 및 전략이 전문화됐다는 것은 미디어가 스포츠에 미치는 영향에 대한 설명이다.

| 정답 | 47 ③ 48 ② 49 ② 50 ④

01 <보기>의 빈칸에 들어갈 스포츠심리학의 하위영역이 바르게 나열된 것은?

보기
- (㉠)은 지속적인 운동 참여와 그것을 통해 얻을 수 있는 개인의 정신 건강에 관한 연구 분야이다.
- (㉡)은 운동 행동이 연령에 따라 계열적이고 연속적으로 변해가는 과정에 관한 연구 분야이다.

	㉠	㉡
①	응용스포츠심리학	운동발달
②	건강운동심리학	운동발달
③	건강운동심리학	운동학습
④	응용스포츠심리학	운동학습

정답해설

㉠ 건강운동심리학: 건강운동과 관련하여 심리학적 측면에서 폭넓게 연구하는 학문으로 운동실천의 인식, 운동참가동기, 운동참여의 지속, 정신건강 등과 관련이 있다.
㉡ 운동발달: 인간의 운동기능이 개인의 성장발달에 따라 어떻게 세분화되고, 통합하여 어떻게 발달과정이 변화하는가를 연구하는 학문이다.

오답해설

- 응용스포츠심리학: 운동선수의 경기력을 높이고 개인의 성장을 이루고 신체활동의 참여를 강화시키기 위하여 적용할 수 있는 심리학적 측면에서의 이론과 기술에 대해 이해하고 연구하는 학문이다.
- 운동학습: 운동기능의 습득과 관련한 원리를 연구하여 밝히는 학문이다. 운동학습과정, 전이, 연습의 원칙, 운동행동모형 등과 관련이 있다.

02 심리 요인이 스포츠 수행에 미치는 영향과 관련된 연구 문제로 적절하지 않은 것은?

① 자신감의 수준이 아동의 수영 학습에 어떠한 영향을 미치는가?
② 태권도 수련 참가는 아동의 성격 발달에 어떠한 영향을 미치는가?
③ 불안이 축구 페널티킥 성공률에 어떠한 영향을 미치는가?
④ 성공 · 실패의 경험은 골프 퍼팅 학습에 어떠한 영향을 미치는가?

정답해설

'태권도 수련 참가는 아동의 성격 발달에 어떠한 영향을 미치는가?'는 태권도 수련과 같은 스포츠 수행이 아동의 성격 발달에 미치는 영향과 관련된 연구 문제이다.

오답해설

①③④ 운동학습에 관련된 연구 문제로, 심리 요인이 스포츠 수행에 미치는 영향과 관련 있다.

03 <보기>에서 설명하는 연습방법은?

보기
- 한 가지 과제를 전체로 제시하는 방법
- 농구의 드리블에서 공을 다루는 팔과 다양한 형태로 나타나는 스텝을 연습하는 방법
- 축구 경기를 통해서 킥이나 패스, 헤딩 등과 같은 기술을 한꺼번에 연습하는 방법

① 분습법 ② 전습법
③ 분산연습 ④ 집중연습

정답해설

<보기>는 전습법에 대한 설명이다. 전습법은 모든 동작을 한꺼번에 연습하는 방법이다.

오답해설

① 분습법: 모든 동작을 나누어서 연습하는 방법이다.
③ 분산연습: 연습 시간에 비해 쉬는 시간이 상대적으로 긴 연습하는 방법이다.
④ 집중연습: 연습 시간이 쉬는 시간보다 긴 연습하는 방법이다.

| 정답 | 01 ② 02 ② 03 ②

04 정보처리 3단계의 관점에서 100m 달리기 스타트의 반응시간이 배구 서브 리시브 상황에서의 반응시간보다 짧은 이유로 옳은 것은?

① 100m 스타트에서는 자극확인(stimulus identification)단계의 소요 시간이 상대적으로 짧기 때문이다.
② 100m 스타트에서는 운동 프로그래밍(motor programming)단계의 소요 시간이 상대적으로 길기 때문이다.
③ 배구 서브 리시브 상황에서는 자극확인(stimulus identification)단계의 소요 시간이 상대적으로 짧기 때문이다.
④ 배구 서브 리시브 상황에서는 반응선택(response selection)단계의 소요 시간이 상대적으로 짧기 때문이다.

정답해설

자극확인단계에서는 환경의 정보자극을 탐지하고 자극의 명확성과 강도, 그리고 자극의 유형을 인식한다. 그러므로 100m 달리기 스타트의 반응시간이 짧을수록 자극확인 시간 또한 짧다고 볼 수 있다.

오답해설

② 100m 스타트에서는 운동 프로그래밍단계의 소요 시간이 상대적으로 짧다.
③ 배구 서브 리시브 상황에서는 자극확인단계의 소요 시간이 상대적으로 길다.
④ 배구 서브 리시브 상황에서는 반응선택단계의 소요 시간이 상대적으로 길다.

05 운동 제어에서 자동화에 대한 설명으로 옳지 않은 것은?

① 운동의 자동화가 실행되는 동안에는 의식적인 노력이 필요하다.
② 운동의 빠른 처리가 가능하다.
③ 시작된 운동에 대한 제어와 수정이 어렵다.
④ 적절한 운동 프로그램의 처리에는 자동화 과정이 유리하다.

정답해설

자동화란 운동 동작을 미리 입력된 프로그램처럼 자동으로 처리하는 것을 말한다. 자동화된 운동 프로그램의 진행에는 의식적 노력이 필요 없으며, 빠르고 자동적인 동작을 위해 유용하다.

추가해설

피츠(Fitts)와 포스너(Posner)의 학습 단계 이론

- 인지단계: 제일 처음 학습하는 단계로 학습의 개념, 움직임을 인지하는 단계동작이 느리며, 비효율적이고 일관성 없음
- 연합단계: 오류가 발생하면 수정하려고 노력하는 단계로, 동작이 능숙하고 신뢰성가짐
- 자동화단계: 정확한 동작 구현, 일관성, 효율적, 동작의 자동 조절

| 정답 | 04 ① 05 ①

06 <보기>의 운동 수행에 관한 예시를 가장 잘 설명하는 이론은?

보기

테니스 서비스는 공을 서비스 코트에 떨어트려야 한다. 퍼스트 서비스가 너무 길어 폴트 된 것을 본 후, 손목 조절을 위해 시각 및 운동감각적 피드백을 이용하여 세컨드 서비스에서 공이 코트 밖으로 이탈하지 않도록 한다.

① 폐쇄회로 이론
② 개방회로 이론
③ 다이나믹 시스템 이론
④ 생태학적 이론

정답해설

<보기>는 운동동작을 실행한 후, 실행된 동작을 자신이 가지고 있던 내적 준거와 비교하여 오류를 수정한다는 이론이다. 이때 내적 준거를 '참조기제'라고도 하며, 참조기제를 통해 피드백이 이루어지는 체계를 폐쇄회로 이론이라 한다.

오답해설

② 개방회로 이론: 움직임이 발생하기 전에 이미 비슷한 경험을 한 적이 있기 때문에 동작에 대한 운동프로그램이 저장되어 있다.
③ 다이나믹 시스템 이론: 운동프로그램 이론에 만족하지 않은 학자들이 제시한 이론이다. 운동프로그램의 역할을 축소하는 대신 지각시스템과 동작사이의 직접적인 연결 관계를 더 중시한다.
④ 생태학적 이론: 운동 수행자는 과제를 지각하고 본인이 속한 환경적인 특성에 따라서 움직이기 때문에 행동의 기억은 그 기억 위에 지속적으로 쌓여간다고 주장하는 이론이다.

07 다음 중 인간 발달의 큰 원리로서 가장 적절하지 않은 것은?

① 발달은 성숙과 학습에 의존한다.
② 말초에서 중심으로 발달해 간다.
③ 일정한 순서대로 발달해 간다.
④ 발달은 계속적 과정이지만 그 속도는 일정하지 않다.

정답해설

발달은 항상 큰 근육에서 작은 근육으로, 중심에서 말초로 발달한다.

추가해설

운동 발달의 원리

- 일정한 위계와 순서에 따라서 발달
- 몸통(가슴과 배 부분)에서 먼 쪽(머리, 팔, 다리)으로 발달
- 머리에서 발쪽으로 발달
- 큰 근육 운동에서 작은 근육 운동으로 발달

| 정답 | 06 ① 07 ②

08 보강피드백의 분류에서 ㉠, ㉡에 해당하는 지식의 명칭으로 알맞은 것은?

보기

- 승국이의 골프 스윙 정확성을 분석한 결과, ㉠ 목표 지점에서 오른쪽으로 8m 벗어났고, 거리도 30m 짧게 나왔습니다.
- 정확한 골프 스윙을 하기 위해서는 ㉡ 백스윙에서 머리가 움직이지 않도록 하고, 어깨의 회전과 함께 체중이 왼쪽으로 이동하면서 스윙을 해야 합니다.
- 이러한 골프 스윙이 비거리와 정확성을 높일 수 있습니다.

	㉠	㉡
①	결과지식	처방지식
②	결과지식	수행지식
③	수행지식	처방지식
④	처방지식	결과지식

정답해설

㉠ 결과지식: 피드백의 과정에서 수행의 결과를 제공하는 지식을 말한다.
㉡ 수행지식: 수행을 위해 수행자가 취해야 할 동작에 대한 처방정보를 제공하는 지식을 말한다.

오답해설

- 처방지식: 운동을 가장 최적화하기 위해서 위험하지 않고, 본인의 능력에 맞게끔 계획해 효과를 가져 오기 위한 처방정보를 말한다.

09 <보기1>에 제시한 피츠(Fitts)와 포스너(Posner)의 운동 학습 단계와 <보기2>의 설명이 바르게 연결된 것은?

보기 1

ⓐ 인지단계 ⓑ 연합단계
ⓒ 자동화단계

보기 2

㉠ 학습해야 할 운동기술의 특성을 이해하고 그 과제를 수행하기 위한 전략을 개발한다. 오류 수정 능력을 갖추지 못했기 때문에 운동수행 시 일관성이 부족하다.
㉡ 동작 실행 시 의식적 주의가 거의 필요 없으며 정확성과 일관성이 매우 높다. 동작에 대한 오류를 탐지하고 수정할 수 있는 능력이 있다.
㉢ 과제에 대한 전략을 선택하고 잘못된 수행에 대한 해결책을 찾아 나갈 수 있게 된다. 동작의 일관성이 점점 좋아진다.

	ⓐ	ⓑ	ⓒ
①	㉠	㉡	㉢
②	㉡	㉠	㉢
③	㉢	㉡	㉠
④	㉠	㉢	㉡

정답해설

피츠(Fitts)와 포스너(Posner)의 학습 단계 이론

인지단계	• 운동 과제를 안전하게 수행하기 위한 방법을 배움 • 움직임을 인지하고 움직임의 연속성에 대해 생각함 • 시행 착오가 많이 발생함
연합단계 (고정단계)	• 오류가 적어지는 단계 • 운동 조절을 잘하려고 노력하는 단계 • 일관성 있고 효율적 수행이 가능한 단계
자동화단계	• 일관성 있고 효율적 수행이 가능한 단계 • 학습한 움직임이 무의식적으로 실행되는 단계 • 이중 과제의 수행이 가능한 단계 • 환경과 과제의 변화에도 잘 적응하는 단계

| 정답 | 08 ② 09 ④

10 다음 내용 중 가장 적절하지 않은 것은?

① 근래 경기력에 상관되는 심리적 요인을 종합적으로 접근하려는 심리 기술연구가 활발하다.
② 모간(Morgan)의 빙산형 프로파일에서 성공적인 선수에게서 나타나는 빙산의 꼭지는 '긴장'항목이다.
③ 성격 구조 가운데 가장 쉽게 변할 수 있는 단계는 역할단계이다.
④ 우수한 선수일수록 긍정적인 성격 영역이 높게 나타난다.

정답해설

모간(Morgan)의 빙산형 프로파일의 우수선수는 활력이 높고, 비 우수선수는 긴장이 낮다.

추가해설

모간(morgan)의 빙산형

- 운동선수와 일반인, 스포츠 종목별, 포지션별, 기술 수준별, 우수 선수와 비우수 선수 간에는 성격 차이가 나타나는 반면, 성별에 따른 성격 차이는 나타나지 않음
- 운동선수가 일반인에 비해 불안 수준은 낮고, 자신감은 높으며, 외향적, 경쟁적, 지적이고, 사회성이 탁월함
- 단체 경기 선수는 개인 경기 선수보다 불안이 높고, 의존심은 강하며, 외향적임
- 신체 접촉이 있는 종목의 선수는 신체 접촉이 없는 종목의 선수보다 독립적이고 이기심이 적음
- 구기 종목의 공격 선수는 수비 선수보다 정서적으로 불안정하고 외향적임
- 우수 선수가 비우수 선수보다 활력이 크고, 긴장, 우울, 불안, 피로, 혼동 등이 적음

우수 선수와 비우수 선수의 성격

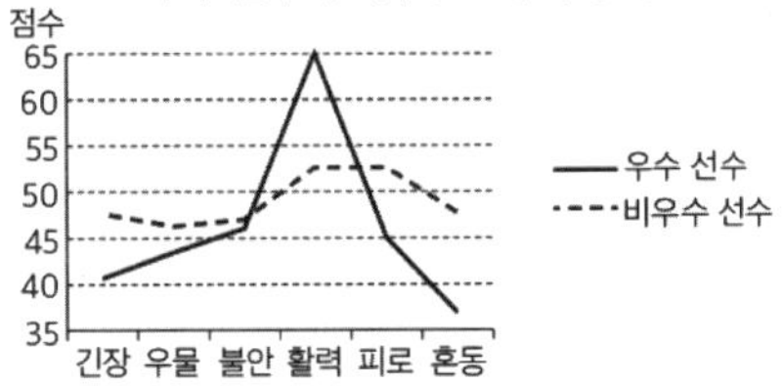

Morgan의 빙산형 프로파일

11 다음 중 불안에 대한 설명으로 옳은 것은?

① 상태불안: 스포츠 행동의 중단을 촉진하는 불안
② 경쟁특성불안: 머릿속으로 걱정하는 불안
③ 분리불안: 성격적으로 타고난 불안
④ 특성불안: 선천적으로 타고난 자신의 성격 때문에 생기는 불안

정답해설

특성불안은 선천적으로 타고난 자신의 성격 때문에 생기는 불안이다.

오답해설

① 태불안: 어떤 상황에 처했을 때 일시적으로 느끼는 불안이다.
② 경쟁특성불안: 경쟁적인 상황 또는 시합 상황을 다른 선수들보다 더 위협적인 상황으로 지각하는 등의 개인적인 특성 때문에 생기는 불안이다.
③ 분리불안: 가정, 개인이 강한 정서적 애착이 있는 사람들과의 분리와 관련하여 느끼는 불안이다.

12 올바른 귀인훈련에 대한 설명으로 옳지 않은 것은?

① 승리의 원인이 우연일 수 있으므로 자만하지 말고 더 열심히 훈련하라고 독려한다.
② 큰 차이의 패배가 아니었으니 더 열심히 훈련해서 리벤지를 하자고 독려한다.
③ 실패가 노력의 부족은 아니였는지 반성하도록 유도한다.
④ 패배 시 선수가 자신의 능력을 탓하지 않도록 독려한다.

정답해설

실패의 원인은 불안정한 원인이므로 성공의 원인을 안정적 원인으로 귀인하는 것이 기본적인 원리이다.

추가해설

자신 또는 다른 사람이 어떤 행동을 했을 때 그 행동의 원인을 찾기 위해 추론하는 과정을 귀인이라 한다. 예를 들어 시합에 졌을 때 왜 시합에 졌는지 그 원인을 알아보려고 노력하는 과정이다. 이 과정을 훈련하는 것이 귀인훈련이다.

| 정답 | 10 ② 11 ④ 12 ①

13 다음 중 목표 설정의 단계로 알맞은 것은?

① 평가단계 – 준비단계 – 교육단계
② 준비단계 – 평가단계 – 교육단계
③ 교육단계 – 평가단계 – 준비단계
④ 준비단계 – 교육단계 – 평가단계

정답해설

목표 설정 단계는 '준비단계 – 교육단계 – 평가단계'이다.

추가해설

목표 설정 단계

(1) **이해단계(준비단계)**
  ① 집단의 목표를 설정할 때 많은 시간 투자를 통해 사전 준비를 해야 함
  ② 학습자의 특성과 수행 수준을 지속적으로 정확하게 파악해야 함
  ③ 목표를 달성하기 위한 구체적인 계획을 수립해야 함

(2) **교육단계(목표설정 단계)**
  ① 목표설정에 따른 실질적인 목표를 수립함
  ② 특정한 목표를 설정하고 이를 달성하기 위한 단계적 목표를 함께 제시함
  ③ 각 개인이 목표를 설정할 수 있는 충분한 시간을 제공함
  ④ 팀과 선수에 대한 요구를 파악한 후 팀 전체를 대상으로 오리엔테이션을 진행함

(3) **평가단계**
  ① 목표 달성의 여부를 지속적으로 확인하고 평가해야 함
  ② 목표가 적절한지 확인한 후 목표를 수정 · 보완해야 함

14 <보기>의 빈칸에 들어갈 용어로 알맞은 것은?

보기

> 링겔만(M. Ringelmann)의 줄다리기 실험에 의하면, 줄을 당기는 힘은 혼자일 때 가장 크고, 줄을 당기는 인원이 증가할수록 개인이 쓰는 힘의 양은 줄어드는 것으로 나타났다. 이와 같이 집단 속에서 개인의 노력이 줄어드는 현상을 (   )이라고 한다.

① 집단응집력
② 부적강화
③ 사회적 태만
④ 사회적지지

정답해설

<보기>의 내용은 링겔만 효과의 관한 이론이며, 혼자일 때보다 집단에 속해있을 때 더 게을러지는 현상으로 '사회적 태만'이라고도 한다.

오답해설

① 집단응집력: 집단응집력은 집단 구성원들과의 관계에서 원활한 상호 작용을 위한 노력으로 개인이 집단에 관여하고 집단을 위해 헌신하는 것을 의미한다.
② 부적강화: 불쾌하거나 고통스러운 자극을 제거하여 바람직한 반응의 확률을 높이는 것을 의미한다.
④ 사회적지지: 부모, 가족 등 사회적 지지자들이 가진 운동에 대한 인식과 태도에 따라 영향을 받는 것을 의미한다.

| 정답 | 13 ④ 14 ③

15 주의 집중 훈련의 기법에 대한 내용으로 옳지 않은 것은?

① 동작이 자동적으로 이루어진다는 믿음을 가지게 한다.
② 스스로 통제가 가능한 당면한 과제의 해결에만 주의를 집중한다.
③ 실제 경기에서 일어나는 모든 상황을 똑같이 만들어 연습하는 훈련을 실시한다.
④ 주의가 분산되지 않도록 한 번에 한 가지의 수행만을 연습시킨다.

정답해설

주의 집중 능력을 높이기 위해 경우에 따라 여러가지 수행을 동시에 시킴으로써 주의를 적절히 배분하는 능력을 향상시키는 훈련을 활용하기도 한다.

추가해설

주의 집중 훈련 기법
주의가 산만한 환경에 노출, 주의 초점의 전환을 반복적으로 연습, 현재 수행에 전념, 적정 각성 수준을 찾음, 주의 집중 훈련 실시, 조절이 가능한 것에 집중 훈련, 수행 전 루틴 개발 및 연습 등이 있다.

16 <보기>는 스포츠가 운동참가자의 인성발달에 어떤 영향을 주는지 설명한 설명이다. 인성발달에 긍정적인 영향을 준 내용들만 고른 것은?

보기

가. 지도자가 항상 승부 결과에 대한 강한 의지를 피드백한다.
나. 경쟁심을 조장하고 보상과 처벌을 엄격하게 적용한다.
다. 올바른 스포츠 행동을 모방하도록 격려한다.
라. 선수(학생) 스스로가 선택하고 책임질 수 있도록 재량권을 준다.
마. 과제 자체에 대한 동기 및 협동심을 자극한다.

① 가, 나
② 가, 다, 라
③ 나, 다, 라
④ 다, 라, 마

정답해설

올바른 스포츠 행동을 모방하도록 격려하고 선수(학생) 스스로가 선택하고 책임질 수 있도록 재량권을 주며 과제 자체에 대한 동기 및 협동심을 자극하는 것은 스포츠가 운동참가자의 인성발달에 주는 긍정적인 영향에 해당한다.

오답해설

가. 지도자가 지나치게 승부의 결과에 집착하면 선수에게 승리지상주의라는 부정적인 영향을 줄 수 있다.
나. 경쟁심을 조장하거나 보상과 처벌을 지나치게 엄격하게 적용하는 것은 선수의 인성발달에는 부정적으로 작용할 수 있다.

추가해설

지도자가 스포츠 및 운동참가자에 미치는 영향
- 사회적으로 다양한 활동을 하는 지도자는 참가자의 사회적 촉진을 불러일으킴
- 지도자가 수행자에게 사회적 지지를 제공할 경우, 수행자의 자기효능감 증가와 피로 감소에 도움이 됨
- 리더의 실제 행동과 선수의 선호도와 상황적 요인의 요구 수준이 일치할수록 집단의 수행과 집단의 구성원의 만족 정도는 높아질 수 있음

| 정답 | 15 ④　16 ④

17 <보기>에서 설명하는 운동의 심리적 효과와 관련한 주요 가설은?

보기

운동이 우울증에 긍정적 효과가 있는 이유는 세로토닌, 노에피네프린, 도파민과 같은 뇌의 신경전달물질의 변화 때문이다. 즉, 운동을 하면 신경원에 의한 신경전달 물질의 분비와 수용이 촉진되어 신경원 간의 의사소통이 향상된다.

① 생리적 강인함 가설 ② 모노아민 가설
③ 사회심리적 가설 ④ 열발생 가설

정답해설

모노아민 가설은 운동을 하면 신경전달물질의 분비가 증가하기 때문에 정서에 변화가 생긴다는 가설이다.

오답해설

운동의 심리적 효과와 관련한 주요 가설

① 생리적 강인함 가설: 운동을 규칙적으로 하면 스트레스를 규칙적으로 가하는 것이기 때문에 스트레스에 견디는 능력이 향상되고 정서적으로 안정된다는 가설이다.
③ 사회·심리적 가설: 운동을 하면 기분이 좋아질 것이라고 기대하기 때문에 위약효과에 의해서 심리적인 효과가 생긴다는 가설이다.
④ 열발생 가설: 운동을 하면 체온이 상승하고, 체온이 상승하면 뇌에서 근육에게 이완 명령을 내리기 때문에 편안해진다는 가설이다.

18 운동 실천의 중재 전략 중 인지 행동 전략에 관한 내용으로 옳지 <u>않은</u> 것은?

① 참여자가 운동 일지를 작성하도록 유도한다.
② 운동 참여 전 운동 계약서를 작성한다.
③ 운동의 강도는 본인이 가진 능력의 최대치가 되도록 유도한다.
④ 운동 참여의 명확한 목표를 설정한다.

정답해설

운동의 강도는 언제나 적절한 수준이어야 한다.

추가해설

인지 행동 전략

- 목표 설정: 반드시 객관적으로 목표를 세워야 하며, 객관적인 목표를 달성하기 위해 더 노력해야 한다고 생각하도록 해야 함
- 의사 결정: 운동에 참여하지 않는 사람을 운동에 참여할 수 있도록 하는 전략으로, 운동을 하면 긍정적인 면이 더 많다는 정보를 제공해 참여할 수 있게 해야 함
- 동기 유발: 운동에 참여하면 나타나는 긍정적인 변화를 통해 동기를 유발하고, 스스로 운동에 참여할 수 있도록 해야 함

19 <보기>는 운동 상담에서 적용된 상담기법 중 어떤 기법에 해당되는 내용인가?

보기

- 내담자를 향해서 앉는다.
- 개방적인 자세를 취한다.
- 부드러운 시선접촉을 유지한다.
- 편안하고 자연스러운 자세를 취한다.
- 상대방 쪽으로 가끔 몸을 기울인다.

① 신뢰의 형성
② 관심 집중
③ 경청
④ 공감적 이해

정답해설

<보기>는 상담의 기법 중 관심 집중에 관한 내용이다.

오답해설

① 신뢰의 형성: 내담자가 원하는 바를 정확히 파악하여 도움을 줄 수 있는 인상을 주어야 한다. 내담자가 상담의 효과에 대해 긍정적인 기대를 갖도록 해야 하고, 상담자는 전문성을 가져야 한다. 학연, 지연, 운동종목 등을 활용하여 내담자와 공감하고, 편안함을 느끼게 한다면 더욱 쉽게 신뢰형성을 이룰 수 있다. 상담자는 정직, 솔직함, 비밀엄수 등을 지키며 진지하고, 개방적이어야 한다.
③ 경청: 비언어적 메시지 경청하기, 언어메시지 경청하기, 경청 확인 등이 있다.
④ 공감적 이해: 생각할 시간 갖기, 반응 시간을 짧게 하기, 내담자에게 맞게 반응하도록 자신을 지키기 등이 있다.

| 정답 | 17 ② 18 ③ 19 ②

20 스포츠 심리 상담에 관한 설명으로 옳지 않은 것은?

① 상담은 상담자와 내담자의 상호 협력 관계에 기초한다.
② 심리 기술에는 루틴, 자화, 심상 등이 있다.
③ 상담자는 상담 시작 전에 상담의 전 과정을 내담자에게 안내한다.
④ 스포츠 심리 상담은 인간적 성장과 경기력 향상을 목표로 한다.

정답해설

루틴, 자화, 심상은 스포츠 심리 상담과 거리가 멀다.

추가해설

스포츠 심리 상담
스포츠 상황에서 참여자의 경기력을 향상시키거나 인간적인 성장을 도와주기 위해 심리 기술 훈련과 상담을 적용하여 중재하는 과정을 말한다.

21 스포츠심리학에 대한 설명으로 옳지 않은 것은?

① 심리학과 상호교환의 관계이다.
② 스포츠에서 경기력 향상을 목적으로 한다.
③ 독자적인 학문 영역을 형성한다.
④ 사회현상을 스포츠의 특성과 연관지어 연구하는 학문이다.

정답해설

사회현상에 대한 분석 및 연구를 스포츠의 특성과 관련 지어 연구하는 학문은 스포츠사회학이다.

22 보강정보에 속하지 않는 것은?

① 내재적 피드백
② 영상자료 활용
③ 바이오 피드백
④ 언어적 보강정보

정답해설

내재적 피드백은 운동을 수행함으로써 자동적으로 발생하는 정보이다.

23 운동제어체계 중 <보기>에서 설명하는 단계는 무엇인가?

> 보기
>
> 환경의 정보적 자극을 탐지하여 자극의 유형을 인식하는 단계로, 이는 환경적으로부터 많은 정보가 유입되기 때문에 병렬식의 정보처리로 시간을 아낄 수 있다.

① 감각 · 지각단계
② 반응 · 선택단계
③ 지각 · 인출단계
④ 반응 · 실행단계

정답해설

<보기>는 감각 · 지각단계에 대한 설명으로, 운동제어체계 중 반응이 처음 발생하는 단계이며 자극확인단계라고도 한다.

오답해설

③ 지각 · 인출단계: 운동제어체계가 아닌 기억 체계에 해당한다. 이는 지각단계 → 저장단계 → 인출단계로 구성된다.

24 운동제어의 제한요소에 해당하지 않는 것은?

① 개인
② 발달
③ 환경
④ 과제

정답해설

발달은 운동제어의 제한요소에 속하지 않는다.

오답해설

①③④ 운동제어의 제한요소에는 개인, 환경, 과제 등이 있다.

| 정답 | 20 ② 21 ④ 22 ① 23 ① 24 ②

25 학습단계 이론 중 인지단계에 대한 설명으로 옳지 않은 것은?

① 운동과제를 안전하게 수행하는 방법을 배운다.
② 운동조절을 잘하기 위해 노력해야 한다.
③ 움직임을 인지하는 단계이다.
④ 시행적인 착오가 자주 발생한다.

정답해설

운동조절을 잘하기 위해 노력하는 것은 연합단계와 관련된 내용이다.

추가해설

인지단계

- 운동과제의 수행 방법을 배운다.
- 시행착오의 발생률이 많은 시기이다.
- 움직임을 인지하는 단계이다.
- 움직임의 연속성을 고려해야 한다.

26 피츠(Fitts)와 포스너(Posner)의 학습단계 이론 중 자동화단계와 관련이 없는 것은?

① 정확한 동작
② 일관성
③ 효율적
④ 신뢰성

정답해설

신뢰성은 연합단계에 해당하는 내용이다.

추가해설

피츠(Fitts)와 포스너(Posner)의 학습단계 이론

- 인지단계: 동작이 느림, 비효율적, 일관성 없음
- 연합단계: 동작 능숙, 신뢰성, 동작이 부분적으로 자동 조절
- 자동화단계: 정확한 동작 구현, 일관성, 효율적, 동작의 자동 조절

27 운동학습에 영향을 미치는 요인 중 <보기>에서 설명하는 것은?

보기

어떠한 기대가 실현될 것이라는 것을 믿고 그것을 실현시키기 위해 노력하여 그 기대를 실제로 실현시키는 것을 말한다.

① 기억과 망각
② 학습동기
③ 연습
④ 자기충족예언

정답해설

<보기>는 자기충족예언에 대한 설명이다.

오답해설

③ 연습: 새로운 경험이나 행동을 획득하는 것을 목표로 하고, 이에 도달하기 위해 반복적으로 운동하는 전체적인 과정을 의미한다.

28 피드백의 기능 중 <보기>에서 설명하는 것은?

보기

피드백은 정보 자체가 잘된 동작에 대한 칭찬효과와 잘못된 동작에 대한 질책 효과를 가진다.

① 정보기능
② 강화기능
③ 동기유발기능
④ 맥락간섭기능

정답해설

<보기>의 내용은 피드백의 기능 중 강화기능에 대한 설명이다.

오답해설

① 정보기능: 운동학습에서 교사나 지도자가 제공하는 피드백 등은 중요한 정보의 역할을 한다.
③ 동기유발기능: 보강적 피드백은 학습자와 기술수행을 위한 동기를 유발시킴으로써 지속적으로 목표를 성취할 수 있도록 유도한다.
④ 맥락간섭: 학습해야 할 자료와 학습 시간 중간에 개입한 사건 혹은 경험 사이에 갈등으로 인해 학습이나 기억에 방해를 받는 것을 말한다.

| 정답 | 25 ② 26 ④ 27 ④ 28 ②

29 운동 발달에 영향을 미치는 요인에 대한 설명으로 옳지 않은 것은?

① 유전과 영양: 인간의 성장과 성숙에 영향을 준다.
② 심리적 요인: 인간 스스로 가지고 있는 가치, 동기 등이 영향을 준다.
③ 체력의 발달: 근력, 근지구력, 심폐지구력, 유연성 등의 발달은 운동 발달에 영향을 미친다.
④ 대중 매체: 매체를 통한 스포츠 정보의 제공은 운동 발달에 간접적 영향을 미친다.

정답해설

매체를 통한 스포츠 정보의 제공은 운동 발달에 간접적 영향을 미치며, 이는 사회 · 문화적 요인에 해당한다.

30 피드백을 주는 원리와 거리가 먼 것은?

① 시기　② 신뢰도
③ 정확도　④ 선택적

정답해설

신뢰도는 피드백을 주는 원리에 속하지 않는다.

31 성격이론 중 <보기>에서 설명하는 이론은?

보기

개인의 성격적 특성을 결정짓는 요소를 구분하며, 개인의 성격 특성이 비교적 오랫동안 유지된다고 보는 이론이다.

① 특성이론　② 결정이론
③ 과정이론　④ 형성이론

정답해설

<보기>는 성격이론 중 특성이론에 대한 설명이다.

32 아이젱크(Eysenck)가 개발한 질문지로, 2차원으로 성격을 검사하는 방법은?

① MBTI
② MMPI
③ EPI
④ 16PF

정답해설

EPI(The Eysenck Personality Inventory)는 아이젱크가 개발한 질문지로 내향성 · 외향성, 안정성 · 불안정성의 2차원으로 성격을 측정하는 방법이다.

오답해설

① MBTI(Myers – Briggs Type Indicator): 심리 유형론을 토대로 고안한 자기 보고식 성격 유형 검사이다.
② MMPI(Minnesota Multiphasic Personality Inventory): 개인의 성격, 정서, 적응 수준 등을 다차원적으로 평가하기 위해 개발된 자기보고형 성향 검사이다.
④ 16PF(16 Personality Factor Questionnaire): 개인의 근본적인 성격특성 파악을 위한 다중선택검사법이다.

33 심상에 대한 설명으로 옳지 않은 것은?

① 이전의 경험을 시각적으로 나타내는 것
② 상황을 모면하기 위해 독특한 동작을 행하는 것
③ 모든 감각을 활용하여 마음속으로 창조하는 것
④ 감각경험을 회상해 내적으로 수행하는 것

정답해설

상황을 모면하기 위해 독특한 동작을 행하는 것은 루틴이다.

추가해설

심상

실제 어떤 대상을 직접 보는 것은 아니지만, 구체적으로 표현된 묘사나 비유를 보면 대상을 직접 보고 겪는 것과 같은 느낌을 갖게 되는 것을 심상이라고 한다.

| 정답 | 29 ④　30 ②　31 ①　32 ③　33 ②

34 리더십의 스타일 중 <보기>에서 설명하는 유형은?

보기

더 좋은 성과를 빨리 내기 위하여 모든 팀 구성원들에게 같은 요구를 한다. 이는 팀 구성원들의 사기를 저하시키거나 실패한 느낌을 줄 수 있어 제한적으로 사용해야 한다.

① 전망제시형
② 관계중시형
③ 선도형
④ 지시형

정답해설

<보기>의 내용은 리더십의 스타일 중 선도형에 해당한다.

오답해설

① 전망제시형: 조직이 새로운 방향을 필요로 할 때 적합하다.
② 관계중시형: 팀워크의 중요성을 강조한다.
④ 지시형: 군 장성 스타일이다.

35 집단응집력의 크기를 결정하는 요인에 속하지 않는 것은?

① 경제적 요인
② 개인적 요인
③ 리더십 요인
④ 팀 요인

정답해설

경제적 요인은 집단응집력과 관련이 없다.

추가해설

집단응집력

집단응집력이란 집단 안에서의 구성원들끼리 서로 친밀감을 느끼고 그 집단에 구성원으로 계속 머물고 싶은 정도를 의미한다. 집단응집력의 크기는 개인적 요인, 리더십 요인, 팀 요인, 환경적 요인으로 결정된다.

36 마텐스(Martens)의 효과적인 리더십을 위한 구성요인에 속하지 않는 것은?

① 구성원의 특성
② 지도자의 특성
③ 상황요인
④ 사회적 지지자의 특성

정답해설

사회적 지지자의 특성은 리더십을 위한 구성요인과 관련이 없다. 사회적 지지자는 부모, 가족, 지도자 등과 관련된 특성을 의미한다. 이러한 사회적 지지자는 운동발달의 개인적 요인에 영향을 미친다.

37 다음 <보기>에서 설명하는 동기이론은 무엇인가?

보기

내재적으로 동기화된 행동에 외적인 보상이 주어져 오히려 내재적 동기를 저하시킴으로써 과업에 대한 흥미가 된다.

① 동기분위기이론
② 성취목표성향이론
③ 인지평가이론
④ 자기결정성이론

정답해설

인지평가이론은 내재적으로 동기화된 행동에 외적인 보상이 주어졌을 때 내재적 동기는 저하되고, 타인에 의해 통제된다는 느낌이 발생해 오히려 과업에 대한 흥미가 감소된다는 이론이다.

| 정답 | 34 ③ 35 ① 36 ④ 37 ③

38 주요 타자의 사회적 영향에 대한 내용 중 부모에 의한 사회적 촉진 영향에 대한 내용으로 옳지 않은 것은?

① 부모가 갖는 아이의 신체 수행 능력에 대한 인식은 아이에게 전달된다.
② 부모가 아이에 대한 기대감이 너무 높으면, 아이에게 불안 혹은 스트레스 등이 나타날 수 있다.
③ 부모의 행동은 자녀의 신념과 가치에 영향을 미칠 수 있다.
④ 태아 및 유아기는 동료의 영향력이 더 크나, 청소년기는 부모의 영향이 더 크게 작용한다.

정답해설

아동기에는 부모의 영향이 더 많이 작용하고, 청소년기에는 동료 또는 지도자의 영향력이 더 크게 적용한다.

39 1급 스포츠심리상담사의 역할과 관련이 없는 것은?

① 전문적인 지식을 충분히 갖춰야 한다.
② 참가자의 스포츠 참여와 수행을 촉진하는 역할을 수행한다.
③ 스포츠 현장에서 심리 프로그램을 개발 또는 감독한다.
④ 스포츠심리 측정 및 분석 서비스 등의 업무를 수행한다.

정답해설

참가자의 스포츠 참여와 수행을 촉진하는 일은 3급 스포츠심리상담사의 역할이다.

추가해설

스포츠심리상담사의 역할

- 1급 스포츠심리상담사: 전문지식, 프로그램 개발 및 감독, 2급 및 3급 스포츠심리상담사 양성, 스포츠심리 측정 및 분석 서비스 수행
- 2급 스포츠심리상담사: 전문적 지식 갖춤, 스포츠 참가자의 심리상태 평가 및 심리기법 적용, 적절한 상담 및 심리기술 훈련 수행
- 3급 스포츠심리상담사: 스포츠심리학의 기본지식 함양, 스포츠 현장에서 스포츠 참여 촉진

40 스포츠심리상담의 이론적 모형 중 교육적 모형의 단계별 설명으로 옳은 것은?

① 1단계: 선수의 심리상태를 알아보기 위해서 여러가지 심리검사를 하는 단계이다.
② 2단계: 동기부여방법을 결정한다.
③ 3단계: 선수의 현재 능력과 수준을 알아본다.
④ 4단계: 심리기술을 개발하는 단계이다.

정답해설

4단계는 교육적 모형의 마지막 단계로 심리기술을 개발하는 단계이다.

오답해설

① 1단계: 선수의 현재 능력과 수준을 알아보는 단계이다.
② 2단계: 선수의 심리상태를 알아보기 위해서 여러가지 심리검사를 하는 단계이다.
③ 3단계: 동기부여방법에 대한 방안을 결정하는 단계이다.

41 2×2 성취목표성향 이론의 하위 요인에 대한 설명으로 옳지 않은 것은?

① 숙달접근: 스스로 가능한 최소의 것을 학습하고자 하는 성향이다.
② 숙달회피: 학습해야 할 내용을 모두 학습하지 못하는 것을 피하려는 성향이다.
③ 수행접근: 타인보다 더 잘 하고자 하는 성향이다.
④ 수행회피: 타인보다 능력이 부족한 것을 피하려는 성향이다.

정답해설

숙달접근은 스스로 가능한 많은 것을 학습하고자 하는 성향을 의미한다.

| 정답 | 38 ④ 39 ② 40 ④ 41 ①

42 학습동기가 학습능률에 미치는 영향에 대한 설명으로 옳지 않은 것은?

① 동기가 강할수록 오류를 범할 확률이 적어진다.
② 학습의 한계를 결정한다.
③ 학습의 속도를 결정한다.
④ 학습의 외적 환경을 결정한다.

정답해설

학습의 외적 환경을 결정하는 것은 학습동기가 학습능률에 미치는 영향과 관련성이 없다.

43 운동 발달의 시기와 단계가 옳지 않은 것은?

① 태아기 - 생명 유지를 위한 본능적 수행
② 아동기 - 물건의 크기, 모양, 무게에 따라 물건에 대한 구분 가능
③ 청소년기 - 남녀 성별에 따른 운동 발달의 차이가 발생
④ 성인 초기 - 최상의 운동 수행을 나타내는 시기

정답해설

물건의 크기, 모양, 무게에 따라 물건에 대한 구분 가능한 시기는 영아기에 속한다.

44 외재적 피드백에 대한 설명으로 옳지 않은 것은?

① 인간의 감각정보가 아니라 외부로부터 제공되는 정보이다.
② 보강적 피드백이라고도 불린다.
③ 외재적 피드백에는 지도자의 지시, 바이오피드백, 비디오 등이 있다.
④ 외재적 정보는 자동적으로 생기는 정보이다.

정답해설

자동적으로 생기는 정보는 내재적 피드백이다.

오답해설

①②③ 외부로부터 제공되는 정보인 외재적 피드백은 저절로 생기는 내재적 피드백보다 학습자에게 더 유용한 경우가 많기 때문에 보강적 피드백이라고도 불린다. 지도자의 지시, 바이오피드백, 비디오 등이 외재적 피드백에 속한다.

45 정신적 훈련에 대한 내용으로 옳지 않은 것은?

① 운동과제를 어떻게 수행할 것인지에 대해 인지한 후, 상상하는 것이다.
② 신체의 움직임 상상을 통해 대뇌를 활성화시킨다.
③ 운동의 인지단계와 초기단계에서 기술을 습득한다.
④ 이미지 트레이닝 후의 수행이 더 효과적이다.

정답해설

신체적 훈련은 운동과제를 직접적으로 수행하는 과정으로 운동의 인지단계와 운동의 초기단계에서 필요한 기술을 습득하는 것을 의미한다.

오답해설

①②④ 정신적 훈련은 운동과제를 수행하기 전에 어떻게 수행할 것인지 인지적으로 연습하거나 움직임을 상상하는 훈련이다.

46 성격이론 중 특성 이론에 대한 설명으로 옳지 않은 것은?

① 성격의 특성을 결정짓는 요소를 구분하여 개인의 성격을 기술하는 이론이다.
② 개인의 특성이 비교적 오래 지속된다고 보는 이론이다.
③ 혈액형과 같은 성격 특성 구분을 세계적으로 인정한다는 이론이다.
④ 특정한 개인이 어떤 성격적 요소에 영향을 받음에 따라 성격유형을 분류한 이론이다.

정답해설

혈액형에 의한 성격 특성은 과학적으로 근거가 없는 내용이다.

오답해설

①②④ 성격의 특성 이론은 카텔(Cattel)의 16개 성격지표나 노먼(Norman)의 5가지 성격 특성 요소에 근거해 성격의 특성을 구분한 이론이다.

| 정답 | 42 ④ 43 ② 44 ④ 45 ③ 46 ③

47 스포츠 선수들의 집중과 운동수행의 관계에 대한 설명으로 옳지 않은 것은?

① 선수의 정서상태와 주의집중 능력의 상관정도는 없다.
② 선수가 잘하는 집중유형에 따라 운동수행능력에 차이가 발생할 수 있다.
③ 선수의 주의전환능력과 주의초점능력에 따라서 운동수행능력에 차이가 발생할 수 있다.
④ 집중력의 정도에 따라 운동수행능력에 차이가 발생할 수 있다.

정답해설

선수의 정서상태와 주의집중능력은 밀접한 관련이 있다.

48 <보기>에서 설명하는 정서 측정방법은?

보기

타인의 행동을 보고 그 사람의 정서를 평가하는 것으로, 행동에는 음성, 표정, 몸짓 등이 포함된다.

① 행동관찰
② 질문지법
③ 생리적 측정법
④ 면접법

정답해설

<보기>는 행동관찰에 대한 내용이다. 행동관찰은 타인의 행동을 보고 그 사람의 정서를 평가하는 것으로, 행동에는 음성, 표정, 몸짓 등이 포함된다. 이러한 관찰법은 관찰자에 따라 주관적으로 다르게 평가할 수 있다.

49 다음 <보기>의 ㉠, ㉡에 들어갈 변화단계 이론의 순서로 적합한 것은?

보기

(㉠)은 현재 운동을 하지 않으며, 6개월 이내에 운동을 시작할 의도가 없는 단계를 말한다. 반면, (㉡)은/는 가이드라인을 충족하는 정도의 운동은 하고 있지만 6개월 미만인 단계를 말한다.

	㉠	㉡
①	무관심	관심
②	무관심	실천
③	관심	준비
④	관심	유지

정답해설

변화단계이론의 변화단계

- 무관심: 현재 운동을 하지 않으며, 6개월 이내에 운동을 시작할 의도가 없음
- 관심: 현재 운동을 하지 않고 6개월 이내 운동을 시작할 의도가 있음
- 준비: 현재 운동을 하고 있지만 가이드라인을 채우지 못하고 30일 내에 가이드라인을 충족하는 수준으로 운동을 시작할 의도가 있음
- 실천: 가이드라인을 충족하는 수준의 운동을 하지만 아직 6개월 미만임
- 유지: 가이드라인을 충족하는 수준의 운동을 6개월 이상 한 상태로 운동이 안정 상태에 접어들었음

| 정답 | 47 ① 48 ① 49 ②

50 성격을 진단하는 방법 중 <보기>에서 설명하는 투사법은?

> 보기
>
> 잉크 얼룩으로 그림을 그린 10장의 카드를 이용해 피험자와 묻고 응답하는 방법을 통해 피험자의 성격을 진단한다.

① Rorschach test
② TAT test
③ EPI test
④ MMPI test

정답해설

Rorschach test(로르샤흐 검사)는 스위스의 정신과 의사가 개발한 방법으로, 잉크 얼룩을 활용한 검사 방법이다.

오답해설

② TAT test: 20~30장의 그림을 보여 주고 이야기를 꾸며 내게 하여 피험자의 성격을 진단하는 방법이다.
③ EPI test: 아이젱크가 만든 질문지로 내향성·외향성과 안정성·불안정성의 2차원으로 성격을 진단하는 방법이다.
④ MMPI test: 미네소타 대학의 정신과 및 심리학 교수들에 의해 만들어진 검사지로 12가지 인성요인을 측정하는 방법이다.

| 정답 | 50 ①

01 레스트(J. Rest) 도덕성 구성요소에 대한 설명으로 옳지 않은 것은?

① 도덕적 동기화는 도덕적 행위를 우선시하는 것을 의미한다.
② 도덕적 품성화는 도덕적 행동을 실천하기 위해 필요한 용기와 같은 것을 의미한다.
③ 도덕적 판단력은 어떤 행동이 도덕적으로 옳은 것인지 판단할 수 있는 것이다.
④ 도덕적 감수성은 어떤 문제를 감성적으로 이해하고 풀어가는 능력이 있는 것이다.

정답해설

도덕적 감수성은 어떤 상황을 도덕적인 상황으로 지각하고 해석하기가 가능한 것이다.

02 일반적인 윤리에 대한 개념으로 보기 다소 어려운 것은?

① 다양한 사회의 공통된 윤리 정신 또는 도덕의 원리를 추구하는 것이다.
② 다양한 윤리 문제를 해결할 대안을 제시하는 것이다.
③ 도덕적 판단과 행동을 반성하고 올바른 삶의 방향을 추구하는 것이다.
④ 경쟁의 도덕적 조건과 가치 있는 의미를 탐색하는 것이다.

정답해설

경쟁의 도덕적 조건과 가치 있는 의미를 탐색하는 것은 스포츠윤리 개념이다.

03 <보기>에서 빈칸에 들어갈 단어로 적절한 것은?

보기

벤덤(J. Bentham)은 모든 행위를 쾌락과 (　　)의 양으로 환산할 수 있다고 믿고, 각각의 행위를 (　　)과 쾌락의 값으로 환산한다면 어떤 행위가 좋은 행위고 어떤 행위가 안 좋은 행위인지 구분할 수 있다고 믿었다.

① 고통
② 행복
③ 불행
④ 인생

정답해설

<보기>에서 빈칸에 들어갈 말은 고통이다. 벤덤은 모든 개별적 쾌락이나 고통은 일정한 가치를 지니기에 다른 쾌락과 고통의 감소와 교환될 수 있으며, 이를 위해 그 쾌락과 고통은 측정될 수 있다고 생각한다.

04 의무론적 윤리의 특징으로 보기 어려운 것은?

① 인간이 추구해야 할 어떤 궁극적인 목적보다는 언제 어디서나 지켜야 할 행위의 근본원칙에 주목하는 것이다.
② 인간 행위의 옳고 그름을 생각 자체의 옳고 그름과 동기로 판단하려는 의무가 있다.
③ 합리적 이성에 대한 신뢰를 바탕으로 의로운 삶을 중요하게 판단하는 것이다.
④ 자율적인 도덕법칙에 따른 것은 옳은 행위로 본다.

정답해설

의무론적 윤리는 인간 행위의 옳고 그름을 행위 그 자체의 옳고 그름 및 행위자의 의도와 동기로 판단하려 한다.

| 정답 | 01 ④　02 ④　03 ①　04 ②

05 배려윤리의 특징으로 적절한 것은?

① 배려윤리와 정의윤리는 도덕적 덕목을 서로 보완할 수 있는 상호보완적 관계이다.
② 주관적 관점도 중요하지만, 다른 사람을 배려하고 더불어 살아가려는 자세가 도덕적으로 더욱 바람직한 덕목이라고 본다.
③ 배려 · 공감 · 동정심 · 타인에 대한 유대감이나 책임감 등을 노인의 도덕적 특징으로 본다.
④ 법을 통한 정의의 구현이 가족을 보살피고 배려하는 가족 관계로서 더욱 중요하다고 주장한다.

오답해설

② 객관적으로 옳고 그름을 추구하는 것도 중요하지만, 다른 사람을 배려하고 더불어 살아가려는 자세가 도덕적으로 더 바람직한 덕목이라고 본다.
③ 배려 · 공감 · 동정심 · 타인에 대한 유대감이나 책임감 등을 여성의 도덕적 특징으로 본다.
④ 법이나 정책을 통한 정의의 구현보다 다른 사람들을 보살피고 배려하는 공동체적 관계가 삶에서 더 중요하다고 주장한다.

06 <보기>에서 빈칸에 들어갈 학자로 적절한 것은?

보기

(　)는 사람에게는 타고난 네 가지의 마음이 있다고 주장한다. 그것은 사단(四端)으로 측은지심, 수오지심, 사양지심, 시비지심이 있다.

① 맹자
② 공자
③ 노자
④ 장자

정답해설

맹자이다. 맹자는 사람에게는 타고난 네 가지의 마음이 있다고 주장하였다. 그것은 사단(四端)으로, 측은지심과 수오지심, 사양지심, 시비지심이다.

07 가치충돌의 대안으로 볼 수 <u>없는</u> 것은?

① 다수가 동의하는 방향이나 리더가 이끌어가는 방향을 모색한다.
② 사회의 보편적 규범에 비추어 보았을 때 타당하다고 생각되도록 유도한다.
③ 도덕 규칙과 결과의 공리성을 분석하여 최선의 방안을 모색하도록 노력한다.
④ 선택 가능한 윤리적 관점을 다각도로 분석하고 이끌어낸다.

정답해설

리더의 리더십보다는 보편적 규범에 맞추어서 최선의 방안을 모색하는 것이 좋다.

08 <보기>에서 빈칸에 들어갈 단어로 적절한 것은?

보기

2019년 1월 쇼트트랙 종목 등 체육계 성폭력 사건을 계기로 인권침해와 (㉠)를 근본적으로 개선하자는 취지에서 설립이 논의되어 (㉡) 개정이 이루어지며 스포츠윤리센터의 설립이 준비되었다.

	㉠	㉡
①	비윤리	스포츠기본법
②	윤리	국민체육진흥법
③	부조리	스포츠기본법
④	비리	국민체육진흥법

정답해설

비리, 국민체육진흥법이다. 2019년 1월 쇼트트랙 등 체육계 성폭력 사건을 계기로 인권침해와 비리를 근본적으로 개선하자는 취지에서 설립 논의가 시작됐으며, 이후 근거 법률인 「국민체육진흥법」 개정(2020.2.4. 공포)이 이뤄지면서 설립이 준비되었다.

| 정답 | 05 ① 06 ① 07 ① 08 ④

09 아레테의 개념으로 적절하지 않은 것은?

① 사람 또는 사물이 가지고 있는 어떠한 탁월성, 뛰어남 등을 의미한다.
② 사람 또는 사물이 본래 가지고 있는 것을 좋은 상태에 이르게 하고, 그 기능이 잘 발휘되는 상태를 말한다.
③ 스포츠인의 아레테는 기본적인 운동능력의 발휘를 통해 도덕적 탁월성에 도달하는 것을 의미한다.
④ 인간의 기능을 가장 좋은 상태로 이르게 하는 것이 덕이라고 본다.

정답해설

스포츠인의 아레테는 전문적인 운동능력의 발휘를 통해 도덕적 탁월성 도달하는 것을 의미한다.

10 <보기>에서 스포츠윤리가 더욱 중요해진 요소로 적절한 것을 모두 고른 것은?

보기

㉠ 승리지상주의	㉡ 스포츠교육화
㉢ 편파 판정	㉣ 승부조작
㉤ 심판 매수	㉥ 승부 의욕

① ㉠, ㉡, ㉢, ㉥
② ㉠, ㉡, ㉣, ㉤
③ ㉠, ㉢, ㉣, ㉤
④ ㉠, ㉢, ㉣, ㉥

정답해설

㉡ 스포츠교육화, ㉥ 승부 의욕은 스포츠윤리가 중요해진 관점과 다소 차이가 있다.

11 스포츠맨십 관점에서 도덕적 행동으로 적절한 것은?

① 규칙의 준수는 스포츠법 측면에서 아주 기초적인 내용으로 스포츠맨십은 스포츠법의 기초적 측면에서 이행된다.
② 스포츠에서 도덕적 행동은 승리 쟁취를 기본으로 규칙에 대한 존경과 의무에서 비롯된다.
③ 스포츠에서 도덕적 행동은 승리를 위한 가치적 요청으로 받아들여진다.
④ 스포츠에서 도덕적 행동은 인간에 대한 예의와 배려를 통한 자신의 인격을 드러내는 행위이다.

오답해설

① 규칙의 준수는 스포츠를 가능하게 하는 행위의 조건이다.
② 스포츠에서 도덕적 행동은 승리 쟁취가 아닌 규칙에 대한 존경과 의무에서 비롯된다.
③ 스포츠에서 도덕적 행동은 정당한 승리를 위한 윤리적 요청으로 받아들여진다.

12 페어플레이의 개념에서 스포츠 규칙에 대한 내용으로 적절하지 않은 것은?

① 구성적 규칙은 규칙을 위반하면 경기 자체가 성립되지 않는 규칙을 의미한다.
② 파생적 규칙은 모든 종목에 적용되는 규칙에 의해 수행되는 개인의 행동 규제를 의미한다.
③ 비형식적 주의는 경기마다 규칙뿐만 아니라 관습까지도 규칙에 포함시키려 하는 의견이다.
④ 형식적 주의는 경기규칙집에 명시되어 있는 것만을 경기규칙이라 생각하는 의견이다.

정답해설

파생적(규제적) 규칙은 종목의 특성에 따라 적용되는 규칙에 의해 수행되는 개인의 행동 규제를 의미한다.

| 정답 | 09 ③ 10 ③ 11 ④ 12 ②

13 페어플레이의 도덕적 의미로 적절한 것은?

① 경기규칙의 완벽한 준수로 인하여 부득이한 경우의 실수를 인정하는 것이다.
② 추상적인 규범이지만 도덕적 공감이 존재하기 때문에 적용이 구체적일 수 없다.
③ 기본적으로 상대에 대한 배려와 자신의 능력에 대한 우월함에서 시작된다.
④ 구체적인 행동 요령과 유형을 갖춘 것이 아니지만 행위 준칙으로 작용할 수 있다.

오답해설

① 경기규칙의 완벽한 준수는 아니지만 부득이한 경우의 실수를 인정하는 것이다.
② 추상적인 규범이지만 도덕적 공감이 존재하기 때문에 적용이 구체적일 수 있다.
③ 기본적으로 상대에 대한 배려와 자신의 능력에 대한 정직함에서 시작된다.

14 <보기>에서 빈칸에 들어갈 단어로 적절한 것은?

보기

윤리는 철학적 ( ) 측면에서 좋음, 옳음, 쾌락 등 이상적 가치나 규범에 따라 행동해야 하는 당위성을 의미한다. ( )적 윤리는 '선'이라는 관념을 중점적으로 이야기하고 있다.

① 역사
② 관습
③ 가치
④ 전통

정답해설

<보기>는 전통적 측면의 윤리에 대한 설명이다.

15 <보기>에서 빈칸에 들어갈 단어로 알맞은 것은?

보기

스포츠 윤리는 스포츠에서 이루어지는 모든 행위가 올바른 방향으로 이루어질 수 있도록 하는 (㉠) 규범이다. 스포츠 윤리의 대표적인 것으로 스포츠맨십과 (㉡)를 이야기 할 수 있다.

	㉠	㉡
①	도덕적	프로페셔널
②	윤리적	페어플레이
③	논리적	아마추어리즘
④	의무적	스포츠윤리론

정답해설

스포츠 윤리의 목적은 스포츠 현장에서 윤리적 문제의 발생 원인을 밝히고 바람직한 윤리 규범을 모색하며 스포츠맨십, 페어플레이 등 스포츠윤리 규범 확산과 이상적인 경기문화를 제시하는데 있다.

16 스포츠 경기에서 윤리적 측면의 문제로 볼 수 없는 것은?

① 농구 경기에서 이기고 있는 팀은 시간을 끌며 결국 승리하였다.
② 축구 경기에서 이기고 있는 팀이 적극적으로 경기를 리드하며 승리하였다.
③ 유도 경기에서 부상 선수의 부상 부위를 미세하게 공격하며 결국 승리하였다.
④ 유도 경기에서 리드하고 있는 선수가 시간을 끌며 승점을 유지하며 결국 승리하였다.

정답해설

축구 경기에서 이기고 있는 팀이 적극적으로 경기를 이끌어가는 것은 윤리적 측면의 문제로 보기 어렵다.

| 정답 | 13 ④ 14 ④ 15 ② 16 ②

17 책임감 있는 지도자의 모습이 아닌 것은?

① 항상 성실하고 정직한 행동을 보인다.
② 선수들에게 필요한 부분은 선별해서 피드백 해준다.
③ 선수에게도 책임감을 갖도록 지도하고 인도한다.
④ 단기적인 관점을 가지고 지도하고 선수를 이해한다.

정답해설

책임감 있는 지도자는 장기적인 관점을 가지고 지속적으로 꾸준히 지도하고 선수를 이해하려고 노력한다.

18 성차별의 원인으로 적절한 내용은 무엇인가?

① 미디어는 남성에게 태도, 가치 등의 사회적 의미를 부여하고 여성은 의상, 성적 매력의 상징을 만들었다.
② 여성은 일반적으로 비공격적 및 능동적이고, 남성은 공격적 및 수동적인 성향을 소유하고 있다.
③ 학교는 초기의 가족에서 시작된 성역할의 자율성을 강화시키는 역할을 하였다.
④ 부모로부터 성별 특성에 따라 자율적인 행동을 수행하도록 사회화되었다.

오답해설

② 여성은 일반적으로 비공격적 및 수동적이며, 남성은 공격적 및 능동적인 성향을 가지고 있다.
③ 학교는 초기의 가족에서 시작된 성역할의 고정관념을 강화시키는 역할을 하였다.
④ 부모로부터 성별 특성에 따른 적합한 역할을 수행하도록 사회화되었다.

19 장애인의 스포츠 권리로 보기에 적절하지 않은 것은?

① 장애인 스포츠의 목적은 스포츠 참여로 움직임의 경험, 즐거움, 자기표현의 극대화를 통해 삶의 행복을 추구하는 것이다.
② 1998년 우리나라는 '한국장애인인권헌장'을 선포하였다.
③ 장애를 이유로 스포츠 참여를 원하는 장애인을 제한, 배제, 분리, 거부하는 행위는 기본권 침해에 해당된다.
④ 1975년 국제연합총회에서 '장애인 인권선언'이 회원국의 만장일치로 채택되었다.

정답해설

1975년 국제연합총회에서 '장애인 권리선언'이 회원국의 만장일치로 채택되었다.

20 <보기>에서 빈칸에 들어갈 단어로 옳은 것은?

보기

(　　)의 해결에는 종래와는 다른 책임의 개념이 필요하다. 즉, 개인을 기본단위로 하면서 (　　)의 해결은 어렵기 때문에 공동체나 지구라는 전체를 기반으로 순환주의 사상에 기초하여 생각해봐야 할 것이다.

① 인간문제
② 가치충돌
③ 사회문제
④ 환경문제

정답해설

<보기>는 레오폴드의 생태 중심주의 윤리로 환경문제의 해결에는 종래와는 다른 책임의 개념이 필요하다는 이론이다. 즉, 개인을 기본단위로 하면 환경문제의 해결은 어렵기 때문에 공동체나 지구라는 전체를 기반으로 순환주의의 사상에 기초하여 생각해야 한다는 이론이다.

| 정답 | 17 ④ 18 ① 19 ④ 20 ④

21 지속 가능한 스포츠 발전의 측면에서 적절한 것은?

① 환경의 존중을 우선으로 하는 정책과 시스템이 필요한 시점이다.

② 무한한 자원의 범위 내에서 지속가능한 방법을 모색할 필요성이 있다.

③ 환경오염의 발생은 불가피하기 때문에 피해를 최소화할 필요성이 있다.

④ 인간중심주의 중심의 균형과 지속 가능한 스포츠 발전이 필요하다.

오답해설

① 환경의 존중과 개발의 의미를 동시에 포함하는 측면이 필요하다.
② 한정된 자원의 범위 내에서 지속가능한 방법을 모색할 필요성이 있다.
④ 인간중심주의와 자연중심주의 사이의 균형 유지해야 한다.

22 <보기>의 내용을 주장한 학자로 누구인가?

보기

'이익평등 고려의 원칙'을 통해 인간이 아닌 동물과의 관계에도 적용되어야 할 보편타당한 도덕적 근거가 필요하다. 동물도 생명체로서 자신만의 고유한 삶을 살아갈 권리가 존재한다.

① 레오폴드

② 피터싱어

③ 데카르트

④ 베이컨

오답해설

① 레오폴드: 인간도 대지 공동체로 규정하여, 그 일원으로서 대지 윤리를 지켜야 한다고 주장하였다.
③ 데카르트: 이성을 가지고 있는 인간이 이성이 없는 자연을 지배한다고 주장하였다.
④ 베이컨: 연을 이용해 인간의 생활을 윤택하게 하는 것이 과학의 목적이라 주장하였다.

23 대한체육회의 선수폭력 규정 사항으로 적절하지 않은 것은?

① 인격적으로 모욕하거나 마음에 상처를 주는 것

② 따돌림을 시키지 않는 것

③ 가끔이라도 겁을 먹게 하거나 강요하는 것

④ 어떠한 장소에 잠시라도 가둬두는 것

정답해설

지속적으로 따돌림을 시키는 것이 선수폭력 규정 사항에 해당된다.

24 관중 폭력의 예방 차원의 방안으로 적절한 것은?

① 건전하고 긍정적인 응원 문화를 위한 법제화가 필요하다.

② 관중 폭력을 예방할 수 있는 보다 구체적인 법령을 마련한다.

③ 관중도 스포츠 참가자라는 인식을 심어주는 캠페인이 필요하다.

④ 결과만 보는 스포츠문화가 아닌 과정이 중요한 스포츠문화의 법제화를 마련한다.

오답해설

① 건전하고 긍정적인 응원 문화가 필요하다.
② 관중 폭력을 예방할 수 있는 보다 구체적인 제도를 마련한다.
④ 결과만 보는 스포츠문화가 아닌 과정을 중요하게 생각하는 스포츠문화의 정착이 필요하다.

| 정답 | 21 ③ 22 ② 23 ② 24 ③

04 스포츠윤리

25 <보기>에서 빈칸에 들어갈 단어로 적절한 것은?

보기

도핑은 금지약물의 복용 · 흡입 · 주사 · 피부 접착 및 혈액제제 · 수혈 · 인위적 산소 섭취 등 금지된 방법을 사용 또는 사용 (㉠)를/을 은폐, 부정거래 하는 모든 (㉠)뿐만 아니라 (㉠)의 시도까지 도핑 (㉡) 규정 위반으로 정의한다.

	㉠	㉡
①	행동	금지
②	행위	방지
③	행동	위배
④	행위	불법

정답해설

도핑은 운동 수행 능력을 향상시킨다는 목적으로 선수나 동물에게 약물을 투여하거나 특수한 이학적 처치를 하는 것으로 세부적으로 금지약물의 복용 · 흡입 · 주사 · 피부 접착 및 혈액제제 · 수혈 · 인위적 산소 섭취 등 금지된 방법을 사용 또는 사용 행위를 은폐, 부정거래 하는 모든 행위뿐만 아니라 행위의 시도까지 도핑 방지 규정 위반으로 정의한다.

26 <보기>에서 도핑을 금지하는 윤리적 요소를 모두 고른 것은?

보기

㉠ 공정성　　㉡ 가치성
㉢ 평등성　　㉣ 윤리성
㉤ 논리성　　㉥ 모방성

① ㉠, ㉡, ㉢
② ㉠, ㉢, ㉥
③ ㉡, ㉣, ㉤
④ ㉢, ㉣, ㉤

정답해설

㉡ 가치성, ㉣ 윤리성, ㉤ 논리성은 윤리적 요소로 보기 다소 부정확하다.

27 스포츠윤리의 차원에서 접근한 내용으로 적절하지 않은 것은?

① 스포츠를 시작할 때 어떤 목적을 가지는 게 좋은가를 결정하는 데 도움이 된다.
② 스포츠인에게 도덕적 가치관을 위한 지침이 될 수 있다.
③ 스포츠인이 경기수행력을 향상시키는데 역할을 한다.
④ 스포츠인이 평소에도 바르게 행동하는데 도움이 된다.

정답해설

스포츠윤리가 스포츠인이 경기수행력을 향상시키는데 직접적인 역할을 한다고 보기 어렵다.

28 스포츠 인권에 대한 내용으로 적절하지 않은 것은?

① 스포츠 상황에서 있어야 할 인간의 자유에 대한 권리로 볼 수 있다.
② 스포츠인에게 있어야 할 인간의 존엄성을 의미한다.
③ 인종이나 장애에 관계 없이 누구나 스포츠를 동등하게 할 수 있는 것이다.
④ 스포츠 대상에 따라 차등된 보장 권리라고 볼 수 있다.

정답해설

스포츠 인권은 스포츠 대상에 따라 차등된 보장 권리가 아니라 누구에게나 동등하게 보장된 권리이다.

| 정답 | 25 ② 26 ② 27 ③ 28 ④

29 학생 선수의 학습권 보장에 대한 내용으로 적절한 것은?

① 학생 선수의 다양한 운동 종목 선택의 기회 제공에 아주 중요한 의미가 있다.
② 최저학력제는 학습보장 프로젝트로 학습권 보장제라고 이야기한다.
③ 운동선수의 학습권 보장과 운동의 집중을 위한 제도이다.
④ 학습권은 선수이기 이전에 학생으로서 운동에 대한 권리를 의미한다.

오답해설

① 운동선수의 다양한 진로 선택의 기회 제공에 중요한 의미가 있다.
③ 운동선수의 학습권 보장과 운동의 병행을 위한 제도이다.
④ 학습권은 선수이기 이전에 학생으로서 학습에 대한 권리를 의미한다.

30 스포츠를 통한 도덕 교육을 주장한 학자가 바르게 연결된 것은?

① 벤담(J. Bentham): 스포츠는 우리 인간에게 교육적 가치가 큰 분야로서 도덕 교육에 필요한 중요한 요소로 활용되어야 한다.
② 위인(E. Wynne): 스포츠 경기의 전통을 이해하고, 규칙 준수 등의 바람직한 행동을 습관화할 수 있도록 가르친다.
③ 콜버그(L. Kohlberg): 어린 시절부터 다양한 신체활동을 통해 성평등, 동료애, 공동체에서의 협력과 책임을 지는 습관을 길러준다.
④ 루소(J. Rousseau): 스포츠에서 발생하는 도덕적 문제에 대한 토론을 통해 도덕적 갈등상황을 이해하고, 자율적으로 대처할 수 있도록 가르친다.

오답해설

① 벤담(J. Bentham): 전체적인 고통을 상쇄하고 난 나머지 쾌락의 양을 가장 크게 해야 한다고 주장한 학자이다.
③ 콜버그(L. Kohlberg): 스포츠에서 발생하는 도덕적 딜레마에 대한 토론을 통해 도덕적 갈등상황을 이해하고, 자율적으로 대처할 수 있도록 가르친다.
④ 루소(J. Rousseau): 어린 시절부터 다양한 신체활동을 통해 성평등, 동료애, 공동체에서의 협력과 책임을 지는 습관을 길러준다.

31 <보기>에서 심판의 자질 요소로 적합한 것을 모두 고른 것은?

보기

㉠ 공공성	㉡ 청렴성
㉢ 효율성	㉣ 자율성
㉤ 전문성	㉥ 창조성

① ㉠, ㉡, ㉢
② ㉠, ㉢, ㉥
③ ㉡, ㉢, ㉣
④ ㉡, ㉣, ㉤

정답해설

㉡ 청렴성, ㉣ 자율성, ㉤ 전문성이 심판의 자질 요소에 해당한다

32 스포츠조직에 윤리 문제가 발생하는 원인으로 적절한 것은?

① 개인적 일탈에 의한 압박이 원인이 될 수 있다.
② 정상적인 조직일수록 비윤리적 행동 가능성이 있을 수 있다.
③ 조직에서 개인의 일탈로 인한 윤리적 행동이 원인이 되기도 한다.
④ 조직의 이익을 우선하는 생각과 행동이 원인이 될 수 있다.

오답해설

① 외부의 압력에 의한 원인이 될 수 있다.
② 비정상적인 조직일수록 비윤리적 행동 가능성이 높다.
③ 조직에서 개인의 일탈로 인한 비윤리적 행동이 원인이 제공이 되기도 한다.

| 정답 | 29 ② 30 ② 31 ④ 32 ④

33 심판의 오심과 편파 판정을 막기 위한 방안으로 적절하지 않은 것은?

① 오심에 대한 심판의 징계를 보다 더 강화한다.
② 심판의 질적 향상을 위한 교육 기회를 더 확대한다.
③ 심판의 경기 판정 능력 향상을 위한 개인훈련을 실시한다.
④ 상임 심판 제도의 확립과 적절한 보수를 통해 전문성을 높인다.

정답해설

심판의 경기 판정 능력 향상을 위해 반복훈련을 실시한다.

34 스포츠조직의 윤리 개선방안으로 적절한 것은?

① 국가와 국가기관들의 의지와 노력이 점점 더 강화되어야 한다.
② 시민 단체들 보다 체육 단체들의 노력이 중요한 시점이 되었다.
③ 아주 투명한 의사결정을 위한 법령의 강화가 중요한 시기이다.
④ 스포츠조직의 외부 세력에 의한 개선 의지와 노력이 중요한 시점이다.

오답해설

② 체육 단체들과 시민 사회단체의 연대와 노력이 중요하다.
③ 보다 투명한 의사결정을 위한 공정성 강화가 중요하다.
④ 스포츠조직 내부의 개선 의지와 노력이 중요한 시점이다.

35 가치판단의 개념으로 적절하지 않은 것은?

① 스포츠맨십은 아주 중대한 스포츠인으로서의 사명이다.
② 지도자는 어떠한 상황에서도 폭력을 행사해서는 안된다.
③ 박태환은 올림픽에서 여러개의 메달을 획득했다.
④ 황선우는 아주 훌륭한 선수이다.

정답해설

박태환이 올림픽에서 여러개의 메달을 획득한 것은 사실에 근거한 판단이다.

36 격투스포츠의 찬성 의견으로 적절한 것은?

① 선수와 관중들의 폭력성이 증가할 수 있다.
② 폭력성이 일반화될 수 있다는 의견이 있다.
③ 어떠한 상황에서도 폭력은 정당화될 수 없다는 의견이다.
④ 경기장에서 벌어지는 합법적인 폭력으로 신체의 탁월함을 과시한다.

오답해설

①②③ 폭력을 반대하는 의견이다.

| 정답 | 33 ③ 34 ① 35 ③ 36 ④

37 인성교육의 장으로써 학교체육의 역할로 볼 수 없는 것은?

① 학생들의 일탈을 방지하는 역할을 한다.
② 비판적 능력이 탁월해지며 비판성이 강조된다.
③ 집중력과 주의력 등의 지적기능이 발달될 수 있다.
④ 다른 사람들과 정서적 공감 능력이 향상된다.

정답해설

학교체육은 비판적 판단 능력을 갖는데 도움을 줄 수 있다.

38 정의의 원칙에서 원초적 원칙의 내용으로 적절한 것은?

① 자신이 최악의 상황에 놓일 수 있는 가능성을 두고 판단한다.
② 기본적으로 사회적 약자들에게 많은 기회가 제공되어야 한다.
③ 기본적으로 사람이라면 동등하게 자유가 주어진다.
④ 최소 수혜자에게 최대 혜택이 주어져야 한다.

오답해설

② 차등의 원칙, ③ 자유의 원칙, ④ 차등의 원칙에 대한 설명이다.

39 스포츠기본법 제20조 스포츠 윤리에 해당되는 내용이 아닌 것은?

① 모든 스포츠 활동에는 스포츠 정신에 부응하는 윤리성이 확보되어야 한다.
② 국가와 지방자치단체는 스포츠 경기 및 스포츠를 매개체로 한 각종 사업에서 공정성을 확보할 수 있도록 그에 필요한 시책을 수립 · 시행하여야 한다.
③ 제1항 및 제2항에 따른 윤리성과 공정성 확보에 필요한 사항은 따로 법률로 정할 수 있다.
④ 스포츠윤리센터는 체육계 비리를 예방하고 교육하는 측면에서 설립되었다.

정답해설

「스포츠기본법」 제20조에는 스포츠윤리센터에 대한 내용이 없다.

40 스포츠윤리센터의 주요 업무로 볼 수 없는 것은?

① 스포츠 비리 및 체육계 인권침해에 대한 신고 접수 및 조사
② 피해자에 대한 상담, 법률 지원 및 관련 기관과 연계
③ 스포츠 비리 및 체육계 인권침해에 대한 형사 조사
④ 스포츠 비리 및 체육계 인권침해 방지 예방 교육

정답해설

스포츠비리 및 체육계 인권침해 실태조사가 스포츠윤리센터의 주요 업무 중 하나이다.

41 문화체육관광부(2014) 스포츠 4대 악에 해당되는 내용이 아닌 것은?

① 대학 운동부 입시 비리
② 운동선수 선후배 사이 폭행 사건
③ 심판 매수로 일어난 승부 개입
④ 운동선수 사이 신경전과 스트레스

정답해설

스포츠 4대 악은 입시비리, 폭행, 승부조작, 조직 사유화이다.

42 스포츠지도사가 가져야 할 덕목으로 보기 어려운 것은?

① 직업적 사명감
② 스포츠맨십
③ 독창적인 의식
④ 유연한 사고

정답해설

독창적인 의식은 스포츠지도사의 덕목으로 보기 어렵다.

| 정답 | 37 ② 38 ① 39 ④ 40 ③ 41 ④ 42 ③

43 장애 차별 없는 스포츠의 조건으로 적절한 것은?

① 장애인을 최우선으로 하여 원하는 장소와 시간을 확보해야 한다.
② 활동에 필요한 장비 및 기구의 재정적인 지원이 확보되어야 한다.
③ 장애우들과의 관계를 통해 사회성 함양의 기회를 주어야 한다.
④ 정책적인 지원과 함께 장애인을 우선하는 법령을 추진해야 한다.

오답해설

① 가능한 장애인이 원하는 장소와 시간을 확보해야 한다.
③ 다양한 사람과의 관계를 통해 사회성 함양의 기회를 주어야 한다.
④ 정책적인 지원과 함께 장애인을 배려하는 법령을 추진해야 한다.

44 스포츠지도자의 체벌이 주는 영향으로 볼 수 없는 것은?

① 선수가 지도자에 대한 신뢰와 유대가 강화된다.
② 폭력을 정당화하는 조직 규범에 대한 수용이 이루어질 수 있다.
③ 선수의 부정적인 자아정체성이 형성될 수 있다.
④ 선수에게 과도한 스트레스를 제공할 수 있다.

정답해설

스포츠지도자의 체벌은 선수와의 관계에 있어 신뢰와 유대를 악화시킨다.

45 <보기>에서 설명하는 윤리 내용은?

보기

동철이는 초등학교 농구선수로 사명감이 투철한 학생 선수이다. 평소 행동에 결과보다는 행위를 발생하는 도덕적 가치와 신념을 중요하게 판단하여 활동하고 있다. 동철이는 미래에 훌륭한 스포츠 경영가가 되는 것이 목표이다.

① 개인 윤리
② 사회 윤리
③ 심정 윤리
④ 책임 윤리

정답해설

<보시>는 심정 윤리에 대한 설명이다. 심정 윤리는 행위 결과를 중요하게 생각하지 않으며, 행위를 발생하는 도덕적 가치와 신념을 중요하게 판단하는 윤리이다.

46 스포츠 폭력 예방 활동과 거리가 먼 것은?

① 공정한 팀 운영 시스템 구축을 위한 예산 편성이 필요하다.
② 선수 지도 우수모델을 연구하고 개발한다.
③ 인성을 중요하게 생각하는 학교 운동부 정착을 위한 교육활동이 필요하다.
④ 폭력적인 지도자는 철저한 스포츠윤리 교육 후 체육 현장에 재배치한다.

정답해설

폭력적인 지도자는 체육 현장에서 배제한다.

| 정답 | 43 ② 44 ① 45 ③ 46 ④

47 페어플레이에 대한 설명으로 적절하지 않은 것은?

① 스포츠의 기초는 공정성을 기반으로 한다.
② 규칙의 숙지뿐만 아니라 준수에 대한 약속이다.
③ 선수의 능력에 따라 선택적으로 실행이 가능하다.
④ 상대에 대한 배려와 자신의 능력에 대한 정직함에서 시작한다.

정답해설

페어플레이는 모든 선수에게 의무적으로 부여되는 것이다.

48 관중들의 폭력이 일어나는 경우에 대한 내용으로 적절하지 않은 것은?

① 경기 결과와 응원 문화 등의 영향보다 더 중요한 것은 팀별 라이벌 의식에서 일어난다.
② 선수폭력은 관중들의 동조 의식이 일어나며 관중의 폭력으로 이어질 수 있다.
③ 책임성을 갖지 않는 구성원들의 문제로 인하여 발생될 수 있다.
④ 신체적 접촉이 많은 경기일수록 폭력이 증가할 가능성이 있다.

정답해설

관중 폭력은 경기의 성격과 라이벌 의식 그리고 응원 문화 등에 따라서 형태가 다르게 나타난다.

49 스포츠에서 공격성이 나타나는 원인으로 보기 어려운 것은?

① 운동선수가 자신의 더 탁월한 면을 인정받으려는 시도에서 일어날 수 있다.
② 자신의 한계를 뛰어넘으려는 운동선수의 강한 의지가 표출되며 일어날 수 있다.
③ 우수한 성적을 내고자 하는 운동선수의 노력일 수 있다.
④ 인간의 내면에 기본적인 원초적 본능으로 내재된 부분일 수 있다.

정답해설

운동선수가 우수한 성적을 내려고 하는 것은 성실한 노력으로 긍정적인 측면으로 간주된다.

50 스포츠 규칙의 구분으로 적절하지 않은 것은?

① 구성적 규칙은 목적, 수단, 벌칙 등의 스포츠 경기를 진행하는 방법을 규정하는 것이다.
② 형식적 주의는 경기규칙집에 있는 것만 아니라 다양한 규칙을 포함하는 내용이다.
③ 규제적 규칙은 종목의 특성에 따라 적용되는 규칙에 따라 수행되는 개인의 행동 규제이다.
④ 비형식적 주의는 규칙뿐만 아니라 관습까지도 규칙에 포함시키려고 하는 것이다.

정답해설

형식적 주의는 경기규칙집에 있는 것만을 경기규칙이라 생각하는 것이다.

| 정답 | 47 ③ 48 ① 49 ③ 50 ②

01 체온 저하 시 생리적 반응으로 적절하지 않은 것은?

① 골격근 떨림 증가
② 피부혈관 수축
③ 심박수 감소
④ 땀 분비 증가

정답해설
땀 분비가 증가하면 땀이 증발하면서 열을 가져가기 때문에 체온 저하 시 생리적 반응으로 적절하지 않다.

02 에너지원에 대한 설명으로 적절하지 않은 것은?

① 에너지는 탄수화물, 지방, 단백질의 형태로 음식물에 있다가 분해를 통해 에너지를 방출한다.
② 음식물 에너지는 아데노신 3인산(ATP)이라는 고에너지 인산 형태로 저장된다.
③ 체내 에너지는 아데노신 3인산(ATP)의 형태에서 천천히 사용된다.
④ 체내의 잠재적 에너지원은 ATP와 PC, 혈청 글루코스, 글리코겐, 혈청 유리지방산, 근육 및 지방조직에서의 중성지질, 근육 단백질 등이 포함된다.

정답해설
체내 에너지는 아데노신 3인산(ATP)의 형태에서 즉시 사용된다.

03 1회 박출량에 대한 설명으로 적절하지 않은 것은?

① 심장이 1회 수축했을 때 대동맥으로 내보내는 혈액량이다.
② 심장의 운동 요구량을 측정할 수 있고 심폐지구력을 결정하는 중요한 요인이다.
③ 일정 강도 이상의 시점을 넘어가면 정체기가 되어 변화되지 않고 유지된다.
④ 1회 박출량은 운동강도에 비례하여 증가하지 않는다.

정답해설
1회 박출량은 운동을 하면 상승하게 된다. 트레이닝의 효과로 좌심실의 용적이 커져 더 많은 혈액을 모으고, 좌심실의 두께가 두꺼워져 모아두었던 혈액을 수축하는 힘이 증가하여 1회 박출량이 상승한다.

04 호흡 교환율(Respiratory Exchange Ratio: RER)이 <보기>와 같을 때의 설명으로 적절하지 않은 것은?

보기
호흡교환율(RER) = 0.8

① 에너지 대사 연료로 탄수화물도 어느 정도 기여한다.
② 중강도 운동을 수행한다.
③ 에너지 대사의 주 연료로 지방을 사용한다.
④ 최대산소섭취량의 80% 이상의 고강도 운동을 수행한다.

정답해설
최대산소섭취량 80% 이상의 고강도 운동은 호흡 교환율이 1.0일 때의 상황이다.

| 정답 | 01 ④ 02 ③ 03 ④ 04 ④

05 운동 후 초과산소섭취량(Excess Post-exercise Oxygen Consumption: EPOC)의 발생 원인으로 적절하지 않은 것은?

① 운동 중 증가한 혈압 감소
② 운동 중 증가한 젖산 제거
③ 운동 중 증가한 체온 저하
④ 운동 중 증가한 산소 제거

정답해설

운동 후에는 산소를 보충하기 위한 산소가 필요하다. 산소 제거는 올바르지 않다.

06 혈액 내 산소운반 물질로 옳은 것은?

① 헤모글로빈(hemoglobin)
② 유리지방산(free fatty acid)
③ 글루코스(glucose)
④ 마이오글로빈(myoglobin)

정답해설

혈액을 통해 운반되는 산소의 약 99%는 적혈구 내에 존재하는 단백질인 헤모글로빈과 화학적인 결합을 통해 운반된다.

07 체순환의 순서로 적절한 것은?

① 좌심실 → 전신(가스 교환) → 우심방 → 대정맥 → 대동맥
② 우심방 → 전신(가스 교환) → 좌심실 → 대정맥 → 대동맥
③ 좌심실 → 대동맥 → 전신(가스 교환) → 대정맥 → 우심방
④ 우심방 → 좌심실 → 대정맥 → 대동맥 → 전신(가스 교환)

정답해설

체순환의 올바른 순서는 좌심실 → 대동맥 → 전신(가스 교환) → 대정맥 → 우심방 순으로 순환된다.

08 운동생리학의 기능으로 적절하지 않은 것은?

① 체력 향상 기능
② 경기력 향상 기능
③ 재활 프로그램 등에 생리학적 기초 제공 기능
④ 운동 중 인체에 작용하는 힘을 규명하는 기능

정답해설

인체에 작용하는 힘을 규명하는 기능은 역학의 기능이다.

09 고지대에서의 운동으로 인한 생리적 반응으로 적절하지 않은 것은?

① 산소분압 감소로 동맥혈 산화헤모글로빈 포화도 감소
② 환기량의 증가에 따른 호흡기 수분손실 발생
③ 급성 고산병 발생
④ 폐환기량 감소

정답해설

고지대에서의 운동 시에는 낮은 산소분압에 의해 폐환기량이 증가하게 된다.

10 장기간 지구성 트레이닝에 의한 심혈관계 적응으로 적절하지 않은 것은?

① 최대하 운동 시 동일한 절대적 운동강도에서 심박수가 감소한다.
② 최대하 운동 시 동일한 절대적 운동강도에서 1회 박출량이 증가한다.
③ 안정 시 1회 박출량이 증가한다.
④ 안정 시 심박수가 증가한다.

정답해설

트레이닝을 하면 심장 내의 교감신경 활동이 감소하고 부교감신경의 활동이 증가한다. 따라서 안정 시 심박수는 현저히 감소하게 된다.

| 정답 | 05 ④ 06 ① 07 ③ 08 ④ 09 ④ 10 ④

11 무산소성 트레이닝의 대사적 적응으로 적절한 것은?

① 근비대와 근섬유 증식
② 속근섬유 비율의 감소
③ 미토콘드리아 수와 크기 감소
④ ATP-PC 시스템과 유산소성 해당과정에 필요한 효소활동 증가

정답해설

무산소성 트레이닝은 속근섬유의 비율이 증가하게 되고 미토콘드리아 수와 크기도 증가하게 된다. 유산소성 해당과정이 아닌 무산소성 해당과정에 필요한 효소활동이 증가하게 된다.

12 <보기>의 골격근의 구조에 따른 분류에 대한 내용 중 옳은 것만 모두 고른 것은?

보기

㉠ 근내막은 근섬유를 함께 묶어 근섬유속을 이루는 결체조직
㉡ 근막은 근육을 이루는 외측의 결체조직으로서 건으로 이행하여 뼈에 부착
㉢ 골격근의 구조적 순서는 근다발 → 근원섬유 → 근세사 → 근섬유 → 액틴 · 미오신이다.

① ㉠, ㉡
② ㉠, ㉢
③ ㉡, ㉢
④ ㉠, ㉡, ㉢

정답해설

골격근의 구조적 순서는 근다발 → 근섬유 → 근원섬유 → 근세사 → 액틴 · 미오신이다.

13 <보기>의 운동단위(motor unit)에 대한 설명 중 옳은 것만 고른 것은?

보기

㉠ 운동신경에 연결된 근섬유의 수가 많을수록 큰 힘을 내는데 유리하다.
㉡ 하나의 운동신경과 그 신경에 의해 지배되는 근육섬유들로 정의된다.
㉢ 자극비율(innervation ratio)이 낮은 근육은 정교한 움직임에 적합하다.

① ㉠, ㉡
② ㉠, ㉢
③ ㉡, ㉢
④ ㉠, ㉡, ㉢

정답해설

자극비율이 높은 근육이 정교한 움직임에 적합하다.

14 <보기>에서 설명하는 호르몬은?

보기

• 글리코겐 생성을 증가시킨다.
• 혈액 속의 글루코스 양이 감소한다.
• 세포 내부로의 글루코스 이동을 촉진시킨다.

① 글루카곤
② 인슐린
③ 알도스테론
④ 레닌-앤지오텐신

정답해설

혈당을 낮춰주는 호르몬인 인슐린은 글루코스 농도가 높으면 분비되어 포도당 흡수를 높이고 혈장의 포도당 농도를 낮춰준다.

| 정답 | 11 ① 12 ① 13 ① 14 ②

15 운동강도가 점진적으로 증가할 때 나타나는 호르몬 반응으로 적절한 것은?

① 알도스테론 증가
② 인슐린 증가
③ 성장호르몬 감소
④ 노르에피네프린 감소

정답해설
운동을 지속함에 따라 체액량을 유지하기 위한 반응으로 알도스테론 축에 의한 분비가 증가하게 된다.

16 자율신경계에 대한 설명 중 적절하지 않은 것은?

① 안정 시 교감신경계와 부교감신경계는 모두 활성화되지만 부교감신경계가 더욱 활발하게 작용한다.
② 아세틸콜린은 골격근의 신경근연접에서 억제성으로 작용하지만 심장근육에서는 흥분성으로 작용한다.
③ 교감신경계 활성이 증가하고 부교감신경계 활성이 감소하면 심박수는 증가한다.
④ 신장, 평활근, 내분비샘과 같은 불수의 기관들의 기능을 조절하는 뉴런들로 구성된다.

정답해설
아세틸콜린은 부교감신경의 말단에서 분비되어 심장근육에서 억제성으로 작용한다.

17 유산소성 시스템의 특징으로 적절하지 않은 것은?

① 4~5분 이상의 장시간 운동 시 이용된다.
② 고강도 운동 시 사용된다.
③ 산소가 충분해 젖산이 축적되지 않는다.
④ 유산소 시스템이 동원되기까지는 시간적 여유가 있어야 된다.

정답해설
고강도 운동 시에는 무산소성 해당과정을 통해 에너지를 공급하게 되며 젖산이 부산물로 생성된다.

18 고강도 운동 시 ATP 합성에 사용되는 주요 기질로 적절한 것은?

① 지방
② 젖산
③ 근육단백질
④ 근육 글리코겐

정답해설
고강도 운동 시 젖산이 생성되는데 이때 근육 내 글리코겐이 연료로 사용되며 ATP를 신속하게 합성한다.

19 고온 환경에 노출될 시 항상성을 유지하기 위한 반응으로 적절한 것은?

① 부교감신경 활성도 증가
② 티록신 분비 감소
③ 대사율 감소
④ 갑상선 자극호르몬 분비 감소

정답해설
항상성을 유지하기 위해서는 교감신경계와 부교감신경계가 작동해야 하며, ②, ③, ④는 항상성과 관련 없다.

| 정답 | 15 ① 16 ② 17 ② 18 ④ 19 ①

20 <보기>의 빈칸에 들어갈 용어로 적절한 것은?

보기

자율신경계는 신체의 내부 환경을 일정하게 하는 항상성 조절에 중요한 역할을 한다. 예를 들어 (　　) 가 활성화되면 심박수 및 혈압이 증가된다.

① 부교감신경계
② 체성신경계
③ 감각신경계
④ 교감신경계

정답해설

부교감신경계와 교감신경계는 길항 작용으로 체내 항상성을 유지한다. 심박수와 혈압에 관여하는 신경계는 교감신경계이다.

21 체성신경계의 지배를 통해 수의적(voluntary)으로 수축 및 이완할 수 있는 근육으로 적절한 것은?

① 심장근
② 평활근
③ 골격근
④ 내장근

오답해설

①②④ 심장근, 평활조, 내장근은 불수의적으로 기능한다.

22 건강관련체력 구분으로 적절하지 않은 것은?

① 근력
② 심폐지구력
③ 신체조성
④ 순발력

정답해설

순발력은 기술관련체력 구분에 속한다.

23 <보기>에서 설명하는 에너지 시스템은?

보기

- 근육에서 피로의 주된 원인으로 작용한다.
- 1~3분 동안 최대 효율을 발휘하면서 매우 높은 강도로 운동을 수행하는 과정에서 주로 이용한다.
- 에너지를 급속하게 공급한다.

① ATP - PC 시스템
② 젖산 시스템
③ 크레아틴 인산
④ 유산소성 시스템

정답해설

<보기>에서 설명하는 근육의 주된 피로 원인과 고강도의 운동을 수행하는 과정에서 이용되는 시스템은 젖산 시스템이다.

24 <보기>는 동정맥의 산소차에 대한 설명이다. 이 중 옳은 것만 고른 것은?

보기

㉠ 트레이닝 후 안정 시, 최대운동 시 모두 동적맥 산소차는 증가한다.
㉡ 동정맥 산소차는 근육세포의 산소 섭취량에 비례한다.
㉢ 동정맥 산소차의 향상은 조직에서 보다 많은 산소를 추출해 사용하며 혈액을 보다 효율적으로 배분한다.

① ㉠, ㉡
② ㉠, ㉢
③ ㉡, ㉢
④ ㉠, ㉡, ㉢

정답해설

동정맥 산소차는 근육세포의 산소 소비량에 비례한다.

| 정답 | 20 ④　21 ③　22 ④　23 ②　24 ②

25 호르몬의 기능으로 적절하지 않은 것은?

① 내적 환경유지
② 생식기능 조절
③ 환기량 조절
④ 순환 및 소화기계 조절

정답해설

환기량은 호르몬의 기능이 아니다.

26 <보기>에서 설명하는 호르몬으로 적절한 것은?

보기

- 췌장의 랑게르한스섬의 베타 세포에서 분비된다.
- 포도당, 아미노산, 단백질, 지방, 당원과 같은 영양분자를 흡수하기 위해 조직을 자극한다.
- 혈액 속의 글루코스 양이 감소한다.

① 글루카곤
② 성장호르몬
③ 인슐린
④ 에피네프린

정답해설

인슐린은 조직의 포도당 흡수를 높이고 혈장의 포도당 농도를 낮춰준다.

오답해설

②④ 성장호르몬과 에피네프린은 췌장에서 분비되는 호르몬이 아니며 글루카곤 인슐린과 반대되는 역할을 하는 호르몬이다.

27 심박출량에 영향을 주는 요인으로 적절하지 않은 것은?

① 심장의 수축력
② 정맥회귀량
③ 대동맥 및 폐동맥 혈압
④ 분당 환기량

오답해설

분당 환기량은 심박출량에 영향을 주는 요인과 관계없다.

28 혈관에 대한 설명으로 적절하지 않은 것은?

① 심장으로부터 혈액을 운반
② 심장으로 들어오는 혈관
③ 소동맥과 소정맥을 이어주는 혈관
④ 처음 탈분극이 시작되는 장소

정답해설

탈분극이 시작되는 장소는 심장이다.

29 최대하 운동 시 순환계통의 변화로 적절하지 않은 것은?

① 최대산소섭취량 증가
② 근육혈류량 증가
③ 심박수 감소
④ 심장박출량 변화와 1회 박출량의 증가

정답해설

최대산소섭취량은 순환계통과 관계없다.

30 근섬유의 형태 중 속근섬유에 대한 설명으로 적절한 것은?

① 모세혈관 밀도 및 마이오글로빈 함유량이 낮다.
② 에너지의 효율이나 피로에 대한 저항이 강하다.
③ 미토콘드리아의 수나 크기가 발달했다.
④ 지구성 운동 특성을 갖는다.

정답해설

속근섬유는 순발력 운동 특성을 갖는다.

| 정답 | 25 ③ 26 ③ 27 ④ 28 ④ 29 ① 30 ①

31 <보기>에서 설명하는 호르몬으로 적절한 것은?

보기
- 고환의 정자 성장 촉진
- 난소로부터의 에스트로겐 분비 촉진

① 성장호르몬
② 부신피질자극호르몬
③ 황체형성호르몬
④ 난포자극호르몬

정답해설

난포자극호르몬의 기능 중에는 <보기>의 내용 외에도 난소의 난포 성장을 유도하는 기능이 있다.

32 항이뇨호르몬에 대한 기능으로 적절하지 않은 것은?

① 체수분 손실억제
② 자궁 수축 유발
③ 신장에서 수분 재흡수
④ 혈장량 유지

정답해설

자궁 수축 유발은 옥시토신의 기능 중 하나이다.

33 폐순환에 대한 설명으로 적절하지 않은 것은?

① 낮은 압력의 순환체계이다.
② 서 있는 상태에서 대부분의 혈류는 중력 때문에 폐의 기저면에 모여 있다.
③ 혈류속도는 체조직을 순환하는 혈류속도와 동일하지 않다.
④ 가스교환을 위해 폐의 모세혈관을 통해서 혼합정맥혈을 펌프하는 저압 체계이다.

정답해설

혈류속도는 체조직을 순환하는 혈류속도와 동일하다.

34 <보기>의 빈칸에 들어갈 열손실 기전은?

보기
- ( )에 의한 열손실의 양은 피부를 스쳐가는 공기의 흐름에 따라 다르다.
- 차가운 물에서 수영할 때에도 ( )에 의한 열손실의 결과를 가져온다.

① 대류
② 증발
③ 전도
④ 복사

정답해설

대류는 열이 인체와 접촉한 공기나 물 분자에 전달되는 전도적 열손실의 형태를 말한다. 차가운 물의 경우 물의 온도가 피부온도보다 낮기 때문에 대류에 의한 열손실의 결과를 가져온다.

35 <보기>에서 설명하는 것은?

보기
- 자연 환경에 대한 반복적인 노출로 인해 발생한다.
- 더운 환경에서 규칙적인 운동은 7~14일 이내 최대 적응에 도달한다.
- 운동 중 땀 배출이 빨라지며, 혈장량이 증가한다.

① 열탈진
② 열순응
③ 열사병
④ 열순화

정답해설

열순응은 열에 대해 신체가 대응하는 것이다. 혈장 단백질을 증가시켜 혈장량을 증가시키고, 열 생성에서 대한 빠른 대응으로 땀이 배출되기 시작한다.

| 정답 | 31 ④ 32 ② 33 ③ 34 ① 35 ②

36 심전도에 대한 설명으로 적절한 것은?

① QRS복합파는 심방의 탈분극을 일컫는다.
② T파는 심실의 재분극을 일컫는다.
③ P파는 심실과 심방의 재분극을 일컫는다.
④ 심방에 의해서 생성된 전기적 활동은 몸 전체에 걸쳐 전기장을 형성한다.

오답해설

① QRS복합파는 심방의 재분극을 일으킨다.
③ P파는 심방의 탈분극을 일컫는다.
④ 심방이 아닌 심실에 의해서 전기장을 형성하게 된다.

37 고지대에서의 운동 반응으로 적절하지 않은 것은?

① 동맥혈 산화헤모글로빈 포화도는 크게 변화가 없다.
② 최대산소섭취량이 감소한다.
③ 폐환기량이 증가한다.
④ 유산소 운동능력이 증가한다.

정답해설

고지대에서의 운동은 최대산소섭취량이 감소하므로 유산소 운동능력도 감소한다.

38 <보기>에서 설명하는 운동훈련의 원리로 적절한 것은?

보기

- 트레이닝 최대 효과는 운동의 형태가 수행되는 운동과 동일할 때 얻어질 수 있다.
- 종목에서 요구되는 근육과 운동 패턴에 맞는 적절한 트레이닝이 이루져야 한다.
- 훈련 효과가 활동에 사용된 근섬유에서만 일어난다.

① 특이성의 원리
② 과부하의 원리
③ 개별성의 원리
④ 가역성의 원리

정답해설

특이성의 원리는 각각의 목적에 맞게 정해진 목표군에 온다는 원리이며, 운동 중에 사용된 부분에 대해 영향을 미치는 원리를 말한다.

39 <보기>는 탄수화물에 대한 설명이다. 이 중 적절한 것만 고른 것은?

보기

㉠ 탄수화물은 근육과 간에서 글리코겐으로 바뀐다.
㉡ 간과 근육에 저장된 글리코겐의 양은 한정적이다.
㉢ 운동강도가 높을수록 적은 양의 탄수화물이 공급된다.
㉣ 탄수화물은 1~2% 정도만 에너지원으로 사용된다.

① ㉠, ㉡
② ㉠, ㉣
③ ㉡, ㉢
④ ㉢, ㉣

정답해설

운동강도가 높을수록 더 많은 양의 탄수화물이 공급되며, 단백질의 1~2% 정도만 에너지원으로 사용된다.

40 <보기>의 빈칸에 들어갈 용어로 적절한 것은?

보기

일반적으로 노르에피네프린을 방출하는 (㉠)은 기관을 흥분시키는 반면 아세틸콜린을 방출하는 (㉡)은 같은 기관을 억제하려는 경향이 있다.

	㉠	㉡
①	교감신경	부교감신경
②	교감신경	감각신경
③	부교감신경	교감신경
④	중추신경	감각신경

정답해설

교감신경계에서 노르에피네프린을 방출하고 아세틸콜린은 부교감신경계에서 방출된다.

| 정답 | 36 ② 37 ④ 38 ① 39 ① 40 ①

41 근수축의 종류에 대한 설명으로 적절하지 않은 것은?

① 등척성 수축은 근섬유 길이의 변화 없이 장력이 발생하는 수축이다.
② 등장성 수축은 단축성 수축과 신장성 수축으로 구분할 수 있다.
③ 등속성 수축은 근에서 장력이 발생할 때 관절각이 동일한 속도로 운동하는 수축이다.
④ 등척성 수축은 근육의 양끝을 유지하며 길이가 길어지도록 한 상태의 수축이다.

정답해설

등척성 수축은 근육의 양끝을 유지하며 길이가 짧아지도록 한 상태의 수축을 일컫는다.

42 췌장에서 분비되는 호르몬인 글루카곤에 대한 설명으로 적절하지 않은 것은?

① 운동 중 인슐린의 수준은 감소하고 글루카곤은 점차적으로 증가한다.
② 랑게르한스섬 베타 세포에서 분비되며 인슐린과 같은 역할을 한다.
③ 혈장 글루코스가 정상 수준 이하로 떨어질 때 글루카곤이 분비된다.
④ 간의 글리코겐 분해와 글루코스 신생합성을 촉진시켜 혈장 글루코스 농도를 증가시킨다.

정답해설

글루카곤은 랑게르한스섬의 알파 세포에서 분비되고 인슐린과 반대되는 역할을 한다.

43 안정 시와 운동 시 1회 박출량에 영향을 주는 요인으로 적절하지 않은 것은?

① 심실이완기말 혈액량
② 심실수축력
③ 평균 대동맥혈압
④ 근섬유의 미토콘드리아 수 증가

정답해설

근섬유는 안정 시와 운동 시 1회 박출량과 관계가 없다.

44 <보기>에서 설명하는 용어로 적절한 것은?

> 보기
> - 개인의 운동강도를 높여 달성할 수 있는 최대한의 능력이다.
> - 심장혈관계의 성인병 예방을 위한 체력조성의 지표로 이용된다.

① 최대산소섭취량
② 초과산소섭취량
③ 분당 환기량
④ 심박수

정답해설

개인의 최대한의 능력을 평가하는 데는 최대산소섭취량을 측정하여 이용한다.

45 고온에서의 운동 시 생리적 변화로 적절하지 않은 것은?

① 근육과 피부의 혈류요구량이 증가한다.
② 지구력이 저하된다.
③ 체내 수분손실로 인해 혈액이 농축된다.
④ 최대산소섭취량과 동정맥 산소차가 증가한다.

정답해설

고온에서의 운동 시에는 최대산소섭취량과 동정맥 산소차가 오히려 감소하게 된다.

| 정답 | 41 ④ 42 ② 43 ④ 44 ① 45 ④

46 운동 중 지방 대사 조절에 대한 설명으로 적절한 것은?

① 유리지방산은 지방세포와 근섬유 내부에 중성지방 형태로 저장된다.
② 중성지방은 유리지방산과 글루코스로 분해된다.
③ 유리지방산은 저강도 운동 중 단백질의 주 원료로 사용된다.
④ 운동 강도가 증가할수록 중성지방의 대사작용은 감소한다.

오답해설

② 중성지방은 유리지방산과 글리세롤로 분해된다.
③ 유리지방산은 단백질이 아닌 지방의 주원료로 사용된다.
④ 운동 강도가 증가할수록 중성지방의 대사작용은 증가한다.

47 운동 시 탄수화물에 대사에 대한 설명으로 적절하지 않은 것은?

① 운동 중에 기질로 이용되는 탄수화물은 혈중 포도당과 근육 내 글리코겐에서 생성된다.
② 글리코겐의 경우 저강도 운동 중에 탄수화물의 주원료로 이용된다.
③ 포도당은 저강도 운동에 큰 역할을 한다.
④ 탄수화물은 근육과 간에 글리코겐 형태로 저장되어 있다.

정답해설

글리코겐의 경우에 고강도의 운동에서 주 원료로 사용된다.

48 성장호르몬에 대한 설명으로 적절하지 않은 것은?

① 성장호르몬에 뇌하수체 전엽에서 분비되는 호르몬이다.
② 성장호르몬은 간의 포도당 신생 합성을 증가시킨다.
③ 지방동원을 위해 지방세포에 당 유입을 차단한다.
④ 간을 자극하여 인슐린 유사성장인자를 분비하고 단백질을 분해하여 성장을 자극한다.

정답해설

성장호르몬은 단백질은 합성하여 성장을 자극한다.

49 근섬유의 형태에 따른 설명으로 적절한 것은?

① 속근은 지근에 비해 해당작용 능력이 높다.
② 지근은 속근에 비해 에너지의 효율이나 피로에 대한 저항이 약하다.
③ 지근은 속근에 비해 모세혈관 밀도가 낮다.
④ 속근은 지근에 비해 미토콘드리아의 산화 능력이 높다.

오답해설

②③ 지근은 속근에 비해 에너지의 효율과 피로에 대한 저항이 강하고 모세혈관의 밀도 또한 높다.
④ 속근은 미토콘드리아의 산화 능력이 지근에 비해 낮다.

50 자율신경계에 대한 설명으로 적절하지 않은 것은?

① 대뇌조절 없이 호흡, 순환, 소화와 같은 생명유지에 관계하는 장기의 기능을 조절한다.
② 내장근, 평활근, 심장근, 내분비선과 같은 불수의적인 운동을 조절한다.
③ 불수의 구조들을 지배하는 신경계통의 한 부분이다.
④ 자율신경계는 중추신경계에 분포되어 있다.

정답해설

자율신경계는 중추신경계뿐만 아니라 말초신경계에도 모두 분포되어 있다.

| 정답 | 46 ① 47 ② 48 ④ 49 ① 50 ④

05 운동생리학

01 운동역학에 관한 내용으로 적절하지 않은 것은?

① 스포츠 현장에서 발생하는 힘의 효과를 설명할 수 있는 학문이다.
② 스포츠를 수행하는데 있어 힘의 방향의 효과를 설명하기 위한 학문이다.
③ 운동을 참여하는데 있어 심혈관 기능에 긍정적 효과를 도출하기 위한 학문이다.
④ 운동을 수행하는데 있어 효과적인 퍼포먼스를 수행하는데 필요한 학문이다.

정답해설

운동 참여를 하는데 있어 심혈관 기능에 긍정적 효과를 도출하기 위한 학문은 운동생리학 및 운동처방이라 할 수 있다.

02 운동역학의 정의 중 정역학(statics)에 대한 설명으로 옳지 않은 것은?

① 연구 대상이 정적인 상태
② 연구 체계가 받는 모든 힘의 합이 0일 때의 연구
③ 물체에 작용하는 모든 힘이 평형을 이루고 있고 회전이 발생하지 않는 상태
④ 연구 체계가 받는 힘의 가속도가 발생하는 상황에 초점을 맞춘 연구

정답해설

연구 체계가 받는 힘의 가속도가 발생하는 상황에 초점을 맞춘 연구는 동역학(dynamics)에 해당한다.

03 운동학(kinematics)에 해당하는 설명은?

① 인체 무게중심에 대한 설명
② 인체 관절의 구조에 대한 설명
③ 인체 심장계통의 대한 설명
④ 인체 근육 증진에 대한 설명

정답해설

운동학은 인체 운동을 변위, 속도, 가속도, 무게중심, 관절각 등을 이용하여 설명하는 학문이다.

04 운동역학의 필요성에 해당하지 않는 것은?

① 인체의 움직임은 역학적 법칙을 따르기 때문이다.
② 인체의 움직임은 중추신경계의 명령을 따르기 때문이다.
③ 인체의 움직임의 원리를 이해하고 설명하기 위해 필수적이기 때문이다.
④ 동작의 효과적 수행에 대한 역학적 근거를 제시하기 위하기 때문이다.

정답해설

인체의 움직임의 중추신경계의 명령에 해당하는 부분은 운동 역학이 아닌 신경해부생리학적 접근이라 할 수 있다.

05 운동역학의 목적으로 옳지 않은 것은?

① 운동량 증가
② 운동기술의 향상
③ 안전성의 향상
④ 운동용기구 개발

정답해설

운동량 증가는 체력적 요인과 밀접한 관련이 있다.

| 정답 | 01 ③ 02 ④ 03 ① 04 ② 05 ①

06 운동역학에 대한 내용으로 적절한 것은?

① 운동을 통한 심혈관 계통의 개선
② 운동을 통한 성장 요인의 개선
③ 운동 기구의 개발과 평가
④ 운동을 통한 심리적 장애 개선

정답해설

운동 기구의 개발과 평가를 수행하는데 있어 운동역학의 영역은 필수적이다.

07 운동역학의 내용 중 운동 동작 분석과 개발영역에 해당하는 것을 모두 고른 것은?

보기

㉠ 최적화된 운동 수행 기준 제시
㉡ 선수 분석을 통해 장단점 파악 및 피드백 제공
㉢ 새로운 운동 기술 개발
㉣ 선수의 운동 수행 능력 증진과 상해 방지

① ㉠
② ㉠, ㉡
③ ㉠, ㉡, ㉢
④ ㉠, ㉡, ㉢, ㉣

정답해설

운동 동작 분석과 개발영역에는 최적화된 운동 수행 기준 제시와 운동 기술 개발 그리고 선수 분석을 통한 장단점 파악 및 피드백 제공이 해당된다.

08 다음의 해부학적 자세의 정의에 관한 내용으로 옳지 않은 것은?

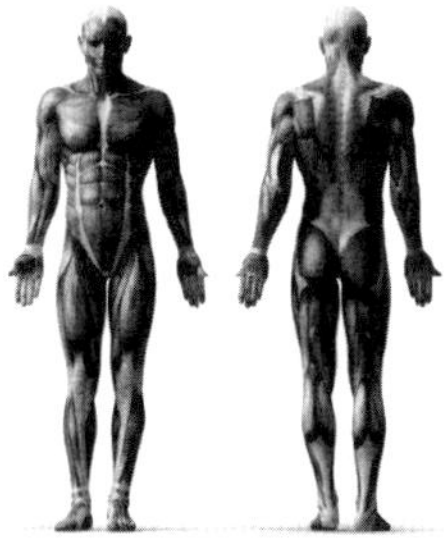

① 정면을 바라보면서 양 팔을 몸통 옆에 늘어뜨린 채 자연스럽게 선 자세
② 양발은 11자로 나란히 선 자세
③ 손바닥이 전면을 향하도록 한 자세
④ 고개를 45° 각도로 아래를 내려 보는 자세

정답해설

해부학적 자세의 고개는 정면을 바라보고 있어야 한다.

09 <보기>의 빈칸에 들어갈 용어가 바르게 연결된 것은?

보기

인체부위 방향 용어에서 인체 중심선에 보다 가까운 쪽을 (㉠)이라 하며, 몸통 부위에 보다 가까운 쪽을 (㉡)이라 한다.

	㉠	㉡
①	내측	원위
②	근위	심층
③	내측	근위
④	근위	내측

정답해설

인체 중심선에 가까운 쪽을 내측이라 하며, 몸통 부위에 가까운 쪽을 근위라 한다.

| 정답 | 06 ③ 07 ③ 08 ④ 09 ③

10 제시된 그림에 나타나는 운동축과 운동면의 관계가 옳게 연결된 것은?

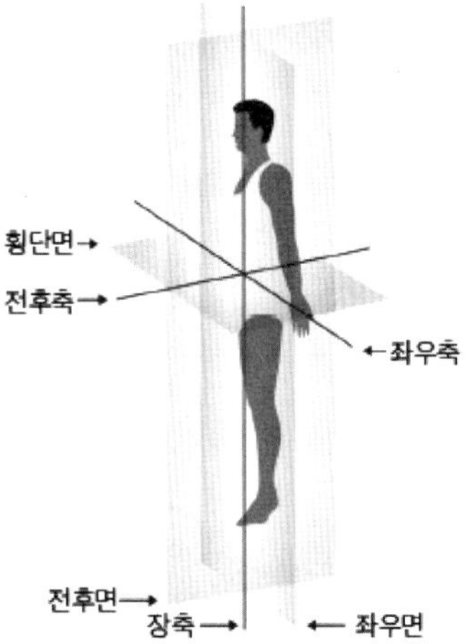

① 좌우축과 전후면 - 팔 벌려 뛰기
② 장축과 횡단면 - 옆돌기
③ 전후축과 좌우면 - 사이클의 다리동작
④ 장축과 횡단면 - 피겨스케이트의 스핀

정답해설

장축과 횡단면의 관계는 피겨스케이트의 스핀, 야구의 스윙, 좌우로 머리돌리기 등이다.

11 관절 운동 시 좌우축을 중심으로한 전후면 상에서의 운동 형태로 옳지 <u>않은</u> 것은?

① 굴곡 - 관절을 형성하는 두 분절 사이의 각이 감소하는 굽힘 운동
② 신전 - 굴곡의 반대운동으로 두 분절 사이의 각이 증가하는 운동
③ 배측굴곡 - 발목관절 주위에서 발등이 하퇴에 가까워지는 동작
④ 족저굴곡 - 발바닥이 하퇴 방향으로 가까워지는 동작

정답해설

족저굴곡은 발바닥이 하퇴로부터 멀어지는 동작이다.

12 관절 운동 시 전후축을 중심으로한 좌우면상에서의 운동으로 옳은 것은?

① 외전 - 중심선으로부터 인체의 분절이 멀어지는 동작
② 내전 - 발의 장축을 축으로 발바닥을 내측으로 돌리는 동작
③ 외번 - 인체의 분절이 중심선에 가까워지는 동작
④ 내번 - 발의 장축을 축으로 발바닥을 외측으로 돌리는 동작

정답해설

중심선으로부터 인체의 분절이 멀어지는 동작을 외전이라 한다.

13 회전축에 따른 가동 관절의 종류가 올바른 것은?

① 미끄럼관절(활주관절) - 팔꿈치, 무릎, 손가락 관절
② 중쇠관절(차축관절) - 팔꿈치에서 아래팔이 회내 혹은 회외 동작시
③ 안장관절(안상관절) - 어깨관절
④ 타원관절(과상관절) - 견쇄관절

정답해설

중쇠관절은 회전 운동에 사용되기 때문에 팔꿈치에서 아래팔이 회내 또는 회외 동작시 사용된다.

| 정답 | 10 ④ 11 ④ 12 ① 13 ②

14 운동의 형태 중 선운동(병진운동)에 해당하지 않는 것은?

① 인체 또는 물체의 모든 부분이 일정한 시간 동안 같은 거리, 방향으로 움직이는 운동이다.
② 무게중심이 직선으로 움직이는 선운동과 무게중심이 회전으로 움직이는 회전운동으로 구분한다.
③ 신체의 특정한 지점이 동일한 시간에 같은 거리를 평행하게 움직였는가를 파악한다.
④ 물체의 질량 중심점으로 힘이 작용했을 때 선운동이 발생한다.

정답해설

선운동은 무게중심이 직선으로 움직이는 직선 선운동과 곡선으로 움직이는 곡선운동으로 구분할 수 있다.

15 질량에 대한 설명으로 옳지 않은 것은?

① 물체에 작용하는 중력의 크기로 장소에 따라 달라지는 상대적 값이다.
② 인체뿐만 아니라 모든 물체에 존재하는 불변의 물리량이다.
③ 위치에 상관없이 크기가 변하지 않으며 외부의 힘으로부터 물체를 가속하기 어렵게 만드는 특성이 있다.
④ 물체가 갖는 관성의 척도이다.

정답해설

물체에 작용하는 중력의 크기로 달라지는 상대적 값은 무게이다.

16 인체의 안정성의 원리에 해당하지 않는 것은?

① 안정성이 높으면 물체나 인체를 넘어뜨리기 쉽다.
② 외부의 힘(중력, 마찰력 등)에 의한 회전력은 안정성을 깨뜨리는 요인이다.
③ 무게중심의 연직선이 지지면 내에 있으면 안정상태가 유지된다.
④ 무게는 안정성을 떨어뜨린다.

정답해설

무게는 인체의 안정성과 영향이 없다.

17 <보기>에서 기저면에 따라 안정성이 높은 순서대로 올바르게 짝지어진 것은?

보기

㉠ 차렷 자세
㉡ 태권도 주춤 서기 자세
㉢ 레슬링에서 옆굴리기 저항 자세
㉣ 평균대 위에서 한발서기

① ㉠ → ㉡ → ㉢ → ㉣
② ㉠ → ㉢ → ㉡ → ㉣
③ ㉣ → ㉠ → ㉡ → ㉢
④ ㉣ → ㉠ → ㉢ → ㉡

정답해설

기저면이 넓을수록 안정성이 높아지기 때문에 순서는 ㉣ → ㉠ → ㉡ → ㉢ 순서이다.

18 안정성을 높이는 전략과 영향이 없는 것은?

① 힘과 방향을 동일하게 유지
② 신체의 중심을 낮게 유지
③ 기저면을 넓게 유지
④ 신체의 중심을 기저면의 중앙에 근접하게 유지

정답해설

안정성을 높이기 위해서는 신체의 중심을 낮게, 기저면을 넓게 유지하고 신체의 중심을 기저면의 중앙에 근접하게 유지하는 것이 필요하다.

19 인체 지레의 3요소로 이루어진 것은?

① 축(근육), 저항점(인대), 힘점(길항근의 착점)
② 축(인대), 저항점(건), 힘점(건의 시작점)
③ 축(관절), 저항점(뼈), 힘점(주동근의 착점)
④ 축(건), 저항점(인대), 힘점(근육의 중심)

정답해설

축은 관절이며 저항점은 뼈로써 분절의 무게중심을 갖도록 지렛대 역할을 하며, 힘점은 주동근의 착점이라 할 수 있다.

| 정답 | 14 ② 15 ① 16 ④ 17 ③ 18 ① 19 ③

20 다음 중 2종 지레에 해당하는 것은?

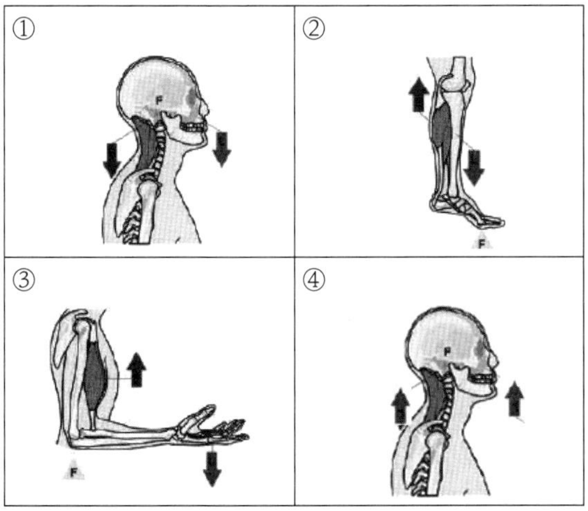

정답해설

2종 지레는 뒤꿈치 들기, 팔굽혀 펴기 동작 등의 형태이다.

21 선운동의 운동학적 분석에서 거리의 개념으로 올바른 것은?

① 이동거리에 방향성을 더한 물리량을 물체의 이동 시점과 종점 사이의 직선거리
② 크기와 방향을 나타내는 벡터량
③ 물체가 한 위치에서 다른 위치로 이동하였을 때 그 물체가 지나간 궤적의 총 길이
④ 처음 위치부터 마지막 위치로의 방향과 직선거리를 나타내는 양

정답해설

거리의 개념은 물체가 한 위치에서 다른 위치로 이동하였을 때의 총 길이를 의미한다.

22 거리와 변위의 차이를 정확하게 설명한 것은?

① 30m 왕복달리기 시 변위는 0m이다.
② 30m 왕복달리기 시 거리는 30m이다.
③ 30m 왕복달리기 시 변위는 60m이다.
④ 30m 왕복달리기 시 거리는 90m이다.

정답해설

거리는 방향성이 없고 크기만 존재하며, 변위는 방향성과 크기가 모두 존재한다. 따라서 30m를 왕복했다고 하였을 때 방향성이 없는 거리는 이동거리를 모두 합친 60m가 되며, 방향성을 지닌 변위의 경우 30m를 처음 이동하고 다시 제자리로 돌아왔기 때문에 돌아온 변위 -30m가 합한 0m가 된다.

23 속력(speed)의 개념으로 옳지 않은 것은?

① 방향성이 없는 단순한 빠르기를 의미한다.
② 움직임 변위를 나타내는 벡터량이다.
③ 이동거리/소요시간으로 구한다.
④ 속력의 단위는 m/s, cm/s 등이 있다.

정답해설

움직임 변위를 나타내는 벡터량은 속도에 해당한다.

24 속도(velocity)의 개념으로 옳지 않은 것은?

① 단위 시간 동안 움직인 거리를 나타내는 스칼라량이다.
② 물체의 빠르기와 이동한 방향이 함께 나타난다.
③ 변위/소요시간, 나중위치 - 처음위치/나중시간 - 처음시간으로 구한다.
④ 속도의 단위는 속력과 동일하다.

정답해설

단위 시간 동안 움직인 거리를 나타내는 스칼라량은 속력을 의미한다.

| 정답 | 20 ② 21 ③ 22 ① 23 ② 24 ①

25 <보기>는 가속도의 개념에 대한 설명이다. <보기>의 ㉠~㉢에 들어갈 내용을 바르게 연결한 것은?

보기

> 가속도의 개념은 시간에 따른 (㉠)의 변화율과 크기와 방향의 변화를 고려한 (㉡), 그리고 가속도의 방향은 합력의 방향과 항상 (㉢)

	㉠	㉡	㉢
①	속력	스칼라	같다
②	속도	벡터량	같다
③	속도	스칼라	다르다
④	속력	벡터량	다르다

정답해설

가속도의 개념은 시간에 따른 속도의 변화율과 크기와 방향의 변화를 고려한 벡터량, 그리고 가속도의 방향은 합력의 방향과 항상 같다.

26 10m/s의 수평투사속도로 축구공을 찼을 때, 축구공의 체공시간이 3초라면 투사거리는? (단, 공기저항은 무시한다.)

① 10m ② 20m
③ 30m ④ 40m

정답해설

수평투사속도는 속도가 일정하게 유지되는 등속운동이기 때문에 3초 간의 투사거리는 30m가 된다.

27 다음 중 투사체 운동에 영향을 미치는 요인이 아닌 것은?

① 투사회전 ② 투사각도
③ 투사높이 ④ 투사속도

정답해설

투사체 운동에 영향을 미치는 요인은 투사속도, 투사각도, 투사높이가 있다.

28 각도의 단위가 아닌 것은?

① 도(degree)
② 라디안(radian)
③ 회전(revolution)
④ 밀리미터(millimeter)

정답해설

밀리미터는 길이의 단위에 해당한다.

29 각운동의 요소가 아닌 것은?

① 각위치 ② 각갯수
③ 각거리 ④ 각변위

정답해설

각운동의 요소는 각위치, 각거리, 각변위이다.

30 <보기>의 빈칸에 들어갈 말을 올바르게 고른 것은?

보기

> 각속도가 동일하다면 회전축이 가까운 지점의 선속도보다 (㉠) 지점의 선속도가 더 크며, 이는 회전반경이 (㉡) 선속도가 크다는 것을 의미한다.

	㉠	㉡
①	먼	클수록
②	가까운	클수록
③	가까운	작을수록
④	먼	작을수록

정답해설

각속도가 동일하다면 회전축이 가까운 지점의 선속도보다 먼 지점의 선속도가 더 크며, 이는 회전반경이 클수록 선속도가 크다는 것을 의미한다.

| 정답 | 25 ② 26 ③ 27 ① 28 ④ 29 ② 30 ①

31 인체운동과 선속도와 각속도 간의 관계 중 충격 상황에서 도구의 선속도가 중요한 역학적 변인으로 적용되는 상황이 아닌 것은?

① 배구의 스파이크
② 골프스윙
③ 수영의 다이빙
④ 배드민턴 스매싱

정답해설

인체운동과 선속도 간의 상황에서 충격 상황에서 선속도의 중요한 역학적 변인으로 적용되는 상황은 배구의 스파이크, 골프스윙, 야구 배팅, 배드민턴 스매싱 등이다.

32 힘의 정의에 해당하지 않는 것은?

① 물체를 특정 방향으로 밀거나 당길 때 작용하는 물리량이다.
② 힘은 밀거나 당겨서 사람이나 물체의 운동 상태를 변화하거나 변화하는 경향을 의미한다.
③ 물체의 변형을 일으키기도 한다.
④ 물체의 이동거리에 영향을 미치지 않는다.

정답해설

물체가 이동하는 상황에서의 힘은 영향을 미칠 수 있다.

33 힘의 단위 계산 공식이 올바르게 작성된 것은?

① $1N = 1kg \times 1m/s^2$
② $1N = 2kg \times 2m/s^2$
③ $1N = 3kg \times 3m/s^2$
④ $2N = 4kg \times 4m/s^2$

정답해설

$1N = 1kg \times 1m/s^2$이다

34 스칼라와 벡터를 의미하는 바가 올바르게 짝지어진 것은?

① 스칼라 – 가속도
② 스칼라 – 힘
③ 벡터 – 속력
④ 벡터 – 거리

정답해설

스칼라는 크기만 존재하기 때문에 거리와 속력이 해당하며, 벡터의 경우 크기와 방향이 존재하기 때문에 변위, 속도, 가속도, 힘 등이 포함된다.

35 근력의 수축 형태에 따라 올바르게 짝지어진 것은?

① 등척성 수축 – 중량의 저항에 따라 반복적으로 근섬유의 길이가 변화하는 경우
② 단축성 수축 – 중량을 아래로 내릴 때
③ 신장성 수축 – 중량을 위로 들어 올릴 때
④ 등속성 수축 – 근육이 일정한 속도로 수축하는 경우

정답해설

등속성 수축은 근육의 길이의 변화가 나타는데 있어 일정한 속도로 수축을 하는 경우에 등속성 수축이라 한다.

36 중력에 대한 설명으로 옳은 것은?

① 중력의 크기는 물체의 무게와 중력 가속도의 곱으로 결정한다.
② 물체가 다른 물체와 접촉하면서 표면과 평행하게 작용하는 힘이다.
③ 물체 모양에 따라 위 아래를 지나는 공기의 흐름의 차이이다.
④ 움직이는 방향과 반대방향으로 작용한다.

정답해설

중력의 크기는 물체의 무게와 중력 가속도(약 $9.8m/s^2$)의 곱으로 결정된다.

| 정답 | 31 ③ 32 ④ 33 ① 34 ③ 35 ④ 36 ①

37 그림에 해당하는 효과(원리)에 해당하는 것은?

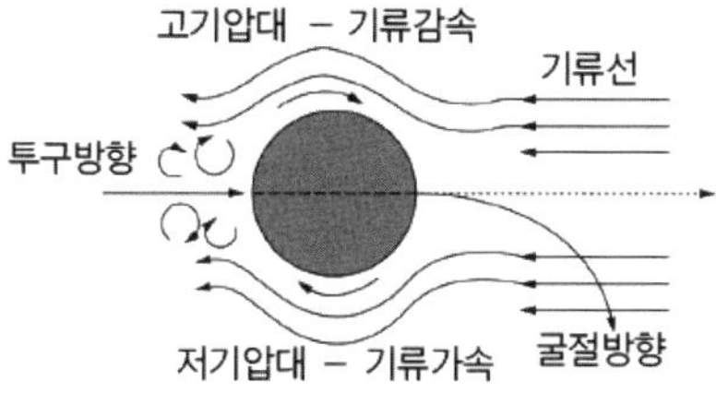

① 중력의 원리
② 마그누스 효과
③ 베르누이 원리
④ 작용반작용 원리

정답해설

물체가 회전하면서 유체속을 진행할 때 압력이 높은 곳에서 낮은 곳으로 양력이 작용해 휘어지는 형상을 마구누스 효과라 한다.

38 뉴턴의 선운동 법칙이 올바르게 짝지어진 것은?

① 제1운동법칙 – 가속도의 법칙
② 제1운동법칙 – 각속도의 법칙
③ 제2운동법칙 – 관성의 법칙
④ 제3운동법칙 – 작용 · 반작용 법칙

정답해설

뉴턴의 선운동 3법칙은 제1운동 법칙(관성의 법칙), 제2운동법칙(가속도 법칙), 제3운동법칙(작용 · 반작용 법칙)이다.

39 선운동량에 대한 설명으로 옳지 않은 것은?

① 물체가 가지고 있는 운동량이다.
② 단위는 kg · m/s이다.
③ 질량과 속도가 클수록 물체의 운동량은 증가한다.
④ 질량과 선속도의 합으로 결정한다.

정답해설

선운량은 질량과 선속도의 곱한 값으로 결정한다.

40 운동량과 충격량의 관계에 대한 설명이 옳지 않은 것은?

① 물체에 작용한 충격량은 물체의 운동량의 변화량과 같다.
② 추진방향에서 반대방향의 충격량은 가속도를 증가시킨다.
③ 운동량의 변화량은 물체에 작용한 충격량과 같다.
④ 추진방향의 충격량은 운동량을 증진시킨다.

정답해설

추진방향에서 반대방향의 충격량은 운동량을 감소시킨다.

41 토크의 개념으로 올바르지 않은 것은?

① 물체를 회전시켜 각운동량을 만드는 힘을 토크라 한다.
② 토크의 크기는 작용된 힘과 연장선 그리고 회전중심 사이의 수직거리에 비례한다.
③ 토크는 힘의 크기와 모멘트 암의 합으로 결정된다.
④ 외부의 토크를 가하지 않으면 각 운동량은 보존된다는 운동량 보존 법칙이 적용된다.

정답해설

토크는 힘의 크기와 모멘트 암의 곱으로 결정된다.

| 정답 | 37 ② 38 ④ 39 ④ 40 ② 41 ③

42 인체 및 스포츠의 관성모멘트에 해당하지 않는 것은?

① 외부의 토크가 회전 운동을 변화시키려 할 때 저항하는 물체의 직선 관성이다.
② 자세 변화에 따라 회전축에 대한 분절의 상대적 위치도 변하기에 전신의 관성모멘트는 변한다.
③ 회전축의 방향에 따라 관성모멘트는 차이가 있다.
④ 질량이 크거나 회전축으로부터 멀리 분포할수록 관성모멘트가 크다.

정답해설

외부의 토크가 회전 운동을 변화시키려 할 때 저항하는 물체의 회전 관성이다.

43 각운동량 보존법칙에 대한 설명으로 옳지 않은 것은?

① 물체로 이루어진 체계의 각운동량은 보존된다(단, 모든 외부 토크의 합이 0일 때).
② 물체나 인체의 투사체 운동에서 각운동량은 그대로 유지된다(공기저항은 무시한다.).
③ 각운동량이 보존될 때, 관성모멘트를 변화시켜 각속도를 변화시킬 수 있다.
④ 관성모멘트와 각속도는 정비례한다.

정답해설

관성모멘트와 각속도는 반비례한다.

44 <보기> 중 원심력에 해당하는 설명을 모두 고른 것은?

보기

㉠ 원운동을 하는 물체가 바깥으로 벗어나려고 하는 경향의 힘
㉡ 구심력이 작용할 때 발생하는 힘으로 구심력이 사라지면 원심력도 사라짐
㉢ 원심력은 질량의 선속도의 제곱에 비례하고, 반지름에 반비례함
㉣ 원운동을 발생시키는 원인으로 원 중심 방향으로 작용하는 힘

① ㉠
② ㉠, ㉡
③ ㉠, ㉡, ㉢
④ ㉠. ㉡, ㉢, ㉣

정답해설

원심력은 원운동을 하는 물체가 바깥으로 벗어나려고 하는 경향의 힘이라는 것과 구심력이 작용할 때 발생하는 힘으로 구심력이 사라지면 원심력도 사라지는 것이 특징이다.

45 원심력과 구심력의 성질을 올바르게 설명한 것은?

① 원심력이 구심력보다 작으면 회전반경이 점점 커지는 원운동 형태가 나타난다.
② 구심력과 원심력은 정반대이며 정확한 원운동을 한다면 두 힘의 크기도 같다.
③ 구심력 방향은 속도의 방향과 항상 직선을 이룬다.
④ 구심력이 원심력보다 커지면 회전반경이 점점 커지는 형태를 보인다.

정답해설

구심력과 원심력은 정반대이며 정확한 원운동을 한다면 두 힘의 크기도 같다. 구심력은 원운동에서 운동의 중심방향으로 작용하여 물체의 경로를 바꾸는 힘이며, 원심력은 물체가 원 중심에서 멀어지고자 하는 힘을 뜻한다. 따라서 서로간의 내용은 정반대이며 정확한 원운동을 한다면 두 힘의 크기도 같다.

| 정답 | 42 ① 43 ④ 44 ② 45 ②

46 일률(power)의 정의에 해당하지 않는 것은?

① 단위시간당 한 일의 양이다.
② 역학적 일의 강도를 나타내는 지표로 사용된다.
③ 일의 빠르기를 나타내는 물리량이다.
④ 파워는 가속도의 개념으로 이해할 수 있다.

정답해설

파워는 순발력의 개념으로 이해할 수 있다.

47 다음 중 에너지의 종류에 해당하지 않는 것은?

① 가속도 에너지
② 운동에너지
③ 위치에너지
④ 탄성력에 의한 위치에너지

정답해설

에너지의 종류는 운동에너지와 위치에너지, 중력에 의한 위치에너지 그리고 탄성력에 의한 위치에너지이다.

48 3차원 동작 영상분석에 대한 내용으로 옳은 것은?

① 1개의 영상 기록을 통해 2차원 평면상의 운동을 분석한다.
② 야구 피칭, 골프스윙 등 공간상에서 입체적으로 이루어지는 운동 분석에 활용한다.
③ 운동 평면상 신체 좌표와 영상 좌표 사이의 일정한 배율 관계를 이용한다.
④ 단일 평면상에서 이루어지는 운동동작의 분석에 활용한다.

정답해설

3차원 동작 분석은 3차원 공간상의 운동 분석으로 야구피칭, 골프스윙 등 입체적으로 이루어지는 운동 분석에 활용할 수 있다.

49 지면반력의 설명으로 옳지 않은 것은?

① 지면반력이 작용하는 지점인 압력중심점을 통해 체중의 이동만을 분석할 수 있다.
② 지면반력은 중력과 더불어 인체 운동을 변화시키는 중요한 외력이다.
③ 전후 및 좌우 방향의 지면반력은 지면의 마찰력을 의미한다.
④ 뉴턴의 작용 · 반작용 법칙으로 설명할 수 있다.

정답해설

지면반력이 작용하는 지점인 압력중심점을 통해 체중의 이동과 안정성 등을 분석할 수 있으며, 걷기 · 달리기 · 점프 등을 통해 충격력과 충격량 등을 분석할 수 있다.

50 <보기>의 내용 중 근전도에 있어 근육의 수축과 근전도의 신호 생성 순서가 올바르게 배열된 것은?

보기

㉠ 근섬유의 활동전위 생성
㉡ 운동신경 활동전위가 근육의 흥분 유도
㉢ 운동단위의 활동전위
㉣ 근섬유 내 활동전위의 전파
㉤ 근전도의 측정

① ㉠ → ㉡ → ㉢ → ㉣ → ㉤
② ㉠ → ㉡ → ㉣ → ㉢ → ㉤
③ ㉡ → ㉠ → ㉣ → ㉢ → ㉤
④ ㉡ → ㉣ → ㉢ → ㉠ → ㉤

정답해설

근전도에 있어 근육의 수축과 근전도의 신호 생성 시 운동신경 활동전위가 근육의 흥분 유도 → 근섬유의 활동전위 생성 → 근섬유 내 활동전위의 전파 → 운동단위의 활동전위 → 근전도의 측정 순으로 이뤄진다.

| 정답 | 46 ④ 47 ① 48 ② 49 ① 50 ③

01 체육사의 의미에 대한 설명으로 옳은 것은?

① 체육과 관련된 미래의 현상을 밝혀내고 이해하게 해준다.
② 과거에 대한 근거를 파악하고 체육이라는 문화적 현상을 이해하는데 도움을 준다.
③ 체육과 관련된 과거의 사건을 파악하여 미래를 예측할 수 없다.
④ 체육의 역사를 통해 미래를 예측할 수 있는 기준을 마련해 준다.

정답해설

체육사는 체육과 관련된 과거와 현재의 사건을 파악하여 표면 뒤에 가려져 있는 의미를 해석하는 것이지 미래를 예측하게 해줄 수는 없다.

02 <보기>에서 설명하는 체육사의 연구방법은?

보기

체육사연구를 비롯한 모든 역사연구의 기초적 단계로, 사료(史料)에 근거한 실증적인 규명을 위주로 이루어진다.

① 과학적 연구
② 해석적 연구
③ 기술적 연구
④ 실험적 연구

정답해설

<보기>는 과거의 사실을 객관적으로 밝히는 연구로 모든 역사연구의 기초적인 단계로 사료(史料)에 근거하여 규명하는 기술적 연구에 대한 설명이다.

추가해설

사료는 역사를 고찰하는데 있어 단서가 되는 자료로 다음과 같이 구분된다.

- 물적사료: 유물, 유적, 현존하는 모든 물질적 유산 등
- 기록사료: 문헌, 구전 등
- 구술사료: 과거 기억에 대한 증언 등

03 <보기>에서 설명하는 체육의 연구 영역은?

보기

문일평은 태극화보에 '체육론'을 실었고, 신체의 중요성은 정신에 선행한다고 했으며, 육체의 단련은 정신의 그릇에 대한 단련이라고 평가하였다.

① 스포츠와 정치
② 스포츠와 문화
③ 스포츠 종목
④ 스포츠와 사상

정답해설

<보기>는 특정 시대의 인물과 관련된 체육 사상 및 건강, 종교와 관련된 스포츠 등을 다루는 스포츠와 사상 영역에 대한 설명이다.

04 삼국시대의 교육에 대한 설명으로 옳은 것은?

① 고구려의 태학은 최초의 관학이며 전쟁 대비 양성을 목적으로 설립되었다.
② 신라의 화랑도는 청소년 수련단체로 유사시 대비 전쟁관련 교육도 실시하였다.
③ 백제는 학교기관에 대한 기록이 있으며, 학문 수준이 높았고, 박사제도를 두고 있었다.
④ 고구려의 경단은 양반을 대상으로 한 교육기관이었다.

정답해설

신라의 화랑도는 6~10세기에 신라에 있던 청소년 수련단체였으며, 유사시를 대비해서 전쟁관련 교육도 실시하였다. 화주 또는 국선이라는 통제관 아래 귀족출신 화랑이 있었고, 그 아래 낭도(평민의 자제)로 구성되었다.

| 정답 | 01 ③ 02 ③ 03 ④ 04 ②

05 부족국가 시대의 신체활동에 대한 설명으로 옳지 않은 것은?

① 제천행사와 민속놀이가 있었다.
② 교육적 신체활동으로 궁술과 기마술이 있었다.
③ 생존과 연관된 사냥 활동이 있었다.
④ 신체미 숭배사상이 체전의식의 목적이었다.

정답해설

궁술과 기마술은 교육적 신체활동이 아닌, 생존과 전투 활동이었다.

06 부족국가 시대의 생활과 신체문화에 대한 설명으로 옳은 것은?

① 고구려의 동맹, 부여의 영고, 신라의 저포는 하늘에 제사를 지내는 제천행사이다.
② 생산기술과 전투기술이 발달하기 시작했다.
③ 궁술과 기마술이 쇠퇴하기 시작했다.
④ 제천행사의 대표적인 민속놀이는 기마, 수박, 씨름 등이 있다.

정답해설

제천행사의 대표적인 민속놀이는 저포(윷놀이), 기마, 수박, 격검, 씨름 등이 있다.

07 <보기>에서 설명하는 삼국시대 민속놀이는?

> **보기**
> 주사위를 던져서 나는 사위대로 말을 써서 겨루는 놀이

① 악삭(握槊)　② 위기(圍碁)
③ 방응(放鷹)　④ 석전(石戰)

정답해설

<보기>는 악삭(握槊)에 대한 설명이다. 이는 주사위를 던져 여러 개로 된 말을 사용하여 두 사람 중 먼저 궁에 들어가는 게임이다.

오답해설

② 위기(圍碁): 흑백의 돌로 집싸움을 하는 바둑 게임이다.
③ 방응(放鷹): 매를 길러 꿩이나 새를 사냥하는 일종의 수렵인 매사냥이다.
④ 석전(石戰): 동편과 서편으로 나누어 하는 돌팔매질(돌싸움) 놀이이다.

08 <보기>에서 설명하는 체육활동은?

> **보기**
> • 고구려의 경당에서 정식교육 활동으로 인정
> • 주몽의 전설이 있을 정도로 중요한 활동
> • 인재 등용에 중요한 역할을 하는 활동
> • 연무수단 또는 여가로서 매우 왕성하게 행해진 활동

① 입산수행
② 편력(遍歷)
③ 각저(角觝)
④ 궁술(弓術)

정답해설

<보기>는 궁술(弓術)에 대한 설명이다. 이는 교육 활동의 한 분야로 고구려의 경당, 신라에서는 궁전법, 백제에서도 기사를 중요하게 취급하였다.

09 삼국시대 민속 스포츠와 오락에 대한 설명으로 옳지 않은 것은?

① 저포(樗蒲): 윷가락 같이 만든 다섯 개의 나무를 던져 승부를 겨루는 놀이
② 수렵(狩獵): 사냥 활동으로 군사적 수렵과 레저스포츠로의 수렵
③ 투호(投壺): 동편과 서편으로 나누어 하는 돌팔매질(돌싸움) 놀이
④ 농주(弄珠): 여러 개의 구슬을 공중에 던져 그것을 기술적으로 받아서 돌리는 놀이

정답해설

투호(投壺)는 일정한 거리에 항아리를 놓고 화살을 던져 넣는 오락이다.

| 정답 | 05 ② 06 ④ 07 ① 08 ④ 09 ③

10 화랑도의 세속오계에 대한 설명으로 옳은 것은?

① 사군이충(事君以忠): 생명체를 함부로 죽이지 않는다.

② 사친이효(事親以孝): 부모를 효로서 섬긴다.

③ 살생유택(殺生有擇): 신의로 벗을 사귄다.

④ 임전무퇴(臨戰無退): 충성으로 임금을 섬긴다.

정답해설

세속오계(世俗五戒)

- 사군이충(事君以忠): 충성으로 임금을 섬긴다.
- 사친이효(事親以孝): 부모를 효로서 섬긴다.
- 교우이신(交友以信): 신의로 벗을 사귄다.
- 임전무퇴(臨戰無退): 전쟁에 임하여 후퇴를 삼간다.
- 살생유택(殺生有擇): 생명체를 함부로 죽이지 않는다.

11 <보기>에서 설명하는 화랑도의 체육사상은?

보기

- 입산 수행과 편력 활동은 천신과 신신의 숭배라는 종교의식과 연관
- 편력은 국토를 신성하게 여기며 목숨을 걸고서라도 지켜내야 한다는 사상과 연계

① 신체미의 숭배사상

② 불국토 사상

③ 군사주의 체육사상

④ 심신일체론적 체육관

정답해설

불국토 사상

- 국토를 신성하게 여기며 목숨을 걸고서라도 지켜야 한다는 사상으로 편력활동과 연계
- 입산수련과 편력은 종교 의식과 연관되었으며, 스포츠 활동과 음악, 무용, 노래 등이 포함

12 <보기>의 빈칸에 들어갈 알맞은 용어는?

보기

신라의 (   )는(은) 일종의 교육제도로서 각종 제전 및 의식에 관한 훈련을 쌓고, 전쟁에 관한 기술을 익히게 하여 협동과 단결정신을 기르고 강인한 체력을 연마하여 후에 삼국을 통일하는 밑거름이 되었다.

① 무인정신

② 도의체육

③ 무예신보

④ 화랑제도

정답해설

화랑제도는 일상생활의 규범을 비롯하여 옛 전통에 관한 지식을 가르쳤으며, 각종 제전 및 의식에 관한 훈련을 쌓게 하고, 수렵이나 전쟁에 대한 것도 익히게 하였다. 이러한 교육을 통해 화랑제도는 협동과 단결정신을 기르고, 강인한 체력을 연마하였다.

13 삼국시대의 체육사상에 대한 설명으로 옳지 않은 것은?

① 신의 조화라는 가치관을 바탕으로 신체의 덕 함양을 추구하였다.

② 문과 무를 양립시키는 것이 국가 부강의 원동력이라 판단하였다.

③ 효(孝)와 신(信) 등의 국민적 윤리를 강조하는 도의체육(道義體育) 사상을 가졌다.

④ 광명정대사상(光明正大思想)을 기초로 신체적 단련을 통해 심신의 발달을 강조했다.

정답해설

문과 무를 양립시키는 것이 국가 부강의 원동력이라 판단하는 것은 조선시대의 문무겸전 사상에 대한 설명이다.

| 정답 | 10 ② 11 ② 12 ④ 13 ②

14 <보기>에서 설명하는 고려시대의 교육기관은?

보기

- 고려시대 최고의 종합교육기관
- 문무관 8품 이상의 귀족 자제를 위한 교육기관
- 7재라는 전문강좌를 두어 국학교육을 강화
- 7재 속에 무학재(강예재)를 설치하여 무예의 이론과 실기를 교육

① 12도
② 향교
③ 국자감
④ 학당

정답해설

<보기>는 국자감(國子監)에 대한 설명이다. 국자감은 문무관 8품 이상의 귀족 자제를 위한 고려시대 최고의 종합교육기관이다(7재라는 교육과정 존재).

15 고려시대 교육에 대한 설명으로 옳은 것은?

① 국학의 7재 속에 강예재를 설치하여 국학교육을 강화하였다.
② 기술교육기관인 율학 · 서학 · 산학의 잡학에는 8품 이상의 하급관리 및 서민이 입학하였다.
③ 관리 양성을 위해 중앙에 집중적으로 많은 학교를 세우고 교육하였다.
④ 과거제도는 신분에 제한 없이 누구나 응시자격이 주어졌다.

정답해설

성종 11년(992)에는 국립대학인 국자감이 세워졌으며, 국자감을 강화하고자 서적포를 두어 국학도서 출판을 활발히 하였다. 그리고 국학에 7재라는 전문강좌를 두어 국학교육을 강화하였다.

16 <보기>에서 설명하는 고려시대 민속 스포츠는?

보기

고려시대의 국기라 할 만큼 두루 즐긴 운동으로 페르시아 폴로 경기에서 유래한 마상 스포츠이다. 군사훈련의 수단으로 능숙하게 하기 위한 용도를 사용되었으며, 귀족들의 오락 및 여가활동으로 부유한 귀족의 사치성을 보여주는 수단이 되기도 하였다.

① 투호(投壺)
② 격구(擊毬)
③ 추천(秋韆)
④ 방응(放鷹)

정답해설

격구(擊毬)

- 궁전의 일부 또는 외곽에 전용 구장이 있을 정도로 귀족계층에서 성행
- 군사훈련의 수단으로 기창, 기검, 기사를 능숙하게 하기 위한 용도
- 귀족들의 오락 및 여가활동으로 부유한 귀족의 사치성 활동

17 <보기>에서 설명하는 사건과 관련 있는 시대는?

보기

수박(手搏)은 맨손과 발을 이용한 격투기로 치기, 주먹 지르기 등의 기술로 무인들에게 적극 권장되었으며, 승자에게는 벼슬을 주어 출세를 위한 방법으로 활용하였다. 또한 이는 인재 선발을 위한 기준이 되었으며, 무신반란의 주요 원인 중 하나이다.

① 고려시대
② 조선시대
③ 삼국시대
④ 부족국가 시대

정답해설

<보기>는 고려시대와 관련 있는 사건이다.

| 정답 | 14 ③ 15 ① 16 ② 17 ①

18 고려시대의 무예에 대한 설명으로 옳지 않은 것을 고르시오.

① 문식(文識)과 무략(武略)을 모두 갖추는 문무겸전(文武兼全)을 강조하였다.
② 강예재(講藝齋)라는 무학의 과를 두어 무사는 전통적인 정신과 무예의 가르침을 받았다.
③ 마상재는 원기 또는 농마라는 명칭 위에 행해졌다.
④ 수박희(手搏戱)는 무신반란의 주요 원인 중 하나였다.

정답해설

① 문무겸전(文武兼全)은 '문식(文識)과 무략(武略)을 다 갖춘다'는 뜻으로 조선시대 천시되었던 무에 대한 새로운 인식을 끌어내 국정 운영의 철학으로 발전하였다.

19 <보기>에서 고려시대 서민 민속 스포츠와 오락을 모두 고른 것은?

보기

㉠ 추천(秋韆)	㉡ 투호(投壺)
㉢ 석전(石戰)	㉣ 방응(放鷹)
㉤ 격구(擊毬)	㉥ 각저(角觝)

① ㉠, ㉢, ㉥　　② ㉡, ㉢, ㉣
③ ㉡, ㉣, ㉤　　④ ㉢, ㉤, ㉥

정답해설

- 고려시대 귀족 사회의 민속 스포츠와 오락: 투호(投壺), 방응(放鷹), 격구(擊毬)
- 고려시대 서민 사회의 민속 스포츠와 오락: 각저(角觝), 추천(秋韆), 석전(石戰), 연날리기, 그네뛰기

20 조선시대의 교육기관에 대한 설명으로 옳은 것은?

보기

- 조선시대에 인재양성을 위해 서울에 설치한 국립대학격의 유학교육기관이다.
- 태학(太學)·반궁(泮宮)·현관(賢關)·근궁(芹宮)·수선지지(首善之地)라고도 한다.
- 교육목표 중 덕(德)의 함양을 위해 활쏘기를 실시하였다.

① 학당의 교육목표 중 덕(德)의 함양을 위해 활쏘기를 실시하였다.
② 성균관은 조선시대에 인재양성을 위해 서울에 설치한 국립대학격의 유학교육기관이다.
③ 국자감(國子監)은 문무관 8품 이상의 귀족 자제를 위한 조선시대 최고의 종합교육기관이다.
④ 신분에 제한 없이 누구나 응시자격이 주어졌다.

정답해설

<보기>는 성균관(成均館)에 대한 설명으로, 성균관은 고려시대 국자감 명칭을 같은 기능으로 명칭을 조선시대에도 사용하였다.
- 교육목표 중 덕(德)의 함양을 위해 활쏘기를 실시
- 육일각(六一閣)에서 대사례를 거행
- 대사례에서 사용된 궁은 예궁(禮弓) 또는 각궁(角弓)

21 조선시대의 교육에 대한 설명으로 옳지 않은 것은?

① 과거시험 중 문과는 보통문관시험인 소과와 고등문관시험인 대과로 구분하였다.
② 과거제도를 중심으로 국가에서 운영하는 관학(官學)과 개인이 운영하는 사학(私學)으로 분류하였다.
③ 과거제도의 무관채용시험은 초시, 복시, 전시로 총 3단계로 구성되었다.
④ 향교는 서울에 세운 교육기관으로 인재를 기르기 위해 설립된 사립학교이다.

정답해설

향교는 지방에서 유학을 교육하기 위해 설립된 국립지방학교의 성격이다.

| 정답 | 18 ① 19 ① 20 ② 21 ④

22 <보기>에서 설명하는 조선시대 체육으로 옳은 것은?

보기

교육적 궁술에는 활쏘기를 통한 인간 형성을 지향하는 유교적 교육의 방식이 있다.

① 육예(六藝) ② 편사(便射)
③ 활인심방(活人心方) ④ 격구(擊毬)

정답해설

육예(六藝)는 교육적 궁술에는 활쏘기를 통한 인간 형성을 지향하는 유교적 교육 방식이다.

23 <보기>에서 설명하는 무예서적은?

보기

1790년(정조 14)에 간행되었으며, 한국, 중국, 일본의 서적 145종을 참고한 종합 무예서이다. 총 24가지의 무예에 대한 설명이 실려 있다.

① 고병서해제 ② 무예도보통지
③ 무예신보 ④ 무예제보

정답해설

1598년(선조 31) 한교(韓嶠)가 편찬한 『무예제보(武藝諸譜)』와 1759년(영조 35) 간행된 『무예신보(武藝新譜)』의 내용을 합하고 새로운 훈련종목을 더한 후 이용에 편리한 체제로 편집하여 간행하였다. 다른 군사서적들이 전략·전술 등 이론을 위주로 한 것임에 비해 이 책은 전투동작 하나하나를 그림과 글로 해설한 실전 훈련서라는 특징을 지닌다.

24 조선시대의 육예(六藝) 중 마술(馬術)을 의미하는 것은?

① 예(禮) ② 어(御)
③ 서(書) ④ 사(射)

정답해설

육예(六藝)에서 예(禮)는 예용(禮容), 악(樂)은 음악(音樂), 사(射)는 궁술(弓術), 어(御)는 마술(馬術), 서(書)는 서도(書道), 수(數)는 수학(數學)을 의미한다.

25 <보기>의 빈칸에 들어갈 용어로 옳지 않은 것은?

보기

조선시대는 관료주의적 신분사회로, 상류층인 양반계급은 명분론적인 성리학에 의해 과격한 신체활동을 허락하지 않았다. 하지만 인간 본연의 성향은 이들에게도 예외는 아니어서 (　　), (　　), (　　) 등의 활기찬 활동을 하게 되었다.

① 격봉(擊棒)
② 격구(擊毬)
③ 궁도(弓道)
④ 추천(鞦韆)

정답해설

추천(鞦韆)은 그네뛰기로 단오절에 부녀자들이 하던 대표적인 유희활동 이다.

26 개화기의 교육에 대한 설명으로 옳은 것을 모두 고르시오.

① 문호개방 이후 새로운 서구문물의 도입에 대한 대응방안으로 근대학교가 설립되었다.
② 한국 최초의 근대 사립교육기관인 배재학당은 문예반과 무예반으로 나누어 교육하였다.
③ 이승호는 대성학교를 통해 인물을 양성하고 민족독립의 중심세력을 구축하려고 하였다.
④ 오산학교의 체육도 대성학교와 마찬가지로 군사훈련의 형태를 나타냈다.

정답해설

① 문호개방 이후 새로운 서구문물의 도입에 대한 대응방안으로 원산학사, 배재학당, 이화학당, 육영공원 등과 같은 대표적인 근대학교가 설립되었다.
④ 오산학교의 체육은 국권이 상실되어가는 와중에 국권회복을 위한 무력과 전투력 양성의 성격을 띠고 있었다.

| 정답 | 22 ① 23 ② 24 ② 25 ④ 26 ①, ④

27 개화기의 교육기관과 설립한 사람이 알맞게 짝지어지지 않은 것은?

① 원산학사(1883) – 고종 20년 민간인들
② 대성학교(1908) – 안창호
③ 오산학교(1907) – 최승국
④ 배재학당 – 아펜젤러(선교사)

정답해설

오산학교는 1907년에 이승훈이 민족의식 가진 인재를 육성하여 자주독립을 이루는 것을 목표로 설립하였다.

28 <보기>의 빈칸에 들어갈 알맞은 용어는?

보기

조선시대는 성리학과 유교 주의적 특성으로 인해, 문과에 비해 무인교육에 소홀한 편이였다. 하지만 정조는 (   ) 사상이 국가를 부강하게 한다고 생각하였다.

① 문무겸전(文武兼全)
② 숭문천무(崇文賤武)
③ 일심동체(一心同體)
④ 부국강변(富國强兵)

정답해설

문무겸전(文武兼全)

- '문식(文識)과 무략(武略)을 다 갖춘다'는 뜻
- 정조는 천시되었던 무에 대한 새로운 인식을 끌어내 국정 운영의 철학으로 발전
- '무적(武的) 기풍 확산을 통한 국정 쇄신'이라고 함
- 병전(兵典)을 중심으로 법전을 변화시키고, 병학통(兵學通)과 무예도보통지 등 병서를 간행

29 원산학사의 체육사적 의의에 대한 설명으로 옳지 않은 것은?

① 전통적 무예가 교육과정 속에 최초로 채택되었다.
② 외세의 침입에 대응하기 위한 무비자강책을 실시하였다.
③ 무예반의 교육내용은 유교중심의 교육으로 덕, 체, 지의 교육을 강조하였다.
④ 학교체육은 체육 문화의 고유한 영역이 싹틀 수 있도록 여건을 조성하였다.

정답해설

무예반의 교육내용은 군사체계를 위한 군인체육으로 병서, 사격 등의 훈련을 하였다.

30 <보기>에서 설명하는 개화기의 체육단체는?

보기

- 우리나라 최초로 조직된 근대적 체육 친목단체이다.
- 회원 간의 운동회 개최 및 각종 친선경기 등을 통해 우리나라 체육계에 기여하였다.
- 청년의 기개 함양, 오락 제공, 국민의 원기 진작을 목적으로 한다.

① 대한국민체육회
② 황성기독교청년운동부
③ 대한체육구락부
④ 대동체육구락부

정답해설

대한체육구락부는 우리나라에서 최초로 조직된 근대적인 체육 친목단체로서 1906년 3월 11일 서울 괴동(槐洞: 지금의 종로구 공평동) 김기정(金基正)의 집에서 현양운(玄暘運)·신봉휴(申鳳休)·한상우(韓相宇) 등 30여 명의 발기로 결성되었다.

| 정답 | 27 ③ 28 ① 29 ③ 30 ③

31 개화기 때 사회에 설립된 교육기관 중 선교단체 교육기관으로 옳지 않은 것은?

① 육영공원 ② 경신학교
③ 이화학당 ④ 배재학당

정답해설

육영공원은 관립 교육기관으로 주로 통역관을 양성하기 위한 목적으로 설립되었다.

32 <보기>의 빈칸에 들어갈 알맞은 용어는?

보기

1895년 2월 2일 고종은 공교육의 근대화를 위하여 체육의 중요성을 획기적으로 명시하면서 근대교육을 받아들일 것을 천명하는 (   )을(를) 공표하였다.

① 체육론
② 화류회
③ 관서체육회
④ 교육입국조서

정답해설

고종의 '교육입국조서(教育立國詔書)'
- 1895년 교육입국조서 반포
- 덕양(德養), 체양(體養), 지양(智養) 즉 삼양(三養)을 강조
- 소학교 및 고등과정에 체조가 정식과목으로 채택되는데 영향
- 교육의 기회가 전 국민적으로 확대되는데 기여

33 개화기 체육의 사상과 사상가로 옳은 것은?

① 이기 – '대한 자강회'를 조직하였으며, 지육, 덕육, 체육의 균형적인 교육을 강조하였다.
② 문일평 – 휘문의숙의 체육교사로 역임하였으며, 『신체조교수서』를 출판하였다.
③ 이기동 – 개화기 체육의 중요성을 강조한 대표적인 인물로 '체육이 국가에 대한 효력'을 세 가지로 밝혔다.
④ 노백린 – 교육에서 학교 체육의 중요성을 강조하며 체육의 강화를 통해 강건한 인재 육성을 주장하였다.

정답해설

이기: "대한 자강회"를 조직하였으며, 지육, 덕육, 체육의 균형적인 교육을 강조하였으며, 사회진화론을 수용하였다.

34 근대 스포츠의 도입과 보급에 대한 설명으로 옳지 않은 것은?

① 체조: 1895년 한성사범학교의 교과목을 채택 후 정식 과목으로 채택되었다.
② 야구: 1905년 질레트가 황성기독교청년회(YMCA) 회원들에게 야구를 지도하였다.
③ 유도: 1884년 미국공사관과 개화파 인사들이 했으며, 미국인 푸트에 의해 소개되었다.
④ 축구: 1896년 운동회(화류회)에서 처음 시작하였다.

정답해설

1890년 구기 종목 중 우리나라에 가장 먼저 소개된 종목이 축구이다.

| 정답 | 31 ① 32 ④ 33 ① 34 ④

35 우리나라 최초의 운동회에 대한 설명으로 옳지 않은 것은?

① 영어학교에서 화류회라는 명칭하에 운동회를 개최한 것이 시초였다.
② 비공식 교육과정의 일환 혹은 비정규적인 체육활동의 형태로 운동회를 개최하였다.
③ 많은 지역사회 주민들이 참여하는 대동놀이적 참여의 계기가 되었다.
④ 영어학교 교사인 질레트(Gillett)와 푸트(Foote)가 진행하였다.

정답해설

우리나라 최초의 운동회인 화류회는 영국인 교사 허치슨(Hutchison)과 핼리팩스(Hallfax)가 진행하였다.

36 <보기>에서 설명하는 일제강점기 시기의 교육령은?

> 보기
> - 군국주의 정치하에서 황국신민교육
> - 교육을 동화 내지 황민화의 수단으로 적극 활용하는 '내선일체' 교육

① 1차 조선교육령(1911~1922)
② 2차 조선교육령(1922~1938)
③ 3차 조선교육령(1938~1945)
④ 4차 조선교육령(1943)

정답해설

<보기>는 한국민족 말살 정책기 또는 황국신민화 정책기인 3차 조선교육령 시기이다.

37 일제강점기의 체육에 대한 설명으로 옳은 것은?

① 조선교육령 공포의 체육시기에는 인적 자원 확보를 위해 체력장 제도가 시행되었다.
② 학교체조교수요목의 제정시기에는 체육의 필수화 및 교육의 교수 방법, 목적, 개념 등이 구체화되었다.
③ 학교체육교수요목기의 체육시기에는 병식체조가 스웨덴 체조로 변경되며 각종 놀이가 도입되었다.
④ 체육 통제기의 체육시기에는 체조 중심에서 유희 및 스포츠 중심으로 변화되었다.

정답해설

학교체조교수요목의 제정과 개정기의 체육(1914~1927)
- 학교의 체조교육을 통일시키기 위한 조치
- 군사훈련 성격의 병식체조를 교련으로 분리, 유희는 경쟁적 유희와 발표적 동작을 하는 유희로 구분
- 일상 및 과외활동 속에 야구, 수영, 테니스 등의 종목 실시
- 학교교육체계에서 체육이 필수화되고, 교육의 교수 방법, 목적 개념 등을 구체화
- 교수요목의 개정에 따라 소학교, 보통학교, 체조교수서 개발

38 일제강점기 체육과 스포츠의 탄압에 대한 설명으로 옳은 것은?

① 동아일보 기자 이길용은 일본으로부터 혹독한 고문 및 무기정간처분은 받았다.
② 일본은 조선체육협회를 해산하고 조선체육회로 통합시켰다.
③ 일본인들의 적극적인 지지로 손기정 선수가 올림픽에서 금메달을 획득했다.
④ 학교체육에 포함된 군사훈련체계를 배제하였다.

정답해설

손기정 선수가 금메달을 따고 일장기를 달고 시상대에 오른 사진이 보도되자 동아일보 기자 이길용은 이 사진에서 일장기를 지워버린 채 보도를 하였다. 이로 인해 이길용 기자는 혹독한 고문을 받았고 동아일보는 무기정간처분을 받았다.

| 정답 | 35 ④ 36 ③ 37 ② 38 ①

39 일제강점기의 민족주의 체육 사상에 대한 설명으로 옳지 않은 것은?

① 전국적으로 조직된 청년회 중심으로 일제의 탄압에 대한 저항운동으로 체육을 지양하였다.
② 민족의 전통경기(국궁, 씨름 등)를 부활하고 보급하려는 움직임이 시작되었다.
③ 일제가 학교체육을 군사 훈련화하려는 움직임에 대응하여 YMCA 등과 같은 단체를 중심으로 순수 체육을 지향하려는 움직임을 보였다.
④ 민족주의적 체육활동으로 인해 한민족의 정체성과 민족의식이 큰 영향을 미쳤다.

정답해설

전국적으로 조직된 청년회 중심으로 일제의 탄압에 대한 저항운동으로 체육을 장려하였다.

40 일제강점기의 민족주의적 체육 전개에 대한 설명으로 옳지 않은 것은?

① 일제의 무단통치기에 활발히 체육활동을 전개할 수 있었던 단체는 YMCA가 유일하였다.
② 초대 체육부장 터너와 총무 질레트로 '황성기독교청년회'를 창설하였다.
③ YMCA에 한국 최초로 실내 체육관이 건립됨에 따라 스포츠에 참여하는 계기 제공되었다.
④ YMCA의 체육활동은 민족운동을 위한 수단으로 체육을 장려 및 보급하였다.

정답해설

일제강점기의 일본인들은 YMCA 체육활동을 주로 식민지 지배를 위한 수단으로 장려하였다

41 우리나라 최초의 '전국체육대회'를 의미하는 대회는?

① 제1회 전조선야구대회
② 제1회 조선축구대회
③ 제1회 전조선정구대회
④ 제1회 전조선육상경기대회

정답해설

1920년 제1회 전조선야구대회가 우리나라 최초의 '전국체육대회'이다.

오답해설

② 1921년 제1회 조선축구대회
③ 1921년 제1회 전조선정구대회
④ 1924년 제1회 전조선육상경기대회

42 광복 이후의 스포츠에 대한 설명으로 옳지 않은 것은?

① 1947년 대한올림픽위원회KOC가 IOC에 가입하였고, 국제 대회에 참가했다.
② 1948년 최초로 제14회 런던 하계 올림픽에 출전했고, 조선체육회가 '대한체육회'로 변경됐다.
③ 1950년 보스턴 마라톤대회에서 함기용, 송길윤, 최윤칠 선수가 1위, 2위, 3위를 자치했다.
④ 1951년 제1회 아시안게임과 1950년 제31회 전국체육대회가 성황리에 개최됐다.

정답해설

한국전쟁으로 1951년 제1회 아시안게임과 1950년 제31회 전국체육대회가 무산됐다.

| 정답 | 39 ① 40 ④ 41 ① 42 ④

43 1960년~1970년대 정부가 추진한 주요 스포츠정책으로 옳지 않은 것은?

① 대한체육회관 및 태릉선수촌 완공
② 제1회 아시안게임과 제31회 전국체육대회 개최
③ 대한체육회 산하 사회체육위원회 설치
④ 국민체육진흥법 공포

정답해설

1960년~1970년대는 박정희 정권기의 스포츠를 상징한다. 제1회 아시안게임과 제31회 전국체육대회는 한국전쟁으로 무산되었다.

44 광복 이후 개최된 올림픽경기대회에서 최초로 금메달을 획득한 선수와 종목이 바르게 연결된 것은?

① 김원기 - 레슬링
② 서윤복 - 마라톤
③ 김성집 - 역도
④ 양정모 - 레슬링

정답해설

양정모 선수가 1976년 몬트리올 올림픽에서 레슬링 금메달을 획득하였다.

오답해설

① 김원기 레승링 금메달 → 1984 LA 올림픽에서 레슬링 금메달을 획득했다.
② 서윤복 → 1947년 보스턴 마라톤대회에서 우승했다.
③ 김성집 역도 동메달 → 1948 런던 올림픽에서 역도 동메달을 획득했다.

45 <보기>에서 설명하는 체육 정책에 대한 정권기로 알맞은 것은?

보기

생활체육진흥을 통한 국민건강과 체력증진 및 국민의 건전한 여가선용과 선진 체육문화의 창달 그리고 세계 한민족의 동질성과 조국애 함양을 통한 통일기반 조성을 위해 체육단체가 설립되었다.

① 노태우 정권기
② 박정희 정권기
③ 이승만 정권기
④ 문재인 정권기

정답해설

1990년 노태우 정권기에 호돌이 계획으로 불리는 국민생활체육진흥 3개년 종합계획을 위해 국민생활체육협의회가 창설되었다.

46 박정희 정권기의 스포츠에 대한 설명으로 옳지 않은 것은?

① 1961년 '체력은 국력'이라는 슬로건 채택
② 1962년 국민체육진흥법 공포
③ 1966년 태릉선수촌 완공
④ 1980년 모스크바 올림픽에서 양정모 선수가 레슬링에서 사상 최초로 금메달 획득

정답해설

1976년 몬트리올 올림픽에서 양정모 선수가 레슬링에서 사상 최초로 금메달 획득했다.

| 정답 | 43 ② 44 ④ 45 ① 46 ④

47 남북스포츠 친선교류에 대한 설명으로 옳지 않은 것은?

① 1990년 남북통일축구대회
② 2000년 남북통일탁구대회, 시드니올림픽 공동입장
③ 2002년 남북통일농구대회, 남북노동자축구대회
④ 2004년 아테네올림픽 공동입장

정답해설

1999년에 남북통일농구대회, 남북노동자축구대회가 개최되었다.

48 조선시대 교육 기관인 관학에 대한 설명으로 옳지 않은 것은?

① 성균관: 고려시대의 국자감과 같은 기능
② 사학: 성균관의 부속학교의 성격으로 중등학교 수준의 교육 기관
③ 향교: 조선초에 등장한 고등 교육 기관
④ 잡학: 역학, 율학, 의학, 천문학 등의 잡학교육

정답해설

조선초에 등장한 고등 교육 기관은 서원이며, 향교는 고려시대 지방에 설립된 중등 정도의 교육 기관이다.

오답해설

① 성균관: 고려 말 국자감의 명칭을 조선시대에 바꾸어 사용했다.
② 사학: 고려 말의 5부 학당이 이어진 것으로, 세종 20년(1438) 북부학당이 폐지됨에 따라 사학으로 정착되었다.
④ 잡학: 역학, 율학, 의학, 천문학, 명과학, 산학 등을 담당했다.

49 우리나라 프로스포츠 출범 순서로 옳은 것은?

① 프로축구 - 프로배구 - 프로농구 - 프로야구
② 프로야구 - 프로축구 - 프로농구 - 프로배구
③ 프로농구 - 프로배구 - 프로축구 - 프로야구
④ 프로배구 - 프로축구 - 프로농구 - 프로야구

정답해설

우리나라 프로스포츠 출범 순서는 '프로야구(1982년) - 프로축구(1983년) - 프로농구(1997년) - 프로배구(2005년)' 순이다.

50 광복 이후 근대 스포츠의 발달과 관련이 없는 것은?

① 미션 스쿨 설립
② 조선체육회의 부활
③ 경기단체의 설립
④ 국제 활동

정답해설

개화기 제2기(1885~1904)는 근대 체육의 수용기로 기독교계 사립학교와 관립학교의 정규 교과과정에 체조 과목이 편성되었고, 과외활동으로 서구 스포츠가 도입되었다. 그리고 배재학당(1885), 이화학당(1886), 경신학당(1886) 등과 같은 미션 스쿨이 설립되었다.

| 정답 | 47 ③ 48 ③ 49 ② 50 ①

01 장애인체육에 대한 설명으로 옳지 않은 것은?

① 장애를 가지고 있는 사람들의 체육활동을 의미한다.
② 장애를 가지고 있는 사람들과 관련된 능동적 체육과 수동적 체육의 모든 활동이다.
③ 비장애인과 똑같은 목적으로 하는 체육활동을 소극적이고 제한적으로 위축시킨다.
④ 장애인스포츠는 장애인체육과 혼용하여 사용되고 있다.

정답해설

재활체육과 관련된 내용이다. 재활체육은 장애인의 체육활동을 지칭하며, 제2차 세계대전 이후 재활의 수단으로 체육활동을 하기 시작하면서 사용된 용어이다. 재활체육은 비장애인들과 똑같은 목적으로 하는 체육활동을 소극적이고 제한적으로 위축시킨다.

02 WHO의 장애에 대한 정의와 관련된 것으로 옳지 않은 것은?

① 핸디캡(handicap)이라는 용어를 사용하는 것을 권장했다.
② 손상이라는 용어를 신체 기능과 구조라고 변경하였다.
③ 장애는 활동 제한으로 변경하였다.
④ 핸디캡은 참여 제약으로 변경하였다.

정답해설

핸디캡(handicap)과 같은 부정적인 언어의 사용을 다른 용어로 변경하였다.

03 장애의 분류 중 정신적 장애에 속하지 않는 것은?

① 지체 장애 ② 지적 장애
③ 정신 장애 ④ 자폐성 장애

정답해설

지체 장애는 신체적 장애에 속한다.

04 특수 체육의 의미에 대한 해석으로 적절하지 않은 것은?

① 국내에서는 장애를 가진 사람들이 체육과 연관된 분야에서 활동하는 것으로 설명할 수 있다.
② 특수 체육의 대상자는 특수한 교육 서비스의 제공이 필요한 사람을 의미한다.
③ 장애인들에게 현장의 학문 특성을 가지며, 삶의 질 향상과 차별 없는 세상을 만들어가는데 의미가 있다.
④ 장애 유형의 구분 없이 장애인이라면 누구나 차별 없이 신체활동을 통해서 경쟁하는데 의미가 있다.

정답해설

특수 체육은 스포츠 활동 시 공정하고 평등한 경쟁을 위해 장애의 유형에 따라 구분한다.

05 다음 중 장애인 스포츠대회에 관한 내용으로 옳지 않은 것은?

① 스페셜 올림픽은 만 12세 이상의 지적 · 자폐성 장애인이면 참가할 수 있다.
② 패럴림픽은 신체장애 구분에 따라 분류하여 진행된다.
③ 데플림픽의 경기종목은 동계 18개, 하계 5개 종목으로 이루어져 있다.
④ 패럴림픽의 경기종목은 동계 6개, 하계 22개 종목으로 이루어져 있다.

정답해설

스페셜 올림픽은 만 8세 이상의 지적 · 자폐성 장애인이면 참가할 수 있다.

| 정답 | 01 ③ 02 ① 03 ① 04 ④ 05 ①

06 <보기>는 패럴림픽 역사적 배경에 대한 설명이다. 빈칸에 들어갈 국가는?

보기

패럴림픽은 1948년 세계 2차 대전 ( ) 퇴역 군인들의 작은 모임으로부터 오늘날 대규모의 국제 스포츠 대회 중 하나로 발전해 왔다.

① 미국　　② 영국
③ 독일　　④ 일본

정답해설

페럴림픽은 1948년 세계 2차 대전 영국 퇴역 군인들의 작은 모임으로부터 오늘날 대규모의 국제 스포츠 대회 중 하나로 발전해 왔다.

07 특수 체육의 특징으로 옳지 않은 것은?

① 특수 체육은 평생 교육적인 측면에서 강조되고 있는 특징이 있다.
② 연속성을 가진 서비스로서 보다 그 중요성에 특징이 있다.
③ 사회구성원은 책임감을 가지고 장애인들과 함께 신체활동을 영위해야 한다는 특징이 있다.
④ 모든 학생들은 장애의 정도에 따라 체육 교육에 세밀한 서비스를 제공받아야 한다.

정답해설

특수 체육은 모든 학생은 장애의 정도와 관련 없이 체육 교육에 대한 권리를 보유하고 있음을 강조하고 있다.

08 <보기>에서 빈칸에 들어갈 단어는?

보기

청각 장애인과 발달 장애인은 패럴림픽에 출전하지 않으며, 청각 장애인은 (㉠)에, 발달 장애인은 (㉡)에 출전한다.

	㉠	㉡
①	스페셜올림픽	데플림픽
②	데플림픽	스페셜올림픽
③	스페셜올림픽	올림픽
④	데플림픽	올림픽

정답해설

청각 장애인은 데플림픽, 발달 장애인은 스페셜올림픽에 출전한다.

09 패럴림픽이 모든 장애인을 포함하는 대회로써 개최된 년도와 장소는?

① 1952년 영국　　② 1948년 미국
③ 1960년 로마　　④ 1948년 런던

정답해설

1960년 로마 대회에서 패럴림픽이 모든 장애인을 포함하는 대회로 개최되었다.

10 특수 체육 유형에 관한 설명으로 적절하지 않은 것은?

① 의료 체육은 신체 활동의 운동 능력 회복과 향상에 초점을 두고 있는 유형이다.
② 교정 체육은 신체 결함의 교정을 주로 훈련하거나 재활하는 유형이다.
③ 발달 체육은 장애 아동의 체육 능력을 일반 아동에 근접한 수준으로 향상시키기 위해 대근육 운동과 체력 위주로 계획된 건강 프로그램 유형이다.
④ 안전하고 만족스러운 참여의 기회를 장애인에게 제공하기 위해 미래 체육 유형을 변형한 것이다.

정답해설

특수 체육 유형은 안전하고 만족스러운 참여의 기회를 장애인에게 제공하기 위해 전통 체육을 변형한 유형이다.

| 정답 | 06 ② 07 ④ 08 ② 09 ③ 10 ④

11 통합 체육 관련 정상화 개념으로 볼 수 없는 것은?

① 장애인들이 일반적인 활동을 하는 사회구성원처럼 적응할 수 있도록 한다.
② 장애의 유무에 관련 없이 우리가 인간의 존엄성을 존중받아야 한다는 신념이다.
③ 교육 환경의 제한적 요소를 최소화하는데 주로 목적을 가지는 것이다.
④ 모든 인간의 존엄성은 장애 유무와 관계없이 존중받아야 한다는 신념이다.

정답해설

교육 환경의 제한적 요소를 최소화하는데 주목적을 갖는 것은 주류화의 개념이다.

12 통합 교육을 운영할 때 주의사항으로 적절하지 않은 것은?

① 전체적인 교육의 맥락을 지도한 후 개인적인 지도 과정을 설정하는 것이 효율적이다.
② 특수한 경우를 제외하고 장애 학생과 비장애 학생이 함께 참여하는 수업을 실시한다.
③ 수업을 실시할 때 교수적 통합이 수월한 방향으로 수업을 진행하는 것이 유리하다.
④ 통합 형태와 지도에 관한 사전 합의가 진행된 상태에서 수업을 실시하는 것이 좋다.

정답해설

통합 교육 운영 시 개인 지도 과정 후, 전체 지도 과정을 설정한다.

13 스포츠 통합의 연속체(J. Winnick) 개념으로 적절하지 않은 것은?

① 일반 스포츠(Level 1)는 일반적인 스포츠 환경에서 장애인과 비장애인이 동등한 자격, 위치, 조건으로 참여가 가능한 경기들이다.
② 조정한 일반 스포츠(Level 2)는 장애의 유무가 경기력에 전혀 영향을 주지 않는 수준에서 상호 합리적인 방법의 제공을 통해 적응하며 스포츠에 참여할 수 있도록 하는 경기이다.
③ 일반 스포츠와 장애인 스포츠(Level 3)는 부분 통합(또는 완전 통합) 스포츠 환경에서 진행되는 일반 스포츠와 장애인 스포츠를 포함한다.
④ 통합 환경의 장애인 스포츠(Level 4)는 장애인 스포츠 종목에 일반(비장애인) 선수와 장애인 선수가 함께 참가하는 것을 의미한다.

정답해설

조정한 일반 스포츠(Level 2)는 장애의 유무가 경기력에 영향을 주지 않는 수준에서 상호 합리적인 방법 제공을 통해 적응하며 스포츠에 참여할 수 있도록 하는 경기이다.

14 특수 체육에서 사정의 개념으로 적절하지 않은 것은?

① 교육적 의사 결정에 필요한 자료 수집 과정으로, 평가와 측정의 중간적 개념에 해당한다.
② 양적 · 질적인 자료를 모두 포함한다.
③ 교육 과정 중심사정은 아동 교육 종료 후 행동에 관한 자료를 정리한 것이다.
④ 측정 활동을 거쳐 목적달성을 위한 근거 자료 수집에 의의를 둔다.

정답해설

교육 과정 중심사정은 아동을 교육하는 과정에서 행동에 관한 자료를 수집하는 것이다.

| 정답 | 11 ③ 12 ① 13 ② 14 ③

15 사정의 분류에 대한 내용으로 적절한 것은?

① 공식적 사정은 전반적인 목적 확인을 통해 체계화된 표준 검사절차를 사용하는 것이다.
② 비공식적 사정은 체계화된 표준 절차를 통해 표준화되지 않은 절차를 사용하는 것이다.
③ 직접 사정은 지도자를 통해 직접적인 접촉을 거쳐 정보를 수집하는 것이다.
④ 간접 사정은 가족 및 보호자를 통해 대상자에 대한 직접적인 정보를 수집하는 것이다.

오답해설

① 공식적 사정: 특정 목적을 통해 체계화된 표준 검사절차를 사용하는 것이다.
② 비공식적 사정: 체계화된 표준 절차가 아닌 관찰을 통해 표준화되지 않은 절차를 사용하는 것이다.
③ 직접 사정: 대상자를 통해 직접적인 접촉을 거쳐 정보를 수집하는 것이다.

16 장애인을 대상으로 하는 사정의 목적으로 적절하지 않은 것은?

① 장애인의 신체적 발달의 지체 및 장애의 유무를 확인하는 것이다.
② 교육 프로그램의 개별화 및 개발을 위한 근거 있는 자료 수집이다.
③ 직접적인 장애 학생의 요구에 호응하기 위한 치료 준비 및 실천 과정이다.
④ 장애 학습자의 적절한 배치를 위한 판단 준거를 마련하는 일련의 과정이다.

정답해설

직접적인 장애 학생의 요구(수요)에 부응하기 위한 지도 준비 및 실천 과정이다.

17 패럴림픽에 대한 내용으로 적절하지 않은 것은?

① 하계 패럴림픽은 22개의 종목으로 구성되어 있다.
② IPC는 패럴림픽 운동을 관리하는 국제단체이다.
③ IPC는 176개의 국가 패럴림픽 위원회와 4개의 특정 장애 국제 스포츠 협회로 구성된다.
④ 동계 패럴림픽은 8개 종목으로 구성되어 있다.

정답해설

동계 패럴림픽은 6개 종목으로 구성되어 있다.

18 장애인 스포츠 사정 및 평가 시 주의사항으로 적절하지 않은 것은?

① 학습자 개인의 특성에 따른 적절한 도구가 사용되어야 한다.
② 검사 도구의 사용법을 학습하고 검사를 실시하며 점차 숙달한다.
③ 학습자와 긴밀한 친밀감(유대관계)을 형성해야 한다.
④ 도구의 타당성과 신뢰성이 검증된 것을 사용해야 한다.

정답해설

장애인 스포츠 사정 및 평가 시에는 검사 도구의 사용법을 완벽히 숙지하여야 한다.

19 장애인 및 비장애인 아동 대상 운동 기술 검사 도구에 대한 내용으로 적절하지 않은 것은?

① BOTMP 검사는 기본운동 기술 및 특정 운동 규준 지향 검사이다.
② MABCT 검사는 23개 항목으로 구성된 규준 지향 검사이다.
③ PAPS-D 검사는 장애 학생 건강 체력 21개 항목으로 구성된 검사이다.
④ PDMS 검사는 기본운동 기술 및 움직임 발달 검사로 출생~6세 대상의 검사이다.

정답해설

MABCT 검사는 32개 항목으로 구성된 준거 지향 검사이다.

| 정답 | 15 ④ 16 ③ 17 ④ 18 ② 19 ②

20 과제 분석의 목적으로 적절하지 않은 것은?

① 교수의 성취와 효과에 대하여 점검할 때 활용한다.
② 학습을 한번에 하기 어려운 경우, 점진적으로 개선하여 학습할 수 있도록 활용한다.
③ 가능한 것과 불가능한 것이 무엇인지 학생과 지도자가 상담할 때 사용한다.
④ 학생 개인의 성취도 점검을 위해 알아보는 과정에서 활용한다.

정답해설

과제 분석은 가능한 것과 불가능한 것이 무엇인지 학생 스스로 파악할 때 사용한다.

21 특수 교육 개별화 교육계획의 구성 요소로 적절하지 않은 것은?

① 특수 교육 수요자의 필요 인적 사항
② 수행 가능한 미래 학습 수행 수준
③ 장기 목표(연간) 및 단기 목표
④ 정식 편성된 교과 교육 과정의 참여

정답해설

수행 가능한 현재 학습 수행 수준이 특수 교육 개별화 교육계획의 구성 요소에 해당한다.

22 개별화 교육 계획 지도 전략에서 전 학급 또래 교수 방법으로 적절하지 않은 것은?

① 전 학급의 학생들을 대규모 집단으로 구성하여 서로 피드백을 제공한다.
② 수업 목표에 맞는 과제 카드를 활용하여 지도한다.
③ 전 학급 학생이 참여하기 때문에 장애 학생은 제외되지 않는다.
④ 경도 장애 학생에게 효과적인 방법이다.

정답해설

전 학급의 학생들을 짝꿍·소규모 집단으로 구성하여 서로 피드백을 제공한다.

23 개별화 교육 계획 작성 시 고려사항으로 적절한 것은?

① 장기 목표가 더 구체적으로 계획되어야 한다.
② 장애 학생에게 어떤 교육이 필요한지를 고려해야 한다.
③ 작성 이후 임의로 한 사람이 변경할 수 없다.
④ 부모의 동의를 전화 또는 서면으로 받아야 한다.

오답해설

① 장기 목표와 단기 목표가 구체적으로 계획되어야 한다.
② 장애 학생에게 어떤 운동이 필요한지를 고려해야 한다.
④ 부모의 동의를 서면으로 받아야 한다.

24 <보기>의 장애인 스포츠 활동 변형 전략 내용에서 빈칸에 들어갈 단어로 적절한 것은?

> 보기
>
> 장애인을 위한 스포츠 지도 전략에서 효과적으로 스포츠 (㉠)을 유도하고, 효율적인 목표 달성을 위해 주어진 환경과 규칙을 변형하여 실제 사례에 적용하는 전략이다. 대상자의 운동 수행 능력을 파악하기 위하여 실전과 동일한 환경에서 (㉡)를 진행하되, 목표 진술에 필요한 명확한 기준, 행동, 조건이 포함되어 있어야 하고, 주어진 환경을 비틀어 활용할 수 있는 방법과 체계화된 관련 서비스, 폭넓은 보조 인력의 활용 등을 반드시 명시해야 한다.

	㉠	㉡
①	활동	검사
②	전략	조사
③	전략	검사
④	활동	평가

정답해설

장애인 스포츠 활동 변형 전략은 효과적으로 스포츠 활동을 유도해야 하며, 대상자의 운동 수행 능력을 파악하기 위해서는 실전과 동일한 환경에서 평가가 진행되어야 한다.

| 정답 | 20 ③ 21 ② 22 ① 23 ③ 24 ④

25 장애인 스포츠의 활동 변형 시 고려사항으로 적절한 것은?

① 최대한의 규칙을 활용해야 한다.
② 참여의 극대화를 유도해야 한다.
③ 창의력이 필요한 활동을 제시해야 한다.
④ 활동 변형에도 어려워하면 중단하고 새롭게 다시 시도한다.

오답해설

① 최소한의 규칙을 사용해야 한다.
③ 협동심이 필요한 활동을 제시해야 한다.
④ 활동 변형에도 어려워하면 수정 및 보완 후 다시 시도한다.

26 자폐증(自閉症) 장애인의 스포츠 활동 변형 내용으로 적절하지 않은 것은?

① 돌발적인 신체 접촉이 잦은 활동은 되도록 지양하여야 한다.
② 안전 중심의 시설 및 환경을 구성하며, 정리되어 있어야 한다.
③ 경쟁이 아닌 성취 위주의 활동으로 구성해야 한다.
④ 복잡한 설명을 통해 충분한 시간을 가지고 전달해야 한다.

정답해설

자폐증(自閉症) 장애인의 스포츠 활동 변형 시 간단명료한 설명을 통해 알기 쉽게 전달해야 한다.

27 수업 형태 세분화 개별화 교수 내용에서 적절하지 않은 것은?

① 문제해결을 위해 학습자가 스스로 자율적인 해결 방식을 찾기 위한 학습 활동이다.
② 학습 대상자 개개인의 경험, 욕구, 흥미, 능력 등을 고려하여 지도의 결과가 정해진다.
③ 학습 대상자 개개인의 개별성에 대한 존중과 학습 능력을 고취하고 증진하는데 그 목적이 있다.
④ 개개인의 수요에 최적화된 학습을 의미하며, 스스로 학습자의 속도, 교재, 방법 등을 탐구할 수 있도록 선택권을 부여한다.

정답해설

학습 대상자 개개인의 경험, 욕구, 흥미, 능력 등을 고려하여 지도의 방향성과 구성이 정해진다.

28 <보기>의 특수 체육 지도 시 행동 관리 필요성에 관한 내용에서 빈칸에 들어갈 단어로 적절한 것은?

> 보기
>
> 징계와 체벌 등 결과에 따른 행동 관리보다는 (   )가 먼저 사전에 학습자의 문제 행동을 파악하고 적절한 선제조치를 취하는 것이 우선시된다. (   )의 인식 하에 사전 조치가 취해질 경우 예상되는 문제 행동은 예방이 가능하므로, 징계와 같은 수단은 운영하지 않아도 된다.

① 지도자
② 학생
③ 부모
④ 동료

정답해설

특수 체육 지도 시 행동 관리는 징계와 체벌 등 결과에 따른 행동 관리보다는 지도자가 먼저 행동을 파악하고, 적절한 선제조치를 취해야 한다. 또한, 지도자의 인식 하에 사전조치가 취해질 경우 예상되는 문제 행동은 예방이 가능하므로, 징계와 같은 수단은 운영하지 않아도 된다.

| 정답 | 25 ② 26 ④ 27 ② 28 ①

29 행동 관리의 주요 이론 내용이 아닌 것은?

① 관리주의: 관리가 효율적으로 이루어졌을 경우 행동 관리가 원활하게 된다고 보는 이론이다.
② 조작적 조건 형성: 일정한 환경에서 발생하는 다양한 행동에서 나타나는 긍정·부정적 결과 혹은 부정적 결과와 합쳐져 미래의 행동 증감에 영향을 주는 형태의 학습을 의미한다.
③ A-B-C 모델: 특정 행동의 발생에 따라 자극이 먼저 발생한 뒤, 이로 인해 연관성이 있는 행동이 발생하여 그것에 대한 결과를 얻거나, 특정한 보상을 받는 형태로 행동이 나타난다.
④ 행동주의: 경험의 결과로 나타나는 것은 학습이고, 이는 관찰 가능한 행동의 변화를 의미한다.

정답해설

관리주의는 행동 관리의 주요 이론이 아니다.

30 발달의 원리 개념으로 적절한 것은?

① 인지적, 사회적, 정서적 발달은 상호 보완성을 가진다.
② 생리 계통의 발달이 있어야 운동 기능에 발달을 가져온다.
③ 다리는 다른 신체 부위에 비하여 먼저 발달된다.
④ 발달의 순서는 동일성을 가지나, 발달의 속도는 개인차가 존재한다.

오답해설

① 인지적, 사회적, 정서적, 신체적 등의 발달은 상호 연관성을 가진다.
② 신경 계통의 발달이 있어야 운동 기능에 발달을 가져온다.
③ 머리는 다른 신체 부위에 비하여 먼저 발달된다.

31 장애인의 체력 측정 시 유의사항으로 적절하지 않은 것은?

① 체력 측정 시 측정값에 대한 명확한 기준에 근거한 이해와 경험이 동반되어야 한다.
② 다양한 관측 단위를 측정하는 형태 측정 또한 체력을 측정할 때 필요한 하나의 요소로 취급한다.
③ 검사 방식은 준거 지향적 검사를 활용하여야 한다.
④ 체력의 기준은 개인마다 모두 편차가 있기 때문에 0점이 나와서는 안된다.

정답해설

체력의 기준은 개인마다 모두 다르지만 0점은 없기 때문에 0점이 나와서는 안된다.

32 장애 유형에서 회백수염에 대한 내용으로 적절하지 않은 것은?

① 위나 내장에 바이러스가 혈류로 침투하여 뇌의 부위 또는 전각 세포에 영향을 주어 영구적 마비를 가져오는 증상을 말한다.
② 훈련 전에 기능적 관절 가동 범위, 근력, 평형성, 동체 변화 정도를 평가한다.
③ 교감 신경계는 영향을 받지 않아 척수 장애인 보다 더 높은 운동 심박수를 보인다.
④ 사지에 구축 또는 골다공증이 있을 시, 스트레칭과 근력 강화 운동이 가능한지 의학적 진단이 필요하다.

정답해설

훈련 전에 기능적 관절 가동 범위, 근력, 평형성, 동체 안정 정도를 평가한다.

| 정답 | 29 ① 30 ④ 31 ④ 32 ②

33 시기에 따른 지적 장애의 원인으로 적절하지 않은 것은?

① 출생 전: 염색체 이상(다운 증후군), 수두증, 소두증, 대사 이상, 산모의 질병, 부모의 혈액형, 산모 중독 등
② 출생 시: 미숙아, 조숙아, 저체중아, 난산 등
③ 출생 후: 질병, 발달상 지체, 심리적 문제, 중독 장애 등
④ 복합적 발생(출생 전 · 중 · 후): 사고, 대뇌 산소 결핍, 종양, 매독, 특발성 증상 등

정답해설

출생 후에는 질병, 발달상 지체, 환경적 문제, 중독, 대사 장애 등이 지적 장애의 원인이 된다.

34 미국 지적장애 및 발달장애협회(AAIDD)의 지원에 따른 분류로 적절한 것은?

① 간헐적 지원: 필요한 시기에 기초적인 지원, 일회적이며 단기간의 지원이 필요하다.
② 제한적 지원: 일정한 시간 동안 단기적으로 이루어지는 지원으로, 시간이 제한적이며 지원 인력이 적게 필요하고 다소 비용이 든다.
③ 확장적 지원: 전체 환경에서 정규적으로 이루어지는 지원으로, 시간제한 요소가 있다.
④ 전반적 지원: 저강도의 지원으로, 전반적인 모든 환경에서 지원이 제공되며 많은 인력과 개입이 요구된다.

오답해설

② 제한적 지원: 일정한 시간 동안 지속적으로 이루어지는 지원, 시간이 제한적이며 지원 인력이 적게 필요하고 비용이 적게 든다.
③ 확장적 지원: 일부 환경에서 정규적으로 이루어지는 지원, 시간제한 요소가 없다.
④ 전반적 지원: 고강도의 지원으로, 전반적인 모든 환경에서 지원이 제공되며 많은 인력과 개입이 요구된다.

35 주의력 결핍 과잉 행동 장애(ADHD)에 관한 내용으로 적절한 것은?

① 주로 학령기에만 나타나는 양상을 보인다.
② 남아보다 여아에게서 주로 나타난다.
③ 과잉 행동, 주의력 결핍, 충동성 외 여러가지 양상을 나타낸다.
④ 주의력 결핍은 주의력을 조절하지 못해 학습의 문제를 나타낸다.

오답해설

① 주로 학령기에 나타나며, 성인들에게서도 나타난다.
② 여아보다 남아에게서 많이 나타난다.
③ 과잉 행동, 부주의, 충동성이 주요 특징이다.

36 <보기>에서 주요 정서 장애 행동만 고른 것은?

보기

㉠ 품행 장애	㉡ 내성적 언어
㉢ 운동 회피	㉣ 소극적 행동
㉤ 불안	㉥ 시력 감퇴

① ㉠, ㉢
② ㉠, ㉤
③ ㉡, ㉢
④ ㉤, ㉥

정답해설

품행 장애, 불안이 주요 정서 장애 행동이다.

| 정답 | 33 ③ 34 ① 35 ④ 36 ②

37 자폐성 장애인의 체육활동 지도 전략으로 적절한 것은?

① 근력을 바탕으로 힘을 쓰는 동작 스포츠가 적합하다.
② 언어 지시와 청각적 단서를 제공한다.
③ 환경적 단서가 효과적일 수 있다.
④ 스포츠 활동 시 다양한 환경과 장비들로 구성한다.

오답해설

① 연속된 동작의 스포츠에 적합하다(수영, 사이클, 인라인스케이트 등).
② 언어 지시와 시각적 단서를 제공한다.
④ 같은 스포츠 활동 시 같은 환경과 장비들로 구성한다.

38 시각 장애의 원인으로 적절하지 않은 것은?

① 굴절 이상은 가장 흔한 굴절 이상의 원인으로 근시, 원시, 난시 등이 있으며 이러한 시각 장애는 보조 수단(안경, 콘택트 렌즈) 등을 이용해 교정할 수 있다.
② 각막 질환은 원추 각막, 병균에 의한 감염, 상해, 알레르기성 질환 등으로 인해 각막에 상처 또는 훼손이 생긴 경우가 대표적이다.
③ 시신경 질환은 가장 대표적인 질환으로는 녹내장이 있으며, 안구의 손상 또는 신체의 노화로 인해 주로 발생한다.
④ 망막 질환은 망막으로 공기 공급이 제대로 이루어지지 못하거나, 수용기에 다양한 요인의 질병으로 발생할 수 있다. 수용기에는 망막 박리, 황반 변성, 당뇨 망막 병증, 망막 색소 변성 등이 포함되어 있다.

정답해설

망막 질환은 망막으로 혈액 공급이 제대로 이루어지지 못하거나, 수용기에 다양한 요인의 질병으로 발생할 수 있다. 수용기에는 망막 박리, 황반 변성, 당뇨 망막 병증, 망막 색소 변성 등이 포함되어 있다.

39 시각 장애인의 스포츠 종목 지도 시 고려 사항으로 적절하지 않은 것은?

① 레슬링: 상대 선수와 떨어지지 않고 붙잡은 상태에서 경기 진행
② 볼링: 핸드 가이드 레일 이용 가능
③ 2인용 자전거: 비장애인을 앞에 앉히고, 시각 장애인이 뒤에 앉아 방향 조정
④ 양궁: 음향 신호, 지시기, 발 위치 등의 용·기구 사용

정답해설

2인용 자전거는 시각 장애인을 뒤에 앉히고, 비장애인이 앞에 앉아 방향을 조정한다.

40 청각 장애의 유전적 요인이 아닌 것은?

① 유전: 선천적으로 지니고 태어난 유전적 이상에 의한 것으로, 50% 이상이 유전을 통해 발생한다고 볼 수 있다.
② 선천성 외이 기형: 중외이, 중이에 발발한 선천적 요인으로 인해 기형을 가지게 된 것을 의미한다.
③ 모자 혈액형 불일치: 산모와 태아의 Rh 혈액형이 불일치하는 것을 의미한다.
④ 뇌막염: 뇌척수막에 발생한 염증으로 인해 증상이 나타나는 것을 의미한다.

정답해설

뇌막염은 청각 장애의 환경적 요인에 해당한다.

| 정답 | 37 ③ 38 ④ 39 ③ 40 ④

41 청각 장애의 정도로 적절하지 않은 것은?

① 경도(26~40dB): 낮은 수준의 소리 인지능력과 언어능력 발달 지연, 거리 유지 간격에 따라 언어를 이해할 수 있다.
② 중등도(41~55dB): 입모양에 따라 문장을 이해하는 연습이 필요하며, 보청기 사용이 필요하다. 또한 언어 습득 능력과 발달 능력이 지연된다.
③ 중도(56~70dB): 개별적인 지도를 요구하는 수준으로 특수 학교에서 수업의 어려움을 느끼며, 교사를 동반한 도움 위주의 학습이 요구된다.
④ 고도(71~90dB): 특정 대상을 위해 특수하게 고안된 교육 학습 체계가 필요한 수준으로, 보청기 등 도구를 사용한 의사소통이 불가하며 큰 음량의 소리도 이해할 수 없다.

정답해설

중도(56~70dB)는 개별적인 지도를 요하는 수준으로 일반 학교에서의 수업에 어려움을 느끼며, 또래를 동반한 도움 위주의 학습이 요구된다.

42 청각 장애인의 신체활동 특성으로 적절한 것은?

① 선천적인 청각 장애로 인한 체력 또는 운동 기술 부분에서의 문제가 있을 수 있다.
② 출생 이후 기본운동 습득에 따라 심동적 영역의 완성 정도에서 차이가 발생한다.
③ 청각 발달의 미흡으로 학업 성취 수준이 비장애 학생에 비하여 아주 낮다.
④ 어휘력 부족으로 인해 신체활동 이해력 및 운동 능력과 기억력이 매우 낮다.

오답해설

① 선천적인 청각 장애로 인한 체력 또는 운동 기술 부분에서의 문제는 적다.
③ 언어 발달의 미흡으로 학업 성취 수준이 비장애 학생에 비해 낮다.
④ 어휘력 부족으로 신체활동 이해력이 낮고, 운동 경험이 부족하다.

43 지체 장애에서 척수 손상에 대한 내용으로 적절하지 않은 것은?

① 회백수염은 소아마비라고도 하며, 바이러스성 감염에 의한 마비 형태이다.
② 이분 척추는 태아가 자라는 처음 4주 동안 신경관이 완전하게 닫히지 않아서 발생하는 선천적인 결함을 의미한다.
③ 척추 편위는 척추 옆 굽음증 현상으로 비구조적으로 분류되며, 이는 척추측만증, 척추전만증, 척추후만증 구분된다.
④ 척추골 혹은 척추 신경의 질환이나 상해로 유발되는 증상을 의미한다.

정답해설

척추 편위는 척추 옆 굽음증 현상으로 구조적 · 비구조적으로 분류되며, 이는 척추측만증, 척추전만증, 척추후만증으로 구분된다.

44 지체 장애인의 발현에 있어 유형별 구분으로 적절하지 않은 것은?

① 회백수염은 폴리오바이러스의 감염으로 인한 급성 전염병으로, 입을 통하여 바이러스가 들어가 척수에 침범하여 손발의 마비를 일으키며 어린이에게 잘 발생한다.
② 절단 장애는 사지의 일부 혹은 전체가 상실된 상태로, 선천성과 후천성으로 구분한다.
③ 다발성 경화증은 몸의 여러 곳에 동시 다발적으로 염증이 발생하여 근육이 굳어지며 전반적인 무력감이 나타나는 증상이다.
④ 근이영양증은 여러 근육군의 퇴화가 서서히 진행되는 후천성 질환으로, 호흡 장애와 심장 질환 등의 합병증을 유발한다.

정답해설

근이영양증은 여러 근육군의 퇴화가 서서히 진행되는 유전성 질환으로, 호흡 장애와 심장 질환 등의 합병증을 유발한다.

| 정답 | 41 ③ 42 ② 43 ③ 44 ④

45 지체 장애인에게 의사 전달 시 유의 사항으로 적절한 것은?

① 별도의 요청이 없는 한 무조건적인 물품 활용은 지양하여야 하며, 활동 반경에서 빠르게 사용할 수 있는 위치에 보관하여야 한다.
② 지체 장애를 가진 사람은 지속 가능한 운동 상황에서 보조 도구를 적극적으로 활용해야 한다.
③ 넘어지거나 일어날 수 없는 경우, 무조건적으로 우선 도움을 주어서 위험을 감소시켜야 한다.
④ 도움을 요청한 사람에게 우선 공평한 시도 기회, 경험, 성취감 등을 전달할 수 있는 교육을 실시한다.

오답해설

② 지체 장애를 가진 사람은 지속 가능한 운동 상황에서 보조 도구의 활용 의사를 먼저 체크하여야 한다.
③ 넘어지거나 일어날 수 없는 상황인 경우, 무조건적인 도움 보다는 의사를 먼저 확인한 후 도움에 관한 요청이 있을 경우 도와주어야 한다.
④ 대상자 모두에게 공평한 시도 기회, 경험, 성취감 등을 전달할 수 있는 교육을 실시한다.

46 <보기>의 내용이 설명하는 지체 장애인의 체육활동 코칭 전략의 요소는?

보기
주변에서 일어날 수 있는 잡음, 내외부에서 영향을 주는 소음 요인과 유발 대상 제거, 적절한 응답 신호와 적절한 강화 기회를 제공한다.

① 언어적 코칭
② 행동적 코칭
③ 위해요소제거
④ 동기유발강화

정답해설

<보기>는 분산 위해요소제거 전략에 관한 내용이다.

47 뇌병변 장애 분류 내용으로 적절한 것은?

① 편마비: 신체에서 한쪽 수족의 마비로 하지보다는 상지에서 주로 심각성이 나타난다.
② 대마비: 사지의 한 부위가 마비된 상태이다.
③ 삼지 마비: 사지에서 세 부위 이상 마비된 상태를 의미한다.
④ 이중 편마비: 양측에 고르게 마비가 있는 상태이다.

오답해설

② 대마비: 양 팔 또는 양 다리가 마비된 상태를 의미한다.
③ 삼지 마비: 사지에서 특정 세 부위가 마비된 상태를 의미한다.
④ 이중 편마비: 양측에 마비가 있는 상태이나, 한 쪽에 심각성이 편중된 경우이다.

48 뇌성 마비 장애인의 체력 프로그램에서 고려할 사항으로 적절하지 <u>않은</u> 것은?

① 훈련 전 관절 가동 범위, 근장력, 균형, 협응력 등을 반드시 평가할 필요가 있다.
② 기능적으로 잡기 능력이 부족한 경우 랩 어라운드 중량을 사용해 대상자가 자동으로 운동을 할 수 있도록 도움을 준다.
③ 빠른 움직임이나 반동은 근경련을 일으킬 수 있으므로 주의가 필요하다.
④ 운동량에 비해 높은 비율의 산소를 소비하기 때문에 피로감을 빨리 느낄 수 있다.

정답해설

기능적으로 잡기 능력이 부족한 경우 랩 어라운드 중량을 사용해 대상자가 수동으로 운동을 할 수 있도록 도움을 준다.

| 정답 | 45 ① 46 ③ 47 ① 48 ②

49 뇌졸중 장애인의 행동 특성으로 적절한 것은?

① 기억 중추 손상으로 인해 반복 행동이나 충동 행동을 보이며, 언어 이해력이 다소 높다.
② 신체 컨트롤이 어려워 자주 주저앉거나 넘어지기 때문에 적절한 보호 방안 숙지가 요구된다.
③ 운동 능력의 컨트롤 의지 및 발달 저하의 원인으로 나타나며, 협동심이 높다.
④ 감정 기복이 낮은 편이며, 자신을 과대평가하는 경향이 있다.

오답해설

① 기억 중추 손상으로 인해 반복 행동이나 충동 행동을 보이며, 언어 이해력이 낮다.
③ 운동 능력의 컨트롤 의지 및 발달 저하의 원인으로 나타나며, 협동심이 적다.
④ 감정 기복이 잦은 편이며, 자신을 과대평가하는 경향이 있다.

50 뇌졸중 장애인 체육활동 트레이닝에서 유의사항으로 적절하지 않은 것은?

① 근지구력과 근력 기반 유산소 운동으로 점진적 변화를 꾀하는 것이 좋다.
② 중간에 적절한 휴식 시간이 제공 및 배치돼야 한다.
③ 과도한 운동은 지양하고 본인이 수행 가능한 운동량을 소화할 수 있도록 배려해야 한다.
④ 중·단기적으로 적응할 수 있도록 지도 과정을 거쳐야 한다.

정답해설

뇌졸중 장애인 체육활동 트레이닝 시 장기적으로 적응할 수 있도록 지도 과정을 거쳐야 한다.

| 정답 | 49 ② 50 ④

01 유아기 인지적 특징으로 적절하지 않은 것은?

① 유아기에 뇌의 성장은 유아로 하여금 정보를 보다 효율적으로 처리하게 해준다.
② 어떤 사물이나 사건을 대할 때, 사물의 두드러진 속성에 압도되어 두 개 이상의 차원을 동시에 고려하지 못한다.
③ 유아는 눈 앞에 존재하는 대상이나 사건에 대해 정신적 표상에 의한 사고를 할 수 있으며, 상징을 사용할 수 있는 능력을 갖추게 된다.
④ 아직 실제와 실제가 아닌 것을 완전히 구분할 수 없으며, 자기중심적인 사고를 하는 특성이 있다.

정답해설

유아는 이제 눈앞에 존재하지 않는 대상이나 사건에 대해 정신적 표상에 의한 사고를 할 수 있으며, 상징을 사용할 수 있는 능력을 갖추게 된다.

02 유아기 정서적 특징으로 적절한 것은?

① 때때로 상황에 대해서 두려움을 나타내며 자의식이 약하고, 친밀한 사람의 곁을 떠나지 않으려는 특징이 있다.
② 자기중심적이며, 모든 사람이 자신과 같은 방식으로 생각한다고 판단한다.
③ 옳고 그름을 비교적 명확히 구분하며, 의식이 발달하기 시작하는 단계이다.
④ 자아 개념이 발달하여 이 시기 아이들에게 과정 중심적인 경험과 공정성 강화를 제공하는 것이 중요하다.

오답해설

① 때때로 상황에 대해서 두려움, 부끄러움을 나타내며 자의식이 강하고, 친밀한 사람 곁을 떠나지 않으려는 특징이 있다.
③ 옳고 그름을 구분하는 것을 배우며, 의식이 발달하기 시작하는 단계이다.
④ 자아 개념이 발달하여 이 시기 아이들에게 성공 지향적인 경험과 긍정성 강화를 제공하는 것이 중요하다.

03 다음 <보기>에서 빈칸에 들어갈 영아기 반사는 무엇인가?

> 보기
>
> ( )는 큰소리나 갑작스런 위치 변화가 생기면 팔을 벌려서 끌어 안을 것 같은 동작을 취한다. 출생 시 ( ) 행동이 없으면 중추신경계통의 장애를 추측하고, 소멸 시기 후에도 남아 있으면 감각 운동 장애를 추측하기도 한다.

① 모로 반사
② 쥐기 반사
③ 중력 반사
④ 미로 반사

정답해설

<보기>는 모로 반사에 대한 설명이다.

04 유아기 인지 발달의 내용으로 적절하지 않은 것은?

① 유아기는 인지 발달에 중요한 시기이다. 특히 언어, 기억 발달, 상상력이 풍부해지는 시기이다.
② 유아기는 걷기를 시작하지만 운동을 하기에는 아직 신체적으로 성장이 부족한 시기이다.
③ 자신이 경험한 상황을 이야기하거나, 생각이나 느낌을 그림으로 표현하는 것이 가능해진다.
④ 자기중심적 사고가 강한 편이며, 두 개 이상의 차원을 동시에 고려하지 못한다.

정답해설

유아기 성장 단계에 대한 내용이다. 5세 정도면 운동이 가능해지고, 6세가 되면서 달리기 속도가 나면서 신체 협응력이 좋아지기 시작한다.

| 정답 | 01 ③ 02 ② 03 ① 04 ②

05 게젤(A. Gesell)의 성숙주의 이론의 내용으로 적절한 것은?

① 인간의 발달은 외적인 힘에 의해서 이루어지는 성숙의 결과이다.
② 조금만 노력해도 일정한 시기가 되면 마치 예정된 시간표가 있는 것처럼 잠재되어 있던 능력과 발달이 나타난다.
③ 성장모형은 유전적 요소에 의해 기본 방향이 결정된다고 본다.
④ 인간은 환경적 요인과 유전적 특징이 서로 영향을 주면서 나이에 따라 정해진 순서로 발달한다.

오답해설

① 인간의 발달은 내적인 힘에 의해 이루어지는 성숙의 결과이다.
② 크게 노력을 기울이지 않아도 일정한 시기가 되면 마치 예정된 시간표가 있는 것처럼 잠재되어 있던 능력과 발달이 나타난다.
④ 인간은 태어나면서 물려받은 유전적 특징이 나이에 따라 정해진 순서로 발달한다.

06 <보기>에서 설명하는 인지 발달 단계는 무엇인가?

보기

상징을 사용할 수 있고, 사물의 크기 · 모양 · 색 등과 같은 지각적 특성에 의존하는 직관적 사고를 보이는 시기이다. 특히, 자기중심적 태도를 보이는 특징이 있다.

① 감각 운동기(0~2세)
② 전조작기(2~7세)
③ 구체적 조작기(7~11세)
④ 형식적 조작기(11세 이후)

정답해설

<보기>는 전조작기에 대한 설명이다.

07 콜버그(L. Kohlberg)의 도덕성 발달 이론 내용으로 적절하지 <u>않은</u> 것은?

① 전인습적 수준은 0~7세로 외부적 보상이나 처벌에 근거하여 도덕 판단이 이루어진다.
② 인습적 수준은 7~12세로 관습 등 내부 요인에 의해 규정된 도덕관을 내면화한다.
③ 후인습적 수준은 청소년기~성인기로 도덕적 가치를 완전히 내면화하여 외부 기준이 필요 없는 시기이다.
④ 인간의 존엄성과 양심에 따라 자율적이고 독립적인 판단이 가능하다고 주장하였다.

정답해설

인습적 수준은 7~12세로 타인이나 관습 등 외부 요인에 의해 규정된 도덕관을 내면화한다.

08 <보기>는 파튼(M. Parten)의 사회적 놀이 유형에 대한 설명이다. 빈칸에 들어갈 단어를 적절하게 고른 것은?

보기

• (㉠): 가까운 거리에서 또래가 놀이하는 모습을 지켜보며 말을 걸거나, 제안을 하지만 놀이에 참여하지는 않는다.
• (㉡): 또래와 같은 놀잇감을 가지고 놀거나 함께 사용하기 때문에 집단놀이처럼 보이기도 하지만, 실제로는 혼자 놀이하며 거의 상호작용을 하지 않는다.

	㉠	㉡
①	비참여 행동	연합 놀이
②	방관자적 행동	병행 놀이
③	단독 놀이	협동 놀이
④	방관자적 행동	혼자 놀이

정답해설

방관자적 행동(㉠), 병행 놀이(㉡)에 대한 설명이다.

| 정답 | 05 ③ 06 ② 07 ② 08 ②

09 <보기>의 프로이드(S. Freud) 정신 분석 이론에서 빈칸에 들어갈 용어로 적절한 것은?

> 보기
>
> 심리학자 프로이드는 인간의 마음은 기본적으로 (㉠), (㉡), 초자아의 3가지 구조로 되어 있으며 인간의 행동은 이 3가지 체계 간의 상호 작용에 의해 지배된다고 주장하였다.

	㉠	㉡
①	자아	병행
②	원초아	초아
③	원초아	자아
④	자아	원아

정답해설

심리학자 프로이드는 인간의 마음은 기본적으로 원초아, 자아, 초자아의 3가지로 구성된다고 주장하였다.

10 <보기>의 빈칸에 들어갈 에릭슨(E. Erikson)의 심리 사회 발달 단계로 적절한 것은?

> 보기
>
> • (㉠): 무엇을 성취하도록 기회를 부여받으면 그 결과 근면성을 갖게 되지만, 비난이나 좌절감을 경험하면 열등감을 갖게 되는 단계이다.
>
> • (㉡): 동료 등과 좋은 인간관계를 발전시키면 친밀감을 갖게 되지만, 그렇지 못하면 타인에 대한 두려움과 고립감이 생길 수도 있는 단계이다.

	㉠	㉡
①	4단계	7단계
②	5단계	6단계
③	5단계	7단계
④	4단계	6단계

정답해설

㉠ 4단계인 6~11세 단계이고, ㉡ 6단계인 청년기 단계이다.

11 성격 발달 단계에 관한 내용으로 적절한 것은?

① 항문기는 배변으로 생기는 항문 자극에 의해 쾌감을 얻는 동시에 배변을 통한 사회화의 기대가 감소하는 시기이기도 하다.

② 남근기는 성기를 자극하고 자신의 몸을 감추거나 다른 사람의 몸을 경계하는 경향이 있다.

③ 생식기는 13세 이후로 잠복되어 있던 성적 에너지가 되살아나는 시기이다.

④ 구강기 전기는 빨기, 삼키기에서, 구강기 후기에는 깨물기에서 자애적 쾌락을 경험하기도 한다.

오답해설

① 항문기는 배변으로 생기는 항문 자극에 의해 쾌감을 얻는 동시에 배변 훈련을 통한 사회화의 기대에 직면하는 시기이기도 하다.

② 남근기는 성기를 자극하고 자신의 몸을 보여주거나 다른 사람의 몸을 보면서 쾌감을 얻는다.

③ 생식기는 11세 이후로 잠복되어 있던 성적 에너지가 되살아나는 시기이다.

12 <보기>는 반두라(A. Bandura)의 사회 학습 이론에서 어떤 단계에 해당되는 내용인가?

> 보기
>
> 어떤 행동에 주의를 기울이고 난 뒤, 나중에 그 행동을 재현하려면 그 행동을 기억해야 한다. 여기에는 관찰된 행동을 정신적 이미지나 언어적 설명의 형태로 기억에 인코딩하는 것이 포함된다.

① 1단계 – 관심

② 2단계 – 유지

③ 3단계 – 재현

④ 4단계 – 행동

정답해설

<보기>는 2단계 유지 단계에 대한 설명이다.

| 정답 | 09 ③ 10 ④ 11 ④ 12 ②

13 <보기>의 유아기 건강에 대한 내용에서 빈칸에 들어갈 용어는?

보기

유아기는 모체로부터 받은 면역체가 소실되는 시기로 ( )에 쉽게 감염될 수 있다. 유아기 건강관리를 위하여 충분한 영양 섭취, 충분한 휴식과 수면, 청결한 위생, 정서적 안정, 전염병 예방, 병력 조사와 ( )의 조기 진단 및 치료, 정기적 건강 검진, 치아 관리, 간단한 응급처치 등을 해주어야 한다.

① 바이러스 ② 질병
③ 오염 ④ 항체

정답해설

유아기는 질병에 쉽게 감염될 수 있다.

14 <보기>에서 빈칸에 들어갈 단어로 옳은 것은?

보기

유아기는 (㉠)의 기능이 활발하지 않기 때문에 기본적인 운동(걷기, 달리기, 뛰기 등)만 가능하며, 운동의 질이 높다고 볼 수 없다. 2세에서 3세로 넘어가는 시기의 신체 조절 능력을 보면 (㉡)은 작지만 빠르게 성장한다고 예상된다.

	㉠	㉡
①	순환	신경 기능
②	호흡	근 기능
③	근	신경 기능
④	대뇌	근 기능

정답해설

유아기의 신경 기능
- 5세 때 유아는 성인의 85% 정도로 발육하나, 그 기능도 85%까지 발달했다고는 볼 수 없음
- 대뇌의 기능이 활발하지 않기에 기본적인 운동(걷기, 달리기, 뛰기 등)만 가능하며, 운동의 질이 높다고 볼 수 없음

유아기의 근 기능
- 근 기능을 보려면 근력의 발달을 보는 방법이 간단하지만, 유아의 경우 근력을 측정하기 어려운 부분이 있어 세밀하게 알아보기 어려움
- 2세에서 3세로 넘어가는 시기의 신체 조절 능력을 보면 근 기능은 작지만 빠르게 성장한다고 예상

15 <보기>에서 설명하는 유아기의 개념은 무엇인가?

보기

영유아의 ( )을 살펴보면 전체보다는 부분, 정지된 것보다는 움직이는 물체, 흑백보다는 컬러, 직선보다는 곡선을 선호하는 경향이 있다. 생후 1개월에는 턱과 머리 부분으로만 시선이 움직이고 윤곽에 집중되는 경향이 있고, 생후 2개월에는 입, 눈, 머리 부분 등 좀 더 다각도로 움직이고 윤곽보다 이목구비를 더 오래 응시한다.

① 형태 지각 ② 탐색과 놀이
③ 신체 기능 ④ 신체 활동

정답해설

유아기 형태 지각에 대한 개념이다.

영유아의 형태지각의 특징
- 전체보다는 부분, 정지된 것보다는 움직이는 물체, 흑백보다는 컬러, 직선보다는 곡선을 선호함
- 단순한 도형에서 복잡한 도형으로 선호도가 바뀜
- 색깔이나 명암보다 형태가 주의를 끄는 데 더 큰 영향을 끼침
- 물체보다 인간의 얼굴을 더 선호함
- 흑백의 대조를 이루는 눈을 가장 선호하여 양육자와의 사회적 상호작용을 촉진시킴
- 생후 1개월: 턱과 머리 부분으로만 시선이 움직이고 윤곽에 집중
- 생후 2개월: 입, 눈, 머리 부분 등 좀 더 다각도로 움직이고 윤곽보다 이목구비를 더 오래 응시
- 생후 6개월: 낯익은 얼굴과 낯선 얼굴, 남자와 여자의 얼굴을 구별
- 생후 8~10개월: 양육자의 얼굴에 나타난 정서적 표정에 따라 반응

| 정답 | 13 ② 14 ④ 15 ①

16 세계보건기구(WHO)가 권장하는 청소년 신체활동 지침으로 적절한 것은?

① 5~17세의 어린이와 청소년은 가끔은 합계 60분의 중등도 내지 격렬한 강도의 신체활동을 해야 한다.

② 매일하는 신체활동 운동의 대부분은 유산소 활동 운동이어야 한다. 뼈와 근육을 강화하는 격렬한 강도의 활동은 적어도 주 3회 이상 실시한다.

③ 매일 20분 이상의 신체활동을 하면 더 많은 건강 유익이 있을 것이다.

④ 5~17세의 어린이와 청소년의 신체활동에는 지역 사회에서 놀이, 게임, 스포츠, 이동, 여가, 체육수업 또는 자유로운 운동 등이 포함된다.

오답해설

① 5~17세의 어린이와 청소년은 매일 적어도 합계 60분의 중등도 내지 격렬한 강도의 신체활동을 해야 한다.
③ 매일 60분 이상의 신체활동을 하면 더 많은 건강유익이 있을 것이다.
④ 5~17세의 어린이와 청소년의 신체활동에는 가정, 학교 및 지역 사회에서 놀이, 게임, 스포츠, 이동, 여가, 체육수업 또는 계획된 운동 등이 포함된다.

17 미국스포츠의학회의 어린이 청소년을 위한 지침으로 적절하지 않은 것은?

① 유산소 운동은 하루 60분 이상 중등도 이상의 운동을 해야 하며 주 3일 이상은 격렬한 운동을 해야 한다.

② 뼈 강화 운동은 매일 60분 이상 실시하는 운동의 일부로 주 3회 이상 뼈 강화 운동을 포함해야 한다.

③ 근력 강화 운동은 매일 60분 이상 실시하는 운동의 일부로 주 3회 이상 근력 강화 운동을 포함해야 한다.

④ 미취학 연령의 어린이(3~5세)는 성장과 발달을 위해 활동적인 교육을 하는 것이 중요하다.

정답해설

미취학 연령의 어린이(3~5세)는 성장과 발달을 위해 활동적인 습관을 들이는 것이 중요하다.

18 탐색적 접근법 과정으로 적절한 것은?

① 1단계(문제 설정): 교사는 문제를 설정하여 유아들에게 질문을 통해 과제를 소개한다.

② 2단계(유아에 의한 실험): 교사의 시범을 우선으로 유아 스스로 실험하여 교사가 제안한 질문을 해결할 수 있는 방법을 탐색하는 과정이다.

③ 3단계(관찰과 평가): 교사는 유아들의 실험을 관찰하고 평가한다. 교사는 관찰한 것을 개선하거나 수정하기 위해 설문할 수 있으며, 다양한 해결책이 만들어질 수 있는 결과를 열어두어야 한다.

④ 4단계(평가에 얻은 포인트를 사용한 추가 연습): 과정에서 알게 된 내용을 적용하여 다시 해보는 과정으로 탐색법이 지속되도록 교사는 다양한 방법으로 생각을 확장시킬 수 있다.

오답해설

② 2단계(유아에 의한 실험): 교사의 시범 없이 유아 스스로 실험하여 교사가 제안한 질문을 해결할 수 있는 방법을 탐색하는 과정이다.
③ 3단계(관찰과 평가): 교사는 유아들의 실험을 관찰하고 평가한다. 교사는 관찰한 것을 개선하거나 수정하기 위해 질문할 수 있으며, 다양한 해결책이 만들어 질 수 있는 가능성을 열어두어야 한다.
④ 4단계(평가에 얻은 포인트를 사용한 추가 연습): 평가에서 알게 된 내용을 적용하여 다시 해보는 과정으로 탐색법이 지속되도록 교사는 다양한 방법으로 활동을 확장시킬 수 있다.

| 정답 | 16 ② 17 ④ 18 ①

19 유아기 운동 발달 프로그램의 기본 원리로 적절한 것은?

① 적합성의 원리는 발달 과정, 움직임의 경험, 기술, 수준, 체력, 연령 등에 따라 적절하게 혼합할 수 있다.

② 특이성의 원리는 유아기 운동 발달 프로그램을 구성하는데 공통적이고 일반화된 특성과 개개인의 유전과 환경 요인 등 개인차를 고려해야 한다.

③ 연계성의 원리는 연령 및 성별과 신체 발달 프로그램 특성의 변화와 순서를 조직적으로 연계하며, 신체 발달, 정서적 · 사회적 발달을 위한 치료 프로그램의 연계성이 중요하다.

④ 다양성의 원리는 집단의 기술 능력 차이에 따른 생각과 지도 방법을 말한다. 프로그램은 재미있고, 다양한 경험을 제공하며, 지속적이고 다양한 프로그램이어야 한다.

오답해설

① 적합성의 원리는 발달 상태, 움직임의 경험, 기술, 수준, 체력, 연령 등에 따라 적합하게 적용할 수 있다.
③ 연계성의 원리는 연령 및 성별과 신체 발달 프로그램 특성의 변화와 순서를 조직적으로 연계하며, 신체 발달, 정서적 · 사회적 발달을 위한 교육 프로그램의 연계성이 필요하다.
④ 다양성의 원리는 개인의 기술 능력 차이에 따른 생각과 지도 방법을 말한다. 프로그램은 재미있고, 다양한 경험을 제공하며, 지속적이고 체계적인 운동 프로그램이어야 한다.

20 유아기 운동 프로그램 구성에 관한 내용으로 적절한 것은?

① 움직임의 범위에는 평행성 운동, 이동 운동, 물체 조작 운동, 응용 움직임이 있다.

② 인지의 개념에는 생각 개념 중심, 활동 개념 중심, 평가 개념 중심이 있다.

③ 교수 방법에는 직접 교수법, 간접 교수법, 특수 교수법이 있다.

④ 발달 단계는 기본 움직임, 전문화된 움직임이 있다.

오답해설

① 움직임의 범위에는 안정성 운동, 이동 운동, 물체 조작 운동, 복합 움직임이 있다.
② 인지의 개념에는 움직임 개념 중심, 활동 개념 중심, 기술 개념 중심이 있다.
③ 교수 방법에는 직접 교수법, 간접 교수법, 혼합 교수법이 있다.

21 유아기 운동 프로그램 구성 시 고려 사항으로 적절하지 <u>않은</u> 것은?

① 평가와 피드백을 실시하는 것이 좋다.

② 연령과 발달에 따른 개인차와 신체적 · 정서적 · 사회적 · 인지적 균형 발달을 고려해야 한다.

③ 기술 수준은 유아기라서 초급 정도의 수준에서 일정하게 유지해야 적절하다.

④ 팀과 개인의 운동의 배합이 적당하고, 활동적이며 흥미롭게 구성되어야 한다.

정답해설

유아기 기술 수준은 초급, 중급, 상급으로 다양하게 구성한다.

| 정답 | 19 ② 20 ④ 21 ③

22 다음 <보기>에서 빈칸에 들어갈 용어로 적절한 것은?

보기

안정성 운동	축 이용 기술	굽히기 늘리기 비틀기 돌기 흔들기
	정적, 동적 운동	직립 균형 거꾸로 균형 (물구나무 서기) 구르기 시작하기 멈추기 재빨리 피하기
이동 운동	(㉠) 운동	걷기 달리기 리핑 호핑 점핑
	복합 운동	기어오르기 겔로핑 슬라이딩 스키핑
조작 운동	추진 운동	공 굴리기 공 던지기 치기, 차기 튀기기 되받아치기
	(㉡) 운동	받기, 잡기 볼 멈추기

	㉠	㉡
①	단순	응용
②	초급	고급
③	생활	전문
④	기초	흡수

정답해설

유아기 기초 운동은 안정성 운동(축 이용 기술, 정적·동적 운동), 이동 운동(기초 운동, 복합 운동), 조작 운동(추진 운동, 흡수 운동)으로 분류할 수 있다.

23 유아기 체력 발달 프로그램으로 적절하지 않은 것은?

① 체력은 건강 체력과 수행(기술) 체력으로 구분된다.
② 체력은 일상 활동뿐만 아니라 직업 활동 및 여가 활동을 보다 활기차게 수행할 수 있는 신체적 능력을 의미한다.
③ 다양한 감각 체계로부터 획득된 자극을 뇌로 전달하여 그 정보의 의미를 해석하고 통합하는 수동적인 과정을 의미한다.
④ 유아 운동 시 운동에 바람직하게 참여할 수 있도록 체력 수준, 건강 상태, 남녀 개인의 특성 등을 고려해야 한다.

정답해설

지각 운동에 대한 개념으로 다양한 감각 체계로부터 획득된 자극을 뇌로 전달하여 그 정보의 의미를 해석하고 통합하는 능동적인 과정을 의미한다.

24 국민 체력 100의 유아기 체력 측정으로 적절한 것은?

① 심폐지구력(5m 4회 왕복 오래달리기)
② 순발력(제자리 멀리뛰기)
③ 민첩성(1000m 달리기)
④ 근지구력(악력)

오답해설

① 심폐지구력(10m 왕복 오래달리기)
③ 민첩성(5m 4회 왕복달리기)
④ 근지구력(윗몸 말아 올리기)

| 정답 | 22 ④ 23 ③ 24 ②

25 <보기>에서 빈칸에 들어갈 단어로 적절한 것은?

보기

감각 정보 입력	감각 양식(시각, 청각, 촉각, 운동 감각)을 통한 자극 수용
감각 (㉠)	수용된 감각 자극의 조직화, 기존 기억 정보와 통합
운동 해석	현재 정보와 기억 정보를 바탕으로 내적 운동 의사 결정
움직임 활성화	움직임 실행
(㉡)	다양한 감각 양식에 대한 움직임 평가를 통한 새로운 주기의 시작

	㉠	㉡
①	수용	평가
②	통합	피드백
③	정보	평가
④	자극	피드백

정답해설

지각 운동은 감각 정보 입력 → 감각 통합 → 운동 해석 → 움직임 활성화 → 피드백 순으로 작용한다.

26 유아 체육 지도 방법으로 적절한 것은?

① 특히 주말에 더욱 다양한 신체활동이 이루어지도록 충분한 시간을 계획한다.
② 교육적으로 풍부한 자연환경을 준비하여 유아의 계획적인 활동을 보장한다.
③ 신체활동을 하면서 공간, 시간, 힘, 흐름 등 동작의 기본 요소를 반영해야 한다.
④ 유아의 신체 발달 및 운동능력 보다는 자유로운 시간에 개인차를 고려한다.

오답해설

① 일과 중 다양한 신체활동이 이루어지도록 충분하고 규칙적인 시간을 계획한다.
② 교육적으로 풍부한 실내외의 물리적 환경을 준비하여 유아의 활발한 활동을 지원한다.
④ 유아의 신체 발달 및 운동능력을 정확히 파악하고, 개인차를 고려한다.

27 유아 체육 지도 방법에 대한 내용으로 적절한 것은?

① 직접 - 교사 주도적 지도 방법은 유아가 언제, 무엇을, 어떻게 할지 교사가 부모와 함께 결정하는 방법이다.
② 간접 - 유아 주도적 지도 방법은 유아에게 주도권을 주고 유아와 부모가 함께 학습의 중심이 되는 지도 방법이다.
③ 유아 - 교사 상호 주도적 · 통합적 지도 방법은 유아에게 적절한 과제를 주어 집중적인 학습의 기회를 제공한다.
④ 직접 - 교사 주도적 지도 방법은 유아 교육 기관에서 체육 활동을 지도할 때 쓰인 전통적 지도 방법이다.

오답해설

① 직접: 교사 주도적 지도 방법은 유아가 언제, 무엇을, 어떻게 할지 교사가 결정하는 방법이다.
② 간접: 유아 주도적 지도 방법은 유아에게 주도권을 주고 유아가 학습의 중심이 되는 지도 방법이다.
③ 유아: 교사 상호 주도적 · 통합적 지도 방법은 유아에게 적절한 과제를 주어 다양한 학습의 기회를 제공한다.

| 정답 | 25 ② 26 ③ 27 ④

28 <보기>에서 빈칸에 들어갈 단어로 적절한 것은?

보기

놀이 중심의 원리	유아의 흥미를 고려하여 체육 활동이 지속될 수 있도록 함
생활 중심의 원리	일상생활에서 신체 활동 경험을 바탕으로 체육 활동 참여
개별화의 원리	유아 개인의 운동 능력과 발달 속도에 맞추어 체육 활동 참여
(㉠) 학습의 원리	유아가 스스로 움직임을 탐색하고 학습하도록 유도
반복 학습의 원리	유아 체육은 인정, 이동, (㉡) 운동의 3가지 기초 운동 반복 학습
융통성의 원리	유아가 신체 활동 시간을 스스로 결정하도록 융통성 제공
통합의 원리	유아 대근육 운동 중 기초 운동(안정, 이동), 운동 능력(협응, 균형, 힘, 속도), 지각 운동 능력(공간, 신체, 방향, 시간)이 통합적으로 발달

	㉠	㉡
①	탐구	조작
②	탐색	응용
③	탐험	반복
④	탐구	흥미

정답해설

유아 체육 지도 원리로는 놀이 중심의 원리, 생활 중심의 원리, 개별화의 원리, 탐구 학습의 원리, 반복 학습의 원리, 융통성의 원리, 통합의 원리가 있다. 반복 학습의 원리는 안정, 이동, 조작 운동의 3가지 기초 운동을 반복 학습하도록 하고 유아에게 적합하게 계획하도록 한다.

29 유아 운동 발달 프로그램에 대한 설명으로 적절하지 않은 것은?

① 지각과 동작의 협응 과정을 통하여 지각 운동 기술 발전
② 전문적인 운동능력을 기르고, 기초 체력을 증진하며, 자기감정을 표현할 기회 제공
③ 다양한 신체활동과 감각 경험을 통해 자기 신체와 주변을 인식하는 기초 능력 향상
④ 체육 활동에 참여하여 즐겁고 건강한 정신을 유도하며, 안전한 생활 습관 지도

정답해설

기본적인 운동능력을 기르고, 기초 체력을 증진하며, 자기감정을 표현할 기회를 제공하는 것이 유아 운동 발달 프로그램이다.

30 유아 운동 프로그램 단계별 지도 내용으로 적절한 것은?

① 전개 단계 - 안전하고 질서 있게 전개되도록 조성하고, 또래 집단의 특성을 고려한 활동 영역과 영역별 활동 목표를 인식하며, 흥미를 지속적으로 가지도록 유도한다.
② 정리 단계 - 체계적인 정리 운동과 생활 지도 및 운동 시 상해 유무를 통한 치료 방안을 모색한다.
③ 준비 단계 - 신체 이상 유무를 확인하고, 적절한 준비 운동을 실시한다.
④ 도입 단계 - 목표 제시 및 참여 방법을 안내하고, 안전을 강조한 순찰 활동을 강화한다.

오답해설

① 전개 단계 - 안전하고 질서 있게 전개되도록 조성하고, 개인차를 고려한 활동 영역과 영역별 활동 목표를 인식하며, 흥미를 지속적으로 가지도록 유도한다.
② 정리 단계 - 적절한 정리 운동과 생활 지도 및 운동 시 상해 유무를 확인한다.
④ 도입 단계 - 활동 목표 제시 및 참여 방법에 대해 안내하고, 질서 및 안전에 대해 강조한다.

| 정답 | 28 ① 29 ② 30 ③

31 <보기>에서 지도 교사의 개인적 자질 요소를 모두 고른 것은?

보기

㉠ 온정적 성품	㉡ 생명 존엄성
㉢ 열정적인 태도	㉣ 올바른 교육관
㉤ 직업 윤리	㉥ 신체적 건강

① ㉠, ㉡, ㉢, ㉥
② ㉠, ㉢, ㉤, ㉥
③ ㉡, ㉢, ㉣, ㉤
④ ㉡, ㉣, ㉤, ㉥

정답해설

지도교사의 개인적 자질로는 신체적·정신적 건강, 온정적인 성품, 인간과 생명에 대한 존엄성, 성실하고 열정적인 태도를 들 수 있다. 전문적 자질로는 전문적 지식, 교수 기술, 올바른 교육관과 직업 윤리가 있다.

32 유아 운동 지도자의 역할로 적절하지 않은 것은?

① 과도한 경쟁의식을 갖지 않도록 지도하며, 칭찬을 자주해야 한다.
② 유아들의 반응에 관심을 가지고, 유머 감각을 길러 적극적으로 활용한다.
③ 좋은 음악을 선택하거나 충분한 시간을 제공해야 한다.
④ 아이들이 어려워하면 단계를 낮추어 보는 등의 방식으로 수업 방법을 단순화해야 한다.

정답해설

아이들이 어려워하면 단계를 낮추어 보는 등의 방식으로 수업 방법을 다양화해야 한다.

33 유아 체육 프로그램 운영 지침으로 적절한 것은?

① 기본적인 운동 형태를 모르는 유아에게 개별 학습의 기회를 주고, 체육 활동의 목표가 달성되도록 요구한다.
② 각 체육 활동에서 2~3가지 새로운 활동을 제시하며, 새로운 프로그램을 계속 지도한다.
③ 모든 체육 활동은 시작 전 준비 운동으로 심박수를 높이고, 혈액 순환과 호흡 속도를 원활히 하여 준비한다.
④ 각 체육 활동에서 유아 개인, 소집단, 대집단으로 나누어 단순한 체육 활동을 진행한다.

오답해설

① 기본적인 운동 형태를 모르는 유아에게 개별 학습의 기회를 주고, 체육 활동의 목표가 달성되도록 강요하지 않는다.
② 각 체육 활동에서 2~3가지 새로운 활동을 제시하며, 이전 체육 활동과 연계하여 지도한다.
④ 각 체육 활동에서 유아 개인, 소집단, 대집단으로 나누어 다양한 체육 활동을 진행한다.

34 유아 체육에 있어 신체활동 시간 증진 전략으로 적절한 것은?

① 비과제 참여 유아들을 재감독하고, 훈련이 필요하면 효율적으로 짧게 한다.
② 움직임을 관찰하고, 충분한 신체활동이 이루어지지 않으면 재학습이 필요하다.
③ 활동에 참여하는 것에 대한 많은 피드백을 제공한다.
④ 유아가 제외되거나 참여하기 쉬운 활동과 게임은 하지 않는 것이 좋다.

오답해설

② 움직임을 관찰하고, 충분한 신체활동이 이루어지지 않으면 새롭게 변형이 필요하다.
③ 활동에 참여하는 것에 대한 긍정적인 피드백을 제공한다.
④ 유아가 제외되거나 참여하기 어려운 활동과 게임은 하지 않는 것이 좋다.

| 정답 | 31 ① 32 ④ 33 ③ 34 ①

35 초등 체육 3~4학년 교육 과정으로 적절하지 않은 것은?

① 신체인식은 움직임 표현 활동을 수행하며 움직임 표현에 따른 자신의 신체 움직임과 신체의 변화 등을 인식한다.
② 민감성은 리듬표현 활동을 수행하며 리듬의 특징과 변화를 빠르게 수용하고 이를 신체 움직임에 반영하여 표현한다.
③ 자신감은 수련을 통해 동작 수행이 어렵거나 두려운 상황을 차단하고 쉽게 한다.
④ 규칙준수는 경쟁의 과정에서 규칙의 필요성을 알고 합의된 규칙을 준수하며 게임을 수행한다.

정답해설

자신감은 수련을 통해 동작 수행이 어렵거나 두려운 상황을 극복하며 동작에 도전한다.

36 유아기 안전에 대한 개념으로 적절하지 않은 것은?

① 유아의 신체적 발달은 근육계의 기능이 미숙하고 경험 · 학습의 부족으로 힘이나 속도를 제어하는 능력이 부족하다. 발달 단계에 따라 신체활동이 변화하여 사고의 종류와 부상 빈도, 손상 정도가 일정하게 나타나는 특징이 있다.
② 유아의 심리적 발달은 판단 능력 부족으로 현실과 공상을 혼동하여 위험한 행동을 흉내내기도 한다.
③ 유아 안전사고는 주로 추락, 충돌, 넘어짐 등이며, 상해의 종류는 좌상, 타박상, 골절, 출혈 등이 있다.
④ 유아 스스로 안전을 보장할 수 없어 안전 관리가 필요하며 보호가 필요하다.

정답해설

유아의 신체적 발달은 신경계의 기능이 미숙하고 경험 · 학습의 부족으로 힘이나 속도를 제어하는 능력이 부족하다. 그리고 발달 단계에 따라 신체활동이 변화하여 사고의 종류와 부상 빈도, 손상 정도가 달라진다.

37 유아 체육 지도 조성 원칙에 적합하지 않은 것은?

① 안전성: 부드러운 마감재나 바닥 재질, 공간 등을 고려한 지도환경 조성이 필요하다.
② 흥미성: 호기심, 모험심 등을 표현할 수 있는 지도환경 조성이 필요하다.
③ 효율성: 장소의 크기, 고급 마감재, 전문성을 갖춘 편의시설 등을 고려한 지도환경 조성이 필요하다.
④ 경제성: 안전과 직결되는 교재와 교구는 견고함과 반영구적인 재료나 교체 시기를 고려하여 시공하고, 시간 및 비용 면에서 경제적인 지도환경 조성이 필요하다.

정답해설

효율성에 있어서는 음향시설, 냉난방시설, 활동공간의 크기 등을 고려한 지도환경 조성이 필요하다.

38 유아 체육 교재 교구의 중요성과 거리가 먼 것은?

① 신체 및 심리 능력을 발달시키고, 미적 욕구를 충족시킨다.
② 유소년의 신체활동을 유발시키고 자극한다.
③ 유소년의 신체활동을 심화, 확대시킨다.
④ 협동심, 이해력, 양보, 사회성을 발달시킨다.

정답해설

신체 및 감각 능력을 발달시키고, 감각 욕구를 충족시킨다.

| 정답 | 35 ③ 36 ① 37 ③ 38 ①

39 유아 체육 운동 기구 배치 내용으로 적절하지 <u>않은</u> 것은?

① 기구들이 서로 간섭받지 않고, 유아들의 시각을 고려하며 안전에 중점을 두고 배치한다.
② 여러 가지를 고려한 전문성을 가진 기구의 배치와 종류가 중요하다.
③ 운동기구는 안전과 계절에 따라 철저히 관리하고 보수한다.
④ 운동 기구 배치 유형은 병렬식, 순환식, 시각적 효과의 운동 기구 배치가 있다.

정답해설

전문성보다는 기초적이고 안전에 초점을 두는 기구의 배치와 종류가 더 중요하다.

40 영유아 기도폐쇄 응급처치로 적절하지 <u>않은</u> 것은?

① 1세 미만의 경우 등 두드리기와 흉부 압박이 권장된다.
② 등 두드리기를 할 때 머리를 가슴보다 낮게 하고, 안은 팔을 허벅지에 고정시킨다.
③ 의식이 없는 경우 자동심장충격기를 신속하게 사용할 필요가 있다.
④ 흉부를 압박할 때 등을 받치고 머리를 가슴보다 낮게 하여, 안은 팔을 무릎 위에 놓는다.

정답해설

의식이 없는 경우 혀에 의한 기도폐쇄가 있는지 확인할 필요가 있다.

41 유아 체육 운동 기구 순환식 배치 내용이 <u>아닌</u> 것은?

① 대기 시간을 줄여 실제 학습 시간을 늘려준다.
② 여러가지 다양한 기구를 한꺼번에 접할 수 있게 하는 배치 방법이다.
③ 유아가 운동 기구 사용에 자신감이 생기면 다양한 기구를 한꺼번에 접할 수 있으므로 많은 재미와 만족감을 제공한다.
④ 초기에 여러가지 운동 기구를 한꺼번에 접하게 되는 부담을 줄이기 위한 배치 방법이다.

정답해설

초기에 여러가지 운동 기구를 한꺼번에 접하게 되는 부담을 줄이기 위한 배치 방법은 병렬식 배치에 대한 내용이다.

42 누리과정에서 신체운동, 건강 영역으로 적절하지 <u>않은</u> 것은?

① 안전하게 생활하기
② 건강하게 생활하기
③ 신체활동에 참여하기
④ 유익하게 생활하기

정답해설

유익하기 생활하기는 추상적인 개념이다.

43 지각운동 발달 중 감각 체계라고 보기 <u>어려운</u> 것은?

① 기억
② 시각
③ 청각
④ 후각

정답해설

감각은 시각, 촉각, 청각, 미각, 후각 등을 의미하여 기억은 감각 체계가 아니다.

| 정답 | 39 ② 40 ③ 41 ④ 42 ④ 43 ①

44 유아 체육 체력운동 건강 체력요소가 아닌 것은?

① 스피드
② 신체구성
③ 유연성
④ 심폐지구력

정답해설

스피드는 기술 체력요소이다.

45 <보기>의 빈칸에 들어갈 용어로 옳은 것은?

보기

- (㉠): '이 물건을 가지고 무엇을 할 수 있을까?'라는 의문에 연관되는 행동으로 장난감이 없어도 다양한 활동을 통해서 즐거움과 만족감을 추구한다.
- (㉡): '이 물건의 속성은 무엇일까?'라는 의문을 풀기 위한 행동으로 반드시 장난감이 필요하며 물건에 대한 정보를 획득한다.

	㉠	㉡
①	탐색	놀이
②	교육	탐구
③	놀이	탐색
④	탐구	교육

정답해설

<보기>는 훗트의 탐색과 놀이의 특성이다.

46 유아 기초 운동 능력에서 안전운동발달 검사가 아닌 것은?

① 평균대 걷기
② 앞구르기
③ 미끄러지기
④ 한 발로 균형잡기

정답해설

안전운동발달 검사는 평균대 걷기, 앞구르기, 한 발로 균형잡기, 굽히기와 펴기가 있다.

47 유아 운동 프로그램 교구에서 대도구가 아닌 것은?

① 평균대
② 유니바
③ 허들
④ 스카프

정답해설

스카프는 소도구이다.

48 다음 <보기>의 내용은 수행 체력 중 무엇에 해당하는가?

보기

승준이는 유아기부터 운동신경이 상당히 발달된 아이이다. 모든 운동에서 탁월성을 보이고 있으나 특히, 농구 경기에서 자유자재로 방향을 전환하며 상대 수비수를 혼란스럽게 하는 특기를 보이고 있다.

① 민첩성
② 순발력
③ 협응성
④ 반응 시간

정답해설

수행체력에는 평형성, 순발력, 민첩성, 협응성, 스피드, 반응 시간이 있다. 민첩성은 방향이나 몸의 위치 등을 신속하게 변화시켜 다른 행동으로 옮길 수 있는 능력으로 방향 전환 능력이라 할 수 있다.

| 정답 | 44 ① 45 ③ 46 ③ 47 ④ 48 ①

49 유아 운동 프로그램의 목표로 보기 어려운 것은?

① 자신의 신체를 긍정적으로 인식하게 하는데 목표가 있다.
② 신체를 스스로 조정하고 기초 운동 능력을 키우는데 목표가 있다.
③ 신체활동에 보다 즐겁게 참여하며 긍정적인 사회인으로 육성한다.
④ 신체활동에 보다 완벽하게 참여하여 성공하는 사회인으로 육성한다.

정답해설

성공하는 사회인보다는 즐겁게 참여하여 긍정적인 사회인을 육성하는데 초점이 있다.

50 <보기>의 내용은 수행 체력 중 무엇인가?

보기

> 유진이는 미래에 김연아 선수처럼 훌륭한 운동선수가 되는 것이 꿈인 꿈나무 스포츠인이다. 운동신경이 탁월하지는 않지만 어린 나이에도 성실하고 진지하게 훈련에 참여하는 선수이다. 하지만 피겨스케이트 선수에게 필요한 운동 조정 능력이 부족하다는 이야기를 코치 선생님에게 듣고 조정 능력을 키우기 위해 다양한 보조 훈련을 추가로 하고 있다.

① 민첩성
② 스피드
③ 평형성
④ 협응성

정답해설

수행체력에는 평형성, 순발력, 민첩성, 협응성, 스피드, 반응 시간이 있다. 협응성은 운동을 효율적으로 수행하기 위하여 운동과 감각기관을 통합할 수 있는 능력으로 운동 조정 능력이라 할 수 있다.

| 정답 | 49 ④ 50 ④

01 노화의 특성에 대한 설명으로 옳지 않은 것은?

① 노화의 속도는 개인과 신체의 계통과는 상관없이 같다.
② 노화에 따라 체내의 화학적 조성이 변화한다.
③ 모든 생명체와 세포는 노화한다.
④ 노화로 인하여 환경의 변화에 대한 적응력이 감소한다.

정답해설

노화의 속도는 개인과 신체의 계통에 따라 다르다

02 노화와 관련된 심혈관계의 변화 중 옳지 않은 것은?

① 최대 심박수 감소
② 최대 심박출량 감소
③ 동정맥 산소 차이 증가
④ 근육 미토콘드리아의 숫자와 밀도 감소

정답해설

노화에 따른 심혈관계의 변화에는 최대 심박수 감소, 최대 심박출량 감소, 근육 미토콘드리아의 숫자와 밀도 감소 등이 있다.

03 <보기>의 빈칸 들어갈 생물학적 노화의 특성을 바르게 연결한 것은?

보기
- (㉠): 노화에 따른 변화는 연령이 증가함에 따라 심해지며, 절대 회복이 불가능하다.
- (㉡): 노화는 궁극적으로 사망을 초래한다.

	㉠	㉡
①	쇠퇴성	보편성
②	내인성	보편성
③	점진성	쇠퇴성
④	쇠퇴성	내인성

정답해설

생물학적 노화의 특성 중 점진성(㉠), 쇠퇴성(㉡)에 대한 설명이다.

04 <보기>는 노인의 신체 기능 수준에 대한 설명이다. 이는 스피르두소(W. Spirduso) 신체적 능력 5단계 중 몇 단계에 해당하는가?

보기
- 아주 가벼운 신체 활동
- 신체적 부담이 적은 활동
- 모든 일상생활의 도구적 활동

① 신체적으로 연약(2단계)
② 신체적으로 독립(3단계)
③ 신체적으로 단련(4단계)
④ 신체적으로 아주 잘 단련(5단계)

정답해설

<보기>는 신체적으로 독립인 3단계에 대한 설명이다.

| 정답 | 01 ① 02 ③ 03 ③ 04 ②

05 <보기>에서 설명하는 사회학적 노화 이론은?

보기

가장 성공적으로 늙은 사람은 긍정적인 건강 습관, 선택, 생활 방식, 인간관계를 중년에서부터 노년까지 지속하는 사람이라고 제시한 이론이다.

① 분리 이론
② 활동 이론
③ 연속성 이론
④ 하위문화 이론

정답해설

<보기>는 연속성 이론에 대한 내용이다.

06 <보기>에서 설명하는 생물학적 노화 이론은?

보기

인체 기관이 각기 다른 속도로 노화하면서 생물적 기능, 특히 중추 신경계와 내분비계에 불균형을 초래한다.

① 유전적 이론
② 점진적 불균형 이론
③ 손상 이론
④ 선택적 적정화 이론

정답해설

<보기>는 점진적 불균형 이론에 대한 설명이다.

오답해설

① 유전적 이론: 인체 내의 노화 속도를 결정하는 데 있어 유전적인 역할에 초점을 둔다.
③ 손상 이론: 세포 손상의 누적이 세포의 기능 장애와 괴사의 핵심적인 결정 요소이다.
④ 선택적 적정화 이론: 성공적 노화는 노년에서의 신체적·정신적·사회적 손실에 적응하는 노인의 능력과 관련 있다.

07 운동의 신체적 효과에 대한 설명으로 옳지 않은 것은?

① 근력 운동은 뼈에 자극을 통해 근섬유와 골조직에 손상을 유발한다.
② 유산소 운동을 통해 호흡이 깊어지고 폐활량도 커져 호흡 효율을 높인다.
③ 유산소 운동은 심장 및 혈관의 기능 개선과 최대 산소 섭취량의 증가를 돕는다.
④ 운동은 골조직에 뼈의 성분인 칼슘이나 단백질의 공급을 원활하게 돕는다.

정답해설

규칙적인 운동은 근육 조직을 굵어지게 하고, 중력과 운동 자극으로 뼈를 발달시키며, 근력 향상과 골조직의 노화를 예방한다.

08 기대 수명에 대한 설명으로 옳지 않은 것은?

① 기대 수명이 80세이고, 건강 수명이 70세일 경우 건강하지 않게 사는 기간은 10년이다.
② 신체적, 정서적, 인지적 활력 또는 기능적 웰빙을 유지하는 것으로 예상되는 삶의 기간이다.
③ 성별, 연수 또는 평균 수명을 의미한다.
④ 성별, 연령별로 앞으로 몇 년을 더 살아갈 것인지 통계적으로 추정한 기대치이다.

정답해설

현대의 건강 수명에 대한 개념은 신체적, 정서적, 인지적 또는 기능적 웰빙을 유지하는 것으로 예상되는 삶의 기간이다.

09 노인 운동의 사회적 효과로 옳은 것은?

① 사회 · 문화적 통합 능력의 증대
② 역할 유지와 새로운 역할 감소
③ 새로운 인맥과 교류 감소
④ 세대 간 교류 감소

정답해설

노인 운동은 세대 간 교류 기회를 제공하여 노화와 노인에 대한 고정 관념을 탈피하는 효과가 있다.

| 정답 | 05 ③ 06 ② 07 ① 08 ② 09 ①

10 <보기> 행동체력의 구성요소만 옳게 고른 것은?

보기

㉠ 기관 조직의 구조　　㉡ 전신 지구력
㉢ 순발력　　㉣ 유연성
㉤ 협응성　　㉥ 면역

① ㉠, ㉡, ㉢, ㉣
② ㉠, ㉡, ㉢, ㉤
③ ㉡, ㉢, ㉣, ㉤
④ ㉢, ㉣, ㉤, ㉥

정답해설

행동체력의 구성요소에는 대표적으로 전신지구력, 근지구력, 근력, 순발력, 민첩성, 유연성 등이 있다.

11 노인 운동 프로그램의 운동 구성 요소에서 운동 시간에 대한 설명으로 옳은 것은?

① 운동 지속 시간과 운동 강도는 정의 상관관계이다.
② 운동 지속 시간은 노인의 건강 상태, 초기 체력 상태에 의해 좌우된다.
③ 유산소 운동의 경우 운동 효과를 위해 60분 이상 실시한다.
④ 노인과 체력 수준이 낮은 사람은 운동 지속 시간보다 운동 강도를 증가시킨다.

정답해설

운동의 지속 시간은 노인의 건강 상태, 초기 체력 상태에 의해 좌우된다.

12 <보기>에서 설명하는 운동의 기본 원리는?

보기

- 트레이닝 자극에 대한 각 개인의 반응은 상당히 다양하며 연령, 초기 체력 수준, 건강 상태 등의 요인에 영향을 받는다.
- 노인의 특정 요구, 흥미, 능력을 감안하면서 운동 프로그램을 설계해야 하고, 개인의 차이와 선호도를 고려한 운동 프로그램이 적용되어야 한다.

① 특정성의 원리
② 과부하의 원리
③ 점진성의 원리
④ 개별성의 원리

정답해설

<보기>는 개별성의 원리에 대한 설명이다.

오답해설

① 특정성의 원리: 운동 트레이닝에 대한 신체의 생리적 · 대사적 반응과 적응이 운동 형태와 사용된 근육군에 특정적임을 의미한다.
② 과부하의 원리: 체력 구성 요소의 향상을 촉진하기 위해 신체의 생리적 시스템은 평상시 신체 활동보다 더 많은 부하에 의해 자극을 받아야 한다.
③ 점진성의 원리: 트레이닝 프로그램 전체를 통해 추가적인 향상을 촉진하기 위해서는 트레이닝의 양을 점진적으로 증가시켜야 한다.

13 노화의 심리학적 이론으로 옳지 않은 것은?

① 분리 이론
② 매슬로의 욕구 이론
③ 발트의 선택적 적정화 이론
④ 에릭슨의 심리 사회적 이론

정답해설

분리이론은 사회학적 노화 이론에 대한 설명이다.

| 정답 | 10 ③　11 ②　12 ④　13 ①

14 노인 운동프로그램의 구성요소로 옳지 않은 것은?

① 운동 빈도
② 운동 환경
③ 운동 강도
④ 운동 시간

정답해설

운동 프로그램의 4대 구성요소로는 운동 강도, 운동 시간, 운동 빈도, 운동 형태가 있다.

15 운동프로그램 요소에 대한 설명으로 옳지 않은 것은?

① 유산소 운동은 적어도 10분 이상 지속해야 한다.
② 유, 무산소성 운동은 모두 뼈 건강에 도움을 준다.
③ 생리적, 대사적 변화가 나타나는 강도로 실시해야 한다.
④ 적절한 강도의 신체활동은 주당 50분이 적절하다.

정답해설

노인의 적절한 신체활동 시간은 주당 150분, 높은 강도의 신체활동은 주당 75분이 적당하다.

16 운동 권고 지침 및 운동 방안에 대한 설명으로 옳지 않은 것은?

① 자신의 능력에 맞게 운동을 수행하도록 장려한다.
② 수업과 일상생활에서 수행하는 활동 간의 연관성을 인식하게 한다.
③ 긍정적인 효과를 낼 정도로 충분한 난이도를 제공하는 운동이어야 한다.
④ 선별된 운동은 개인 고유의 능력과 구분 없이 평등하게 선정되어야 한다.

정답해설

선별된 활동이나 운동은 개인 고유의 능력이나 환경 요구 사항에 맞춰 변경한다.

17 <보기>에서 최 코치가 적용하는 목표 설정의 방법으로 가장 적절한 것은?

보기

최 코치는 평소 관절염을 가지고 있는 이행복 할머니에게 충격과 체중을 적게 받는 수중 운동을 추천하였으며, 통증 정도를 고려하여 운동 강도를 설정해주었다. 그리고 30분씩 주 3회 이상의 운동 시간과 빈도를 정해주고 점차 늘려나갈 수 있도록 격려해주었다.

① 측정 가능성
② 구체성
③ 현실성
④ 행동성

정답해설

<보기>에서 김 코치가 적용한 목표 설정 방법은 구체성이다. 구체성은 참여자의 운동 형태, 운동 시간, 운동 강도, 운동 빈도 등을 구체적으로 설정하여 목표를 설정해주는 것을 의미한다.

18 <보기>에 해당하는 프로차스카의 범이론적 모형 단계는?

보기

최 할아버지는 최근 건강검진 검사를 받고 고혈압이 있다는 진단을 받고 평소 운동을 하지 않았지만 1주일에 3번 정도 유산소 운동을 하기로 스스로 약속을 했다.

① 계획 전 단계
② 계획 단계
③ 준비 단계
④ 유지 단계

정답해설

<보기>는 변화하겠다는 동기를 증가시키기 위해 시작하는 준비 단계에 해당한다.

| 정답 | 14 ② 15 ④ 16 ④ 17 ② 18 ③

19 운동 참여를 위한 행동 변화 이론 중 인지 유도 전략을 사용하는 단계는?

① 계획 단계 ② 준비 단계
③ 행동 단계 ④ 유지 단계

정답해설

계획 단계
- 미래에 변화할 의사가 없음
- 문제를 인식하는 단계
- 구체적인 계획이 없음
- 인지 유도 전략

20 <보기>에서 최 코치가 노인 운동 프로그램을 구성하면서 고려하지 않은 요소는?

보기

최 코치는 고혈압을 가진 노인 회원에게 최대 산소 소비량의 40~50%의 강도를 설정해 주고, 가벼운 걷기나 실내 자전거 타기 등의 유산소 운동을 추천해주었다. 또한 주 2~3회, 60분 이상의 운동 프로그램을 구성해주었다.

① 운동 강도 ② 운동 시간
③ 운동 빈도 ④ 운동 형태

정답해설

<보기>의 사례에서 노인 운동 프로그램을 구성하면서 고려하지 않은 요소는 운동 시간이다. 노인 고혈압 환자의 경우 1회 운동 시 60분 이하의 운동을 하여 몸에 무리가 가지 않도록 해야 한다.

21 반두라의 자기 효능감 요인에 해당하지 않는 것은?

① 성취 경험 ② 심리적 안정
③ 언어적 설득 ④ 정서적 각성

정답해설

심리적 안정은 반두라의 자기 효능감 요인에 속하지 않는다.

22 고혈압을 가진 노인의 운동 강도에 대한 설명으로 옳지 않은 것은?

① 운동 자각도(RPE) 지수는 6~20을 권고한다.
② 피로를 느끼지 않을 정도로 8~12회 반복한다.
③ 자각적 운동 강도 Borg 지수는 11~13으로 설정한다.
④ 70% VO_2max 이상의 고강도 운동으로 설정한다.

정답해설

70% VO_2max 이상의 고강도 운동은 혈압 상승, 카테콜아민의 증가에 의해 심혈관계에 가해지는 부담과 생리적 부담이 높아지기 때문에 고혈압 환자에게는 효과적이지 않다.

23 평형성 운동의 형태로 옳지 않은 것은?

① 달리기
② 앉았다 일어서기
③ 발끝으로 걷기
④ 뒤로 걷기

정답해설

달리기는 유산소 운동의 형태이다.

24 <보기>는 운동 프로그램 기본 원리 중 무엇에 대한 설명인가?

보기

운동이 중지되었거나 과부하가 발생하지 않을 경우 능력이 빠르게 감소되는 원리

① 개별성의 원리
② 가역성의 원리
③ 특정성의 원리
④ 점진성의 원리

정답해설

<보기>는 운동 프로그램 기본 원리 중 가역성의 원리에 대한 설명이다.

| 정답 | 19 ① 20 ② 21 ② 22 ④ 23 ① 24 ②

25 행동 변화 이론의 단계와 전략이 바르게 연결되지 않은 것은?

① 계획 전 단계 - 변화의 필요성을 인식하기 시작하는 단계
② 준비 단계 - 변화하겠다는 동기가 증가하기 시작하는 단계
③ 행동 단계 - 변화를 위한 행동이 나타나는 단계
④ 유지 단계 - 변화를 통해 얻게 된 환경, 사람과의 관계를 만들어가는 단계

정답해설

계획 전 단계는 변화의 필요성을 인지하지 못해 이제 막 시작하는 단계이다.

26 제Ⅱ형 당뇨와 운동에 대한 설명으로 옳지 않은 것은?

① 운동 시작 전 혈당이 250mg/dl 이상이면 운동을 시작해야 한다.
② 소근육보다 대근육을 자극하는 심폐지구력과 근력 운동을 추천한다.
③ 혈당 개선은 운동 후 12~72시간 지속되므로 최소 2~3일마다 운동을 한다.
④ 지방 조직의 이용률을 높이는 것을 목적으로 중등도 이상으로 한다.

정답해설

운동 시작 전 혈당이 250mg/dl 이상이면 운동을 중단하고 소변 케톤검사를 시행해야 한다.

27 노인 운동의 목표설정 이론에 대한 설명으로 옳지 않은 것은?

① 개인이 달성할 수 있는 수준의 현실적 목표를 설정해야 한다.
② 운동 형태, 운동 시간, 운동 강도, 운동 빈도 등을 구체적으로 설정해야 한다.
③ 직접 실행에 옮길 수 없는 수준으로 미래지향적 목표를 설정해야 한다.
④ 목표 달성의 판단이 가능하도록 설정해야 한다.

정답해설

직접 실행에 옮길 수 있는 수준으로 행동 지향적 목표를 설정해야 한다.

28 치매 환자의 운동 효과로 볼 수 없는 것은?

① 근력 향상으로 낙상 예방
② 스트레스와 우울, 불안의 감소
③ 정신 능력의 저하와 관련된 질병의 감소
④ 치매 관련 행동의 증가

정답해설

치매 환자는 운동 시 치매 관련 행동이 감소한다.

29 노인 운동 지도 시 언어 사용에 대한 설명으로 옳지 않은 것은?

① 이해를 높이기 위해 전문 용어를 사용한다.
② 언어의 동질감을 위해 노인 연령대에 맞는 단어를 사용한다.
③ 쉽게 이미지화 할 수 있는 언어를 사용한다.
④ 너무 많은 말은 삼가고 요점만 전달한다.

정답해설

노인 운동 지도 시 이해를 높이기 위해 간결한 용어를 사용한다.

| 정답 | 25 ① 26 ① 27 ③ 28 ④ 29 ①

30 운동 전 체크해야 하는 자각 증상 항목이 아닌 것은?

① 조금만 움직여도 숨이 찬다.
② 심한 두통을 느끼고 있다.
③ 가족력이 있다.
④ 가슴에 통증이 있다.

정답해설

가족력은 운동 전 검사의 단계에서 체크해야 하는 항목이다.

31 미국스포츠의학회(ACSM)에서 제시한 운동 부하 검사 중 노인을 대상으로 권장하는 프로토콜에 해당하는 것은?

① 팔 에르고미터는 이용한 운동 부하 검사
② 램프 트레드밀 프로토콜
③ 브루스 트레드밀 프로토콜
④ 노톤 트레드밀 프로토콜

정답해설

일반적으로 노인의 운동 능력이 높지 않기 때문에 초기 부하와 부하 증가량이 적은 노턴 트레드밀 프로토콜을 권장한다.

32 건강한 노인들을 위한 신체 활동에 대한 설명으로 옳지 않은 것은?

① 외출을 통해 일상 신체 활동을 늘린다.
② 오래 앉아 있는 시간을 줄인다.
③ 1일 중강도 활동 시간은 15~20분 이상이다.
④ 안전하게 하루 500보 정도 걷는다.

정답해설

하루에 7,000~8,000보 정도는 걸어야 한다.

33 훌륭한 지도자의 요건이 아닌 것은?

① 전문 지식 전달
② 책임감
③ 긍정적 강화 사용
④ 지지감 표현

정답해설

노인 참여자의 이해를 높이기 위해 쉽고 간결한 용어를 사용한다.

34 관상 동맥성 심장 질환에 대한 내용으로 옳지 않은 것은?

① 증상으로는 가슴 통증, 현기증, 부정맥, 호흡 곤란 등이 있다.
② 관상 동맥 중 하나 이상이 죽상 경화증이나 혈관 경련으로 인하여 좁아진 상태이다.
③ 도파민의 감소로 인해 근육 경직 등의 증상이 나타난다.
④ 80세 이상에서 약 60%에 해당되며, 65세 이상의 약 1/4 정도가 증상을 보이고 있다.

정답해설

도파민의 감소로 인해 근육 경직 등의 증상이 나타나는 것은 파킨슨병에 대한 설명이다.

35 <보기>에 대한 설명으로 알맞은 질환은?

보기

혈전이나 출혈로 인하여 발생하는 뇌순환 기능의 갑작스럽고 심각한 쇠퇴로서 뇌경색으로 귀착되는 질환이다.

① 뇌졸증
② 고혈압
③ 만성 폐쇄성 폐 질환
④ 관상 동맥성 심장 질환

정답해설

<보기>는 뇌졸중에 대한 내용이다.

정답	30 ③	31 ④	32 ④	33 ①	34 ③	35 ①

36 당뇨병 질환을 가지고 있는 노인의 운동프로그램으로 적절하지 않은 것은?

① 운동시작 전 혈당은 250mg 혹은 300mg 이하여야 한다.
② 운동 형태는 걷기, 조깅, 자전거 타기, 수영, 계단 등을 추천한다.
③ 운동 강도는 최대 산소 섭취량의 70~80%를 유지하며 실시하여야 한다.
④ 운동 시간은 식사 후 30~60분 후에 운동을 시작하여 20~60분 동안 지속한다.

정답해설

당뇨병 환자는 저강도에서 고강도에 해당되는 운동강도로 산소 섭취량의 40~60% 정도의 운동이 적절하다.

37 노인의 골다공증 질환의 예방 및 개선을 위한 운동 시 주의점이 아닌 것은?

① 척추를 과도하게 앞으로 숙이거나 비트는 동작은 자제한다.
② 척주 골절 환자는 신전 근육이 약화되어 있으므로 무거운 중량으로 운동을 한다.
③ 심한 골다공증의 노인은 체중 부하 운동 대신 수영, 걷기, 아쿠아로빅을 시행한다.
④ 운동 시 낙상에 주의하도록 한다.

정답해설

척주 골절 환자는 신전 근육이 약화되어 있으므로 가벼운 중량으로 운동을 한다.

38 운동 중 저혈당 증세를 보인 노인의 응급 처치 방법에 대한 설명으로 옳지 않은 것은?

① 휴식과 당 섭취에도 저혈당 증세가 있으면 의사에게 연락한다.
② 진행 중이던 운동을 멈추고 휴식을 취한다.
③ 신속히 흡수될 수 있는 당질 15g~20g 섭취를 한다.
④ 저혈당 증상이 호전되면 바로 운동을 시작한다.

정답해설

저혈당 증상이 호전되면 가벼운 식사를 하고 충분한 휴식을 취한 뒤, 운동을 다시 시작한다.

39 응급 처치의 기본 원칙에 대한 설명으로 옳지 않은 것은?

① 보호: 손상 부위를 외부 환경으로부터 보호해준다.
② 냉찜질: 손상 부위의 통증, 부종, 근육 긴장의 감소 등에 효과적이다.
③ 압박: 손상 부위가 경련이 일어나는 증상이 나타나면 압박을 강하게 한다.
④ 거상: 손상 부위를 심장보다 높은 위치에 두는 것을 의미한다.

정답해설

손상 부위가 경련이 일어나는 증상이 나타나면 압박을 느슨하게 풀어 줘야 한다.

| 정답 | 36 ③ 37 ② 38 ④ 39 ③

40 고혈압이 있는 고령자의 운동 지도 시 고려해야 할 내용으로 적절하지 않은 것은?

① 운동 지속 시간은 1회에 30~60분이 적당하다.
② 가벼운 걷기나, 약한 저항 또는 저항이 없는 실내 자전거 타기 등을 권장한다.
③ 운동 프로그램이 혈압의 비정상적인 변동을 초래하지 않도록 주의가 필요하다.
④ 유산소 운동과 고강도 무산소 운동을 함께 실시한다.

정답해설

고혈압 환자에게는 고강도 무산소 운동은 혈압을 상승시킬 수 있는 요인이기 때문에 저강도의 유산소 운동을 권장한다.

41 노인 운동 시 위험 관리 계획에서 시설 및 장비에 관한 관리 방법으로 옳지 않은 것은?

① 지도자가 유효한 심폐소생술 및 응급처치 자격증 등의 전문 능력을 갖추고 있는지 확인한다.
② 운동 장비의 사용 방법 및 주의사항을 제시한다.
③ 운동프로그램에서의 안전을 위해 신체 활동이 끝난 뒤 참가자들을 선별한다.
④ 운동 시설 및 장비 관련 법률과 규정을 준수한다.

정답해설

운동프로그램의 안전을 위해 신체 활동을 시작하기 전 각 참가자들을 선별해야 한다.

42 골다공증이 있는 노인의 운동지도 시 주의해야 할 사항으로 옳지 않은 것은?

① 식품과 인슐린의 적절한 균형을 유지하는 것이 중요하다.
② 1주에 2~3회 정도 평형성 향상을 위한 운동을 권장한다.
③ 운동 시 낙상에 주의해야 한다.
④ 심한 골다공증의 노인은 체중 부하 운동 대신 수영, 걷기, 아쿠아로빅을 시행한다.

정답해설

골다공증이 아닌 당뇨병이 있는 환자들의 운동 시 주의사항이다.

43 다음 중 파킨슨병의 증상으로 옳지 않은 것은?

① 조조강직
② 근육 경직
③ 균형 감각 장애
④ 보폭이 점점 빨라지는 걸음걸이 형태

정답해설

조조강직은 아침에 일어나서 똑같은 자세를 오랜 시간 유지하고 있을 시 관절이 뻣뻣해져 움직이기 힘든 증상으로, 파킨슨병의 증상은 아니다.

44 관절염이 있는 노인의 운동 지도 시 주의해야 할 사항으로 옳지 않은 것은?

① 충격과 체중을 적게 받는 운동을 추천한다.
② 운동 강도는 유산소 운동의 경우 여유 심박수의 70~80%, 근력 운동은 1RM의 70~80%를 권장한다.
③ 운동 중이나 직후에 통증을 유발하는 운동은 하지 않는 것이 좋다.
④ 저항 운동을 하되 특정한 관절에 통증을 유발하는 운동은 등척성 근력 운동으로 대체할 수 있다.

정답해설

유산소 운동의 경우 여유 심박수의 40~60%, 근력운동은 1RM의 40~60%를 권장한다.

| 정답 | 40 ④ 41 ③ 42 ① 43 ① 44 ②

45 지도자의 의사소통 기술 및 원칙으로 옳지 않은 것은?

① 노인의 특성상 말보다는 행동으로 먼저 시범을 보인다.
② 참여자의 말에 공감하여 경청해준다.
③ 내용을 명확하고 간결하게 전달해준다.
④ 참여자와 자주 눈 마주치고 정면에서 쳐다본다.

정답해설

효과적인 의사소통에는 언어적, 비언어적, 자기주장 등이 있다.

46 노인 운동 지도 시 주의 사항으로 옳지 않은 것은?

① 지속적인 컨디션 조절
② 개개인에 대한 철저한 운동 처방
③ 운동 후 의학적 진단과 안정성 여부 점검
④ 상해 예방을 위한 적절한 운동복 및 신발 착용

정답해설

운동 전 규칙적인 메디컬 체크와 체력 진단을 통해 안정성 여부를 점검해야 한다.

47 노인 운동 시 위기관리 중 운동을 중지시켜야 할 조건에 대한 설명으로 옳지 않은 것은?

① 운동 강도가 계속해서 높아질 때
② 운동 강도를 증가해도 심박수의 변화가 없을 때
③ 수축기 혈압이 260mmHg 이상이거나 확장기 혈압이 115mmHg 이상일 때
④ 협심증과 유사한 증상을 보일 때

정답해설

노인 운동 지도 시 운동 강도는 점차적으로 증진시키는 것이 좋다.

48 노인의 운동 중 발생한 응급상황에서의 처치로 옳지 않은 것은?

① 저혈당의 경우 소화를 빠르게 할 수 있는 당분을 섭취시킨다.
② 급성 손상 시 PRICES로 처치한다.
③ 골절이 의심되는 경우 움직이지 않고 안정을 취하게 한다.
④ 심정지가 발생하면 즉시 119에 신고하고 구급차가 올 때까지 기다린다.

정답해설

심정지가 발생하면 즉시 119에 신고 후, 심폐소생술을 실시해야 한다.

49 각 응급 상황에 따른 처치 방법으로 옳지 않은 것은?

① 급성 손상: 급성 손상 시 PRICES 처리를 시작한다.
② 골절: 골절이 의심되는 부위를 촉진하고 움직임을 통해 확인한다.
③ 기도폐쇄: 복부를 밀쳐 올리는 하임리히법을 실시한다.
④ 무의식 및 무호흡: 주변 사람에게 구조요청을 하고, 심폐소생술(CPR)을 실시한다.

정답해설

골절부위는 움직이지 않게 하고 안정을 취해야 한다.

50 급성 손상 시 응급처리로 옳지 않은 것은?

① 심폐소생술(CPR)
② 냉각(Ice)
③ 압박(Compression)
④ 보호(Protection)

정답해설

심폐소생술(CPR)은 무의식 및 무호흡 환자에게 실시되는 응급처치이다.

| 정답 | 45 ① 46 ③ 47 ① 48 ④ 49 ② 50 ①

02

연도별

최신기출문제

스포츠교육학

01 모스턴(M. Mosston)의 수업 스타일 중 학습자가 인지 작용을 통해 문제에 대한 다양한 해답을 찾는 유형은?

① 연습형 ② 수렴발견형
③ 상호학습형 ④ 확산발견형

02 헬리슨(D. Hellison)의 개인적 · 사회적 책임감 모형 중 전이단계(transfer level)에 해당하는 것은?

① 다른 사람을 방해하지 않고 체육 프로그램에 참여하기
② 체육 프로그램에서 타인의 요구와 감정을 인정하고 경청하기
③ 체육 프로그램에서 학습한 배려를 일상생활에서 실천하기
④ 자기 목표를 설정하고 지도자의 통제 없이 체육 프로그램 과제를 완수하기

03 멕티게(J. McTighe)가 제시한 개념으로 학습자가 배운 내용을 경기상황에서 구현하는 정도를 평가하는 방법은?

① 실제평가(authentic assessment)
② 총괄평가(summative assessment)
③ 규준지향평가(norm-referenced assessment)
④ 준거지향평가(criterion-referenced assessment)

04 체육 프로그램의 목표로 정의적 영역(affective domain)에 해당하는 것은?

① 축구에서 인사이드 패스를 실행할 수 있다.
② 야구에서 스윙 동작을 분석하고 평가할 수 있다.
③ 배구에서 동료와 협력할 수 있다.
④ 농구에서 지역방어전략을 사용할 수 있다.

05 모스턴(M. Mosston)의 수업 스타일 중 연습형의 특징으로 적절하지 <u>않은</u> 것은?

① 학습자가 스스로 과제를 평가하게 한다.
② 지도자는 학습자에게 개별적으로 피드백을 제공한다.
③ 학습자가 모방 과제를 스스로 연습할 수 있도록 지도한다.
④ 학습자는 숙련된 운동 수행이 과제의 반복 연습과 관련 있음을 이해한다.

06 <보기>에서 블룸(B. Bloom)의 인지적 영역 수준에 해당하는 것은?

> 보기
>
> 배드민턴 경기에서 상대 선수의 서비스를 받을 때, 낮고 짧은 서비스와 높고 긴 서비스의 대처 방법이 어떻게 달라져야 하는지를 알 수 있다.

① 분석 ② 기억
③ 이해 ④ 평가

07 <보기>에서 설명하는 알버노(P. Alberno)와 트라웃맨(A. Troutman)의 행동수정기법에 해당하는 것은?

> 보기
>
> 학습자가 적절한 행동을 할 때마다 지도자가 점수, 스티커, 쿠폰 등을 제공하는 기법이다.

① 타임아웃(time out)
② 토큰 수집(token economies)
③ 좋은 행동 게임(good behavior game)
④ 지도자-학습자 사이의 계약(behavior contracting)

08 <보기>에서 정 코치의 질문에 대한 각 지도자의 답변으로 적절하지 <u>않은</u> 것은?

> 보기
>
> 정 코치: 메츨러(M. Metzler)의 절차적 지식에 대해 간단히 설명해 주시기 바랍니다.
> 박 코치: 지도자가 학습자에게 움직임 패턴을 연습할 수 있게 하고 이를 경기에 적용할 수 있는 지식입니다.
> 김 코치: 학습자가 과제를 연습하는 동안 이를 관찰하고 정확한 피드백을 제공할 수 있는 지식입니다.
> 한 코치: 지도자가 실제로 체육 프로그램 전, 중, 후에 적용할 수 있는 지식입니다.
> 이 코치: 지도자가 개념을 설명할 수 있는 지식입니다.

① 박 코치 ② 김 코치
③ 한 코치 ④ 이 코치

09 학교체육진흥법(시행2017. 10. 19)의 제11조, 제12조에서 규정하고 있는 학교운동부 운영 및 학교운동부지도자에 대한 내용으로 적절하지 <u>않은</u> 것은?

① 학교의 장은 학습권 보장을 위한 상시 합숙 훈련 금지원칙으로 원거리에서 통학하는 학생선수를 위하여 기숙사를 운영할 수 없다.
② 최저학력의 기준 및 실시 시기에 필요한 사항과 기초학력 보장 프로그램의 운영 등에 필요한 사항은 교육부령으로 정한다.
③ 학교의 장은 학교운동부지도자가 학생선수의 학습권을 박탈하거나 폭력, 금품 · 향응 수수 등의 부적절한 행위를 하였을 경우 학교운영위원회의 심의를 거쳐 계약을 해지할 수 있다.
④ 그 밖에 학교운동부지도자의 자격 기준, 임용, 급여, 신분, 직무 등에 필요한 사항은 대통령령으로 정한다.

10 <보기> 중 각 지도자의 행동 유형과 개념이 바르게 연결되지 <u>않은</u> 것은?

> 보기
>
> 박 코치: 지도하는데 갑자기 학습자의 보호자가 찾아오셔서 대화하느라 지도 시간이 부족했어요.
> 김 코치: 말도 마세요! 저는 지도하다가 학습자들끼리 부딪혔는데 한 학습자가 쓰러져 일어나지 못했어요! 정말 놀라서 급하게 119에 신고했던 기억이 나네요.
> 한 코치: 지도 중에 좁은 공간에서 기구를 잘못 사용하는 학습자를 보면 곧바로 운동을 중지하고, 안전의 중요성을 강조하면서 공간과 기구를 정리하라고 말했어요.
> 이 코치: 저는 학습자의 참여를 높이기 위해 신호에 따른 즉각적인 과제 수행을 강조했어요. 그 결과, 개별적인 피드백을 제공할 수 있게 되었고, 학습자의 성취도가 점점 향상되는 것 같았어요.

① 박 코치 - 비기여 행동
② 김 코치 - 비기여 행동
③ 한 코치 - 직접기여 행동
④ 이 코치 - 직접기여 행동

11 학습자의 이탈 행동을 예방하고 과제참여 유지를 위한 교수 기능 중 올스테인(A. Ornstein)과 레빈(D. Levine)이 제시한 '신호 간섭'에 해당하는 것은?

① 긴장완화를 위해 유머를 활용하는 것이다.
② 시선, 손짓 등 지도자의 행동으로 학습자의 운동 참여 방해 행동을 제지하는 것이다.
③ 프로그램 진행을 방해하는 학습자에게 가까이 접근하거나 접촉하여 제지하는 것이다.
④ 프로그램에 참여하는 학습자에게 일상적 수업, 루틴 등과 같은 활동을 활용하는 것이다.

12 <보기>의 국민체육진흥법(시행 2020. 1. 16)의 제12조에 명시된 내용 중 체육지도자의 자격 취소 사유를 모두 고른 것은?

보기

㉠ 자격정지 기간에 업무를 수행한 경우
㉡ 체육지도자 자격증을 타인에게 대여한 경우
㉢ 선수의 신체에 폭행을 가하거나 상해를 입히는 행위를 한 경우
㉣ 거짓이나 그 밖의 부정한 방법으로 체육지도자의 자격을 취득한 경우

① ㉠, ㉢ ② ㉡, ㉢
③ ㉡, ㉢, ㉣ ④ ㉠, ㉡, ㉢, ㉣

13 <보기>에서 설명하는 로젠샤인(B. Rosenshine)의 직접 교수 모형 단계로 적절한 것은?

보기

• 이 단계는 학습자에게 초기 학습과제와 함께 순차적으로 과제연습이 이루어지는 과정이다.
• 지도자는 학습자에게 다음 과제를 제시하기 위해 핵심단서(cue)를 다시 가르치거나 이전 학습과제를 되풀이 할 수 있다.

① 피드백 및 교정 ② 비공식적 평가
③ 새로운 과제제시 ④ 독자적인 연습

14 <보기>의 배드민턴 지도사례에서 IT매체의 효과로 바르게 연결되지 <u>않은</u> 것은?

보기

㉠ 학습자의 흥미 유발을 위해 스마트폰과 스피커를 활용하여 최신 음악에 맞춰 준비운동을 시켰다.
㉡ 배드민턴 스매시 동작을 기록하기 위해 영상분석 애플리케이션(application)을 사용하였다.
㉢ 학습자의 동작 완료 10초 후 지도자는 녹화된 영상을 보고 학습자의 자세를 교정해 주었다.
㉣ 지도자가 녹화한 영상을 학습자의 단체 소셜네트워크 서비스(SNS)에 올린 후 동작 분석에 대해 서로 토의했다.

① ㉠ - 학습자의 동기유발
② ㉡ - 과제에 대한 체계적 관찰의 효율성 증가
③ ㉢ - 학습자의 운동 참여 시간 증가
④ ㉣ - 학습자와 지도자의 의사소통 향상

15 <보기>에서 설명한 시든탑(D. Siedentop)의 교수(teaching) 기능 연습법에 해당하는 용어로 적절한 것은?

보기

• 박 코치는 소수의 실제 학습자들 앞에서 지도 연습을 했다.
• 자신의 지도 행동을 관찰하기 위해 비디오 촬영을 병행했다.

① 1인 연습(self practice)
② 동료 교수(peer teaching)
③ 축소 수업(micro teaching)
④ 반성적 교수(reflective teaching)

16 지도자가 의사전달을 위해 학습자의 신체를 올바른 자세로 직접 고쳐주는 지도 정보 단서로 적절한 것은?

① 언어 단서(verbal cue)
② 조작 단서(manipulative cue)
③ 과제 단서(task cue)
④ 시청각 단서(audiovisual cue)

17 <보기>에서 예방적(proactive) 수업 운영 행동에 해당하는 것을 바르게 고른 것은?

보기

㉠ 이번 주에 배울 내용을 게시판에 공지한다.
㉡ 수업 시작과 종료를 정확하게 지킨다.
㉢ 학습자에게 농구의 체스트 패스에 대한 시범을 보인다.
㉣ 2인 1조로 체스트 패스 연습을 한다.
㉤ 호루라기를 사용하여 학습자의 주의를 집중시킨다.

① ㉠, ㉡, ㉢　　② ㉠, ㉡, ㉤
③ ㉡, ㉢, ㉣　　④ ㉢, ㉣, ㉤

18 <보기>의 설명과 관련된 용어는?

보기

• 정규 농구 골대의 높이를 낮춘다.
• 반(half)코트 경기를 운영한다.
• 배구공 대신 소프트 배구공을 사용한다.

① 역할수행　　② 학습센터
③ 변형게임　　④ 협동과제

19 체육 프로그램을 지도할 때 실제학습시간(Academic Learning Time)을 바르게 설명한 것은?

① 체육활동에 할당된 시간
② 학습자가 운동에 참여한 시간
③ 학습자가 다른 학습자에게 피드백을 제공하는 시간
④ 학습자가 학습 목표와 부합한 과제의 성공을 경험하며 참여한 시간

20 체육 프로그램을 지도할 때 학습자 평가의 목적으로 가장 거리가 먼 것은?

① 교수-학습의 효과성 판단
② 학습자의 체육 프로그램 참여 및 향상 동기 촉진
③ 교육목표에 따른 학습 진행 상태 점검과 지도 활동 조정
④ 학습 과정을 배제하고 결과 중심으로 순위를 결정하기 위해 활용

스포츠사회학

01 스포츠의 사회적 순기능으로 적절하지 않은 것은?

① 사회화 기능　　② 사회통제 기능
③ 사회통합 기능　　④ 사회정서적 기능

02 <보기>에서 설명하는 이론은?

보기

- 지배계급은 피지배계급을 억압하고 착취한다.
- 재화의 불평등한 분배는 사회의 본질적 속성이다.
- 스포츠는 일부 지배계급에 의해 그들의 이익을 증대시키는 데 이용된다.

① 갈등 이론　　② 비판 이론
③ 상징적 상호작용론　　④ 구조기능주의 이론

03 <보기>에서 정치가 스포츠를 이용하는 방식을 바르게 연결한 것은?

보기

㉠ 경기에 앞서 국가연주, 국기에 대한 경례 등의 의식을 갖는다.
㉡ 대중은 선수나 팀을 자신과 일치시키는 태도를 형성한다.
㉢ 정치인의 비리, 부정 등을 은폐하기 위해 스포츠를 이용한다.

	㉠	㉡	㉢
①	상징	조작	동일화
②	동일화	상징	조작
③	상징	동일화	조작
④	조작	동일화	상징

04 스포츠와 미디어의 상호관계에서 미디어가 스포츠에 미치는 영향에 해당하는 것은?

① 영국 프리미어리그 경기는 방송사에 수준 높은 콘텐츠를 제공하고 있다.
② 방송사의 편익을 위해 배구의 랠리포인트제, 농구의 쿼터제 등 경기규칙을 변경하였다.
③ 손흥민, 류현진 선수 등의 활약으로 스포츠 관련 방송 시장이 확대되었다.
④ 시청자의 욕구를 충족시켜 주기 위해 슬로우영상, 반복영상 등을 제공하고 있다.

05 상업주의 심화에 따른 스포츠의 변화에 대한 설명으로 적절하지 않은 것은?

① 경기 내적인 요소보다 외적인 요소를 중요시한다.
② 심미적 가치보다 영웅적 가치를 중요시한다.
③ 아마추어리즘보다 프로페셔널리즘을 추구한다.
④ 경기의 공정성을 강화하기 위해 경기 규칙을 개정한다.

06 <보기>의 A 선수에 해당하는 사회계층 이동의 유형을 바르게 연결한 것은?

보기

A 선수는 2002년부터 2019년까지 프로축구리그 S 팀의 주전선수로 활동하면서 MVP 3회 수상 등 축구 선수로서 명성을 얻었다. 은퇴 후, 2020년부터 프로축구 A 팀의 수석코치로 활동하게 되었다.

	이동의 방향	시간적 거리	이동의 주체
①	수평이동	세대 간 이동	집단이동
②	수평이동	세대 내 이동	개인이동
③	수직이동	세대 간 이동	집단이동
④	수직이동	세대 내 이동	개인이동

07 버렐(S. Birrell)과 로이(J. Loy)가 제시한 스포츠미디어를 통해 충족할 수 있는 욕구유형에 대한 설명으로 옳은 것은?

① 통합적 욕구: 스포츠에 대한 규칙 정보를 제공한다.
② 인지적 욕구: 스포츠에 대한 흥미와 즐거움을 제공한다.
③ 정의적 욕구: 스포츠에 대한 지식, 경기결과 및 통계적 지식을 제공한다.
④ 도피적 욕구: 불안, 초조, 욕구불만, 좌절 등의 감정을 해소하도록 돕는다.

08 <보기>에서 설명하는 에티즌(D. Eitzen)과 세이지(G. Sage)가 제시한 스포츠의 정치적 속성은?

보기

- 스포츠 경기에 수반되는 의식과 행동은 선수의 충성심을 상징적으로 재확인하는 것에 목적이 있다.
- 스포츠 조직은 구호, 응원가, 유니폼, 마스코트 등의 상징을 통해 조직에 대한 선수의 충성심을 지속시키거나 강화한다.

① 보수성 ② 대표성
③ 상호의존성 ④ 권력투쟁

09 스포츠 일탈의 유형과 원인을 규정하기 어려운 이유로 적절하지 않은 것은?

① 스포츠 현장에서 발생하는 일탈 사례가 부족하기 때문이다.
② 스포츠 일탈은 규범에 대한 거부와 함께 무비판적 수용도 포함한다.
③ 스포츠에서 허용되는 행동이 사회의 다른 영역에서는 일탈이 될 수 있다.
④ 과학기술의 급속한 발전과 새로운 스포츠 규범 사이에 시간적 차이가 발생한다.

10 맥루한(M. McLuhan)의 미디어 이론에 따른 구분 및 특성을 바르게 제시한 것은?

	구분 \ 특성	정의성	감각 참여성	감각 몰입성	경기진행 속도
①	핫 미디어 스포츠	높음	낮음	높음	빠름
②	쿨 미디어 스포츠	낮음	낮음	낮음	느림
③	핫 미디어 스포츠	높음	높음	낮음	느림
④	쿨 미디어 스포츠	낮음	높음	높음	빠름

11 <보기>를 투민(M. Tumin)의 스포츠계층 형성과정 순서에 따라 바르게 배열한 것은?

보기

㉠ 세계적인 테니스 선수는 기업으로부터 많은 후원금을 받고 있다.
㉡ 세계랭킹에 따라 참가할 수 있는 테니스 대회가 나누어져 있다.
㉢ 테니스는 선수, 코치, 감독, 트레이너 등으로 역할이 구분되어 있다.
㉣ 국제 테니스 대회에서 우승하면 사회적 명성이 높아진다.

① ㉡-㉢-㉠-㉣　② ㉡-㉢-㉣-㉠
③ ㉢-㉡-㉣-㉠　④ ㉢-㉡-㉠-㉣

12 스포츠 세계화의 원인이 아닌 것은?

① 종교 전파　② 제국주의 확장
③ 인종차별 심화　④ 과학기술 발전

13 <보기>의 ㉠이 설명하는 집합행동의 유형과 관련된 이론은?

보기

A: 어제 축구 봤어? 경기 도중 관중 폭력이 발생했잖아.
B: 나도 방송에서 봤는데 관중 폭력의 원인이 인종차별 때문이래.
A: ㉠ 인종차별과 같은 사회구조적 · 문화적 선행요건이 없었다면, 두 팀 관중들 간에 폭력은 없었을 거야.

① 전염이론
② 수렴이론
③ 규범생성이론
④ 부가가치이론

14 스포츠 일탈에 관한 설명으로 적절하지 않은 것은?

① 부정적 일탈 사례로는 금지약물복용, 구타 및 폭력 등이 있다.
② 부정적 일탈은 스포츠 규범체계에 대한 과잉동조 성향을 의미한다.
③ 긍정적 일탈 사례로는 오버 트레이닝(over-training), 운동중독 등이 있다.
④ 긍정적 일탈은 정상적으로 받아들여지는 행동에 대한 무비판적 수용을 의미한다.

15 스포츠 일탈을 설명하는 이론과 그 특징이 바르게 연결된 것은?

① 갈등 이론-선수의 금지약물복용 등과 같은 일탈적 행위는 개인의 윤리적 문제이다.
② 아노미 이론-선수의 승리에 대한 목표와 수단의 괴리로 인해 일탈이 발생한다.
③ 차별교제 이론-팀 내 우수선수가 금지약물을 복용해도 동료들은 복용하지 않는다.
④ 낙인 이론-선수에게 부여된 악동, 풍운아 같은 이미지는 선수 생활에 영향을 미치지 않는다.

16 <보기>에서 설명하는 사건은?

보기

- 1972년 제20회 뮌헨올림픽에서 발생
- 팔레스타인 테러조직에 의한 이스라엘 선수단 인질 사건
- 국가 간 갈등이 올림픽을 통해 표출된 테러 사건

① 검은 구월단 사건
② 축구전쟁(100시간 전쟁) 사건
③ 보스턴 마라톤 폭탄 테러 사건
④ IRA 연쇄 폭탄 테러 사건

17 상류계급의 스포츠 참가 특징에 대한 설명으로 적절하지 않은 것은?

① 과시적 소비성향의 스포츠를 선호한다.
② 요트, 승마와 같은 자연친화적 개인 스포츠를 선호한다.
③ 직접 참여보다는 TV 시청을 통한 관람 스포츠를 소비하는 경향이 높다.
④ 사생활이 보호되는 장소에서 소수 인원이 즐기는 스포츠 참여를 선호한다.

18 <보기>에서 설명하는 스포츠사회화 과정은?

보기

- 이용대 선수의 경기 보도 증가는 대중들의 배드민턴 참여를 촉진한다.
- 부모의 스포츠에 대한 긍정적인 태도는 자녀의 스포츠 참여 가능성을 높인다.
- 학생들은 교내에서 체육교과와 다양한 프로그램을 통해 스포츠에 참여하고 있다.

① 스포츠로의 사회화
② 스포츠로의 재사회화
③ 스포츠를 통한 사회화
④ 스포츠로부터의 탈사회화

19 <보기>에서 설명하는 스포츠의 교육적 순기능은?

보기

- 스포츠 참여를 통해 생애주기에 적합한 스포츠를 즐길 수 있는 습관을 형성할 수 있다.
- 학교에서의 스포츠 경험은 개인이 전 생애에 걸쳐 스포츠를 즐길 수 있는 토대를 마련해준다.

① 학업활동 촉진 ② 학교 내 통합
③ 평생체육과의 연계 ④ 정서 순화

20 <보기>에서 설명하는 케년(G. Kenyon)의 스포츠 참가유형은?

보기

- 스포츠 상황 내에서 다양한 지위와 규범을 이행함으로써 스포츠에 실질적으로 참가하는 형태
- 생활체육 동호인, 선수, 감독, 심판, 해설자로 활동

① 행동적 참가 ② 인지적 참가
③ 정의적 참가 ④ 조직적 참가

스포츠심리학

01 다이나믹 시스템 관점에서의 협응구조 형성에 대한 설명으로 옳지 않은 것은?

① 협응구조는 하나의 기능적 단위로 자기조직의 원리에 따라 형성된다.
② 제어변수는 질서변수를 변화시키는 원인이 되는 것으로, 동작을 변화시키는 속도나 무게 등이 있다.
③ 상변이는 협응구조의 형태가 변화하는 현상이며 선형의 원리를 따른다.
④ 협응구조의 안정성은 상대적 위상의 표준편차로 측정할 수 있다.

02 목표설정에서 수행목표로 적합하지 않은 것은?

① 농구 대회에서 우승한다.
② 골프 스윙에서 공을 끝까지 본다.
③ 테니스 포핸드 발리에서 손목을 고정한다.
④ 야구 타격에서 무게중심을 뒤에서 앞으로 이동한다.

03 <보기>의 ㉠, ㉡에 해당하는 것은?

보기

- (㉠): 학습자가 새로운 기술을 연습한 후, 특정한 시간이 지난 후 연습한 기술의 수행력을 평가하는 검사
- (㉡): 연습한 기술이 다른 수행상황에서도 발휘될 수 있는지를 평가하는 검사

	㉠	㉡
①	전이검사	파지검사
②	파지검사	전이검사
③	망각검사	파지검사
④	파지검사	망각검사

04 주의집중 방법으로 적절하지 않은 것은?

① 테니스 서브를 루틴에 따라 실행한다.
② 축구 경기에서 관중의 방해를 의식하지 않는다.
③ 골프 경기에서 마지막 홀에 있는 해저드에 대해 생각한다.
④ 야구 경기에서 지난 이닝의 수비 실책은 잊고 현재 수행에 몰입한다.

05 <보기>에 제시된 심상(imagery)의 요소로 바르게 나타낸 것은?

보기

㉠ 선수: 시합에서 느꼈던 자신감, 흥분, 행복감을 실제처럼 시각화한다.
㉡ 선수: 부정적인 수행 장면을 성공적인 수행 이미지로 바꾼다.

① ㉠ 주의연합(attentional association)
㉡ 주의분리(attentional dissociation)
② ㉠ 외적 심상(external imagery)
㉡ 집중력(concentration)
③ ㉠ 통제적 처리(controlled processing)
㉡ 자동적 처리(automatic processing)
④ ㉠ 선명도(vividness)
㉡ 조절력(controllability)

06 <보기>에서 지도자가 제공하는 보강적 피드백의 유형으로 적절한 것은?

보기

지도자: 창하야! 다운스윙 전에 백스윙이 제대로 이루어지지 않았어.

① 내적 피드백(intrinsic feedback)
② 감각 피드백(sensory feedback)
③ 결과지식(Knowledge of Result: KR)
④ 수행지식(Knowledge of Performance: KP)

07 <보기>의 ㉠, ㉡에 해당하는 것은?

보기

줄다리기에서 집단이 내는 힘의 총합이 개인의 힘을 모두 합친 것보다 적게 나타나는 현상은 (㉠)이며, 집단의 인원수가 증가할 때 발생하는 개인의 수행 감소는 (㉡) 때문이다.

	㉠	㉡
①	링겔만 효과 (Ringelmann effect)	유능감 손실
②	관중 효과 (audience effect)	동기 손실
③	링겔만 효과 (Ringelmann effect)	동기 손실
④	관중 효과 (audience effect)	유능감 손실

08 <보기>에서 피츠(P. Fitts)와 포스너(M. Posner)의 운동학습 단계와 설명이 바르게 제시된 것은?

보기

㉠ 테니스 포핸드 스트로크 자세를 안정적이고 일관성 있게 수행할 수 있다.
㉡ 학습자는 오류를 수정하기 위해서 연습하고, 스스로 오류를 탐지하여 그 오류의 일부를 수정할 수 있다.
㉢ 학습자는 테니스 포핸드 스트로크의 개념을 이해한다.

	자동화 단계	인지 단계	연합 단계
①	㉠	㉡	㉢
②	㉠	㉢	㉡
③	㉡	㉢	㉠
④	㉡	㉠	㉢

09 <보기>의 참가자를 위한 와이너(B. Weiner)의 귀인 이론에 기반한 지도 방법으로 옳은 것은?

보기

수영 교실에 참가하는 A씨는 다른 참가자들보다 수영에 재능이 없어 기술 습득이 늦다고 생각한다. 이로 인해 결석이 잦고 운동 중단이 예상된다.

① 외적이며 안정적이고 통제 불가능한 개인의 노력에 귀인할 수 있도록 지도한다.
② 내적이며 불안정적이고 통제 가능한 개인의 노력에 귀인할 수 있도록 지도한다.
③ 외적이며 안정적이고 통제 불가능한 개인의 능력에 귀인할 수 있도록 지도한다.
④ 내적이며 안정적이고 통제 가능한 개인의 능력에 귀인할 수 있도록 지도한다.

10 <보기>에서 설명하는 개념은?

보기

수현이는 오랫동안 배드민턴을 즐기다가 새롭게 테니스 교실에 등록했다. 테니스 코치는 포핸드 스트로크를 지도할 때, 수현이가 손목 스냅을 습관적으로 사용하는 것을 보고 손목을 고정하도록 지도했다.

① 과제 내 전이(intratask transfer)
② 양측 전이(bilateral transfer)
③ 긍정적 전이(positive transfer)
④ 부정적 전이(negative transfer)

11 <보기>의 ㉠, ㉡, ㉢에 해당하는 것은?

보기

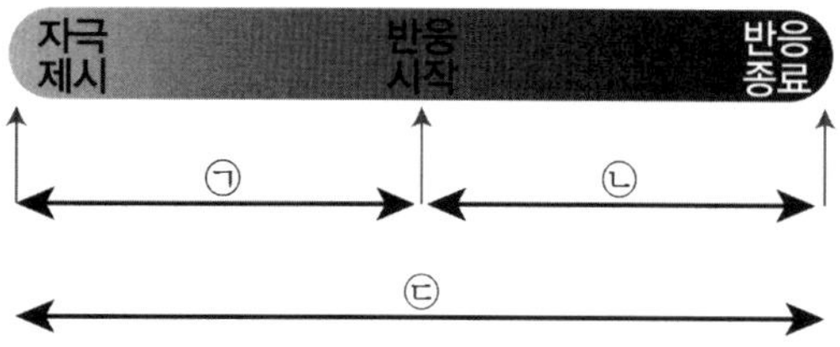

- ㉠은 자극 제시와 반응 시작 간의 시간 간격을 의미한다.
- ㉡은 반응 시작과 반응 종료 간의 시간 간격을 의미한다.
- ㉢은 자극 제시와 반응 종료 간의 시간 간격을 의미한다.

① ㉠ 반응시간(reaction time)
   ㉡ 움직임 시간(movement time)
   ㉢ 전체 반응시간(response time)
② ㉠ 반응시간(reaction time)
   ㉡ 전체 반응시간(response time)
   ㉢ 움직임 시간(movement time)
③ ㉠ 움직임 시간(movement time)
   ㉡ 반응시간(reaction time)
   ㉢ 전체 반응시간(response time)
④ ㉠ 단순 반응시간(simple reaction time)
   ㉡ 움직임 시간(movement time)
   ㉢ 전체 반응시간(response time)

12 <보기>에서 설명하는 개념은?

보기

양궁 선수 A는 첫 엔드에서 6점을 한 발 기록했다. 그러나 A는 바람 부는 상황으로 인해 총 36발의 슈팅 중에서 6점은 한 번 정도 나올 수 있는 점수이며, 첫 엔드에 나온 것이 다행이라고 긍정적으로 생각했다.

① 사고 정지(thought stopping)
② 자생 훈련(autogenic training)
③ 점진적 이완(progressive relaxation)
④ 인지 재구성(cognitive restructuring)

13 <보기>에서 설명하는 개념은?

보기

철수는 처음으로 깊은 바닷속으로 다이빙하면서 각성 수준이 높아졌다. 높은 각성 수준으로 인해 깊은 바닷속에서 시야가 평소보다 훨씬 좁아졌다.

① 스트룹 효과(Stroop effect)
② 지각 협소화(perceptual narrowing)
③ 칵테일 파티 효과(cocktail party effect)
④ 맥락간섭 효과(contextual-interference effect)

14 스포츠 지도자의 리더십 행동으로 적절하지 <u>않은</u> 것은?

① 선수에게 개별 시간을 할애하는 행동
② 선수가 목표를 수립하도록 도와주는 행동
③ 선수에게 과도한 자신감을 부여하는 행동
④ 선수의 주의산만 요인을 파악하고 지도하는 행동

15 <보기>에서 ㉠, ㉡, ㉢에 해당하는 기억의 유형이 바르게 연결된 것은?

보기

유형	㉠	㉡	㉢
기억 용량	제한	극히 제한	무제한
특징	반복하거나 시연하지 않으면 사라진다.	새로운 정보가 유입되면 쉽게 손실된다.	반복과 시연을 통해 강화된다.
지도 방법	한 번에 너무 많은 정보를 제공하지 않고, 정보를 처리할 수 있는 시간을 제공한다.	불필요한 외부정보를 줄이고 집중할 수 있도록 지도한다.	연습을 통해 기억을 강화한다.

	㉠	㉡	㉢
①	감각기억	단기기억	장기기억
②	감각기억	장기기억	단기기억
③	단기기억	장기기억	감각기억
④	단기기억	감각기억	장기기억

16 프로차스카(J. Prochaska)의 운동변화단계 이론(transtheoretical model)에 대한 설명으로 옳지 않은 것은?

① 준비단계는 현재 운동에 참여하지 않지만, 6개월 이내에 운동을 시작할 의도가 있는 것을 의미한다.
② 의사결정 균형이란 운동을 할 때 기대할 수 있는 혜택과 손실을 평가하는 것을 의미한다.
③ 인지 과정과 행동 과정과 같은 변화과정을 통해 이전 단계에서 다음 단계로 이동하게 된다.
④ 자기효능감은 관심단계보다 유지단계에서 더 높다.

17 <보기>에서 설명하는 개념은?

보기

피겨 스케이팅 경기에서 영희는 앞 선수가 완벽에 가까운 연기를 펼치자, 불안해지고 긴장되었다.

① 상태불안 ② 분리불안
③ 특성불안 ④ 부적강화

18 <보기>의 ㉠, ㉡에 배구 기술을 지도하기 위한 연습구조가 적절하게 제시된 것은?

보기

	1차 시	2차 시	3차 시
㉠	서브 서브 서브	세팅(토스) 세팅(토스) 세팅(토스)	언더핸드 언더핸드 언더핸드
㉡	서브 세팅(토스) 언더핸드	세팅(토스) 언더핸드 서브	언더핸드 서브 세팅(토스)

* 두 가지 연습 구조에서 연습 시간과 횟수는 동일

	㉠	㉡
①	집중연습 (massed practice)	분산연습 (distributed practice)
②	가변연습 (variable practice)	무선연습 (random practice)
③	구획연습 (blocked practice)	무선연습 (random practice)
④	가변연습 (variable practice)	일정연습 (constant practice)

19 스포츠 심리상담사에 관한 설명으로 적절하지 않은 것은?

① 내담자와 공감하며 경청한다.
② 내담자와 라포(rapport)를 형성한다.
③ 내담자와 일상생활에서 개인적 관계를 맺는다.
④ 내담자의 비언어적 메시지에도 관심을 가진다.

20 정보처리 3단계의 관점에서 100m 달리기 스타트의 반응시간이 배구 서브 리시브 상황에서의 반응시간보다 짧은 이유로 옳은 것은?

① 100 m 스타트에서는 자극확인(stimulus identification) 단계의 소요 시간이 상대적으로 짧기 때문이다.
② 100m 스타트에서는 운동 프로그래밍(motor programming) 단계의 소요 시간이 상대적으로 길기 때문이다.
③ 배구 서브 리시브 상황에서는 자극확인(stimulus identification) 단계의 소요 시간이 상대적으로 짧기 때문이다.
④ 배구 서브 리시브 상황에서는 반응선택(response selection) 단계의 소요 시간이 상대적으로 짧기 때문이다.

스포츠윤리

01 스포츠윤리의 역할로 적절하지 않은 것은?

① 스포츠 현상에 대한 사실만을 기술한다.
② 스포츠인의 행위에서 요구되는 도덕적 원리와 덕목을 고찰한다.
③ 도덕적 의미의 용어를 스포츠 환경에 적용할 때 그 기준과 방법에 대해 탐색한다.
④ 스포츠 상황에서 행동과 목적의 옳고 그름을 결정할 수 있는 근본원리를 탐색한다.

02 가치판단의 사례로 적절하지 않은 것은?

① 2020년 제32회 도쿄올림픽이 1년 연기되었다.
② 선수들에게 폭력을 행사하면 안 된다.
③ 피겨스케이팅 선수들의 연기는 매우 아름답다.
④ 스포츠 선수들의 기부는 사회적으로 긍정적인 영향을 준다.

03 <보기>의 ㉠, ㉡에 들어갈 용어로 바른 것은?

보기

스포츠에는 (㉠)적 요소와 (㉡)적 요소가 모두 내재되어 있다. (㉠)적 요소는 경기에 긴장과 흥미를 불러일으킨다. 선수들은 승리하려는 강렬한 욕망으로 인해 경기에 몰입하고, 스포츠팬들 역시 승부로 인해 응원의 동기를 갖게 된다. 그러나 경쟁심이 과열되고 승리가 절대화될 경우 제도화된 규칙이 무시될 우려가 있으며, 스포츠는 폭력의 투쟁으로 변질될 수 있다. 이것이 스포츠에서 (㉠)적 요소보다 (㉡)적 요소를 더욱 중시하는 이유이다.

	㉠	㉡
①	도덕(morality)	윤리(ethics)
②	미미크리(mimicry)	일링크스(ilinx)
③	아곤(agon)	아레테(aretē)
④	사실판단 (factual judgement)	가치판단 (value judgement)

04 에토스(ethos)의 실천으로 적절하지 않은 것은?

① 축구에서 상대 선수가 부상으로 쓰러져 걱정되는 마음에 공을 경기장 밖으로 걷어냈다.
② 배구에서 블로킹할 때 훈련한 대로 네트에 손이 닿지 않도록 주의를 기울였다.
③ 야구에서 투수가 던진 공에 상대팀 타자가 맞아 투수는 모자를 벗어 타자에게 미안함을 표현했다.
④ 농구에서 경기 종료 1분을 남기고, 우리 팀이 큰 점수 차로 이기고 있는 상황에서 감독은 상대를 배려하는 마음에 작전타임을 부르지 않았다.

05 <보기>의 괄호에 들어갈 용어로 적절한 것은?

보기

스포츠윤리 교육의 목적은 스포츠인의 도덕적 (　　) 함양이라고 할 수 있다. 도덕적 (　　)이란 "도덕적 문제에 대한 비판적, 독립적인 사고를 바탕으로 스포츠 상황에 적용하는 능력"을 의미한다.

① 민감성　② 존엄성
③ 자율성　④ 우월성

06 <보기>에서 의무론적 도덕 추론에 해당하는 것을 바르게 고른 것은?

보기

㉠ 행위의 결과에 상관없이 절대적인 도덕규칙에 따라 판단을 내린다.
㉡ 행위를 함에 있어 유용성의 원리, 공평성의 원리 등이 적용된다.
㉢ 행위의 옳고 그름은 그 행위로 인해 발생하는 결과에 따라 결정된다.
㉣ 의무론적 도덕 추론은 정언적 도덕 추론이라고도 한다.
㉤ 행위에 있어 선의지가 중요하며, 목적은 수단을 정당화할 수 없다.

① ㉠, ㉡, ㉣　② ㉠, ㉣, ㉤
③ ㉡, ㉢, ㉤　④ ㉢, ㉣, ㉤

07 <보기>에서 국제축구연맹(FIFA)의 판단과정에 영향을 준 윤리 이론은?

보기

국제축구연맹은 선수부상 위험과 종교적인 갈등을 불러일으킬 수 있다는 이유로 경기 중 히잡(hijab) 착용을 금지했었다. 그러나 국제축구연맹 부회장인 알리빈 알 후세인은 이러한 조치가 오히려 종교적인 역차별이라는 주장을 내세우며 제도개선을 요구하였다. 오늘날 국제축구연맹은 히잡을 쓴 이슬람권 여성 선수의 참가를 허용하고 있다.

① 윤리적 의무주의 ② 윤리적 절대주의
③ 윤리적 상대주의 ④ 윤리적 환원주의

08 도핑검사에서 선수의 역할 및 책임으로 적절하지 않은 것은?

① 시료채취가 언제든 가능하도록 해야 한다.
② 의료진에게 운동선수임을 고지해야 한다.
③ 도핑방지규정위반을 조사하는 도핑방지기구에 협력해야 한다.
④ 치료목적으로 처방되어 사용(복용)한 물질에 대해서는 책임지지 않는다.

09 폭력을 설명한 학자의 개념과 그에 대한 설명으로 바르게 연결되지 않은 것은?

① 푸코(M. Foucault)의 규율과 권력 – 스포츠계에서 위계적 권력 관계는 폭력으로 변질되어 작동된다.
② 아렌트(H. Arendt)의 악의 평범성 – 스포츠계에서 폭력과 같은 잘못된 관행에 복종하는 데 익숙해진 나머지 이를 지속시키는데 기여한다.
③ 아리스토텔레스(Aristotle)의 분노 – 스포츠 현장에서 인간 내면의 분노 감정에서 시작된 폭력은 전용되고 악순환을 반복하는 경향이 있다.
④ 홉스(T. Hobbes)의 폭력론 – 자기가 좋아하는 운동선수의 폭력을 따라 하게 되듯이 인간 폭력의 원인을 공격 본능이나 자연 상태가 아닌 모방적 경쟁 관계라 주장한다.

10 <보기>의 내용과 연관된 학자의 이론으로 적절하지 않은 것은?

보기

자연중심주의 환경윤리는 환경에 있어서 도덕적 고려의 대상을 자연의 생명체를 포함한 생태계 전체로 확대할 것을 주문한다. 이런 점에서 보면 동물 스포츠라 불리는 스페인의 투우, 한국의 전통 민속놀이인 소싸움 등은 동물을 인간의 오락 대상으로 삼았다는 점에서 윤리적으로 허용되기 어렵다.

① 베르크(A. Berque)의 환경윤리
② 레오폴드(A. Leopold)의 대지윤리
③ 네스(A. Naess)의 심층적 생태주의
④ 슈바이처(A. Schweitzer)의 생명중심주의

11 <보기>의 (가)에서 A팀의 행동을 지지하는 이론의 제한점을 (나)에서 모두 고른 것은?

보기

(가)	A팀과 B팀의 축구 경기가 진행 중이다. 경기 종료 20분을 남기고 A팀이 1대0으로 이기고 있으나 A팀 선수들의 체력은 이미 고갈되었고, B팀은 무섭게 공격을 이어가고 있다. 이때 A팀 감독은 이대로 경기가 진행될 경우 역전당할 위험이 있다는 판단하에 선수들에게 시간을 끌 것을 지시하였다. A팀 선수들은 부상 당한 척 시간을 지연시키는 이른바 침대축구를 하였고, 결과적으로 A팀이 승리하게 되었다.
(나)	㉠ 결과로 행위를 평가하기 때문에 정의의 문제가 소홀해질 수 있다. ㉡ 도덕규칙 간의 충돌 문제가 발생했을 때 실질적인 도움을 주지 못할 수 있다. ㉢ 일반적인 사실로부터 도덕적인 당위를 추론하지 못할 수 있다. ㉣ 사회 전체의 이익을 제대로 고려하지 못하는 경우가 있다. ㉤ 개인의 이익과 공공의 이익이 충돌할 때 사익(私益)의 희생을 당연시한다.

① ㉠, ㉡, ㉤ ② ㉠, ㉢, ㉤
③ ㉡, ㉢, ㉣ ④ ㉡, ㉣, ㉤

12 <보기>의 스포츠 현장에서 발생하는 도핑(약물복용)의 원인을 모두 고른 것은?

보기

㉠ 선수 또는 동물의 수행능력 향상을 위한 것이다.
㉡ 상대와의 경쟁에서 승리하기 위한 것이다.
㉢ 경기에 참가하고 싶은 지나친 욕구 때문이다.
㉣ 물질적 보상이 동기가 되기 때문이다.

① ㉠, ㉢ ② ㉡, ㉢, ㉣
③ ㉠, ㉡, ㉣ ④ ㉠, ㉡, ㉢, ㉣

13 <보기>의 ㉠, ㉡과 스포츠에서의 정의(justice)에 대한 개념이 바르게 묶인 것은?

보기

㉠ 핸드볼 – 양 팀에 동일한 골대의 규격을 적용
㉡ 테니스 – 시합 전 동전 던지기로 선공/후공을 결정

	㉠	㉡
①	평균적 정의	분배적 정의
②	평균적 정의	절차적 정의
③	분배적 정의	평균적 정의
④	분배적 정의	절차적 정의

14 <보기>에서 밑줄 친 A 선수의 입장과 관련된 맹자(孟子)의 사상으로 적절한 것은?

보기

태권도 국가대표선발 결승전, 먼저 득점하면 경기가 종료되는 서든데스(sudden death) 상황에서 A 선수가 실수로 경기장 한계선을 넘었다. A 선수가 패배해야 할 상황이었지만 심판은 감점을 선언하지 않았다. 상대 팀 감독과 선수는 강력히 항의했으나 판정은 번복되지 않았고 경기는 계속 진행됐다. <u>결국 A 선수는 승리했지만, 부끄러운 마음에 팀 동료들과 승리의 기쁨을 나누지 않고 조용히 집으로 돌아갔다.</u>

① 수오지심(羞惡之心) ② 측은지심(惻隱之心)
③ 사양지심(辭讓之心) ④ 시비지심(是非之心)

15 <보기>의 대화 내용과 성차별적 인식이 <u>다른</u> 것은?

보기

보연: 내 친구 수현이는 얼마 전부터 권투를 시작했어. 남자들이나 하는 거친 운동을 여자가 겁도 없이 한다기에 내가 못 하게 적극적으로 말렸어.
지웅: 잘했어. 여자에게 어울리는 스포츠도 많잖아. 요가나 필라테스처럼 여자에게 어울리는 종목을 추천해줘.

① 남자라면 거칠고 투쟁적인 스포츠를 즐겨야 한다.
② 남성다움, 여성다움을 강조하는 스포츠 참여를 권장한다.
③ 권투에 참여하는 여성은 여성성을 잃게 되어 매력적이지 않다.
④ 여자보다 남자의 근력이 강하기 때문에 권투와 같은 종목은 여자에게 적합하지 않다.

16 심판에게 요구되는 개인윤리적 덕목에 대한 설명으로 적절하지 <u>않은</u> 것은?

① 외부의 지시나 간섭을 단호히 뿌리쳐야 한다.
② 판정의 신뢰성을 높이는 제도를 도입해야 한다.
③ 어느 한쪽으로 치우침과 사사로움이 없어야 한다.
④ 성품이 고결하여 탐욕이 없고, 심판으로서 품위를 지켜야 한다.

17 <보기>의 (가)에서 환경단체의 입장과 관련이 있는 주장을 (나)에서 모두 고른 것은?

보기

(가)	평창올림픽 활강경기장 건립을 둘러싸고 환경단체로부터 반대의 의견이 나오게 되었다. 가리왕산은 활강경기의 특성상 최적의 장소이지만 이곳은 산림자원 보호구역으로 지정된 곳이었기 때문이다. 올림픽으로 얻어지는 경제적 효과를 강조하는 측과 산림의 가치를 경제적으로 환산할 수 없다는 환경단체의 입장이 팽팽히 맞서고 있다.
(나)	㉠ 효율성의 극대화를 목표로 하는 경제학을 추구한다. ㉡ 인간의 사용 가치에 비례하여 자연의 가치를 평가한다. ㉢ 인간을 소중히 여기는 마음으로 자연환경도 소중히 대한다. ㉣ 인간도 생태계 구성원으로 보는 생태 공동체 의식을 기른다.

① ㉠, ㉡　　② ㉠, ㉢
③ ㉡, ㉣　　④ ㉢, ㉣

18 성폭력 예방 또는 대처에 대한 설명으로 적절하지 <u>않은</u> 것은?

① 선수는 피해 사실을 기록하도록 한다.
② 선수는 가능한 한 피해 상황에서 즉시 벗어나도록 한다.
③ 성폭력 사실을 고발한 선수가 피해받지 않는 분위기를 조성한다.
④ 여성 선수와 남성 지도자 위주로 성폭력 예방 교육이 이루어져야 한다.

19 장애인 선수들의 인권향상을 위한 방안으로 적절하지 <u>않은</u> 것은?

① 장애인 선수들에게 비장애인과 동일한 훈련량과 지도방법을 적용해야 한다.
② 인권에 대한 문제는 예방이 중요하므로 지속적인 예방 교육과 더불어 홍보가 필요하다.
③ 장애인 국가대표 선수단 역시 훈련에 필요한 안정적인 지원이 확보되어야 한다.
④ 장애인 선수들의 접근과 이용이 불편하지 않도록 시설 확충과 설계가 이루어져야 한다.

20 <보기>의 괄호에 들어갈 용어로 적절한 것은?

보기

1968년 제19회 멕시코올림픽의 육상 200 M 경기에서 1위와 3위로 입상한 미국의 토미 스미스와 존 카롤로스는 시상식에서 검은 장갑, 검은 양말 등으로 (　　)에 대해 저항을 표현했다.

① 성차별　　② 장애차별
③ 인종차별　　④ 계급차별

운동생리학

01 유산소 시스템의 특징으로 적절하지 <u>않은</u> 것은?

① 장시간의 저강도 운동 시 사용된다.
② 무산소 시스템에 비해 ATP 합성률이 빠르다.
③ 산소를 이용하여 에너지 기질(substrate)을 분해한다.
④ 에너지 기질로 탄수화물과 지방을 모두 이용할 수 있다.

02 근육 내에서 산소를 운반하는 물질은?

① 알부민(albumin)
② 신경전달물질(neurotransmitter)
③ 마이오글로빈(myoglobin)
④ 아세틸콜린(acetylcholine)

03 고강도 운동 시 ATP 합성에 사용되는 주요 기질(substrate)로 적절한 것은?

① 젖산 ② 지방
③ 근육 단백질 ④ 근육 글리코겐

04 <보기>가 설명하는 호르몬은?

보기

- 부신수질로부터 분비된다.
- 운동의 강도와 시간이 증가함에 따라 분비가 증가하며, 지방조직과 근육 내 지방의 분해를 촉진하는 역할을 한다.

① 인슐린(insulin)
② 글루카곤(glucagon)
③ 에피네프린(epinephrine)
④ 알도스테론(aldosterone)

05 장기간의 저항성 트레이닝에 따른 골격근의 적응으로 적절하지 <u>않은</u> 것은?

① 근형질(sarcoplasm)의 양이 증가한다.
② 근원섬유(myofibril)의 수가 증가한다.
③ 속근섬유(type II fiber)의 단면적이 증가한다.
④ 미토콘드리아(mitochondria)의 밀도가 증가한다.

06 <보기>의 ㉠과 ㉡에 들어갈 용어를 바르게 나열한 것은?

보기

지구성 트레이닝에 대한 적응으로 최대 동－정맥산소 차는 (㉠)하고, 최대 1회박출량(stroke volume)은 (㉡)한다.

	㉠	㉡
①	증가	증가
②	증가	감소
③	감소	감소
④	감소	증가

07 <보기>의 신경세포 구조 및 전기적 활동에 관한 적절한 설명을 고른 것은?

보기

㉠ 안정 시 신경세포 막의 안쪽은 Na^{+}의 농도가 높고, 바깥쪽은 K^{+}의 농도가 높다.
㉡ 역치(threshold)는 신경세포 막의 차등성전위(graded potential)가 안정막전위(resting membrane potential)로 바뀌는 시점을 말한다.
㉢ 활동전위(action potential)는 신경세포 막의 탈분극(depolarization)을 유도한다.
㉣ 신경세포는 신경－근접합부(neuromuscular junction)를 통해 근섬유와 상호신호전달을 한다.

① ㉠, ㉡　② ㉠, ㉣
③ ㉡, ㉢　④ ㉢, ㉣

08 적혈구용적률(hematocrit)에 관한 설명으로 적절한 것은?

① 높은 적혈구용적률(60% 이상)은 혈액의 흐름을 수월하게 한다.
② 일반적으로 성인 여성이 성인 남성보다 높은 적혈구용적률을 보인다.
③ 전체 혈액량 대비 혈장(plasma)량의 비율이 높을수록 적혈구용적률은 낮다.
④ 지구성 트레이닝에 대한 적응으로 혈장량이 감소하여 적혈구용적률은 증가한다.

09 근세사 활주설(sliding filament theory)에 관한 설명으로 적절하지 <u>않은</u> 것은?

① 액틴(actin)은 근절(sarcomere)의 중앙부위로 마이오신(myosin)을 잡아당긴다.
② 마이오신 머리(myosin head)에 있는 인산기(Pi)가 방출되면서 파워 스트로크(power stroke)가 일어난다.
③ 활동전위는 근형질세망(sarcoplasmic reticulum)으로부터 나온 Ca^{2+}을 근형질(sarcoplasm) 내로 유입하게 한다.
④ Ca^{2+}은 액틴 세사의 트로포닌(troponin)과 결합하고 트로포닌은 트로포마이오신(tropomyosin)을 이동시켜 마이오신 머리가 액틴과 결합할 수 있도록 한다.

10 <보기>는 산소-헤모글로빈 해리 곡선의 운동 시 변화에 관한 설명이다. ㉠, ㉡, ㉢, ㉣에 들어갈 용어를 바르게 나열한 것은?

보기

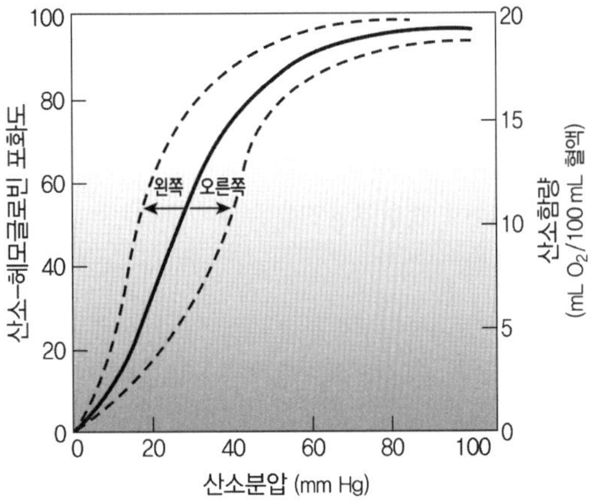

- 심부체온이 증가하여 산소-헤모글로빈 해리 곡선은 (㉠)으로 이동하며, 헤모글로빈의 산소 친화력을 (㉡)시킨다.
- 신체의 pH가 감소하여 산소-헤모글로빈 해리 곡선은 (㉢)으로 이동하며, 헤모글로빈의 산소 친화력을 (㉣)시킨다.

	㉠	㉡	㉢	㉣
①	오른쪽	감소	오른쪽	감소
②	오른쪽	증가	왼쪽	감소
③	왼쪽	증가	왼쪽	증가
④	왼쪽	감소	오른쪽	증가

11 <보기>의 근수축 유형에 따른 힘-속도-파워 간의 관계에 관한 설명으로 적절한 것만 고른 것은?

보기

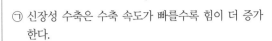

㉠ 신장성 수축은 수축 속도가 빠를수록 힘이 더 증가한다.
㉡ 단축성 수축은 수축 속도가 빠를수록 최대파워가 더 증가한다.
㉢ 동일 근육에서의 느린 단축성 수축은 빠른 신장성 수축에 비해 더 큰 힘이 생성된다.
㉣ 동일 근육에서의 신장성 수축은 단축성 수축에 비해 같은 속도에서 더 큰 힘이 생성된다.

① ㉠, ㉢　② ㉠, ㉢, ㉣
③ ㉠, ㉣　④ ㉡, ㉢

12 장시간의 운동 시 발생하는 탈수현상이 심혈관계에 미치는 영향으로 적절한 것은?

① 혈액량이 점차 증가한다.
② 심박수가 점차 증가한다.
③ 심실의 확장기말 용량(end-diastolic volume)이 점차 증가한다.
④ 우심방으로 돌아오는 정맥환류(venous return)의 양이 점차 증가한다.

13 운동단위(motor unit)에 관한 설명으로 적절한 것은?

① 하나의 근섬유와 연결되는 여러 개의 알파운동뉴런을 말한다.
② Type I 운동단위는 Type II 운동단위 보다 단위당 근섬유 수가 많다.
③ Type I 운동단위는 Type II 운동단위 보다 일반적으로 먼저 동원된다.
④ Type I 운동단위는 Type II 운동단위 보다 알파운동뉴런의 크기가 크다.

14 <보기>가 설명하는 호르몬은?

> 보기
> - 운동 시 뇌하수체 전엽에서 분비된다.
> - 트라이아이오드타이로닌(T3)과 티록신(T4) 호르몬의 분비를 조절한다.

① 갑상선자극호르몬(thyroid-stimulating hormone)
② 노르에피네프린(norepinephrine)
③ 성장호르몬(growth hormone)
④ 인슐린(insulin)

15 <보기>에서 ㉠과 ㉡의 근섬유 유형별 특성으로 적절한 것은?

> 보기
> 훈련되지 않은 사람과 비교하여 단거리 선수의 장딴지 근육은 주로 (㉠)의 비율이 높고, 장거리 수영선수의 팔 근육은 (㉡)의 비율이 높은 경향이 있다.

① ㉠은 ㉡에 비하여 수축 속도가 느리다.
② ㉠은 ㉡에 비하여 피로에 대한 저항성이 낮다.
③ ㉡은 ㉠에 비하여 미토콘드리아 밀도가 낮다.
④ ㉡은 ㉠에 비하여 해당 능력(glycolytic capacity)이 높다.

16 <보기>가 설명하는 것은?

> 보기
> - 우심방 벽에 위치한다.
> - 심장수축을 위한 전기적 자극이 시작되므로 페이스메이커(pacemaker)라고 한다.

① 동방결절(SA node)
② 퍼킨제섬유(purkinje fibers)
③ 방실다발(AV bundle)
④ 삼첨판막(tricuspid valve)

17 저강도(1RM의 30~40%)의 고반복(세트당 20~25회) 저항성 트레이닝에 따른 골격근의 주요 변화로 적절한 것은?

① 근비대(muscle hypertrophy)
② 근력(muscle strength) 향상
③ 근파워(muscle power) 향상
④ 근지구력(muscle endurance) 향상

18 <보기>에서 인체 내 가스교환에 관한 설명 중 ㉠과 ㉡에 들어갈 용어를 바르게 나열한 것은?

> 보기
> - 운동 시 폐포로 유입된 (㉠)는 폐 모세혈관으로 확산된다.
> - 운동 시 근육에서 생성된 (㉡)는 모세혈관으로 확산된다.

	㉠	㉡
①	산소	산소
②	산소	이산화탄소
③	이산화탄소	이산화탄소
④	이산화탄소	산소

19 운동 시 교감신경계의 활성화에 따른 반응으로 적절하지 않은 것은?

① 심박수가 증가한다.
② 소화기계 활동이 증가한다.
③ 골격근의 혈류량이 증가한다.
④ 호흡수 및 가스교환율이 증가한다.

20 장기간의 유산소 트레이닝에 따른 심혈관계의 적응으로 적절하지 않은 것은?

① 안정시 심박수 감소
② 최대산소섭취량(VO2max) 증가
③ 최대 심박출량(cardiac output) 증가
④ 안정시 1회박출량(stroke volume) 감소

운동역학

01 수영 동작의 운동학(kinematics)적 분석이 <u>아닌</u> 것은?

① 저항력(drag force) 분석
② 턴 거리(turn distance) 분석
③ 스트로크 길이(stroke length) 분석
④ 추진 속도(propelling velocity) 분석

02 힘(force)에 관한 설명으로 옳지 <u>않은</u> 것은?

① 단위는 m/s이다.
② 벡터(vector)이다.
③ 중력(gravitational force)은 힘이다.
④ 내력(internal force)과 외력(external force)으로 구분할 수 있다.

03 보행 동작에서 지면으로부터 보행자의 발에 가해지는 힘은?

① 근력(muscle force)
② 부력(buoyant force)
③ 중력(gravitational force)
④ 지면반력(ground reaction force)

04 <보기>에서 근수축 형태와 기계적 일(mechanical work)과의 관계를 설명한 것 중 옳은 것만을 모두 고른 것은?

보기

㉠ 위팔두갈래근(상완이두근, biceps brachii)의 신장성 수축(eccentric contraction)은 팔꿉관절(elbow joint)에 대해 양(positive)의 일을 한다.
㉡ 위팔두갈래근의 단축성 수축(concentric contraction)은 팔꿉관절에 대해 음(negative)의 일을 한다.
㉢ 위팔두갈래근의 등척성 수축(isometric contraction)이 팔꿉관절에 대해 한 일은 0이다.

① ㉠, ㉡, ㉢　　② ㉠, ㉢
③ ㉡, ㉢　　④ ㉢

05 충격량(impulse)에 관한 설명으로 옳지 <u>않은</u> 것은?

① 스칼라(scalar)이다.
② 단위는 kg · m/s이다.
③ 운동량(momentum) 변화의 원인이 된다.
④ 시간에 대한 힘의 곡선을 적분한 값이다.

06 신체 관절의 움직임 자유도(degree of freedom)에 관한 설명으로 옳은 것은?

① 절구관절(ball and socket joint)의 움직임 자유도는 3이다.
② 타원관절(ellipsoid joint)의 움직임 자유도는 3이다.
③ 경첩관절(hinge joint)의 움직임 자유도는 2이다.
④ 중쇠관절(pivot joint)의 움직임 자유도는 2이다.

07 3종 지레에 관한 설명으로 옳지 <u>않은</u> 것은?

① 팔꿈치 굽힘(굴곡, flexion) 동작은 3종 지레의 특성으로 이해할 수 있다.
② 받침점(회전중심)을 기준으로 저항점 위치가 힘점의 위치보다 더 멀다.
③ 관절의 평형상태를 유지하기 위해 저항력보다 더 큰 근력이 요구된다.
④ 기계적 확대율(mechanical advantage)은 1보다 크다.

08 근전도(electromyography, EMG) 신호에 관한 설명으로 옳은 것은?

① 양과 음의 값을 모두 가지고 있다.
② 신호의 분석을 통해 관절 각도를 측정할 수 있다.
③ 측정 시간을 곱한 값을 선형 포락선(linear envelop)이라고 한다.
④ 진폭(amplitude)과 근력과의 관계는 근육의 수축 형태와 상관이 없다.

09 <보기>의 그래프에 대한 설명으로 옳은 것은?

보기

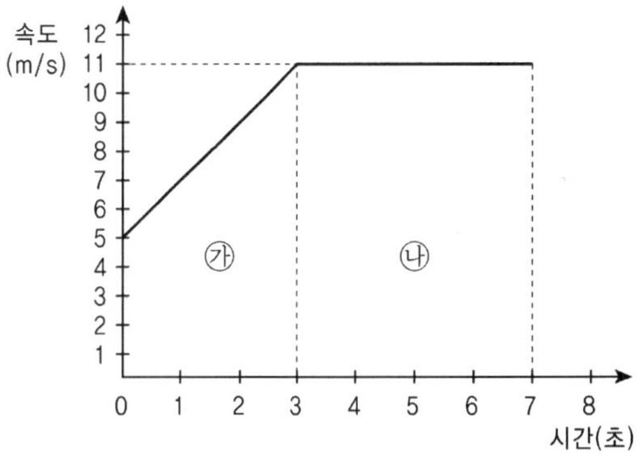

① ㉮구간의 가속도는 증가한다.
② ㉯구간의 가속도는 1 m/s^2이다.
③ ㉮구간의 가속도가 ㉯구간의 가속도보다 크다.
④ ㉯구간은 정지한 상태이다.

10 각운동에 관한 내용으로 옳은 것은?

① "접선속도(선속도) = 반지름 × 각속도"에서 각속도의 단위는 도(degree)이다.
② 반지름(회전반경)의 크기가 커지면 1라디안(radian)의 크기는 커진다.
③ 라디안은 반지름과 호의 길이의 비율로 계산한다.
④ 360도는 2라디안이다.

11 해머던지기에서 구심력과 원심력에 관한 설명으로 옳지 않은 것은?

① 7 kg의 해머와 비교하여 14 kg의 해머를 동일한 각속도로 회전시키려면 선수는 구심력을 두 배로 증가시켜야 한다.
② 직선으로 운동하려는 해머의 관성을 이겨내고 원형경로를 유지하려면 안쪽으로 당기는 힘이 요구된다.
③ 해머의 각속도를 두 배로 증가시키려면, 선수는 두 배의 힘으로 해머를 안쪽으로 당겨야 한다.
④ 선수가 해머를 안쪽으로 당기는 힘을 증가시키면 해머도 선수를 당기는 힘을 증가시킨다.

12 반발계수(coefficient of restitution)에 관한 설명으로 적절하지 않은 것은?

① 0부터 1 사이의 값이다.
② 두 물체 간의 충돌 전후의 상대속도의 비율로 측정한다.
③ 완전탄성충돌(perfectly elastic collision)의 반발계수는 1이다.
④ 공을 떨어뜨린(drop) 높이와 공이 지면에서 튀어 오른(bounce) 높이의 차이 값이다.

13 골프에 관한 운동학(kinematics)적 또는 운동역학(kinetics)적 개념에 관한 설명으로 옳은 것은? (단, 샤프트(shaft)는 휘어지지 않는다고 가정함.)

① 드라이버 스윙 시 헤드(head)와 샤프트의 각속도는 다르다.
② 골프공의 반발계수를 작게 하면 더 멀리 보낼 수 있다.
③ 샤프트의 길이가 길어지면 샤프트의 관성모멘트는 작아진다.
④ 7번 아이언 헤드의 선속도는 헤드의 각속도와 샤프트의 길이에 비례한다.

14 각운동량의 보존과 전이에 관한 운동 동작의 예시로 적절하지 않은 것은?

① 배구에서 공중 스파이크를 하기 전에 팔과 다리를 함께 뒤로 굽히는 동작
② 높이뛰기에서 발 구름을 할 때 지지하는 다리를 최대한 구부리는 동작
③ 멀리뛰기에서 착지하기 전에 팔과 다리를 함께 앞으로 당기는 동작
④ 다이빙에서 공중회전을 할 때 팔을 몸통 쪽으로 모으는 동작

15 영상분석에 관한 설명으로 옳지 않은 것은?

① 2차원 영상분석은 평면상에서 관찰되는 운동을 분석하는 것이다.
② 3차원 영상분석은 2대 이상의 카메라를 사용한다.
③ 운동역학(kinetics)적 변인을 직접 측정할 수 있다.
④ 동작의 정량적 분석이 가능하다.

16 100m 달리기경기에서 80kg인 선수가 출발 3초 후 12m/s의 속도가 되었다면 달리는 방향으로 발휘한 평균 힘의 크기는?

① 240N ② 320N
③ 800N ④ 960N

17 <보기>에서 무게중심(center of gravity)이 신체 내부에 위치하는 자세를 모두 고른 것은?

보기

① ㉠, ㉡, ㉢, ㉣ ② ㉠, ㉢
③ ㉡, ㉢, ㉣ ④ ㉢

18 <보기>의 다이빙 선수가 가지는 에너지의 변화에 관한 설명에서 ㉠, ㉡, ㉢에 들어갈 용어로 적절한 것은?

보기

플랫폼에서 정지하고 있는 선수의 (㉠)에너지는 0이고, 낙하할수록 (㉡)에너지는 감소하고, (㉢) 에너지는 증가하게 된다.

	㉠	㉡	㉢
①	운동	운동	역학적
②	운동	위치	운동
③	역학적	위치	운동
④	운동	위치	역학적

19 운동의 형태에 관한 설명으로 옳은 것은?

① 병진운동은 회전축 주위를 일정한 각도로 이동하는 운동이다.
② 복합운동은 선운동과 병진운동이 결합되어 나타나는 운동이다.
③ 곡선운동은 회전운동이 아닌 병진운동에서 일어나는 운동이다.
④ 회전운동은 신체의 각 부위가 동일한 거리를 이동하는 운동이다.

20 야구공이 야구배트의 회전축에서부터 0.5 m 지점에서 타격 되었다. 야구공이 타격 되는 순간 배트의 각속도가 50rad/s 이면 타격지점에서 배트의 선속도는?

① 12.5 m/s ② 12.5 rad/s
③ 25 m/s ④ 25 rad/s

한국체육사

01 <보기>에서 설명하는 의례는?

보기
- 부족의 신화를 계승하는 춤을 익혔다.
- 식량 확보를 위한 수렵과 채집 활동을 하였다.
- 삼국지 의 「위지동이전」에 '큰사람'으로 부른 기록이 있다.

① 영고(迎鼓) ② 무천(舞天)
③ 동맹(東盟) ④ 성년의식(成年儀式)

02 <보기>에서 설명하는 화랑도의 정신은?

보기
- 사군이충(事君以忠): 충성심으로 임금을 섬김
- 사친이효(事親以孝): 효심으로 부모를 섬김
- 교우이신(交友以信): 신의를 바탕으로 벗을 사귐
- 살생유택(殺生有擇): 생명체를 함부로 죽이지 않음
- 임전무퇴(臨戰無退): 전쟁에 임할 때는 후퇴를 삼가함

① 삼강오륜(三綱五倫) ② 세속오계(世俗五戒)
③ 문무겸비(文武兼備) ④ 사단칠정(四端七情)

03 고려시대의 무예에 대한 설명으로 적절하지 <u>않은</u> 것은?

① 무학교육기관으로 강예재(講藝齋)가 있었다.
② 수박희(手搏戲)는 인재 선발을 위한 기준이 되었다.
③ 격구(擊毬)는 군사훈련 및 여가활동으로 성행하였다.
④ 종합무예서인 「무예도보통지」가 편찬되었다.

04 <보기>에서 설명하는 민속놀이는?

보기
- 귀족들이 즐겼던 놀이이다.
- 매를 길들여 꿩이나 기타 조류를 사냥하였다.

① 각저(角抵) ② 방응(放鷹)
③ 격구(擊毬) ④ 추천(鞦韆)

05 <보기>에서 설명하는 고려시대의 사건은?

보기
1170년 의종이 문신들과 보현원에 행차하였다. … (중략) … 대장군 이소응이 젊은 병사와 오병수박희(五兵手搏戲)를 겨루었고 패하였다. 그러자 젊은 문신 한뢰가 대장군 이소응의 뺨을 때리며 비웃었다. 이 광경을 보던 정중부와 이의방 등이 선동하여 반란을 일으켰다.

① 무신정변 ② 묘청의 난
③ 이자겸의 난 ④ 삼별초의 난

06 <보기>에서 설명하는 개화기 사립학교는?

보기

- 무비자강(武備自强)을 강조하였다.
- 문예반 50명, 무예반 200명을 선발하였다.
- 1883년에 설립된 최초의 근대식 학교이다.

① 대성학교(大成學校)
② 오산학교(五山學校)
③ 원산학사(元山學舍)
④ 동래무예학교(東萊武藝學校)

07 <보기>의 ㉠, ㉡에 들어갈 용어는?

보기

- 나현성의 「한국체육사」에 따른 시대구분이다.
- 갑오경장(甲午更張) 이전은 무예를 중심으로 하는 (㉠)체육을 강조하였다.
- 갑오경장 이후는 「교육입국조서(敎育立國詔書)」를 중심으로 하는 (㉡)체육을 강조하였다.

	㉠	㉡
①	현대	전통
②	근대	전통
③	전통	근대
④	전통	현대

08 조선시대 무과제도에 관한 설명으로 적절한 것은?

① 정기적으로만 실시하였다.
② 예조와 음양과에서 주관하였다.
③ 시험은 무예 실기만 시행되었다.
④ 초시, 복시, 전시의 3단계로 진행되었다.

09 개화기 운동회에 대한 설명으로 적절한 것은?

① 일본인을 위한 축제의 성격이었다.
② 최초 시행 종목은 야구와 농구였다.
③ 우리나라 최초의 운동회는 화류회(花柳會)이다.
④ 학교 정규교과목으로 학생에게 장려된 활동이었다.

10 <보기>에서 설명하는 조선시대의 기관은?

보기

- 무예의 수련을 담당하였다.
- 병서의 습독을 장려하였다.
- 군사의 시재(試才)를 담당하였다.

① 사정(射亭) ② 성균관(成均館)
③ 사역원(司譯院) ④ 훈련원(訓鍊院)

11 「활인심방(活人心方)」에 대한 설명으로 적절하지 <u>않은</u> 것은?

① 이이(李珥)가 「활인심방」이라는 책을 펴냈다.
② 도인법(導引法)은 목 돌리기, 마찰, 다리의 굴신 등의 보건체조이다.
③ 사계양생가(四季養生歌)는 춘하추동으로 나누어 호흡하는 방법이다.
④ 활인심서(活人心序)는 기를 조절하고, 식욕을 줄이며, 욕망을 절제하는 방법이다.

12 <보기>에서 대한체육회에 대한 옳은 설명을 모두 고른 것은?

보기

㉠ 1920년 - 조선체육회가 창립되었다.
㉡ 1948년 - 대한체육회로 개칭되었다.
㉢ 1966년 - 태릉선수촌을 건립하였다.
㉣ 2016년 - 국민생활체육회와 통합되었다.

① ㉡, ㉢　　② ㉡, ㉣
③ ㉠, ㉡, ㉢　　④ ㉠, ㉡, ㉢, ㉣

13 개화기에 도입된 <u>스포츠</u>에 대한 설명으로 옳지 <u>않은</u> 것은?

① 조원희는 교육체조를 보급하였다.
② 우치다(內田)는 검도를 보급하였다.
③ 질레트(P. Gillett)는 야구와 농구를 보급하였다.
④ 푸트(L. Foote)는 연식정구(척구)를 보급하였다.

14 일제강점기 <u>스포츠</u> 종목의 도입에 대한 설명으로 옳지 <u>않은</u> 것은?

① 권투 - 1914년 경성구락부에서 소개하였다.
② 경식정구 - 1919년 조선철도국에서 소개하였다.
③ 스키 - 1921년 나카무라(中村)가 소개하였다.
④ 역도 - 1926년 서상천이 소개하였다.

15 <보기>에서 설명하는 최초의 체육진흥계획은?

보기

- 국민생활체육협의회가 설립되었다.
- 서울올림픽기념 생활관이 건립되었다.
- '호돌이계획'으로 생활체육 진흥을 도모하는 계기가 되었다.

① 국민생활체육진흥종합계획
② 제1차 국민체육진흥5개년계획
③ 제2차 국민체육진흥5개년계획
④ 참여정부 국민체육진흥5개년계획

16 일제강점기 황국신민체조에 대한 설명으로 적절하지 않은 것은?

① 군국주의 함양을 위한 것이다.
② 무사도 정신을 고취하기 위한 것이다.
③ 식민지 통치체제의 일환으로 실시되었다.
④ 유희 중심의 체조 지도원리에 따라 교육되었다.

17 1936년 제11회 베를린올림픽경기대회 마라톤에서 손기정과 함께 입상한 선수는?

① 권태하 ② 남승룡
③ 서윤복 ④ 함길용

18 <보기>에서 설명하는 일제강점기의 체육시설은?

보기

- 축구장, 야구장, 정구장, 수영장 등이 있었다.
- 전국규모의 대회와 올림픽경기대회 예선전 등이 열렸다.
- 1925년에 건립되었고, 1984년에 동대문운동장으로 개칭되었다.

① 경성운동장 ② 효창운동장
③ 목동운동장 ④ 잠실종합운동장

19 <보기>의 설명과 관련 있는 정부는?

보기

- 서울아시아경기대회를 개최하였다.
- 정부 행정조직에서 체육부가 신설되었다.
- 프로야구, 프로축구, 프로씨름 등이 출범하였다.

① 박정희 정부 ② 전두환 정부
③ 노태우 정부 ④ 김영삼 정부

20 <보기>의 ㉠, ㉡에 들어갈 알맞은 국제대회의 명칭은?

보기

- 1988년 개최된 (㉠)의 마스코트는 '호돌이'이다.
- 2018년 개최된 (㉡)의 마스코트는 '수호랑'과 '반다비'이다.

	㉠	㉡
①	서울올림픽경기대회	서울아시아경기대회
②	서울아시아경기대회	부산아시아경기대회
③	서울올림픽경기대회	평창올림픽경기대회
④	부산아시아경기대회	평창올림픽경기대회

특수체육론

01 특수체육(Adapted Physical Activity)의 개념에 관한 설명 중 옳지 않은 것은?

① 법률에 기초하여 신체활동 서비스를 제공한다.
② 신체활동 참여에서 임파워먼트(empowerment)를 강조한다.
③ 심동적 문제의 발견과 해결을 목적으로 하는 다학문적 지식체계이다.
④ 개인적 요구를 충족시켜주기 위해 분리된 환경에서의 서비스 제공을 기본으로 한다.

02 휠체어농구 기술수행 검사의 타당성과 관련한 내용으로 옳은 것은?

① 최소의 시간과 비용으로 측정할 수 있는가?
② 여러 사람이 측정하여도 그 결과가 같은가?
③ 검사를 두 번 반복하였을 때에도 그 결과가 일치하는가?
④ 휠체어 조작 기술과 농구 기술을 정확하게 측정할 수 있는가?

03 <보기>의 세부내용을 설명하는 용어는?

보기

프로그램	휠체어 테니스 교실	대상	지체장애인
내용	백 핸드 스트로크		
세부 내용	1. 수행이 이루어지는 동안 계속해서 공을 본다. 2. 풋워크를 통해 재빨리 공에 접근한다. 3. 라켓을 몸 중심에서 뒤로 가져간다(백스윙). 4. 엉덩이와 어깨를 네트와 수직으로 위치시킨다. 5. 공을 칠 때 엉덩이와 어깨를 회전시키면서 무게중심을 앞발로 옮긴다. 6. 공이 엉덩이 앞쪽에 올 때 공을 친다. 7. 공을 칠 때 손목을 고정시킨다. 8.반대쪽 팔은 중심을 잡기 위해 몸 바깥쪽으로 뻗는다. 9. 팔로우 스루를 어깨높이나 그 이상에서 계속해서 유지한다.		

① 준거참조평가 ② 과제분석
③ 근거기반실무 ④ 과정중심평가

04 <보기>와 같은 평가 방법은?

보기

환경	잠실실내수영장	과제	비어있는 사물함 찾기
세부환경	탈의실	수행자	지적장애인

관찰 내용	반응 평가	
	○	×
1. 탈의실 출입문을 찾아서 들어간다.	✔	
2. 문이 열려 있는 사물함을 찾는다.		✔
3. 다른 사람이 찾는 것을 보고 문이 열려 있는 사물함을 찾는다.	✔	
4. 문이 열린 사물함으로 다가간다.	✔	
5. 사물함이 비어있는 것을 확인한다.		✔

평가결과:
1. 탈의실 출입문을 찾을 수 있다.
2. 문이 열려 있는 사물함을 찾아야 한다는 과제를 이해하지 못하고 있다.
3. 타인의 행동과 주변 환경에 대한 관찰을 통해서 문이 열려 있는 사물함을 찾을 수 있다.
4. 문이 열린 사물함으로 다가갈 수 있다.
5. 사물함이 비어있는지 확인해야 한다는 것을 이해하지 못하고 있다.

① 루브릭　　② 포트폴리오
③ 생태학적평가　　④ 규준참조평가

05 장애인에게 적합한 신체활동 변형에 관한 설명으로 옳지 않은 것은?

① 활동의 본질적인 특성을 변형한다.
② 참여를 촉진하는 방향으로 변형한다.
③ 최적의 수행능력을 발휘하도록 변형한다.
④ 장애로 인해서 제한이 발생하지 않도록 변형한다.

06 시각장애인을 위한 신체활동 지도법으로 옳지 않은 것은?

① 과제의 전체 동작과 부분 동작을 순서대로 시범 보인다.
② 신체적 가이던스(physical guidance)의 강도를 진적으로 줄인다.
③ 독립성을 기르기 위해 청각 및 촉각을 활용하지 않도록 습관화하여야 한다.
④ 동작의 확인을 돕기 위해 '만져서 자세를 확인하는 방법(brailing)'을 사용한다.

07 <보기>에서 설명하는 수업 스타일은?

보기

프로그램	생활체육 통합농구교실		
목 표	2점 슛을 성공할 수 있다.	내 용	자유투 라인에서 슛을 한다.
대 상	발달장애인	장 소	실내체육관

수업 스타일
• 경험 많은 참여자가 보조지도자로서 신규 참여자를 지도한다. • 지도자에 대한 참여자의 비율을 줄이는 효과가 있다.

① 팀 교수(team teaching)
② 또래 교수(peer tutoring)
③ 협동 학습(cooperative learning)
④ 역주류화 수업(reverse mainstreaming)

08 <보기>에서 세계보건기구(WHO)의 '기능, 장애, 건강에 대한 국제 분류(International Classification of Functioning, Disability, and Health: ICF)'에 대한 설명 중 괄호 안에 들어갈 가장 적절한 말은?

> 보기
>
> 장애는 (　　)의 세 가지 영역 모두 또는 어느 한 가지 영역에서 겪게 되는 어려움으로 발생하며, 개인적 · 환경적 요인들에 의해서도 영향을 받는다.

① 지능, 신체 기능과 구조, 참여
② 활동, 대인관계 능력, 신체 기능
③ 신체 기능과 구조, 활동, 참여
④ 지능, 대인관계 능력, 신체 구조

09 <보기>의 ㉠, ㉡에 들어갈 장애의 정의로 알맞은 것은?

> 보기
>
> • −2 표준편차 이하의 지적 기능을 나타낸다.
> • (㉠) 영역에서 적응 행동의 제한이 명백히 나타난다.
> • (㉡) 이전에 시작된다.
>
> − 미국지적장애및발달장애협회(AAIDD, 2010) −

	㉠	㉡
①	발달적, 사회적, 실제적	18세
②	개념적, 실제적, 사회적	19세
③	실제적, 사회적, 개념적	18세
④	교육적, 행동적, 사회적	19세

10 자폐성장애인의 문제점과 해결할 수 있는 전략이 바르게 묶인 것은?

	문제점	해결 전략
①	부정적인 신체적 자아개념	불필요한 자극을 줄인다.
②	상동행동	지도 환경을 구조화하고 지도 방식의 일관성을 유지한다.
③	의사소통의 어려움	언어적 단서를 줄이고 수업환경에서 자연스러운 단서를 활용한다.
④	감각자극에 대한 비정상적인 반응	개인 활동에서 시작하여 단체 활동으로 발전시킨다

11 뇌성마비의 분류기준과 예시를 바르게 연결한 것은?

① 형태적 분류 - 대뇌피질성, 기저핵성, 소뇌성
② 스포츠등급 분류 - 단마비, 편마비, 양측마비
③ 운동기능적 분류 - 경직성, 무정위 운동성, 운동 실조성
④ 신경해부학적 분류 - CP1, CP2, CP3, CP4, CP5, CP6, CP7, CP8

12 <보기>의 ㉠, ㉡, ㉢에 들어갈 용어로 바르게 묶인 것은?

보기

- (㉠)은 바이러스 감염에 의한 마비로써 척수의 운동 세포에 영향을 미쳐 뼈의 변형이나 보행에 문제를 일으킨다.
- (㉡)은 중추신경계 질환으로 몸의 여러 곳에 염증이 발생하여 근육이 굳어지며 전반적인 무력감을 일으킨다.
- (㉢)은 근육 퇴화를 유발하는 유전 질환으로 호흡 장애와 심장질환 등의 합병증을 유발한다.

① ㉠ 회백수염(poliomyelitis)
㉡ 근이영양증(muscular dystrophy)
㉢ 다발성경화증(multiple sclerosis)
② ㉠ 다발성경화증(multiple sclerosis)
㉡ 회백수염(poliomyelitis)
㉢ 근이영양증(muscular dystrophy)
③ ㉠ 다발성경화증(multiple sclerosis)
㉡ 근이영양증(muscular dystrophy)
㉢ 회백수염(poliomyelitis)
④ ㉠ 회백수염(poliomyelitis)
㉡ 다발성경화증(multiple sclerosis)
㉢ 근이영양증(muscular dystrophy)

13 절단 장애인에게 신체활동을 지도할 때 고려사항으로 적절하지 않은 것은?

① 염증이나 감염을 방지하기 위해 절단 부위를 관리한다.
② 신체활동 강도에 따라 휴식 시간을 조절하여 피로 발생을 완화한다.
③ 운동역학적 효율성을 고려하여 무게중심의 변화에 적응하도록 한다.
④ 자율신경계 반사 부전증을 일으키는 요인을 인식하여 문제 발생을 예방한다.

14 뇌성마비 장애인의 체력프로그램에서 고려할 사항이 아닌 것은?

① 근육의 긴장이 높은 경우에는 운동 시간을 길게 설정한다.
② 원시 반사의 영향과 적절한 운동신경의 조절 능력을 확인한다.
③ 스포츠 기술의 수행능력 향상을 위해서 스피드 훈련을 실시한다.
④ 매우 낮은 운동강도에서도 에너지 소비가 높기 때문에 강조 조절에 유의한다.

15 <보기>에서 괄호 안에 해당하는 문제행동 관리의 절차는?

보기

1. 문제행동이 무엇인지 파악한다.
2. ( )
3. 적절한 행동 관리법을 선정한다.
4. 효과적인 강화물을 조사하고 선정한다.

① 행동 관리를 시작한다.
② 행동 변화를 파악한다.
③ 행동 관리의 효과를 파악한다.
④ 문제행동이 발생하는 빈도, 기간, 유형 등을 파악한다.

16 장애 유형별로 실시한 체력프로그램으로 적절하지 않은 것은?

① 척수장애인에게 최대근력을 고려한 근력운동을 지도했다.
② 다운증후군 지적장애인에게 과신전 유연성 운동을 지도했다.
③ 과잉행동 주의력 결핍 장애인(ADHD)에게 유산소성 운동을 지도했다.
④ 청각장애인에게 비장애인과 똑같은 빈도로 심폐지구력 운동을 지도했다.

17 지적장애인을 위한 신체활동 지도전략으로 적절하지 않은 것은?

① 활동을 단순화시키고 강화를 제공한다.
② 참여자의 활동을 지도자가 결정해준다.
③ 학습 동기가 감소할 경우 활동내용에 변화를 준다.
④ 운동기술의 습득과 전이가 이루어지고 있는지 수시로 점검한다.

18 시각장애와 관련된 설명으로 옳은 것은?

① 시각(vision)은 눈을 통해 빛의 자극을 받아들이는 과정이다.
② 시력(visual acuity)은 시각을 사용하여 과제를 수행하는 능력이다.
③ 약시(amblyopia)는 터널 속에서 터널 입구를 바라보는 모양으로 시야가 제한된 상태이다.
④ 법적맹(legally blind)은 교정시력이 20/20 ft 이하이거나 시야가 20° 이하인 상태이다.

19 청각장애인에게 신체활동을 지도할 때의 유의점으로 적절하지 않은 것은?

① 신체활동 지도에 필요한 수어를 사용할 수 있도록 준비한다.
② 인공와우 수술을 받은 청각장애인은 축구와 레슬링 같은 활동을 피하게 한다.
③ 과장된 표정과 입술 모양은 부담을 줄 수 있으므로 구화보다는 수어 사용에 중점을 둔다.
④ 인공와우 수술을 받은 청각장애인은 정전기를 유발할 수 있는 기구를 사용하지 않게 한다.

20 척수장애인에게 신체활동을 지도할 때의 고려할 사항으로 적절한 것은?

① 손상 부위에 따라 적합한 운동기구를 활용하는지 점검한다.
② 손상 부위가 같으면 체력 수준도 유사하므로 같은 프로그램을 제공한다.
③ 체온 조절 능력이 상실되었으므로 온도와 습도를 고려하지 않는다.
④ 잔존 운동기능의 정도와 상관없이 재활과 치료중심의 활동에 참여하게 한다.

유아체육론

01 유아의 발달적 특성을 고려한 신체활동 지도 방법으로 적절하지 않은 것은?

① 지도 내용과 방법에 변화를 준다.
② 목표 설정이 없는 동일한 활동을 반복한다.
③ 개인차를 고려하여 적절한 자극을 부여한다.
④ 놀이 상대를 바꾸어 주어 흥미를 유지한다.

02 미국스포츠·체육교육협회(NASPE)의 유아기 신체활동 촉진을 위한 지도지침으로 적절하지 않은 것은?

① 근육과 뼈를 강화시키는 신체활동은 피하도록 한다.
② 매일 최소 60분의 계획된 신체활동에 참여해야 한다.
③ 안전한 실내와 실외에서 대근육 활동을 해야 한다.
④ 수면시간을 제외하고 60분 이상 눕거나 앉아있지 않도록 한다.

03 유아발달에 적합한 실내·외 지도 환경에 대한 설명으로 적절하지 않은 것은?

① 공간의 구성은 놀이 형태와 지속시간에 영향을 준다.
② 놀이 공간과 놀이 교구는 유아의 놀이에 영향을 미친다.
③ 활동성을 고려해 좁은 공간을 확보하는 것이 바람직하다.
④ 발달과 학습을 유도할 수 있는 환경을 의도적으로 구성해야 한다.

04 유아의 체력 요소 검사 방법으로 적절하지 않은 것은?

① 순발력 – 모둠발로 멀리 뛴 거리를 측정한다.
② 균형성 – 평균대 위에서 외발로 서 있는 시간을 측정한다.
③ 근지구력 – 스키핑 동작으로 뛴 높이를 측정한다.
④ 민첩성 – 7 m 거리를 왕복하여 달린 시간을 측정한다.

05 영아기 반사의 기능이 아닌 것은?

① 생존을 돕는다.
② 운동 행동을 진단한다.
③ 미래의 움직임을 예측한다.
④ 미래에 발현하는 불수의적인 움직임을 자의적으로 연습하게 한다.

06 신체활동 프로그램에서 실제학습시간(Academic Learning Time: ALT)을 증가시키는 전략으로 적절하지 않은 것은?

① 설명은 간결하고 명확하게 한다.
② 주의집중을 위해 상호 간에 약속된 신호를 만든다.
③ 수업 시작 전 교구를 효율적으로 배치한다.
④ 동작에 대한 시범을 위해 오랜 시간을 할애한다.

07 영유아보육법(2011) 제1장 제2조에서 정의한 영유아에 관한 내용으로 옳은 것은?

① 생후 4주부터 1년까지의 아동을 말한다.
② 만 6세 미만의 취학 전 아동을 말한다.
③ 만 3세부터 초등학교 2학년까지의 아동을 말한다.
④ 만 6세부터 초등학교 6학년까지의 아동을 말한다.

08 <보기>에서 운동 발달과 관련성이 높은 감각체계들을 바르게 고른 것은?

보기

㉠ 시각(visual) 체계
㉡ 운동감각(kinesthetic) 체계
㉢ 미각(gustatory) 체계
㉣ 후각(olfactory) 체계

① ㉠, ㉡　② ㉠, ㉣
③ ㉠, ㉢　④ ㉡, ㉢

09 <보기>의 훗트(C. Hutt)가 제시한 놀이 관련 행동에 대한 설명에서 ㉠, ㉡에 들어갈 용어는?

보기

구 분	(㉠)	(㉡)
맥 락	새로운 물체	익숙한 물체
목 적	정보 획득	자극 생성
행 동	정형화됨	다양함
기 분	심각함	행복함
심장박동변화	낮은 변화성	높은 변화성

	㉠	㉡
①	모방	놀이
②	모방	과제 관련 행동
③	탐색	놀이
④	탐색	과제 관련 행동

10 <보기>에 해당하는 에릭슨(E. Erikson)의 심리사회발달 단계는?

보기

• 목표나 계획을 세워 성공하고자 노력하는 시기이다.
• 이동성이 커지면서 성인과 다를 바 없다는 사실을 자각한다.
• 아동은 의미 있는 놀잇감을 조작하면서 만족스러운 성취감을 경험한다.

① 1단계 – 신뢰감(trust) 대 불신감(mistrust)
② 2단계 – 자율성(autonomy) 대 수치심(shame)
③ 3단계 – 주도성(initiative) 대 죄책감(guilt)
④ 4단계 – 친밀성(intimacy) 대 고립감(isolation)

11 <보기>에 해당하는 이동운동 기술은?

보기

• 체중을 한 발에서 다른 발로 이동시키는 기술이다.
• 달리기보다 더 높이, 더 멀리 뛰면서 바닥을 접촉하지 않는 상태를 유지한다.
• 한 발로 멀리 건너뛰기를 하거나 보폭을 크게 하여 달리는 모습과 비슷하다.

① 겔로핑(galloping)　② 슬라이딩(sliding)
③ 호핑(hopping)　④ 리핑(leaping)

12 유아기 발달에 관한 이론의 설명으로 적절하지 <u>않은</u> 것은?

① 성숙주의이론(A. Gesell): 인간의 발달은 유전적 요인에 기인한다고 주장하였다.
② 인지발달이론(J. Piaget): 인간의 본성은 태어날 때부터 환경에 따른 훈련에 의해 만들어진다고 주장하였다.
③ 사회적놀이이론(M. Parten): 파튼은 사회적 놀이를 사회적 참여도에 따라 여섯 가지 형태로 분류하였다.
④ 도덕성발달이론(L. Kohlberg): 인간의 존엄성과 양심에 따라 자율적이고 독립적 판단이 가능하다고 주장하였다.

13 <보기>의 ㉠, ㉡에 들어갈 유아체육 프로그램의 구성 원리는?

보기

(㉠)	• 연령에 따른 민감기를 고려하여 적절한 운동이 적용되면 운동발달에 효과적이다. • 신체활동의 경험, 기술 및 발달 수준, 체력을 고려한 프로그램 구성이필요하다.
(㉡)	운동발달 프로그램을 구성할 때 개개인의 유전과 환경요인이 반영된 개인차를 고려하여 구성한다.

	㉠	㉡
①	연계성 원리	특이성 원리
②	연계성 원리	적합성 원리
③	적합성 원리	특이성 원리
④	적합성 원리	연계성 원리

14 유아체육 지도 방법과 해당 설명의 연결이 올바르지 <u>않은</u> 것은?

① 지시적 방법 – 시범 보이기, 연습해보기, 일반적인 언급해주기, 보충설명과 시범 다시 보이기

② 과제제시 방법 – 동작을 위해 지도자나 또래의 활동을 관찰함으로써 과제수행 방법을 이해시키기

③ 안내 · 발견적 방법 – 올바른 동작 방법을 제시하고 자유롭고 창의적으로 표현하게 하기

④ 탐구적 방법 – 동작 과제나 질문을 제시하고 유아들이 제안한 다양한 해결방법을 인정하고 받아들이기

15 파튼(M. Parten)의 사회적 놀이 발달이론에 대한 설명으로 적절하지 <u>않은</u> 것은?

① 혼자(단독)놀이: 다른 친구의 놀이를 지켜보며 가끔씩 구경하는 친구에게 말을 걸기도 한다.

② 병행놀이: 주변의 친구들과 동일한 놀이를 하지만 함께 놀이를 하지는 않는다.

③ 연합놀이: 다른 유아와 활동을 공유하며 놀이에 대해 이야기를 주고받거나 놀잇감을 빌려주기도 하지만 놀이 내용이 조직적으로 전개되지는 않는다.

④ 협동놀이: 역할의 분담과 목적의 공유가 이루어지는 단계로서 병원 놀이 같은 것이 있다.

16 <표>의 ㉠, ㉡, ㉢에 들어갈 던지기(overarm throw) 동작의 발달단계를 바르게 짝지은 것은?

발달단계	특 징	동 작
㉠	• 체중은 명확하게 앞쪽으로 이동됨 • 던지는 팔과 같은 쪽의 다리를 앞으로 내밈	
㉡	• 준비 움직임 동안 체중을 뒷발에 실음 • 체중이 이동하면서 반대 발이 앞으로 나아감	
㉢	• 양빌은 고징된 싱태를 유지힘 • 던지기를 준비하는 동안 양발을 이동하는 경우가 자주 있으나 특별한 목적은 없음	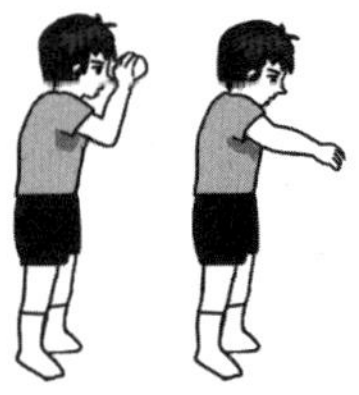

	㉠	㉡	㉢
①	초보	성숙	시작
②	성숙	시작	초보
③	시작	성숙	초보
④	초보	시작	성숙

17 <보기>의 ㉠, ㉡에 들어갈 기본 운동발달의 요소는?

보기

(㉠)	• 배트로 치기 연습하기(striking) • 날아오는 공을 발로 잡기(trapping)
(㉡)	• 철봉 잡고 앞뒤로 흔들기(swinging) • 몸통을 굽히거나 접기(bending)

	㉠	㉡
①	이동운동	조작운동
②	조작운동	안정성운동
③	안정성운동	조작운동
④	조작운동	이동운동

18 <보기>의 밑줄친 ㉠과 관련 깊은 지각운동의 유형은?

보기

지도사: 오늘은 잡기 놀이를 해볼까요? 술래 친구가 정해지면 술래를 피해 달아나 보세요. 술래를 잘 피하려면 어떻게 해야 할까요?

유　아: 술래에게 안 잡히려고 빨리 도망가야 해요!

지도사: 네! 맞았어요. ㉠ 술래가 움직이는 걸 보고 술래의 앞쪽이나 뒤쪽, 술래의 왼쪽이나 오른쪽으로 가면 잡히지 않고 도망갈 수 있어요. 그럼 우리 모두 한번 해볼까요?

유　아: 네!

① 시간지각　② 관계지각
③ 신체지각　④ 방향지각

19 2019 개정 누리과정에서 '신체운동 · 건강' 영역의 세부내용에 대한 설명으로 적절하지 않은 것은?

① 신체 움직임을 조절한다.
② 신체를 인식하고 움직인다.
③ 경쟁 활동을 통해 스포츠 기술을 습득하고 건강을 증진한다.
④ 기초적인 이동운동, 제자리 운동, 도구를 이용한 운동을 한다.

20 <보기>가 설명하는 질환은?

보기

• 주로 생후 6개월~5세 사이의 영유아에게서 발생한다.
• 갑자기 올라간 고열과 함께 경련을 일으킨다.
• 주된 원인으로 고열, 뇌 손상, 유전적인 요인 등이 거론된다.

① 독감　② 근육경련
③ 2도 화상　④ 열성경련

노인체육론

01 우리나라 인구 변화에 관한 설명으로 적절하지 않은 것은?

① 저출산으로 고령화가 감소하고 있다.
② 현재 노인 인구의 비율이 14% 이상인 고령사회이다.
③ 노인인구 증가로 인해 국가의 의료비 부담이 증가하고 있다.
④ 노인인구 증가로 인해 생산가능 인구의 노인에 대한 부양비가 증가하고 있다.

02 <보기>의 ㉠, ㉡, ㉢, ㉣에 들어갈 용어로 알맞은 것은?

보기

노인은 연령이 높아질수록 근육량은 (㉠)하고, 최대 심박수는 (㉡)하고, 혈관 경직도는 (㉢)하고, 최대 산소섭취량은 (㉣)한다.

	㉠	㉡	㉢	㉣
①	증가	증가	감소	증가
②	감소	감소	증가	감소
③	감소	증가	감소	감소
④	증가	감소	증가	증가

03 노인에게 낙상의 위험성이 높은 원인으로 적절한 것은?

① 보폭의 증가
② 자세 동요의 감소
③ 발목 가동성의 감소
④ 보행 속도의 증가

04 중강도의 규칙적인 운동이 노인의 건강에 미치는 영향으로 적절한 것은?

① 근력의 감소
② 수면의 질 감소
③ 뇌 혈류량의 감소
④ 인슐린 저항성의 감소

05 노인의 지속적인 운동참여를 위한 동기유발 방법으로 적절하지 않은 것은?

① 모험적인 목표를 세워 동기를 유발한다.
② 운동 시설에 대한 접근성을 높인다.
③ 동료의 성공적인 경험을 공유하게 한다.
④ 체력 수준에 맞게 운동 목표를 구체적으로 설정한다.

06 하비거스트(R. Havighurst)의 발달과업이론에서 노년기의 과업으로 적절하지 않은 것은?

① 배우자의 죽음에 대한 적응
② 은퇴와 수입 감소에 대한 적응
③ 선호하는 사회적 모임에 대한 적응
④ 근력 감소와 건강 약화에 대한 적응

07 <보기>에서 설명하는 행동 변화 이론으로 가장 적절한 것은?

보기

65세인 조 할머니는 요즘 살이 계속 찌고 움직이는 것도 점점 힘들어졌다. 가족과 친구들이 운동을 권유하였으나 완강하게 거부하며 운동을 하지 않았다. 그러나 최근 병원에서 당뇨병 판정을 받고 의사의 운동 권유로 운동에 대한 믿음과 의지가 생겨서 구체적인 운동 목표를 세우고 헬스센터장에서 운동을 시작하였다.

① 지속성 이론 ② 사회생태 이론
③ 자기효능감 이론 ④ 계획된 행동 이론

08 <보기>의 ㉠과 ㉡에 들어갈 심박수(회/분)는?

보기

70세 남성 노인이 달리기 운동을 할 때, Karvonen (여유심박수, %HRR) 공식을 활용한 목표심박수의 범위는 (㉠)에서부터 (㉡)까지 이다.
[분당 안정 시 심박수 70회, 여유심박수 60~70% 강도]

	㉠	㉡
①	90	105
②	112	119
③	118	126
④	124	138

09 <보기>에서 김 할아버지의 죽상경화증 심혈관질환의 위험요인을 바르게 제시한 것은?

보기

건강증진 운동프로그램에 참여하고자 하는
김 할아버지의 정보

- 연령: 67세, 성별: 남성, 신장: 170 cm, 체중: 87 kg
- 총콜레스테롤: 190 mg/dL
- 안정 시 혈압: 130 mmHg / 85 mmHg
- 공복혈당: 135 mg/dL
- 흡연: 30대부터 하루에 10~20 개비

* 미국스포츠의학회(ACSM, 2018)를 참고한 기준 적용

① 연령, 과체중, 혈압, 흡연
② 비만, 총콜레스테롤, 혈압, 흡연
③ 연령, 비만, 당뇨병, 흡연
④ 과체중, 총콜레스테롤, 혈압, 당뇨병

10 <보기>에 적용되는 트레이닝 원리는?

보기

올해 70세인 박 할머니는 지난 6개월 동안 집 근처 헬스장에서 하루 1시간씩, 주 5회 이상 노인스포츠지도사와 운동을 하여 체력이 향상되었으나 최근 코로나19(COVID-19) 때문에 운동을 3개월 동안 하지 못하여 지금은 계단을 오르기조차 힘들어졌다.

① 개별성의 원리 ② 특이성의 원리
③ 과부하의 원리 ④ 가역성의 원리

11 <보기>에서 ㉠, ㉡에 들어갈 용어를 바르게 나열한 것은?

보기

리클리와 존스(Rikli & Jones)의 노인체력검사(Senior Fitness Test: SFT)		
검사항목	㉠	㉡
일상생활 능력	• 욕실에서 머리 감기 • 상의를 입고 벗기 • 차에서 안전벨트매기	• 걷기 • 계단 오르기 • 자동차 타고 내리기

① ㉠ 등 뒤에서 양손 마주 잡기
㉡ 의자에 앉아 윗몸 앞으로 굽히기
② ㉠ 등 뒤에서 양손 마주 잡기
㉡ 의자에 앉았다가 일어서기
③ ㉠ 아령 들기
㉡ 의자에 앉았다가 일어서기
④ ㉠ 아령 들기
㉡ 의자에 앉아 윗몸 앞으로 굽히기

12 미국스포츠의학회(ACSM, 2018)에서 제시한 노인을 위한 운동 권장 사항으로 적절한 것은?

① 저항운동은 체력수준을 고려하지 않고 실시한다.
② 저항운동을 처음 시작할 경우 1RM의 40~50%로 실시한다.
③ 유연성 향상을 위해 정적스트레칭을 60~90초 동안 유지한다.
④ 중강도 유산소운동을 처음 시작할 경우 주당 총 300~450분을 실시한다.

13 노인을 위한 스트레칭에 관한 설명으로 적절한 것은?

① 탄성 스트레칭을 우선적으로 권장한다.
② 스트레칭은 관절의 가동범위와 관련이 없다.
③ 정적 스트레칭은 동적 스트레칭에 비해 상해 위험이 적다.
④ 고유수용성 신경근 촉진법은 효과가 없어 사용하지 않는다.

14 <보기>에 해당하는 프로차스카(J. Prochaska)의 범이론적 모형 단계와 지도 내용을 바르게 나열한 것은?

보기

운동을 하지 않았던 김 할아버지는 당뇨병 진단을 받은 후 지난 한 해 동안 매일 만보계를 가지고 중강도의 걷기 운동을 하고 있다.

① 단계(stage): 무의식(precontemplation)
지도내용: 운동이 당뇨에 미치는 효과를 지도
② 단계(stage): 의식(contemplation)
지도내용: 운동 방법 및 만보계 사용법을 지도
③ 단계(stage): 행동(action)
지도내용: 운동강도 조절에 관하여 지도
④ 단계(stage): 유지(maintenance)
지도내용: 즐길 수 있는 스포츠를 경험하도록 지도

15 이상지질혈증이 있는 노인을 위한 운동 방법으로 적절하지 <u>않은</u> 것은?

① 하루 30~60분의 운동이 적당하다.
② 유연성 운동, 저항운동 및 유산소 운동을 실시한다.
③ 대근육을 이용한 지속적이고 리드미컬한 형태의 운동을 한다.
④ 에너지 소비를 최대로 증가시키기 위해 고강도 운동을 한다.

16 골다공증이 있는 노인의 운동에 관한 설명으로 적절하지 <u>않은</u> 것은?

① 심각한 골다공증이 있는 노인에게는 최대근력검사를 권장하지 않는다.
② 통증을 유발하지 않는 중강도 운동을 권장한다.
③ 체중 지지 운동은 권장하지 않는다.
④ 평형성 향상을 위한 운동을 권장한다.

17 <보기>에서 바람직하지 않은 노인스포츠지도사는?

보기

김 지도사: 어르신의 이해를 돕기 위해 시각 정보 없이 언어 정보만을 제공한다.
박 지도사: 어르신들의 신체활동에 대한 개인차를 고려하여 수준별로 운동을 지도한다.
최 지도사: 어르신의 특성을 고려해서 한 번에 한두 가지의 동작에 대한 시범을 보여준다.
이 지도사: 운동을 지도할 때, 어르신들이 이해할 수 있는 언어와 그림을 함께 사용한다.

① 김 지도사　　② 이 지도사
③ 박 지도사　　④ 최 지도사

18 미국스포츠의학회(ACSM, 2018)에서 제시한 노인의 중강도 신체활동으로 적절하지 않은 것은?

① 3.0 mi/h(4.83 km/h)의 속도로 걷기
② 축구, 농구, 배구와 같은 경쟁 스포츠
③ 청소, 창 닦기, 세차, 페인팅 등의 가사 활동
④ 보그 스케일(Borg Scale)의 운동자각도(RPE)에서 12~13 수준의 신체활동

19 노인에게 운동을 지도할 때, 주의사항으로 적절하지 않은 것은?

① 운동강도를 높일수록 단열성이 높은 의복을 착용하게 한다.
② 탈수증상을 대비하여 수분을 미리 보충하게 한다.
③ 낙상의 위험을 최소화하기 위해 적절한 신발을 착용하게 한다.
④ 추운 환경에서는 준비운동을 평소보다 오랜 시간 진행하도록 한다.

20 운동 중 노인의 심정지 상황에 대한 응급처치로 적절하지 않은 것은?

① 자동제세동기를 이용할 수 있는 경우 사용한다.
② 의식의 확인과 119 신고 후, 심폐소생술을 실시한다.
③ 의식이 없으면 묵시적 동의라고 간주하고 심폐소생술을 실시한다.
④ 심폐소생술 실시 중 의식이 돌아오지 않으면 가슴 압박을 중단한다.

스포츠교육학

01 시덴탑(D. Siedentop)이 제시한 스포츠교육 모형의 6가지 핵심적인 특성에 해당하지 않는 것은?

① 축제화(festivity)
② 팀 소속(affiliation)
③ 유도연습(guided practice)
④ 공식경기(formal competition)

02 <보기>의 방과 후 학교 체육활동 프로그램 개발 시 고려사항에 관한 설명 중 옳은 것으로만 묶인 것은?

보기
㉠ 학습자의 적성과 흥미를 고려한다.
㉡ 구체적인 목표와 미래 지향적 방향을 설정한다.
㉢ 교육과정과의 연계보다 프로그램의 특성을 고려한다.
㉣ 학교체육시설, 지도인력, 예산등은제약없이사용이 가능하므로이를반영한다.

① ㉠, ㉡ ② ㉠, ㉢
③ ㉡, ㉢ ④ ㉡, ㉣

03 <보기>의 ㉠, ㉡에 해당하는 용어가 바르게 연결된 것은?

보기
1960년대 중반 미국을 중심으로 전개된 (㉠)은 스포츠교육학이 체육학의 하위학문 분야로 성장하는데 촉매제 역할을 하였다. 결국 신체 활동을 지도할 때 학문을 기반으로 한 (㉡)지식을 스포츠 참여자에게 가르쳐야 한다는 주장이 본격적으로 제기되기 시작했다.

	㉠	㉡
①	체육 학문화 운동	이론적
②	체육 학문화 운동	경험적
③	체육 과학화 운동	경험적
④	체육 과학화 운동	이론적

04 체육활동에서 안전한 학습환경 유지에 관한 설명으로 적절하지 않은 것은?

① 활동 전에 안전 문제를 예측하고 교구를 배치한다.
② 위험한 상황이 예측되더라도 시작한 과제는 끝까지 수행한다.
③ 안전한 수업운영에 필요한 절차를 학습자들에게 명확히 전달한다.
④ 새로운 연습과제나 게임을 시작할 때 지도자는 지속적으로 학습자를 감독한다.

05 <보기>의 성장단계별 스포츠 프로그램의 목적 중 옳은 것을 모두 고른 것은?

보기
㉠ 유소년스포츠: 유아와아동의신체적 · 인지적발달도모, 기본적인사회관계형성
㉡ 청소년스포츠: 운동기능 습득, 삶의 즐거움과 활력 찾기, 또래친구와의 여가 활동 참여
㉢ 성인스포츠: 신체적 건강 유지, 사교, 흥미확대, 사회적 안정 추구

① ㉠ ② ㉠, ㉡
③ ㉡, ㉢ ④ ㉠, ㉡, ㉢

06 <보기>에서 설명하는 스포츠지도자가 고려해야 할 학습자 특성은?

보기
학습자의 성별, 연령, 환경적 요인 등 학습자의 개인차를 고려해서 학습 단계를 결정하는 것이 중요하다.

① 감정 조절 ② 발달 수준
③ 공감 능력 ④ 동기유발 상태

07 스포츠지도자의 자질과 지도방법에 관한 내용으로 옳지 않은 것은?

① 지도자는 높은 성품 수준을 유지하며 모범을 보여야 한다.
② 선수가 수단과 방법을 가리지 않고 승리할 수 있도록 지도한다.
③ 지도자는 재능의 차원과 인성적 차원의 자질을 고루 갖추어야 한다.
④ 선수가 올바른 도덕적 의식을 가지고 자율적으로 실천하도록 지도한다.

08 <보기>에서 설명하는 수업 주도성 프로파일의 특성을 나타내는 체육수업 모형은?

보기

- 학습자는 각 과제의 수행 기준에 도달할 책임이 있다.
- 학습자는 많은 피드백과 높은 수준의 언어적 상호작용의 기회를 갖는다.
- 지도자는 내용선정과 과제제시를 주도하고, 학습자는 수업 진도를 결정한다.

① 전술게임 모형
② 협동학습 모형
③ 개별화지도 모형
④ 개인적 · 사회적책임감 지도 모형

09 <보기>에서 스포츠 활동 참여자의 행동 수정 전략을 잘못 이해하고 있는 지도자들로만 묶인 것은?

보기

송 코치: 저는 지도자가 일관성 있게 지도하는 것이 중요하다고 생각해요.
이 코치: 학습자의 행동 수정에도 그 단계를 설정할 필요가 있는 것 같아요.
김 코치: 과거의 행동 수준부터 한 번에 많은 변화가 있도록 지도해야 해요.
박 코치: 목표행동은 간단히 진술하고 그에 따른 결과는 고려하지 않아도 되요.

① 송 코치, 이 코치　② 이 코치, 김 코치
③ 박 코치, 송 코치　④ 김 코치, 박 코치

10 <보기>는 박 코치의 수업 일지 내용이다. ㉠, ㉡에 해당하는 용어가 바르게 연결된 것은?

보기

골프 수업에 참여한 학습자들이 골프 규칙을 비롯해, 골프와 유사한 스포츠의 개념적 특징을 비교 · 분석할 수 있도록 (㉠) 목표를 제시하였다. … (중략) … 또한 각 팀의 1등은 다른 팀의 1등끼리, 2등은 다른 팀의 2등끼리 점수를 비교하여 같은 등수에서 높은 점수를 얻은 학습자에게 정해진 상점을 부여했다. 이와 같이 협동학습 모형의 과제구조 중 (㉡)전략을 사용하였다.

	㉠	㉡
①	정의적	직소(Jigsaw)
②	정의적	팀-보조 수업 (Team-Assisted Instruction)
③	인지적	팀 게임 토너먼트 (Team Games Tournament)
④	인지적	학생 팀-성취 배분 (Student Teams-Achievement Division)

11 학교체육 진흥법(2020. 10. 20, 일부개정)의 제12조에서 규정하고 있는 내용으로 옳지 않은 것은?

① 교육감은 학교운동부지도자의 자질 향상 및 전문성 강화를 위하여 연수교육계획을 수립하고, 이를 실시하여야 한다.
② 학교의 장은 학교운동부지도자가 학생선수의 학습권을 박탈하거나 폭력, 금품·향응 수수 등의 부적절한 행위를 하였을 경우 학교운영위원회의 심의를 거쳐 계약을 해지할 수 있다.
③ 국가 및 지방자치단체는 학교운동부지도자의 급여에 필요한 경비를 지원하도록 노력해야 한다.
④ 학교운동부지도자의 자격기준, 임용, 급여, 신분, 직무 등에 필요한 사항은 대통령령으로 정한다.

12 <보기>의 국민체육진흥법(2020. 8. 18, 일부개정) 제12조의3의 내용 중 ㉠, ㉡에 해당하는 용어가 바르게 연결된 것은?

보기

문화체육관광부장관은 체육지도자 및 체육단체의 책임이 있는 자가 체육계 인권침해 및 (㉠)와/과 관련하여 (㉡)이/가 확정되는 경우에는 운영위원회의 심의·의결을 거쳐 그 인적사항 및 비위 사실 등을 공개할 수 있다.

	㉠	㉡
①	폭행	자격정지
②	스포츠비리	유죄판결
③	폭행	행정처분
④	스포츠비리	자격취소

13 <보기>의 ㉠~㉥ 중 모스턴(M. Mosston)의 '자기점검형(self-check style)' 교수 스타일에 해당하는 특징으로만 묶인 것은?

보기

㉠ 지도자는 감환과정의 준거를 제시한다.
㉡ 지도자는 학습자의 능력과 독립성을 존중한다.
㉢ 지도자는 학습자가 활용할 평가 기준을 마련한다.
㉣ 학습자는 과제활동 전 결정군에서 내용을 정한다.
㉤ 학습자는 스스로 자신의 과제를 확인하고 교정한다.
㉥ 학습자는 동료와 피드백을 주고받으며 연습하는 데 중점을 둔다.

① ㉠, ㉢, ㉥　　② ㉡, ㉢, ㉤
③ ㉠, ㉣, ㉤　　④ ㉡, ㉤, ㉥

14 <보기>에서 설명하는 알몬드(L. Almond)의 게임 유형은?

보기

- 야구, 티볼, 크리켓, 소프트볼 등 팀 구성원 모두가 공격과 수비에 번갈아 참여한다.
- 개인의 역할 수행이 경기에 중요한 영향을 미치므로, 자신의 역할에 대한 이해와 책임감이 강조된다.

① 영역(침범)형　　② 네트형
③ 필드형　　④ 표적형

15 체육 수행평가에 관한 설명으로 옳은 것은?

① 학습의 과정보다 결과를 중시한다.
② 일시적이며 단편적인 관찰에 의존한다.
③ 개인보다 집단에 대한 평가를 강조한다.
④ 아는 것과 실제 적용 능력을 모두 강조한다.

16 메츨러(M. Metzler)의 스포츠 지도를 위한 교수·학습 과정안(지도계획안) 작성요소와 방법이 바르게 연결된 것은?

	작성 요소	작성 방법
①	학습목표	학습목표는 추상적으로 작성
②	수업정리	과제의 내용을 구조화하고, 제시 방법을 기술
③	학습평가	평가 시기, 평가의 관리 및 절차상의 고려사항을 제시
④	수업맥락 기술	과제의 중요도에 따라 학습활동 목록을 작성

17 <보기>에서 세 명의 축구 지도자가 활용한 질문 유형이 바르게 연결된 것은?

보기

이 코치: 지난 회의에서 설명했던 오프사이드 규칙 기억나니?
윤 코치: (작전판에 그림을 그리면서) 상대 팀 선수가 중앙으로 드리블해서 돌파하고자 할 때, 수비하는 방법들은 무엇이 있을까?
정 코치: 상대 선수가 너에게 반칙을 하지 않았는데 심판이 상대 선수에게 반칙 판정을 했어. 너는 이런 상황에서 어떻게 하겠니?

	이 코치	윤 코치	정 코치
①	회상형(회고형)	확산형(분산형)	가치형
②	회상형(회고형)	수렴형(집중형)	가치형
③	가치형	수렴형(집중형)	회상형(회고형)
④	가치형	확산형(분산형)	회상형(회고형)

18 <보기>에 해당하는 링크(J. Rink)의 내용 발달 과제는?

보기

- 과제의 난이도와 복잡성에 따른 점진적 발달에 관심을 갖는다.
- 복잡한 기술을 가르치기 전에 기능을 세분화한다.

① 세련과제　② 정보(시작)과제
③ 적용(평가)과제　④ 확대(확장)과제

19 <보기>에서 설명하는 슐만(L. Shulman)의 교사 지식은?

보기

- 노인의 신체적 · 정신적 변화 등에 관한 지식
- 장애 유형에 따른 운동방법 등에 관한 지식
- 유소년의 행동양식, 신체발달 등에 관한 지식

① 교육과정(curriculum) 지식
② 교육환경(educational context) 지식
③ 지도방법(general pedagogical) 지식
④ 학습자와 학습자 특성(learners and their characteristics) 지식

20 <보기>에서 두 명의 수영 지도자가 활용한 평가 유형이 바르게 연결된 것은?

보기

박 코치: 우리반은 초급이라서 25 m 완주를 목표한다고 공지했어요. 완주한 회원들에게는 수영모를 드렸어요.
김 코치: 저는 우리 클럽의 특성을 고려해서 모든 회원의 50 m 평영 기록을 측정했습니다. 그리고 상위 15%에 해당하는 회원들께 '박태환' 스티커를 드렸습니다.

	박 코치	김 코치
①	절대평가	상대평가
②	상대평가	절대평가
③	동료평가	자기평가
④	자기평가	동료평가

스포츠사회학

01 스포츠사회학에 관한 설명으로 옳지 않은 것은?

① 스포츠 현장의 사회구조와 사회과정을 설명하는 학문이다.
② 운동참여자의 운동수행능력과 관련된 직접적인 원인을 설명한다.
③ 사회학의 하위분야로 스포츠현장의 인간행동을 예측하고 이해한다.
④ 스포츠는 사회영역과 밀접한 관계를 맺고 있어 통찰과 분석이 필요하다.

02 <보기>에서 설명하는 스포츠의 국제 정치적 사건은?

보기
- 온두라스와 엘살바도르 간의 갈등 심화
- 1969년 중남미 월드컵 지역 예선 경기에서 발생

① 축구전쟁　② 헤이젤 참사
③ 검은 구월단　④ 핑퐁외교

03 파슨즈(T. Parsons)의 AGIL 모형에 근거한 스포츠의 사회적 기능으로 적절하지 않은 것은?

① 적응　② 통합
③ 목표성취　④ 상업주의

04 훌리한(B. Houlihan)이 제시한 정부(정치)가 스포츠에 개입한 목적에 해당하지 않는 것은?

① 시민들의 건강 및 체력유지를 위해 반도핑 기구에 재원을 지원한다.
② 스포츠 현장에서 인종차별을 해소하기 위해 Title IX 법안을 제정했다.
③ 게르만족의 우월성을 강조하기 위해 1936년 베를린 올림픽을 개최하였다.
④ 공공질서를 보호하기 위해 공원에서 스케이트보드 금지, 헬멧 착용 등의 도시 조례가 제정되었다.

05 <보기>에서 프로스포츠의 순기능을 모두 고른 것은?

보기
㉠ 스포츠의 대중화
㉡ 생활의 활력소 역할
㉢ 지역사회 연대감 증대
㉣ 아마추어 스포츠의 활성화

① ㉠　② ㉠, ㉡
③ ㉠, ㉡, ㉢　④ ㉠, ㉡, ㉢, ㉣

06 <보기>에서 스포츠 상업화에 따른 변화를 모두 고른 것은?

보기
㉠ 프로페셔널리즘 추구
㉡ 심미적 가치의 경시
㉢ 직업선수의 등장
㉣ 아마추어리즘의 강조
㉤ 스포츠조직의 세계화
㉥ 농구 쿼터제 도입

① ㉠, ㉡, ㉢, ㉥　② ㉠, ㉢, ㉤, ㉥
③ ㉡, ㉢, ㉣, ㉤　④ ㉡, ㉣, ㉤, ㉥

07 <보기>에서 투민(M. Tumin)의 스포츠계층 형성과정의 서열화에 관한 설명 중 옳은 것을 모두 고른 것은?

보기

㉠ 특정 선수를 선망의 대상으로 생각하거나 팬으로서 특정 선수를 좋아한다.
㉡ 스포츠 팀 구성원으로 자신의 능력이 팀의 승리에 미치는 영향력이 커야 한다.
㉢ 뛰어난 운동신경과 능력뿐만 아니라 탁월한 개인적 특성을 갖추고 있어야 한다.
㉣ 특정 스포츠 영역에서 요구되는 운동기술이 특출한 기량을 발휘해야 한다.

① ㉠, ㉡　② ㉠, ㉢
③ ㉠, ㉡, ㉢　④ ㉡, ㉢, ㉣

08 로이(J. Loy)와 레오나르드(G. Leonard)가 제시한 사회이동 기제로서 스포츠 역할의 근거로 적절하지 않은 것은?

① 프로스포츠 선수들은 다양한 형태의 후원 및 광고출연의 기회가 있다.
② 조직적인 스포츠 참가는 직·간접적으로 교육적 성취도를 향상시킨다.
③ 스포츠의 참가 기회 및 결과는 공정하기 때문에 상승이동에 기여한다.
④ 사회생활을 하는 데 가치 있다고 여겨지는 태도 및 행동 양식을 학습시킨다.

09 스포츠 미디어 이론에 관한 설명이 옳지 않은 것은?

① 문화규범이론 – 문화적 차이에 의해 핫 미디어와 쿨 미디어로 나누어진다.
② 사회범주이론 – 미디어의 영향력은 성, 연령, 계층 등에 따라 다르게 반영된다.
③ 개인차 이론 – 대중들은 능동적 수용자로서 심리적 욕구를 만족하기 위해 매스미디어를 활용한다.
④ 사회관계이론 – 미디어를 통한 개인의 스포츠 소비 형태는 중요타자의 가치와 소비행동에 의해 영향을 받는다.

10 <보기>의 ㉠~㉣에 해당하는 머튼(R. Merton)의 아노미이론에서 제시한 일탈행동 유형이 바르게 연결된 것은?

보기

㉠ 벤 존슨은 불법약물복용으로 올림픽 금메달을 박탈당했다.
㉡ 승리에 대한 집념보다는 규칙을 지키며 최선을 다해 경기에 참여한다.
㉢ 스스로 실력의 한계를 느끼고 운동부에서 탈퇴한다.
㉣ 학생선수의 학습권을 보장하기 위해 최저학력제를 도입하였다.

	㉠	㉡	㉢	㉣
①	혁신주의	반역주의	도피주의	의례주의
②	반역주의	혁신주의	의례주의	도피주의
③	혁신주의	의례주의	도피주의	반역주의
④	의례주의	반역주의	혁신주의	도피주의

11 <보기>의 ㉠~㉣에 해당하는 집합행동 이론이 바르게 연결된 것은?

보기

㉠ 군중은 피암시성, 순환적 반작용에 의해 폭력적 집단행동이 나타난다.
㉡ 군중들의 반사회적 성향이 익명성, 몰개성화에 의해 집합행동으로 나타난다.
㉢ 특정 사회적 상황에서의 공유의식은 구성원의 감정과 정숙 정도, 수용성 등에 영향을 준다.
㉣ 선행적 사회구조적·문화적 요인으로 인한 단계적 절차는 집합행동을 생성, 발전 및 소멸시킨다.

	㉠	㉡	㉢	㉣
①	전염이론	수렴이론	규범생성이론	부가가치이론
②	수렴이론	전염이론	부가가치이론	규범생성이론
③	규범생성이론	부가가치이론	수렴이론	전염이론
④	부가가치이론	규범생성이론	전염이론	수렴이론

12 <보기>는 코클리(J. Coakley)가 제시한 일탈적 과잉동조를 유발하는 스포츠 윤리규범의 유형과 특징에 관한 설명이다. ㉠~㉢에 들어갈 내용이 바르게 연결된 것은?

보기

(㉠): 운동선수는 위험을 받아들이고 고통 속에서도 경기에 참여해야 한다.
(㉡): 운동선수는 장애물을 극복하고 역경을 헤쳐 나가는 노력을 해야 한다.
(㉢): 운동선수는 경기에 헌신해야 하며 이를 그들의 삶에서 우선순위에 두어야 한다.
구분짓기규범: 다른선수와의 차별성을 강조하며, 운동선수는 경기에서 탁월함을 추구해야 한다.

	㉠	㉡	㉢
①	몰입규범	도전규범	인내규범
②	몰입규범	인내규범	도전규범
③	인내규범	도전규범	몰입규범
④	인내규범	몰입규범	도전규범

13 <보기>에서 매기(J. Magee)와 서덴(J. Sugden)이 제시한 스포츠의 노동이주 유형은?

보기

• 종목의 특성으로 인해 국가 간 이동이 발생한다.
• 개인의 취향에 의해 선택하는 경우도 발생한다.
• 흥미로운 장소를 돌면서 스포츠를 즐기는 유형이다.

① 유목민형 ② 정착민형
③ 개척자형 ④ 귀향민형

14 <보기>에서 설명하는 스포츠일탈이론의 관점은?

보기

• 동일한 행위도 상황에 따라 일탈로 규정되거나 그렇지 않을 수 있다.
• 경기장에도 다양한 일탈 행동으로 낙인 찍힌 선수들이 있다.

① 갈등론적 관점
② 구조기능주의 관점
③ 상징적 상호작용론적 관점
④ 비판론적 관점

15 <보기>의 ㉠~㉢에 해당하는 스포츠사회화 과정이 바르게 연결된 것은?

보기

(㉠): 테니스 지도자가 되어 초등학교에서 테니스를 가르치게 되었다.
(㉡): 부모님의 권유로 테니스를 배우게 되었다.
(㉢): 테니스참여를 통해 사회성, 준법정신이 강한 선수가 되었다.
스포츠 탈 사회화: 무릎인대 손상으로 테니스선수생활을 그만두었다.

① ㉠ 스포츠 재사회화
㉡ 스포츠를 통한 사회화
㉢ 스포츠로의 사회화
② ㉠ 스포츠로의 사회화
㉡ 스포츠 재사회화
㉢ 스포츠를 통한 사회화
③ ㉠ 스포츠를 통한 사회화
㉡ 스포츠로의 사회화
㉢ 스포츠 재사회화
④ ㉠ 스포츠 재사회화
㉡ 스포츠로의 사회화
㉢ 스포츠를 통한 사회화

16 <보기>에서 신자유주의 시대 스포츠 세계화의 특징에 해당하는 것으로만 묶인 것은?

보기

㉠ 스포츠 시장의 경계가 국경을 초월해 전 세계로 확대되었다.
㉡ 프로스포츠의 이윤 극대화로 인해 빈익빈 부익부 현상이 해소되었다.
㉢ 세계인들에게 표준화된 스포츠 상품과 스포츠 문화를 소비하게 만들었다.
㉣ 각 나라의 전통스포츠가 전 세계로 보급되어 새로운 스포츠 시장을 개척할 수 있게 되었다.

① ㉠, ㉡ ② ㉠, ㉢
③ ㉡, ㉢ ④ ㉡, ㉣

17 <보기>의 ㉠, ㉡에 해당하는 용어가 바르게 연결된 것은?

보기

- 미디어는 스포츠 중계를 통해 시청자들의 상품 소비를 촉진시키는 (㉠) 이데올로기를 생산한다.
- 미디어는 남성스포츠 경기를 역사적 중요성을 갖고 있는 것처럼 묘사하며, 여성 스포츠를 실력보다 외모를 부각시키는 (㉡) 이데올로기를 생산한다.

	㉠	㉡
①	합리주의	젠더
②	자본주의	젠더
③	합리주의	성공
④	자본주의	성공

18 교육현장에서 스포츠의 역기능에 관한 설명으로 옳지 않은 것은?

① 비과학적 훈련 방법은 학생선수를 혹사시킨다.
② 승리지상주의 심화로 인해 교육목표를 결핍시킨다.
③ 참여기회의 제한으로 장애인의 적응력을 배양시킨다.
④ 학교와 팀의 성공을 위해 학생선수의 의도적 유급, 성적 위조 등을 조장한다.

19 <보기>에서 설명하는 스포츠사회화 이론은?

보기

- 상과 벌을 통해 행동의 변화가 일어난다.
- 사회화 주관자의 가르침을 통해 행동이 변화한다.
- 다른 사람의 행동을 관찰하여 모방이 일어난다.

① 사회학습이론 ② 역할이론
③ 준거집단이론 ④ 문화규범이론

20 미래 스포츠의 변화와 전망에 관한 설명으로 옳지 않은 것은?

① 정보통신기술의 발달로 스포츠 관람형태가 다양해진다.
② '기술도핑(technical doping)'은 스포츠의 공정성을 훼손한다.
③ 다양한 신소재의 개발은 스포츠의 용품 및 장비 개발에 활용된다.
④ 통신 및 전자매체의 발달로 스포츠에서 미디어의 영향력이 감소된다.

스포츠심리학

01 스포츠와 운동의 참여가 개인의 심리적 발달에 미치는 영향에 관한 연구주제로 적절하지 않은 것은?

① 달리기는 우울증을 조절하는가?
② 스포츠클럽 활동은 사회성과 집중력을 높이는가?
③ 태권도 수련은 아동의 인성 발달에 도움이 되는가?
④ 수영에 대한 자신감이 수영 학습에 어떤 영향을 주는가?

02 보강적 피드백(augmented feedback)의 유형에 해당하는 것은?

① 시각(visual)
② 촉각(tactile)
③ 청각(auditory)
④ 결과지식(knowledge of result)

03 나이데퍼(R. Nideffer)의 주의초점모형을 근거로, <보기>의 내용에 해당하는 주의의 폭과 방향은?

보기

배구 선수가 서브를 준비하면서 상대 진영을 살핀 후, 빈 곳을 확인하여 그곳으로 공을 서브하였다.

① 광의 외적에서 협의 외적으로
② 광의 내적에서 광의 외적으로
③ 협의 내적에서 광의 외적으로
④ 협의 외적에서 협의 외적으로

04 아이젠(I. Ajen)의 계획된행동이론(theory of planned behavior)의 구성요인으로만 묶인 것은?

① 태도(attitude), 의도(intention), 주관적규범(subjective norm), 동기(motivation)
② 태도(attitude), 의도(intention), 주관적규범(subjectivenorm), 행동통제인식(perceivedbehavioralcontrol)
③ 주관적규범(subjective norm), 자신감(confidence), 의도(intention), 태도(attitude)
④ 행동통제인식(perceived behavioral control), 자신감(confidence), 태도(attitude), 동기(motivation)

05 스포츠심리기술 훈련에 관한 설명으로 옳지 않은 것은?

① 경기력 향상에 즉각적 효과를 줄 수 있다.
② 평소 연습과 통합되어 지속적으로 진행되어야 한다.
③ 심상, 루틴, 사고조절 등의 심리기법이 활용된다.
④ 연령, 성별, 경기수준과 관계없이 모든 선수들에게 적용될 수 있다.

06 캐런(A.V. Carron)의 팀 응집력 모형에서 응집력의 결정요인으로만 묶인 것은?

① 리더십 요인(leadershipfactor),발달 요인(developmentfactor), 환경 요인(environment factor), 팀 요인(team factor)
② 리더십 요인(leadershipfactor), 팀 요인(teamfactor), 개인 요인(personal factor), 발달 요인(development factor)
③ 팀 요인(teamfactor), 리더십 요인(leadershipfactor), 환경 요인(environmentfactor), 개인 요인(personal factor)
④ 팀 요인(teamfactor), 발달 요인(development factor), 환경 요인(environment factor), 개인 요인(personal factor)

07 인지평가이론(cognitive evaluation theory)에서 내적 동기를 높일 수 있는 방법으로 옳지 않은 것은?

① 타인과의 관계성을 높여준다.
② 자신의 능력에 대해 유능감을 높여준다.
③ 행동을 결정하는데 있어 자율성을 갖게 한다.
④ 행동결과에 대한 보상의 연관성을 강조한다.

08 <보기>의 정보처리 과정과 반응시간의 관계에서 ㉠~㉢에 들어갈 단계가 바르게 연결된 것은?

보기

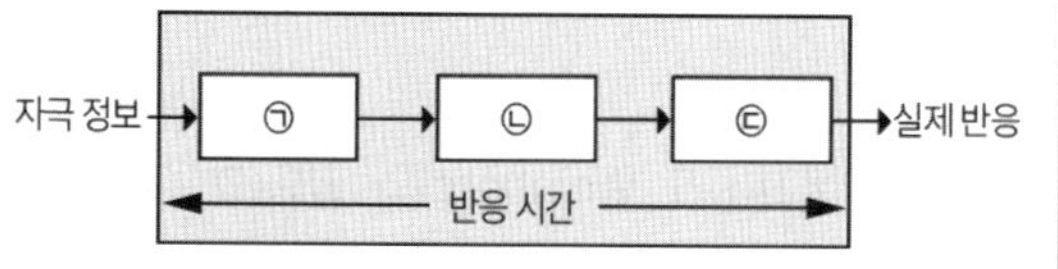

	㉠	㉡	㉢
①	의사결정 단계	반응선택 단계	반응실행 단계
②	의사결정 단계	반응실행 단계	반응선택 단계
③	감각, 지각 단계	반응선택 단계	반응실행 단계
④	감각, 지각 단계	반응실행 단계	반응선택 단계

09 운동실천을 위한 행동수정 중재전략으로 적절하지 않은 것은?

① 운동화를 눈에 잘 띄는 곳에 둔다.
② 구체적이고 실현 가능한 목표를 설정한다.
③ 지각이나 결석이 없는 회원에게 보상을 제공한다.
④ 출석상황과 운동수행 정도를 공공장소에 게시한다.

10 <보기>의 사례와 관련있는 데시(E..L.. Deci)와 라이언(R..M.. Ryan)의 자결성이론(self－determination theory)의 구성요인이 바르게 연결된 것은?

보기

㉠ 현우는 뛰는 것을 그다지 좋아하지는 않지만, 체중조절과 건강증진을 위해서 매일 1시간씩 조깅을 한다.
㉡ 승아는 필라테스를 그다지 좋아하지는 않지만, 개인강습비를 지원해준 부모님에 대한 죄책감 때문에 학원에 다닌다.

① ㉠ 확인규제(identified regulation)
㉡ 의무감규제(introjected regulation)
② ㉠ 외적규제(external regulation)
㉡ 의무감규제(introjected regulation)
③ ㉠ 내적규제(internal regulation)
㉡ 확인규제(identified regulation)
④ ㉠ 의무감규제(introjected regulation)
㉡ 확인규제(identified regulation)

11 <보기>는 성취목표성향 이론에서 자기목표성향(ego-goal orientation)과 과제목표성향(task-goal orientation)에 관한 예시이다. 이에 대한 해석이 옳은 것은?

보기

> 인호와 영찬이는 수업에서 테니스를 배운다. 이 둘은 실력이 비슷하다. 하지만 수업에서 인호는 테니스 기술을 배우는 것보다 다른 친구와 테니스 게임을 하여 이기는 것을 좋아한다. 반면에 영찬이는 테니스 기술에 중점을 두며 테니스 기술을 연마할 때마다 뿌듯해 한다.

① 영찬이는 실현 불가능한 과제를 자주 선택할 것이다.
② 인호는 자신의 기술향상을 위하여 개인 노력을 중시한다.
③ 인호는 영찬이를 이겼을 때 자신이 잘해서 승리하였다고 생각한다.
④ 인호는 학습의 증진과 연관된 자기-참고적(self-reference)인 목표를 가진 학생이다.

12 <보기>의 운동기능 연습법 내용과 관련 있는 것은?

보기

> 각 부분을 따로 연습한 후 전체 기술을 종합적으로 연습하는 순수 분습법(pure-part practice)과 전체 운동기술 중에 첫 번째와 두 번째 요소를 각각 연습한 후 그 두 요소를 결합하고 이후 다음 요소를 다시 연습하는 과정을 거쳐 전체 기술을 습득해가는 점진적 분습법(progressive-part practice)으로 구분된다.

① 분절화 ② 부분화
③ 분산연습 ④ 집중연습

13 특성불안을 측정하는 검사지는?

① SCQ(Sport Cohesion Questionnaire)
② SCAT(Sport Competitive Anxiety Test)
③ CSAI-2(Competitive State Anxiety Inventory-2)
④ 16PF(Cattell's Sixteen Personality Factor Questionnaire)

14 <보기>의 ㉠~㉢에 들어갈 운동발달의 단계를 바르게 나열한 것은?

보기

> 반사운동단계 → (㉠) → (㉡) → 스포츠기술단계 → (㉢) → 최고수행단계 → 퇴보단계

① ㉠ 초기움직임단계
㉡ 성장과 세련단계
㉢ 기본움직임단계
② ㉠ 초기움직임단계
㉡ 기본움직임단계
㉢ 성장과 세련단계
③ ㉠ 기본움직임단계
㉡ 성장과 세련단계
㉢ 초기움직임단계
④ ㉠ 기본움직임단계
㉡ 초기움직임단계
㉢ 성장과 세련단계

15 와인버그(R.S. Weinberg)와 굴드(D. Gould)의 바람직한 처벌 행동 지침에 관한 내용으로 옳지 않은 것은?

① 사람이 아니라 행동을 처벌한다.
② 동일한 규칙위반에 대해서는 동일하게 처벌한다.
③ 연습 중에 실수한 것에 대해서는 가볍게 처벌한다.
④ 규칙위반에 관한 처벌규정을 만들 때 선수의 의견을 반영한다.

16 스포츠심리상담에서 상담자가 활용할 수 있는 기법에 관한 설명으로 옳지 않은 것은?

① 적극적 경청: 내담자의 말에 적절하게 행동으로 반응한다.
② 관심집중: 내담자의 말이 끝날 때까지 내담자를 계속 관찰한다.
③ 신뢰형성: 내담자 개인의 정신적 고민이나 감정적 호소에 귀 기울인다.
④ 공감적 이해: 내담자에게는 생각할 시간을 충분히 주고, 상담자는 반응을 짧게 한다.

17 운동발달에 관한 설명으로 옳지 않은 것은?

① 운동발달에는 개인차가 존재한다.
② 운동발달 과정에는 민감기(sensitive period)가 있다.
③ 운동발달은 운동행동이 연속적으로 변화하는 과정이다.
④ 운동발달 상황에서 공통적으로 나타나는 행동을 개체발생적 운동행동이라고 한다.

18 신체활동은 일련의 단계를 거쳐 변화한다는 것을 기본적인 전제로 하는 운동행동이론은?

① 계획행동이론(theory of planned behavior)
② 건강신념모형(health belief model)
③ 변화단계이론(transtheoretical model)
④ 합리적 행동이론(theory of reasoned action)

19 <보기>의 내용과 관련 있는 불안이론은?

보기

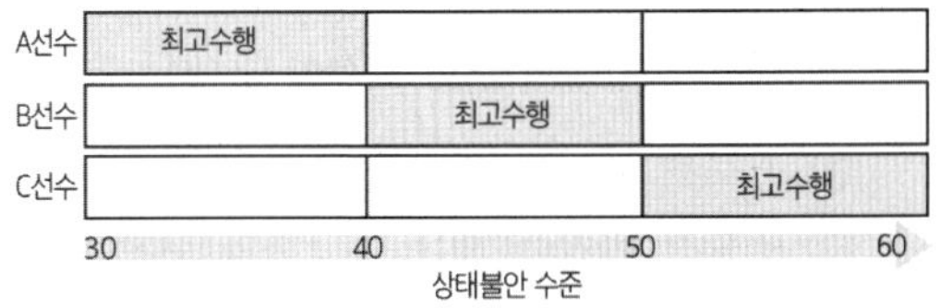

① 적정수준이론(optimal level theory)
② 전환이론(reversal theory)
③ 다차원불안이론(multidimensional anxiety model)
④ 최적수행지역이론(zone of optimal functioning theory)

20 사회적 태만(social loafing) 현상을 극복하기 위한 지도전략으로 옳지 않은 것은?

① 사회적 태만 허용상황을 미리 설정하지 않게 한다.
② 대집단보다는 소집단(포지션별)을 구성하여 훈련한다.
③ 지도자는 선수 개개인의 노력을 확인하고 이를 인정한다.
④ 선수들이 자신의 포지션뿐만 아니라 다른 역할도 경험하게 한다.

스포츠윤리

01 스포츠윤리의 목적으로 적절하지 않은 것은?

① 스포츠 행위의 공정한 조건을 제시한다.
② 의도적 반칙에 대한 정당화의 근거를 제시한다.
③ 스포츠를 통한 도덕적 자질과 인격 함양을 추구한다.
④ 스포츠맨십, 페어플레이 등 스포츠윤리 규범을 통한 바람직한 공동체의 모습을 제시한다.

02 <보기>에서 ㉠, ㉡에 들어갈 용어가 바르게 연결된 것은?

보기

스포츠에서 일어나는 사건이나 현상에 대한 사유작용을 판단이라고 한다. 판단은 크게 사실판단과 가치판단으로 구분된다. 사실판단은 실제 스포츠에서 일어난 사건과 현상에 대한 진술을 말한다. 따라서 (㉠)을/를 가릴 수 있다. 이에 비해 가치판단은 옳고 그름 혹은 바람직하거나 그렇지 못한 것 등 가치에 대한 진술로 이루어진다. 가치판단은 주로 (㉡)에 근거한다.

	㉠	㉡
①	진위	당위
②	진위	허위
③	진리	상상
④	진리	선택

03 <보기>에서 설명하는 스포츠윤리 규범은?

보기

스포츠의 규범은 근대스포츠의 탄생과 밀접한 연관을 갖는다. 규칙의 준수가 근대 시민 계급의 도덕성 함양에 기여할 수 있다고 여겨지면서 하나의 윤리 규범으로 정착하였다. 특히 진실과 성실의 정신(spirit of truth and honesty)을 바탕으로 경기에 임하는 도덕적 태도와 같은 의미로 쓰이면서 오늘날 스포츠의 보편적인 윤리 규범이 되었다.

① 유틸리티(utility)
② 테크네(techne)
③ 젠틀맨십(gentlemanship)
④ 페어플레이(fairplay)

04 <보기>에서 (　　) 안에 들어갈 용어로 적절한 것은?

보기

운동선수로서 아무리 뛰어난 능력을 갖추었더라도 인간의 본질인 도덕성(덕)이 부족하면 훌륭한 선수가 될 수 없다. 이런 까닭에 운동선수에게는 두 가지 (　　)이/가 동시에 요구된다. 즉 신체적 탁월성과 도덕적 탁월성을 겸비하였을 때 비로소 훌륭한 선수가 되는 것이다.

① 아곤(agon)　② 퓌시스(physis)
③ 로고스(logos)　④ 아레테(arete)

05 <보기>의 (　　) 안에 들어갈 용어와 대표적인 사상가가 바르게 연결된 것은?

보기

스포츠에서 도덕법칙은 “승리를 원한다면 열심히 훈련하라.”, “위대한 선수가 되기 위해서는 스포츠맨십에 충실하라.” 등과 같이 가언적으로 주어지지 않고, 어떠한 경우에도 선수의 의무로서 반드시 행하라는 (　　) 명령의 형태로 존재한다.

① 공리적 – 칸트(I. Kant)
② 공리적 – 밴덤(J. Bentham)
③ 정언적 – 칸트(I. Kant)
④ 정언적 – 밴덤(J. Bentham)

06 <보기>에서 설명하는 윤리 이론은?

보기

- 윤리적 가치의 근거를 페미니즘에서 찾음
- 이성의 윤리가 아닌 감성의 윤리
- 경기에 처음 출전하는 후배를 격려하는 선배의 친절
- 근육 경련을 일으킨 상대 선수를 걱정하고 보살피는 행위
- 타자의 요구와 정서에 공감하고 대응하는 것이 도덕의 출발임

① 공리주의　② 의무주의
③ 배려윤리　④ 대지윤리

07 <보기>의 ㉠, ㉡에 해당하는 정의의 유형은?

보기

라우: 스포츠는 ㉠ 동등한 조건의 참가와 동일한 규칙의 적용이 이루어져야 해. 그렇지 않으면 정의의 원칙에 어긋나게 되거든.
형린: 그런데 모든 것이 동등하지는 않아. 피겨스케이팅과 다이빙에서 ㉡ 높은 난이도의 연기를 펼친 선수는 그렇지 않은 선수보다 더 높은 점수를 받아야 해. 이것도 정의의 원칙이라고 할 수 있어.

	㉠	㉡
①	분배적	절차적
②	평균적	분배적
③	평균적	절차적
④	분배적	평균적

08 스포츠에서 발생하는 인종차별에 해당하는 것은?

① 생물학적 환원주의
② 지속가능한 발전
③ 게발트(Gewalt)
④ 아파르트헤이트(Apartheid)

09 <보기>의 폭력에 관한 설명과 관계 깊은 사상가는?

보기

- 학교 스포츠에서 선수에게 폭력을 가하는 감독도 한 가정의 평범한 가장이다.
- 운동 중 체벌을 가하는 것은 좋은 성적을 거두어야 하는 감독의 직업적 행동이다.
- 후배들에게 체벌을 가한 것은 감독의 지시에 따른 행동으로 나의 책임이 아니다.
- 폭력은 괴물이나 악마처럼 괴이한 존재가 아니라 평범한 일상 속에 함께 있다.
- 악(폭력)을 멈추게 할 유일한 방법은 생각과 반성이다.

① 뒤르켐(E. Durkheim)
② 홉스(T. Hobbes)
③ 지라르(R. Girard)
④ 아렌트(H. Arendt)

10 <보기>의 내용에 해당하는 반칙은?

보기

A팀과 B팀의 농구 경기는 종료까지 12초가 남았다. A팀은 4점 차로 지고 있고 팀 파울에 걸렸다. B팀이 공을 잡자 A팀의 한 선수가 B팀 선수에게 반칙을 해서 자유투를 유도한 후, 공격권을 가져오려고 한다.

① 의도적 구성 반칙
② 비의도적 구성 반칙
③ 의도적 규제 반칙
④ 비의도적 규제 반칙

11 <보기>의 ㉠, ㉡에 해당하는 유교 사상이 바르게 묶인 것은?

보기

㉠	공자는 "내가 원하지 않는 일을 남에게 하지 말라(己所不欲 勿施於人)"는 원리를 인간관계의 기본적인 행위 준칙으로 보았다. 내가 원하지 않는 것은 타인도 원하지 않을 것이라는 동등고려(equal consideration)의 원리는 스포츠맨십의 바탕이기도 하다. 스포츠맨십은 하지 말아야 할 행위를 하지 않는 것이 아니라 스스로 원하지 않는 것을 상대 선수에게 행하지 않는 원리를 실천하는 것이다.
㉡	사회구성원의 모든 행위가 그 이름(역할)에 적합하도록 행해야 한다는 도덕적 요구를 말한다. "임금은 임금답고 신하는 신하다우며, 아버지는 아버지답고 자식은 자식다워야 한다(君君臣臣父父子子)"는 주문으로 각자에게 주어진 이름과 역할에 걸맞게 행동하라는 도덕적 명령이다. 스포츠인을 스포츠인답게 만드는 것이 곧 스포츠맨십이다.

	㉠	㉡
①	충(忠)	예시예종(禮始禮終)
②	서(恕)	정명(正名)
③	충(忠)	절차탁마(切磋琢磨)
④	서(恕)	극기복례(克己復禮)

12 국민체육진흥법 제18조의3(2020. 8. 18, 일부개정)에 의거하여 체육의 공정성 확보와 체육인의 인권보호를 위해 설립된 단체는?

① 스포츠윤리센터 ② 클린스포츠센터
③ 스포츠인권센터 ④ 선수고충처리센터

13 <보기>의 ㉠에 해당하는 레스트(J. Rest)의 도덕성 구성요소는?

보기

상빈: 직업 선수에게 가장 중요한 것은 무엇이라고 생각해?
미라: 연봉이지! 직업 선수의 연봉이 그 선수의 능력을 나타내는 것이라고 생각해. 나는 작년 성적이 좋아서 올해 연봉이 200% 인상되었어.
은숙: 연봉은 매우 중요하지. 하지만 ㉠ 나는 연봉, 명예 등의 가치보다 스포츠인으로서 스포츠맨십과 페어플레이가 가장 중요한 가치라고 생각해.

① 도덕적 감수성(moral sensitivity)
② 도덕적 판단력(moral judgement)
③ 도덕적 동기화(moral motivation)
④ 도덕적 품성화(moral character)

14 사상가와 스포츠를 통한 도덕교육 방법이 바르게 연결되지 않은 것은?

① 루소(J. Rousseau) – 어린 시절부터 다양한 신체활동을 통해 성평등, 동료애, 공동체에서의 협력과 책임을 지는 습관을 길러준다.
② 베닛(W. Benneitt) – 스포츠 상황에서 발생하는 다양한 사건에 대한 논리적 추론과 가치명료화 등을 통해 도덕적 판단 능력을 길러준다.
③ 위인(E. Wynne) – 스포츠 경기의 전통을 이해하고, 규칙 준수 등의 바람직한 행동을 습관화할 수 있도록 가르친다.
④ 콜버그(L. Kohlberg) – 스포츠에서 발생하는 도덕적 딜레마에 대한 토론을 통해 도덕적 갈등상황을 이해하고, 자율적으로 대처할 수 있도록 가르친다.

15 <보기>의 (   ) 안에 들어갈 사상가는?

> 보기
>
> (   )은/는 "도덕적 가치들은 중요한 타자들(significant others)이 어떻게 행동하고 있는가를 관찰하는 것에 의하여 학습된다."고 하였다. 스포츠 도덕교육에서 스포츠지도자는 중요한 타자에 해당된다. 스포츠의 도덕적 가치는 스포츠지도자의 도덕적 모범에 의해 학습되어지며, 참여자는 스포츠지도자를 통해 관찰학습과 사회적 모델링을 하게 된다.

① 맥페일(P. McPhail)
② 피아제(J. Piajet)
③ 피터스(R. Peters)
④ 콜버그(L. Kohlberg)

16 장애차별 없는 스포츠의 조건에 해당하지 않는 것은?

① 장애인이 원하는 장소와 시간을 확보해야 한다.
② 대회의 참여와 종목의 선택은 감독에게 맡긴다.
③ 활동에 필요한 장비 및 기구의 재정적인 지원이 확보되어야 한다.
④ 다양한 사람과의 관계를 통해 사회성 함양의 기회를 주어야 한다.

17 <보기>의 ㉠, ㉡에 해당하는 도덕 원리의 검토 방법이 바르게 묶인 것은?

> 보기
>
> ㉠ '나 혼자 의도적 파울을 하는 것은 괜찮겠지'라는 판단은 '모든 선수가 의도적 파울을 한다면'이라는 원리에 비추어 검토한다.
> ㉡ '부상당한 선수를 무시하고 경기를 진행하라'는 주장의 지시에 '자신이 부상당한 경우를 가정하여 판단해보라'고 이야기한다.

	㉠	㉡
①	포섭검토	보편화 결과의 검토
②	반증 사례의 검토	포섭검토
③	역할 교환의 검토	반증 사례의 검토
④	보편화 결과의 검토	역할 교환의 검토

18 스포츠에서 공격이 윤리적이어야 하는 이유의 근거로 적절하지 않은 것은?

① 타인의 탁월성 발휘를 침해하지 않아야 하기 때문이다.
② 파괴적인 것이 아니라 합리적인 방법과 전술의 개발 등 생산적이어야 하기 때문이다.
③ 공격 당사자의 본능, 감정, 의지를 폭력적인 수단에 의해 관철해야 하기 때문이다.
④ 규칙의 범위 내에서 공격과 방어의 교환이라는 소통의 구조를 가져야 하기 때문이다.

19 스포츠에 도입된 과학기술의 긍정적인 효과로 적절하지 않은 것은?

① 운동선수의 인격 형성에 기여한다.
② 기록의 객관성과 신뢰성을 높인다.
③ 운동선수의 안전과 부상 방지에 도움을 준다.
④ 오심과 편파판정을 최소화하여 경기의 공정성을 향상시킨다.

20 스포츠 규칙의 원리로 적절하지 않은 것은?

① 편파성　② 임의성(가변성)
③ 제도화　④ 공평성

운동생리학

01 <보기>의 ㉠~㉣에 해당하는 용어를 바르게 나열한 것은?

보기

- 골격근은 (㉠)신경계의 조절에 의해 (㉡)으로 수축한다.
- 걷기와 같은 저강도 운동 중에는 (㉢) 섬유가 주로 동원되고 전력 질주와 같은 고강도 운동 중에는 (㉣) 섬유가 주로 동원된다.

	㉠	㉡	㉢	㉣
①	자율	수의적	type I	type II
②	체성	불수의적	type II	type I
③	자율	불수의적	type II	type I
④	체성	수의적	type I	type II

02 안정 시와 운동 중 에너지 소비량 측정 및 추정에 관한 설명으로 옳지 <u>않은</u> 것은?

① 직접 열량 측정법은 열 생산을 측정함으로써 에너지 소비량을 측정한다.
② 간접 열량 측정법은 산소 소비량과 이산화탄소 배출량을 이용하여 에너지 소비량을 추정한다.
③ 호흡교환율은 질소 배출량과 산소 소비량의 비율을 의미하며, 체내 지방과 단백질의 대사 이용 비율을 추정한다.
④ 이중표식수(doubly labeled water) 검사법은 동위원소 기법을 사용해 에너지 소비량을 추정한다.

03 운동 중 심근(myocardium)으로 혈액을 공급하는 동맥은?

① 관상동맥　② 폐동맥
③ 하대동맥　④ 상대동맥

04 해수면과 비교하여 고지 환경에서 운동 시 생리적 반응으로 옳지 <u>않은</u> 것은?

① 최대하 운동 시 폐환기량이 증가한다.
② 최대하 운동 시 심박수와 심박출량은 감소한다.
③ 최대하 운동 시 동맥혈 산화헤모글로빈 포화도는 감소한다.
④ 무산소 운동능력보다 유산소 운동능력이 더 감소한다.

05 유산소 트레이닝에 의한 골격근의 적응 현상으로 옳지 <u>않은</u> 것은?

① 모세혈관의 밀도 증가
② Type II 섬유의 현저한 크기 증가
③ 마이오글로빈의 함유량 증가
④ 미토콘드리아의 수와 크기 증가

06 <보기>에서 운동 중 호흡계 전도영역의 기능으로만 묶인 것은?

보기

㉠ 호흡하는 공기에 습기를 제공한다.
㉡ 폐포의 표면장력을 감소시키는 표면활성제(surfactant)를 제공한다.
㉢ 공기를 여과하는 역할을 한다.
㉣ 호흡가스 확산을 증가시킨다.

① ㉠, ㉡　② ㉠, ㉢
③ ㉡, ㉢　④ ㉢, ㉣

07 <보기>의 내용 중 옳은 것으로만 묶인 것은?

보기

㉠ 유산소 시스템: 장시간의 운동 시 글루코스 외에도 유리지방산을 이용하여 ATP 합성
㉡ 유산소 시스템: 세포질에서 크렙스회로와 전자전달계를 통해 ATP 합성
㉢ 무산소 해당 시스템: 혈액 혹은 글리코겐으로부터 얻어진 포도당을 피루브산으로 분해
㉣ 무산소 해당 시스템: 산화적 인산화를 통해 피루브산을 젖산으로 분해
㉤ ATP-PCr 시스템: 세포 내 ADP 또는 Pi의 농도가 증가할 때 포스포프록토키나아제(PFK)를 활성화시켜 ATP 합성
㉥ ATP-PCr 시스템: 단시간의 폭발적인 힘을 발휘하는 운동 시 PCr이 분해되며 발생한 에너지를 이용하여 ATP 합성

① ㉠, ㉢, ㉥　　② ㉠, ㉣, ㉤
③ ㉡, ㉢, ㉥　　④ ㉡, ㉣, ㉤

08 <보기>의 ㉠, ㉡에 들어갈 호르몬이 바르게 연결된 것은?

보기

규칙적인 신체활동을 통해 골형성을 자극하거나 활동부족으로 골손실을 자극하는 칼슘(Ca2+) 조절 호르몬의 역할에 대한 설명이다.
• (㉠)은 혈중 칼슘 농도가 증가하면 뼈의 칼슘 방출을 감소시킨다.
• (㉡)은 혈중 칼슘 농도가 감소하면 뼈의 칼슘 방출을 증가시킨다.

	㉠	㉡
①	인슐린	부갑상선호르몬
②	안드로겐	티록신
③	칼시토닌	부갑상선호르몬
④	글루카곤	티록신

09 근섬유(muscle fiber) 및 근원섬유(myofibril)에 관한 설명으로 옳은 것은?

① 근섬유는 여러 개의 핵을 가진 다른 세포들과 다르게 단핵세포로 구성된다.
② 근섬유는 결합조직인 근내막(endomysium)으로 싸여 있다.
③ 근원섬유는 근세포라 불리며, 가는 세사와 굵은 세사로 구성된다.
④ 근원섬유의 막 주위에는 위성세포(satellite cells)가 존재한다.

10 골격근의 수축형태와 기능에 관한 설명으로 옳은 것은?

① 단축성 수축은 동적 수축이며 속도가 빠를수록 더 큰 힘이 생성된다.
② 단축성 수축은 근절의 길이가 짧아지는 수축이며 근절의 길이가 최소일 때 최대 힘이 생성된다.
③ 신장성 수축은 정적 수축이며 속도가 0일 때 최대 힘이 생성된다.
④ 동일 근육에서의 신장성 수축은 단축성 수축에 비해 같은 속도에서 더 큰 힘이 생성된다.

11 <보기>의 심전도(ECG)에 관한 설명 중 옳은 것으로만 묶인 것은?

보기

㉠ 심방을 통한 전도속도가 감소하면 P파는 넓어진다.
㉡ PR간격은 심방의 탈분극부터 심실의 탈분극 전까지 걸리는 시간이다.
㉢ QRS복합파를 이용해서 심박수를 측정할 수 없다.
㉣ QRS복합파는 심실에서의 탈분극을 일컫는다.
㉤ ST분절은 심실 재분극에 소요되는 총 시간이다.

① ㉠, ㉡, ㉣　　② ㉠, ㉡, ㉤
③ ㉡, ㉢, ㉣　　④ ㉢, ㉣, ㉤

12 운동 시 호르몬이 분비되는 내분비선과 주요기능에 관한 설명으로 옳지 <u>않은</u> 것은?

① 호르몬: 알도스테론
내분비선: 부신피질
주요기능: 나트륨(Na^+) 흡수, 수분 손실 억제

② 호르몬: 코티졸
내분비선: 부신피질
주요기능: 당신생, 유리지방산 동원 증가

③ 호르몬: 에피네프린
내분비선: 부신수질
주요기능: 근육과 간 글리코겐 분해, 유리지방산 동원 증가

④ 호르몬: 성장호르몬
내분비선: 뇌하수체후엽
주요기능: 단백질 합성 증가, 유리지방산 동원 증가

13 유산소 운동 중 호흡계의 환기량 증가 요인에 관한 설명으로 옳지 <u>않은</u> 것은?

① 중추 화학적 수용체인 경동맥체와 대동맥체는 동맥의 산소 분압 증가에 따라 환기량 증가를 자극한다.
② 근육 내 화학적 수용체는 칼륨(K^+)과 수소(H^+)의 농도 증가에 따라 환기량 증가를 자극한다.
③ 근방추나 골지힘줄기관의 구심성 신경자극 증가는 환기량 증가를 자극한다.
④ 사용된 근육의 운동단위 증가는 환기량 증가를 자극한다.

14 <보기>에서 설명하는 신경세포 활동전위의 단계는?

보기

- 칼륨(K^+) 채널이 열려있고, 칼륨이 세포 외로 이동하면서 세포 내는 음전하를 띠게 되는 단계
- 이 단계 이후 칼륨 채널이 닫히고, 칼륨의 세포 외 유출이 적어짐에 따라 안정막 전위로 복귀

① 과분극 ② 탈분극
③ 재분극 ④ 불응기

15 <보기>에서 설명하는 용어는?

보기

- 운동뉴런의 말단과 근섬유가 접합되어 있는 기능적 연결부위
- 신경전달물질이 분비되는 공간
- 시냅스 전 축삭말단, 시냅스 간극, 근섬유 원형질막의 운동종판으로 구성

① 시냅스(synapse, 연접)
② 운동단위(motor unit)
③ 랑비에르 결절(node of Ranvier)
④ 신경근 접합부(neuromuscular junction)

16 <보기>에서 설명하는 열손실 기전은?

보기

- 피부의 땀이나 호흡을 통하여 체열을 손실시킨다.
- 실내 트레드밀 달리기 중 열손실의 가장 주된 기전이다.
- 대기조건(습도, 온도)과 노출된 피부 표면적의 영향을 받는다.

① 복사 ② 대류
③ 증발 ④ 전도

17 <보기>에서 설명하는 것은?

보기

- 고온환경의 운동 중 극도의 피로, 혼란, 혼미, 현기증, 구토
- 심한 탈수 현상으로 심혈관계가 인체의 요구에 적절히 대처하지 못함
- 심부체온 40 ℃ 미만

① 열사병 ② 열탈진
③ 열순응 ④ 저나트륨혈증

18 <보기>에 제시된 감각-운동 신경계의 인체 운동 반응 조절 과정을 단계별로 바르게 나열한 것은?

보기

㉠ 자극이 감각 뉴런을 통해 중추신경계로 전달된다.
㉡ 운동 자극이 중추신경계에서 운동 뉴런으로 전달된다.
㉢ 운동 자극이 근섬유에 전달되면 운동 반응이 일어난다.
㉣ 중추신경계가 정보를 해석하고 운동 반응을 결정한다.
㉤ 감각 수용기가 감각 자극을 받아들인다.

① ㉠ → ㉤ → ㉡ → ㉢ → ㉣
② ㉠ → ㉤ → ㉣ → ㉢ → ㉡
③ ㉤ → ㉠ → ㉡ → ㉢ → ㉣
④ ㉤ → ㉠ → ㉣ → ㉡ → ㉢

19 저항성 트레이닝에 의한 근력 향상의 요인으로 적절하지 않은 것은?

① Type Ⅰ 섬유 수의 증가
② Type Ⅱ 섬유 크기의 증가
③ 동원되는 운동단위 수의 증가
④ 동원되는 십자형교(cross-bridge) 수의 증가

20 고강도 운동 시 심박출량 증가 요인으로 옳지 않은 것은?

① 혈중 에피네프린 증가에 따른 심박수 증가
② 활동근의 근육펌프 작용에 따른 정맥회귀량 증가
③ 교감신경계의 활성에 따른 심실수축력 증가
④ 부교감신경계의 활성에 따른 심박수 증가

운동역학

01 운동역학의 연구목적으로 적절하지 않은 것은?

① 운동기술 향상 ② 운동불안 완화
③ 운동장비 개발 ④ 스포츠 손상 예방

02 해부학적 자세에서 몸의 중심을 기준으로 한 방향용어의 사용이 옳지 않은 것은?

① 복장뼈(흉골: sternum)는 어깨의 가쪽(외측: lateral)에 있다.
② 손목관절은 팔꿈치관절보다 먼쪽(원위: distal)에 있다.
③ 엉덩이는 무릎보다 몸쪽(근위: proximal)에 있다.
④ 머리는 발보다 위(상: superior)에 있다.

03 운동의 종류에 관한 설명으로 옳은 것은?

① 병진운동에는 직선운동만 있다.
② 곡선운동은 회전운동에 포함되는 운동이다.
③ 복합운동은 병진운동과 회전운동이 혼합된 운동이다.
④ 병진운동은 한 개의 고정된 축을 중심으로 물체가 회전하는 운동이다.

04 인체의 물리량과 물리적 특성에 관한 설명으로 옳은 것은?

① kg은 무게의 단위이다.
② 질량은 스칼라(scalar)이고, 무게는 벡터(vector)이다.
③ 무게중심의 위치는 자세와 상관없이 항상 인체 내부에 있다.
④ 질량은 인체가 가지고 있는 관성의 척도로 장소에 따라 크기가 변한다.

05 인체의 안정성에 관한 설명으로 옳지 않은 것은?

① 기저면의 크기는 안정성에 영향을 미친다.
② 기저면의 형태는 안정성에 영향을 미친다.
③ 무게중심의 높이는 안정성에 영향을 미치지 않는다.
④ 무게중심을 통과하는 수직선(중심선)이 기저면의 중앙에 가까울수록 안정성은 높아진다.

06 인체 지레에 관한 설명으로 옳은 것은?

① 1종 지레는 힘점이 받침점과 작용점 사이에 있다.
② 2종 지레는 작용점이 힘점과 받침점 사이에 있다.
③ 3종 지레는 받침점이 힘점과 작용점 사이에 있다.
④ 인체 지레의 대부분은 2종 지레에 해당되어 힘에서 이득을 본다.

07 <그림>의 야구 투구에서 공의 회전방향과 마구누스 힘(Magunus force)의 방향이 바르게 연결된 것은?

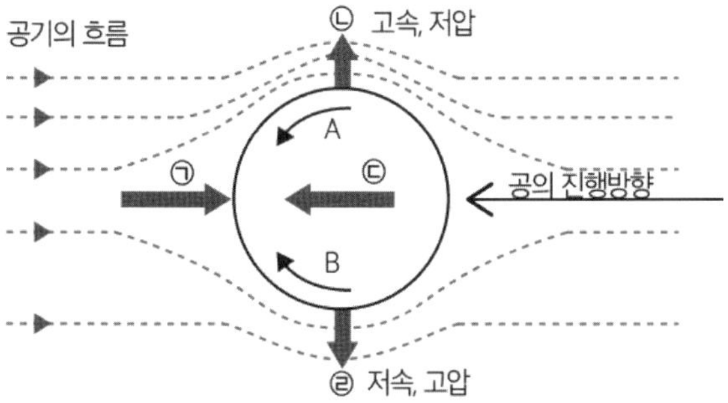

공의 회전방향	마구누스 힘의 방향
① A	㉠
② B	㉡
③ A	㉢
④ B	㉣

08 <보기>는 200 m 달리기 경기에서 경과시간에 따른 평균속도 변화이다. 이에 관한 설명으로 옳지 않은 것은?

보기

경과시간(초)	0	1	3	5	7	9	11	13	15	17	19	21	23
평균속도(m/s)	0	2.4	8.4	10	10	9.6	9.5	8.9	8.7	8.6	8.5	8.4	8.3

① 평균가속도가 0인 구간이 존재한다.
② 처음 1초 동안 2.4 m를 이동하였다.
③ 후반부의 평균속도는 감속되고 있다.
④ 최대 평균가속도는 5초와 7초 사이에 나타난다.

09 길이 50 m 수영장에서 자유형 100 m 경기기록이 100초였을 때 평균속력과 평균속도는? (단, 출발과 도착 지점이 동일하다고 가정)

① 평균속력: 1 m/s, 평균속도: 1 m/s
② 평균속력: 0 m/s, 평균속도: 0 m/s
③ 평균속력: 1 m/s, 평균속도: 0 m/s
④ 평균속력: 0 m/s, 평균속도: 1 m/s

10 <보기>의 ㉠~㉢에 들어갈 용어가 바르게 연결된 것은?

> 보기
>
> (㉠)에서는 주동근에 의해 발휘되는 (㉡)가 (㉢) 보다 커서 근육의 길이가 짧아진다.

① ㉠ 단축성 수축(concentric contraction)
㉡ 저항모멘트
㉢ 힘모멘트
② ㉠ 단축성 수축(concentric contraction)
㉡ 힘모멘트
㉢ 저항모멘트
③ ㉠ 신장성 수축(eccentric contraction)
㉡ 저항모멘트
㉢ 힘모멘트
④ ㉠ 신장성 수축(eccentric contraction)
㉡ 힘모멘트
㉢ 저항모멘트

11 마찰력에 관한 설명으로 옳지 않은 것은?

① 마찰력은 추진력으로 작용될 수 없다.
② 최대정지마찰력은 운동마찰력보다 크다.
③ 마찰계수는 접촉면의 형태에 영향을 받는다.
④ 마찰력은 마찰계수와 접촉면에 수직으로 작용한 힘의 곱으로 구한다.

12 <보기>에서 설명하는 운동법칙은?

> 보기
>
> 물체에 작용하는 힘의 크기가 일정할 때, 물체의 질량이 증가하면 가속도는 감소하게 된다.

① 뉴턴의 제1법칙 ② 뉴턴의 제2법칙
③ 뉴턴의 제3법칙 ④ 질량 보존의 법칙

13 <그림>은 A 선수와 B 선수가 제자리에서 수직점프 후 착지할 때 착지구간에서 시간에 따른 수직 힘의 변화를 나타내는 그래프이다. 이에 관한 설명으로 옳은 것은? (단, 가와 나의 면적은 동일)

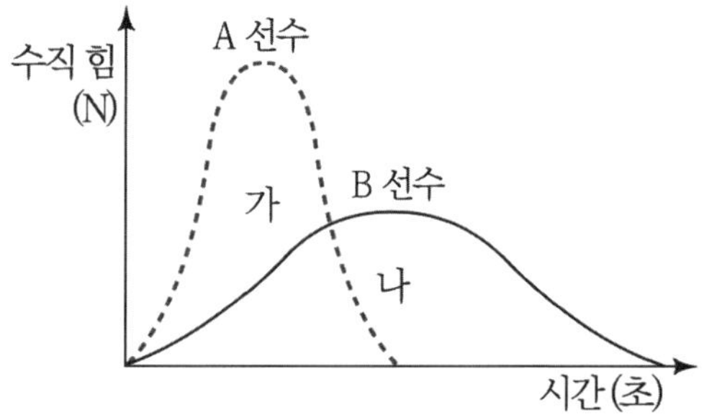

① A 선수와 B 선수의 수직 충격량은 동일하다.
② A 선수와 B 선수에서 수직 운동량의 변화량은 다르다.
③ A 선수와 B 선수의 수직 충격력이 다르기 때문에 수직 충격량이 다르다.
④ A 선수와 B 선수의 수직 힘의 작용시간이 다르기 때문에 수직 충격량이 다르다.

14 다이빙선수의 공중동작에서 발생할 수 있는 회전운동에 관한 설명으로 옳은 것은?

① 질량분포가 회전축에서 멀수록 관성모멘트는 작아진다.
② 관성모멘트는 각운동량에 비례하고 각속도에 반비례한다.
③ 회전반경의 길이는 관성모멘트의 크기에 영향을 주지 않는다.
④ 공중자세에서 관성모멘트가 달라져도 각속도는 변하지 않는다.

15 1 N의 힘으로 1 m 거리를 움직였을 때 수행한 일(work)은? (단, 힘의 작용방향과 이동방향은 일치함)

① 1 J(Joule) ② 1 N(Newton)
③ 1 m3(Cubic meter) ④ 1 J/s(Joule/sec)

16 어떤 물체에 200N의 힘을 가해 물체를 10초 동안 5m 이동시켰을 때 일률(power)은? (단, 힘의 작용방향과 이동방향은 일치함)

① 100 Watt ② 400 Watt
③ 1,000 Watt ④ 10,000 Watt

17 에너지에 관한 설명으로 옳지 않은 것은?

① 에너지의 단위는 Joule이다.
② 일을 수행할 수 있는 능력이다.
③ 운동에너지는 물체의 속도뿐만 아니라 질량과도 관계가 있다.
④ 위치에너지는 물체의 질량과는 관계가 있으나 높이와는 관계가 없다.

18 가장 큰 역학적 에너지는?

① 7 m/s로 평지를 달리고 있는 질량 90 kg인 럭비선수의 운동에너지
② 8 m/s로 평지를 달리고 있는 질량 100 kg인 럭비선수의 운동에너지
③ 5 m 높이에 서 있는 질량 50 kg인 다이빙선수의 위치에너지
④ 4 m 높이에 서 있는 질량 60 kg인 다이빙선수의 위치에너지

19 <보기>에서 운동학적(kinematics) 분석방법으로만 묶인 것은?

보기
㉠ 영상분석
㉡ 고니오미터(goniometer) 각도 분석
㉢ 스트레인 게이지 힘 분석
㉣ 지면반력 분석

① ㉠, ㉡ ② ㉠, ㉢
③ ㉡, ㉣ ④ ㉢, ㉣

20 근전도(electromyogram, EMG) 분석을 통하여 얻을 수 있는 정보로 옳지 않은 것은?

① 제자리멀리뛰기에서 장딴지근(비복근)의 최대 수축 시점
② 스쿼트에서 넙다리곧은근(대퇴직근)의 근피로도
③ 제자리높이뛰기에서 무게중심의 3차원 위치좌표
④ 팔굽혀펴기에서 위팔세갈래근(상완삼두근)의 근활성도

한국체육사

01 한국체육사의 시대구분에 관한 내용으로 적절하지 않은 것은?

① 고대체육은 부족국가 및 삼국시대로 구분할 수 있다.
② 광복을 전후로 고대체육과 전통체육으로 구분할 수 있다.
③ 갑오경장을 전후로 전통체육과 근대체육으로 구분할 수 있다.
④ 고대체육, 중세체육, 근대체육, 전통체육으로 구분할 수 있다.

02 체육 관련 사료 중 문헌사료가 아닌 것은?

① 고구려 무용총 수렵도(狩獵圖)
② 무예도보통지(武藝圖譜通志)
③ 조선체육계(朝鮮體育界)
④ 손기정 회고록(回顧錄)

03 부족국가시대의 저포(樗蒲)에 관한 설명으로 옳은 것은?

① 위기(圍祺)라는 용어로 불리기도 하였다.
② 제천의식과 관련된 대표적인 민속놀이였다.
③ 두 사람이 서로 맞잡고 힘을 겨루는 경기였다.
④ 달리는 말 위에서 여러 가지 동작을 행하는 경기였다.

04 화랑도의 교육방법에 관한 설명으로 옳지 않은 것은?

① 입산수행은 화랑도 교육활동의 하나였다.
② 심신일체론적 사상을 바탕으로 전인 교육을 지향하였다.
③ 편력(遍歷)은 명산대천을 돌아다니며 수련하는 야외활동이었다.
④ 삼강오륜(三綱五倫)의 붕우유신(朋友有信)을 바탕으로 도의 교육을 실시하였다.

05 삼국시대 민속놀이의 명칭이 바르게 연결된 것은?

① 석전(石戰) – 제기차기
② 마상재(馬上才) – 널뛰기
③ 방응(放鷹) – 매사냥
④ 수박(手搏) – 장기

06 <보기>의 (   ) 안에 들어갈 용어는?

> 보기
>
> 고려시대 최고의 교육기관인 국자감에는 7재(七齋)를 두었는데, 그 중 무학을 공부하는 (   )가 있었다. 이를 통해 고려의 관학에서는 무예교육이 중시되었음을 알 수 있다.

① 강예재(講藝齋)　② 대빙재(待聘齋)
③ 경덕재(經德齋)　④ 양정재(養正齋)

07 <보기>의 고려시대 격구(擊毬)에 관한 설명 중 옳은 것으로만 묶인 것은?

> 보기
>
> ㉠ 왕, 귀족, 무인들의 오락이나 스포츠로 발달했다.
> ㉡ 가죽주머니로 만든 공을 발로 차는 형식의 무예이다.
> ㉢ 말타기 능력의 향상 및 군사훈련을 위한 수단으로 활용되었다.
> ㉣ 서민들의 오락적 신체 활동으로 급속히 확산되었다.

① ㉠, ㉡　② ㉠, ㉢
③ ㉡, ㉣　④ ㉢, ㉣

08 <보기>의 ㉠, ㉡에 해당하는 고려시대 무예의 명칭이 바르게 연결된 것은?

> 보기
>
> • (㉠)은/는 고려시대 무인들에게 적극 권장되었으며, 명종(明宗, 1170~1197) 때에는 이 무예를 겨루게 하여 승자에게 벼슬을 주었다.
> • (㉡)은/는 유교를 치국의 도(道)로 삼았던 고려시대에도 6예의 어(御)에 속하는 것으로 군자의 중요한 덕목 중 하나였다.

	㉠	㉡
①	격구(擊毬)	수박(手搏)
②	수박(手搏)	마술(馬術)
③	마술(馬術)	궁술(弓術)
④	궁술(弓術)	방응(放鷹)

09 조선시대 사정(射亭)에 관한 설명으로 옳지 않은 것은?

① 전국에 사정(射亭)을 설치하고 습사(習射)를 장려하였다.
② 관설사정(官設射亭)과 민간사정(民間射亭)이 있었다.
③ 병서(兵書) 강습과 마상(馬上) 무예 훈련을 주로 하였다.
④ 민간사정(民間射亭)으로 오운정(五雲亭), 등룡정(登龍亭) 등이 있었다.

10 조선시대 줄다리기에 관한 설명으로 옳은 것은?

① 동채싸움으로도 불리며, 동네별로 승부를 겨루는 경기였다.
② 상박(相搏)으로도 불리며, 궁정과 귀족사회의 유희 중 하나였다.
③ 추천(鞦韆)으로도 불리며, 단오절에 많이 행해진 서민들의 민속놀이였다.
④ 삭전(索戰), 갈전(葛戰)으로도 불리며, 촌락공동체의 의례적 연중행사로 성행했다.

11 개화기 이화학당에 관한 설명으로 옳은 것은?

① 스크랜턴(M. Scranton)이 설립한 학교로 체조를 교과목으로 편성했다.
② 아펜젤러(H. Appenzeller)가 설립한 학교로 각종 서구 스포츠를 도입했다.
③ 이승훈이 설립한 학교로 민족정신의 고취와 체력 단련을 위해 체육을 강조했다.
④ 개화파 관리들이 중심이 되어 설립한 학교로 무사양성을 위한 무예반을 설치했다.

12 <보기>의 ㉠, ㉡에 들어갈 용어가 바르게 연결된 것은?

보기

(㉠)은/는 1903년 10월 18일에 발족되었으며, 1906년 운동부를 개설하여 개화기에 가장 활발하게 체육 활동을 전개한 체육단체 중 하나였다. 이 단체의 총무였던 (㉡)은/는 야구, 농구 등의 다양한 근대스포츠 문화를 우리나라에 소개하고 확산시키는 노력을 하였다.

	㉠	㉡
①	회동구락부	언더우드 (H. Underwood)
②	대동체육부	노백린
③	무도기계체육부	윤치호
④	황성기독교청년회	질레트(P. Gillett)

13 개화기에 설립된 체육단체가 아닌 것은?

① 조선체육협회 ② 대한체육구락부
③ 대한국민체육회 ④ 대한흥학회운동부

14 <보기>에서 설명하는 인물은?

보기

- 조선체력증진법연구회를 설립하고, 전국의 역도 보급에 앞장섰다.
- 1926년 휘문고등학교 체육교사로 부임해 역도부를 조직하고 지도했다.
- 대한체조협회 회장, 대한씨름협회 회장을 역임하며 한국 스포츠 발전에 공헌을 했다.

① 서상천 ② 백용기
③ 이원용 ④ 유억겸

15 일제강점기에 발생한 체육사적 사실이 아닌 것은?

① 경성운동장이 설립되어 각종 스포츠대회가 개최되었다.
② 덴마크의 닐스 북(Neils Bukh)이 체조강습회를 개최했다.
③ 남승룡이 베를린 올림픽경기대회에서 동메달을 획득했다.
④ 영어학교에서 한국 최초의 운동회인 화류회가 개최되었다.

16 <보기>에 해당하는 체육단체에 관한 설명으로 옳지 않은 것은?

보기

- 고려구락부를 모체로 설립된 단체이다.
- 1920년 7월 동아일보사의 후원으로 일본유학생과 국내체육인들이 조선인의 체육을 장려할 목적으로 설립하였다.

① 1920년 전조선야구대회를 개최했다.
② 스포츠 보급의 일환으로 운동구점을 설치하고 운영하였다.
③ 1925년 경성운동장 개장을 기념하기 위해 조선신궁경기대회를 개최했다.
④ 육상경기의 연구를 위한 육상경기위원회 조직과 육상경기규칙을 편찬했다.

17 <보기>의 ㉠, ㉡에 해당하는 국제대회가 바르게 연결된 것은?

보기

1990년 남북체육장관회담의 결과, 1991년 사상 첫 남북 스포츠 단일팀이 구성되었다. (㉠)에 남북단일팀으로 참가한 코리아 팀은 여자단체전에서 세계를 제패했으며, (㉡)에도 청소년대표팀이 남북단일팀으로 참가하여 8강 진출이라는 위업을 달성했다.

① ㉠ 41회 지바세계탁구선수권 대회
㉡ 제4회 멕시코세계청소년축구대회
② ㉠ 32회 사라예보세계탁구선수권 대회
㉡ 제6회 포르투갈세계청소년축구대회
③ ㉠ 32회 사라예보세계탁구선수권 대회
㉡ 제4회 멕시코세계청소년축구대회
④ ㉠ 41회 지바세계탁구선수권 대회
㉡ 제6회 포르투갈세계청소년축구대회

18 <보기>의 ㉠~㉣을 연대순으로 바르게 연결한 것은?

보기

㉠ 한국은 동계올림픽경기대회에 최초로 태극기를 단 선수단을 파견하였다.
㉡ 한국은 최초로 하계올림픽경기대회를 개최하였고 종합 4위의 성적을 거두었다.
㉢ 남한과 북한의 선수가 최초로 하계올림픽경기대회에서 동시 입장을 하였다.
㉣ 한국은 광복 후 하계올림픽경기대회에서 최초로 금메달을 획득하였다.

① ㉠-㉢-㉡-㉣　② ㉠-㉢-㉣-㉡
③ ㉠-㉣-㉡-㉢　④ ㉣-㉠-㉡-㉢

19 <보기>에서 설명하는 올림픽경기대회는?

보기

• 1936년에 개최된 하계올림픽경기대회였다.
• 마라톤경기에서 손기정 선수가 금메달을 획득했다.
• 일장기 말소사건은 국권회복과 민족의식을 일깨워 주는 계기가 되었다.

① 제9회 암스테르담 올림픽경기대회
② 제11회 베를린 올림픽경기대회
③ 제14회 런던 올림픽경기대회
④ 제17회 로마 올림픽경기대회

20 <보기>의 내용을 실시한 정권의 스포츠 정책이 아닌 것은?

보기

1982년 중앙정부행정조직에 체육부를 신설하고, 아시안게임과 올림픽 경기대회의 준비, 우수선수육성 및 지도자의 양성 등 스포츠 진흥운동을 전개했다.

① 프로축구의 출범
② 프로야구의 출범
③ 태릉선수촌의 건립
④ 국군체육부대의 창설

특수체육론

01 특수체육(adapted physical activity)에 관한 설명 중 옳지 않은 것은?

① 참여촉진의 수단으로 변형을 활용한다.
② 학교체육 및 평생체육을 포함한다.
③ 개인의 장애를 치료하는데 주목적이 있다.
④ 정상화를 실현하기 위해 통합체육을 강조한다.

02 <보기>는 국제 기능 · 장애 · 건강분류(International Classification of Functioning, Disability, and Health: ICF)에서 어떤 영역에 해당하는가?

보기

A는 스포츠에 독립적으로 참여하는데 어려움이 있으나 적절한 지원을 받을 경우 문제없이 참여할 수 있다.

① 신체기능과 구조　　② 참여
③ 활동　　④ 장애

03 지적장애인을 위한 체육활동의 변형 방법으로 적절한 것은?

① 축구: 경기장의 크기를 확대한다.
② 배구: 비치볼(beach ball)을 사용한다.
③ 농구: 골대의 높이를 올린다.
④ 수영: 레인의 폭을 축소한다.

04 용어의 시대적 변화를 순서대로 연결한 것은?

보기

㉠ 특수체육(adapted physical activity)
㉡ 교정체육(corrective physical education)
㉢ 의료체조(medical gymnastics)
㉣ 특수체육(adapted physical education)

① ㉢-㉡-㉣-㉠　　② ㉢-㉣-㉠-㉡
③ ㉣-㉢-㉠-㉡　　④ ㉣-㉢-㉡-㉠

05 생태학적 과제분석(ecological task analysis)의 3대 구성요소가 아닌 것은?

① 수행자　　② 수행환경
③ 수행평가자　　④ 수행과제

06 <보기>에서 기술하는 것과 장애유형이 바르게 연결된 것은?

보기

- (㉠) 운동기능에 손상이 있으나 손상이 진행적이지 않다.
- (㉡) 호흡기 근육군의 퇴화가 올 수 있다.

	㉠	㉡
①	뇌성마비	근이영양증
②	근이영양증	다발성경화증
③	다발성경화증	뇌성마비
④	뇌성마비	다발성경화증

07 <보기>에서 설명하는 양호도는?

보기

새롭게 개발된 대근 운동발달 수준 측정 도구의 타당도를 확보하기 위해 TGMD-2와 비교 검증하였다.

① 준거타당도(criterion-referenced validity)
② 구성타당도(construct validity)
③ 내용타당도(content validity)
④ 안면타당도(face validity)

08 평가도구와 목적을 바르게 연결한 것은?

① PDMS-2: 성인기 대근 및 소근 운동 기능 평가
② TGMD-2: 신체, 언어, 인지 기능 평가
③ BPFT: 운동수행력과 적응행동 평가
④ PAPS-D: 장애유형을 고려한 장애학생 체력 평가

09 <보기>에서 설명하는 것은?

보기

- 과학적으로 반복 검증된 프로그램을 사용한다.
- 프로그램 효과에 대한 예측을 가능하게 한다.
- 프로그램 표준화에 대한 기초자료가 된다.

① 근거기반 프로그램(evidence-based program)
② 사례기반 프로그램(case-based program)
③ 과제지향 프로그램(task-oriented program)
④ 위기관리 프로그램(risk-management program)

10 참여자에게 종목선택권을 부여하고 의사결정 참여 기회의 폭을 넓혀주는 것은?

① 몰입(flow)
② 임파워먼트(empowerment)
③ 강화(reinforcement)
④ 사회적 참여(social engagement)

11 <보기>는 미국장애인교육법에서 명시한 정의이다. 밑줄 친 '독특한 요구'를 충족시켜 주기 위한 지도방법으로 옳지 않은 것은?

보기

특수체육은 장애인의 '독특한 요구(unique needs)'를 충족시키기 위해 고안된 체력과 운동체력; 기본운동 기술과 양식; 수중, 무용, 개인 및 집단 게임, 스포츠에서의 기술의 발달을 위한 개별화된 프로그램이다.

① 개인별 목표 성취를 위해 신체활동의 방법을 변형한다.
② 휠체어 사용자를 위해 체육시설의 접근성을 높인다.
③ 동선 상의 위험요인을 제거한다.
④ 변형을 위해 활동의 본질을 바꾼다.

12 척수손상 장애인의 자율신경 반사 이상(autonomic dysreflexia)에 관한 내용으로 옳지 않은 것은?

① 자율신경 반사 이상은 예방할 수 없다.
② 운동 전 방광과 장을 비움으로써 예방할 수 있다.
③ 자율신경 이상이 증가하면 운동을 중단한다.
④ 경추 6번 및 윗 부위의 손상 장애인에게서 발생 가능성이 높다.

13 <보기>에서 시각장애인을 지도할 때 고려사항이 바르게 묶인 것은?

보기

㉠ 경기장을 미리 돌아보게 한다.
㉡ 장비의 모양, 크기, 재질 등을 알 수 있도록 한다.
㉢ 방향정위를 위해 목소리, 나무 방울 혹은 자동 방향 감지기 등을 사용한다.
㉣ 높이뛰기, 멀리뛰기와 같은 도약 경기에 참가하는 선수에게는 걸음걸이를 미리 세어보도록 한다.

① ㉢, ㉣　② ㉠, ㉡, ㉢
③ ㉠, ㉡, ㉣　④ ㉠, ㉡, ㉢, ㉣

14 장애인스포츠지도사의 지원강도에 관한 설명으로 옳지 않은 것은?

① 간헐적(intermittent) 지원 – 일시적이고 단기간에 걸쳐 요구할 때 지원
② 제한적(limited) 지원 – 제한된 시간 동안 신체활동에서 지원
③ 확장적(extensive) 지원 – 지도자의 판단에 따른 일시적 지원
④ 전반적(pervasive) 지원 – 지속적이고 신체활동 내내 지원

15 <보기>에서 설명하는 행동수정기법은?

보기

체육 기구를 계속 던지면서 수업을 방해할 때마다 제자리에 돌려 놓도록 강제적이고 반복적으로 시켰다.

① 프리맥 원리　② 과잉교정
③ 토큰강화　④ 타임아웃

16 자폐성 장애인의 특성을 고려한 지도전략으로 적절한 것은?

① 자연스러운 단서보다 언어적 단서를 주로 사용한다.
② 그림카드를 활용하여 시각적 단서를 제공한다.
③ 환경의 비구조화를 통해 다양한 신체활동을 제공한다.
④ 신체활동 순서와 절차를 바꾸면서 흥미를 준다.

17 시각장애인의 신체활동 지도를 위해 사전에 알아야 할 정보가 <u>아닌</u> 것은?

① 시력 상실의 원인 ② 시력 상실의 시기
③ 잔존시력 정도 ④ 주거환경

18 청각장애인에 관한 설명으로 옳지 <u>않은</u> 것은?

① 지필 대화를 할 수 있다.
② 부정확한 발음은 즉시 교정해 준다.
③ 눈을 마주 보고 대화를 한다.
④ 수어통역사가 있더라도 가능하면 직접 대화한다.

19 발작(seizure)에 대한 지도자의 대처방법으로 옳지 <u>않은</u> 것은?

① 발작 동안 주변 사물과 충돌하지 않도록 조치한다.
② 발작 이후 즉시 심폐소생술을 실시한다.
③ 발작이 10분 이상 지속할 경우 응급상황으로 판단한다.
④ 발작 이후 호흡 상태 관찰과 필요시 회복자세를 취하도록 한다.

20 뇌성마비의 유형별 특징으로 옳지 <u>않은</u> 것은?

① 경직성은 대뇌피질의 손상으로 근육의 저긴장 상태를 보인다.
② 운동실조성은 소뇌의 손상으로 균형과 협응에 어려움을 보인다.
③ 무정위운동성은 기저핵의 손상으로 불수의적인 움직임을 보인다.
④ 혼합형은 경직성과 무정위운동성이 혼재하며, 경직성 유형이 좀 더 두드러진다.

유아체육론

01 피아제(J. Piaget)의 도식(schema) 형성과정이 <u>아닌</u> 것은?

① 동화과정(assimilation)
② 조절과정(accommodation)
③ 평형과정(equilibrium)
④ 가역과정(reversibility)

02 <보기>에서 영유아의 신체 및 운동발달 특징 중 옳은 것으로만 묶인 것은?

보기

㉠ 머리에서 다리 방향으로 발달한다.
㉡ 반사 및 반응 행동은 운동발달에 필수적인 단계이다.
㉢ 근육량의 증가로 안정 시 분당 심박수는 점차 증가한다.
㉣ 연령증가에 따라 상체와 하체의 비율은 변화하지 않는다.

① ㉠, ㉡　　② ㉠, ㉢
③ ㉡, ㉢　　④ ㉢, ㉣

03 비대칭목경직반사(Asymmetric Tonic Neck Reflexes: ATNR)에 관한 설명으로 옳지 <u>않은</u> 것은?

① 생후 6개월에 나타난다.
② 원시반사의 한 유형이다.
③ 눈과 손의 협응력 발달에 중요하다.
④ 머리를 오른쪽으로 돌리면 오른쪽 팔과 다리가 펴진다.

04 <보기>에서 설명하는 발달 이론은?

보기

• 환경을 변화시켜 바람직한 행동을 형성한다.
• 피드백을 통해 유아의 바람직한 행동을 촉진한다.

① 게셀(A. Gesell)의 성숙주의 이론
② 피아제(J. Piaget)의 인지발달 이론
③ 스키너(B. Skinner)의 행동주의 이론
④ 프로이드(S. Freud)의 정신분석 이론

05 성숙단계 드리블동작(dribbling)의 특징으로 옳은 것은?

① 가슴 높이에서 공을 드리블한다.
② 한발을 앞으로 내밀고 반대편 손으로 드리블한다.
③ 바운드되는 공의 높이가 일정하지 않게 드리블한다.
④ 손목 스냅을 이용하지 않고 손바닥으로 공을 때리면서 드리블한다.

06 안정성 운동기술에 관한 설명으로 옳지 않은 것은?

① 정적, 동적, 축성 안정성으로 구분한다.
② 구르기(rolling)는 동적 안정성과 관련이 있다.
③ 재빨리 피하기(dodging)는 동적 안정성과 관련이 있다.
④ 몸통 앞으로 굽히기(bending)는 정적 안정성과 관련이 있다.

07 에릭슨(E. Erikson)의 심리사회발달 단계 중 주도성 대 죄책감에 관한 설명으로 옳지 않은 것은?

① 자기개념 형성이 시작되는 시기이다.
② 놀이를 스스로 시도할 수 있는 시기이다.
③ 취학 전 연령기(만 3세~6세)에 해당 된다.
④ 놀이를 통한 성공경험은 주도성 형성에 도움이 된다.

08 <보기>의 ㉠~㉢에 해당하는 지각운동의 요소로 바르게 연결된 것은?

보기

요소	활동
㉠	몸을 구부려 훌라후프 통과하기
㉡	박수 소리에 맞추어 리듬감 있게 점프하기
㉢	신호에 따라 오른쪽으로 회전하기

	㉠	㉡	㉢
①	공간	시간	방향
②	관계	시간	신체
③	관계	방향	공간
④	공간	방향	관계

09 유아의 체력 요인과 검사 방법으로 적절한 것은?

① 순발력: 모둠발로 멀리 뛴 거리의 측정
② 근지구력: 왕복달리기(2 m) 시간의 측정
③ 평형성: 1분 간 앉았다 일어나기 동작 횟수의 측정
④ 민첩성: 평균대 위에서 한 발로 서있는 시간의 측정

10 <그림>의 동작이 성숙단계로 발달하도록 지도하는 방법으로 적절하지 않은 것은?

수직점프(vertical jump)의 초보단계

① 도약과 착지 지점이 멀리 떨어지도록 지도한다.
② 두 팔을 동시에 위로 올리는 협응동작을 지도한다.
③ 두 발로 동시에 도약하고 착지할 수 있도록 지도한다.
④ 도약 후 공중에서 몸 전체를 뻗을 수 있도록 지도한다.

11 <보기>의 ㉠, ㉡에 들어갈 유아체육 프로그램의 구성 원리로 바르게 묶인 것은?

보기

- (㉠) 자신의 운동능력을 과대평가하는 경우 안전에 주의하도록 한다.
- (㉡) 동일 연령의 유아라도 발육발달의 개인차를 프로그램에 반영한다.

	㉠	㉡
①	안전성	다양성
②	안전성	적합성
③	적합성	다양성
④	적합성	주도성

12 <보기>에서 설명하는 유아의 기본운동기술 유형은?

보기

- 물체를 다루는 능력이다.
- 추진운동 기술과 흡수운동 기술로 구분한다.
- 예로는 치기(striking)와 받기(catching)가 있다.

① 안정성(stability)
② 지각성(perception)
③ 이동성(locomotion)
④ 조작성(manipulation)

13 유아 운동프로그램의 구성방법으로 적절하지 않은 것은?

① 체력을 고려한 신체활동으로 구성한다.
② 연령과 운동발달 수준을 고려한 신체활동으로 구성한다.
③ 눈과 손의 협응력 향상에 필요한 다양한 활동을 포함한다.
④ 남아와 여아의 흥미가 다르기 때문에 분리활동이 필요하다.

14 세계보건기구(WHO, 2020)가 권장한 유아·청소년기 신체활동 지침으로 옳은 것은?

① 만 1세 이전: 신체활동을 권장하지 않는다.
② 만 1~2세: 하루 180분 이상의 저·중강도 신체활동을 권장한다.
③ 만 3~4세: 최소 60분 이상의 중·고강도 신체활동을 포함한 하루 180분 이상의 신체활동을 권장한다.
④ 만 5~17세: 최소 주 5회 이상의 고강도 근력 운동을 포함한 하루 60분 이상의 중·고강도 신체활동을 권장한다.

15 체육수업 중 유아의 신체활동 참여시간을 증가시키는 방법으로 적절하지 않은 것은?

① 활동적 참여에 대해 정적 강화를 한다.
② 과제와 동작을 최대한 자세히 설명한다.
③ 수업 전에 교구를 배치하여 대기시간을 줄인다.
④ 일부 유아들이 어려워하는 활동이나 게임은 피한다.

16 유아의 신체적 자기개념(self-concept)에 관한 설명으로 적절한 것은?

① 신체적 자기개념은 단일 개념이다.
② 신체적 자기개념은 자기효능감과는 관련이 없다.
③ 스포츠 참여를 통한 성공경험과 스포츠유능감 간의 관련성은 없다.
④ 스포츠 참여는 신체적 능력에 대한 개념을 형성하는 데 도움을 준다.

17 유아의 신체활동 참여 동기를 증진시키는 방법으로 적절하지 <u>않은</u> 것은?

① 수행력 향상을 위해 역할모델을 활용한다.
② 쉬운 과제를 성취한 경우라도 칭찬해 준다.
③ 과제성취를 운에 의한 것으로 생각하도록 지도한다.
④ 성취경험의 빈도를 높이기 위해 과제 난이도를 조절한다.

18 유아대상의 운동 지도방법으로 적절하지 <u>않은</u> 것은?

① 자세한 설명보다는 시범을 자주 보여준다.
② 게임 파트너를 교대하며 다양한 변화를 준다.
③ 미디어를 활용하여 운동참여에 대한 관심을 유도한다.
④ 어렵고 위험한 과제에도 신체적 가이던스(physical guidance)를 자제한다.

19 유아체육수업의 환경 조성에 관한 설명으로 적절하지 <u>않은</u> 것은?

① 유아가 선호하는 하나의 교구만을 배치한다.
② 다양한 감각 자극을 제공할 수 있는 환경을 조성한다.
③ 유아가 자유롭게 몸을 움직일 수 있도록 충분한 공간을 확보한다.
④ 적절한 교구 배치를 통해 효과적 지도가 가능한 환경을 조성한다.

20 누리과정(2019)에서 '신체운동·건강 영역'의 내용범주가 <u>아닌</u> 것은?

① 신체활동 즐기기
② 건강하게 생활하기
③ 안전하게 생활하기
④ 창의적으로 표현하기

노인체육론

01 노화로 인한 생리적 변화가 아닌 것은?

① 최대산소섭취량의 감소
② 폐의 탄력성과 호흡기 근력의 저하
③ 수축기 및 이완기 혈압수치의 감소
④ 동정맥산소차의 감소

02 <보기>의 ㉠~㉢에 해당하는 노화의 생물학적 이론이 바르게 연결된 것은?

보기
- (㉠): 유전적 요인이 노화의 속도를 결정한다.
- (㉡): 세포손상의 누적이 세포의 기능장애에 결정 요소로 작용한다.
- (㉢): 인체기관이 다른 속도로 노화하면서 신경내분비계에 불균형을 초래한다.

	㉠	㉡	㉢
①	유전적 이론	손상 이론	점진적 불균형 이론
②	성공적 노화이론	손상 이론	점진적 불균형 이론
③	손상 이론	점진적 불균형 이론	유전적 이론
④	지속성 이론	점진적 불균형 이론	손상 이론

03 에릭슨(E. Erikson)의 심리사회발달 단계에 관한 내용이 옳은 것은?

연령	단계	긍정적 결과
① 13~18세	역량 대 열등감	어떻게 살기 원하는지에 대한 생각을 발달 시킨다.
② 젊은 성인	독자성 대 역할혼동	타인과 밀접한 관계를 형성한다.
③ 중년 성인	친분 대 고독	가족의 부양 또는 어떤 형태의 일을 통해 생산적인 생활을 할 수 있다.
④ 노년기	자아주체성 대 절망	자부심과 만족을 느끼면서 삶을 되돌아볼 수 있다.

04 <보기>에서 설명하는 노화에 관한 심리학적 관점은?

보기
- 성공적 노화는 신체적, 정신적, 사회적 손실에 대한 적응력과 관련이 있다.
- 기능적 능력의 향상을 통해 노화로 인한 손실을 보완하도록 도움을 준다.

① 성공적 노화 모델
② 분리이론
③ 자아통합 이론
④ 보상이 수반된 선택적 적정화 모델

05 노인체육 관련 용어의 의미가 옳지 않은 것은?

① 신체활동(physical activity): 골격근에 의해 에너지 소비가 이루어지는 신체의 움직임
② 운동(exercise): 관찰 가능한 외현적인 움직임
③ 체력(physical fitness): 신체활동을 수행할 수 있는 기능적 특성
④ 건강(health): 질병이 없거나 허약하지 않을 뿐만 아니라 신체적, 심리적, 사회적으로 안녕한 상태

06 <보기>의 대화에서 노인에게 나타날 수 있는 증상이 아닌 것은?

> 보기
>
> A: 코로나19로 경로당 운영이 중단돼서 운동도 못하고, 친구들도 못 만나니 너무 두렵고 슬퍼. 예전에 친구들과 함께 운동하던 때가 그립구만…….
>
> B: 나도 그래. 최근 옆집에 혼자 사는 최 씨가 안보여 찾아가보니 술로 잠을 자려고 하던데 정말 걱정이야. 밖으로 나가 운동도 하고 친구도 만나야 하는데……. 저러다 치매에 걸릴까 겁이 나네.

① 수면 장애　　② 불안감 고조

③ 고립감 약화　　④ 사고력 약화

07 노인의 운동참여에서 불안과 두려움을 극복하기 위한 반두라(A. Bandura)의 자기효능감 이론의 변인과 증진전략으로 옳지 않은 것은?

변인	증진전략
① 성공수행경험	운동참여에 대한 불안과 두려움을 극복하는 경험을 갖도록 지도한다.
② 간접경험	운동에 함께 참여하는 동료 노인을 통해 간접경험을 갖게 한다.
③ 언어적 설득	운동과 관련된 의사결정을 스스로 내리도록 한다.
④ 정서적 상태	불안과 두려움을 조절할 수 있도록 인지적 훈련을 시킨다.

08 노인과의 올바른 의사소통 방법이 아닌 것은?

① 노인이 원하는 존칭을 사용한다.

② 어린아이를 다루듯 말한다.

③ 분명하고 천천히 말한다.

④ 따뜻한 표정으로 비언어적 의사소통을 사용한다.

09 행동주의적 지도방법이 아닌 것은?

① 개별상담을 통해 운동의 중요성을 인식하게 한다.

② 체육관 복도에 출석률을 게시한다.

③ 성공적인 운동참여에 대해 긍정적 강화를 제공한다.

④ 런닝머신 걷기를 할 때만 좋아하는 연속극을 시청하게 한다.

10 <보기>의 ㉠, ㉡에 해당하는 노인체력검사(SFT) 항목이 바르게 연결된 것은?

> 보기
>
> • (㉠): 식료품 나르기와 손자 안아주기가 어렵다.
>
> • (㉡): 버스에서 신속하게 내리기가 어렵다.

	㉠	㉡
①	30초 아령 들기	등 뒤에서 양손 마주잡기
②	30초 아령 들기	2.4 m 왕복 걷기
③	등 뒤에서 양손 마주잡기	2분 제자리 걷기
④	2.4 m 왕복 걷기	2분 제자리 걷기

11 운동경험이 없는 노인이 장기간 저항성 운동을 했을 때 예상되는 변화는?

① 골밀도와 낙상 위험의 감소
② 20대의 근비대 수준으로 근력 회복
③ 근력과 제지방량의 증가
④ 혈관 경직도 증가

12 미국스포츠의학회(ACSM)가 제시한 노인을 대상으로 한 운동부하검사의 고려사항으로 옳지 않은 것은?

① 시력 손상, 보행 실조, 발의 문제가 있는 경우 자전거 에르고미터 검사를 실시한다.
② 트레드밀 부하는 경사도보다는 속도를 증가시킨다.
③ 균형감과 근력이 낮고, 신경근 협응력이 저조하여 검사의 두려움이 있다면 트레드밀의 양측 손잡이를 잡고 검사를 실시한다.
④ 낮은 체력을 가진 노인은 초기 부하가 낮고(3 METs 이하), 부하 증가량도 작은(0.5~1.0 METs) 노턴(Naughton) 트레드밀 프로토콜을 이용한다.

13 노인을 위한 수중운동 지도방법으로 옳지 않은 것은?

① 안전을 위해 처음 몇 회는 물속에서 자세를 취하는 방법을 가르친다.
② 물에 저항하여 움직이도록 지도하여 에너지 소비를 증가시킨다.
③ 관절염을 앓고 있는 노인은 아픈 관절이 물에 잠기게 한다.
④ 물이 몸통 근육의 역할을 하도록 직립자세로 서서 운동하게 한다.

14 요통을 예방하는 방법으로 옳은 것은?

① 등을 굽히고 선다.
② 등을 굽히고 걷는다.
③ 장시간 계속 서 있는 것을 피한다.
④ 등을 굽히고 앉는다.

15 <보기>의 특성을 보인 노인에게 미국스포츠의학회(ACSM)가 제시한 관상동맥 질환의 위험인자를 모두 제시한 것은?

보기

- 연령: 71세, 성별: 여자, 신장: 158 cm, 체중: 54 kg
- 가족력: 어머니는 54세에 심혈관 질환으로 돌아가셨다.
- 허리둘레: 79 cm
- 총콜레스테롤: 200 mg/dL
- 고밀도지단백질 콜레스테롤: 30 mg/dL
- 공복혈당: 135 mg/dL
- 안정 시 혈압: 190 mmHg / 90 mmHg
- 10대 때 흡연(하루에 20개 피 이상)
- 평생 전업주부로 생활하고 현재 특별한 신체활동은 하지 않았다.

① 연령, 가족력, 허리둘레, 혈압, 흡연
② 비만, 공복혈당, 혈압, 흡연, 신체활동
③ 가족력, 총콜레스테롤, 고밀도지단백질 콜레스테롤, 혈압, 신체활동
④ 허리둘레, 총콜레스테롤, 고밀도지단백질 콜레스테롤, 공복혈당, 혈압

16 미국스포츠의학회(ACSM)가 제시한 노인 신체활동 프로그램으로 옳지 않은 것은?

① 고강도로 주 3일 이상 또는 중강도로 주 5일 이상의 유산소운동
② 체중부하 유연체조와 계단 오르기를 제외한 근력강화 운동
③ 근육의 긴장과 약간의 불편감이 느껴질 정도의 유연성 운동
④ 저 · 중강도로 주 2회 이상의 대근육군을 이용한 저항운동

17 노인을 위한 준비 및 정리운동의 생리적 효과에 관한 설명으로 옳지 않은 것은?

① 준비운동은 혈중산소포화도를 증가시켜 근육의 산소 이용률을 증가시킨다.
② 준비운동은 폐 혈류의 저항을 증가시켜 폐의 혈액 순환을 향상시킨다.
③ 정리운동은 호흡, 체온, 심박수를 활동 전 수준으로 되돌리는데 도움을 준다.
④ 정리운동은 혈중젖산농도를 낮추는데 도움을 준다.

18 노인의 걷기 특성으로 옳지 않은 것은?

① 분당 보폭수(cadence)의 증가
② 보행주기 중 양발 지지기(double support time) 비율의 증가
③ 안정된 걷기를 위한 의식적 관여의 증가
④ 보폭(step length)의 증가와 활보장(stride length)의 감소

19 노인의 단기기억 문제를 고려한 지도방법으로 옳지 않은 것은?

① 각자의 페이스로 동작을 수행하도록 한다.
② 동작을 단순화하여 반복적으로 시범을 보여준다.
③ 동작의 속도와 방향을 다양하게 한다.
④ 심상훈련을 활용한다.

20 노인의 균형감에 관한 설명으로 옳은 것은?

① 의식적인 노력은 균형감 향상과 무관하다.
② 시력 약화는 균형감을 향상시킨다.
③ 전정계 기능의 저하는 균형감을 향상시킨다.
④ 체성감각 기능의 저하는 균형감을 떨어뜨린다.

실제 시험과 가장 유사한 문제로 합격률 향상

2022 CBT 최신 기출 문제

스포츠교육학

01 스포츠기본법(시행 2022.2.11.)의 용어 정의에 관한 설명으로 옳지 않은 것은?

① '학교스포츠'란 건강과 체력 증진을 위하여 행하는 자발적이고 일상적인 스포츠 활동을 말한다.
② '스포츠산업'이란 스포츠와 관련된 재화와 서비스를 통하여 부가가치를 창출하는 산업을 말한다.
③ '장애인스포츠'란 장애인이 참여하는 스포츠 활동(생활스포츠와 전문 스포츠를 포함한다)을 말한다.
④ '전문스포츠'란 「국민체육진흥법」 제2조제4호에 따른 선수가 행하는 스포츠 활동을 말한다.

02 <보기>의 ㉠, ㉡에 해당하는 취약계층 생활스포츠 지원사업이 바르게 연결된 것은?

보기

㉠ 스포츠복지 사회 구현의 일환으로 저소득층 유·청소년(만5세~18세)과 장애인(만12세~23세)에게 스포츠강좌 혜택을 받을 수 있는 일정 금액의 이용권을 제공하는 사업이다.
㉡ 소외계층 청소년을 대상으로 다양한 체육활동 참여기회를 제공 함으로써 참여 형평성을 높이고 사회 적응력을 배양하는 것을 목적으로 시행되는 사업이다.

① ㉠ 여성체육활동 지원
㉡ 국민체력100
② ㉠ 국민체력100
㉡ 스포츠강좌이용권 지원
③ ㉠ 스포츠강좌이용권 지원
㉡ 행복나눔스포츠교실 운영
④ ㉠ 행복나눔스포츠교실 운영
㉡ 여성체육활동 지원

03 <보기>의 발달특성을 가진 대상을 위한 스포츠 프로그램 구성 시 고려사항으로 적절하지 않은 것은?

보기

- 신체적 · 정서적 · 사회적 발달이 뚜렷하다.
- 개인의 요구와 흥미가 뚜렷하게 나타난다.
- 2차 성징이 나타난다.

① 생활패턴 고려
② 개인의 요구와 흥미 고려
③ 정적운동 위주의 프로그램 구성
④ 스포츠 프로그램의 지속적 참여 고려

04 <보기>에서 생활스포츠 프로그램의 교육목표 진술에 관한 설명으로 옳은 것만을 모두 고른 것은?

보기

㉠ 프로그램의 목표는 추상적으로 진술한다.
㉡ 학습 내용과 기대되는 행동을 동시에 진술한다.
㉢ 스포츠 참여자에게 기대하는 행동의 변화에 따라 동사를 다르게 진술한다.
㉣ 해당 스포츠 활동이 끝났을 때 참여자에게 나타난 최종 행동 변화 용어로 진술한다.

① ㉠, ㉡　② ㉢, ㉣
③ ㉠, ㉡, ㉢　④ ㉡, ㉢, ㉣

05 <보기>의 교수 전략을 포함하는 체육수업모형은?

보기

- 모든 팀원은 자신의 팀에 할당된 과제를 익힌 후, 교사가 되어 다른 팀에게 자신이 학습한 내용을 지도한다.
- 각 팀원들이 서로 다른 내용을 배운 다음, 동일한 내용을 배운 사람끼리 모여 전문가 집단을 구성한다. 이들은 자신이 배운 내용을 공유하며, 원래 자신의 집단으로 돌아가 배운 것을 다른 팀원들에게 지도한다.

① 직접 교수 모형　② 개별화 지도 모형
③ 협동학습 모형　④ 전술게임 모형

06 메츨러(M. Metzler)의 교수·학습 과정안(수업계획안) 작성 시 고려해야 할 구성요소 중 <보기>의 설명과 관련 있는 것은?

보기

- 학생의 흥미를 유발시킬 수 있는 수업 도입
- 과제 제시에 적합한 모형과 단서 사용
- 학생에게 방향을 제시할 과제 구조 설명
- 다양한 과제의 계열성과 진도(차시별)

① 학습 목표
② 수업 맥락의 간단한 기술
③ 시간과 공간의 배정
④ 과제 제시와 과제 구조

07 <보기>에서 안전한 학습환경 유지에 관한 설명으로 옳은 것만을 모두 고른 것은?

보기

㉠ 위험한 상황이 예측되더라도 시작한 과제는 끝까지 수행한다.
㉡ 안전한 수업운영에 필요한 절차를 분명히 전달하고 상기시켜야 한다.
㉢ 사전에 안전 문제를 예측하고 교구·공간·학생 등을 학습에 도움이 되는 방향으로 배열 또는 배치한다.
㉣ 새로운 연습과제나 게임을 시작할 때 지도자는 학생들의 활동을 주시하고 적극적으로 감독한다.

① ㉠, ㉡
② ㉡, ㉢
③ ㉠, ㉢, ㉣
④ ㉡, ㉢, ㉣

08 헬리슨(D. Hellison)이 제시한 개인적·사회적 책임감 수준과 사례가 적절하지 <u>않은</u> 것은?

수준	사례
① 타인의 권리와 감정 존중	타인에 대해 상호 협력적이고 다른 학생들을 돕고자 한다.
② 참여와 노력	새로운 과제에 도전하며 노력하면 성공할 수 있다고 여긴다.
③ 자기 방향 설정	지도자가 없는 상황에서도 자신이 수립한 목표를 달성한다.
④ 일상생활로의 전이	체육 수업을 통해 학습한 배려를 일상 생활에 실천한다.

09 <보기>의 ㉠, ㉡에 해당하는 평가 방법을 바르게 연결한 것은?

보기

㉠ 수업 전 학습목표에 따른 참여자 수준을 결정하고, 학습과정에서 참여자가 계속적인 오류 상황을 발생시킬 때 적절한 의사결정을 하도록 한다.
㉡ 학생들에게 자신의 높이뛰기 목표와 운동계획을 수립하게 한 다음 육상 단원이 끝나는 시점에서 종합적 목표 달성여부 확인을 위해 평가를 실시한다.

	㉠	㉡
①	진단평가	형성평가
②	진단평가	총괄평가
③	형성평가	총괄평가
④	총괄평가	형성평가

10 다음에 해당하는 평가기법에 대한 설명으로 옳지 않은 것은?

테니스 포핸드 스트로크 과정	운동수행
두 발이 멈춘 상태에서 스트로크를 시도하는가?	Y/N
몸통 회전을 충분히 활용하는가?	Y/N
임팩트까지 시선을 공에 고정하는가?	Y/N
팔로우스로우를 끝까지 유지하는가?	Y/N

① 쉽게 제작이 가능하며 사용이 편리하다.
② 운동수행과정의 질적 평가가 불가하다.
③ 어떤 사건이나 행동의 발생 여부를 신속히 확인할 때 주로 사용한다.
④ 관찰행동을 구체적으로 정의하고 그 행동의 발생 시점을 확인할 수 있다.

11 학교체육진흥법(시행 2021.6.24.)의 제10조에서 규정하고 있는 학교장의 역할에 관한 내용으로 옳지 않은 것은?

① 학생들이 신체활동 프로그램에 참여할 수 있도록 학교스포츠클럽을 운영하여 학생들의 체육활동 참여기회를 확대하여야 한다.
② 학교스포츠클럽을 운영하는 경우 전문코치를 지정하여야 한다.
③ 학교스포츠클럽 활동 내용을 학교생활기록부에 기록하여 상급학교 진학자료로 활용할 수 있도록 하여야 한다.
④ 교육부령으로 정하는 바에 따라 일정 비율 이상의 학교스포츠클럽을 해당 학교의 여학생들이 선호하는 종목으로 운영하여야 한다.

12 다음 ㉠~㉤에서 체육시설법 시행규칙(시행 2021.7.1.) 제22조 '체육 지도자 배치기준'에 부합되는 것을 모두 고른 것은?

체육시설업의 종류	규모	배치인원
㉠ 스키장업	• 슬로프 10면 이하 • 슬로프 10면 초과	1명 이상 2명 이상
㉡ 승마장업	• 말 20마리 이하 • 말 20마리 초과	1명 이상 2명 이상
㉢ 수영장업	• 수영조 바닥면적이 400㎡ 이하인 실내 수영장 • 수영조 바닥면적이 400㎡를 초과하는 실내 수영장	1명 이상 2명 이상
㉣ 골프연습장업	• 20타석 이상 50타석 이하 • 50타석 초과	1명 이상 2명 이상
㉤ 체력단련장업	• 운동전용면적 200㎡ 이하 • 운동전용면적 200㎡ 초과	1명 이상 2명 이상

① ㉠, ㉡, ㉢, ㉣　　② ㉠, ㉡, ㉣, ㉤
③ ㉠, ㉢, ㉣, ㉤　　④ ㉡, ㉢, ㉣, ㉤

13 국민체육진흥법(시행 2021.6.9.)에서 규정하는 생활스포츠지도사의 자격으로 옳지 않은 것은?

① 체육지도자의 자격은 19세 이상인 사람에게 부여한다.
② 생활스포츠지도사는 1급, 2급으로 구분한다.
③ 2급 생활스포츠지도사는 2급 생활스포츠지도사 자격검정에 합격 하고, 연수과정을 이수한 사람으로 한다.
④ 1급 생활스포츠지도사는 자격 종목의 2급 생활스포츠지도사 자격을 취득한 후 3년 이상 해당 자격 종목의 지도경력이 있는 사람으로 한다.

14 <보기>의 ㉠, ㉡에 해당하는 단계가 바르게 연결된 것은?

> 보기
>
> 마튼스(R. Martens)가 제시한 전문체육 프로그램 개발 6단계는
> ㉠ ________, 선수 이해, 상황 분석, 우선순위 결정 및 목표 설정,
> ㉡ ________, 연습계획 수립이다.

	㉠	㉡
①	스포츠에 대한 이해	공간적 맥락 고려
②	선수 발달 단계에 대한 이해	전술 선택
③	선수단(훈련) 규모 설정	체력상태의 이해
④	선수에게 필요한 기술 파악	지도 방법 선택

15 ㉠, ㉡에 해당하는 용어가 바르게 연결된 것은?

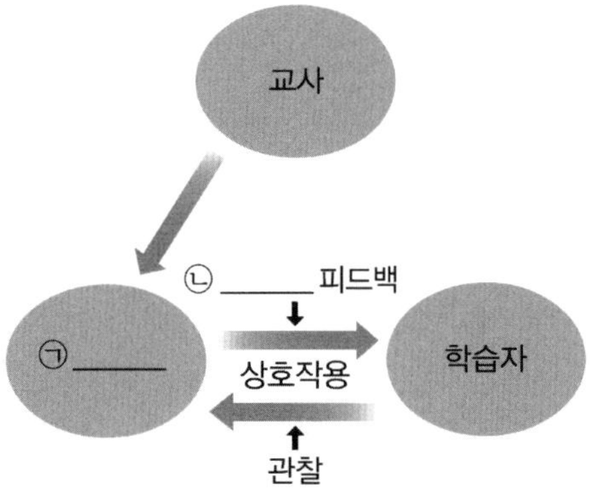

동료교수모형의 수업방식

	㉠	㉡
①	관찰자	교정적
②	개인교사	중립적
③	개인교사	교정적
④	교사	가치적

16 그리핀(L. Griffin), 미첼(S. Mitchell), 오슬린(J. Oslin)의 이해중심게임 모형에서 변형게임 구성 시 반영해야 할 2가지 핵심 개념은?

① 전술과 난이도
② 연계성과 위계성
③ 공간의 특성과 학습자
④ 대표성과 과장성

17 <보기>의 ㉠, ㉡에 해당하는 젠틸(A. Gentile)의 스포츠 기술이 바르게 연결된 것은?

보기

㉠ ________은 환경의 변화나 상태에 의해 변화되는 기술을 말한다. ㉡ ________은 상대적으로 환경적 조건이 안정적이며 외부 조건이 대부분 변하지 않는 속성이 있다.

	㉠	㉡
①	개별기술	복합기술
②	개방기술	폐쇄기술
③	시작형 기술	세련형 기술
④	부분기술	전체기술

18 <보기>와 같이 종목을 구분하는 근거로 적합한 것은?

보기

- 영역형: 농구, 축구, 하키, 풋볼
- 네트형: 배드민턴, 배구, 탁구
- 필드형: 야구, 소프트볼, 킥볼
- 표적형: 당구, 볼링, 골프

① 포지션의 수
② 게임전술의 전이 가능성
③ 기술(skill)의 특성
④ 선수의 수

19 <보기>의 설명에 해당하는 피드백 유형은?

보기

- 모스턴(M. Mosston)이 제시한 피드백 유형이며, 사실적으로 행동을 기술한다.
- 판단이나 수정 지시를 하지 않으나, 피드백 진술의 의미를 변경할 수 있다.
- 다른 피드백 형태로 옮겨가는 특징을 가지고 있다.

① 교정적 피드백(corrective statements)
② 가치적 피드백(value statements)
③ 중립적 피드백(neutral statements)
④ 불분명한 피드백(ambiguous statements)

20 링크(J. Rink)의 내용발달 단계가 순서대로 연결된 것은?

① 시작과제 – 확대과제 – 세련과제 – 적용과제
② 적용과제 – 시작과제 – 확대과제 – 세련과제
③ 세련과제 – 적용과제 – 시작과제 – 확대과제
④ 확대과제 – 세련과제 – 적용과제 – 시작과제

스포츠사회학

01 <보기>에서 스포츠의 사회적 기능을 설명한 파슨즈(T. Parsons) AGIL 모형의 구성요소는?

보기

- 스포츠는 사회구성원에게 현실에 적합한 사고, 감정, 행동양식 등을 학습할 수 있는 장을 마련해준다.
- 스포츠는 개인의 체력 및 건강증진을 도모하여 효율적으로 사회 활동에 참여할 수 있게 한다.

① 적응 ② 목표성취
③ 사회통합 ④ 체제유지 및 관리

02 에티즌(D. Eitzen)과 세이지(G. Sage)가 제시한 스포츠의 정치적 속성이 아닌 것은?

① 보수성 ② 대표성
③ 권력투쟁 ④ 상호배타성

03 <보기>에서 설명하는 사회학습이론의 구성요소는?

보기

상과 벌은 행동의 학습과 수행에 긍정적 · 부정적 영향을 미친다. 스포츠 현장에서 스포츠에 내재된 가치, 태도, 규범에 그릇된 행위는 벌을 통해 중단되거나 회피된다.

① 강화 ② 코칭
③ 관찰학습 ④ 역할학습

04 <보기>에 해당하는 스포츠사회화 과정이 바르게 연결된 것은?

보기

- (㉠): 손목수술 후유증으로 인해 골프선수를 그만두게 되었다.
- (㉡): 골프의 매력에 빠져 골프선수가 되어 사회성, 체력, 준법정신이 함양되었다.
- (㉢): 아빠와 함께 골프연습장에 자주 가면서 골프를 배우게 되었다.
- (㉣): 골프선수 은퇴 후 골프아카데미 원장으로 부임하면서 골프꿈나무를 양성하게 되었다.

	㉠	㉡	㉢	㉣
①	스포츠로의 재사회화	스포츠를 통한 사회화	스포츠로의 사회화	스포츠 탈사회화
②	스포츠로의 재사회화	스포츠로의 사회화	스포츠를 통한 사회화	스포츠 탈사회화
③	스포츠 탈사회화	스포츠를 통한 사회화	스포츠로의 사회화	스포츠로의 재사회화
④	스포츠 탈사회화	스포츠로의 사회화	스포츠를 통한 사회화	스포츠로의 재사회화

05 학원엘리트스포츠를 지지하는 입장이 아닌 것은?

① 애교심을 강화시킬 수 있다.
② 학교의 자원 및 교육시설을 독점할 수 있다.
③ 지위 창출의 수단, 사회이동의 기제로 작용할 수 있다.
④ 사회에서 요구되는 책임감, 성취감, 적응력 등을 배양시킬 수 있다.

06 <보기>의 내용과 관련이 깊은 사회학 이론은?

보기

- 미시적 관점의 이론이다.
- 인간은 사회제도나 규칙에 대해 능동적으로 사고하고 의미를 부여하며 행동한다.
- 스포츠 팀의 주장은 리더십이 필요하기 때문에 점차 그 역할에 맞는 리더십을 발휘한다.

① 갈등이론 ② 교환이론
③ 상징적 상호작용론 ④ 기능주의이론

07 정치의 스포츠 이용 방법에 관한 설명 중 옳은 것은?

① 태권도를 보면 대한민국 국기(國技)라는 동일화가 일어난다.
② 정부의 3S(sports, screen, sex) 정책은 스포츠를 이용하는 상징의 대표적인 방법이다.
③ 스포츠 이벤트에서 국가 연주, 선수 복장, 국기에 대한 의례 등은 상징의식에 해당한다.
④ 올림픽에서 금메달 수상 장면을 보면서 내가 획득한 것처럼 눈물을 흘리는 것은 상징화에 해당한다.

08 <보기>에서 설명하는 투민(M. Tumin)의 스포츠계층 형성 과정은?

보기

- 스포츠 종목에서 요구되는 우수한 운동수행능력을 갖추어야 한다.
- 뛰어난 경기력뿐만 아니라 탁월한 개인적 특성을 갖추어야 한다.
- 스포츠 팀 구성원으로 자신의 능력이 팀 승리에 미치는 영향력이 커야 한다.

① 평가 ② 지위의 분화
③ 보수부여 ④ 지위의 서열화

09 <보기>의 내용과 관련 있는 용어는?

보기

- 로버트슨(R. Roberston)이 제시한 용어이다.
- LA 다저스팀이 박찬호 선수를 영입하여 좋은 경기력을 펼치면서 메이저리그 경기가 한국에서 인기가 높아졌다.
- 맨체스터 유나이티드팀이 박지성 선수를 영입하면서 프리미어리그 경기가 한국에서 인기가 높아졌다.

① 셋방화(Glocalization)
② 스포츠화(Sportization)
③ 미국화(Americanization)
④ 세계표준화(Global Standardization)

10 국제사회에서 발생한 스포츠 사건에 관한 설명으로 옳은 것은?

① 남아프리카 공화국은 아파르트헤이트(apartheid)로 인해 국제대회 참여가 거부되었다.
② 구소련의 아프가니스탄 침공을 이유로 1984년 LA올림픽경기대회에 많은 자유 진영 국가가 불참하였다.
③ 2018년 평창동계올림픽경기대회에서 메달 획득을 위해 여자 아이스하키 남북 단일팀이 결성되었다.
④ 1936년 베를린올림픽경기대회에서 검은구월단 무장단체가 선수촌에 침입하여 이스라엘 선수를 살해하였다.

11 <보기>의 설명은 머튼(R. Merton)의 아노미(anomie) 이론에 대한 것이다. ㉠~㉢에 해당하는 적응유형이 바르게 연결된 것은?

보기

- 도피주의 - 스포츠에 내재된 비인간성, 승리지상주의, 상업주의, 학업 결손 등에 염증을 느껴 스포츠 참가 포기
- (㉠) - 승패에 집착하지 않고 참가에 의의를 두는 것, 결과 보다는 경기 내용 중시
- (㉡) - 불법 스카우트, 금지 약물 복용, 경기장 폭력, 승부조작 등
- (㉢) - 전략적 시간 끌기 작전, 경기규칙이 허용하는 범위 내에서의 파울 행위 등

	㉠	㉡	㉢
①	혁신주의	동조주의	의례주의
②	의례주의	혁신주의	동조주의
③	의례주의	동조주의	혁신주의
④	혁신주의	의례주의	동조주의

12 <보기>의 내용을 기든스(A, Giddens)의 사회계층 이동 준거와 유형으로 바르게 묶은 것은?

보기

- K는 가난한 가정에서 태어나 끊임없는 훈련을 통해 축구 월드 스타가 되었다.
- 월드스타가 되고 난 후, 축구장학재단을 만들어 개발도상국에 축구학교를 설립하여 후진양성에 큰 역할을 하고 있다.

	이동 주체	이동 방향	시간적거리
①	개인	수직이동	세대 내 이동
②	개인	수평이동	세대 간 이동
③	집단	수직이동	세대 간 이동
④	집단	수평이동	세대 내 이동

13 <보기>에서 설명하는 스포츠 미디어 이론은?

보기

대중들은 능동적 수용자로서 특수한 심리적 욕구를 만족시키기 위해 매스미디어를 적극 이용한다. 이에 미디어 수용자는 인지적, 정의적, 도피적, 통합적 욕구를 충족시키기 위해 스포츠를 주제로 다루는 매스미디어를 이용한다.

① 사회범주이론 ② 개인차이론
③ 사회관계이론 ④ 문화규범이론

14 <보기>에서 코클리(J. Coakley)가 제시한 상업주의와 관련된 스포츠 규칙 변화의 충족 조건으로 옳은 것만을 모두 고른 것은?

보기

㉠ 경기의 속도감 향상
㉡ 관중의 흥미 극대화
㉢ 득점 방법의 단일화
㉣ 상업적인 광고 시간 할애

① ㉠, ㉡ ② ㉢, ㉣
③ ㉠, ㉡, ㉢ ④ ㉠, ㉡, ㉣

15 <보기>에서 설명하는 프로스포츠의 제도는?

보기

- 프로스포츠리그의 신인선수 선발 방식 중 하나이다.
- 신인선수 쟁탈에 따른 폐단을 막기 위해 도입되었다.
- 계약금 인상 경쟁을 막기 위한 방법으로 고안되었다.

① FA(free agent)
② 샐러리 캡(salary cap)
③ 드래프트(draft)
④ 최저연봉(minimum salary)

16 <보기>에서 대중매체가 스포츠에 미치는 영향에 해당되는 것만을 모두 고른 것은?

보기

㉠ 대중매체의 기술이 발전한다.
㉡ 스포츠 인구가 증가한다.
㉢ 새로운 스포츠 종목이 창출된다.
㉣ 미디어 콘텐츠를 제공한다.
㉤ 경기규칙과 경기일정이 변경된다.
㉥ 스포츠 용구가 변화한다.

① ㉠, ㉡, ㉢ ② ㉠, ㉢, ㉣
③ ㉡, ㉢, ㉣, ㉤ ④ ㉡, ㉢, ㉤, ㉥

17 스포츠의 교육적 순기능 중 사회선도 기능이 아닌 것은?

① 여권신장
② 학교 내 통합
③ 평생체육과의 연계
④ 장애인의 삶의 질 향상

18 다음 ㉠~㉣에서 코클리(J. Coakley)가 제시한 일탈적 과잉동조를 유발하는 스포츠 윤리규범의 유형과 특징으로 옳은 것만을 모두 고른 것은?

	유형	특징
㉠	구분 짓기 규범	다른 선수와 구별되기 위해 탁월성을 추구해야 한다.
㉡	인내 규범	위험을 받아들이고 고통 속에서도 경기에 참여 해야 한다.
㉢	몰입 규범	경기에 헌신해야 하며 이를 그들의 삶에서 우선 순위에 두어야 한다.
㉣	도전 규범	스포츠에서 성공을 위해 장애를 극복하고 역경을 헤쳐 나가야 한다.

① ㉠, ㉡　② ㉡, ㉢
③ ㉠, ㉢, ㉣　④ ㉠, ㉡, ㉢, ㉣

19 맥루한(M. McLuhan)의 매체이론에 관한 설명으로 옳지 않은 것은?

① 핫(hot) 미디어 스포츠는 관람자의 감각 참여성이 낮다.
② 쿨(cool) 미디어 스포츠는 관람자의 감각 몰입성이 높다.
③ 핫(hot) 미디어 스포츠는 경기 진행 속도가 빠르다.
④ 쿨(cool) 미디어 스포츠는 메시지의 정의성이 낮다.

20 스포츠 세계화의 특징으로 옳지 않은 것은?

① 스포츠 시장의 경계가 국경을 초월해 전 세계로 확대되었다.
② 모든 나라의 전통스포츠(folk sports)가 세계적으로 확대되었다.
③ 세계인이 표준화된 스포츠 상품과 스포츠 문화를 소비하게 되었다.
④ 프로스포츠 시장의 이윤 극대화로 빈익빈 부익부 현상이 심화되었다.

스포츠심리학

01 <보기>는 레빈(K. Lewin, 1935)이 주장한 내용이다. ㉠, ㉡에 들어갈 개념으로 바르게 묶인 것은?

보기
- 인간의 행동은 (㉠)과 (㉡)에 의해 결정된다.
- (㉠)과 (㉡)의 상호작용으로 행동은 변화한다.

	㉠	㉡
①	개인(person)	환경(environment)
②	인지(cognition	감정(affect)
③	감정(affect)	환경(environment)
④	개인(person)	인지(cognition)

02 아동의 운동 발달을 평가할 때 심리적 안정을 도모하기 위한 평가 방법으로 옳은 것은?

① 평가장소에 도착하면 환경에 대한 탐색 시간을 주지 말고 평가를 바로 진행한다.
② 아동의 평가 민감성을 높이기 위해 평가라는 단어를 강조한다.
③ 운동 도구를 사용하여 평가할 때 탐색할 기회를 제공한다.
④ 아동과 공감대를 형성하지 않는다.

03 <보기>에 제시된 일반화된 운동프로그램(Generalized Motor Program: GMP)에 관한 설명으로 바르게 묶인 것은?

보기
㉠ 인간의 운동은 자기조직(self-organization)과 비선형성(nonlinear) 의 원리에 의해 생성되고 변화한다.
㉡ 불변매개변수(invariant parameter)에는 요소의 순서(order of element), 시상(phasing), 상대적인 힘(relative force)이 포함된다.
㉢ 가변매개변수(variant parameter)에는 전체 동작 지속시간(overall duration), 힘의 총량(overall force), 선택된 근육군(selected muscles)이 포함된다.
㉣ 환경정보에 대한 지각 그리고 동작의 관계(perception-action coupling)를 강조한다.

① ㉠, ㉡ ② ㉠, ㉢
③ ㉡, ㉢ ④ ㉢, ㉣

04 <보기>에서 설명하는 개념은?

보기
- 자극반응 대안 수가 증가할수록 선택반응시간도 증가한다.
- 투수가 직구와 슬라이더 구종에 커브 구종을 추가하여 무작위로 섞어 던졌을 때 타자의 반응시간이 길어졌다.

① 피츠의 법칙(Fitts' law)
② 파워 법칙(power law)
③ 임펄스 가변성 이론(impulse variability theory)
④ 힉스의 법칙(Hick's law)

05 <보기>에 제시된 번스타인(N. Bernstein)의 운동학습 단계에 대한 설명으로 바르게 묶인 것은?

보기

㉠ 스케이트를 탈 때 고관절, 슬관절, 발목관절을 활용하여 추진력을 갖게 한다.
㉡ 체중 이동을 통해 추진력을 확보하며 숙련된 동작을 실행하게 한다.
㉢ 스케이트를 신고 고관절, 슬관절, 발목관절을 하나의 단위체로 걷게 한다.

	㉠	㉡	㉢
①	자유도 풀림	반작용 활용	자유도 고정
②	반작용 활용	자유도 풀림	자유도 고정
③	자유도 풀림	자유도 고정	반작용 활용
④	반작용 활용	자유도 고정	자유도 풀림

06 레이데크와 스미스(T. Raedeke & A. Smith, 2001)의 운동선수 탈진 질문지(Athlete Burnout Questionnaire: ABQ)의 세 가지 측정 요인이 아닌 것은?

① 성취감 저하(reduced sense of accomplishment)
② 스포츠 평가절하(sport devaluation)
③ 경쟁상태불안(competitive state anxiety)
④ 신체적/정서적 고갈(physical, emotional exhaustion)

07 웨이스와 아모로스(M. Weiss & A. Amorose, 2008)가 제시한 스포츠 재미(sport enjoyment)의 영향 요인으로 옳지 않은 것은?

① 인지능력
② 사회적 소속
③ 동작 자체의 감각 체험
④ 숙달과 성취

08 <보기>에 제시된 도식이론(schema theory)에 관하여 옳은 설명으로 묶인 것은?

보기

㉠ 빠른 움직임과 느린 움직임을 구분하여 설명한다.
㉡ 재인도식은 피드백 정보가 없는 빠른 운동을 조절하는 역할을 한다.
㉢ 회상도식은 과거의 실제결과, 감각귀결, 초기조건의 관계를 바탕으로 형성된다.
㉣ 200ms 이상의 시간이 필요한 느린 운동 과제의 제어에는 회상도식과 재인도식이 모두 동원된다.

① ㉠, ㉡　　② ㉡, ㉢
③ ㉠, ㉣　　④ ㉢, ㉣

09 <보기>에 제시된 심리적 불응기(Psychological Refractory Period: PRP)에 관하여 옳은 설명으로 묶인 것은?

보기

㉠ 1차 자극에 대한 반응을 수행하고 있을 때 2차 자극을 제시할 경우, 2차 자극에 대해 반응시간이 느려지는 현상이다.
㉡ 1차 자극과 2차 자극간의 시간차가 10ms 이하로 매우 짧을 때 나타난다.
㉢ 페이크(fake) 동작의 사용 빈도를 높일 때 효과적이다.
㉣ 1차와 2차 자극을 하나의 자극으로 간주하는 현상을 집단화라고 한다.

① ㉠, ㉡　　② ㉡, ㉢
③ ㉢, ㉣　　④ ㉠, ㉣

10 인간 발달의 특징에 관한 설명으로 옳지 않은 것은?

① 개인적 측면은 발달에 영향을 미치는 요인이 개인마다 달라서 나타나는 현상이다.
② 다차원적 측면은 개인의 신체적·정서적 특성과 같은 내적 요인 그리고 사회 환경과 같은 외적 요인으로 나눌 수 있다.
③ 계열적 측면은 기기와 서기의 단계를 거친 후에야 자신의 힘으로 스스로 걸을 수 있게 되는 것이다.
④ 질적 측면은 현재 나타나고 있는 움직임 양식이 과거 움직임의 경험이 축적되어 나타나는 것이다.

11 시각탐색에 사용되는 안구 움직임의 형태로 옳지 않은 것은?

① 지각의 협소화(perceptual narrowing)
② 부드러운 추적 움직임(smooth pursuit movement)
③ 전정안구반사(vestibulo-ocular reflex)
④ 빠른 움직임(saccadic movement)

12 <보기>에 제시된 불안과 운동수행의 관계를 설명하는 이론은?

보기

- 선수가 불안을 어떻게 '해석'하느냐에 따라 운동수행이 달라질 수 있다.
- 선수는 각성이 높은 상태를 기분 좋은 흥분상태로 해석할 수도 있지만 불쾌한 불안으로 해석할 수도 있다.

① 역U가설(inverted-U hypothesis)
② 전환이론(reversal theory)
③ 격변이론(catastrophe theory)
④ 적정기능지역이론(zone of optimal functioning theory)

13 <보기>의 ㉠과 ㉡에 들어갈 알맞은 용어는?

보기

- (㉠)은 불안을 감소시키기 위해 자기최면을 사용하여 무거움과 따뜻함을 실제처럼 느끼도록 유도하는 방법이다.
- (㉡)은/는 불안을 유발하는 자극의 목록을 작성한 후, 하나씩 차례로 적용하여 유발 감각 자극에 대한 민감도를 줄여 불안 수준을 감소시키는 방법이다.

	㉠	㉡
①	바이오피드백 (biofeedback)	체계적 둔감화 (systematic desensitization)
②	자생훈련 (autogenic training)	바이오피드백 (biofeedback)
③	점진적 이완 (progressive relexation)	바이오피드백 (biofeedback)
④	자생훈련 (autogenic training)	체계적 둔감화 (systematic desensitization)

14 와이너(B. Weiner)의 경기 승패에 대한 귀인이론에 관한 설명으로 옳지 않은 것은?

① 노력은 내적이고 불안정하며 통제 가능한 요인이다.
② 능력은 내적이고 안정적이며 통제 불가능한 요인이다.
③ 운은 외적이고 불안정하며 통제 불가능한 요인이다.
④ 과제난이도는 외적이고 불안정하며 통제할 수 있는 요인이다.

15 <보기>에 제시된 심상에 대한 이론과 설명이 바르게 묶인 것은?

보기
㉠ 심리신경근 이론에 따르면 심상을 하는 동안에 실제 동작에서 발생하는 근육의 전기 반응과 유사한 전기 반응이 근육에서 발생한다.
㉡ 상징학습 이론에 따르면 심상은 인지 과제(바둑)보다 운동 과제(역도)에서 더 효과적이다.
㉢ 생물정보 이론에 따르면 심상은 상상해야 할 상황 조건인 자극 전제와 심상의 결과로 일어나는 반응 전제로 구성된다.
㉣ 상징학습 이론에 따르면 생리적 반응과 심리 반응을 함께하면 심상의 효과는 낮아진다.

① ㉠, ㉡　② ㉠, ㉢
③ ㉡, ㉢　④ ㉢, ㉣

16 <보기>에 제시된 첼라드라이(P. Chelladerai)의 다차원리더십 모델에 관한 설명으로 옳게 묶인 것은?

보기
㉠ 리더의 특성은 리더의 실제 행동에 영향을 준다.
㉡ 규정 행동은 선수에게 규정된 행동을 말한다.
㉢ 선호 행동은 리더가 선호하거나 바라는 선수의 행동을 말한다.
㉣ 리더의 실제 행동과 선수의 선호 행동이 다르면 선수의 만족도가 낮아진다.

① ㉠, ㉡　② ㉠, ㉣
③ ㉡, ㉢　④ ㉢, ㉣

17 <보기>에서 설명하는 운동심리 이론(모형)은?

보기
- 지역사회가 여성 전용 스포츠 센터를 확충한다.
- 정부가 운동 참여에 대한 인센티브 정책을 수립한다.
- 가정과 학교에서 운동 참여를 지지해주는 분위기를 만든다.

① 사회생태모형(social ecological model)
② 합리적행동이론(theory of reasoned action)
③ 자기효능감이론(self-efficacy theory)
④ 자결성이론(self-determination theory)

18 프로차스카(J. O. Prochaska)의 운동변화단계 모형(Transtheoretical Model)에 관한 설명으로 옳은 것은?

① 변화 단계와 자기효능감과의 관계는 U자 형태다.
② 인지적 · 행동적 변화과정을 통해 운동 단계가 변화한다.
③ 변화 단계가 높아짐에 따라 운동에 대해 기대할 수 있는 혜택은 점진적으로 감소한다.
④ 무관심 단계는 현재 운동에 참여하지 않지만, 6개월 이내에 운동을 시작할 의도가 있다.

19 한국스포츠심리학회가 제시한 스포츠 심리상담사 상담 윤리에 대한 설명으로 옳지 <u>않은</u> 것은?

① 스포츠심리상담사는 자신의 전문영역과 한계영역을 명확하게 인식 해야 한다.
② 스포츠심리상담사는 상담 과정에서 얻은 정보를 이용할 때 고객과 미리 상의해야 한다.
③ 스포츠심리상담사는 상담 효과를 알리기 위해 상담에 참여한 사람으로부터 좋은 평가나 소감을 요구해야 한다.
④ 스포츠심리상담사는 타인에게 역할을 위임할 때는 전문성이 있는 사람에게만 위임하여야 하며 그 타인의 전문성을 확인해야 한다.

20 <보기>에 제시된 폭스(K. Fox)의 위계적 신체적 자기개념 가설(hypothesized hierarchical organization of physical self-perception)에 관한 설명으로 바르게 묶인 것은?

보기
㉠ 신체적 컨디션은 매력적 신체를 유지하는 능력이다.
㉡ 신체적 자기 가치는 전반적 자기존중감의 상위영역에 속한다.
㉢ 신체 매력과 신체적 컨디션은 신체적 자기가치의 하위영역에 속한다.
㉣ 스포츠 유능감은 스포츠 능력과 스포츠 기술 학습 능력에 대한 자신감이다.

① ㉠, ㉡　② ㉠, ㉢
③ ㉡, ㉣　④ ㉢, ㉣

스포츠윤리

01 '도덕적 선(善)'의 의미를 내포한 것은?

① 축구 경기에서 득점과 연결되는 '좋은' 패스
② 피겨스케이팅 경기에서 고난도의 '좋은' 연기
③ 농구 경기에서 상대 속공을 차단하는 수비수의 '좋은' 반칙
④ 경기에 패배했음에도 불구하고 상대팀에게 박수를 보내는 '좋은' 매너

02 <보기>에서 ㉠, ㉡에 들어갈 용어가 바르게 연결된 것은?

보기

롤스(J. Rawls)는 (㉠)이 인간 발전의 조건이며, 모든 이의 관점에서 선이 된다고 하였다. 스포츠는 신체적 (㉡)을 훈련과 노력으로 극복하며, 기회의 균등이 정의로 작용하고 있음을 보여준다. 즉 인간이 갖는 신체적 능력의 (㉡)은 오히려 (㉠)을 개발할 기회를 마련해주며, 이를 통해 스포츠 전체의 선(善)이 강화된다.

	㉠	㉡
①	탁월성	평등
②	규범성	조건
③	탁월성	불평등
④	규범성	불평등

03 <보기>에서 가치판단에 해당하는 것만을 모두 고른 것은?

보기

㉠ 체조경기에서 선수들의 연기는 아름답다.
㉡ 건강을 위해서는 고지방 음식을 피해야 한다.
㉢ 시합이 끝난 후 상대방에게 인사를 하는 것은 옳은 행위이다.
㉣ 이상화는 2010년 밴쿠버동계올림픽경기대회에서 금메달을 획득 하였다.

① ㉠, ㉢　② ㉡, ㉢
③ ㉠, ㉡, ㉢　④ ㉠, ㉡, ㉢, ㉣

04 <보기>에서 설명하는 윤리 이론으로 적절한 것은?

보기

- 모든 스포츠인의 권리는 동등하게 보장되어야 한다.
- 스포츠 규칙 제정은 공평성과 평등의 원칙에 근거해야 한다.
- 선수의 행동이 좋은 결과를 얻었다면 도덕적으로 옳은 것이다.

① 공리주의　② 의무주의
③ 덕윤리　④ 배려윤리

05 아곤(agon)과 아레테(arete)에 관한 설명으로 <u>옳지 않은</u> 것은?

① 아곤은 경쟁과 승리를 추구한다.
② 아곤은 타인과의 비교를 전제하지 않는다.
③ 아레테는 아곤보다 더 포괄적인 개념이다.
④ 아레테는 신체적 · 도덕적 탁월성을 추구한다.

06 스포츠 경기에 적용되는 과학기술에 관한 설명으로 <u>옳지 않은</u> 것은?

① 유전자 치료를 통한 스포츠 수행력의 향상은 일종의 도핑에 해당한다.
② 야구의 압축배트, 최첨단 전신수영복 등은 경기의 공정성 확보에 기여한다.
③ 도핑 시스템은 선수의 불공정한 행위를 감시하고 적발하는 데 도움이 된다.
④ 태권도의 전자호구, 축구의 비디오 보조 심판(VAR: Video Assistant Referees)은 기록의 객관성과 신뢰성을 높인다.

07 <보기>에서 ㉠, ㉡에 들어갈 용어가 바르게 연결된 것은?

보기

독일의 철학자 (㉠)는 인간의 행위에 대한 탐구를 통해 성공적인 삶을 실현하는 사회적 조건으로 (㉡)을 들고 있다. 인간은 누구나 타인에게 (㉡)을 받고 싶은 욕구가 있다. 스포츠에서 승리에 대한 욕구는 가장 원초적인 (㉡)투쟁이라고 할 수 있다.

	㉠	㉡
①	호네트(A. Honneth)	인정
②	호네트(A. Honneth)	보상
③	아렌트(H. Arendt)	인정
④	아렌트(H. Arendt)	보상

08 <보기>에서 의무론적 도덕 추론에 해당하는 것만을 모두 고른 것은?

보기

㉠ 의무론적 도덕 추론은 가언적 도덕 추론이라고도 한다.
㉡ 스포츠지도자, 선수 등의 행위 주체에 초점을 맞추고 있다.
㉢ 행위의 결과에 상관없이 절대적인 도덕규칙에 따라 판단을 내린다.
㉣ 선의지는 도덕적인 선수가 갖추어야 할 내적인 태도이자 도덕적 행위의 필요충분조건이다.
㉤ 정정당당하게 경기에 임하려는 선수의 착한 의지는 경기결과에 상관없이 그 자체로 선한 것이다.

① ㉠, ㉡, ㉢ ② ㉠, ㉢, ㉣
③ ㉡, ㉣, ㉤ ④ ㉢, ㉣, ㉤

09 <보기>의 ㉠~㉢에 해당하는 정의의 유형이 바르게 연결된 것은?

보기

㉠ 유소년 축구 생활체육지도자 A는 남녀학생 구분없이 경기에 참여하도록 했다. 또한 장애 학생에게도 비장애 학생과 동일한 참여 시간을 보장했다.
㉡ 테니스 경기에서는 공정한 경기를 위해 코트를 바꿔가며 게임을 하도록 규칙을 적용한다.
㉢ B지역 체육회는 당해 연도에 소속 선수의 경기실적에 따라 연봉을 차등 지급하기로 결정했다.

	㉠	㉡	㉢
①	평균적	절차적	분배적
②	평균적	분배적	절차적
③	절차적	평균적	분배적
④	분배적	절차적	평균적

10 셸러(M. Scheler)의 가치 서열 기준과 이를 스포츠에 적용한 사례로 연결이 적절하지 않은 것은?

① 지속성 - 도핑으로 메달을 획득하는 것보다 지속적으로 훈련을 하여 경기에 참여하는 것이 가치가 더 높다.
② 만족의 깊이 - 자신의 실수를 인정하여 패배하는 것이 속임수를 쓰고 승리하여 메달을 획득하는 것보다 가치가 더 높다.
③ 근거성 - 올림픽 경기에서 메달 획득으로 병역 혜택을 받는 것보다 올림픽 정신을 토대로 세계적인 선수들과 정정당당하게 겨루는 것이 가치가 더 높다.
④ 분할 향유 가능성 - 상위 팀이 상금(몫)을 독점하는 것보다는 적더라도 보다 많은 팀이 상금(몫)을 받도록 하는 것이 가치가 더 높다.

11 <보기>의 ㉠에 해당하는 레스트(J. Rest)의 도덕성 구성요소는?

보기

(㉠)은/는 스포츠 현장에서 발생하는 특정 상황 속에 내포된 도덕적 이슈들을 감지하고 그 상황에서 어떠한 행동을 할 수 있으며 그 행동들이 관련된 사람들에게 어떤 영향을 미칠 수 있는가를 상상하는 것을 말한다.

① 도덕적 감수성(moral sensitivity)
② 도덕적 판단력(moral judgement)
③ 도덕적 동기화(moral motivation)
④ 도덕적 품성화(moral character)

12 <보기>의 설명과 관계있는 자연중심주의 사상가는?

보기

- 생태윤리에 대한 규칙: 불침해, 불간섭, 신뢰, 보상적 정의
- 스포츠에 의한 환경오염 발생 시 스포츠 폐지 권고
- 인간의 욕구를 위해 동물의 생존권을 유린하는 스포츠 금지

① 베르크(A. Berque)
② 테일러(P. Taylor)
③ 슈바이처(A. Schweitzer)
④ 하이젠베르크(W. Heisenberg)

13 <보기>에서 설명하는 사건과 거리가 먼 것은?

보기

- 1964년 리마에서 개최된 페루 · 아르헨티나의 축구 경기에서 경기장 내 폭력으로 300여 명 사망
- 1969년 온두라스와 엘살바도르의 축구 전쟁
- 1985년 벨기에 헤이젤 경기장에서 열린 리버풀과 유벤투스의 경기에서 응원단이 충돌하여 39명 사망

① 경기 중 관중의 폭력
② 아파르트헤이트(Apartheid)
③ 위협적 응원문화
④ 훌리거니즘(hooliganism)

14 폭력을 설명한 학자의 개념과 그에 대한 설명이 바르게 연결된 것은?

① 푸코(M. Foucault)의 '분노' – 스포츠 현장에서 인간 내면의 분노로 시작된 폭력은 전용되고 악순환을 반복하는 경향이 있다.
② 아리스토텔레스(Aristotle)의 '규율과 권력' – 스포츠계에서 위계적 권력 관계는 폭력으로 변질되어 표출된다.
③ 홉스(T. Hobbes)의 '악의 평범성' – 폭력이 관행화 된 스포츠계에서는 폭력에 대한 죄책감이 없어진다.
④ 지라르(R. Girard)의 '모방적 경쟁' – 자신이 닮고자 하는 운동선수를 모방하게 되듯이 인간 폭력의 원인을 공격 본능이 아닌 모방적 경쟁 관계에서 찾는다.

15 <보기>의 ㉠~㉢에 해당하는 용어로 바르게 연결된 것은?

보기

스포츠 조직에서 (㉠)은/는 기업의 가치경영을 넘어 정성적 규범기준까지 확장된 스포츠 사회 · 윤리적 가치체계를 의미한다. 이러한 체계가 실효성 있게 작동되기 위해서는 경영자의 윤리적 (㉡)와 경영의 (㉢) 확보가 선행되어야 한다.

	㉠	㉡	㉢
①	기업윤리	공동체	투명성
②	윤리경영	실천의지	투명성
③	기업윤리	실천의지	공정성
④	윤리경영	공동체	공정성

16 체육의 공정성 확보와 체육인의 인권보호를 위해 설립된 스포츠윤리 센터의 역할로 적절하지 않은 것은?

① 스포츠비리 및 체육계 인권침해에 대한 실태조사
② 스포츠비리 및 체육계 인권침해 방지를 위한 예방교육
③ 신고자 및 가해자에 대한 치료와 상담, 법률 지원, 임시보호 연계
④ 체육계 인권침해 및 스포츠비리 등에 대한 신고 접수와 조사

17 <보기>의 내용과 관련 있는 용어는?

보기
- 상대 존중, 최선, 공정성 등을 포함
- 경쟁이 갖는 잠재적 부도덕성의 제어
- 스포츠 참가자가 마땅히 따라야 할 준칙과 태도
- 스포츠의 긍정적 가치를 유지하려는 도덕적 기제

① 테크네(techne)
② 젠틀맨십(gentlemanship)
③ 스포츠맨십(sportsmanship)
④ 리더십(leadership)

18 <보기>의 대화에서 나타나는 스포츠 차별은?

보기
영은: 저 백인 선수는 성공하기 위해서 얼마나 많은 노력과 땀을 흘렸을까.
상현: 자기를 희생하면서도 끝없는 자기관리와 투지의 결과일 거야.
영은: 그에 비해 저 흑인 선수가 구사하는 기술은 누구도 가르칠 수 없는 묘기이지.
상현: 아마도 타고나지 않으면 할 수 없는 거지. 천부적인 재능이야.

① 성차별 ② 스포츠 종목 차별
③ 인종차별 ④ 장애차별

19 <보기>의 설명과 관련 있는 제도는?

보기
학생선수가 일정 수준의 학력기준에 도달하지 못한 경우에는 별도의 기초학력보장 프로그램을 운영한다. 학교의 장은 필요한 경우 학생선수의 경기대회 출전을 제한할 수 있다.

① 최저학력제
② 체육특기자 제도
③ 운동부의 인권보장제
④ 학생선수의 생활권 보장제도

20 <보기>에서 스포츠 인권에 대한 내용을 모두 고른 것은?

보기
㉠ 모든 사람은 평등하게 스포츠와 신체활동에 참여할 권리를 가진다.
㉡ 국가 차원에서 체계적인 스포츠 인권 정책을 마련해야 한다.
㉢ 스포츠의 종목이나 대상에 따라 권리가 상대적으로 보장되어야 한다.
㉣ 국가는 장애인이 스포츠 활동 참여의 권리를 동등하게 보장받도록 노력해야 한다.

① ㉠, ㉢ ② ㉠, ㉣
③ ㉠, ㉡, ㉢ ④ ㉠, ㉡, ㉣

운동생리학

01 <보기>에서 설명하는 트레이닝의 원리는?

보기

- 트레이닝의 효과는 운동에 동원된 근육에서만 발생한다.
- 근력 향상을 위해서는 저항성 트레이닝이 적합하다.

① 특이성의 원리 ② 가역성의 원리
③ 과부하의 원리 ④ 다양성의 원리

02 체온 저하 시 생리적 반응으로 적절한 것은?

① 심박수 증가
② 피부혈관 확장
③ 땀샘의 땀 분비 증가
④ 골격근 떨림(shivering) 증가

03 지구성 트레이닝 후 최대 동-정맥 산소차(maximal arterial-venous oxygen difference) 증가에 기여하는 요인으로 적절하지 <u>않은</u> 것은?

① 미토콘드리아 크기 증가
② 미토콘드리아 수 증가
③ 모세혈관 밀도 감소
④ 총 혈액량 증가

04 <보기>에서 운동유발성 근육경직(exercise-associated muscle cramps)을 방지하기 위한 방법으로 적절한 것을 모두 고른 것은?

보기

㉠ 발생하기 쉬운 근육을 규칙적으로 스트레칭 한다.
㉡ 필요 시 운동 강도와 지속 시간을 감소시킨다.
㉢ 수분과 전해질의 균형을 유지한다.
㉣ 탄수화물 저장량을 낮춘다.

① ㉠ ② ㉠, ㉡
③ ㉠, ㉡, ㉢ ④ ㉠, ㉡, ㉢, ㉣

05 1회 박출량(stroke volume)에 관한 설명으로 적절하지 <u>않은</u> 것은?

① 심실 수축력이 증가하면 1회 박출량은 증가한다.
② 평균 동맥혈압이 감소하면 1회 박출량은 증가한다.
③ 심장으로 돌아오는 정맥혈 회귀(venous return)가 감소하면 1회 박출량은 감소한다.
④ 수축기말 용적(end-systolic volume)에서 확장기말 용적(end-diastolic volume)을 뺀 값이다.

06 <보기>에서 설명하는 중추신경계 기관은?

보기

- 시상과 시상하부로 구성된다.
- 시상은 감각을 통합 · 조절한다.
- 시상하부는 심박수와 심장 수축, 호흡, 소화, 체온, 식욕 및 음식 섭취를 조절한다.

① 간뇌(diencephalon)
② 대뇌(cerebrum)
③ 소뇌(cerebellum)
④ 척수(spinal cord)

07 직립 상태에서 폐-혈액 간 산소확산 능력은 안정 시와 비교하여 운동 시 증가한다. 이에 기여하는 요인으로 적절한 것은?

① 폐포와 모세혈관 사이의 호흡막(respiratory membrane) 두께 증가
② 증가한 혈압으로 인한 폐 윗부분(상층부)으로의 혈류량 증가
③ 폐정맥 혈액 내 높은 산소분압
④ 폐동맥 혈액 내 높은 산소분압

08 건강체력 요소 측정으로만 나열되지 않은 것은?

① 오래달리기 측정, 생체전기저항분석(bioelectric impedance analysis)
② 앉아윗몸앞으로굽히기 측정, 윗몸일으키기 측정
③ 배근력 측정, 제자리높이뛰기 측정
④ 팔굽혀펴기 측정, 악력 측정

09 운동하는 근육으로의 혈류량을 증가시키는 국소적 내인성(intrinsic) 자율조절 요소로 적절하지 않은 것은?

① 수소이온, 이산화탄소, 젖산 등 대사 부산물
② 부신수질로부터 분비된 카테콜아민(catecholamine)
③ 혈관 벽에 작용하는 압력에 따른 근원성(myogenic) 반응
④ 혈관내피세포(endothelial cell)에서 생성된 산화질소, 프로스타글랜딘(prostaglandin), 과분극인자(hyperpolarizing factor)

10 <보기>의 ㉠~㉢에 들어갈 용어가 바르게 나열된 것은?

보기

【근육수축 과정】

- 골격근막의 활동전위는 가로세관(T-tubule)을 타고 이동하여 근형질세망(sarcoplasmic reticulum)으로부터 (㉠) 유리를 자극 한다.
- 유리된 (㉠)은 액틴(actin) 세사의 (㉡)에 결합하고, (㉡)은 (㉢)을 이동시켜 마이오신(myosin) 머리가 액틴과 결합할 수 있도록 한다.

	㉠	㉡	㉢
①	칼륨	트로포닌	트로포마이오신
②	칼슘	트로포마이오신	트로포닌
③	칼륨	트로포마이오신	트로포닌
④	칼슘	트로포닌	트로포마이오신

11 <그림>은 폐활량계를 활용하여 측정한 폐용적(량)을 나타낸 것이다. ㉠~㉣에서 안정 시와 비교하여 운동 시 변화에 대한 설명으로 적절한 것은?

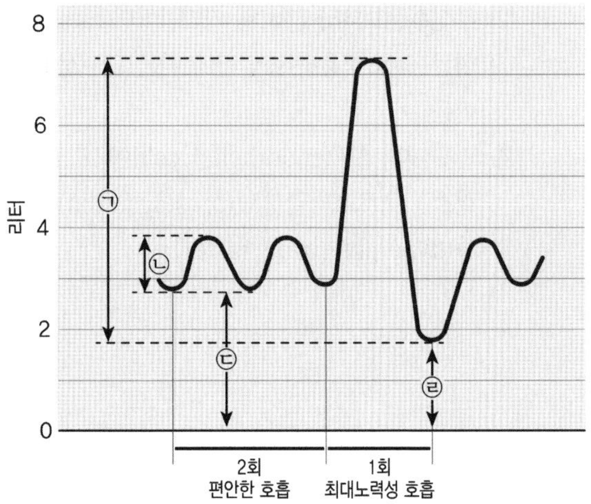

① ㉠: 증가　② ㉡: 감소
③ ㉢: 감소　④ ㉣: 증가

12 <보기> 중 저항성 트레이닝 후 생리적 적응으로 적절한 것을 모두 고른 것은?

보기

㉠ 골 무기질 함량 증가
㉡ 액틴(actin) 단백질 양 증가
㉢ 시냅스(synapse) 소포 수 감소
㉣ 신경근접합부(neuromuscular junction) 크기 감소

① ㉠　② ㉠, ㉡
③ ㉠, ㉡, ㉢　④ ㉠, ㉡, ㉢, ㉣

13 <보기> 중 지구성 트레이닝 후 1회 박출량(stroke volume) 증가에 기여하는 요인으로 적절한 것만 나열된 것은?

보기

㉠ 동일한 절대 강도 운동 시 확장기말 용적(end-diastolic volume) 감소
㉡ 동일한 절대 강도 운동 시 수축기말 용적(end-systolic volume) 증가
㉢ 동일한 절대 강도 운동 시 확장기(diastolic) 혈액 충만 시간 증가
㉣ 동일한 절대 강도 운동 시 심박수 감소

① ㉠, ㉡　② ㉠, ㉢
③ ㉡, ㉢　④ ㉢, ㉣

14 <보기>의 ㉠, ㉡에 들어갈 내용이 바르게 나열된 것은?

보기

- 골격근의 신장성 수축은 수축 속도가 (㉠) 더 큰 힘이 생성된다.
- 동일 골격근에서 단축성 수축은 신장성 수축에 비해 같은 속도에서 더 (㉡) 힘이 생성된다.

	㉠	㉡
①	빠를수록	작은
②	느릴수록	작은
③	느릴수록	큰
④	빠를수록	큰

15 혈액순환 시 혈압의 감소가 가장 크게 발생하는 혈관은?

① 모세혈관(capillary) ② 세동맥(arteriole)
③ 세정맥(venule) ④ 대동맥(aorta)

16 스프린트 트레이닝 후 나타나는 생리적 적응이 바르게 나열된 것은?

① 속근 섬유 비대 - 해당과정을 통한 ATP 생산능력 향상
② 지근 섬유 비대 - 해당과정을 통한 ATP 생산능력 향상
③ 속근 섬유 비대 - 해당과정을 통한 ATP 생산능력 저하
④ 지근 섬유 비대 - 해당과정을 통한 ATP 생산능력 저하

17 <보기>의 ㉠, ㉡에 들어갈 용어가 바르게 나열된 것은?

보기

지방의 베타(β) 산화는 중성지방으로부터 분리된 (㉠)이 미토콘드리아 내에서 여러 단계를 거쳐 (㉡)(으)로 전환되는 과정을 뜻한다.

① ㉠ 유리지방산(free fatty acid)
㉡ 아세틸 조효소 - A(Acetyl CoA)
② ㉠ 유리지방산(free fatty acid)
㉡ 젖산(lactic acid)
③ ㉠ 글리세롤(glycerol) 아세틸
㉡ 조효소 - A(Acetyl CoA)
④ ㉠ 글리세롤(glycerol)
㉡ 젖산(lactic acid)

18 <보기>의 ㉠, ㉡에 들어갈 용어가 바르게 나열된 것은?

보기

운동 시 교감신경계가 활성화되면, 골격근으로의 혈류량은 (㉠)하고 내장기관으로의 혈류량은 (㉡)한다.

	㉠	㉡
①	감소	증가
②	감소	감소
③	증가	감소
④	증가	증가

19 <보기> 중 적절한 것으로만 나열된 것은?

보기

㉠ 인슐린(insulin)은 혈당을 증가시킨다.
㉡ 성장호르몬(growth hormone)은 단백질 합성을 감소시킨다.
㉢ 에리스로포이에틴(erythropoietin)은 적혈구 생산을 촉진시킨다.
㉣ 항이뇨호르몬(antidiuretic hormone)은 수분손실을 감소시킨다.

① ㉠, ㉡ ② ㉠, ㉢
③ ㉡, ㉣ ④ ㉢, ㉣

20 <그림>은 막 전위의 변화를 나타낸 것이다. ㉠~㉣ 중 탈분극(depolarization)에 해당하는 시점은?

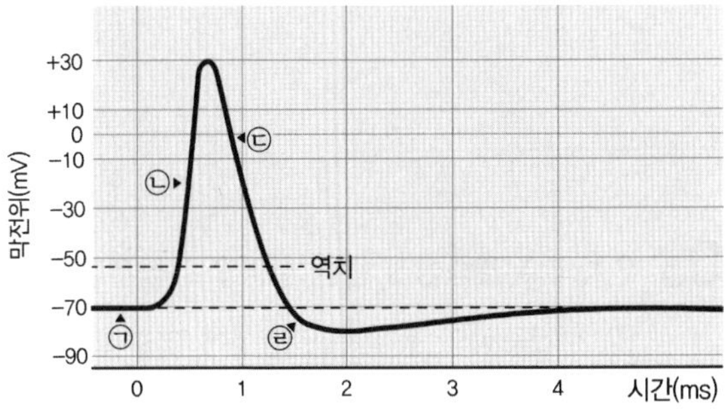

① ㉠ ② ㉡
③ ㉢ ④ ㉣

운동역학

01 운동역학(Sports Biomechanics) 연구의 목적과 내용이 아닌 것은?

① 동작분석　② 운동장비 개발
③ 부상 기전 규명　④ 운동 유전자 검사

02 인체의 움직임을 표현하는 용어로 옳지 않은 것은?

① 굽힘(굴곡, flexion)은 관절을 형성하는 뼈들이 이루는 각이 작아지는 움직임이다.
② 폄(신전, extension)은 관절을 형성하는 뼈들이 이루는 각이 커지는 움직임이다.
③ 벌림(외전, abduction)은 뼈의 세로축이 신체의 중심선으로 가까워지는 움직임이다.
④ 발등굽힘(배측굴곡, dorsi flexion)은 발등이 정강이뼈(경골, tibia) 앞쪽으로 향하는 움직임이다.

03 인체의 무게중심에 관한 설명으로 옳지 않은 것은?

① 무게중심의 높이는 안정성에 영향을 준다.
② 무게중심은 인체를 벗어나 위치할 수 없다.
③ 무게중심은 토크(torque)의 합이 '0'인 지점이다.
④ 무게중심의 위치는 자세의 변화에 따라 달라진다.

04 <그림>에서 인체 지레의 구성으로 바르게 묶인 것은?

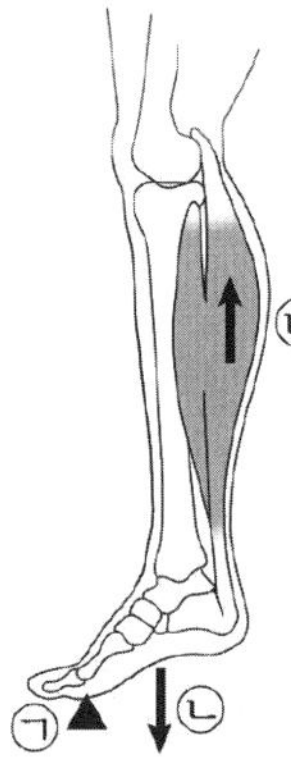

	㉠	㉡	㉢
①	받침점	힘점	저항점
②	저항점	받침점	힘점
③	받침점	저항점	힘점
④	힘점	저항점	받침점

05 운동학적(kinematic) 및 운동역학적(kinetic) 변인에 대한 설명으로 옳지 않은 것은?

① 질량(mass)은 크기만을 갖는 물리량이다.
② 시간(time)은 크기만을 갖는 물리량이다.
③ 힘(force)은 크기만을 갖는 물리량이다.
④ 거리(distance)는 시작점에서 끝점까지 이동한 궤적의 총합으로 크기만을 갖는 물리량이다.

06 각운동에 대한 설명으로 옳지 않은 것은?

① 각속도(angular velocity)는 각변위를 소요시간으로 나눈 값이다.
② 각가속도(angular acceleration)는 각속도의 변화를 소요시간으로 나눈 값이다.
③ 1라디안(radian)은 원(circle)에서 반지름과 호의 길이가 같을 때의 각으로 57.3°이다.
④ 시계 방향으로 회전된 각변위(angular displacement)는 양(+)의 값으로 나타내고, 반시계 방향으로 회전된 각변위는 음(−)의 값으로 나타낸다.

07 투사체 운동에 대한 설명으로 옳은 것은? (단, 공기저항은 고려하지 않음)

① 투사체에 작용하는 외력은 존재하지 않는다.
② 투사체의 수평속도는 초기속도의 수평성분과 크기가 같다.
③ 투사체의 수직속도는 9.8 m/s로 일정하다.
④ 투사높이와 착지높이가 같을 경우, 38.5°의 투사각도로 던질 때 최대의 수평거리를 얻을 수 있다.

08 골프 스윙 동작에서 임팩트 시 클럽헤드의 선속도를 증가시키는 방법으로 옳지 않은 것은?

① 스윙 탑에서부터 어깨관절을 축으로 회전반지름을 최대한 크게 해서 빠른 몸통회전을 유도한다.
② 임팩트 전까지 손목 코킹(cocking)을 최대한 유지하여 빠른 몸통회전을 유도한다.
③ 임팩트 시점에는 팔꿈치를 펴서 회전반지름을 증가시킨다.
④ 임팩트 시점에는 언코킹(uncocking)을 통해 회전반지름을 증가시킨다.

09 힘(force)의 개념에 대한 설명으로 옳지 않은 것은?

① 힘의 단위는 N(Newton)이다.
② 힘은 합성과 분해가 가능하다.
③ 힘이 작용한 반대 방향으로 가속도가 발생한다.
④ 힘의 크기가 증가하면 그 힘을 받는 물체의 가속도가 증가한다.

10 압력과 충격량에 관한 설명 중 옳지 않은 것은?

① 유도에서 낙법은 신체가 지면에 닿는 면적을 넓혀 압력을 증가시키는 기술이다.
② 권투에서 상대방의 주먹을 비켜 맞도록 동작을 취하여 신체가 받는 압력을 감소시킨다.
③ 높은 곳에서 뛰어내릴 때 무릎관절 굽힘을 통해 충격 받는 시간을 늘리면 신체에 가해지는 충격력의 크기는 감소된다.
④ 골프 클럽헤드와 볼의 접촉구간에서 충격력을 유지하면서 접촉시간을 증가시키면 충격량은 증가하게 된다.

11 마찰력(Ff)에 대한 설명으로 옳은 것은?

① 아스팔트 도로에서 마찰계수는 구름 운동보다 미끄럼 운동일 때 더 작다.
② 마찰력은 물체 표면에 수직으로 작용하는 힘과 관계가 있다.
③ 최대정지마찰력은 운동마찰력보다 작다.
④ 마찰력은 물체의 이동 방향과 같은 방향으로 작용한다.

12 양력에 대한 설명으로 옳지 않은 것은?

① 양력은 물체가 이동하는 방향의 반대 방향으로 작용한다.
② 양력은 베르누이 원리(Bernoulli principle)로 설명된다.
③ 양력은 형태의 비대칭성, 회전(spin) 등에 의해 발생한다.
④ 양력은 물체의 중심선과 진행하는 방향이 이루는 공격각(angle of attack)에 의해 발생한다.

13 충돌에 관한 설명으로 옳지 <u>않은</u> 것은?

① 탄성(elasticity)은 충돌하는 물체의 재질, 온도, 충돌 강도 등에 따라 그 정도가 달라진다.
② 탄성은 어떠한 물체에 힘이 가해졌을 때, 그 물체가 변형되었다가 원래 상태로 되돌아가려는 성질을 말한다.
③ 복원계수(반발계수, coefficient of restitution)는 단위가 없고 0에서 1 사이의 값을 갖는다.
④ 농구공을 1 m 높이에서 떨어뜨려 지면으로부터 64 cm 높이까지 튀어 올랐을 때의 복원계수는 0.64이다.

14 다이빙 공중회전 동작을 수행할 때 신체 좌우축(mediolateral axis)을 기준으로 회전속도를 가장 크게 만드는 동작으로 적절한 것은? (단, 해부학적 자세를 기준으로)

① 두 팔을 머리 위로 올리고, 머리를 뒤로 최대한 젖힌다.
② 신체를 최대한 좌우축에 가깝게 모으는 자세를 취한다.
③ 상체와 두 다리를 최대한 펌 시킨다.
④ 두 팔을 머리 위로 올리고, 두 다리는 최대한 곧게 뻗는 자세를 취한다.

15 일률(파워, power)에 대한 설명으로 옳은 것은?

① 단위는 J(Joule)이다.
② 힘과 속도의 곱으로 구한다.
③ 이동거리는 고려하지 않는다.
④ 소요시간을 길게 하면 증가한다.

16 <그림>의 장대높이뛰기에서 역학적 에너지의 변화 과정을 순서대로 나열한 것은?

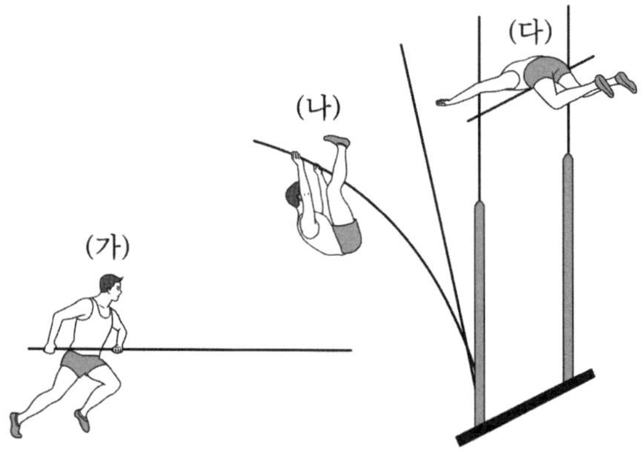

	(가)		(나)		(다)
①	탄성에너지	→	운동에너지	→	위치에너지
②	탄성에너지	→	위치에너지	→	운동에너지
③	위치에너지	→	운동에너지	→	탄성에너지
④	운동에너지	→	탄성에너지	→	위치에너지

17 <보기>의 ㉠, ㉡ 안에 들어갈 내용이 바르게 묶인 것은?

보기

(㉠)은 다양한 장비를 활용하여 동작 및 힘 정보를 수치화하고 분석하는 방법이다. (㉡)을 통해 객관적이고 정확한 정보를 획득할 수 있으며, 주관적인 판단을 배제할 수 있다.

	㉠	㉡
①	정성적 분석	정량적 분석
②	정량적 분석	정성적 분석
③	정성적 분석	정성적 분석
④	정량적 분석	정량적 분석

18 달리기 출발구간 분석에서 <표>의 ㉠, ㉡, ㉢에 들어갈 측정장비가 바르게 나열된 것은?

측정장비	분석 변인
㉠	넙다리곧은근(대퇴직근, rectus femoris)의 활성도
㉡	압력중심의 위치
㉢	무릎 관절 각속도

	㉠	㉡	㉢
①	동작분석기	GPS 시스템	지면반력기
②	동작분석기	지면반력기	지면반력기
③	근전도분석기	GPS 시스템	동작분석기
④	근전도분석기	지면반력기	동작분석기

19 지면반력의 측정과 활용에 관한 설명으로 옳은 것은?

① 지면반력기는 수직 방향으로 작용하는 힘만 측정할 수 있다.

② 지면반력기에서 산출된 힘은 인체의 근력으로 지면에 가하는 작용력이다.

③ 높이뛰기 도약 동작분석 시 지면반력기에 작용한 힘의 소요시간을 측정할 수 있다.

④ 보행 분석에서 발이 지면에 착지하면서 앞으로 미는 힘은 추진력, 발 앞꿈치가 지면으로부터 떨어지기 전에 뒤로 미는 힘은 제동력을 의미한다.

20 <그림>과 같이 팔꿈치 관절을 축으로 쇠공을 들고 정적(static) 동작을 유지하기 위해서 위팔두갈래근(상완이두근, biceps brachii)이 발생시켜야 할 힘(FB)의 크기는?

조건

- 손, 아래팔(전완), 쇠공을 합한 무게는 50 N이다.
- 팔꿈치 관절점(EJ)에서 위팔두갈래근의 부착점까지의 거리는 2 cm이다.
- 팔꿈치 관절점에서 손, 아래팔, 쇠공을 합한 무게중심(CG)까지의 거리는 20 cm이다.
- 위팔두갈래근은 아래팔에 90°로 부착되었다고 가정한다.

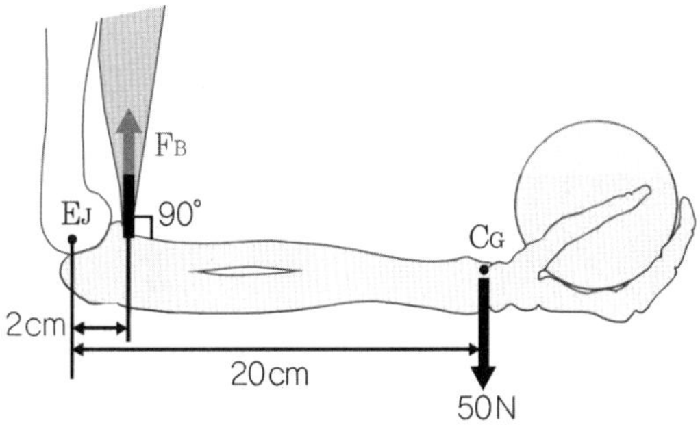

① 100 N　② 400 N
③ 500 N　④ 1,000 N

한국체육사

01 체육사에 관한 설명으로 옳지 않은 것은?

① 연구대상은 시간, 인간, 공간 등이 고려된다.
② 체육과 스포츠를 역사적 방법으로 연구하는 학문이다.
③ 연구내용은 스포츠문화사, 전통스포츠사 등을 포함한다.
④ 체육과 스포츠의 도덕적 가치판단에 대한 근거를 탐구한다.

02 <보기>에서 체육사 연구의 사료(史料)에 관한 설명으로 옳은 것만을 모두 고른 것은?

보기

㉠ 기록 사료는 문헌 사료와 구전 사료가 있다.
㉡ 물적 사료는 물질적 유산인 유물과 유적이 있다.
㉢ 기록 사료 중 민요, 전설, 시가, 회고담 등은 문헌 사료이다.
㉣ 전통적인 분류 방식에 따르면, 물적 사료와 기록 사료로 구분된다.

① ㉠, ㉡　　② ㉡, ㉢
③ ㉠, ㉡, ㉣　　④ ㉡, ㉢, ㉣

03 부족국가와 삼국시대의 신체활동이 포함된 제천의식에 관한 설명으로 옳지 않은 것은?

① 신라 – 가배　　② 부여 – 동맹
③ 동예 – 무천　　④ 마한 – 10월제

04 <보기>에서 화랑도에 관한 설명으로 옳은 것만을 모두 고른 것은?

보기

㉠ 법흥왕 때에 종래 화랑도 제도를 개편하여 체계화되었다.
㉡ 한국의 전통사상과 세속오계(世俗五戒)를 근간으로 두었다.
㉢ 국선도(國仙徒), 풍류도(風流徒), 원화도(源花徒)라고도 불리었다.
㉣ 편력(遍歷), 입산수행(入山修行), 주행천하(周行天下) 등의 활동을 했다.

① ㉠, ㉡　　② ㉡, ㉢
③ ㉠, ㉡, ㉣　　④ ㉡, ㉢, ㉣

05 <보기>의 ㉠에 해당하는 용어는?

보기

『구당서(舊唐書)』에 따르면, "고구려의 풍속은 책 읽기를 좋아하며, 허름한 서민의 집에 이르기까지 거리에 큰 집을 지어 이를 (㉠)이라고 하고, 미혼의 자제들이 여기에서 밤낮으로 독서하고 활쏘기를 익힌다."라고 되어 있다.

① 태학　　② 경당
③ 향교　　④ 학당

06 고려시대의 무학(武學) 전문 강좌인 강예재(講藝齋)가 개설된 교육기관은?

① 국자감(國子監) ② 성균관(成均館)
③ 응방도감(鷹坊都監) ④ 오부학당(五部學堂)

07 <보기>에서 고려시대 무예의 특징으로 옳은 것만을 모두 고른 것은?

보기

㉠ 격구(擊毬)는 군사훈련의 수단이었다.
㉡ 수박희(手搏戲)는 무인 인재 선발의 중요한 방법이었다.
㉢ 마술(馬術)은 육예(六藝) 중 어(御)에 속하며, 군자의 중요한 덕목 중 하나였다.
㉣ 궁술(弓術)은 문인과 무인의 심신 수양과 인격도야의 방법으로 중시되었다.

① ㉠ ② ㉡, ㉢
③ ㉡, ㉢, ㉣ ④ ㉠, ㉡, ㉢, ㉣

08 조선시대 무과제도에 관한 설명으로 옳지 않은 것은?

① 초시, 복시, 전시 3단계로 실시되었다.
② 무과는 강서와 무예 시험으로 구성되었다.
③ 증광시, 별시, 정시는 비정규적으로 실시되었다.
④ 선발 정원은 제한이 없었으며, 누구나 응시할 수 있었다.

09 <보기>에 해당하는 신체활동은?

보기

- 군사훈련의 성격을 지니고 실시된 무예 활동
- 조선시대 왕이나 양반 또는 대중에게 볼거리 제공
- 나라의 풍속으로 단오절이나 명절에 행해졌던 활동
- 승부를 결정 짓는 놀이로서 신체적 탁월성을 추구하는 경쟁적 활동

① 투호(投壺) ② 저포(樗蒲)
③ 석전(石戰) ④ 위기(圍碁)

10 <보기>에서 조선시대 체육사상에 관한 설명으로 옳은 것만을 모두 고른 것은?

보기

㉠ 유교의 영향으로 숭문천무(崇文賤武) 사상이 만연했다.
㉡ 심신 수련으로 활쏘기가 중시되었고, 학사사상(學射思想)이 강조 되었다.
㉢ 활쏘기를 통해서 문무겸전(文武兼全) 혹은 문무겸일(文武兼一)에 도달하고자 했다.
㉣ 국토 순례를 통해 조선에 대한 애국심을 가지게 하는 불국토사상 (佛國土思想)이 중시되었다.

① ㉠, ㉡ ② ㉡, ㉢
③ ㉠, ㉡, ㉢ ④ ㉡, ㉢, ㉣

11 일제강점기에 설립된 체육 단체가 아닌 것은?

① 대한국민체육회(大韓國民體育會)
② 관서체육회(關西體育會)
③ 조선체육협회(朝鮮體育協會)
④ 조선체육회(朝鮮體育會)

12 <보기>의 ㉠, ㉡에 해당하는 여성 스포츠인이 바르게 연결된 것은?

보기

- 박봉식은 1948년 런던올림픽경기대회에 출전한 첫 여성 원반 던지기 선수
- (㉠)은/는 1967년 세계여자농구선수권대회에 출전해 최우수 선수로 선정
- (㉡)은/는 2010년 밴쿠버동계올림픽경기대회에 출전해 피겨 스케이팅 금메달 획득

	㉠	㉡
①	박신자	김연아
②	김옥자	김연아
③	박신자	김옥자
④	김옥자	박신자

13 <보기>의 ㉠, ㉡에 해당하는 개최지가 바르게 연결된 것은?

보기

우리나라는 1986년 서울아시아경기대회, 2002년 (㉠) 아시아경기대회, 2014년 (㉡)아시아경기대회를 성공적으로 개최했다.

	㉠	㉡
①	인천	부산
②	부산	인천
③	평창	충북
④	충북	평창

14 <보기>에 해당하는 인물은?

보기

- 제6회, 제7회 아시아경기대회에서 수영 종목 400M, 1,500 M 2관왕 2연패
- 2008년 독도 33바퀴 회영(回泳)
- 2020년 스포츠영웅으로 선정되어 2021년 국립묘지에 안장

① 조오련　② 민관식
③ 김 일　④ 김성집

15 개화기에 도입된 근대스포츠 종목으로 옳지 않은 것은?

① 농구　② 역도
③ 야구　④ 육상

16 광복 이전 조선체육회에 관한 설명으로 옳지 않은 것은?

① 조선체육협회보다 먼저 창립되었다.
② 조선의 체육을 지도, 장려하는 것이 목적이었다.
③ 첫 사업인 제1회 전조선야구대회는 전국체육대회의 효시이다.
④ 고려구락부를 모태로 하였고, 조선체육협회에 강제 통합되었다.

17 <보기>에서 설명하는 올림픽경기대회는?

보기
- 우리 민족이 일장기를 달고 출전한 대회
- 마라톤의 손기정이 금메달, 남승룡이 동메달을 획득한 대회

① 1924년 제8회 파리올림픽경기대회
② 1928년 제9회 암스테르담올림픽경기대회
③ 1932년 제10회 로스앤젤레스올림픽경기대회
④ 1936년 제11회 베를린올림픽경기대회

18 <보기>의 ㉠, ㉡에 들어갈 알맞은 용어로 바르게 연결된 것은?

보기
- (㉠)경기대회는 우리나라 여성이 최초로 금메달을 획득한 대회로, 서향순이 양궁 개인전에서 금메달을 획득했다.
- (㉡)경기대회는 우리나라가 광복 후 최초로 마라톤에서 금메달을 획득한 대회로, 황영조가 마라톤에서 금메달을 획득했다.

① ㉠ 1984년 로스앤젤레스올림픽
㉡ 1988년 서울올림픽
② ㉠ 1984년 로스앤젤레스올림픽
㉡ 1992년 바르셀로나올림픽
③ ㉠ 1988년 서울올림픽
㉡ 1988년 서울올림픽
④ ㉠ 1988년 서울올림픽
㉡ 1992년 바르셀로나올림픽

19 <보기>의 설명과 관련 있는 정권은?

보기
- 호돌이 계획 시행
- 국민생활체육회(구 국민생활체육협의회) 창설
- 1988년 서울올림픽경기대회의 성공적인 개최
- 제41회 지바 세계탁구선수권대회 남북단일팀 출전

① 박정희 정권 ② 전두환 정권
③ 노태우 정권 ④ 김영삼 정권

20 2002년 제17회 월드컵축구대회에 관한 설명으로 옳지 않은 것은?

① 한국은 4강에 진출했다.
② 한국과 일본이 공동으로 개최했다.
③ 한국과 북한이 단일팀을 구성하여 출전했다.
④ 한국의 길거리 응원은 온 국민 문화축제의 장이었다.

특수체육론

01 축구 경기에서 발목을 삔 지적장애인에게 응급처치하였다. RICE 절차와 내용의 연결이 옳지 않은 것은?

① 휴식(rest) – 즉각적으로 부상 부위를 움직이지 않게 한다.
② 냉찜질(ice) – 얼음으로 부상 부위를 차게 해준다.
③ 압박(compression) – 붕대로 부상 부위를 감아서 혈액응고 및 부종을 예방한다.
④ 올림(elevation) – 부상 부위를 잡아당겨서 고정한다.

02 절단장애인의 환상통증(phantom pain)에 대한 설명이 아닌 것은?

① 궤양과 같은 고통스러운 통증을 느낄 수 있다.
② 절단 후 남아 있는 부위에서는 근육 경련이 일어나지 않는다.
③ 절단된 부위가 아직 남아 있는 것처럼 생각하고 그 부위에서 통증을 느낀다.
④ 인공 의지(prosthesis)나 보조기를 착용해도 통증을 느낄 수 있다.

03 척수장애인의 운동지도 지침이 아닌 것은?

① 자율신경 반사 이상의 위험을 줄이기 위해 운동 전에 장과 방광을 비우게 한다.
② 유산소성 운동 후 체온을 낮추어 주기 위해 시원한 압박붕대를 사용한다.
③ T6 이상에 손상을 입은 경우, 유산소성 훈련 효과를 극대화하기 위해 최대심박수를 150회/분까지 증가시킨다.
④ 심장으로 들어가는 혈액량의 감소로 인한 저혈압의 위험을 줄이기 위해, 충분한 준비운동을 하게 하고 운동부하를 점진적으로 증가시킨다.

04 <보기>에서 설명하는 장애유형은?

보기

- 의사소통: 유창한 말하기와 풍부한 어휘 능력을 가지고 있다.
- 사회적 상호작용: 대화 중에 눈을 마주치거나 고개를 끄덕이는 행동을 어려워한다.
- 관심사와 특이행동: 특정한 사물에 강한 관심을 나타내는 경향이 있다.
- 관계 형성: 가족과의 애착이 형성될 수는 있으나 또래와의 관계 형성은 어려울 수 있다.

① 아스퍼거증후군 ② 뇌병변장애
③ 지체장애 ④ 시각장애

05 <보기>에서 ㉠~㉢에 들어갈 장애인스포츠 프로그램 서비스 전달 단계가 바르게 묶인 것은?

보기

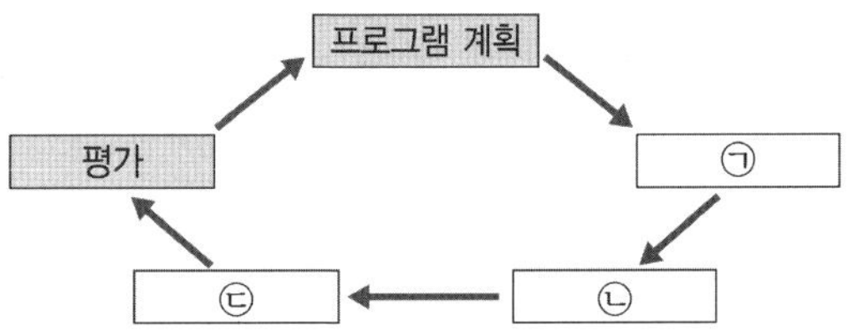

① ㉠ 사정
㉡ 개별화교육계획
㉢ 교수 · 코칭 · 상담
② ㉠ 개별화교육계획
㉡ 교수 · 코칭 · 상담
㉢ 사정
③ ㉠ 개별화교육계획
㉡ 사정
㉢ 교수 · 코칭 · 상담
④ ㉠ 교수 · 코칭 · 상담
㉡ 개별화교육계획
㉢ 사정

06 <보기>에서 설명하는 장애인스키 장비는?

보기

- 절단 등의 장애 때문에 균형 유지가 어려운 장애인이 사용한다.
- 스키 폴(pole) 하단에 짧은 플레이트를 붙여서 만든 보조장치이다.

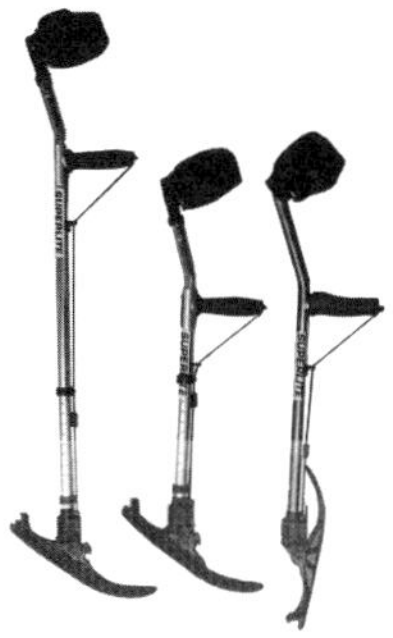

① 아웃리거(outriggers)
② 듀얼리거(dualriggers)
③ 바이리거(biriggers)
④ 인리거(inriggers)

07 장애인스포츠와 관련된 긍정적인 변화를 위한 사회적 노력으로 잔스마와 프랜치(P. Jansma와 R. French,1994)가 제시한 "4L"의 방법이 아닌 것은?

① 장애인스포츠와 관련된 지식의 창출과 보급(Literature)
② 장애인스포츠 관련 단체 등의 목표를 성취하기 위한 집단행동(Leverage)
③ 장애인스포츠에 대한 법률관계 확정을 위한 소송(Litigation)
④ 장애인스포츠에 대한 장애인의 학습(Learning)

08 위닉스(J. Winnick,1987)의 장애인스포츠 통합 연속체에서 <보기>의 내용에 해당하는 단계는?

보기

- 시각장애 볼링선수가 가이드 레일(guide rail)의 도움을 받아 비장애선수와 함께 경쟁하였다.
- 희귀성 다리순환장애 골프선수가 카트를 타고 비장애선수와 함께 경쟁하였다.

① 일반스포츠(regular sport)
② 편의를 제공한 일반스포츠(regular sport with accommodation)
③ 일반스포츠와 장애인스포츠(regular sport & adapted sport)
④ 분리된 장애인스포츠(adapted sport segregated)

09 미국스포츠의학회(ACSM)의 '운동 참여 전 건강검진 알고리즘'을 적용할 때, <보기>에서 의료적 허가가 필요하지 않은 시각장애인은?

보기

대한장애인체육회에서는 생활체육 골볼교실에 참가하는 시각 장애인에게 운동참여 전 건강 문진을 통해서 다음의 결과를 얻었다.

문항 \ 시각장애인	㉠	㉡	㉢	㉣
현재 규칙적으로 운동에 참여하는가?	예	예	아니오	예
심혈관 질환, 대사 질환, 또는 신장 질환이 있는가?	예	아니오	예	아니오
질병을 암시하는 징후 또는 증상이 있는가?	아니오	예	아니오	아니오
원하는 운동강도가 있는가?	고강도	중강도	고강도	고강도

① ㉠ ② ㉡
③ ㉢ ④ ㉣

10 미국 장애인교육법(Individuals with Disabilities Education Act: IDEA, 2004)에서 명시한 통합교육과 관련된 용어는?

① 통합(inclusion)
② 정상화(nomalization)
③ 주류화(mainstreaming)
④ 최소한으로 제한된 환경(least restrictive environment)

11 <보기>에서 설명하는 모스톤과 애쉬워스(M. Mosston & S. Ashworth, 2002)의 교수 스타일은?

보기

- 장애인스포츠지도자가 수업 운영과 관련된 모든 사항을 결정한다.
- 지도자는 장애인에게 운동과제에 대한 설명과 시범을 보이고, 연습하게 하고 피드백을 제공한다.
- 수업에서 장애인의 안전을 확보하는데 효과적인 교수 스타일이다.

① 지시형 스타일(command style)
② 연습형 스타일(practice style)
③ 상호학습형 스타일(reciprocal style)
④ 유도발견형 스타일(guided discovery style)

12 <보기>의 수어가 나타내는 스포츠 종목은?

보기

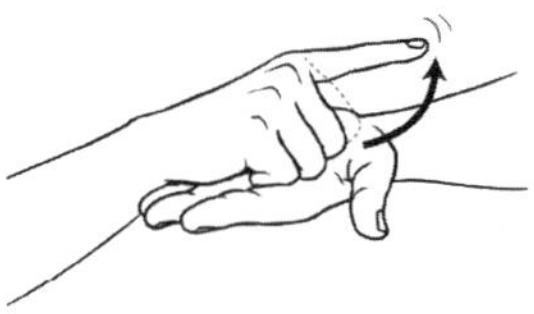

왼 손바닥을 위로 향하게 펴고, 오른 주먹의 손등이 위로 향하게 하여 왼 손바닥 위에 올려놓고, 오른손의 검지를 튕기며 편다.

① 휠체어농구　② 권투
③ 탁구　④ 축구

13 국제 뇌성마비 스포츠 레크리에이션 협회(Cerebral Palsy－International Sports and Recreation Association. CPISRA)의 등급 분류 체계에 관한 설명이 아닌 것은?

① 5등급은 다시 5－A와 5－B로 세분화된다.
② 뇌성마비뿐만 아니라 뇌병변 장애인을 포함하고 있다.
③ 1~4등급은 보행이 가능한 등급이며, 5~8등급은 휠체어로 이동하는 등급이다.
④ 경기의 승패가 손상이 아니라 노력의 정도에 의해 결정되도록 하는 것을 목적으로 한다.

14 미국 지적 및 발달장애협회(AAIDD, 2010)의 지적장애 정의에 대한 설명 중 옳지 않은 것은?

① 만 20세 이후에 시작된다.
② 적응행동에서의 명백한 제한이 나타난다.
③ 지능 지수가 평균에서 2 표준편차 이하이다.
④ 적응행동은 개념적, 사회적, 실제적 적응기술에서 명백한 제한이 나타난다.

15 데이비스와 버튼(W. Davis & A. Burton, 1991)이 제시한 생태학적 과제분석의 실행과정을 순서대로 나열한 것은?

① 변인 선택－관련 변인 조작－과제 목표－지도
② 과제 목표－관련 변인 조작－변인 선택－지도
③ 변인 선택－과제 목표－관련 변인 조작－지도
④ 과제 목표－변인 선택－관련 변인 조작－지도

16 <보기>의 ㉠~㉣에 들어갈 개념이 바르게 묶인 것은?

보기

		절차의 형태	
		후속자극(consequence) 제시	후속자극(consequence) 제거
목표	바람직한 행동의 증가	㉠	㉡
	바람직하지 않은 행동의 감소	㉢	㉣

	㉠	㉡	㉢	㉣
①	정적강화	부적강화	정적처벌	부적처벌
②	부적강화	정적강화	부적처벌	정적처벌
③	정적강화	정적처벌	부적강화	부적처벌
④	부적강화	부적처벌	정적처벌	정적강화

17 척수장애의 장애정도가 가장 심한 것은?

① 목뼈(경추, cervical vertebrae) 1번과 2번 사이 손상
② 목뼈(경추, cervical vertebrae) 6번과 7번 사이 손상
③ 등뼈(흉추, thoracic vertebrae) 1번과 2번 사이 손상
④ 등뼈(흉추, thoracic vertebrae) 11번과 12번 사이 손상

18 개별화교육프로그램(IEP)의 목표 진술 3요소가 <u>아닌</u> 것은?

① 조건(condition)　② 기준(criterion)
③ 행동(action)　④ 비용(cost)

19 <보기>에서 국민체육진흥법 시행령의 '장애인스포츠 지도사 2급 연수과정'이 <u>아닌</u> 것으로 묶인 것은?

보기

㉠ 스포츠 윤리　㉡ 선수 관리
㉢ 지도역량　㉣ 스포츠 매니지먼트
㉤ 장애특성 이해　㉥ 코칭 실무

① ㉠, ㉤　② ㉢, ㉣
③ ㉡, ㉥　④ ㉤, ㉥

20 스포츠를 처음 배우는 중도(重度) 지적장애인을 위한 지도전략으로 옳지 <u>않은</u> 것은?

① 배구에서 배구공을 가볍고 큰 공으로 변형한다.
② 기본운동기술을 높은 수준의 스포츠 기술로 변형한다.
③ 골프에서 골프공을 가볍고 큰 공으로 변형한다.
④ 평균대 위 걷기에서 안전바(safety bar)를 잡고 걷게 한다.

유아체육론

01 영·유아기의 발달에 대한 설명으로 적절하지 않은 것은?

① 말초신경이 먼저 발달한 다음 중추신경이 발달한다.
② 특정 능력이나 행동의 발달에 최적인 시기가 존재한다.
③ 발달은 일정한 순서로 이루어지지만, 발달속도에는 개인차가 있다.
④ 소근육 운동의 발달은 눈과 손이 협응하여 손기술을 정확하게 구사하는 능력으로, 중추신경계통의 성숙을 의미한다.

02 유아기의 운동프로그램 구성을 위해 고려해야 할 사항으로 적절하지 않은 것은?

① 다양한 기본움직임 경험보다 복합적이고 정교한 동작수행에 중점을 두어 구성한다.
② 협응성 운동 시, 속도나 민첩성의 요소가 연계되지 않도록 한다.
③ 운동수행의 성공 빈도를 높일 수 있도록 프로그램을 구성한다.
④ 간단한 움직임에서 복잡한 움직임으로 진행되도록 구성한다.

03 발달단계에 따른 유소년체육 프로그램 구성 시, 고려해야 할 사항으로 적절하지 않은 것은?

① 대근육에서 소근육으로의 발달단계를 고려하여 구성한다.
② 기본움직임 단계에서는 다양한 안정성, 이동 및 조작 움직임을 습득하도록 구성한다.
③ 기본움직임 단계는 협응력이 발달되는 중요한 시기이므로, 다양한 움직임 경험을 갖도록 구성한다.
④ 기본움직임에서 전문화된 움직임으로의 전환(transition)단계에서는 움직임 수행의 형태, 기술, 정확성과 더불어 양적 측면을 강조하여 구성한다.

04 <보기>에 들어갈 인지발달 이론의 요소가 바르게 나열된 것은?

보기

- (㉠): 새로운 경험과 자극이 유입되었을 때, 기존에 가지고 있는 도식을 사용하여 해석한다.
- (㉡): 기존의 도식으로는 새로운 사물이나 사건을 이해할 수 없을 때, 새로운 사물이나 대상에 맞도록 기존의 도식을 변경한다.
- (㉢): 현재의 조직들이 서로 상호작용하며 효율적인 체계로 결합하여 더 복잡한 수준의 지적 구조를 이루는 과정이다.

① ㉠ 조절(accommodation)
  ㉡ 동화(assimilation)
  ㉢ 적응(adaptation)
② ㉠ 적응(adaptation)
  ㉡ 조절(accommodation)
  ㉢ 조직화(organization)
③ ㉠ 동화(assimilation)
  ㉡ 조절(accommodation)
  ㉢ 조직화(organization)
④ ㉠ 동화(assimilation)
  ㉡ 조직화(organization)
  ㉢ 적응(adaptation)

05 <보기>에서 유소년의 전문화된 운동기술 연습 시, 인지단계(cognitive stage)의 지도전략에 해당하는 것으로 가장 적절한 것은?

보기

㉠ 스스로 자신의 운동수행을 평가할 기회를 제공한다.
㉡ 복잡한 운동기술은 여러 단계로 구분하여 지도한다.
㉢ 운동의 목적과 요구되는 기술을 명확히 설명해준다.
㉣ 다양한 기술과 연계지어 동작의 형태를 바꾸는 전략을 찾게 한다.

① ㉡, ㉢ ② ㉠, ㉣
③ ㉡, ㉣ ④ ㉠, ㉢

06 <보기>에 들어갈 유아의 기본움직임 발달단계가 바르게 나열된 것은?

보기

- (㉠): 기본적인 움직임을 보이지만, 협응이 원활하지 않아 움직임이 매끄럽지 못하다.
- (㉡): 기본 움직임에 대한 제어와 협응이 향상되지만, 신체사용이 비효율적이다.
- (㉢): 움직임의 수행이 역학적으로 효율성을 갖게 되어 협응과 제어가 향상된다.

	㉠	㉡	㉢
①	시작 단계	전환 단계	전문화 단계
②	초보 단계	성숙 단계	전문화 단계
③	시작 단계	초보 단계	성숙 단계
④	초보 단계	적용 단계	성숙 단계

07 안정성(stability) 운동기술 중 축성(axial) 움직임만으로 나열된 것은?

① 구르기(rolling), 늘리기(stretching), 흔들기(swinging)
② 늘리기(stretching), 비틀기(twisting), 흔들기(swinging)
③ 구르기(rolling), 비틀기(twisting), 거꾸로 균형(inversed balance)
④ 비틀기(twisting), 흔들기(swinging), 거꾸로 균형(inversed balance)

08 운동발달에 대한 검사와 평가에 관한 설명으로 적절하지 않은 것은?

① 운동발달 검사는 전반적인 운동발달 상황을 확인할 수 있는 유용하고 객관적인 지표를 제공한다.
② 평가는 내용에 따라 규준지향 평가와 준거지향 평가로 나뉘고, 기준에 따라 결과지향 평가와 과정지향 평가로 나뉜다.
③ 평가 결과는 특정 기술수행에서 결여된 부분을 확인하고 그 원인을 파악해 프로그램의 구체적인 목표를 설정할 수 있게 한다.
④ 대근운동발달검사(Test of Gross Motor Development)는 만 3~10세 아동을 대상으로 한 이동 및 조작 운동기술에 대한 검사도구이다.

09 국립중앙의료원(2010)이 제시한 어린이·청소년 신체활동 권장사항이 아닌 것은?

① 인터넷, TV, 게임 등을 위해 앉아서 보내는 시간은 하루 2시간 이내로 한다.
② 일주일에 3일 이상 유산소운동, 근육강화운동, 뼈강화운동을 한다.
③ 운동강도 조절을 위해 놀이공간의 안전성은 고려하지 않는다.
④ 매일 1시간 이상 운동을 한다.

10 유아 운동프로그램의 지도 원리로 적절하지 않은 것은?

① 추상적인 것에서 시작하여 구체적인 것으로 운동을 지도한다.
② 유아 간 연령별 체력의 차이, 운동소질 및 적성의 차이를 고려하여 지도한다.
③ 기초체력, 기본운동기술과 지각운동의 발달이 통합적으로 이루어 지도록 지도한다.
④ 다양한 감각을 통해 구체적 경험이 형성되도록 프로그램을 구성하여 지도한다.

11 유아운동 지도 시 교구배치 방법과 그 효과에 대한 설명으로 적절하지 않은 것은?

① 공간 활용성을 높인 교구배치로 안전사고를 예방한다.
② 시각적 효과를 높인 교구배치로 학습자의 시선을 분산한다.
③ 순환식 교구배치로 대기시간을 줄여 실제학습시간을 늘려준다.
④ 병렬식 교구배치로 교구 사용을 반복하여 자신감을 갖도록 유도한다.

12 <보기>에 해당하는 발달이론이 바르게 나열된 것은?

보기

	발달이론
㉠	• 인간의 발달은 환경에 따른 훈련으로 이루어진다. • 학습에 의한 긍정적 행동의 촉진을 강조한다.
㉡	• 유아의 다양한 경험을 토대로 동화, 조절, 평형화의 과정을 통해 도식이 발달된다. • 조직화와 적응을 강조한다.
㉢	• 타인을 관찰하는 것만으로 새로운 행동을 획득할 수 있다. • 모방학습의 중요성을 강조한다.

① ㉠ 스키너(B. Skinner)의 행동주의 이론
㉡ 게셀(A. Gesell)의 성숙주의 이론
㉢ 에릭슨(E. Erickson)의 심리사회발달 이론
② ㉠ 반두라(A. Bandura)의 사회학습 이론
㉡ 피아제(J. Piaget)의 인지발달 이론
㉢ 비고스키(L. Vygotsky)의 상호작용 이론
③ ㉠ 에릭슨(E. Erickson)의 심리사회발달 이론
㉡ 게셀(A. Gesell)의 성숙주의 이론
㉢ 반두라(A. Bandura)의 사회학습 이론
④ ㉠ 스키너(B. Skinner)의 행동주의 이론
㉡ 피아제(J. Piaget)의 인지발달 이론
㉢ 반두라(A. Bandura)의 사회학습 이론

13 성인체육과 비교 시 유아체육의 특징으로 적절하지 않은 것은?

① 집중력 저하를 고려한 놀이 중심의 신체활동과 지적 활동을 병행한다.
② 신체활동에 의한 성장과 발달을 통해 전인적 인간 육성을 지향한다.
③ 스포츠 활동에 필요한 전문화된 기술 습득을 강조한다.
④ 발육과 발달에 중점을 둔다.

14 <보기>의 ㉠, ㉡에 들어갈 가장 적절한 용어로만 나열된 것은?

보기

• 유아교육 교사: 유아는 다양한 기본움직임 기술이나 기초체력 향상에 관한 활동을 스스로 익히기 어렵습니다. 유아가 이와 같은 요소들을 자연스럽게 익히려면 어떻게 해야 할까요?
• 스포츠지도사: 네. 유아는 징검다리 걷기, 네발로 걷기 등의 놀이 중심 신체활동 프로그램을 통해 기본움직임기술과 기초체력 요소를 향상 시킬 수 있어요.

구분	징검다리 걷기	네발로 걷기
기본움직임기술 요소	(㉠) 운동	이동 운동
기초체력 요소	평형성	(㉡)

	㉠	㉡
①	안정성	민첩성
②	안정성	근력/근지구력
③	조작	근력/근지구력
④	조작	민첩성

15 <보기>에서 국민체육진흥법(2014)의 유소년스포츠지도사 자격제도에 관한 설명으로 옳은 것을 모두 고른 것은?

> 보기
>
> ㉠ 유소년은 만 3세부터 중학교 취학 전까지를 말한다.
> ㉡ '유소년스포츠지도사'란 유소년을 대상으로 체육을 지도하는 사람을 말한다.
> ㉢ 유소년스포츠지도사는 유소년의 행동양식, 신체 발달 등에 대한 지식을 갖춘다.

① ㉠, ㉡ ② ㉠, ㉢
③ ㉡, ㉢ ④ ㉠, ㉡, ㉢

16 영아의 반사에 관한 설명으로 적절하지 않은 것은?

① 비대칭목경직반사(Asymmetric Tonic Neck Reflex) 검사로 눈 · 손의 협응과 좌 · 우측 인식의 발달 수준을 추측할 수 있다.
② 신경적 장애 진단을 위한 반사의 출현과 소멸 간의 관계 검사는 전문가의 도움이 필요하다.
③ 걷기반사(Stepping Reflex) 검사로 불수의적 운동행동의 발달을 추측할 수 있다.
④ 모로반사(Moro Reflex) 검사로 신경적인 변이나 손상을 추측할 수 있다.

17 <그림>의 동작에서 성숙 단계로 발달하도록 지도하는 방법이 적절하지 않은 것은?

시작단계의 구르기(rolling) 동작

① 이마가 지면에 닿게 지도한다.
② 머리가 동작을 리드할 수 있도록 지도한다.
③ 구르는 힘을 생성할 수 있도록 양팔의 움직임을 지도한다.
④ 몸이 구르는 내내 압축된 C자 모양을 유지할 수 있도록 지도한다.

18 유아체육 지도 방법 중 '탐구적 방법'에 해당되는 내용으로 적절한 것은?

① 도입, 동작 습득, 창의적 표현, 평가의 단계별 활동 전개하기
② 학습환경에 자유와 융통성을 도입하여 더 많은 책임 부여하기
③ 시범 보이기, 연습해보기, 언급해주기, 보충 설명하기, 시범 다시 보이기
④ 동작 과제나 질문을 제시하고 유아들이 제안한 다양한 해결방법을 인정하고 받아들이기

19 고강도 운동 시 성인과 비교하여 유소년에게 나타나는 생리적 반응으로 적절하지 않은 것은?

① 1회박출량: (성인에 비하여) 낮음
② 호흡 수: (성인에 비하여) 높음
③ 수축기 혈압: (성인에 비하여) 낮음
④ 심박수: (성인에 비하여) 낮음

20 <보기>의 ㉠, ㉡에 들어갈 용어가 바르게 나열된 것은?

> 보기
>
> • 특정 능력이나 행동의 발달에 최적인 시기를 (㉠)라고 한다.
> • 각 시기에 따른 유아의 발달은 특정 시기에 도달해야 할 (㉡)을 갖기 때문에 시기를 놓쳐버리면 올바른 성장이 저해될 수 있다.

	㉠	㉡
①	민감기	통합성
②	민감기	발달과업
③	감각운동기	발달과업
④	전조작기	병변현상

노인체육론

01 <보기>에서 설명하는 연령지표는?

보기

- 연령적 노화라고 일컬어지는 출생 이후의 햇수인 역연령과 대비되는 개념이다.
- 연령과 성을 기준으로한 기능적 체력과 관련이 있다.
- 신체 연령이라고도 말한다.

① 기능적(functional) 연령
② 주관적(subjective) 연령
③ 심리적(psychological) 연령
④ 연대기적(chronological) 연령

02 건강수명에 대한 설명으로 적절하지 않은 것은?

① 건강과 일상생활의 기능을 유지하는 기간을 뜻한다.
② 질병이나 신체장애 없이 생존한 삶의 기간을 뜻한다.
③ 성별 · 연령별로 몇 년을 더 살아갈 것인지 통계적으로 추정한 기대치로 생존 연수를 뜻한다.
④ 신체적 · 정서적 · 인지적 활력 또는 기능적 웰빙을 유지할 것으로 예상되는 삶의 기간을 뜻한다.

03 <보기>의 ㉠, ㉡에 해당하는 노화와 관련된 심리학적 이론이 바르게 나열된 것은?

보기

㉠	• 자부심과 만족을 느끼면서 자신의 삶을 되돌아볼 수 있으며 죽음을 위엄있게 받아들인다. • 삶에서 달성해야 하는 것들을 달성하지 못했다고 느끼며, 삶의 종말이 다가오는 것에 대해 좌절감을 느낀다.
㉡	• 성공적 노화는 신체적 · 정신적 · 사회적 손실에 적응하는 노인의 능력과 관련이 있다. • 기능적 능력을 향상함으로써 노화로 인한 손실을 보완하도록 도움을 준다.

① ㉠ 하비거스트(R. Havighust)의 발달과업 이론
㉡ 로우(J. Rowe)와 칸(R. Kahn)의 성공적 노화 이론
② ㉠ 하비거스트(R. Havighust)의 발달과업 이론
㉡ 펙(R. Peck)의 발달과업 이론
③ ㉠ 에릭슨(E. Erikson)의 심리사회발달단계 이론
㉡ 로우(J. Rowe)와 칸(R. Kahn)의 성공적 노화 이론
④ ㉠ 에릭슨(E. Erikson)의 심리사회발달단계 이론
㉡ 발테스와 발테스(M. Baltes & P. Baltes)의 보상이 수반된 선택적 적정화 이론

04 <보기>에서 설명하는 노화와 관련된 사회학적 이론은?

보기

- 노화와 관련된 사회학적 이론에서 가장 널리 인정되는 이론이다.
- 노인의 사회활동 참여 정도가 높을수록 생활만족도가 높아진다.
- 지속적인 활동이 성공적 노화의 핵심이다.

① 분리이론 ② 활동이론
③ 현대화이론 ④ 하위문화이론

05 <보기>의 ㉠, ㉡에 들어갈 용어가 바르게 나열된 것은?

보기

- 노인은 사회적 역할의 상실 등으로 인하여 자신감을 잃기 쉬우며, 점점 고립되어 고독감을 느끼게 되기 때문에, 다른 사람이나 사회로부터의 보살핌, 존중, 도움을 받는 (㉠)이/가 필요하다.
- 노인은 일정 수준의 목표를 성취할 수 있다는 자신의 역량에 대한 믿음을 뜻하는 (㉡)을 가져야 한다.

	㉠	㉡
①	사회적 지지	자기효능감
②	사회적 설득	자기효능감
③	사회적 설득	자부심
④	사회적 지지	자부심

06 <보기>에서 운동이 노인에게 미치는 심리적 효과로 옳은 것만을 모두 고른 것은?

보기

㉠ 운동 기술 습득　㉡ 우울증 감소
㉢ 심리적 웰빙 향상　㉣ 사회적 연결망 확장

① ㉠, ㉡　② ㉠, ㉢
③ ㉡, ㉢　④ ㉢, ㉣

07 노화와 관련된 신체적 변화로 옳지 않은 것은?

① 근 질량 감소
② 관절 유연성 감소
③ 폐 탄력성과 흉곽 경직성 증가
④ 수축기혈압과 이완기혈압 증가

08 <보기>에서 운동이 노인에게 미치는 생리적 효과로 옳은 것만을 모두 고른 것은?

보기

㉠ 인슐린 내성 증가
㉡ 체지방 감소
㉢ 인슐린 감수성 증가
㉣ 안정시 심박수 감소
㉤ 주어진 절대 강도에서 심박수 증가
㉥ 고밀도지단백콜레스테롤(HDL-C) 감소

① ㉠, ㉡, ㉥　② ㉡, ㉢, ㉣
③ ㉡, ㉢, ㉥　④ ㉣, ㉤, ㉥

09 체력요인에 따른 노인의 운동 방법과 효과가 바르게 연결되지 않은 것은?

① 체력요인: 심폐지구력
운동 방법: 고정식 자전거 타기
효과: 심혈관계 질환의 위험률 감소
② 체력요인: 근력
운동 방법: 덤벨 들고 앉았다 일어서기
효과: 근육 및 뼈 강화로 인한 일상생활수행능력 향상
③ 체력요인: 유연성
운동 방법: 앉아서 윗몸 앞으로 굽히기
효과: 신체활동 시 기능적 제한 예방
④ 체력요인: 평형성
운동 방법: 의자 잡고 옆으로 한발 들기
효과: 신체 각 부위가 조화를 이루면서 원활히 움직일 수 있는 능력 향상

10 <보기>의 ㉠, ㉡에 들어갈 목표심박수 범위가 바르게 나열된 것은?

보기

- 나이: 70세
- 성별: 남성
- 안정시 심박수: 80회/분
- 최대심박수: 150회/분
- 의사는 심폐지구력 운동 시 목표심박수 40~50% 강도를 권고
- 카보넨(Karvonen) 공식을 활용한 목표심박수의 범위는 (㉠)%HRR에서 (㉡)%HRR이다.

	㉠	㉡
①	108	115
②	115	122
③	122	129
④	129	136

11 노인운동 시의 위험 관리 항목과 방법이 바르게 연결된 것은?

① 환경과 장소 안전: 참가자 중 당뇨 환자가 있을 경우, 사탕이나 초콜릿을 준비해 둔다.
② 시설 안전: 운동장비의 사용방법과 사용 시 주의사항을 적절한 장소에 게시해야 한다.
③ 환경과 장소 안전: 운동 동선을 파악하여 시설과 장비를 배치한다.
④ 시설 안전: 무덥고 다습한 곳은 피해야 한다.

12 <보기>에서 고혈압 질환이 있는 노인의 운동 지도 시 고려해야 할 사항으로 적절한 것만을 모두 고른 것은?

보기

㉠ 등척성 운동을 권장한다.
㉡ 나트륨 섭취 제한, 체중조절, 유산소 운동을 권장한다.
㉢ 저항성 운동 시 발살바 메뉴버에 의한 혈압 상승에 주의한다.
㉣ 이뇨제, 칼슘채널차단제, 혈관확장제 등의 약물에 의한 운동 후 혈압 상승에 주의한다.

① ㉠, ㉡　　② ㉠, ㉢
③ ㉡, ㉢　　④ ㉢, ㉣

13 노인체력검사(Senior Fitness Test) 항목에서 2.4m 왕복 걷기와 관련된 활동으로 옳은 것은?

① 자동차나 목욕탕에 들어가고 나오기
② 손자 안기, 식료품 가방 들기
③ 장거리 보행, 계단 오르기
④ 버스 빠르게 타고 내리기

14 <보기>에서 노화로 인한 평형성과 기동성(balance and mobility) 변화에 영향을 미치는 요인을 모두 고른 것은?

보기

㉠ 체성감각계　　㉡ 시각계
㉢ 전정계　　㉣ 운동계

① ㉠, ㉡, ㉢, ㉣　　② ㉡, ㉢, ㉣
③ ㉢, ㉣　　④ ㉣

15 <보기>에서 근골격계 질환이 있는 노인에게 적합한 운동만을 모두 고른 것은?

보기

㉠ 등산	㉡ 수영
㉢ 테니스	㉣ 수중 운동
㉤ 스케이팅	㉥ 고정식 자전거 타기

① ㉠, ㉡, ㉢　　② ㉡, ㉣, ㉥
③ ㉢, ㉣, ㉤　　④ ㉣, ㉤, ㉥

16 건강신념모형에서 건강신념행동을 구성하는 요소로 옳지 않은 것은?

① 지각된 장애　　② 지각된 이익
③ 지각된 심각성　　④ 지각된 자기 인식

17 <보기>의 ㉠, ㉡에 해당하는 노인운동 교육의 원리와 설명이 바르게 나열된 것은?

보기

- (㉠) - 지적 능력, 학력, 흥미, 성격, 경험, 건강상태 등 개개인의 학습 욕구를 충족시켜줄 수 있는 방법을 모색한다.
- (㉡) - 지도자와 학습자 간의 동등한 관계에서 출발하여 교육활동 전반에서 상호 간의 합의를 이루도록 한다.

	㉠	㉡
①	다양화의 원리	사회화의 원리
②	개별화의 원리	사제동행의 원리
③	개별화의 원리	사회화의 원리
④	다양화의 원리	사제동행의 원리

18 <보기>에서 미국스포츠의학회(ACSM, 2018)의 노인을 위한 유산소 운동 지침으로 옳은 것만을 모두 고른 것은?

보기

㉠	운동 빈도(F)	• 중강도시 5일/주 • 고강도시 3일/주
㉡	운동 강도(I)	• 중강도 시 5~6 (RPE 10점 만점 도구 기준) • 고강도 시 7~8 (RPE 10점 만점 도구 기준)
㉢	운동 시간(T)	• 중강도 시 150분~300분/주 • 고강도 시 75분~100분/주
㉣	운동 형태(T)	앉았다 일어서기(스쿼트), 스트레칭

① ㉠, ㉡, ㉢　　② ㉠, ㉡, ㉣
③ ㉠, ㉢, ㉣　　④ ㉡, ㉢, ㉣

19 <보기>에 해당하는 대상자의 운동참여 동기유발을 위한 노인스포츠 지도사의 상담 내용으로 적절하지 않은 것은?

보기

- 68세 어르신은 체중조절과 건강관리를 위한 운동에 관심이 있다.
- 운동 참여 경험은 없지만, 지속적으로 운동에 참여하고 싶다.

① 가족, 친구들과 함께 운동하며, 사회적 교류 기회가 확대됨을 설명한다.
② 스트레스 해소와 활력감 증진에 도움이 됨을 설명한다.
③ 건강 및 체중 관리에 도움이 됨을 설명한다.
④ 질병치료에 대한 기대감을 갖도록 설명한다.

20 노인운동 지도 시 의사소통에 관한 설명으로 옳은 것은?

① 어린아이를 다루듯 말한다.
② 스킨십은 사용하지 않는다.
③ 소리를 질러가며 말하지 않는다.
④ 대상자를 정면에서 쳐다보는 언어적 기술을 사용한다.

실제 시험과 가장 유사한 문제로 합격률 향상

2023 CBT 최신 기출 문제

스포츠교육학

01 <보기>에서 설명하는 <u>스포츠</u> 교육 평가의 신뢰도 검사 방법은?

보기

- 동일한 검사에 대해 시간 차이를 두고 2회 측정해서 측정값을 비교해 차이가 작으면 신뢰도가 높고, 크면 신뢰도가 낮은 것으로 판단한다.
- 첫 번째와 두 번째 측정 사이의 시간 차이가 너무 길거나 짧으면 신뢰도가 낮게 나올 수 있다.

① 검사-재검사　② 동형 검사
③ 반분 신뢰도 검사　④ 내적 일관성 검사

02 <보기>의 수업 장면에서 활용한 모스턴(M. Mosston)의 교수 스타일에 관한 설명으로 적절하지 <u>않은</u> 것은?

보기

신체활동	축구
학습목표	인프런트킥으로 상대방 수비수를 넘겨 동료에게 패스할 수 있다.

수업 장면
지도자: 네 앞에 상대방 수비수가 있을 때, 수비수를 넘겨 동료에게 패스하려면 어떻게 공을 차야 할까?
학습자: 상대방 수비수를 넘길 수 있을 정도의 높이로 공을 띄워야 해요.
지도자: 그럼, 발의 어느 부분으로 공의 밑 부분을 차면 수비수를 넘길 수 있을까?
학습자: 발등과 발 안쪽의 중간 지점이요. (손가락으로 엄지발가락을 가리킨다)
지도자: 좋은 대답이야. 그럼, 우리 한 번 상대방 수비수를 넘기는 킥을 연습해볼까?

① 지도자는 논리적이며 계열적인 질문을 설계해야 한다.
② 지도자는 질문에 대한 학습자의 해답을 검토하고 확인한다.
③ 지도자는 학습자에게 예정된 해답을 즉시 알려준다.
④ 지도자는 학습자와 지속적으로 상호작용하며 의사결정을 한다.

03 로젠샤인(B. Rosenshine)과 퍼스트(N. Furst)가 제시한 학습성취와 관련된 지도자 변인에 해당하지 <u>않는</u> 것은?

① 지도자의 경력　② 명확한 과제제시
③ 지도자의 열의　④ 프로그램의 다양화

04 링크(J. Rink)가 제시한 교수 전략(teaching strategy) 중 한 명의 지도자가 수업에서 공간을 나누어 두 가지 이상의 과제를 동시에 진행하는 것은?

① 자기 교수(self teaching)
② 팀 티칭(team teaching)
③ 상호 교수(interactive teaching)
④ 스테이션 교수(station teaching)

05 <보기>는 국민체육진흥법(시행 2022.8.11.) 제18조의3 '스포츠윤리센터의 설립'에 관한 내용이다. ㉠, ㉡에 들어갈 용어가 바르게 연결된 것은?

보기
체육의 (㉠) 확보와 체육인의 (㉡)를 위하여 스포츠윤리센터를 설립한다.

	㉠	㉡
①	정당성	권리 강화
②	정당성	인권 보호
③	공정성	권리 강화
④	공정성	인권 보호

06 스포츠 교육 프로그램의 지도 원리에 관한 설명이 적절하지 않은 것은?

① 개별성의 원리: 개인차를 고려한 다양한 수준별 지도
② 효율성의 원리: 학습자 스스로 내용을 파악하고 문제해결
③ 적합성의 원리: 지도자의 창의적인 지도 활동의 선정과 활용
④ 통합성의 원리: 교수·학습 내용의 다양화와 신체활동의 총체적 체험

07 직접교수모형에 관한 설명으로 적절하지 않은 것은?

① 학습 영역의 우선순위는 심동적 영역이다.
② 스키너(B. Skinner)의 조작적 조건화 이론에 근거한다.
③ 지도자 중심으로 의사결정이 이루어져 학습자의 과제참여 비율이 감소한다.
④ 수업의 단계는 전시과제 복습, 새 과제 제시, 초기과제 연습, 피드백과 교정, 독자적 연습, 본시 복습의 순으로 진행된다.

08 스포츠기본법(시행 2022.6.16.) 제7조 '스포츠 정책 수립·시행의 기본원칙' 중 국가와 지방자치단체의 스포츠 정책에 관한 고려사항에 해당하지 않는 것은?

① 스포츠 활동을 존중하고 사회 전반에 확산되도록 할 것
② 스포츠 대회 참가 목적을 국위선양에 두어 지원할 것
③ 스포츠 활동 참여와 스포츠 교육의 기회가 확대되도록 할 것
④ 스포츠의 가치를 존중하고 스포츠의 역동성을 높일 수 있을 것

09 모스턴(M. Mosston)의 포괄형(inclusion) 교수 스타일에 관한 설명으로 적절하지 않은 것은?

① 지도자는 발견 역치(discovery threshold)를 넘어 창조의 단계로 학습자를 유도한다.
② 지도자는 기술 수준이 다양한 학습자들의 개인차를 수용한다.
③ 학습자가 성취 가능한 과제를 선택하고 자신의 수행을 점검한다.
④ 과제 활동 전, 중, 후 의사결정의 주체는 각각 지도자, 학습자, 학습자 순서이다.

10 <보기>에서 설명하는 링크(J. Rink)의 학습 과제 연습 방법은?

> 보기
> - 복잡한 운동 기술의 경우, 기술의 주요 동작이나 마지막 동작을 초기 동작보다 먼저 연습하게 한다.
> - 테니스 서브 과제에서 공을 토스하는 동작을 연습하기 전에 공을 라켓에 맞추는 동작을 먼저 연습한다.

① 규칙 변형　② 역순 연쇄
③ 반응 확대　④ 운동수행의 목적 전환

11 <보기>에 해당하는 쿠닌(J. Kounin)의 교수 기능은?

> 보기
> - 지도자가 자신의 머리 뒤에도 눈이 있다는 듯이 학습자들의 행동을 파악하는 것
> - 지도자가 학습자들 간에 발생하는 사건을 인지하는 것

① 접근통제(proximity control)
② 긴장 완화(tension release)
③ 상황이해(with-it-ness)
④ 타임아웃(time-out)

12 <보기>에서 활용된 스포츠 지도 행동의 관찰기법은?

> 보기
> - 지도자: 강 감독　• 수업내용: 농구 수비전략
> - 관찰자: 김 코치　• 시간: 19: 00~19: 50

	피드백의 유형	표기(빈도)	비율
대상	전체	VVVVV (5회)	50%
	소집단	VVV (3회)	30%
	개인	VV (2회)	20%
성격	긍정	VVVVVVVV (8회)	80%
	부정	VV (2회)	20%
구체성	일반적	VVV (3회)	30%
	구체적	VVVVVVV (7회)	70%

① 사건 기록법(event recording)
② 평정 척도법(rating scale)
③ 일화 기록법(anecdotal recording)
④ 지속시간 기록법(duration recording)

13 배구 수업에서 운동기능이 낮은 학습자의 참여 증진을 위한 스포츠 지도 방법으로 적절하지 않은 것은?

① 네트 높이를 낮춘다.
② 소프트한 배구공을 사용한다.
③ 서비스 라인을 네트와 가깝게 위치시킨다.
④ 정식 게임(full-sided game)으로 운영한다.

14 메이거(R. Mager)가 제시한 학습 목표 설정의 요소가 아닌 것은?

① 설정된 운동수행 기준
② 운동수행에 필요한 상황과 조건
③ 학습자에게 기대되는 성취행위
④ 목표 달성이 불가능할 경우의 대처방안

15 <보기>에서 메츨러(M. Metzler)의 탐구수업모형에 관한 설명으로 옳은 것을 모두 고른 것은?

보기

㉠ 모형의 주제는 '문제해결자로서의 학습자'이다.
㉡ 학습 영역의 우선순위는 심동적, 인지적, 정의적 순이다.
㉢ 지도자는 학습자가 '생각하고 움직이기'를 할 수 있도록 과제를 제시한다.
㉣ 지도자의 질문에 학습자가 바로 대답하지 못하는 경우 즉시 답을 알려준다.

① ㉠, ㉢　② ㉡, ㉢
③ ㉠, ㉡, ㉢　④ ㉠, ㉡, ㉣

16 스포츠 참여자 평가에서 심동적(psychomotor) 영역에 해당하는 것은?

① 몰입　② 심폐지구력
③ 협동심　④ 경기 규칙 이해

17 <보기>에 해당하는 운동기능의 학습 전이(transfer) 유형은?

보기

야구에서 배운 오버핸드 공 던지기가 핸드볼에서 오버핸드 공 던지기 기능으로 전이되는 경우이다.

① 대칭적 전이　② 과제 내 전이
③ 과제 간 전이　④ 일상으로의 전이

18 스포츠 교육 프로그램의 구성요소에 관한 설명으로 적절하지 <u>않은</u> 것은?

① 평가: 프로그램을 개선하는 데 도움을 준다.
② 내용: 스포츠 지도의 철학, 이념 또는 비전이다.
③ 지도법: 프로그램을 체계적으로 전달하는 방법이다.
④ 목적 및 목표: 일반적인 목표와 구체적인 목표로 구분할 수 있다.

19 메츨러(M. Metzler)의 개별화지도모형의 주제로 적절한 것은?

① 지도자가 수업 리더 역할을 한다.
② 나는 너를, 너는 나를 가르친다.
③ 유능하고, 박식하며, 열정적인 스포츠인으로 성장한다.
④ 학습자가 가능한 한 빨리, 필요한 만큼 천천히 학습 속도를 조절한다.

20 학교체육진흥법 시행령(시행 2021.4.21.) 제3조 '학교운동부지도자의 자격기준 등'에서 제시한 학교운동부지도자 재임용의 평가 내용이 <u>아닌</u> 것은?

① 복무 태도
② 학교운동부 운영 성과
③ 인권교육 연 1회 이상 이수 여부
④ 학생선수의 학습권 및 인권 침해 여부

스포츠사회학

01 <보기>에서 스포츠의 교육적 순기능으로만 묶인 것은?

보기

㉠ 학교와 지역사회의 통합
㉡ 평생체육의 연계
㉢ 스포츠의 상업화
㉣ 학업활동의 격려
㉤ 참여기회의 제한
㉥ 승리지상주의

① ㉠, ㉡, ㉣　② ㉠, ㉢, ㉤
③ ㉡, ㉢, ㉣　④ ㉡, ㉤, ㉥

02 <보기>에서 코클리(J. Coakley)의 상업주의에 따른 스포츠의 변화에 관한 설명으로 옳은 것을 모두 고른 것은?

보기

㉠ 스포츠 조직의 변화: 스포츠 조직은 경품 추첨, 연예인의 시구와 같은 의전행사에 관심을 갖게 되었다.
㉡ 스포츠 구조의 변화: 스포츠의 심미적 가치보다 영웅적 가치를 중시하게 되었다.
㉢ 스포츠 목적의 변화: 아마추어리즘보다 흥행에 입각한 프로페셔널리즘을 추구하게 되었다.
㉣ 스포츠 내용의 변화: 프로 농구의 경우, 전 · 후반제에서 쿼터제로 변경되었다.

① ㉠, ㉡　② ㉠, ㉢
③ ㉡, ㉢, ㉣　④ ㉠, ㉢, ㉣

03 <보기>에서 설명하는 스포츠 세계화의 원인은?

보기

'코먼웰스 게임(commonwealth games)'은 영연방국가들이 참가하는 스포츠 메가 이벤트로, 영연방국가의 통합에 기여하는 측면이 있다. 영국의 스포츠로 알려진 크리켓과 럭비는 대부분 영국의 식민지였던 영연방국가에서 인기가 있다.

① 제국주의　② 민족주의
③ 다문화주의　④ 문화적 상대주의

04 <보기>에 해당하는 케년(G. Kenyon)의 스포츠 참가 유형은?

보기

• 특정 선수의 사인볼 수집
• 특정 스포츠 관련 SNS 활동
• 특정 스포츠 물품에 대한 애착

① 일탈적 참가　② 행동적 참가
③ 정의적 참가　④ 인지적 참가

05 <보기>의 ㉠, ㉡에 해당하는 거트만(A. Guttmann)의 근대스포츠 특징은?

보기

• (㉠): 국제스포츠조직은 규칙의 제정, 대회의 운영, 종목 진흥 등의 역할을 담당한다.
• (㉡): 투수라는 같은 포지션 내에서도 선발, 중간, 마무리 등으로 구분된다.

	㉠	㉡
①	관료화	평등성
②	합리화	평등성
③	관료화	전문화
④	합리화	전문화

06 스나이더(E. Snyder)가 제시한 스포츠 사회화의 전이 조건이 아닌 것은?

① 참가의 가치
② 참가의 정도
③ 참가의 자발성 여부
④ 사회화 주관자의 위신과 위력

07 <보기>는 버렐(S. Birrell)과 로이(J. Loy)의 스포츠 미디어를 통해 충족할 수 있는 욕구에 관한 설명이다. ㉠~㉢에 해당하는 용어가 바르게 연결된 것은?

보기

- (㉠) 욕구: 스포츠 경기의 결과, 선수와 팀에 대한 통계적 지식을 제공해 준다.
- (㉡) 욕구: 스포츠에 대한 흥미와 흥분을 제공해 준다.
- (㉢) 욕구: 다른 사회집단과 경험을 공유하게 하며 공동체 의식을 갖게 한다.

	㉠	㉡	㉢
①	정의적	인지적	통합적
②	인지적	통합적	정의적
③	정의적	통합적	인지적
④	인지적	정의적	통합적

08 <보기>의 ㉠, ㉡에 해당하는 용어가 바르게 연결된 것은?

보기

- (㉠): 국민의 관심이 높은 스포츠 경기를 무료 혹은 저렴한 비용으로 시청할 수 있는 권리를 말한다.
- (㉡): 선수 개인의 사생활을 중심으로 대중을 자극하고 호기심에 호소하는 흥미 위주의 스포츠 관련 보도를 지칭한다.

	㉠	㉡
①	독점 중계권	뉴 저널리즘 (new journalism)
②	보편적 접근권	옐로 저널리즘 (yellow journalism)
③	독점 중계권	옐로 저널리즘 (yellow journalism)
④	보편적 접근권	뉴 저널리즘 (new journalism)

09 <보기>에서 설명하는 프로스포츠의 제도는?

보기

- 프로스포츠 구단이 소속 선수와의 계약을 해지하고 다른 구단에게 해당 선수를 양도받을 의향이 있는지 공개적으로 묻는 제도이다.
- 기량이 떨어지거나 심각한 부상을 당한 선수를 방출하는 수단으로 이용하고 있다.

① 보류 조항(reserve clause)
② 웨이버 조항(waiver rule)
③ 선수대리인(agent)
④ 자유계약(free agent)

10 스포츠 일탈의 순기능에 관한 사례로 적절하지 않은 것은?

① 승부조작 사례를 보고 많은 선수들이 경각심을 갖는다.
② 아이스하키 경기에서 허용된 주먹다짐은 잠재된 공격성을 해소시켜 준다.
③ 스포츠에서 선수들의 약물복용이 지속되면 경기의 공정성이 훼손된다.
④ 높이뛰기에서 배면뛰기 기술의 창안은 기록경신에 기여하고 있다.

11 <보기>는 스트렌크(A. Strenk)가 제시한 국제정치에서 스포츠의 기능에 관한 설명이다. ㉠~㉢에 해당하는 내용이 바르게 연결된 것은?

보기

- (㉠): 2002년 한일월드컵 4강 진출로 대한민국이 축구 강국으로 인식
- (㉡): 1980년 모스크바올림픽에서 서방 국가들의 보이콧 선언
- (㉢): 1936년 베를린올림픽에서 나치즘의 정당성과 우월성 과시

	㉠	㉡	㉢
①	외교적 도구	정치이념 선전	국위선양
②	국위선양	외교적 항의	정치이념 선전
③	국위선양	외교적 도구	외교적 항의
④	외교적 도구	외교적 항의	정치이념 선전

12 <보기>에서 설명하는 부르디외(P. Bourdieu)의 문화자본 유형은?

보기

- 테니스의 경기 기술뿐만 아니라 경기 매너도 습득하게 된다.
- 스포츠 활동처럼 몸으로 체득하게 되는 성향을 의미한다.
- 획득하는데 시간이 오래 걸리고, 타인에게 양도나 전이, 교환이 어렵다.

① 체화된(embodied) 문화자본
② 객체화된(objectified) 문화자본
③ 제도화된(institutionalized) 문화자본
④ 주체화된(subjectified) 문화자본

13 <보기>에서 투민(M. Tumin)이 제시한 스포츠계층의 특성 중 보편성(편재성)에 해당하는 것으로만 묶인 것은?

보기

㉠ 스포츠는 인기종목과 비인기종목으로 구분된다.
㉡ 과거에 비해 운동선수들의 지위가 향상되고 있다.
㉢ 종합격투기는 체급에 따라 대전료와 중계권료 등에 차등이 있다.
㉣ 계층에 따라 스포츠 참여 빈도, 유형, 종목이 달라지며, 이러한 차이는 개인의 삶에 영향을 미친다.

① ㉠, ㉡　　② ㉠, ㉢
③ ㉡, ㉣　　④ ㉢, ㉣

14 <보기>의 밑줄 친 ㉠, ㉡을 설명하는 집합행동 이론이 바르게 연결된 것은?

보기

이 코치: 어제 축구 봤어? 경기 도중 관중폭력이 발생했잖아.
김 코치: ㉠ 나는 그 경기를 경기장에서 직접 봤는데 관중들의 야유 소리가 점점 커지면서 관중폭력이 일어났어.
이 코치: ㉡ 맞아! 그 경기 이전에 이미 관중의 인종차별 사건이 있었잖아. 만약 인종차별이 먼저 발생하지 않았다면, 어제 경기에서 그런 관중폭력은 없었을 거야.

	㉠	㉡
①	전염이론	규범생성이론
②	수렴이론	부가가치이론
③	전염이론	부가가치이론
④	수렴이론	규범생성이론

15 메기(J. Magee)와 서덴(J. Sugden)이 제시한 스포츠 노동이주의 유형에 관한 설명 중 적절하지 않은 것은?

① 개척자형: 스포츠 보급을 통해 금전적 보상을 추구하는 유형
② 정착민형: 영구적으로 정착할 수 있는 곳을 찾는 유형
③ 귀향민형: 해외에서의 스포츠 경험을 바탕으로 자국으로 복귀하는 유형
④ 유목민형: 개인의 취향대로 흥미로운 장소를 돌아다니면서 스포츠에 참여하는 유형

16 <보기>는 코클리(J. Coakley)가 제시한 스포츠 일탈에 관한 설명이다. ㉠, ㉡에 해당하는 용어가 바르게 연결된 것은?

보기
- (㉠)에 따르면 스포츠 일탈이 용인되는 범위는 사회적으로 타협하는 과정을 통해 구성된다.
- (㉡)는 과훈련(over-training), 부상 투혼 등을 거부감 없이 무비판적으로 수용하는 것이다.

	㉠	㉡
①	상대론적 접근	과소동조
②	절대론적 접근	과잉동조
③	절대론적 접근	과소동조
④	상대론적 접근	과잉동조

17 스포츠사회화를 이해하기 위한 사회학습이론의 관점으로 적절하지 않은 것은?

① 상과 벌을 통해 행동이 변화한다.
② 다른 사람의 행동을 관찰하여 모방이 일어난다.
③ 사회화 주관자의 가르침을 통해 행동이 변화한다.
④ 개인은 자신이 처해있는 상황을 스스로 학습하고 변화한다.

18 <보기>에서 설명하는 스포츠의 정치적 속성은?

보기
에티즌(D. Eitzen)과 세이지(G. Sage)에 의하면 다양한 팀, 리그, 선수단체 및 행정기구는 각각의 특성에 따라 불평등하게 배분된 자원과 권한을 갖게 되고, 더 많은 권한을 갖기 위해 대립적 갈등을 겪게 된다.

① 보수성　② 긴장관계
③ 권력투쟁　④ 상호의존성

19 <보기>에서 설명하는 맥퍼슨(B. McPherson)의 스포츠 미디어 이론은?

보기
- 대중매체를 통한 개인의 스포츠 소비 형태는 중요타자의 가치와 소비행동에 의해 영향을 받는다.
- 스포츠 수용자 역할로의 사회화는 스포츠에 참여하는 가족 구성원으로부터 받은 스포츠 소비에 대한 승인 정도가 중요하게 작용한다.

① 개인차 이론　② 사회범주 이론
③ 문화규범 이론　④ 사회관계 이론

20 <보기>에서 설명하는 스포츠사회학 이론은?

보기
- 일상에서 특정 물건을 소비하는 것은 자신의 계급 위치를 상징화하는 행위이다.
- 자원과 시간의 소비가 요구되는 스포츠에 참여하는 것은 계급 표식 행위이다.
- 고가의 스포츠용품, 골프 회원권 등의 과시적 소비 양상이 나타난다.

① 갈등이론　② 구조기능이론
③ 비판이론　④ 상징적 상호작용론

스포츠심리학

01 스포츠심리학의 주된 연구의 동향과 영역에 포함되지 <u>않는</u> 것은?

① 인지적 접근과 현장 연구
② 경험주의에 기초한 성격 연구
③ 생리학적 항상성에 관한 연구
④ 사회적 촉진 및 각성과 운동수행의 관계 연구

02 데시(E. Deci)와 라이언(R. Ryan)이 제시한 자기결정이론(self-determination theory)에서 외적동기 유형으로 분류되지 <u>않는</u> 것은?

① 무동기(amotivation)
② 확인규제(identified regulation)
③ 통합규제(integrated regulation)
④ 의무감규제(introjected regulation)

03 <보기>에서 설명하는 개념은?

> 보기
> 체육관에서 관중의 함성과 응원 소리에도 불구하고, 작전타임에서 코치와 선수는 서로 의사소통이 가능하다.

① 스트룹 효과(Stroop effect)
② 지각협소화(perceptual narrowing)
③ 무주의 맹시(inattention blindness)
④ 칵테일파티 효과(cocktail party effect)

04 젠타일(A. Gentile)의 이차원적 운동기술분류이다. 야구 유격수가 타구된 공을 잡아서 1루로 송구하는 움직임이 해당하는 곳은?

<table>
<tr><th colspan="3" rowspan="3">구 분</th><th colspan="4">동작의 요구(기능)</th></tr>
<tr><th colspan="2">신체 이동 없음 (신체의 안정성)</th><th colspan="2">신체 이동 있음 (신체의 불안정성)</th></tr>
<tr><th>물체 조작 없음</th><th>물체 조작 있음</th><th>물체 조작 없음</th><th>물체 조작 있음</th></tr>
<tr><td rowspan="4">환경적 맥락</td><td rowspan="2">안정적인 조절 조건</td><td>동작 시도 간 환경 변이성 없음</td><td></td><td></td><td></td><td></td></tr>
<tr><td>동작 시도 간 환경 변이성</td><td></td><td></td><td></td><td></td></tr>
<tr><td rowspan="2">비안정적 조절 조건</td><td>동작 시도 간 환경 변이성 없음</td><td>①</td><td></td><td>③</td><td></td></tr>
<tr><td>동작 시도 간 환경 변이성</td><td></td><td>②</td><td></td><td>④</td></tr>
</table>

05 뉴웰(K. Newell)이 제시한 움직임 제한(constraints) 요소의 유형이 다른 것은?

① 운동능력이 움직임을 제한한다.
② 인지, 동기, 정서상태가 움직임을 제한한다.
③ 신장, 몸무게, 근육형태가 움직임을 제한한다.
④ 과제목표와 특성, 규칙, 장비가 움직임을 제한한다.

06 <보기>에서 설명하는 게셀(A. Gesell)과 에임스(L. Ames)의 운동발달의 원리가 아닌 것은?

보기

- 머리에서 발 방향으로 발달한다.
- 운동발달은 일련의 방향성을 갖는다.
- 운동협응의 발달순서가 있다.
  양측: 상지 혹은 하지의 양측을 동시에 움직이는 형태를 보인다.
  동측: 상하지를 동시에 움직이는 형태를 보인다.
  교차: 상하지를 동시에 움직이는 형태를 보인다.
- 운동기술의 습득 과정에서 몸통이나 어깨 근육을 조절하는 능력을 먼저 갖추고, 이후에 팔, 손목, 손, 그리고 손가락 근육을 조절하는 능력을 갖춘다.

① 머리-꼬리 원리(cephalocaudal principle)
② 중앙-말초 원리(proximodistal principle)
③ 개체발생적 발달 원리(ontogenetic development principle)
④ 양측-동측-교차 운동협응의 원리(bilateral-unilateral(ipsilateral)-crosslateral principle)

07 스포츠를 통한 인성 발달 전략에 대한 설명으로 옳지 않은 것은?

① 상황에 맞는 바람직한 행동을 설명한다.
② 도덕적으로 적절한 행동에 대하여 설명한다.
③ 바람직한 행동을 강화하고, 적대적 공격행동은 처벌한다.
④ 격한 상황에서 자신의 감정을 공격적으로 표출하도록 격려한다.

08 <보기>에서 설명하는 목표의 유형은?

보기

- 운동기술을 잘 수행하기 위해서 필요한 핵심 행동에 중점을 둔다.
- 자기효능감과 자신감을 높이고 인지 불안을 낮추는 데 도움이 된다.
- 자신의 운동수행에 대한 목표를 달성하는데 중점을 두는 목표로 달성의 기준점이 자신의 과거 기록이 된다.

① 과정목표와 결과목표
② 수행목표와 과정목표
③ 수행목표와 객관적목표
④ 객관적목표와 주관적목표

09 스미스(R. Smith)와 스몰(F. Smol)이 개발한 유소년 지도자 훈련 프로그램인 CET(Coach Effectiveness Training)의 핵심 원칙이 아닌 것은?

① 자기관찰　　② 운동도식
③ 상호지원　　④ 발달모델

10 균형유지와 사지협응 및 자세제어에 주된 역할을 하는 뇌 구조(영역)는?

① 소뇌(cerebellum)
② 중심고랑(central sulcus)
③ 대뇌피질의 후두엽(occipital lobe of cerebrum)
④ 대뇌피질의 측두엽(temporal lobe of cerebrum)

11 골프 퍼팅 과제를 100회 연습한 뒤, 24시간 후에 동일 과제에 대해 수행하는 검사는?

① 속도검사(speed test)
② 파지검사(retention test)
③ 전이검사(transfer test)
④ 지능검사(intelligence test)

12 <보기>에서 설명하는 일반화된 운동프로그램(generalized motor program)의 불변 특성(invariant feature) 개념은?

보기

A 움직임 시간(movement time) = 500ms			
하위 움직임1 = 25%	하위 움직임 2 = 25%	하위 움직임3 = 25%	하위 움직임4 = 25%

B 움직임 시간(movement time) = 900ms			
하위 움직임1 = 25%	하위 움직임2 = 25%	하위 움직임3 = 25%	하위 움직임4 = 25%

- A 움직임 시간은 500ms, B 움직임 시간은 900ms로 서로 다르다
- 4개의 하위 움직임 구간의 시간적 구조 비율은 변하지 않는다.
- 단, A와 B 움직임은 모두 동일인이 수행한 동작이며, 하위움직임 구성도 4개로 동일함

① 어트랙터(attractor)
② 동작유도성(affordance)
③ 상대적 타이밍(relative timing)
④ 절대적 타이밍(absolute timing)

13 <보기>에서 구스리(E. Guthrie)가 제시한 '운동기술 학습으로 인한 변화'에 관한 설명으로 옳은 것을 모두 고른 것은?

보기

㉠ 최대의 확실성(maximum certainty)으로 운동과제를 수행할 수 있다.
㉡ 최소의 인지적 노력(minimum cognitive effect)으로 운동과제를 수행할 수 있다.
㉢ 최소의 움직임 시간(minimum movement time)으로 운동과제를 수행할 수 있다.
㉣ 최소의 에너지 소비(minimum energy expenditure)로 운동과제를 수행할 수 있다.

① ㉠, ㉡, ㉢　② ㉠, ㉢, ㉣
③ ㉡, ㉢, ㉣　④ ㉠, ㉡, ㉢, ㉣

14 <보기>에 제시된 공격성에 관한 설명과 이론(가설)이 바르게 연결된 것은?

보기

- (㉠) 환경에서 관찰과 강화로 공격행위를 학습한다.
- (㉡) 인간의 내부에는 공격성을 유발하는 에너지가 존재한다.
- (㉢) 좌절(예, 목표를 추구하는 행위가 방해받는 경험)이 공격 행동을 유발한다.
- (㉣) 좌절이 무조건 공격행동을 유발하지 않고, 공격행동이 적절하다는 외부적 단서가 있을 때 나타난다.

① ㉠ 사회학습이론
　㉡ 본능이론
　㉢ 좌절-공격 가설
　㉣ 수정된 좌절-공격 가설
② ㉠ 사회학습이론
　㉡ 본능이론
　㉢ 수정된 좌절-공격 가설
　㉣ 좌절-공격 가설
③ ㉠ 본능이론
　㉡ 사회학습이론
　㉢ 좌절-공격 가설
　㉣ 수정된 좌절-공격 가설
④ ㉠ 본능이론
　㉡ 사회학습이론
　㉢ 수정된 좌절-공격 가설
　㉣ 좌절-공격 가설

15 <보기>에서 하터(S. Harter)의 유능성 동기이론 모형에 관한 설명으로 옳은 것을 고른 것은?

보기

㉠ 심리적 요인과 관련된 단일차원의 구성개념이다.
㉡ 실패 경험은 부정적 정서를 갖게 하여 유능성 동기를 낮추고, 결국에는 운동을 중도 포기하게 한다.
㉢ 성공 경험은 자기효능감과 긍정적 정서를 갖게 하여 유능성 동기를 높이고, 숙달(mastery)을 경험하게 한다.
㉣ 스포츠 상황에서 성공하기 위한 능력이 있다는 확신의 정도나 신념으로 특성 스포츠 자신감과 상태 스포츠 자신감으로 구분한다.

① ㉠, ㉡　② ㉠, ㉣
③ ㉡, ㉢　④ ㉡, ㉣

16 <보기>에서 설명하는 용어는?

보기

번스타인(N. Bernstein)은 움직임의 효율적 제어를 위해 중추신경계가 자유도를 개별적으로 제어하지 않고, 의미 있는 단위로 묶어서 조절한다고 설명하였다.

① 공동작용(synergy)
② 상변이(phase transition)
③ 임계요동(critical fluctuation)
④ 속도-정확성 상쇄 현상(speed-accuracy trade-off)

17 <보기>에서 연구 결과를 통해 확인할 수 있는 목표설정에 관한 설명으로 옳은 것을 고른 것은?

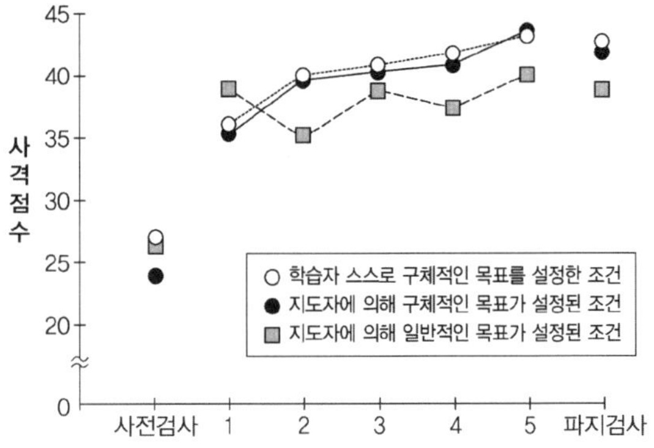

Test (from B. Boyce. 1992)

보기

㉠ 목표설정이 운동의 수행과 학습에 효과적이다.
㉡ 학습자에게 어려운 목표를 설정하도록 조언해야 한다.
㉢ 구체적인 목표를 설정했던 집단에서 더 높은 학습 효과가 나타났다.
㉣ 구체적이고 도전적인 목표를 향해 전념하도록 격려하는 것은 운동의 수행과 학습의 효과를 감소시킨다.

① ㉠, ㉡　② ㉠, ㉢
③ ㉡, ㉢　④ ㉡, ㉣

18 <보기>에서 설명하는 피드백 유형은?

보기

높이뛰기 도약 스텝 기술을 연습하게 한 후에 지도자는 학습자의 정확한 도약 기술 습득을 위해 각 발의 스텝번호(지점)을 바닥에 표시해주었다.

① 내적 피드백(intrinsic feedback)
② 부적 피드백(negative feedback)
③ 보강 피드백(augmented feedback)
④ 부적합 피드백(incongruent feedback)

19 <보기>는 칙센트미하이(M. Csikszentmihalyi)가 주장한 몰입의 개념이다. ㉠~㉣에 들어갈 개념이 바르게 연결된 것은?

보기

• (㉠)과 (㉡)이 균형을 이루는 상황에서 운동 수행에 완벽히 집중하는 것을 몰입(flow)이라 한다.
• (㉡)이 높고, (㉠)이 낮으면 (㉢)을 느낀다.
• (㉡)이 낮고, (㉠)이 높으면 (㉣)을 느낀다.

	㉠	㉡	㉢	㉣
①	기술	도전	불안	이완
②	도전	기술	각성	무관심
③	기술	도전	각성	불안
④	도전	기술	이완	지루함

20 학습된 무기력(learned helplessness) 상태에 있는 학습자에게 귀인 재훈련(attribution retraining)을 위한 적절한 전략은?

① 실패의 원인을 외적 요인에서 찾게 한다.
② 능력의 부족을 긍정적으로 받아들이게 한다.
③ 운이 따라 준다면 다음에 성공할 수 있다고 지도한다.
④ 실패의 원인을 노력 부족이나 전략의 미흡으로 받아들이게 한다.

스포츠윤리

01 스포츠맨십(sportsmanship) 행위가 아닌 것은?

① 패자에게 승리의 우월성 과시
② 악의없는 순수한 경쟁
③ 패배에 대한 겸허한 수용
④ 승자에 대한 아낌없는 박수

02 <보기>에서 스포츠에 관한 결과론적 윤리관에 해당하는 것으로만 고른 것은?

보기

㉠ 경기에서 지더라도 경기규칙은 반드시 준수해야 한다.
㉡ 개인의 최우수선수상 수상보다 팀의 우승이 더 중요하다.
㉢ 운동선수는 훈련과정보다 경기에서 승리하는 것이 더 중요하다.
㉣ 스포츠 경기는 페어플레이를 중시하기 때문에 승리를 위한 불공정한 행위를 해서는 안된다.

① ㉠, ㉢ ② ㉠, ㉣
③ ㉡, ㉢ ④ ㉢, ㉣

03 스포츠에서 나타나는 인종차별에 관한 설명으로 적절하지 않은 것은?

① 경기실적 향상을 위해 우수한 외국 선수를 귀화시키기도 한다.
② 개인의 운동기량을 인종 전체로 일반화시켜 편견과 차별이 심화되기도 한다.
③ 스포츠미디어는 인종에 대한 편견과 차별을 재생산하기도 한다.
④ 일부 관중들은 노골적으로 특정 인종을 비하하는 모욕 행위를 표출하기도 한다.

04 스포츠윤리 이론 중 덕윤리의 특징으로 적절하지 않은 것은?

① 스포츠 상황에서의 행위의 정당성보다 개인의 인성을 강조한다.
② 비윤리적 행위는 궁극적으로 스포츠인의 올바르지 못한 품성에서 비롯된다.
③ '어떠한 행위를 하는 선수가 되어야 하는가'보다 '무엇이 올바른 행위인지'를 판단하는 데 더 주목한다.
④ 스포츠인의 미덕을 드러내는 행동은 옳은 것이며, 악덕을 드러내는 행동은 그릇된 것으로 간주한다.

05 <보기>에서 스포츠윤리의 역할로 적절한 것으로만 고른 것은?

보기

㉠ 스포츠 상황에서 행동의 옳고 그름을 판단할 수 있는 원리 탐구
㉡ 스포츠 현상을 사실적으로 기술하는 방법 탐구
㉢ 스포츠 현상의 미학적 탐구
㉣ 윤리적 원리와 도덕적 덕목에 기초하여 스포츠인에게 요구되는 행위 탐구

① ㉠, ㉡ ② ㉠, ㉣
③ ㉡, ㉢ ④ ㉡, ㉣

06 <보기>의 괄호 안에 공통으로 들어갈 용어는?

보기

- 칸트(I. Kant)에게 도덕성의 기준은 (   )이다.
- 칸트에 의하면, 페어플레이도 (   )이/가 없으면 도덕적이라 볼 수 없다.
- (   )은/는 도덕적인 선수가 갖추어야 할 내적인 태도이자 도덕적 행위의 필요충분 조건이다.

① 행복　　② 선의지
③ 가언명령　　④ 실천

07 <보기>에서 스포츠 선수의 유전자 도핑을 반대해야 하는 이유로 적절한 것을 모두 고른 것은?

보기

㉠ 선수의 신체를 실험 대상화하여 기계나 물질로 이해하도록 만들기 때문
㉡ 유전자조작 인간과 자연적 인간 사이에 갈등을 초래하기 때문
㉢ 생명체로서 인간의 본질을 훼손하고 존엄성을 부정하기 때문
㉣ 선수를 우생학적 개량의 대상으로 만들기 때문

① ㉠, ㉢　　② ㉡, ㉢
③ ㉠, ㉡, ㉣　　④ ㉠, ㉡, ㉢, ㉣

08 <보기>의 괄호 안에 들어갈 정의(justice)의 유형은?

보기

운동선수의 신체는 훈련으로 만들어지기도 하지만 유전적 요인으로 결정되는 경우가 많다. 농구와 배구선수의 키는 타고난 우연성에 해당한다. 일반적으로 스포츠 경기에서는 이러한 불평등 문제에 (   ) 정의를 적용하지 않는다. 왜냐하면 스포츠는 전적으로 개인의 자발적인 선택의 문제이기 때문이다.

① 자연적　　② 절차적
③ 분배적　　④ 평균적

09 <보기>에서 A선수의 판단 근거가 되는 윤리이론의 난점에 관한 설명으로 적절한 것은?

보기

농구경기 4쿼터 종료 3분 전, 감독에게 의도적 파울을 지시받은 A선수는 의도적 파울이 팀 승리에 기여할 수 있지만, 상대 선수에게 위협을 가하거나 자칫 부상을 입힐 수 있기 때문에 도덕적으로 옳지 않다고 판단했다.

① 사회 전체의 이익을 고려하지 않는 경우가 발생한다.
② 상식적이고 보편적인 도덕직관과 충돌하는 판단을 내릴 수 있다.
③ 행위의 결과를 즉각 산출하기 어려울 경우에 명료한 지침을 제시하지 못할 수 있다.
④ 도덕을 수단적으로 인식한다는 점에서 근본적인 도덕개념들과 양립하기 어렵다.

10 <보기>의 괄호 안에 공통으로 들어갈 용어는?

보기

예진: 스포츠에는 규칙으로 통제된 (   )이 존재해. 대표적으로 복싱과 태권도와 같은 투기종목은 최소한의 안전장치가 마련되고, 그 속에서 힘의 우열이 가려지는 것이지. 따라서 스포츠 내에서 폭력은 용인된 폭력과 그렇지 않은 폭력으로 구분할 수 있어!
승현: 아니, 내 생각은 달라! 스포츠 내에서의 폭력과 일상 생활에서의 폭력은 본질적으로 동일하지. 그래서 (   )은 존재할 수 없어.

① 합법적 폭력　　② 부당한 폭력
③ 비목적적 폭력　　④ 반사회적 폭력

11 <보기>에서 국제수영연맹(FINA)이 기술도핑을 금지한 이유는?

> 보기
>
> 2008년 베이징올림픽 수영종목에서는 25개의 세계신기록이 쏟아져 나왔다. 주목할만한 것이 23개의 세계신기록이 소위 최첨단 수영복이라 불리는 엘지알 레이서(LZR Racer)를 착용한 선수들에 의해 수립되었다는 것이다. 그러나 이 같은 수영복을 하나의 기술도핑으로 간주한 국제수영연맹은 2010년부터 최첨단 수영복의 착용을 금지하였다.

① 효율성 추구　② 유희성 추구
③ 공정성 추구　④ 도전성 추구

12 <보기>에서 나타난 현준과 수연의 공정시합에 관한 관점이 바르게 연결된 것은?

> 보기
>
> 현준: 승부조작은 경쟁적 스포츠의 본래적 가치를 훼손시키는 행위지만, 경기규칙을 위반하지 않았다면 윤리적으로 문제없는 것이 아닌가?
>
> 수연: 나는 경기규칙을 위반하지 않았다 하더라도, 스포츠의 역사적 · 사회적 보편성과 정당성 속에서 형성되고 공유된 에토스(shared ethos)에 충실해야 한다고 생각해! 그래서 스포츠의 가치를 근본적으로 훼손시키는 승부조작은 추구해서도, 용인되어서도 절대 안돼!

	현준	수연
①	물질만능주의	인간중심주의
②	형식주의	비형식주의
③	비형식주의	형식주의
④	인간중심주의	물질만능주의

13 <보기>의 ㉠, ㉡과 관련된 맹자(孟子)의 사상이 바르게 연결된 것은?

> 보기
>
> ㉠ 농구 경기에서 자신과 부딪쳐서 부상을 당해 병원으로 이송되는 상대 선수를 걱정해 주는 마음
>
> ㉡ 배구 경기에서 자신의 손에 맞고 터치 아웃된 공을 심판이 보지 못해서 자기 팀이 득점을 했을 때 스스로 부끄러워하는 마음

	㉠	㉡
①	수오지심(羞惡之心)	측은지심(惻隱之心)
②	측은지심(惻隱之心)	수오지심(羞惡之心)
③	사양지심(辭讓之心)	시비지심(是非之心)
④	측은지심(惻隱之心)	사양지심(辭讓之心)

14 장애인의 스포츠 참여를 지원하는 방법으로 적절하지 <u>않은</u> 것은?

① 장애인이 접근 가능한 장소의 확보
② 활동에 필요한 장비 및 기구의 안정적 지원
③ 비장애인과의 통합수업보다 분리수업 지향
④ 일회성 체험이 아닌 지속적인 클럽활동 보장

15 스포츠의 지속 가능한 발전에 관한 설명으로 적절하지 <u>않은</u> 것은?

① 새로운 스포츠 시설의 개발 금지
② 스포츠 시설의 개발과 자연환경의 공존
③ 건강한 인간과 건강한 자연환경의 공존
④ 스포츠만의 환경 운동이 아닌 국가적, 국제적 협력과 공조

16 <그림>은 스포츠윤리규범의 구조이다. ㉠~㉢에 해당하는 용어가 바르게 연결된 것은?

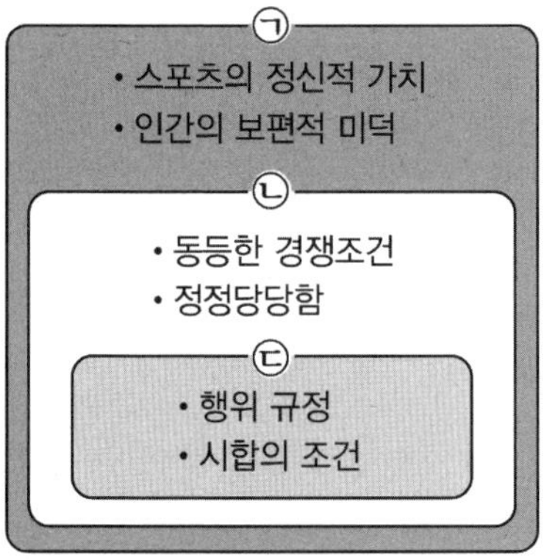

	㉠	㉡	㉢
①	규칙준수	스포츠맨십	페어플레이
②	스포츠맨십	페어플레이	규칙준수
③	페어플레이	규칙준수	스포츠맨십
④	스포츠맨십	규칙준수	페어플레이

17 국민체육진흥법(시행 2022.8.11.) 제18조의3 '스포츠윤리센터의 설립'에 관한 사항으로 옳지 않은 것은?

① 스포츠윤리센터는 문화체육관광부 장관이 감독한다.
② 스포츠윤리센터의 정관에 기재할 사항은 국무총리령으로 정한다.
③ 스포츠윤리센터가 아닌 자는 스포츠윤리센터 또는 이와 비슷한 명칭을 사용하지 못한다.
④ 스포츠윤리센터의 장은 문화체육관광부 장관의 승인을 받아 관계 행정 기관 소속 임직원의 파견 또는 지원을 요청할 수 있다.

18 <보기>에서 국제육상경기연맹(IFFA)이 출전금지를 판단한 이유는?

> 보기
>
> 2011년 대구세계육상선수권대회에서 남아프리카공화국의 의족 스프린터 피스토리우스(O. Pistorius)는 비장애인육상경기에 참가 신청을 했으나, 국제육상경기연맹은 경기에 사용되는 의족의 탄성이 피스토리우스에게 유리하다는 이유로 출전을 허용하지 않았다고 한다.

① 인종적 불공정　　② 성(性)적 불공정
③ 기술적 불공정　　④ 계급적 불공정

19 스포츠에서 나타나는 성차별의 원인이 아닌 것은?

① 사회적 성 역할의 고착화
② 차이를 차별로 정당화하는 논리
③ 신체구조와 운동능력에 대한 편견
④ 여성성을 해치는 스포츠에의 여성 참가 옹호

20 스포츠에서 심판윤리에 관한 설명으로 옳지 않은 것은?

① 심판의 사회윤리는 협회나 종목단체의 도덕성과 밀접한 관련이 있다.
② 심판은 공정하고 엄격한 도덕적 원칙을 적용해야 한다.
③ 심판의 개인윤리는 청렴성, 투명성 등의 인격적 도덕성을 의미한다.
④ 심판은 '이익동등 고려의 원칙'에 따라 전력이 약한 팀에게 유리한 판정을 할 수 있다.

운동생리학

01 ATP를 합성하는데 사용되는 에너지원이 아닌 것은?

① 근중성지방　② 비타민C
③ 글루코스　④ 젖산

02 근수축에 필수적인 Ca^{2+} 이온을 저장, 분비하는 근육 세포 내 소기관은?

① 근형질세망(sarcoplasmic reticulum)
② 위성세포(satellite cell)
③ 미토콘드리아(mitochondria)
④ 근핵(myonuclear)

03 운동 후 초과산소섭취량(EPOC)에 영향을 미치는 요인으로 적절하지 않은 것은?

① 운동 중 증가한 체온
② 운동 중 증가한 젖산
③ 운동 중 증가한 호르몬(에피네프린, 노르에피네프린)
④ 운동 중 증가한 크레아틴인산(phosphocreatine, PC)

04 수중 운동 시 체온유지를 위한 요인으로 옳지 않은 것은?

① 폐활량　② 체지방량
③ 운동 강도　④ 물의 온도

05 운동강도 증가에 따라 동원되는 근섬유 순서로 옳은 것은?

① TypeⅡa섬유→TypeⅡx섬유→TypeⅠ섬유
② TypeⅡx섬유→TypeⅡa섬유→TypeⅠ섬유
③ TypeⅠ섬유→TypeⅡa섬유→TypeⅡx섬유
④ TypeⅠ섬유→TypeⅡx섬유→TypeⅡa섬유

06 장기간 규칙적 유산소 훈련의 결과로 최대 운동 시 나타나는 심폐기능의 적응으로 옳은 것을 모두 고른 것은?

보기

㉠ 최대산소섭취량 증가
㉡ 심장용적과 심근수축력 증가
㉢ 심박출량 증가

① ㉠, ㉡　　② ㉠, ㉢
③ ㉡, ㉢　　④ ㉠, ㉡, ㉢

07 항상성 유지를 위한 신체 조절 중 부적피드백(negative feedback)이 <u>아닌</u> 것은?

① 세포외액의 CO_2 조절
② 체온 상승에 따른 땀 분비 증가
③ 혈당 유지를 위한 호르몬 조절
④ 출산 시 자궁 수축 활성화 증가

08 운동 중 1회 박출량(stroke volume) 증가 원인으로 옳지 <u>않은</u> 것은?

① 대동맥압 증가에 따른 후부하(after load) 증가
② 호흡펌프작용에 의한 정맥회귀(venous return) 증가
③ 골격근 수축에 의한 근육펌프작용 증가
④ 교감신경 자극에 의한 심근 수축력 증가

09 <보기>의 ㉠, ㉡에 들어갈 내용이 바르게 연결된 것은?

보기

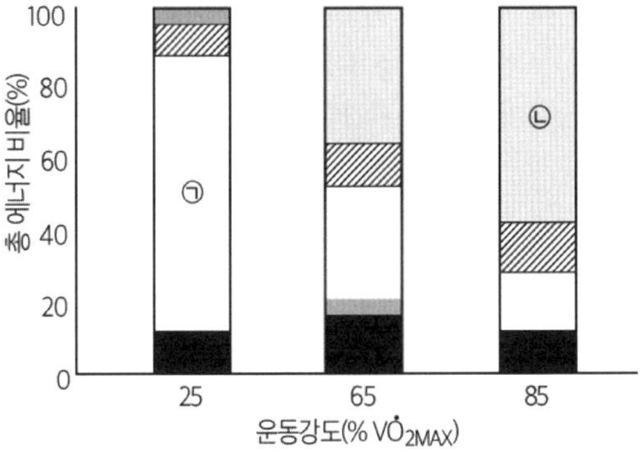

훈련한 운동 선수의 운동강도에 따른 에너지원 사용

	㉠	㉡
①	혈중 포도당	근중성지방
②	혈중 유리지방산	근글리코겐
③	근글리코겐	혈중 포도당
④	근중성지방	혈중유리지방산

10 운동 중 소뇌의 기능에 대한 설명으로 옳은 것을 모두 고른 것은?

보기

㉠ 골격근 운동 조절의 최종 단계 역할
㉡ 빠른 동작의 정확한 수행을 위한 통합 조절
㉢ 고유수용기로부터 유입되는 정보를 활용하여 동작 수정

① ㉠, ㉡　　② ㉠, ㉢
③ ㉡, ㉢　　④ ㉠, ㉡, ㉢

11 운동에 따른 환기량의 변화로 옳은 것을 모두 고른 것은?

보기

㉠ 운동 시작 직전에는 운동 수행에 대한 기대감으로 환기량이 증가할 수 있다.
㉡ 운동 초기 환기량 변화의 주된 요인은 경동맥에 위치한 화학수용기 반응이다.
㉢ 운동 강도가 증가하면 1회 호흡량은 감소하고 호흡수는 현저히 증가한다.
㉣ 회복기 환기량은 운동 중 생성된 체내 수소이온 및 이산화탄소 농도와 관련 있다.

① ㉠, ㉡ ② ㉠, ㉢
③ ㉠, ㉣ ④ ㉡, ㉢, ㉣

12 <보기>의 ㉠, ㉡에 들어갈 내용이 바르게 연결된 것은?

보기

1개의 포도당 분해에 따른 유산소성 ATP 생성		
대사적 과정	고에너지 생산	ATP 누계
해당작용	2 ATP	2
	2 NADH	7
피루브산에서 아세틸조효소A 까지	2 NADH	12
㉠	2 ATP	14
	6 NADH	29
	2 $FADH_2$	㉡
합계		㉡ ATP

	㉠	㉡
①	크랩스회로	32
②	β 산화	32
③	크랩스회로	35
④	β 산화	35

13 체중이 80kg인 사람이 10METs로 10분간 달리기 했을 때 소비 칼로리는? (단, 1MET = $3.5 m\ell \cdot kg^{-1} \cdot min^{-1}$, O_2 1L 당 5Kcal 생성)

① 130Kcal ② 140Kcal
③ 150Kcal ④ 160Kcal

14 <보기>는 신경 세포의 안정 시 막전위에 영향을 주는 Na^+과 K^+에 대한 그림이다. ㉠~㉣에 들어갈 내용이 바르게 연결된 것은?

보기

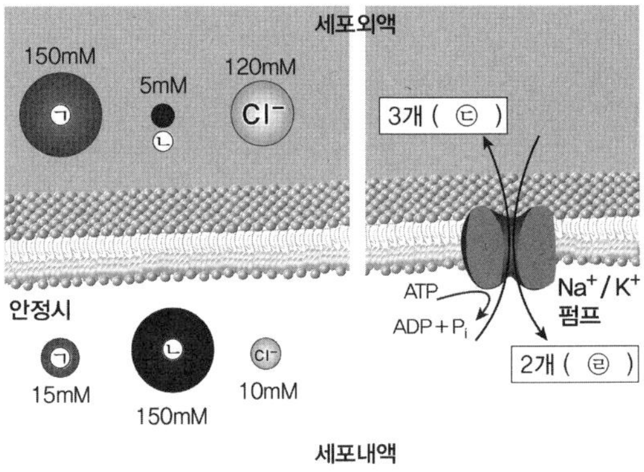

	㉠	㉡	㉢	㉣
①	K^+	Na^+	Na^+	K^+
②	Na^+	K^+	Na^+	K^+
③	K^+	Na^+	K^+	Na^+
④	Na^+	K^+	K^+	Na^+

15 <보기>의 최대산소섭취량 공식에서 장기간 지구성 훈련에 의해 증가되는 요소를 모두 고른 것은?

보기

최대산소섭취량 = ㉠ 최대1회박출량 × ㉡ 최대심박수 × ㉢ 최대동정맥산소차

① ㉠ ② ㉠, ㉡
③ ㉠, ㉢ ④ ㉡, ㉢

16 <보기>의 내용이 모두 증가되었을 때 향상되는 건강체력 요소는?

보기

- 모세혈관의 밀도
- 미토콘드리아의 수와 크기
- 동정맥 산소차(arterial - venous oxygen difference)

① 유연성 ② 순발력
③ 심폐지구력 ④ 근력

17 1시간 이내의 중강도 운동 시 시간 경과에 따라 혈중농도가 점차 감소하는 호르몬은?

① 에피네프린(epinephrine)
② 인슐린(insulin)
③ 성장호르몬(growth hormone)
④ 코르티솔(cortisol)

18 <보기>에서 설명하는 고유수용기는?

보기

- 감각 및 운동신경의 말단이 연결되어 있다.
- 감마운동뉴런을 통해 조절된다.
- 근육의 길이 정보를 중추신경계로 보낸다.

① 근방추(muscle spindle)
② 골지건기관(Golgi tendon organ)
③ 자유신경종말(free nerve ending)
④ 파치니안 소체(Pacinian corpuscle)

19 근력 결정요인으로 옳지 <u>않은</u> 것은?

① 근육 횡단면적
② 근절의 적정 길이
③ 근섬유 구성비
④ 근섬유막 두께

20 상완이두근의 움직임에 대한 근육 수축 형태로 옳지 <u>않은</u> 것은?

① 자세를 유지할 때 - 등척성 수축
② 턱걸이 올라갈 때 - 단축성 수축
③ 턱걸이 내려갈 때 - 신장성 수축
④ 공을 던질 때 - 등속성 수축

운동역학

01 운동역학(sports biomechanics)의 내용으로 적절한 것은?

① 스포츠 현상을 사회학적 연구 이론과 방법으로 설명하는 학문이다.
② 운동에 의한 생리적 · 기능적 변화를 기술하고 설명하는 학문이다.
③ 스포츠 수행에 영향을 주는 심리적 요인을 설명하는 학문이다.
④ 스포츠 상황에서 인체에 발생하는 힘과 그 효과를 설명하는 학문이다.

02 근육의 신장(원심)성 수축(eccentric contraction)이 <u>아닌</u> 것은?

① 스쿼트의 다리를 굽히는 동작에서 큰볼기근(대둔근, gluteus maximus)의 수축
② 팔굽혀펴기의 팔을 펴는 동작에서 위팔세갈래근(상완삼두근, triceps brachii)의 수축
③ 턱걸이의 팔을 펴는 동작에서 넓은등근(광배근, latissimus dorsi)의 수축
④ 윗몸일으키기의 뒤로 몸통을 펴는 동작에서 배곧은근(복직근, rectus abdominis)의 수축

03 단위 시간당 이동한 변위(displacement)를 나타내는 벡터량은?

① 속도(velocity)
② 거리(distance)
③ 가속도(acceleration)
④ 각속도(angular velocity)

04 지면반력기(force plate)를 통해 얻을 수 있는 변인이 <u>아닌</u> 것은?

① 걷기 동작에서 디딤발에 가해지는 힘의 방향
② 외발서기 동작에서 디딤발 압력중심(center of pressure)의 이동거리
③ 서전트 점프 동작에서 발로 지면에 힘을 가한 시간
④ 달리기 동작의 체공기(non-supporting phase)에서 발에 작용하는 힘의 크기

05 인체의 시상(전후)면(sagittal plane)에서 수행되는 움직임이 <u>아닌</u> 것은?

① 인체의 수직축(종축)을 중심으로 회전하는 피겨스케이팅 선수의 몸통분절 움직임
② 페달링하는 사이클 선수의 무릎관절 굴곡/신전 움직임
③ 100m 달리기를 하는 육상 선수의 발목관절 저측/배측굴곡 움직임
④ 앞구르기를 하는 체조 선수의 몸통분절 움직임

06 <보기>에서 복합운동(general motion)에 해당하는 것을 모두 고른 것은?

보기

㉠ 커브볼로 던져진 야구공의 움직임
㉡ 페달링하면서 직선구간을 질주하는 사이클 선수의 대퇴(넙다리) 분절 움직임
㉢ 공중회전하면서 낙하하는 다이빙 선수의 몸통 움직임

① ㉠ ② ㉠, ㉢
③ ㉡, ㉢ ④ ㉠, ㉡, ㉢

07 인체 무게중심에 대한 설명으로 옳은 것은? (단, 공기저항은 무시함)

① 무게중심은 항상 신체 내부에 위치한다.
② 체조 선수는 공중회전하는 동안 무게중심을 지나는 축을 중심으로 회전하게 된다.
③ 지면에 선 상태로 팔을 위로 올리면 무게중심은 아래로 이동한다.
④ 서전트 점프 이지(take-off) 후, 공중에서 팔을 위로 올리면 무게중심은 위로 이동한다.

08 농구 자유투에서 투사된 농구공의 운동에 대한 설명으로 옳은 것은? (단, 공기저항은 무시함)

① 농구공 질량중심의 수직속도는 일정하다.
② 최고점에서 농구공 질량중심의 수평속도는 0m/s가 된다.
③ 최고점에서 농구공 질량중심은 수평방향으로 등속도 운동을 한다.
④ 최고점에서 농구공 질량중심은 수직방향으로 등속도 운동을 한다.

09 <그림>과 같이 공이 지면(수평 고정면)에 충돌하는 상황에 관한 설명으로 옳은 것은? (단, 공의 충돌 전 수평속도 및 수직속도는 같음)

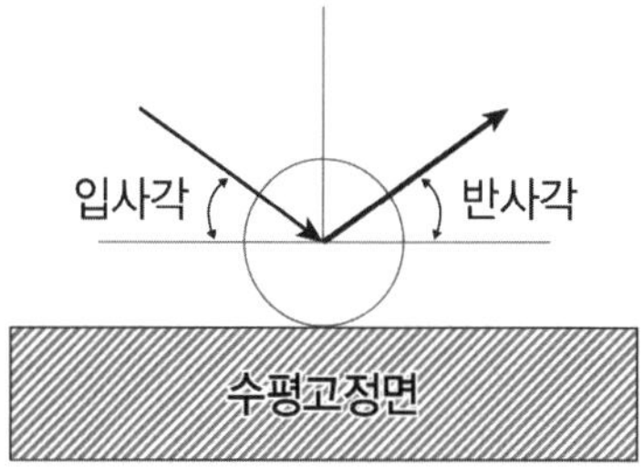

① 충돌 후, 무회전에 비해 백스핀된 공의 수평속도가 크다.
② 충돌 후, 무회전에 비해 톱스핀된 공의 수직속도가 크다.
③ 충돌 후, 무회전에 비해 톱스핀된 공의 반사각이 크다.
④ 충돌 후, 무회전된 공과 백스핀된 공의 리바운드 높이는 같다.

10 <그림>에서 달리기 선수의 질량은 60kg이며 오른발 착지 시 무게중심의 수평속도는 2m/s이다. A와 B의 면적이 각각 80N·s와 20N·s일 때, 오른발 이지(take-off) 순간 무게중심의 수평속도는?

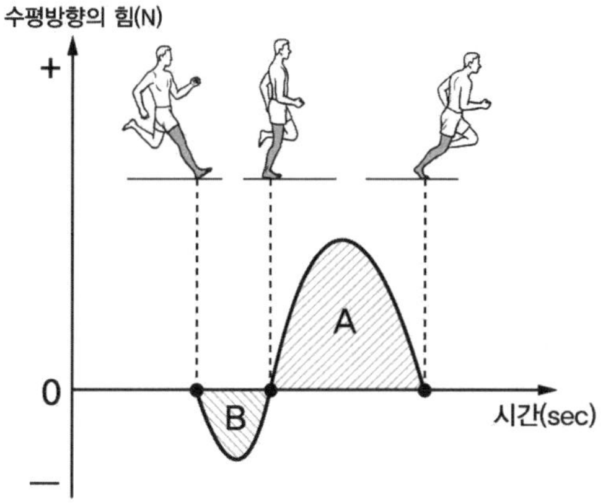

① 3m/s ② 4m/s
③ 5m/s ④ 6m/s

11 <보기>의 ㉠, ㉡에 들어갈 용어가 바르게 연결한 것은?

보기

농구선수는 양손 체스트패스 캐치 동작에서 공을 몸 쪽으로 당겨 받는다. 그 과정에서 공을 받는 (㉠)은 늘리고 (㉡)은 줄일 수 있다.

	㉠	㉡
①	시간	충격력(impact force)
②	충격력	시간
③	충격량(impulse)	시간
④	충격력	충격량

12 역학적 일(work)을 하지 않은 것은?

① 역도 선수가 바닥에 있던 100kg의 바벨을 1m 높이로 들어 올렸다.
② 레슬링 선수가 상대방을 굴려서 1m 옆으로 이동시켰다.
③ 체조 선수가 철봉에 매달려 10초 동안 정지해 있었다.
④ 육상 선수가 달려서 100m를 이동했다.

13 마그누스 효과(Magnus effect)에 관한 내용이 아닌 것은?

① 레인에서 회전하는 볼링공의 경로가 휘어지는 현상
② 커브볼로 투구된 야구공의 경로가 휘어지는 현상
③ 사이드스핀이 가해진 탁구공의 경로가 휘어지는 현상
④ 회전(탑스핀)이 걸린 테니스공이 아래로 빠르게 떨어지는 현상

14 스키점프 동작의 역학적 에너지에 대한 설명으로 옳지 않은 것은? (단, 공기저항은 무시함)

① 운동에너지는 지면 착지 직전에 가장 크다.
② 위치에너지는 수직 최고점에서 가장 크다.
③ 운동에너지는 스키점프대 이륙 직후부터 지면 착지 직전까지 동일하다.
④ 역학적 에너지는 스키점프대 이륙 직후부터 지면 착지 직전까지 보존된다.

15 <보기>의 그림에 제시된 덤벨 컬(dumbbell curl) 운동에서 팔꿈치관절 각도(θ)와 팔꿈치관절에 발생되는 회전력(torque)의 관계를 옳게 나타낸 그래프는? (단, 덤벨 컬 운동은 등각속도 운동임)

보기

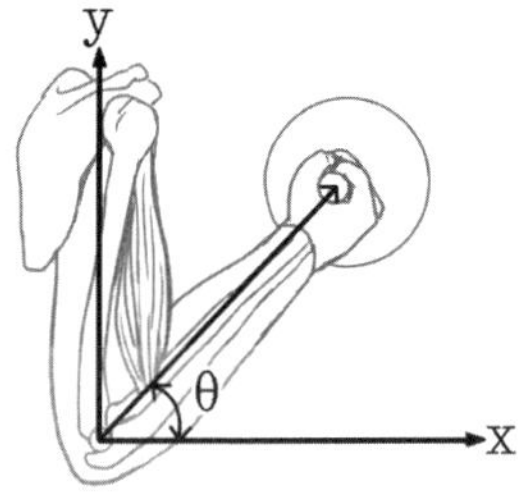

① 회전력(N · m)

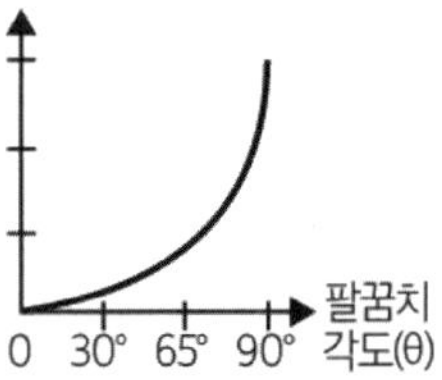

② 회전력(N · m)

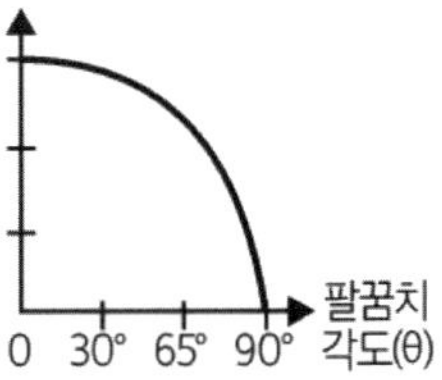

③ 회전력(N · m)

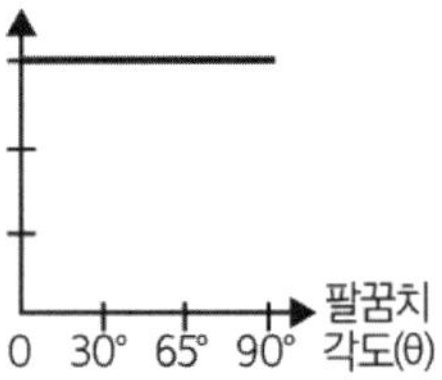

④ 회전력(N · m)

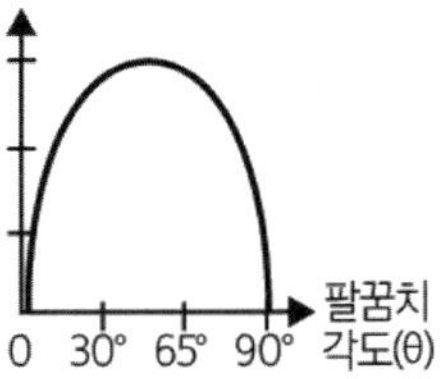

16 인체 지레에 대한 설명 중 옳은 것은?

① 지레에서 저항팔이 힘팔보다 긴 경우에는 힘에 있어서 이득이 있다.
② 1종지레는 저항점이 받침점과 힘점 사이에 있는 형태로, 팔굽혀펴기 동작이 이에 속한다.
③ 2종지레는 받침점이 힘점과 저항점 사이에 있는 형태로, 힘에 있어서 이득이 있다.
④ 3종지레는 힘점이 받침점과 저항점 사이에 있는 형태로, 운동의 범위와 속도에 있어서 이득이 있다.

17 <보기>의 ㉠~㉣에 들어갈 내용을 바르게 연결한 것은?

보기

> 다이빙 선수의 공중회전 동작에서는 다이빙 플랫폼 이지(take-off) 직후에 다리와 팔을 회전축 가까이 위치시켜 관성모멘트를 (㉠)시킴으로써 각속도를 (㉡)시켜야 한다. 입수 동작에서는 팔과 다리를 최대한 펴서 관성모멘트를 (㉢)시킴으로써 각속도를 (㉣)시켜야 한다.

	㉠	㉡	㉢	㉣
①	증가	감소	증가	감소
②	감소	증가	증가	감소
③	감소	감소	증가	증가
④	증가	증가	감소	감소

18 30m/s의 수평투사속도로 야구공을 던질 때, 야구공의 체공시간이 2초라면 투사거리는? (단, 공기저항은 무시함)

① 15m ② 30m
③ 60m ④ 90m

19 일률(power)의 단위가 <u>아닌</u> 것은?

① N · m/s ② kg · m/s^2
③ Joule/s ④ Watt

20 <보기>의 ㉠~㉢에 들어갈 내용을 바르게 연결한 것은?

보기

> 신체의 정적 안정성을 높이기 위해서는 기저면(base of support)을 (㉠), 무게중심을 (㉡), 수직 무게중심선을 기저면의 중앙과 (㉢) 위치시키는 것이 효과적이다.

	㉠	㉡	㉢
①	좁히고	높이고	가깝게
②	좁히고	높이고	멀게
③	넓히고	낮추고	가깝게
④	넓히고	낮추고	멀게

한국체육사

01 체육사 연구에서 사관(史觀)에 관한 설명으로 적절하지 않은 것은?

① 유물사관, 관념사관, 진보사관, 순환사관 등이 있다.
② 체육 역사에 대한 견해, 해석, 관념, 사상 등을 의미한다.
③ 체육 역사가의 관점으로 다양한 과거의 역사적 사실을 해석한다.
④ 과거 체육과 관련된 사실을 담고 있는 역사 자료를 의미한다.

02 <보기>의 ㉠~㉢에 들어갈 용어가 바르게 연결된 것은? (단, 시대구분은 나현성의 방식을 따름)

보기

• (㉠) 이전은 무예를 중심으로 한 무사 체육 등의 (㉡) 체육을 강조하였다.
• (㉠) 이후는 「교육입국조서(教育立國詔書)」를 통한 학교 교육에 기반을 둔 (㉢) 체육을 강조하였다.

	㉠	㉡	㉢
①	갑오경장(1894)	전통	근대
②	갑오경장(1894)	근대	전통
③	을사늑약(1905)	전통	근대
④	을사늑약(1905)	근대	전통

03 <보기>에서 설명하는 민속놀이는?

보기

• 사희(柶戲)라고도 불리었다.
• 부여의 사출도(四出道)라는 관직명에서 유래되었다.
• 남녀노소 누구나 즐길 수 있으며, 장소에 크게 구애받지 않은 놀이였다.

① 바둑　② 장기
③ 윷놀이　④ 주사위

04 화랑도에 관한 설명으로 옳지 않은 것은?

① 진흥왕 때에 조직이 체계화되었다.
② 세속오계는 도의교육(道義教育)의 핵심이었다.
③ 신체미 숭배 사상, 국가주의 사상, 불국토 사상이 중시되었다.
④ 서민층만을 대상으로 한 청소년단체로서 문무겸전(文武兼全)을 추구 하였다.

05 <보기>에서 설명하는 신체활동은?

보기

• 가죽 주머니로 공을 만들어 발로 차는 놀이였다.
• 한 명, 두 명, 열 명 등 다양한 형식으로 실시되었다.
• 〈삼국사기(三國史記)〉와 〈삼국유사(三國遺事)〉에 따르면 김유신과 김춘추가 이 신체활동을 하였다.

① 석전(石戰)　② 축국(蹴鞠)
③ 각저(角抵)　④ 도판희(跳板戲)

06 <보기>에서 민속놀이와 주요 활동 계층이 바르게 연결된 것으로만 묶인 것은?

보기

㉠ 풍연(風鳶) - 귀족	㉡ 격구(擊毬) - 서민
㉢ 방응(放鷹) - 귀족	㉣ 추천(鞦韆) - 서민

① ㉠, ㉡　　② ㉢, ㉣
③ ㉠, ㉣　　④ ㉡, ㉢

07 고려시대 수박(手搏)에 관한 설명으로 옳지 <u>않은</u> 것은?

① 관람형 무예 경기로 성행되었다.
② 응방도감(鷹坊都監)에서 관장하였다.
③ 무인 선발의 기준과 수단이 되었다.
④ 무예 수련과 군사훈련 등의 목적으로 활용되었다.

08 <보기>에서 조선시대의 훈련원에 관한 설명으로 옳은 것을 모두 고른 것은?

보기

㉠ 성리학 교육을 담당하였다.
㉡ 활쏘기, 마상무예 등의 훈련을 실시하였다.
㉢ 무인 양성과 관련된 공식적인 교육기관이었다.
㉣ 〈무경칠서(武經七書)〉, 〈병장설(兵將說)〉 등의 병서 습득을 장려하였다.

① ㉠, ㉡　　② ㉢, ㉣
③ ㉡, ㉢, ㉣　　④ ㉠, ㉡, ㉢, ㉣

09 조선시대 궁술(弓術)에 관한 설명으로 옳지 <u>않은</u> 것은?

① 육예(六藝) 중 어(御)에 해당하였다.
② 무관 선발을 위한 무과 시험의 한 과목이었다.
③ 대사례(大射禮), 향사례(鄕射禮) 등으로 행해졌다.
④ 왕, 무관, 유학자 등 다양한 계층에서 실시하였다.

10 <보기>에서 설명하는 조선시대의 무예서는?

보기

- 24종류의 무예가 기록되어 있다.
- 정조의 명령하에 국가사업으로 간행되었다.
- 한국, 중국, 일본의 관련 문헌 145권이 참조되었다.

① 무예제보(武藝諸譜)
② 무예신보(武藝新譜)
③ 무예도보통지(武藝圖譜通志)
④ 무예제보번역속집(武藝諸譜翻譯續集)

11 <보기>에서 설명하는 개화기 민족사립학교는?

보기

- 1907년에 이승훈이 설립하였다.
- 대운동회를 매년 1회 실시하였다.
- 체육은 주로 군사훈련의 성격을 띠었다.

① 오산학교　② 대성학교
③ 원산학사　④ 숭실학교

12 개화기의 체육사적 사실에 관한 설명으로 옳은 것은?

① 동래무예학교는 문예반 50명, 무예반 200명을 선발하였다.
② 개화기 최초의 운동회는 일본인 학교에서 주관한 화류회(花柳會)였다.
③ 양반들이 주도하여 배재학당, 이화학당, 경신학당 등 미션스쿨을 설립하였다.
④ 고종은 「교육입국조서(敎育立國詔書)」를 반포하고, 덕양, 체양, 지양을 강조하였다.

13 개화기의 체육단체에 관한 설명으로 옳은 것은?

① 청강체육부: 탁지부 관리들이 친목 도모를 위해 1902년에 조직하였고, 최초로 연식정구를 도입하였다.
② 회동구락부: 최성희, 신완식 등이 1910년에 조직하였고, 정례적으로 축구 시합을 하였다.
③ 무도기계체육부: 우리나라 최초 기계체조 단체로서 이희두와 윤치오가 1908년에 조직하였다.
④ 대동체육구락부: 체조 교사인 조원희, 김성집, 이기동 등이 주축이 되어 보성중학교에서 1909년에 조직하였고, 병식체조를 강조하였다.

14 일제강점기 체육에 관한 사실로 옳지 <u>않은</u> 것은?

① 박승필은 1912년에 유각권구락부를 설립해 권투를 지도하였다.
② 조선체육협회는 1920년에 동아일보사 후원으로 설립되었다.
③ 서상천은 1926년에 일본체육회 체조학교를 졸업하고, 역도를 소개 하였다.
④ 손기정은 1936년에 베를린올림픽경기대회 마라톤 종목에서 우승 하였다.

15 <보기>에서 설명하는 단체는?

보기

- 외국인 선교사가 근대스포츠인 야구, 농구, 배구를 도입하였다.
- 1916년에 실내체육관을 준공하여, 다양한 실내스포츠를 활성화 하였다.

① 황성기독교청년회　② 대한체육구락부
③ 조선체육회　④ 조선체육협회

16 <보기>에서 박정희 정부 때 실시한 체력장 제도에 관한 설명으로 옳은 것을 모두 고른 것은?

보기

㉠ 1971년부터 실시되었다.
㉡ 1973년부터는 대학입시에 체력장 평가가 포함되었다.
㉢ 국제체력검사표준회위원회에서 정한 기준과 종목을 대상으로 하였다.
㉣ 시행 종목에는 100m 달리기, 제자리멀리뛰기, 팔굽혀 매달리기(여자), 턱걸이(남자), 윗몸일으키기, 던지기가 있었다.

① ㉠, ㉡
② ㉢, ㉣
③ ㉠, ㉡, ㉢
④ ㉠, ㉡, ㉢, ㉣

17 <보기>에서 설명하는 스포츠 경기 종목은?

보기

- 1988년 제24회 서울올림픽경기대회에서 시범 종목으로 채택되었다.
- 2000년 제27회 시드니올림픽경기대회에서 정식 종목으로 채택되었다.
- 2007년에 정부는 이 종목을 진흥하기 위한 법률을 제정하였다.

① 유도
② 복싱
③ 태권도
④ 레슬링

18 1948년 제5회 동계올림픽경기대회에 관한 설명으로 옳지 않은 것은?

① 개최지는 스위스 생모리츠였다.
② 제2차세계대전을 일으킨 독일과 일본도 출전하였다.
③ 광복 이후 최초로 태극기를 단 선수단이 파견되었다.
④ 이효창, 문동성, 이종국 선수는 스피드스케이팅 종목에 출전하였다.

19 대한민국에서 개최된 하계아시아경기대회가 아닌 것은?

① 1986년 제10회 서울아시아경기대회
② 2002년 제14회 부산아시아경기대회
③ 2014년 제17회 인천아시아경기대회
④ 2018년 제18회 평창아시아경기대회

20 1991년에 남한과 북한이 단일팀으로 탁구 종목에 참가한 국제경기 대회는?

① 제41회 지바세계선수권대회
② 제27회 시드니올림픽경기대회
③ 제28회 아테네올림픽경기대회
④ 제6회 포르투갈세계청소년선수권대회

특수체육론

01 국제 기능·장애·건강 분류(International Classification Functioning, Disability and Health: ICF)에 제시된 장애에 대한 개념적 특징이 아닌 것은?

① 환경적 요인에 의하여 누구나가 장애인이 될 수 있음을 강조한다.
② 유형과 정도가 같은 장애인들이 동일한 활동에 참여하도록 한다.
③ 기능과 장애는 건강 상태와 개인적·환경적 요인들의 상호작용이다.
④ 장애는 개인, 주변의 태도, 환경적 장벽 사이 상호작용의 결과이다.

02 <보기>에서 미국 관보(Federal Register, 1977)가 체육을 정의한 내용에 해당하는 것을 모두 고른 것은?

보기
㉠ 건강과 운동 체력의 발달
㉡ 특수체육, 적응체육, 움직임교육, 운동발달을 포함
㉢ 수중활동, 무용, 개인과 집단의 게임과 스포츠에서의 기술 발달
㉣ 기본운동기술과 양식(fundamental motor skills and patterns)의 발달

① ㉠, ㉡　　② ㉡, ㉢
③ ㉠, ㉢, ㉣　　④ ㉠, ㉡, ㉢, ㉣

03 블룸(B. Bloom)이 분류한 교육 목표 영역에 따라 장기목표를 제시하고자 한다. <보기>의 요인과 교육 목표 영역이 바르게 연결된 것은?

보기
㉠ 긍정적 자아, 사회적 능력, 즐거움과 긴장 이완
㉡ 운동의 기술과 양식, 체력, 여가활동에 필요한 기술
㉢ 놀이와 게임 행동, 창조적 표현, 인지-운동기능과 감각통합

	㉠	㉡	㉢
①	인지적 영역	정의적 영역	심동적 영역
②	인지적 영역	심동적 영역	정의적 영역
③	정의적 영역	심동적 영역	인지적 영역
④	정의적 영역	인지적 영역	심동적 영역

04 개별화전환계획(Individualized Tansition Plan: ITP)에 관한 설명으로 적절하지 않은 것은?

① 장애학생과의 인터뷰를 통해 신체활동 선호도를 알아본다.
② 지역사회 체육시설을 활용하여 사회적응기술을 가르친다.
③ 장애학생을 위한 신체활동 프로그램이 지역사회에도 있는지를 확인한다.
④ 장애학생의 현재 및 미래의 기대치를 논하기보다는 과거의 활동에 주안점을 둔다.

05 <보기>에서 설명하는 장애학생건강체력평가(Physical Activity Promotion System for Student with Disabilities: PAPS-D)에 해당하는 것은?

보기
장애학생건강체력평가는 개인의 건강 체력이 동일 장애조건을 가진 사람들 중 어느 정도인지에 대한 정보를 제공한다.

① 비형식적 검사　　② 비표준화 검사
③ 규준 참조 검사　　④ 준거 참조 검사

06 <보기>는 피바디 운동 발달 검사-2(Peabody Development Motor Scales-2: PDMS-2)의 평가 영역이다. ㉠에 해당하는 것은?

보기

㉠ (　　)	㉡ 움켜쥐기
㉢ 시각-운동 통합	㉣ 비이동 운동
㉤ 이동 운동	㉥ 물체적 조작

① 반사　② 손-발 협응
③ 달리기　④ 블록 쌓기

07 갤러휴(D. Gallahue)와 오즈먼(J. Ozmun)이 제시한 운동 발달의 단계가 아닌 것은?

① 지각운동　② 기본운동
③ 기초운동　④ 전문화된 운동

08 쉐릴(C. Sherrill)이 제시한 특수체육 서비스 전달체계의 실천요소에 대한 설명이 아닌 것은?

① 계획: 개인의 요구는 물론 학교와 지역사회의 철학에 따라 적절한 체육의 목적을 설정하는 것을 의미한다.
② 사정: 개인과 환경에 대한 검사, 측정, 평가로 구성되는 과정이다.
③ 교수/상담/지도: 최적의 운동 수행을 도모하기 위해 심리·운동적 요소들을 변화시키는 과정이다.
④ 평가: 장애인의 학습 정도와 프로그램의 효과를 확인하는 비연속적인 과정이다.

09 개별화교육계획(Individualized Education Program: IEP)의 기능 중 <보기>의 설명에 해당하는 것은?

보기

계획된 목표와 학생의 진보가 어느 정도 일치하고 있는가를 확인하기 위한 기능

① 의사소통 기능　② 통합 기능
③ 평가 기능　④ 관리 기능

10 <보기>의 ㉠~㉣을 블룸(B. Bloom)의 교육 목표 영역과 바르게 연결한 것은?

보기

㉠ 지각(perception)
㉡ 가치화(valuing)
㉢ 반사적 운동(reflex movement)
㉣ 적용(application)

① 정의적 영역: ㉡, ㉣
② 심동적 영역: ㉠, ㉢
③ 인지적 영역: ㉠, ㉡
④ 정의적 영역: ㉢, ㉣

11 <보기>에서 설명하는 장애 유형은?

보기

㉠ 또래 친구와 인사를 하거나 함께 놀지 않는다.
㉡ 출석을 불러도 반응하지 않거나 눈을 맞추지 않는다.
㉢ 비닐과 같은 특정 물건을 반복적으로 만지거나 냄새를 맡는 행동을 한다.
㉣ '공을 차'라고 지시했지만, 지시를 이해하지 못하고 '공을 차'라는 말만 반복한다.

① 청각장애　② 지적장애
③ 뇌병변장애　④ 자폐성장애

12 <표>에서 제시된 수업목표가 추구하는 지각운동 영역은?

프로그램	골볼 교실	장애 유형	시각 장애	장애 정도	1급
내용	참여를 위한 사전 교육				
목표	• 자신의 포지션을 찾아갈 수 있다. • 팀 벤치 에어리어를 찾아갈 수 있다. • 상대 팀 골라인의 위치를 찾을 수 있다.				

① 신체상(body image)
② 방향정위(orientation)
③ 신체 정렬(physical alignment)
④ 동측협응(ipsilateral coordination)

13 <보기>에서 설명하는 청각장애의 유형은?

보기

㉠ 청력 손실이 60~70dB을 넘지 않는다.
㉡ 소리를 외이에서 내이로 전달하는 과정에서 문제가 생긴다.
㉢ 중이염, 고막 손상, 외이도 염증 등에 의해서 발생하기도 한다.
㉣ 후천적인 원인에 의해 발생하는 경우가 많으며, 보청기 착용의 효과가 좋다.

① 혼합성 난청(mixed hearing loss)
② 감소성 난청(reductive hearing loss)
③ 전음성 난청(conductive hearing loss)
④ 감각신경성 난청(sensorineural hearing loss)

14 <표>는 피아제(J. Piaget)가 제시한 인지발달단계에 따른 지도 목표를 기술한 것이다. 지도 목표가 적절한 것을 모두 고른 것은?

프로그램	축구교실	장애유형	지적장애	장애정도	1~3급
목 적	슛과 패스 기술 익히기				
인지발달단계	지도 목표				
감각운동기	㉠ 다양한 종류의 공을 다루면서 공에 대한 도식이 형성되도록 한다.				
전 조작기	㉡ 공을 세워놓고 차기 기술을 지도한다.				
구체적 조작기	㉢ 공 차기를 슛과 패스로 구분하여 지도한다.				
형식적 조작기	㉣ 전략과 전술을 지도한다.				

① ㉠
② ㉠, ㉡
③ ㉠, ㉡, ㉢
④ ㉠, ㉡, ㉢, ㉣

15 <표>는 동호회 야구선수를 관찰한 기록이다. 관찰내용에서 나타나는 장애 유형의 설명으로 옳지 않은 것은?

이름	홍길동	나이	만 42세	성별	남
날짜	2023년 4월 29일(토)	장소	잠실야구장		
관찰내용	손과 발을 가만히 두지 못하고 여기저기 돌아다닌다.				
	대기타석에서 안절부절못하며 뛰어다닌다.				
	옆 선수에게 끊임없이 말을 한다.				
	코치의 질문이 끝나기도 전에 불쑥 말을 한다.				
	자신의 타격순서를 기다리지 못한다.				
	다른 선수의 연습 스윙을 방해하거나 참견한다.				

① 장애인복지법에서는 지적장애로 분류된다.
② 다양한 상황에서도 동일한 문제행동이 나타난다.
③ 주의력 결핍, 과잉행동 또는 충동성이 7세 이전에 나타난다.
④ 주의력 결핍, 과잉행동 또는 충동성의 평가항목 중에서 6개 이상의 항목이 최소 6개월 이상 지속된다.

16 <보기>에서 설명하는 시각장애 발생의 원인은?

보기

㉠ 두통, 눈의 통증, 구토 등의 증상이 나타날 수 있다.
㉡ 시야가 좁아져서 주변 상황에 대한 정보 습득이 어렵다.
㉢ 안압이 높아지면서 시신경이 눌리거나, 혈액 공급이 원활하지 않아서 발생할 수 있다.

① 백내장
② 녹내장
③ 황내장
④ 황반변성

17 제시어와 <보기>의 수어 ㉠~㉢을 바르게 연결한 것은?

보기

	반갑습니다	농구	고맙습니다
①	㉡	㉠	㉢
②	㉡	㉢	㉠
③	㉢	㉠	㉡
④	㉠	㉢	㉡

18 <표>의 FITT 구분에 따른 운동 계획 중에서 틀린 것은?

프로그램	건강 관리 교실	장애 유형	지체 장애	장애 정도	3급
운동 참여 경험	최근 3개월 동안 주 3회, 회당 30분씩 운동했다.				
의료적 문제	최근 종합검진에서 심혈관질환을 비롯한 의료적 문제가 없다고 진단받았다.				

FITT 구분	운동 계획
① 빈도(Frequency)	운동을 주 3회(월, 수, 금) 실시한다.
② 강도(Intensity)	최대산소섭취량의 50% 수준으로 달리기한다.
③ 시간(Time)	준비운동 10분, 본운동 20분, 정리운동 5분으로 구성한다.
④ 시도(Trial)	본운동을 5회 반복한다.

19 <표>는 척수손상 위치에 따라 휠체어농구 교실 참여가 가능한지를 결정한 내용이다. ㉠~㉣ 중에서 참여 가능 여부의 결정이 옳지 않은 것은?

프로그램	장애 유형	장애 정도
휠체어농구 교실	척수장애	1~3급
손상 위치	잠재적 능력을 고려한 참여 가능 여부	
	가능	불가능
㉠ 흉추 1번~2번 사이		○
㉡ 흉추 2번~3번 사이	○	
㉢ 흉추 11번~12번 사이	○	
㉣ 흉추 12번~13번 사이	○	

① ㉠　② ㉡
③ ㉢　④ ㉣

20 <보기>에서 보치아 경기규칙으로 옳은 것만을 모두 고른 것은?

보기

㉠ 보치아의 세부 경기종목으로는 개인전, 2인조(페어), 단체전이 있다.
㉡ 공 1세트는 적색 구 6개, 청색 구 6개, 흰색 표적구 1개로 구성된다.
㉢ 경기에 참여하기 위해서는 반드시 휠체어를 사용해야 한다.
㉣ 보조자의 도움을 받아서 투구할 수 있다.

① ㉠　② ㉠, ㉡
③ ㉠, ㉡, ㉢　④ ㉠, ㉡, ㉢, ㉣

유아체육론

01 영유아기 뇌 발달에 대한 설명으로 옳지 <u>않은</u> 것은?

① 대뇌피질은 출생 이후에도 발달한다.
② 3세의 뇌 무게는 성인의 75% 정도이다.
③ 6세경 뇌 무게는 성인의 90% 정도에 도달한다.
④ 뇌는 영유아기까지 완만하게 발달하다 이후에는 급격히 발달한다.

02 영유아의 시지각(visual perception)에서 '형태(form) 지각'에 대한 설명으로 옳지 <u>않은</u> 것은?

① 신생아는 형태를 지각할 수 있으며, 직선보다 곡선을 더 선호하는 것으로 알려졌다.
② 모양을 구별하고 여러 가지 양식들을 분간할 수 있는 능력이다.
③ 자신으로부터 대상이 떨어져 있는 거리를 판단하는 능력이다.
④ 생후 6개월경에 급속히 발달한 후에 정교해진다.

03 기본움직임기술(fundamental movement skills: FMS)과 움직임 양식과의 연결이 옳지 <u>않은</u> 것은?

① 조작 운동: 굽히기(bending), 늘리기(stretching), 직립균형(upright balance)
② 조작 운동: 때리기(striking), 튀기기(bouncing), 되받아치기(volleying)
③ 이동 운동: 걷기(walking), 호핑(hopping), 스키핑(skipping)
④ 이동 운동: 점핑(jumping), 갤로핑(galloping), 슬라이딩(sliding)

04 유아체육 지도환경 조성 원칙에 따른 내용이 옳지 <u>않은</u> 것은?

원칙	내용
① 흥미성	호기심, 모험심 등을 표현할 수 있는 지도환경 조성
② 안전성	부드러운 마감재나 바닥 재질, 공간의 벽 등을 고려한 지도환경 조성
③ 필요성	음향시설, 냉난방시설, 활동공간의 크기 등을 고려한 지도환경 조성
④ 경제성	설비나 용구로 인한 건강 저해나 활동의 위험성이 없도록 지도환경 조성

05 전문화된(specialized) 움직임 시기의 '적용(application) 단계'에 대한 설명으로 옳지 <u>않은</u> 것은?

① 특정 활동을 찾거나 기피하기 시작한다.
② 움직임 수행의 정확성과 더불어 양적 측면이 강조된다.
③ 다양한 과제, 개인, 환경 요인 등을 토대로 어떤 활동에 참여할 것인지를 결정한다.
④ 인지능력이 저하되고 경험 토대가 축소되면서 많은 것을 학습하기가 어려워진다.

06 <보기>에서 유소년 신체활동을 통한 자기개념(self-concept) 발달에 대한 설명으로 옳은 것을 모두 고른 것은?

보기

㉠ 움직임은 긍정적인 자기개념을 촉진시킬 수 있는 최상의 방법이다.
㉡ 유소년에게 용기를 북돋아 주고, 생활에 모험활동이 포함되도록 한다.
㉢ 자신들의 한계 내에서 합리적인 수행목표를 세울 수 있도록 도와준다.
㉣ 실패의 가능성을 높이고, 실패와 실패지향적 경험들을 많이 제공한다.

① ㉠　② ㉠, ㉣
③ ㉡, ㉢　④ ㉡, ㉢, ㉣

07 <보기>의 ㉠~㉢에 들어갈 용어를 옳게 나열한 것은?

보기

- 피카(R. Pica)는 동작요소를 (㉠), 형태, (㉡), 힘, 흐름, 리듬으로 구성된다고 하였다.
- 퍼셀(M. Purcell)은 (㉠) 인식, 신체 인식, 노력, (㉢) 같은 동작요소에 대한 이해를 바탕으로 이를 응용영역에 적용시킬 수 있어야 한다고 하였다.

	㉠	㉡	㉢
①	공간	시간	관계
②	저항	속도	무게
③	공간	관계	시간
④	무게	속도	저항

08 <표>의 ㉠, ㉡에 들어갈 기본움직임기술의 발달 단계를 바르게 제시한 것은?

단계	(㉠)	(㉡)
움직임 기술	 물구나무서기	 공 차기
설명	• 삼각지지를 통한 물구나무서기 가능 • 일정하지 않은 균형점을 보이고, 간헐적으로 자세를 오랫동안 유지함 • 감각적으로 사지의 위치를 살피려고 노력함	• 차기동작 동안 양팔 흔들기가 나타남 • 팔로우 스로우가 이루어지는 동안 몸통이 허리까지 굽혀짐 • 다리 스윙이 길어지고, 달리거나 껑충 뛰어서 공에 다가감

	㉠	㉡
①	시작	시작
②	시작	성숙
③	초보	초보
④	초보	성숙

09 에릭슨(E. Erikson)이 제시한 심리사회발달 단계에 대한 내용의 연결이 적절하지 <u>않은</u> 것은?

① 단계: 신뢰감 대 불신감
내용: 정체감을 확립하지 못한 경우 자신감을 가지지 못함

② 단계: 자율성 대 수치 · 회의
내용: 근육 발달을 조절할 수 있으며 자기 주위를 탐색함

③ 단계: 주도성 대 죄의식
내용: 목표나 계획을 세워 성공하고자 노력함

④ 단계: 근면성 대 열등감
내용: 기초적인 인지 기술과 사회적 기술을 습득함

10 <보기>에서 동일한 유형의 반사(reflex)나 반응(reaction)인 것을 고른 것은?

보기

㉠ 모로(Moro)
㉡ 당김(pull - up)
㉢ 목가누기(neck righting)
㉣ 바빈스키(Babinski)
㉤ 비대칭목경직(asymmetrical tonix neck)
㉥ 낙하산(parachute)

① ㉠, ㉡, ㉥　　② ㉠, ㉣, ㉤
③ ㉡, ㉢, ㉣　　④ ㉡, ㉢, ㉤

11 <보기>에서 '영유아 기도폐쇄' 응급처치에 관한 설명으로 옳은 것을 모두 고른 것은?

보기

㉠ 1세 미만의 경우 등 두드리기 및 흉부압박이 권장된다.
㉡ 의식이 없는 경우 혀에 의한 기도폐쇄가 있는지 확인한다.
㉢ 등 두드리기를 할 때 머리를 가슴보다 낮게 하고, 안은 팔을 허벅지에 고정시킨다.
㉣ 흉부를 압박할 때 등을 받치고 머리를 가슴보다 낮게 하여, 안은 팔을 무릎 위에 놓는다.

① ㉠, ㉡　　② ㉠, ㉢
③ ㉡, ㉢, ㉣　　④ ㉠, ㉡, ㉢, ㉣

12 <표>에서 체력의 구분 및 요소, 검사방법의 연결이 옳은 것을 고른 것은?

	구분	체력요소	검사방법
㉠	건강체력	순발력	모둠 발로 멀리뛰기
㉡	건강체력	심폐지구력	셔틀런(페이서, PACER)
㉢	운동체력	평형성	평균대 위에서 한발로 서기
㉣	건강체력	유연성	1분간 앉았다 일어나기

① ㉠, ㉢　② ㉠, ㉣
③ ㉡, ㉢　④ ㉡, ㉣

13 초등체육 교육과정의 3~4학년군 성취기준에 대한 내용으로 옳지 않은 것은?

① 체력운동이나 스포츠활동보다 신체를 인식하고 움직이는 기초적인 이동운동을 한다.
② 기본 체력운동의 방법과 절차를 익히며 자신의 수준에 맞는 운동을 시도한다.
③ 기본 움직임 기술의 의미와 종류를 이해하고 스포츠와의 관계를 파악한다.
④ 움직임의 심미적 표현에 대한 호기심과 감수성을 나타낸다.

14 스포츠 기술에 반영된 조작 운동과 지각운동 구성요소의 연결이 옳은 것은?

	스포츠 기술	조작운동	지각운동 구성요소
①	골프공 때리기, 축구공 차기	추진	안정
②	농구패스잡기, 핸드볼패스 잡기	추진	공간
③	티볼 펀팅, 탁구공 되받아치기	흡수	시간
④	축구패스공 멈추기, 야구 공중볼 받기	흡수	공간

15 <보기>의 대화에서 ㉠, ㉡에 들어갈 유아체육 프로그램 기본원리와 교수방법은?

보기

A 지도자: 저는 수업에서 유아 간에 체력이나 소질 같은 개인차가 발생하는 부분이 늘 고민이었어요. 운동프로그램 구성을 위한 원리 같은 것이 있을까요?

B 지도자: (㉠)의 원리 같은 경우가 적용될 수 있을 것 같아요. 이 원리는 일반화된 특성뿐만 아니라 유전과 환경요인 같은 개인차를 고려하는 것을 말해요.

A 지도자: 그렇다면 유아가 창의성 있게 자발적으로 참여하게 하는 지도방법은 어떤 것이 있을까요?

B 지도자: (㉡) 방법이 효과적일 것 같아요. 이 방법은 유아 스스로의 실험과 문제해결, 자기 발견을 통해 학습이 일어나는 과정을 강조하는 방법이에요.

	㉠	㉡
①	특이성	탐색적(exploratory)
②	특이성	과제 중심 접근(task-oriented)
③	연계성	탐색적(exploratory)
④	연계성	과제 중심 접근(task-oriented)

16 기본 움직임 기술에 대한 대근운동발달검사(TGMD)에서 검사항목과 수행기준이 적절하지 않은 것은?

	기본 움직임기술	검사항목	수행기준
①	이동운동	달리기(15m)	팔꿈치를 구부리고 팔과 다리는 엇갈려 움직인다.
②	이동운동	제자리멀리뛰기	던지는 팔의 반대쪽 발을 내딛으며 무게를 이동시킨다.
③	조작 운동	던지기 (over-hand throw)	엉덩이와 어깨를 목표지점을 향하여 회전시킨다.
④	조작 운동	공 차기	디딤발로 외발 뛰기를 하면서 차는 발을 길게 뻗는다.

17 미국 질병통제예방센터(CDC)가 제시한 연령별 신체활동 가이드라인으로 옳지 않은 것은?

① 미취학 아동에게 성장과 발달을 위해 일정 시간 이상의 신체활동이 권장된다.
② 미취학 아동의 보호자는 제한적인 활동유형의 소근육 위주 놀이를 장려해야 한다.
③ 어린이와 청소년에게 매일 60분 이상의 중강도 신체활동을 장려해야 한다.
④ 어린이와 청소년들에게 연령에 적합하며, 즐겁고 다양한 신체활동에 참여할 수 있는 기회와 격려의 제공이 권장된다.

18 유치원 체육수업에서 실제학습시간(ALT)을 증가시킬 수 있는 공간 구성 전략으로 옳지 않은 것은?

① 유아의 호기심 및 모험심 등을 표현할 수 있는 환경 조성을 추구한다.
② 유아의 주의 집중을 위해 체육시설이나 기구를 효율적으로 배치한다.
③ 운동이 익숙해지는 시기에는 순환식보다 병렬식 위주로 기구를 배치한다.
④ 수업 중인 신체활동과 관련 없는 놀잇감 배치를 지양한다.

19 <표>는 미국스포츠의학회(ACSM)의 '어린이와 청소년을 위한 FITT(빈도, 강도, 시간, 형태) 권고사항'이다. ㉠~㉢에 들어갈 용어를 바르게 연결한 것은?

구 분	(㉠) 운동	(㉡) 운동	(㉢) 운동
빈도	고강도 운동을 최소 주 3일 이상 포함되도록 함	주 3일 이상	주 3일 이상
강도	중강도에서 고강도	체중 또는 8~15회 반복 가능한 무게	충격이나 기계적 부하와 같이 부하를 주는 신체활동이나 운동 자극

	㉠	㉡	㉢
①	무산소	심폐체력	평형성
②	유산소	저항	평형성
③	유산소	저항	뼈 강화
④	유산소	뼈 강화	저항

20 유소년 체육활동에서 체온조절과 관련된 내용으로 지도자가 고려해야 할 사항으로 옳지 않은 것은?

① 적당한 온도 및 습도가 유지된 환경을 조성해야 한다.
② 체온조절을 위해 가능한 더운 공간에서의 활동을 장려한다.
③ 더운 여름철의 체육 활동에는 적절한 수분 보충을 장려한다.
④ 유소년은 체육활동 시 성인에 비해 열을 빨리 획득하게 된다는 것을 인지한다.

노인체육론

01 기대수명(life expectancy)에 대한 설명으로 옳지 않은 것은?

① 나이가 증가함에 따라 변화한다.
② 기대수명과 평균수명은 동일한 개념이다.
③ 대부분의 나라에서 꾸준히 증가하고 있다.
④ 평균적으로 여성의 기대수명이 남성의 기대수명보다 높다.

02 무릎골관절염 노인의 운동을 지도할 때 고려사항으로 옳지 않은 것은?

① 저항성 운동할 때 통증을 유발하는 운동은 등척성 운동으로 대체할 수 있다.
② 불편함을 느끼기 시작하는 강도보다 낮은 강도로 운동을 시작한다.
③ 수중운동의 경우 물의 온도는 약 29~32°C를 권장한다.
④ 무릎관절에 충격이 큰 체중부하 운동을 권장한다.

03 <보기>에서 설명하는 운동 원리는?

보기

노인스포츠지도사는 일상적인 환경에서의 움직임과 연관된 동작을 포함하는 운동프로그램을 설계하고 실행해야 한다.

① 기능 관련성 원리 ② 난이도 원리
③ 점진성 원리 ④ 과부하 원리

04 <보기>에서 설명하는 것은?

보기

- 노화와 관련한 대표적인 증상 또는 질환이다.
- 근육 위축(muscle atrophy)으로도 알려져 있다.
- 유산소 능력, 골밀도, 인슐린 민감성 및 신진대사율 감소를 유발할 수 있다.

① 근감소증(sarcopenia)
② 근이영양증(muscular dystrophy)
③ 루게릭병(amyotrophic lateral sclerosis)
④ 근육저긴장증(muscle hypotonia)

05 <보기>에서 체중부하운동을 모두 고른 것은?

보기

㉠ 걷기 ㉡ 등산
㉢ 고정식 자전거 ㉣ 스케이트
㉤ 수영

① ㉠, ㉢ ② ㉠, ㉡, ㉣
③ ㉡, ㉢, ㉣ ④ ㉡, ㉢, ㉣, ㉤

06 '국민체력 100'에서 제시한 노인 체력에 대한 측정 방법과 운동 방법의 연결이 옳지 않은 것은?

체력	측정 방법	운동 방법
① 동적 평형성	의자에 앉아 3m 표적 돌아오기	베개 등 다양한 지지면 위에서 균형 걷기
② 유연성	앉아 윗몸 앞으로 굽히기	스트레칭
③ 하지 근기능	30초간 의자에 앉았다가 일어서기	밴드 잡고 앉아서 다리 밀기
④ 심폐지구력	8자 보행	고정식 자전거 타기

07 노인이 규칙적인 유산소운동을 통해 얻을 수 있는 효과로 옳지 않은 것은?

① 최대산소섭취량과 1회 박출량 증가
② 분당 환기량 증가와 안정 시 호흡수 감소
③ 말초혈관의 저항 감소와 혈관 탄력성 증가
④ 복부지방 감소와 안정 시 인슐린 분비의 증가

08 <보기>는 만성질환 노인의 운동 효과이다. ㉠~㉢에 들어갈 용어를 바르게 연결한 것은?

보기
- 비만 노인의 체지방량이 (㉠)하고, 근육량은 유지 및 증가된다.
- 당뇨 노인의 혈당량이 감소하고, 근육의 인슐린 민감성이 (㉡)된다.
- 골다공증 노인의 골밀도 (㉢)가 개선되고, 낙상과 골절이 예방된다.

	㉠	㉡	㉢
①	감소	증가	감소
②	증가	증가	감소
③	감소	증가	증가
④	증가	감소	증가

09 운동프로그램의 원리 중 '특수성의 원리(specificity principle)'에 대한 설명으로 옳은 것은?

① 훈련 자극 및 강도를 지속적으로 증가시켜야 한다.
② 신체의 기능 향상을 위해서는 더 강한 부하를 주어야 한다.
③ 운동의 효과는 운동 중 사용한 특정 근육 및 부위에서 나타난다.
④ 노인의 개인 특성과 운동능력 및 체력 수준을 고려하여 운동 형태를 결정해야 한다.

10 건강한 노인의 걷기운동을 지도할 때 주의사항으로 옳지 않은 것은?

① 팔은 자연스럽게 앞뒤 교대로 흔들면서 걷게 한다.
② 안전한 보행을 위하여 앞꿈치, 발바닥, 뒤꿈치 지지순서로 걷게 한다.
③ 기립 안정성을 위해 배를 내밀지 않은 상태에서 허리를 바로 세우고 걷게 한다.
④ 발바닥 전체로 내딛거나 보폭을 너무 크게 하면 피로가 빨리 오고 발바닥에 통증이 발생하므로 주의시킨다.

11 <보기>에서 설명하는 노화와 관련된 유전인자는?

보기
- 세포의 분열수명을 제어
- 조로증(progeria)의 원인

① 마이오카인(myokine)
② 사이토카인(cytokine)
③ 글루코오스(glucose)
④ 텔로미어(telomere)

12 <보기>에서 설명하는 이론은?

> 보기
>
> 85세의 마이클 조던은 노화로 인한 신체기능 저하로 더 이상 예전의 농구기량을 보여줄 수 없게 되었다. 농구를 계속하고 싶었던 마이클 조던은 다음과 같은 전략을 수립했다.
>
> - 농구를 계속하기로 함
> - 풀코트 대신 하프코트, 40분 정규시간 대신 20분만 뛰기로 함
> - 동일한 연령대의 그룹과 경기하기로 함

① 반두라(A. Bandura)의 자기효능감 이론
② 로우(J. Rowe)와 칸(R. Kahn)의 성공적 노화 이론
③ 펙(R. Peck)의 발달과업 이론
④ 발테스와 발테스(M. Baltes & P. Baltes)의 보상이 수반된 선택적 적정화 이론

13 <보기>의 ㉠, ㉡에 들어갈 내용을 바르게 연결한 것은?

> 보기
>
> - 폐경으로 인한 (㉠) 감소로 골다공증 위험 증가
> - 대사작용의 산물인 (㉡)의 증가가 여러 노화 관련 질환 유발

	㉠	㉡
①	테스토스테론	활성산소
②	테스토스테론	젖산
③	에스트로겐	활성산소
④	에스트로겐	젖산

14 <보기>에서 설명하는 행동 변화 이론 또는 모형은?

> 보기
>
> - 자신의 신념(belief)과 행동(behavior)을 연결하는 이론
> - 구성 요인은 태도, 주관적 규범, 지각된 행동 통제, 의도, 행동통제인식

① 학습이론(learning theory)
② 건강신념모형(health belief model)
③ 계획행동이론(theory of planned behavior)
④ 행동변화단계모형(behavior change model)

15 <보기>에서 노인과의 원활한 의사소통 방법으로 옳은 것을 모두 고른 것은?

> 보기
>
> ㉠ 참여자의 정면에 선다.
> ㉡ 시선을 한곳에 고정한다.
> ㉢ 적절한 눈맞춤을 한다.
> ㉣ 참여자를 향해 몸을 약간 기울인다.
> ㉤ 손은 계속 움직이며 손가락으로 지적한다.

① ㉠, ㉡　② ㉡, ㉤
③ ㉠, ㉢, ㉣　④ ㉠, ㉢, ㉣, ㉤

16 대사당량(METs)에 대한 설명으로 옳지 않은 것은?

① 안정시 MET값은 연령에 따라 다르다.
② 중강도의 신체활동 기준은 3.0~6.0METs이다.
③ 노인의 유산소 운동시 안전한 운동강도 설정 지표로 활용된다.
④ 1MET는 휴식상태에서 체중 1kg당 1분 동안 사용하는 산소량이다.

17 <표>는 노인이 운동할 때 응급상황에 대한 응급처치 방법과 목적을 제시한 것이다. ㉠~㉢에 들어갈 용어를 바르게 연결한 것은?

방법	목적
• (㉠)	• 추가적 손상 방지
• Rest(휴식)	• 심리적 안정
• Ice(냉찜질)	• (㉡)
• Compression(압박)	• 부종 감소
• Elevation(거상)	• 부종 감소
• Stabilization(고정)	• (㉢)

	㉠	㉡	㉢
①	Posture(자세)	근 경련 감소	마비 예방
②	Posture(자세)	통증, 부종, 염증 감소	마비 예방
③	Protection(보호)	통증, 부종, 염증 감소	근 경련 감소
④	Protection(보호)	마비 예방	근 경련 감소

18 노화로 인한 낙상의 원인으로 옳은 것은?

① 보행속도의 증가
② 자세 동요의 감소
③ 발목의 발등굽힘 증가
④ 보폭이 좁은 오리걸음 패턴

19 노화로 인한 체력 저하에 대한 설명으로 옳지 않은 것은?

① 근력은 20대에 최대치를 이루고 그 후 점차적으로 저하된다.
② 순발력은 10대에 최대치를 이루고 근력에 비해 빠르게 저하된다.
③ 평형성은 20대에 최대치를 이루고 그 후 급속히 저하된다.
④ 지구력은 근력, 순발력에 비해 느리게 저하된다.

20 생물학적 노화의 특징으로 옳지 않은 것은?

① 노화로 인한 변화는 점진적이다.
② 모든 사람에게 보편적으로 나타난다.
③ 발달과 쇠퇴를 모두 포함하는 변화이다.
④ 환경적 요인을 배제한 내재적 요인에 의해 발생한다.

스포츠교육학

01 슐만(L. Shulman)의 '교사 지식 유형' 중 가르칠 교과목 내용에 관한 지식에 해당하는 것은?

① 내용 지식(content knowledge)
② 내용교수법 지식 (pedagogical content knowledge)
③ 교육환경 지식 (knowledge of educational contexts)
④ 학습자와 학습자 특성 지식(knowledge of learners and their characteristics)

02 동료 평가(peer assessment)에 관한 설명으로 적절하지 <u>않은</u> 것은?

① 학생들의 비평 능력이 향상될 수 있다.
② 교사는 학생에게 평가의 정확한 방법을 숙지시킨다.
③ 학생은 교사에게 받은 점검표를 통해 서로 평가한다.
④ 교사와 학생 간 대화를 통해 심층적인 정보를 수집한다.

03 <보기>에서 설명하는 박 코치의 '스포츠 지도 활동'에 해당하는 용어는?

> 보기
>
> 박 코치는 관리시간을 줄이기 위해서 다음과 같이 지도 활동을 반복한다. 출석 점검은 수업 전에 회원들이 스스로 출석부에 표시하게 한다. 이후 건강에 이상이 있는 회원들을 파악한다. 수업 중에는 대기시간을 최소화하기 위해 모둠별로 학습 활동 구역을 미리 지정한다. 수업 후에는 일지를 회수한다.

① 성찰적 활동　② 적극적 활동
③ 상규적 활동　④ 잠재적 활동

04 글로버(D. Glover)와 앤더슨(L. Anderson)이 인성을 강조한 수업 모형 중 <보기>의 ㉠, ㉡에 해당하는 것을 바르게 제시한 것은?

> 보기
>
> ㉠ '서로를 위해 서로 함께 배우기'를 통해 팀원 간 긍정적 상호의존, 개인의 책임감 수준 증가, 인간관계 기술 및 팀 반성 등을 강조한 수업
> ㉡ '통합, 전이, 권한 위임, 교사와 학생의 관계'를 통해 타인의 권리와 감정 존중, 자기 목표 설정 가능, 훌륭한 역할 본보기 되기 등을 강조한 수업

	㉠	㉡
①	스포츠교육 모형	협동학습 모형
②	협동학습 모형	개인적 · 사회적 책임감 지도 모형
③	협동학습 모형	스포츠교육 모형
④	개인적 · 사회적 책임감 지도 모형	협동학습 모형

05 <보기>의 ㉠~㉢에 들어갈 교사 행동에 관한 용어가 바르게 제시된 것은?

> 보기
>
> • (㉠)은 안전한 학습 환경, 피드백 제공
> • (㉡)은 학습 지도 중에 소방 연습과 전달 방송 실시
> • (㉢)은 학생의 부상, 용변과 물 마시는 활동의 관리

	㉠	㉡	㉢
①	직접기여 행동	간접기여 행동	비기여 행동
②	직접기여 행동	비기여 행동	간접기여 행동
③	비기여 행동	직접기여 행동	간접기여 행동
④	간접기여 행동	비기여 행동	직접기여 행동

06 〈보기〉의 ㉠~㉢에 들어갈 기본 움직임 기술을 바르게 제시한 것은?

보기

기본움직임	예시
㉠	걷기, 달리기, 뛰기, 피하기 등
㉡	서기, 앉기, 구부리기, 비틀기 등
㉢	치지, 잡기, 배팅하기 등

	㉠	㉡	㉢
①	이동 움직임	비이동 움직임	표현 움직임
②	전략적 움직임	이동 움직임	표현 움직임
③	전략적 움직임	이동 움직임	조작 움직임
④	이동 움직임	비이동 움직임	조작 움직임

07 학교체육진흥법(시행 2024.3.24.) 제10조 '학교스포츠클럽 운영'의 내용에 해당하지 않는 것은?

① 학교스포츠클럽을 운영하는 경우 전담교사를 지정해야 한다.
② 전담교사에게 학교 예산의 범위에서 소정의 지도수당을 지급한다.
③ 활동 내용은 학교생활기록부에 기록하지만, 상급학교 진학자료로 활용할 수 없다.
④ 학교의 장은 학교스포츠클럽을 운영하여 학생들의 체육활동 참여 기회를 확대해야 한다.

08 다음 중 모스턴(M. Moston) '상호학습형 교수 스타일'에 관한 설명으로 적절하지 않은 것은?

① 학습자는 교과내용을 선정한다.
② 학습자는 수행자나 관찰자의 역할을 수행한다.
③ 관찰자는 지도자가 제시한 수행 기준에 따라 피드백을 제공한다.
④ 지도자는 관찰자의 질문에 답하고, 관찰자에게 피드백을 제공한다.

09 〈보기〉에서 '학교체육 전문인 자질'로 ㉠~㉢에 들어갈 용어를 바르게 제시한 것은?

보기

(㉠)	(㉡)	(㉢)
학습자 이해 교과지식	교육과정 운영 및 개발 수업 계획 및 운영 학습 모니터 및 평가 협력관계 구축	교직 인성 사명감 전문성 개발

	㉠	㉡	㉢
①	교수	기능	태도
②	지식	수행	태도
③	지식	기능	학습
④	교수	수행	학습

10 〈보기〉에서 설명하는 모스턴(M. Moston)의 교수 스타일의 '인지(사고) 과정' 단계는?

보기

- 학습자가 해답을 찾고자 하는 욕구가 있는 단계이다.
- 학습자에 대한 자극(질문)이 흥미, 욕구, 지식 수준과 적합할 때 이 단계가 발생한다.
- 학습자에게 알고자 하는 욕구를 실행에 옮기도록 동기화 시키는 단계이다.

① 자극(stimulus)
② 반응(response)
③ 사색(mediation)
④ 인지적 불일치(dissonance)

11 〈보기〉에서 국민체육진흥법(시행 2024.3.15.) 제11조의 '스포츠윤리 교육 과정'에 관한 내용으로 옳은 것만을 모두 고른 것은?

보기

ㄱ. 도핑 방지 교육
ㄴ. 성폭력 등 폭력 예방 교육
ㄷ. 교육부장관령으로 정하는 교육
ㄹ. 스포츠 비리 및 체육계 인권침해 방지를 위한 예방 교육

① ㄱ, ㄴ　② ㄴ, ㄷ, ㄹ
③ ㄱ, ㄴ, ㄹ　④ ㄱ, ㄴ, ㄷ, ㄹ

12 〈보기〉의 '수업 주도성 프로파일'에 해당하는 체육수업 모형은?

보기

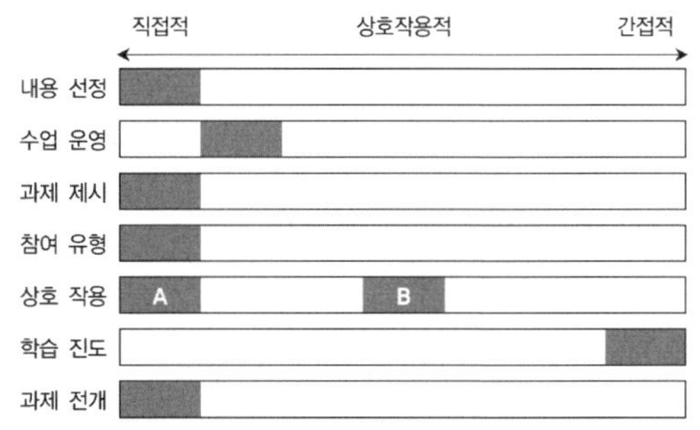

① 동료교수 모형　② 직접교수 모형
③ 개별화지도 모형　④ 협동학습 모형

13 <보기>에서 설명하는 시덴탑(D. Siedentop)의 교수(teaching) 기능 연습법에 해당하는 용어는?

보기

김 교사는 교수 기능의 향상을 위해 다음과 같은 절차로 연습을 했다.
- 학생 6~8명의 소집단을 대상으로 학습 목표와 평가 방법을 설명한 후, 수업을 진행한다.
- 수업에 참여한 학생들의 질문지 자료를 토대로 김 교사와 학생, 다른 관찰자들이 모여 김 교사의 교수법에 대해 '토의'를 한다.
- 객관적인 자료를 근거로 교수 기능 효과를 살핀다.

① 동료 교수　② 축소 수업
③ 실제 교수　④ 반성적 교수

14 스포츠강사의 자격조건에 관한 설명으로 옳은 것은?

① 『초 · 중등교육법』 제2조제2호에 따른 초등학교에 스포츠강사를 배치할 수 없다.
② 『국민체육진흥법』 제2조제6호에 따른 체육지도자 중에서 스포츠 강사를 임용할 수 있다.
③ 『학교체육진흥법』 제2조제6항 학교에 소속되어 학교운동부를 지도 · 감독하는 사람을 말한다.
④ 『학교체육진흥법』 제4조 재임용 여부는 강사로서의 자질, 복무 태도, 학생의 만족도, 경기 결과에 따라 결정하여야 한다.

15 메츨러(M. Metzler)가 제시한 '체육학습 활동' 중 정식 게임을 단순화하고 몇 가지 기능에 초점을 두며 진행하는 것은?

① 역할 수행 (role-playing)
② 스크리미지(scrimmage)
③ 리드-업 게임(lead-up game)
④ 학습 센터(learning centers)

16 〈보기〉는 시덴탑(D. Siedentop)이 제시한 '스포츠 교육 모형'의 특징을 설명한 것이다. ㉠~㉢에 들어갈 용어가 바르게 제시된 것은?

보기

- 이 모형의 주제 중에 (㉠)은 스포츠를 참여하는 태도와 관련된 정의적 영역이다.
- 시즌 중 심판으로서 역할을 할 때 학습영역 중 우선하는 것은 (㉡) 영역이다.
- 학습자 수준에 적합하게 경기 방식을 (㉢)해서 참여를 유도한다.

	㉠	㉡	㉢
①	박식	정의적	고정
②	열정	인지적	변형
③	열정	정의적	변형
④	박식	인지적	고정

17 〈보기〉에서 설명하는 체육수업 연구 방법으로 적절한 것은?

보기

- 연구의 특징은 집단적(협동적), 역동적, 연속적으로 이루어짐
- 연구의 절차는 문제 파악 - 개선계획 - 실행 - 관찰 - 반성 등으로 순환하는 과정임
- 연구의 주체는 지도자가 동료나 연구자의 도움을 받아 자신의 수업을 탐구함

① 문헌(literature) 연구
② 실험(experiment) 연구
③ 현장 개선(action) 연구
④ 근거 이론(grounded theory) 연구

18 학습자 비과제 행동을 예방하고 과제 지향적인 수업을 유지하기 위한 교수 기능 중 쿠닌(J. Kounin)이 제시한 '동시처리(overlapping)에 해당하는 것은?

① 수업의 흐름을 유지하면서 수업 이탈 행동 학생을 제지하는 것이다.
② 학생들의 행동을 항상 인지하고 있다는 것을 알리는 것이다.
③ 학생의 학습 활동을 중단시키고 잠시 퇴장시키는 것이다.
④ 모든 학생에게 과제에 몰입하도록 경각심을 주는 것이다.

19 〈그림〉은 '국민체력100'의 운영 체계이다. 체력인증센터가 이용자에게 제공하는 서비스가 <u>아닌</u> 것은?

보기

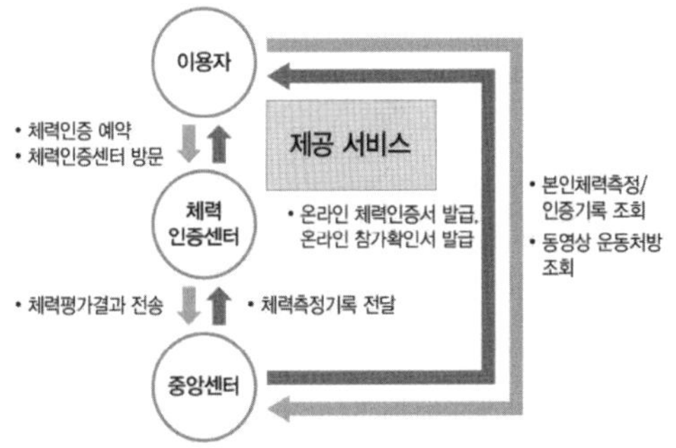

① 체력측정 서비스
② 맞춤형 운동처방
③ 국민 체력 인증서 발급
④ 스포츠클럽 등록 및 운영지원

20 〈보기〉에서 해당하는 평가기법으로 적절한 것은?

보기

- 운동 수행을 평가하는 데 자주 사용하는 평가 방법이다.
- 운동 수행의 질적인 면을 파악하여 수준이나 숫자를 부여하는 평가 방법이다.

① 평정척도 ② 사건기록법
③ 학생저널 ④ 체크리스트

스포츠사회학

01 〈보기〉에서 홀리한(B. Houlihan)이 제시한 '정부(정치)의 스포츠 개입 목적'에 관한 사례인 것을 모두 고른 것은?

보기

ㄱ. 시민들의 건강 및 체력유지를 위해 체육단체에 재원을 지원한다.
ㄴ. 체육을 포함한 교육 현장의 양성 평등을 위해 Title IX을 제정했다.
ㄷ. 공공질서를 보호하기 위해 공원에서 스케이트보드 금지, 헬멧 착용 등의 도시 조례가 제정되었다.

① ㄱ ② ㄱ, ㄷ
③ ㄴ, ㄷ ④ ㄱ, ㄴ, ㄷ

02 스포츠클럽법(시행 2022.6.16.)의 내용으로 옳지 않은 것은?

① 지정스포츠클럽은 전문선수 육성 프로그램을 운영할 수 없다.
② 스포츠클럽의 지원과 진흥에 필요한 사항을 규정하고 있다.
③ 국민체육진흥과 스포츠 복지 향상 및 지역사회 체육발전에 기여함을 목적으로 한다.
④ 국가 및 지방자치 단체는 스포츠클럽의 지원 및 진흥에 필요한 시책을 수립 · 시행하여야 한다.

03 〈보기〉에서 스티븐슨(C. Stevenson)과 닉슨(J. Nixon)이 구조기능주의 관점으로 설명한 스포츠의 사회적 기능 중 옳은 것만을 모두 고른 것은?

보기

ㄱ. 사회 · 정서적 기능 ㄴ. 사회갈등 유발 기능
ㄷ. 사회 통합 기능 ㄹ. 사회계층 이동 기능

① ㄱ, ㄴ ② ㄱ, ㄷ
③ ㄴ, ㄹ ④ ㄱ, ㄷ, ㄹ

04 〈보기〉의 ㉠~㉢에 해당하는 스포츠 육성 정책 모형이 바르게 제시된 것은?

보기

㉠ 학생들의 스포츠 참여 저변이 확대되면, 이를 기반으로 기량이 좋은 학생선수가 배출된다.
㉡ 우수한 학생선수들을 육성하면 그들의 영향으로 학생들의 스포츠 참여가 확대된다.
㉢ 스포츠 선수들의 우수한 성과는 청소년의 스포츠 참여를 촉진하고, 이를 통해 형성된 스포츠 참여 저변 위에서 우수한 스포츠 선수들이 성장한다.

	㉠	㉡	㉢
①	선순환 모형	낙수효과 모형	피라미드 모형
②	피라미드 모형	선순환 모형	낙수효과 모형
③	피라미드 모형	낙수효과 모형	선순환 모형
④	낙수효과 모형	피라미드 모형	선순환 모형

05 〈보기〉에서 스포츠 세계화의 동인으로 옳은 것만을 모두 고른 것은?

보기

ㄱ. 민족주의 ㄴ. 제국주의 확대
ㄷ. 종교 전파 ㄹ. 과학기술의 발전
ㅁ. 인종차별의 심화

① ㄱ, ㄴ, ㄷ ② ㄴ, ㄷ, ㅁ
③ ㄱ, ㄴ, ㄷ, ㄹ ④ ㄱ, ㄴ, ㄹ, ㅁ

06 투민(M. Turning)이 제시한 사회계층의 특성을 스포츠에 적용한 설명으로 옳은 것은?

① 보편성: 대부분의 스포츠 현상에는 계층 불평등이 나타난다.
② 역사성: 현대 스포츠에서 계층은 종목 내, 종목 간에서 나타난다.
③ 영향성: 스포츠에서 계층 불평등은 역사발전 과정을 거치며 변천해 왔다.
④ 다양성: 스포츠 참여에서 나타나는 사회적 불평등은 일상 생활에도 유사하게 나타난다.

07 스포츠에서 나타나는 사회계층 이동에 대한 설명으로 옳지 않은 것은?

① 스포츠는 계층 이동을 위한 수단으로 활용된다.
② 사회계층의 이동은 사회적 상황과 개인적 상황을 반영한다.
③ 사회 지위나 보상 체계에 차이가 뚜렷하게 발생하는 계층 이동은 '수직 이동'이다.
④ 사회계층의 이동 유형은 이동 방향에 따라 '세대 내 이동', '세대 간 이동'으로 구분한다.

08 〈보기〉에서 설명하는 스포츠 일탈과 관련된 이론은?

보기

- 스포츠 일탈을 상호작용론 관점으로 설명한다.
- 일탈 규범을 내면화하는 사회화 과정이 존재한다.
- 다른 사람과 상호작용을 통해 스포츠 일탈 행동을 학습한다.

① 문화규범 이론 ② 차별교제 이론
③ 개인차 이론 ④ 아노미 이론

09 스미스(M. Smith)가 제시한 경기장 내 신체 폭력 유형 중 〈보기〉의 설명에 해당하는 것은?

보기

- 경기의 규칙을 위반하는 행위지만, 대부분의 선수나 지도자들이 용인하는 폭력 행위 유형이다.
- 이 폭력 유형은 경기 전략의 하나로 활용되며, 상대방의 보복 행위를 유발할 수 있다.

① 경계 폭력 ② 범죄 폭력
③ 유사 범죄 폭력 ④ 격렬한 신체 접촉

10 코클리(J. Coakley)가 제시한 상업주의와 관련된 스포츠 규칙 변화에 따른 결과로 옳지 않은 것은?

① 극적인 요소가 늘어났다.
② 득점이 감소하게 되었다.
③ 상업 광고 시간이 늘어났다.
④ 경기의 진행 속도가 빨라졌다.

11 파슨즈(T. Parsons)의 AGIL이론에 관한 설명으로 옳지 않은 것은?

① 상징적 상호작용론 관점의 이론이다.
② 스포츠는 체제 유지 및 긴장 처리 기능을 한다.
③ 스포츠는 사회구성원을 통합시키는 기능을 한다.
④ 스포츠는 사회구성원이 사회체제에 적응하게 하는 기능을 한다.

12 에티즌(D. Eitzen)과 세이지(G. Sage)가 제시한 스포츠의 정치적 속성 중 〈보기〉의 설명에 해당하는 것은?

보기

- 국가대표 선수는 스포츠를 통해 국위를 선양하고 국가는 선수에게 혜택을 준다.
- 국가대표 선수가 올림픽에 출전하여 메달을 획득하면 군복무 면제의 혜택을 준다.

① 보수성 ② 대표성
③ 상호의존성 ④ 권력투쟁

13 〈보기〉의 ㉠~㉣에 들어갈 스트랭크(A. Strenk)의 '국제정치 관계에서 스포츠 기능'을 바르게 제시한 것은?

보기

- (㉠): 1936년 베를린 올림픽
- (㉡): 1971년 미국 탁구팀의 중화인민공화국 방문
- (㉢): 1972년 뮌헨올림픽에서의 검은구월단 사건
- (㉣): 남아프리카공화국의 아파르트헤이트에 대한 국제사회의 대응

	㉠	㉡	㉢	㉣
①	외교적 도구	외교적 항의	정치이념 선전	갈등 및 적대감의 표출
②	정치이념 선전	외교적 도구	갈등 및 적대감의 표출	외교적 항의
③	갈등 및 적대감의 표출	정치이념 선전	외교적 항의	외교적 도구
④	외교적 항의	갈등 및 적대감의 표출	외교적 도구	정치이념 선전

14 베일(J.Bale)이 제시한 스포츠 세계화의 특징에 관한 설명으로 옳지 않은 것은?

① IOC, FIFA 등 국제스포츠 기구가 성장하였다.
② 다국적 기업의 국제적 스폰서십 및 마케팅이 증가하였다.
③ 글로벌 미디어 기업의 스포츠에 관한 개입이 증가하였다.
④ 외국인 선수 증가로 팀, 스폰서보다 국가의 정체성이 강화되었다.

15 스포츠의 교육적 역기능에 해당하는 것은?

① 정서 순화
② 사회 선도
③ 사회화 촉진
④ 승리지상주의

16 스포츠미디어가 생산하는 성차별 이데올로기에 관한 설명으로 옳지 않은 것은?

① 경기의 내용보다는 성(性)적인 측면을 강조한다.
② 여성 선수를 불안하고 취약한 존재로 묘사한다.
③ 여성들이 참여하는 경기를 '여성 경기'로 부른다.
④ 여성성보다 그들의 성과에 더 많은 관심을 보인다.

17 〈보기〉의 사례에 관한 스포츠 일탈 유형과 휴즈(R. Hughes)와 코클리(J. Coakley)가 제시한 윤리 규범이 바르게 연결된 것은?

보기

- 2002년 한일월드컵 당시 황선홍 선수, 김태영 선수의 부상 투혼
- 2022년 카타르 월드컵에서 손흥민 선수의 마스크 투혼

	스포츠 일탈 유형	스포츠 윤리 규범
①	과소동조	한계를 이겨내고 끊임없이 도전해야 한다.
②	과소동조	경기에 헌신해야 한다.
③	과잉동조	위험을 감수하고 고통을 인내해야 한다.
④	과잉동조	탁월성을 추구해야 한다.

18 레오나르드(W. Leonard)의 사회학습이론에서 〈보기〉의 설명과 관련된 사회화 기제는?

보기

- 새로운 운동기능과 반응이 학습된다.
- 학습자에게 동기를 부여할 수 있게 된다.
- 지도자가 적합하다고 생각하는 새로운 지식을 알게 된다.

① 강화
② 코칭
③ 보상
④ 관찰학습

19 스포츠로부터의 탈사회화에 관한 설명으로 옳은 것은?

① 부상, 방출 등의 자발적 은퇴로 탈사회화를 경험한다.
② 스포츠 참여를 통한 행동의 변화를 스포츠로부터의 탈사회화라고 한다.
③ 개인의 심리상태, 태도에 의해 참여가 제한되는 것을 내재적 제약이라고 한다.
④ 재정, 시간, 환경적 상황에 의해 참여가 제한되는 것을 대인적 제약이라고 한다.

20 과학기술의 발전에 따른 스포츠의 변화에 관한 설명으로 옳지 않은 것은?

① IoT, 웨어러블 디바이스 발전으로 경기력 측정의 혁신을 가져왔다.
② 프로야구 경기에서 VAR 시스템 적용은 인간심판의 역할을 강화시켰다.
③ 4차 산업혁명에 따른 초지능, 초연결은 스포츠 빅데이터의 활용을 확대시켰다.
④ VR, XR 디바이스의 발전으로 가상현실 공간을 활용한 트레이닝이 가능해졌다.

스포츠 심리학

01 <보기>가 설명하는 성격 이론은?

보기

자기가 좋아하는 국가대표선수가 무더위에서 진행된 올림픽 마라톤 경기에서 불굴의 정신력으로 완주하는 모습을 보고, 자기도 포기하지 않는 정신력으로 10km 마라톤을 완주하였다.

① 특성이론　② 사회학습이론
③ 욕구위계이론　④ 정신역동이론

02 개방운동기술(open motor skills)에 해당하지 않는 것은?

① 농구 경기에서 자유투하기
② 야구 경기에서 투수가 던진 공을 타격하기
③ 자동차 경주에서 드라이버가 경쟁하면서 운전하기
④ 미식축구 경기에서 쿼터백이 같은 팀 선수에게 패스하기

03 <보기>의 ㉠~㉢에 들어갈 개념을 바르게 나열한 것은?

보기

- (㉠): 노력의 방향과 강도로 설명된다.
- (㉡): 스포츠 자체가 좋아서 참여한다.
- (㉢): 보상을 받거나 처벌을 피하고자 스포츠에 참여한다.

	㉠	㉡	㉢
①	동기	외적 동기	내적 동기
②	동기	내적 동기	외적 동기
③	귀인	내적 동기	외적 동기
④	귀인	외적 동기	내적 동기

04 <보기>의 ㉠, ㉡에 들어갈 정보처리 단계를 바르게 나열한 것은?

보기

- (㉠): 테니스 선수가 상대 코트에서 넘어오는 공의 궤적, 방향, 속도에 관한 환경정보를 탐지한다.
- (㉡): 환경정보를 토대로 어떤 종류의 기술로 어떻게 받아쳐야 할지 결정한다.

	㉠	㉡
①	반응 선택	자극 확인
②	자극 확인	반응 선택
③	반응/운동 프로그래밍	반응 선택
④	반응/운동 프로그래밍	자극 확인

05 <보기>에서 설명하는 심리기술훈련 기법은?

보기

- 멀리뛰기의 도움닫기에서 파울을 할 것 같은 부정적인 생각이 든다.
- 부정적인 생각은 그만하고 연습한 대로 구름판을 강하게 밟자고 생각한다.
- 스스로 통제할 수 있는 것에 집중하자고 다짐한다.

① 명상　② 자생 훈련
③ 인지 재구성　④ 인지적 왜곡

06 운동발달의 단계가 순서대로 바르게 제시된 것은?

① 반사단계 → 기초단계 → 기본움직임단계 → 성장과 세련단계 → 스포츠기술단계 → 최고수행단계 → 퇴보단계
② 기초단계 → 기본움직임단계 → 반사단계 → 스포츠기술단계 → 성장과 세련단계 → 최고수행단계 → 퇴보단계
③ 반사단계 → 기초단계 → 기본움직임단계 → 스포츠기술단계 → 성장과 세련단계 → 최고수행단계 → 퇴보단계
④ 기초단계 → 기본움직임단계 → 반사단계 → 성장과 세련단계 → 스포츠기술단계 → 최고수행단계 → 퇴보단계

07 반두라(A. Bandura)가 제시한 4가지 정보원에서 자기효능감에 가장 큰 영향력을 미치는 것은?

① 대리경험　　② 성취경험
③ 언어적 설득　　④ 정서적/신체적 상태

08 〈보기〉에서 연습방법에 관한 설명으로 옳은 것만을 모두 고른 것은?

보기

ㄱ. 집중연습은 연습구간 사이의 휴식시간이 연습시간보다 짧게 이루어진 연습방법이다.
ㄴ. 무선연습은 선택된 연습과제들을 순서에 상관없이 무작위로 연습하는 방법이다.
ㄷ. 분산연습은 특정 운동기술과제를 여러 개의 하위단위로 나누어 연습하는 방법이다.
ㄹ. 전습법은 한 가지 운동기술과제를 구분 동작 없이 전체적으로 연습하는 방법이다.

① ㄱ, ㄴ　　② ㄷ, ㄹ
③ ㄱ, ㄴ, ㄹ　　④ ㄱ, ㄷ, ㄹ

09 미국 응용스포츠심리학회(AAASP)의 스포츠심리상담 윤리 규정이 아닌 것은?

① 스포츠에 참여하는 모든 사람과 전문적인 상담을 진행한다.
② 직무수행상 자신의 한계를 인식하고 한계를 넘는 주장과 행동은 하지 않는다.
③ 회원 스스로 윤리적인 행동을 실천하고 남에게 윤리적 행동을 하도록 적극적으로 권장한다.
④ 다른 전문가에 의한 서비스 수행 촉진, 책무성 확보, 기관이나 법적 의무 완수 등의 목적을 위해 상담이나 연구 결과를 기록으로 남긴다.

10 〈보기〉가 설명하는 기억의 유형은?

보기

- 학창 시절 자전거를 타고 학교에 등하교 했던 A는 오랜 기간 자전거를 타지 않았음에도 불구하고 여전히 자전거를 탈 수 있다.
- 어린 시절 축구선수로 활동했던 B는 축구의 슛 기술을 어떻게 수행하는지 시범 보일 수 있다.

① 감각 기억(sensory memory)
② 일화적 기억(episodic memory)
③ 의미적 기억(semantic memory)
④ 절차적 기억(procedural memory)

11 〈보기〉는 피들러(F. Fiedler)의 상황부합 리더십 모형이다.〈보기〉의 ㉠, ㉡에 들어갈 내용을 바르게 나열한 것은?

보기

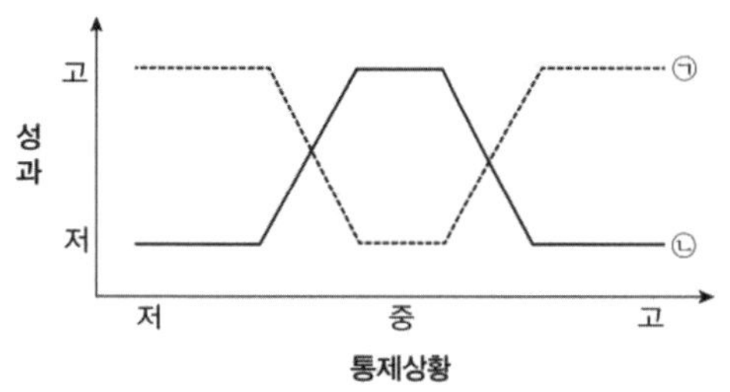

	㉠	㉡
①	관계지향리더	과제지향리더
②	과제지향리더	관계지향리더
③	관계지향리더	민주주의리더
④	과제지향리더	권위주의리더

12 운동학습에 의한 인지역량의 변화에 관한 설명으로 옳지 <u>않은</u> 것은?

① 정보를 처리하는 속도가 빨라진다.
② 주의집중 역량을 활용하는 주의 체계의 역량이 좋아진다.
③ 운동과제 수행의 수준과 환경의 요구에 대한 근골격계의 기능이 효율적으로 좋아진다.
④ 새로운 정보와 기존의 정보를 연결하여 정보를 쉽게 보유할 수 있는 기억체계 역량이 좋아진다.

13 〈보기〉는 아이젠(I. Ajzen)의 계획행동이론이다. 〈보기〉의 ㉠~㉣에 들어갈 개념을 바르게 나열한 것은?

보기

(㉠)는 행동을 수행하는 것에 대한 개인의 정서적이고 평가적인 요소를 반영한다. (㉡)은/는 어떤 행동을 할 것인지 또는 안 할 것인지에 대해 개인이 느끼는 사회적 압력을 말한다. 어떠한 행동은 개인의 (㉢)에 따라 그 행동 여부가 결정된다. (㉣)은/는 어떤 행동을 하기가 쉽거나 어려운 정도에 대한 인식 정도를 의미한다.

	㉠	㉡	㉢	㉣
①	태도	의도	주관적 규범	행동통제인식
②	의도	주관적 규범	행동통제인식	태도
③	태도	주관적 규범	의도	행동통제인식
④	의도	태도	행동통제인식	주관적 규범

14 〈보기〉에서 정보처리이론에 관한 설명으로 옳은 것만을 모두 고른 것은?

보기

ㄱ. 정보처리이론은 인간을 능동적인 정보처리자로 설명한다.
ㄴ. 도식이론은 기억흔적과 지각흔적의 작용으로 움직임을 생성하고 제어한다고 설명한다.
ㄷ. 개방회로이론은 대뇌피질에 저장된 운동프로그램을 통해 움직임을 생성하고 제어한다고 설명한다.
ㄹ. 폐쇄회로이론은 정확한 동작에 관한 기억을 수행중인 움직임과 비교한 피드백 정보를 활용하여 움직임을 생성하고 제어한다고 설명한다.

① ㄱ, ㄴ　② ㄷ, ㄹ
③ ㄱ, ㄴ, ㄹ　④ ㄱ, ㄷ, ㄹ

15 〈보기〉의 ㉠~㉢에 들어갈 개념을 바르게 나열한 것은?

보기

- (㉠): 타인의 존재가 과제수행에 미치는 영향을 말한다.
- (㉡): 타인의 존재만으로도 각성과 욕구가 생긴다.
- (㉢): 타인의 존재가 운동과제에 대한 집중을 방해하기도 하지만, 수행자의 욕구 수준을 증가시키기도 한다.

	㉠	㉡	㉢
①	사회적 촉진	단순존재가설	주의 분산/갈등 가설
②	사회적 촉진	단순존재가설	평가우려가설
③	단순존재가설	관중효과	주의 분산/갈등 가설
④	단순존재가설	관중효과	평가우려가설

16 힉스(W. Hick)의 법칙에 관한 설명으로 옳은 것은?

① 자극-반응 대안의 수가 증가할수록 반응시간은 길어진다.
② 근수축을 통해 생성한 힘의 양에 따라 움직임의 정확성이 달라진다.
③ 두 개의 목표물 간의 거리와 목표물의 크기에 따라 움직임 시간이 달라진다.
④ 움직임의 속력이 증가하면 정확도가 떨어지는 속력-정확성 상쇄(speed-accuracy trade-off) 현상이 나타난다.

17 〈보기〉의 ㉠에 들어갈 용어는?

보기

- 복싱선수가 상대의 펀치를 맞고 실점하는 장면이 계속해서 떠오른다.
- 이 선수는 (㉠)을/를 높이는 훈련이 필요하다.

① 내적 심상 ② 외적 심상
③ 심상 조절력 ④ 심상 선명도

18 〈보기〉의 ㉠, ㉡에 들어갈 운동 수행에 관한 개념이 바르게 제시된 것은?

보기

- 운동 기술 과제가 너무 쉬울 때 (㉠)가 나타난다.
- 운동 기술 과제가 너무 어려울 때 (㉡)가 나타난다.

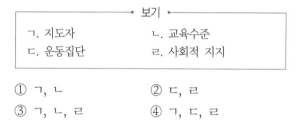

	㉠	㉡
①	학습 고원 (learning plateau)	슬럼프 (slump)
②	천장 효과 (ceiling effect)	바닥 효과 (floor effect)
③	웜업 감소 (warm-up decrement)	수행 감소 (performance decrement)
④	맥락 간섭 효과 (contextual-interference effect	부적 전이 (negative transfer)

19 〈보기〉에서 운동 실천을 위한 환경적 영향요인을 모두 고른 것은?

보기

ㄱ. 지도자 ㄴ. 교육수준
ㄷ. 운동집단 ㄹ. 사회적 지지

① ㄱ, ㄴ ② ㄷ, ㄹ
③ ㄱ, ㄴ, ㄹ ④ ㄱ, ㄷ, ㄹ

20 <보기>가 설명하는 개념은?

보기

농구 경기에서 수비수가 공격수의 첫 번째 페이크 슛 동작에 반응하면서, 바로 이어지는 두 번째 실제 슛 동작에 제대로 반응하지 못하는 현상이 발생한다.

① 스트룹 효과(Stroop effect)
② 무주의 맹시(inattention blindness)
③ 지각 협소화(perceptual narrowing)
④ 심리적 불응기(psychological-refractory period)

스포츠윤리

01 〈보기〉에서 설명하는 법령은?

보기

이 법은 국민 모두가 스포츠 및 신체활동에 자유롭고 평등하게 참여하여 건강하고 행복한 삶을 영위할 수 있도록 스포츠의 가치가 교육, 문화, 환경, 인권, 복지, 정치, 경제, 여가 등 우리 사회 영역 전반에 확산될 수 있게 국가와 지방자치단체가 그 역할을 다하며, 개인이 스포츠 활동에서 차별받지 아니하고, 스포츠의 다양성, 자율성과 민주성의 원리가 조화롭게 실현되도록 하는 것을 기본이념으로 한다.

① 스포츠클럽법
② 스포츠기본법
③ 국민체육진흥법
④ 학교체육진흥법

02 〈보기〉에서 스포츠에서 발생하는 폭력의 유형과 특징으로 옳은 것만을 모두 고른 것은?

보기

ㄱ. 직접적 폭력은 가시적, 파괴적이다.
ㄴ. 직접적 폭력은 상해를 입히려는 의도가 있는 행위이다.
ㄷ. 구조적 폭력은 비가시적이며 장기간 이루어진다.
ㄹ. 구조적 폭력은 의도가 노골적이지 않지만 관습처럼 반복된다.
ㅁ. 문화적 폭력은 언어, 행동양식 등의 상징적 행위를 통해 가해진다.
ㅂ. 문화적 폭력은 위해를 '옳은 것'이라 정당화하여 '문제가 되지 않게' 만들기도 한다.

① ㄱ, ㄷ, ㅁ
② ㄱ, ㄴ, ㄹ, ㅂ
③ ㄱ, ㄴ, ㄷ, ㄹ, ㅁ
④ ㄱ, ㄴ, ㄷ, ㄹ, ㅁ, ㅂ

03 스포츠에서 여성에 대한 차별이 발생하거나 심화되는 원인으로 볼 수 없는 것은?

① 생물학적 환원주의
② 남녀의 운동 능력 차이
③ 남성 문화에 기반한 근대스포츠
④ 여성 참정권

04 〈보기〉에서 (가)의 문제를 해결하기 위해 생명중심주의 입장에서 (나)를 제시한 학자는?

보기

(가)

스포츠에서 환경문제가 발생하는 근본 원인은 스포츠의 사회 문화적 가치와 환경 혹은 자연의 보전 가치 사이의 충돌이다.

(나)

- 불침해의 의무: 다른 생명체에 해를 끼쳐서는 안 된다.
- 불간섭의 의무: 생태계에 간섭해서는 안 된다.
- 신뢰의 의무: 낚시나 덫처럼 동물을 기만하는 행위를 해서는 안 된다.
- 보상적 정의의 의무: 부득이하게 해를 끼친 경우 피해를 보상해야 한다.

① 테일러(P. Taylor)
② 베르크(A. Berque)
③ 콜버그(L. Kohlberg)
④ 패스모어(J. Passmore)

05 <보기>의 ㉠~㉢에 들어갈 용어로 바르게 묶인 것은?

보기

- (㉠): 생물학적, 형태학적 특징에 따라 분류된 인간 집단
- (㉡): 특정 종목에 유리하거나 불리한 인종이 실제로 존재한다는 사고 방식
- (㉢): 선수의 능력 차이를 특정 인종의 우월이나 열등으로 과장하여 차등을 조장하는 것

	㉠	㉡	㉢
①	인종	인종주의	인종 차별
②	인종	인종 차별	젠더화 과정
③	젠더	인종주의	인종 차별
④	젠더	인종 차별	젠더화 과정

06 <보기>의 축구 경기 비디오 판독(VAR)에서 심판 B의 판정 견해를 지지하는 윤리 이론에 가장 부합하는 것은?

보기

심판 A: 상대 선수가 부상을 입었지만 퇴장은 가혹하다.
심판 B: 그 선수가 충돌을 피할 수 있는 시간은 충분했다. 그러나 그는 피하려 하지 않았다. 따라서 퇴장의 처벌은 당연하다.

① 최대다수의 최대행복
② 의무주의
③ 쾌락주의
④ 좋음은 옳음의 근거

07 <보기>에 담긴 윤리적 규범과 관련이 <u>없는</u> 것은?

보기

나는 운동선수로서 경기의 규칙을 숙지하고 준수하여 공정하게 시합을 한다.

① 페어플레이 (fair play)
② 스포츠딜레마(sport dilemma)
③ 스포츠에토스(sport ethos)
④ 스포츠퍼슨십 (sportpersonship)

08 <보기>의 사례로 나타나는 품성으로 스포츠인에게 권장하지 <u>않는</u> 것은?

보기

- 경기 규칙의 위반은 옳지 않음을 알면서도 불공정한 파울을 행하기도 한다.
- 도핑이 그릇된 일이라는 점을 알고 있지만, 기록갱신과 승리를 위해 도핑을 강행한다.

① 테크네 (techne)
② 아크라시아(akrasia)
③ 에피스테메 (episteme)
④ 프로네시스(phronesis)

09 <보기>의 내용과 가장 밀접한 것은?

보기

- 정정당당하게 경기에 임하라.
- 어떠한 경우에도 최선을 다해라.
- 운동선수는 페어플레이를 해야 한다.

① 모방욕구　② 가언명령
③ 정언명령　④ 배려윤리

10 <보기>의 내용에 해당하는 윤리적 태도는?

보기

나는 경기에 참여할 때마다, 나의 행동 하나하나가 가능한 많은 사람이 만족하는데 기여할 수 있도록 노력한다.

① 행위 공리주의　② 규칙 공리주의
③ 제도적 공리주의　④ 직관적 공리주의

11 <보기>의 설명에 해당하는 스포츠에서의 정의(justice)는?

보기

정의는 공정과 준법을 요구한다. 모든 선수에게 동등한 기회를 보장해야 한다는 공정의 원칙은 지켜지지 않을 때가 있다. 스포츠에서는 완전한 통제가 어려운 불평등을 줄이기 위해 공수 교대, 전후반 진영 교체, 홈·원정 경기, 출발 위치 제비뽑기 등을 한다.

① 자연적 정의 ② 평균적 정의
③ 분배적 정의 ④ 절차적 정의

12 <보기>의 ㉠~㉢에 해당하는 용어가 바르게 제시된 것은?

보기

공자의 사상은 (㉠)(으)로 설명할 수 있다. (㉡)은/는 마음이 중심을 잡아 한쪽으로 치우치지 않은 상태를 의미하고, (㉢)은/는 나와 타인의 마음이 서로 다르지 않다는 뜻으로 배려와 관용을 나타낸다. 공자는 (㉢)에 대해 "내가 원하지 않은 일을 남에게 하지 말라(己所不欲 勿施於人)"는 정언명령으로 규정한다. 이는 스포츠맨십과 상통한다.

	㉠	㉡	㉢
①	충효(忠孝)	충(忠)	효(孝)
②	정의(正義)	정(正)	의(義)
③	정명(正名)	정(正)	명(名)
④	충서(忠恕)	충(忠)	서(恕)

13 <보기>의 주장과 가장 밀접한 관련이 있는 것은?

보기

스포츠 경기에서 승자의 만족도는 '1'이고, 패자의 만족도는 '0'이라고 말하는 사람이 있다. 그러나 스포츠 경기에서 양자의 만족도의 합은 '0'에 가까울 수 있고, '2'에 가까울 수도 있다. 있다. 승자와 패자의 만족도가 각각 '1'에 가까울 수 있기 때문이다.

① 칸트 ② 정언명령
③ 공정시합 ④ 공리주의

14 <보기>의 설명에 해당하는 반칙의 유형은?

보기

- 동기, 목표가 뚜렷하다.
- 스포츠의 본질적인 성격을 부정하는 의미로 해석할 수 있다.
- 실격, 몰수패, 출전 정지, 영구 제명 등의 처벌이 따른다.

① 의도적 구성 반칙 ② 비의도적 구성 반칙
③ 의도적 규제 반칙 ④ 비의도적 규제 반칙

15 <보기>의 대화에서 '윤성'의 윤리적 관점은?

보기

진서: 나 어젯밤에 투우 중계방송 봤는데, 스페인에서 엄청 인기더라구! 그런데 동물을 인간 오락의 대상으로 삼는 것은 윤리적으로 허용될 수 없는 거 아니야?

윤성: 난 다르게 생각해! 스포츠 활동은 인간의 이상을 추구하기 위한 것이고, 그 이상의 실현을 위해 동물은 수단으로 활용될 수 있는 거 아닐까? 승마의 경우 인간과 말이 훈련을 통해 기량을 향상시키고 결국 사람 간의 경쟁에 동물을 도구로 활용한다고 볼 수 있잖아.

① 동물해방론 ② 동물권리론
③ 종차별주의 ④ 종평등주의

16 <보기>의 사례에서 나타나는 윤리적 태도와 가장 밀접한 관련이 있는 것은?

보기

선수는 윤리적 갈등을 겪을 때면, 우리 사회에서 오랫동안 본보기가 되어온 위인들을 떠올린다. 그리고 그 위인들처럼 행동하려고 노력한다.

① 멕킨타이어(A. MacIntyre)
② 의무주의(deontology)
③ 쾌락주의(hedonism)
④ 메타윤리(metaethics)

17 스포츠윤리의 특징으로 적절하지 않은 것은?

① 스포츠 경쟁의 윤리적 기준이다.
② 올바른 스포츠 경기의 방향이 된다.
③ 보편적 윤리로는 다룰 수 없는 독자성이 있다.
④ 스포츠인의 행위, 실천의 기준이다.

18 <보기>에서 학생운동선수의 학습권 보호와 관련된 것으로 옳은 것만 모두 고른 것은?

보기

ㄱ. 최저 학력 제도　　ㄴ. 리그 승강 제도
ㄷ. 주말 리그 제도　　ㄹ. 학사 관리 지원 제도

① ㄱ, ㄴ, ㄷ　　② ㄱ, ㄴ, ㄹ
③ ㄱ, ㄷ, ㄹ　　④ ㄴ, ㄷ, ㄹ

19 <보기>의 주장에 나타난 윤리적 관점은?

보기

스포츠 행위의 도덕적 가치는 사회에 따라, 또는 사람에 따라 다를 수 있다. 물론 도덕적 준거가 없는 것은 아니다.

① 윤리적 절대주의　　② 윤리적 회의주의
③ 윤리적 상대주의　　④ 윤리적 객관주의

20 <보기>의 대화에서 논란이 되고 있는 도핑의 종류는?

보기

지원: 스포츠 뉴스 봤어? 케냐의 마라톤 선수 킵초게가 1시간 59분 40초의 기록을 세웠대!
사영: 우와! 2시간의 벽이 드디어 깨졌네요! 인간의 한계는 끝이 없나요?
성현: 그런데 이번 기록은 특수 제작된 신발을 신고 달렸으니 킵초게 선수의 능력만으로 달성했다고 볼 수 없는 거 아니야? 스포츠에 과학기술의 도입은 필요하지만, 이러다가 스포츠에서 탁월성의 근거가 인간에서 기술로 넘어가는 거 아니야?
혜름: 맞아! 수영의 전신 수영복, 야구의 압축 배트가 금지된 사례도 있잖아!

① 약물도핑(drug doping)
② 기술도핑(technology doping)
③ 브레인도핑(brain doping)
④ 유전자도핑(gene doping)

운동생리학

01 지구성 훈련에 의한 지근섬유(Type I)의 생리적 변화로 옳지 않은 것은?

① 모세혈관 밀도 증가
② 마이오글로빈 함유량 감소
③ 미토콘드리아의 수와 크기 증가
④ 절대 운동강도에서의 젖산 농도 감소

02 유산소성 트레이닝을 통한 근육 내 미토콘드리아 변화와 관련된 설명으로 옳지 않은 것은?

① 근원섬유 사이의 미토콘드리아 밀도 증가
② 근육 내 젖산과 수소 이온(H^+) 생성 감소
③ 손상된 미토콘드리아 분해 및 제거율 감소
④ 근육 내 크레아틴 인산(phosphocreatine) 소모량 감소

03 운동 중 지방분해를 촉진하는 요인으로 옳지 않은 것은?

① 인슐린 증가
② 글루카곤 증가
③ 에피네프린 증가
④ 순환성(cyclic) AMP 증가

04 운동에 대한 심혈관 반응에 관한 설명으로 옳은 것은?

① 점증 부하 운동 시 심근산소소비량 감소
② 고강도 운동 시 내장 기관으로의 혈류 분배 비율 증가
③ 일정한 부하의 장시간 운동 시 시간 경과에 따른 심박수 감소
④ 고강도 운동 시 활동근의 세동맥(arterioles) 확장을 통한 혈류량 증가

05 〈보기〉의 ㉠, ㉡에 들어갈 용어가 바르게 나열된 것은?

보기
- 심장의 부담을 나타내는 심근산소소비량은 심박수와 (㉠)을 곱하여 산출한다.
- 산소섭취량이 동일한 운동 시 다리 운동이 팔 운동에 비해 심근산소소비량이 더 (㉡) 나타난다.

	㉠	㉡
①	1회 박출량	높게
②	1회 박출량	낮게
③	수축기 혈압	높게
④	수축기 혈압	낮게

06 골격근의 수축 특성을 결정하는 요인에 대한 설명 중 〈보기〉의 ㉠, ㉡에 들어갈 용어가 바르게 연결된 것은?

보기
- 특이장력 = 근력/(㉠)
- 근파워 = 힘x(㉡)

	㉠	㉡
①	근횡단면적	수축속도
②	근횡단면적	수축시간
③	근파워	수축속도
④	근파워	수축시간

07 〈보기〉의 ㉠~㉢에 들어갈 용어가 바르게 나열된 것은?

보기

수용기	역할
근방추	(㉠) 정보 전달
골지건기관	(㉡) 정보 전달
근육의 화학수용기	(㉢) 정보 전달

	㉠	㉡	㉢
①	근육의 길이	근육 대사량	힘 생성량
②	근육 대사량	힘 생성량	근육의 길이
③	근육 대사량	근육의 길이	힘 생성량
④	근육의 길이	힘 생성량	근육 대사량

08 〈그림〉은 도피반사(withdrawal reflex)와 교차신전반사(crossed-extensor reflex)를 나타낸 것이다. 이에 관한 설명으로 옳지 않은 것은?

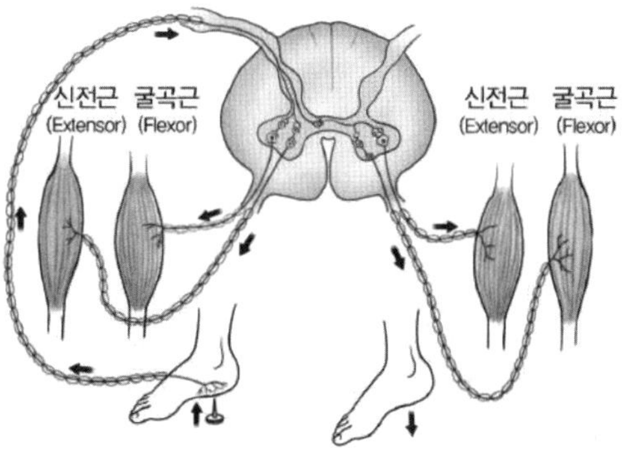

① 반사궁 경로를 통해 통증 자극에 대한 빠른 반사가 일어난다.
② 통증 수용기로부터 활동전위가 발생하여 척수로 전달된다.
③ 신체 균형을 유지하기 위해 반대편 대퇴의 굴곡근 수축이 억제된다.
④ 통증을 회피하기 위해 통증 부위 대퇴의 굴곡근과 신전근이 동시에 수축된다.

09 <보기>에서 고온 환경의 장시간 최대하 운동 시 운동수행능력을 저하시키는 요인으로 옳은 것만을 모두 고른 것은?(단, 심각한 탈수 현상은 발생하지 않는 환경)

보기

ㄱ. 글리코겐 고갈 가속　ㄴ. 근혈류량 감소
ㄷ. 1회 박출량 감소　ㄹ. 운동단위 활성 감소

① ㄱ, ㄷ　② ㄱ, ㄴ, ㄹ
③ ㄴ, ㄷ, ㄹ　④ ㄱ, ㄴ, ㄷ, ㄹ

10 〈보기〉의 조건으로 트레드밀 운동 시 운동량은?

보기

• 체중 = 50 kg　• 트레드밀 속도 = 12km/h
• 운동시간 = 10분　• 트레드밀 경사도 = 5%
(단, 운동량(일) = 힘 × 거리)

① 300 kpm　② 500 kpm
③ 5,000 kpm　④ 30,000 kpm

11 에너지 대사 과정과 속도조절효소의 연결이 옳지 않은 것은?

	에너지 대사 과정	속도조절효소
①	ATP-PC 시스템	크레아틴 키나아제 (creatine kinase)
②	해당작용	젖산 탈수소효소 (lactate dehydrogenase)
③	크랩스회로	이소시트르산탈수소효소 (isocitrate dehydrogenase)
④	전자전달체계	사이토크롬산화효소 (cytochrome oxidase)

12 <보기>에서 근육의 힘, 파워, 속도의 관계에 대한 설명 중 옳은 것만을 모두 고른 것은?

보기

ㄱ. 단축성(concentric) 수축 시 수축 속도가 빨라짐에 따라 힘 (장력) 생성은 감소한다.
ㄴ. 신장성(eccentric) 수축 시 신장 속도가 빨라짐에 따라 힘 (장력) 생성은 증가한다.
ㄷ. 근육이 발현할 수 있는 최대 근파워는 등척성(isometric) 수축 시에 나타난다.
ㄹ. 단축성 수축 속도가 동일할 때 속근섬유가 많을수록 큰 힘을 발휘한다.

① ㄱ, ㄴ, ㄷ　② ㄱ, ㄴ, ㄹ
③ ㄱ, ㄷ, ㄹ　④ ㄴ, ㄷ, ㄹ

13 카테콜라민에 대한 설명으로 옳지 <u>않은</u> 것은?

① 부신피질에서 분비
② 교감신경의 말단에서 분비
③ α1 수용체 결합 시 기관지 수축
④ β1 수용체 결합 시 심박수 증가

14 <보기>의 에너지 대사 과정에 관한 설명 중 옳은 것만을 모두 고른 것은?

보기

ㄱ. 해당과정 중 NADH는 생성되지 않는다.
ㄴ. 크랩스 회로와 베타산화는 미토콘드리아에서 관찰되는 에너지 대사 과정이다.
ㄷ. 포도당 한 분자의 해당과정의 최종산물은 ATP 2분자와 피루브산염 2분자(또는 젖산염 2분자)이다.
ㄹ. 낮은 운동강도(예: VO_2max 40%)로 30분 이상 운동 시 점진적으로 호흡교환율이 감소하고 지방대사 비중은 높아진다.

① ㄱ, ㄴ　② ㄱ, ㄹ
③ ㄴ, ㄷ　④ ㄴ, ㄷ, ㄹ

15 운동 중 혈중 포도당 농도를 유지하기 위한 호르몬에 대한 설명으로 옳지 <u>않은</u> 것은?

① 성장호르몬 – 간에서 포도당신생합성 증가
② 코티솔 – 중성지방으로부터 유리지방산으로 분해 촉진
③ 노르에피네프린 – 골격근 조직 내 유리지방산 산화 억제
④ 에피네프린 – 간에서 글리코겐 분해 촉진 및 조직의 혈중 포도당 사용 억제

16 운동 중 수분과 전해질 균형에 관한 설명으로 옳은 것만을 모두 고른 것은?

보기

ㄱ. 장시간의 중강도 운동 시 혈장량과 알도스테론 분비는 감소한다.
ㄴ. 땀 분비로 인한 혈장량 감소는 뇌하수체 후엽의 항이뇨호르몬 분비를 유도한다.
ㄷ. 충분한 수분 섭취 없이 장시간 운동 시 체내 수분 재흡수를 위해 레닌 – 안지오텐신 II 호르몬이 분비된다.
ㄹ. 운동에 의한 땀 분비는 수분 상실을 초래하며 혈중 삼투질 농도를 감소시킨다.

① ㄱ, ㄷ　② ㄱ, ㄹ
③ ㄴ, ㄷ　④ ㄴ, ㄹ

17 <표>는 참가자의 폐환기 검사 결과이다.<보기>에서 옳은 것만을 모두 고른 것은?

참가자	1회 호흡량 (mL)	호흡률 (회/min)	분당 환기량 (mL/min)	사강량 (mL)	폐포 환기량 (mL/min)
주은	375	20	( )	150	( )
민재	500	15	( )	150	( )
다영	750	10	( )	150	( )

보기

ㄱ. 세 참가자의 분당환기량은 동일하다.
ㄴ. 다영의 폐포 환기량은 분당 6L/min이다.
ㄷ. 주은의 폐포 환기량이 가장 크다.

① ㄱ, ㄴ
② ㄱ, ㄷ
③ ㄴ, ㄷ
④ ㄱ, ㄴ, ㄷ

18 1회 박출량(stroke volume) 증가 요인으로 옳지 <u>않은</u> 것은?

① 심박수 증가
② 심실 수축력 증가
③ 평균 동맥혈압(MAP) 감소
④ 심실 이완기말 혈액량(EDV) 증가

19 골격근 섬유에 관한 설명으로 옳은 것은?

① 근수축에 필요한 칼슘(Ca^{2+})은 근형질세망에 저장되어 있다.
② 운동단위(motor unit)는 감각뉴런과 그것이 지배하는 근섬유의 결합이다.
③ 신경근 접합부(neuromuscular junction)에서 분비되는 근수축 신경전달물질은 에피네프린이다.
④ 지연성 근통증은 골격근의 신장성(eccentric) 수축보다 단축성(concentric) 수축 시 더 쉽게 발생한다.

20 지근섬유(Type I)와 비교되는 속근섬유(Type II)의 특성으로 옳은 것은?

① 높은 피로 저항력
② 근형질세망의 발달
③ 마이오신 ATPase의 느린 활성
④ 운동신경세포(뉴런)의 작은 직경

운동역학

01 뉴턴(I. Newton)의 3가지 법칙과 관련이 없는 것은?

① 외력이 가해지지 않으면, 정지하고 있는 물체는 계속 정지하려 한다.
② 가속도는 물체에 가해진 힘에 비례한다.
③ 수직 점프를 할 때, 지면을 강하게 눌러야 높게 올라갈 수 있다.
④ 외력이 가해지지 않으면, 물체가 가진 각운동량은 변하지 않는다.

02 <보기>에서 힘(force)에 관한 설명으로 옳은 것을 모두 고른 것은?

보기
ㄱ. 움직임을 일으키는 원인으로 에너지이다.
ㄴ. 질량과 가속도의 곱으로 결정된다.
ㄷ. 단위는 N(Newton)이다.
ㄹ. 크기를 갖는 스칼라(scalar)이다.

① ㄱ, ㄴ ② ㄱ, ㄹ
③ ㄴ, ㄷ ④ ㄷ, ㄹ

03 쇼트트랙 경기에서 원운동을 할 때 원심력과 구심력에 관한 설명으로 옳은 것은?

① 원심력과 구심력은 크기가 같고, 방향이 반대이다.
② 원심력은 원운동을 하는 선수의 질량과 관계가 없다.
③ 원심력을 극복하는 방법으로 반지름을 작게 하여 원운동을 한다.
④ 신체를 원운동 중심의 방향으로 기울이는 것은 접선속도를 크게 만들기 위함이다.

04 선운동량 또는 충격량에 관한 설명으로 옳은 것은?

① 선운동량은 질량과 속도를 더하여 결정되는 물리량이다.
② 충격량은 충격력과 충돌이 가해진 시간의 곱으로 결정되는 물리량이다.
③ 시간에 따른 힘 그래프에서 접선의 기울기는 충격량을 의미한다.
④ 충격량이 선운동량으로 전환되기 위해서는 먼저 충격량이 토크로 전환되어야 한다.

05 운동학적(kinematic) 분석과 운동역학적(kinetic) 분석에 관한 설명으로 옳지 않은 것은?

① 일률, 속도, 힘은 운동역학적 분석요인이다.
② 운동학적 분석은 움직임을 공간적 · 시간적으로 분석한다.
③ 근전도 분석, 지면반력 분석은 운동역학적 분석방법이다.
④ 신체중심점의 위치변화, 관절각의 변화는 운동학적 분석요인이다.

06 <보기>에서 물리량에 대한 설명으로 옳은 것만 고른 것은?

보기
ㄱ. 압력은 단위면적당 가해지는 힘이며 벡터이다.
ㄴ. 일은 단위시간당 에너지의 변화율이며 벡터이다.
ㄷ. 마찰력은 두 물체의 마찰로 발생하는 힘이며 스칼라이다.
ㄹ. 토크는 회전을 일으키는 효과이며 벡터이다.

① ㄱ, ㄴ ② ㄱ, ㄹ
③ ㄴ, ㄷ ④ ㄷ, ㄹ

07 〈보기〉에서 항력과 관련된 설명으로 옳은 것만 고른 것은?

보기

ㄱ. 육상의 원반 투사 시, 최적의 공격각(attack angle)은 $\frac{\text{항력}}{\text{양력}}$이 최대일 때의 각도이다.
ㄴ. 야구에서 투구 시 공에 회전을 넣어 커브 구질을 만든다.
ㄷ. 파도와 같이 물과 공기의 접촉면에서 형성된 난류에 의하여 발생하기도 한다.
ㄹ. 날아가는 골프공의 단면적(유체의 흐름방향에 수직인 물체의 면적)에 비례한다.

① ㄱ, ㄴ　② ㄱ, ㄹ
③ ㄴ, ㄷ　④ ㄷ, ㄹ

08 2차원 영상분석에서 배율법(multiplier method)에 관한 설명으로 옳지 않은 것은?

① 동작이 수행되는 평면에 직교하게 카메라를 설치한다.
② 분석대상이 운동평면에서 벗어나면 투시오차(perspective error)가 발생할 수 있다.
③ 체조의 공중회전(somersault)과 트위스트(twist)와 같은 운동 동작을 분석하는 데 주로 활용된다.
④ 기준자(reference ruler)는 영상평면에서의 분석대상 크기를 실제 운동 평면에서의 크기로 조정하기 위해 사용된다.

09 〈보기〉에서 각운동에 관한 설명으로 옳은 것만 고른 것은?

보기

ㄱ. 각속력은 벡터이고, 각속도(angular velocity)는 스칼라이다.
ㄴ. 각속력(angular speed)은 시간당 각거리(angular distance)이다.
ㄷ. 각가속도(angular acceleration)는 시간당 각속도의 변화량이다.
ㄹ. 각거리는 물체의 처음과 마지막 각위치의 변화량이다.

① ㄱ, ㄴ　② ㄱ, ㄹ
③ ㄴ, ㄷ　④ ㄷ, ㄹ

10 〈보기〉의 ㉠~㉣에 들어갈 내용이 바르게 제시된 것은?

보기

• (㉠)가 커질수록 부력도 커진다.
• (㉡)가 올라갈수록 부력은 작아진다.
• (㉢)는 수중에서의 자세 변화에 따라 달라진다.
• (㉣)은 물에 잠긴 신체의 부피에 비례하여 수직으로 밀어올리는 힘이다.

	㉠	㉡	㉢	㉣
①	신체의 밀도	신체의 온도	무게중심의 위치	부력
②	유체의 밀도	신체의 온도	무게중심의 위치	항력
③	신체의 밀도	물의 온도	부력중심의 위치	항력
④	유체의 밀도	물의 온도	부력중심의 위치	부력

11 〈보기〉와 같이 조건을 (A)에서 (B)로 변경하였을 때, ㉠~㉢에 들어갈 내용으로 바르게 나열한 것은? (단, 각운동량 그리고 줄과 공의 질량은 변화가 없는 것으로 가정)

(A)

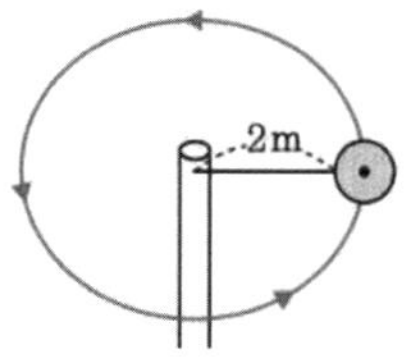

- 회전축에서 공의 중심까지 거리: 2m
- 회전속도: 1회전/sec

↓

(B)

회전축에서 공까지의 거리를 1m로 줄이면, 회전반경이 (㉠)로 줄어들고 관성모멘트가 (㉡)로 감소하기 때문에 공의 회전속도는 (㉢)로 증가한다.

	㉠	㉡	㉢
①	$\frac{1}{2}$	$\frac{1}{2}$	2회전/sec
②	$\frac{1}{2}$	$\frac{1}{4}$	2회전/sec
③	$\frac{1}{4}$	$\frac{1}{2}$	4회전/sec
④	$\frac{1}{2}$	$\frac{1}{4}$	4회전/sec

12 인체에 적용되는 지레(levers)의 원리에 관한 설명으로 옳지 않은 것은?

① 1종 지레에서 축(받침점)은 힘점과 저항점(작용점) 사이에 위치하고 역학적 이점이 1보다 크거나 작을 수 있다.

② 2종 지레는 저항점이 힘점과 축 사이에 위치하고 역학적 이점이 1보다 크다.

③ 3종 지레에서 힘점은 축과 저항점 사이에 위치하고 역학적 이점이 1보다 크다.

④ 지면에서 수직 방향으로 발뒤꿈치를 들고 서는 동작(calf raise)은 2종 지레이다.

13 <그림>의 수직점프(vertical jump) 동작에 관한 운동역학적 특성을 바르게 설명한 것은?(단, 외력과 공기저항은 작용하지 않는 것으로 가정)

그림

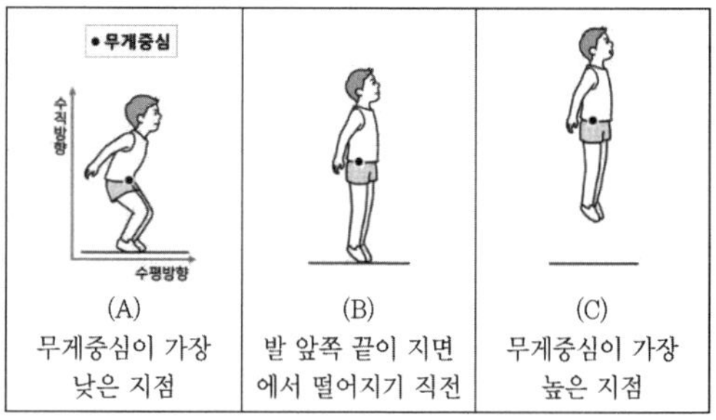

① (A)부터 (B)까지 한 일(work)은 위치에너지의 변화량과 같다.

② (A)부터 (B)까지 넙다리네갈레근(대퇴사두근, quadriceps)은 신장성 수축(eccentric contraction)을 한다.

③ (B)부터 (C)까지 무게중심의 수직가속도는 증가한다.

④ (C) 지점에서 인체 무게중심의 수직속도는 0m/sec이다.

14 회전운동에 관한 설명으로 옳지 않은 것은?

① 회전하는 물체의 접선속도는 각속도와 반지름의 곱으로 구한다.

② 회전하는 물체의 각속도는 호의 길이를 소요시간으로 나누어 구한다.

③ 인체의 관성모멘트(moment of inertia)는 회전축의 방향에 따라 변한다.

④ 토크는 힘의 연장선이 물체의 중심에서 벗어난 지점에 작용할 때 발생한다.

15 인체의 무게중심에 관한 설명으로 옳지 않은 것은?

① 무게중심은 인체 외부에 위치할 수 있다.
② 무게중심의 위치는 안정성에 영향을 준다.
③ 무게중심은 토크의 합이 '0'인 지점이다.
④ 무게중심의 위치는 동작의 변화와 관계없이 일정하다.

16 중력가속도의 개념에 관한 설명으로 옳지 않은 것은?

① 중력가속도의 크기는 9.8m/sec^{2}이다.
② 중력가속도는 지구 중심방향으로 작용한다.
③ 인체의 무게는 질량과 중력가속도의 곱으로 산출한다.
④ 토스한 배구공이 상승하는 과정에서는 중력가속도의 영향을 받지 않는다.

17 인체의 근골격계에 관한 설명으로 옳은 것은?

① 골격근의 수축은 관절에서 회전운동을 일으키지 못한다.
② 인대(ligament)는 골격근을 뼈에 부착시키는 역할을 한다.
③ 작용근(주동근, agonist)은 의도한 운동을 발생시키는 근육이다.
④ 팔꿈치관절에서 굽힘근(굴근, flexor)의 수축은 관절의 각도를 커지게 한다.

18 기저면의 변화를 통해 안정성을 증가시킨 동작으로 옳지 않은 것은?

① 산에서 내려오며 산악용 스틱을 사용하여 지면을 지지하기
② 씨름에서 상대방이 옆으로 당기자 다리를 좌우로 벌리기
③ 평균대 외발서기 동작에서 양팔을 좌우로 벌리기
④ 스키점프 착지 동작에서 다리를 앞뒤로 교차하여 벌리기

19 역학적 일(work)과 일률(power)의 개념을 바르게 설명한 것은?

① 일의 단위는 watt 또는 joule/sec이다.
② 일률은 힘과 속도의 곱으로 산출한다.
③ 일률은 이동한 거리를 고려하지 않는다.
④ 일은 가해진 힘의 크기에 반비례한다.

20 운동역학을 스포츠 현장에 적용한 사례로 적절하지 않은 것은?

① 멀리뛰기에서 도약력 측정을 위한 지면반력 분석
② 다이빙에서 각운동량 산출을 위한 3차원 영상분석
③ 축구에서 운동량 측정을 위한 웨어러블 센서(wearable sensor)의 활용
④ 경기장 적응을 위해 가상현실을 활용한 양궁 심상훈련 지원

한국체육사

01 <보기>에서 한국체육사에 관한 설명으로 옳은 것만을 모두 고른 것은?

보기

ㄱ. 한국 체육과 스포츠의 시대별 양상을 연구한다.
ㄴ. 한국 체육과 스포츠를 역사학적 방법으로 연구한다.
ㄷ. 한국 체육과 스포츠에 관한 역사 기술은 사실 확인보다 가치 평가가 우선한다.
ㄹ. 한국 체육과 스포츠의 과거를 살펴보고, 이를 통해 현재를 직시하고 미래를 조망한다.

① ㄱ, ㄴ, ㄷ ② ㄱ, ㄴ, ㄹ
③ ㄱ, ㄷ, ㄹ ④ ㄴ, ㄷ, ㄹ

02 〈보기〉에서 신체활동이 행해진 제천의식과 부족국가가 바르게 연결된 것만을 모두 고른 것은?

보기

ㄱ. 무천 – 신라 ㄴ. 가배 – 동예
ㄷ. 영고 – 부여 ㄹ. 동맹 – 고구려

① ㄱ, ㄴ ② ㄷ, ㄹ
③ ㄱ, ㄴ, ㄹ ④ ㄴ, ㄷ, ㄹ

03 〈보기〉에 해당하는 부족국가시대 신체활동의 목적은?

보기

중국 역사 자료인 『위지• 동이전(魏志• 東夷傳)』에 따르면, "나이 어리고 씩씩한 청년들의 등가죽을 뚫고 굵은 줄로 그곳을 꿰었다. 그리고 한 장 (一丈) 남짓의 나무를 그곳에 매달고 온종일 소리를 지르며 일을 하는데도 아프다고 하지 않고, 착실하게 일을 한다. 이를 큰사람이라 부른다."

① 주술의식 ② 농경의식
③ 성년의식 ④ 제천의식

04 <보기>에서 삼국시대의 무예에 관한 설명으로 옳은 것만을 모두 고른 것은?

보기

ㄱ. 신라: 궁전법(弓箭法)을 통해 인재를 등용하였다.
ㄴ. 고구려: 경당(扃堂)에서 활쏘기 교육이 이루어졌다.
ㄷ. 백제: 훈련원(訓鍊院)에서 무예 시험과 훈련이 행해졌다.

① ㄱ, ㄴ ② ㄱ, ㄷ
③ ㄴ, ㄷ ④ ㄱ, ㄴ, ㄷ

05 고려시대 최고 교육기관과 무학(武學) 교육이 바르게 연결된 것은?

① 성균관(成均館) – 대빙재(待將齋)
② 성균관(成均館) – 강예재(講藝齋)
③ 국자감(國子監) – 대빙재(待將齋)
④ 국자감(國子監) – 강예재(講藝齋)

06 고려시대의 신체활동에 관한 설명으로 옳지 않은 것은?

① 기격구(騎擊毬): 서민층이 유희로 즐겼다.
② 궁술(弓術): 국난을 대비하여 장려되었다.
③ 마술(馬術): 무인의 덕목 중 하나로 장려되었다.
④ 수박(手搏): 무관이나 무예 인재의 선발에 활용되었다.

07 석전(石戰)의 성격에 관한 설명으로 옳지 않은 것은?

① 관료 선발에 활용되었다.
② 명절에 종종 행해지던 민속놀이였다.
③ 전쟁에 대비한 군사훈련에 활용되었다.
④ 실전 부대인 석투군(石投軍)과 관련이 있었다.

08 조선시대 서민층이 주로 행했던 민속놀이와 설명으로 옳지 않은 것은?

① 추천(鞦韆): 단오절이나 한가위에 즐겼다.
② 각저(角觝), 각력(角力): 마을 간의 겨룸이 있었는데, 풍년 기원의 의미도 있었다.
③ 종정도(從政圖), 승경도(陞卿圖): 관직 체계의 이해와 출세 동기 부여의 뜻이 담겨 있었다.
④ 삭전(索戰), 갈전(葛戰): 농경사회의 대표적인 민속놀이로서 농사의 풍흉(豐凶)을 점치는 의미도 있었다.

09 조선시대의 무예서에 관한 설명으로 옳지 않은 것은?

① 『무예도보통지(武藝圖譜通志)』: 정조의 명에 따라 24기의 무예가 수록, 간행되었다.
② 『무예신보(武藝新譜)』: 사도세자의 주도 하에 18기의 무예가 수록, 간행되었다.
③ 『권보(拳譜)』: 광해군의 명에 따라 『무예제보』에 수록되지 않은 4기의 무예가 수록, 간행되었다.
④ 『무예제보(武藝諸譜)』: 선조의 명에 따라 전란 중에 긴급하게 필요했던 단병기 6기가 수록, 간행되었다.

10 〈보기〉에서 조선시대의 궁술에 관한 설명으로 옳은 것만을 모두 고른 것은?

보기

ㄱ. 군사훈련의 수단이었다.
ㄴ. 무과(武科) 시험의 필수 과목이었다.
ㄷ. 심신 수련을 위한 학사사상(學射思想)이 강조되었다.
ㄹ. 불국토사상(佛國土思想)을 토대로 훈련이 이루어졌다.

① ㄱ, ㄴ
② ㄷ, ㄹ
③ ㄱ, ㄴ, ㄷ
④ ㄴ, ㄷ, ㄹ

11 고종(高宗)의 교육입국조서(敎育立國詔書)에서 삼양(三養)이 표기된 순서는?

① 덕양(德養), 체양(體養), 지양(智養)
② 덕양(德養), 지양(智養), 체양(體養)
③ 체양(體養), 지양(智養), 덕양(德養)
④ 체양(體養), 덕양(德養), 지양(智養)

12 〈보기〉에서 설명하는 개화기의 기독교계 학교는?

보기

• 헐벗(H.B. Hulbert)이 도수체조를 지도하였다.
• 1885년 아펜젤러(H.G. Appenzeller)가 설립하였다.
• 과외활동으로 야구, 축구, 농구 등의 스포츠를 실시하였다.

① 경신학당
② 이화학당
③ 숭실학교
④ 배재학당

13 개화기 학교 운동회에 관한 설명으로 옳지 않은 것은?

① 민족의식을 고취하는 역할을 하였다.
② 초기에는 구기 종목이 주로 이루어졌다.
③ 사회체육 발달의 촉진제 역할을 하였다.
④ 근대스포츠의 도입과 확산에 기여하였다.

14 다음 중 개화기에 설립된 체육단체가 아닌 것은?

① 대한체육구락부
② 조선체육진흥회
③ 대동체육구락부
④ 황성기독교청년회운동부

15 〈보기〉의 활동을 주도한 체육사상가는?

보기

- 체조 강습회 개최
- 체육 활동의 저변 확대를 위해 대한국민체육회 창립
- 체육 활동을 통한 애국심 고취를 위해 광무학당 설립

① 서재필 ② 문일평
③ 김종상 ④ 노백린

16 일제강점기의 체육사적 사실에 관한 설명으로 옳지 않은 것은?

① 원산학사가 설립되었다.
② 체조교수서가 편찬되었다.
③ 학교에서 체조가 필수 과목이 되었다.
④ 황국신민체조가 학교체육에 포함되었다.

17 〈보기〉에서 일제강점기의 조선체육회에 관한 설명으로 옳은 것만을 모두 고른 것은?

보기

ㄱ. '전조선축구대회'를 창설하였다.
ㄴ. 조선체육협회에 강제로 흡수되었다.
ㄷ. 국내 운동가, 일본 유학 출신자 등이 설립하였다.
ㄹ. 종합체육대회 성격의 전조선종합경기 대회를 개최하였다.

① ㄱ, ㄴ ② ㄷ, ㄹ
③ ㄴ, ㄷ, ㄹ ④ ㄱ, ㄴ, ㄷ, ㄹ

18 〈보기〉의 괄호 안에 들어갈 일제강점기의 체육사상가는?

보기

(   )은/는 '체육 조선의 건설'이라는 글에서 사회를 강하게 하는 것은 구성원의 힘을 강하게 하는 것이며, 그 방법은 교육이며, 여러 교육의 기초는 체육이라고 강조하였다.

① 박은식 ② 조원희
③ 여운형 ④ 이기

19 대한민국 정부의 체육정책 담당 부처의 변천 순서가 옳은 것은?

① 체육부 → 문화체육관광부 → 문화체육부
② 체육부 → 문화체육부 → 문화체육관광부
③ 문화체육부 → 체육부 → 문화체육관광부
④ 문화체육부 → 문화체육관광부 → 체육부

20 〈보기〉는 국제대회에서 한국 여자 대표팀이 거둔 성과를 나타낸 것이다. 〈보기〉의 ㉠~㉢에 들어갈 종목이 바르게 제시된 것은?

보기

- (㉠): 1973년 사라예보 세계선수권대회에서 단체전 우승 달성
- (㉡): 1976년 몬트리올 올림픽대회에서 구기 종목 사상 최초의 동메달 획득
- (㉢): 1988년 서울 올림픽대회에서 당시 최강국을 이기고 금메달 획득

	㉠	㉡	㉢
①	배구	핸드볼	농구
②	배구	농구	핸드볼
③	탁구	핸드볼	배구
④	탁구	배구	핸드볼

특수체육론

01 장애인복지법(1989)에 근거하여 최초로 설립된 장애인 체육 행정 조직은?

① 대한장애인체육회
② 대한민국상이군경회
③ 한국장애인복지체육회
④ 한국소아마비아동특수보육협회

02 장애인스포츠지도사의 역할로 옳지 <u>않은</u> 것은?

① 장애인의 독특한 요구(unique needs)를 확인한다.
② 장애인의 기능 회복을 위한 치료 서비스를 제공한다.
③ 장애인에게 적합한 지도환경과 지도내용을 결정한다.
④ 스포츠와 관련된 과제, 환경 등을 장애인의 요구에 맞게 변형한다.

03 〈보기〉의 ㉠~㉣에 들어갈 용어를 옳게 나열한 것은?

보기

• (㉠): 개인의 행동특성을 다양한 형태의 증거를 근거로 종합적으로 판단(예: 배치)하는 과정
• (㉡): 수집된 자료에 근거하여 가치 판단을 내리는 과정
• (㉢): 행동특성을 수량화하는 과정
• (㉣): 운동기술과 지식 등을 측정하기 위한 도구

	㉠	㉡	㉢	㉣
①	사정	평가	검사	측정
②	평가	사정	측정	검사
③	사정	평가	측정	검사
④	평가	사정	검사	측정

04 TGMD—3(Test of Gross Motor Development－3)에 대한 설명으로 옳은 것은?

① 3세~6세 아동만을 대상으로 한다.
② 규준참조평가도구로 사용할 수 없다.
③ 6가지의 이동기술 검사항목과 5가지의 공(ball) 기술 항목을 검사한다.
④ 각 검사항목의 수행 준거를 정확하게 수행하면 1점, 정확하게 수행하지 못하면 0점을 부여한다.

05 미국 장애인교육법(IDEA, 1997)에서 요구하고 있는 개별화교육프로그램(IEP) 필수 구성 요소가 <u>아닌</u> 것은?

① 부모의 동의
② 학생의 현재 수행 수준
③ 학생에게 정기적으로 통지하는 방법
④ 측정할 수 있고 구체적인 연간계획과 장기목표

06 〈보기〉에서 설명하는 원시반사(primitive reflex)는?

보기

• 누운 자세에서 머리를 좌우로 돌렸을 때 나타나는 반응이다.
• 뒤통수 쪽의 팔과 다리는 굽혀지고, 얼굴 쪽의 팔과 다리는 펴진다.
• 뇌성마비장애인은 반사가 사라지지 않고 남아 있다.

① 비대칭 긴장성 목반사
② 모로반사
③ 긴장성 미로 반사
④ 대칭성 긴장성 목반사

07 〈보기〉에서 설명하는 특수체육 수업방식은?

보기

지도자는 효과적인 농구 수업을 위해 체육관의 각기 다른 구역에 여러 가지의 과제를 준비했다. 한 가지 과제에서 시작하여 주어진 활동을 마치거나 지도자가 신호하면 학습자들은 다음 과제의 수행장소로 이동한다. 지도자는 각각의 과제를 수행하는 곳을 돌며 도움이 필요한 학습자를 지도한다.

① 스테이션 수업 ② 대그룹 수업
③ 협력학습 수업 ④ 또래교수 수업

08 〈보기〉는 D. Ulrich(1985)이 제시한 대근운동발달 단계이다. ㉠에 들어갈 내용으로 옳은 것은?

보기

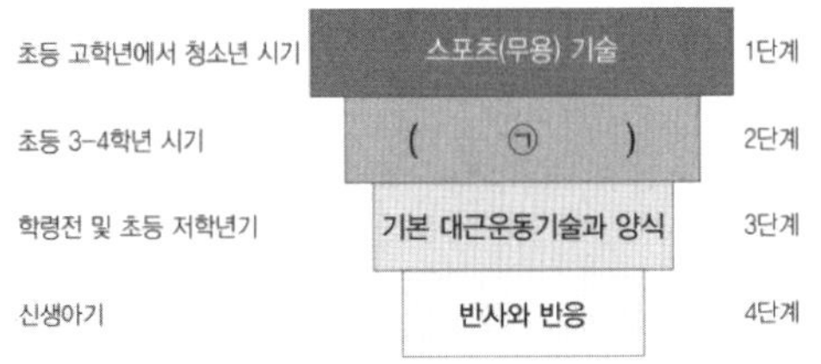

① 자세조절기술 ② 물체조작기술
③ 감각지각운동기술 ④ 리드-업 게임과 기술

09 운동발달의 관점에서 조작성 운동양식에 관한 설명으로 옳지 않은 것은?

① 3세에는 몸으로 끌어안으며 공을 받는다.
② 2~3세에는 다리를 펴고 제자리에 서서 공을 찬다.
③ 2~3세에는 앞을 보고 상하 방향으로 공을 친다.
④ 4~5세에는 던지는 팔과 반대쪽 발을 앞으로 내밀며 공을 던진다.

10 T6(흉추 6번) 이상의 손상이 있는 선수의 체력운동 시 고려사항으로 옳지 않은 것은?

① 근육량이 적은 선수는 유산소 운동보다는 무산소 운동이 적절하다.
② 유산소 운동 중 젖산이 급격히 생성되므로 긴 휴식시간과 에너지원 보충이 필요하다.
③ 땀을 흘리는 피부 면적이 좁아 더위에서 운동하면 체온이 급격히 올라가는 것을 고려해야 한다.
④ 교감신경에 손상이 있는 경우, 심박수를 운동과정과 회복과정 그리고 운동처방에 사용한다.

11 〈표〉의 ㉠~㉢에 해당하는 행동관리 기법을 바르게 나열한 것은?

성별(나이)	남자(14세)	장소	수영장
장애유형	지적장애	프로그램	수영하기
문제행동	멈춰 서서 친구 방해하기		
상황	지도자 A: 한국(가명)이는 수영할 때 반복적으로 멈춰 서서 친구들을 방해해요. 그때마다 잘못된 행동이라고 지적을 해도 계속하네요. 지도자 B: 우선 ㉠ 문제행동이 발생하면 바로 일정 시간 동안 물 밖에 있도록 하세요. 물과 좀 멀리요. 지도자 A: 알겠습니다. 한국이는 수중 활동을 좋아하고 물에 있으면 행복해하거든요. 지도자 B: 다른 기법도 있어요. ㉡ 문제행동을 했을 때 한국이에게 이미 주어진 정적강화물을 상실하게 하는 방법도 있어요. ㉠과 ㉡기법으로 문제행동의 빈도가 감소한다면, 큰 틀에서 (㉢)이 됩니다.			

	㉠	㉡	㉢
①	타임아웃	반응대가	부적 벌
②	타임아웃	용암	정적 벌
③	소거	반응대가	정적 벌
④	소거	용암	부적 벌

12 미국지적장애및발달장애협회(AAIDD, 2021)의 지적장애 정의에 근거하여 〈보기〉의 ㉠~㉢에 들어갈 내용이 바르게 나열된 것은?

보기

- 표준화 검사를 통해 산출된 지능지수 점수가 (㉠) 표준편차 이하이다.
- 적응행동의 (㉡) 기술은 식사, 옷 입기, 작업 기술, 건강과 안전, 일과 계획, 전화사용 등이 포함된다.
- (㉢) 이전에 발생한다.

	㉠	㉡	㉢
①	−2	실제적	20세
②	−2	개념적	20세
③	−2	실제적	22세
④	−2	개념적	22세

13 〈보기〉가 설명하는 장애유형에 관한 설명으로 옳지 않은 것은?

보기

- 21번 염색체가 삼염색체(trisomy 21)이다.
- 의학적 문제(선천성 심장질환, 근시 등)가 있을 수 있다.
- 인종, 국적, 종교, 사회적 지위 등과 관계없이 발생하는 보편성을 지니고 있다.

① 염색체 중 상염색체(autosome chromosome)에 문제가 있다.
② 대부분 포만 중추의 문제로 저체중 발생 빈도가 매우 높다.
③ 근육의 저긴장성 때문에 지도자의 관리하에 근력운동이 필요하다.
④ 경추 정렬(atlantoaxial instability)의 문제 때문에 운동 참여시 척수손상에 대해 특히 주의한다.

14 〈보기〉가 설명하는 스페셜올림픽의 종목은?

보기

- 경기장은 3.66m X 18.29m 크기의 직사각형이다.
- 공식 경기는 단식 경기, 복식 경기, 팀 경기 등이 있다.
- 한 팀당 4개의 공을 소유하고, 표적구에 가까이 던진 팀이 점수를 획득하는 경기이다.

① 보체(bocce) ② 플로어볼(floorball)
③ 보치아(boccia) ④ 넷볼(netball)

15 〈표〉는 운동기능에 따른 뇌성마비의 분류체계이다. 〈표〉의 ㉠~㉢에 들어갈 내용을 바르게 나열한 것은?

구분	경직형 (spastic)	운동실조형 (ataxia)	무정위운동형 (athetoid)
손상부위	• 운동피질	• (㉠)	• (㉡)
근 긴장도	• 과긴장성	• 저긴장성	• 근긴장의 급격한 변화
운동 특성	• 관절 가동 범위의 제한 • 가위 보행	• 평형성 부족 • 협응력 부족	• (㉢) 움직임 • 머리 조절의 어려움

	㉠	㉡	㉢
①	소뇌	기저핵	불수의적
②	기저핵	중뇌	수의적
③	소뇌	연수	불수의적
④	기저핵	소뇌	수의적

16 〈보기〉에 근거하여 밑줄 친 ㉠에 대한 지도전략으로 옳지 않은 것은?

보기

- 틀에 박힌 일이나 의례적인 행동에 집착한다.
- 발달 수준에 맞게 친구 관계를 형성하지 못한다.
- 지도자가 “공을 던져라”라고 지시하면, “공을 던져라”라는 말을 반복한다.
- ㉠ 정해진 경로로 이동하지 않거나 시간이나 장소의 갑작스러운 변화에 저항한다.

① 체육활동에 대한 시각적 일과표를 제공한다.
② 체육활동을 일정한 규칙과 순서로 진행한다.
③ 지도할 때 그림 카드, 의사소통 보드 등을 활용한다.
④ 참여자의 선호도보다는 지도자의 의도대로 진행한다.

17 척수손상 장애인의 특성에 관한 지도자의 대처로 옳지 않은 것은?

① 욕창이 생기지 않도록 자세를 자주 바꾸게 한다.
② 기립성 저혈압의 경우 압박 스타킹을 착용하도록 한다.
③ 자율신경 반사이상(autonomic dysreflexia)이 발생할 때 고강도 순환 운동으로 전환한다.
④ 운동 중에 과도하게 체온이 상승하는 것을 예방하기 위해 물을 분무해 주면서 휴식을 취하도록 한다.

18 시각장애인의 지도전략으로 옳지 않은 것은?

① 스포츠 참여는 안전을 위해 개인 종목만 지도한다.
② 시범은 잔존시력 범위에서 보이면서 언어적 설명을 병행하는 것이 효과적이다.
③ 지도자는 지도할 때 시각장애인에게 신체 접촉의 형태, 방법, 이유 등을 구체적으로 안내한다.
④ 전맹의 경우 스포츠 동작에 대한 이해도를 높이기 위해 관절이 굽어지는 인체 모형을 사용할 수 있다.

19 진행성 근이영양증(Muscular Dystrophy: MD)에 관한 설명으로 옳지 않은 것은?

① 디스트로핀(dystrophin) 단백질 결손과 관련된 유전질환이다.
② 근위축은 규칙적인 근력 및 근지구력 운동으로 예방할 수 있다.
③ 듀센형(Duchenne MD) 장애인은 대부분 평균 이상의 지적 능력을 보인다.
④ 듀센형 장애인은 종아리 근육에 가성비대(pseudohypertrophy)가 나타난다.

20 제시어와〈보기〉의 수어 ㉠~㉢을 바르게 나열한 것은?

보기

㉠	㉡	㉢
두 주먹을 어깨 앞에서 위, 아래로 움직인다.	검지와 중지를 교대로 움직이며 손등 방향으로 움직인다.	검지와 중지를 펴서 화살표와 같이 교대로 내민다.

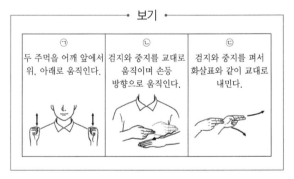

	수영	운동	스케이트
①	㉠	㉡	㉢
②	㉠	㉢	㉡
③	㉡	㉠	㉢
④	㉢	㉠	㉡

유아체육론

01 효과적 학습경험 설계를 위한 유아체육 지도자의 교수 전략으로 옳지 않은 것은?

① 각 유아에게 적합한 수준에서 연습할 수 있도록 개별화된 학습경험을 제공해야 한다.
② 유아의 실제학습시간(ALT)을 증가시킬 수 있는 환경을 조성해야 한다.
③ 유아의 능력 수준을 고려한 학습과제를 제공하고, 연습 시간을 최대한 확보해준다.
④ 새로운 기능 학습 시에는 수업 초반에 제시한 과제 수준을 일관되게 유지한다.

02 유아의 운동기술 연습 시 지도자의 적합한 시범으로 옳지 않은 것은?

① 시범에서 언어적 표현을 보다 많이 활용할 때 더 효과적이다.
② 시범은 추가적 학습단서(learning cue)와 함께 제공될 때 더 효과적이다.
③ 다양한 각도에서 이루어진 시범을 통해 정확한 정보를 제공한다.
④ 자주 실수하는 동작에 대해 반복적인 시범을 보여준다.

03 유아 신체활동의 내적 참여동기를 증진시키는 효과적 교수전략으로 옳지 않은 것은?

① 유아의 능력과 과제 난이도를 고려한 프로그램 제공을 통해 몰입을 돕는다.
② 학습과제 범위 내에서 유아에게 자율적 선택권을 부여한다.
③ 활동적으로 참여하는 유아를 격려하고 칭찬한다.
④ 프로그램 내 과제 수준을 동일하게 제공한다.

04 유아의 지각-운동 발달에 관한 설명으로 옳지 않은 것은?

① 유아기는 지각-운동 발달의 최적기이다.
② 지각이란 감각수용세포가 자극으로 들어온 정보를 뇌로 전달하는 것을 뜻한다.
③ 지각-운동 발달은 아동의 운동능력을 나타내는 중요 요소 중 하나이다.
④ 유아기의 지각-운동 학습경험이 많을수록 다양한 운동상황에 반응하는 적응력이 발달된다.

05 〈보기〉가 설명하는 것은?

보기
- 체온이 40°C 이상으로 오른다.
- 땀을 전혀 흘리지 않거나 과도하게 많이 흘린다.
- 신체 내 열을 외부로 발산하지 못해 고체온 발생 및 중추신경계의 이상을 보인다.
- 신속한 체온감소 조치와 병원 후송이 필요하다.

① 일사병　② 열사병
③ 고체온증　④ 열경련

06 〈보기〉의 ㉠~㉢에 해당하는 설명과 유아체육 프로그램의 구성원리가 올바르게 제시된 것은?

보기
㉠ 차기(kicking)의 개념 학습 후, 정지된 공에서 빠르게 움직이는 공의 순으로 수업을 설계한다.
㉡ 대근육 운동에서 소근육 운동으로 확장된 움직임 수업을 설계한다.
㉢ 발달 단계에 따른 민감기를 고려한 움직임 수업을 설계한다.

	㉠	㉡	㉢
①	연계성	전면성	특이성
②	다양성	방향성	적합성
③	연계성	방향성	적합성
④	다양성	적합성	개별성

07 <보기>의 ㉠~㉢에 들어갈 용어가 바르게 제시된 것은?

보기

㉠	• 일정 시기가 되면 자연히 발생되는 양적인 변화과정이다. • 신장, 체중, 신경조직, 세포증식의 확대에 의한 증가를 뜻한다.
㉡	• 신체, 운동, 심리적 측면에서 전 생애에 걸쳐 일어나는 체계적이고 연속적인 변화를 뜻한다. • 변화하는 속도에는 개인차가 있으며, 상승적 변화 뿐 아니라 하강적 변화도 포함한다.
㉢	• 기능을 더 높은 수준으로 발전할 수 있도록 하는 질적변화를 뜻한다. • 신체적, 생리적 변화뿐 아니라 행동 변화까지 포함한다.

	㉠	㉡	㉢
①	성숙	발달	성장
②	발달	성숙	성장
③	성장	발달	성숙
④	발달	성장	성숙

08 <보기>는 대근운동발달검사-II(Test of Gross Motor Development-II: TGMD-II)의 영역별 검사항목이다. ㉠, ㉡에 들어갈 항목이 바르게 연결된 것은?

보기

구분	영역	세부 검사항목
대근 운동 기술	이동 기술	달리기, 제자리멀리뛰기, 외발뛰기(hop), (㉡), 립(leap), 슬라이드(slide)
	(㉠) 기술	공 던지기(over-hand throw), 공 받기, 공 치기(striking), 공 차기, 공 굴리기, 공 튕기기(dribble)

	㉠	㉡
①	안정성	갤롭(gallop)
②	물체 조작	피하기(dodging)
③	안정성	피하기(dodging)
④	물체 조작	갤롭(gallop)

09 <보기>는 인지발달 관점에 따른 주요 이론의 내용이다. ㉠~㉣에 들어갈 용어가 바르게 제시된 것은?

보기

이론	발달단계	주요 개념	인지발달의 방향
인지 발달 단계 이론	감각운동기 전조작기 구체적 조작기 (㉡)	(㉢) 동화조절	내부 → 외부
(㉠)	연속적 발달단계	내면화 (㉣) 비계설정	외부 → 내부

	㉠	㉡	㉢	㉣
①	정보처리 이론	형식적 조작기	부호화	기억기술
②	사회문화적 이론	형식적 조작기	평형화	근접발달영역
③	정보처리 이론	성숙적 조작기	부호화	근접발달영역
④	사회문화적 이론	성숙적 조작기	평형화	기억기술

10 반사 움직임 시기의 '정보 부호화 단계(information encoding stage)'에 대한 설명으로 옳지 않은 것은?

① 피질의 발달과 특정 환경적 억제 요인의 감소 현상이 일어난다.
② 태아기를 거쳐 생후 약 4개월까지 관찰될 수 있는 불수의적 움직임의 특징을 보인다.
③ 뇌 중추는 다양한 강도와 지속시간을 가진 여러 자극에 대해 불수의적 반응을 유발할 수 있다.
④ 뇌하부 중추는 운동 피질보다 더 많이 발달하며 태아와 신생아의 움직임을 제어하는데 필수적이다.

11 체육과 교육과정(2022)에서 추구하는 핵심적인 신체활동 역량의 내용이 아닌 것은?

① 움직임 수행 역량: 운동, 스포츠, 표현 활동 과정에서 동작에 필요한 지식, 기능, 태도를 다양한 상황에 적용하며 발달한다.
② 건강관리 역량: 체육과 내용 영역에서 학습한 신체활동을 일상생활에서 실천하며 함양한다.
③ 신체활동 문화 향유 역량: 각 신체활동 형식의 특성을 이해하고 인류가 축적한 문화적 소양을 내면화하여 공동체 속에서 실천하면서 길러진다.
④ 자기 주도성 역량: 신체적으로 활동적인 삶을 사는 데 필요한 움직임을 다양한 환경에서 수행하고 적용함으로써 길러진다.

12 〈보기〉의 지도자별 교수 방법이 바르게 연결된 것은?

보기

A 지도자: 콘을 지그재그로 통과하면서 드리블하는 시범을 보이고 따라 하게 유도한다. 실수하거나 느린 아이들은 지적하면서 동작을 수정해준다.
B 지도자: 아이들이 개별적으로 볼을 가지고 놀면서 자유롭게 드리블을 하게 한다. 모든 공간을 쓸 수 있게 허용한다. 어떠한 신체 부위를 사용하든지 관여하지 않는다.
C 지도자: 인사이드 드리블, 아웃사이드 드리블 등 다양한 유형의 기술을 시범 보인다. 이후에 아이들이 자신이 좋아하거나 잘하는 기술 위주로 자유롭게 선택하여 연습할 수 있도록 유도한다.
D 지도자: 활동 전 아이들에게 어떻게 하면 콘을 건드리지 않고 드리블해 나갈 수 있을지를 질문한 후 실제 활동을 하게 한다. 이후 다양한 수준을 가진 아이들의 수행을 관찰하게 한다.

① A 지도자: 탐색적(exploratory) 방법
② B 지도자: 과제 중심 접근(task - oriented) 방법
③ C 지도자: 지시적 교수법(command style teaching)
④ D 지도자: 안내 - 발견적(guide - discovery) 방법

13 〈보기〉는 퍼셀(M. Purcell)이 제시한 동작교육과정에 관한 내용이다. ㉠~㉢에 해당하는 용어가 바르게 연결된 것은?

보기

• (㉠): 전신의 움직임, 신체 부분의 움직임
• (㉡): 수준, 방향
• (㉢): 시간, 힘
• (관계): 파트너/그룹, 기구 · 교수 자료

	㉠	㉡	㉢
①	공간 인식	노력	신체 인식
②	신체 인식	공간 인식	노력
③	노력	신체 인식	공간 인식
④	신체 인식	노력	공간 인식

14 〈보기〉는 인간행동의 '역학적 요인'이다. ㉠~㉢에 들어갈 용어가 바르게 연결된 것은?

보기

• 안정성 요인: 중력 중심, 중력선, (㉠)
• 힘을 가하는 요인: 관성, (㉡), 작용/반작용
• 힘을 받는 요인: 표면적, (㉢)

	㉠	㉡	㉢
①	지지면	가속도	거리
②	가속도	거리	지지면
③	지지면	거리	가속도
④	거리	가속도	지지면

15 <표>는 미국스포츠의학회(ACSM, 2022)의 '어린이와 청소년을 위한 FITT(빈도, 강도, 시간, 형태) 권고사항'이다. ㉠~㉢에 들어갈 용어가 바르게 연결된 것은?

구분	유산소 운동	저항 운동	뼈 강화 운동
형태	여러 가지 스포츠를 포함한 즐겁고 (㉠)에 적절한 활동	신체활동은 (㉡)되지 않은 활동이나 (㉡)되고 적절하게 감독할 수 있는 활동으로 구성	달리기, 줄넘기, 농구, 테니스 등과 같은 활동
시간	하루 (㉢) 이상의 운동시간이 포함되도록 함		

	㉠	㉡	㉢
①	기술 향상	분절화	60분
②	성장 발달	분절화	40분
③	성장 발달	구조화	60분
④	기술 향상	구조화	40분

16 기본 움직임 과제들의 '기술 내 발달 순서(intraskill sequences)'에 관한 설명으로 옳지 <u>않은</u> 것은?

① 기본 움직임 패턴에서 신체 부위들의 발달 속도는 서로 다를 수 있다.
② 기본 움직임 기술의 습득 및 성숙은 과제 · 개인 · 환경 요인들에 영향을 받는다.
③ 움직임 기술의 발달 단계 구분은 움직임 패턴의 특수성이나 관찰자의 정교함에 영향을 받지 않는다.
④ 갤러휴(D. Gallahue)와 클렐랜드(F. Cleland)는 운동기술의 발달 순서에 대해 시작, 초보, 성숙으로 분류하였다.

17 '국민체력100'에서 제시하는 유아기 체력측정에 관한 설명으로 옳은 것만을 모두 고른 것은?

보기

ㄱ. 체력측정은 건강체력과 운동체력 항목으로 나뉜다.
ㄴ. 건강체력 측정의 세부항목으로는 10m 왕복 오래달리기, 상대악력, 윗몸말아올리기, 앉아윗몸앞으로굽히기 등이 있다.
ㄷ. 운동체력 측정의 세부항목으로는 5m x 4 왕복달리기, 제자리 멀리뛰기, 3 x 3 버튼 누르기 등이 있다.

① ㄱ, ㄴ　② ㄱ, ㄷ
③ ㄴ, ㄷ　④ ㄱ, ㄴ, ㄷ

18 유소년 운동프로그램 구성의 기본원리에 대한 설명으로 옳은 것만을 모두 고른 것은?

보기

ㄱ. 가역성의 원리: 운동을 중단하면 운동의 효과가 없어지므로 꾸준히 지속하는 것이 중요하다.
ㄴ. 전면성의 원리: 운동을 부상 없이 효과적으로 수행하기 위해서는 운동강도 및 운동량을 점차적으로 증가시켜야 한다.
ㄷ. 점진성의 원리: 신체의 특정 부위에 치중하지 않고, 전신 운동을 통해 신체를 균형 있게 발달시킨다.
ㄹ. 과부하의 원리: 운동 강도가 일상적인 활동보다 높아야 체력이 증진된다.

① ㄱ, ㄹ　② ㄴ, ㄷ
③ ㄱ, ㄷ, ㄹ　④ ㄴ, ㄷ, ㄹ

19 〈표〉는 갤러휴(D. Gallahue)의 운동에 대한 2차원 모델이다. ㉠~㉢에 들어갈 내용이 바르게 연결된 것은?

운동발달 단계	움직임 과제의 의도된 기능		
	안정성	이론	조작
반사 움직임 단계	• 직립 반사	• 걷기 반사	(㉢)
초보 움직임 단계	(㉠)	• 포복하기	• 잡기
기본 움직임 단계	• 한발로 균형잡기	• 걷기	• 던지기
전문화 움직임 단계	• 축구 페널티킥 막기	(㉡)	• 야구 공치기

	㉠	㉡	㉢
①	포복하기	축구 골킥하기	손바닥 파악반사
②	머리와 목 제어	육상 허들 넘기	손바닥 파악반사
③	포복하기	육상 허들 넘기	목 가누기 반사
④	머리와 목 제어	축구 골킥하기	목 가누기 반사

20 〈보기〉의 동작에서 성숙단계로 발달하도록 지도하는 방법으로 적절하지 않은 것은?

보기

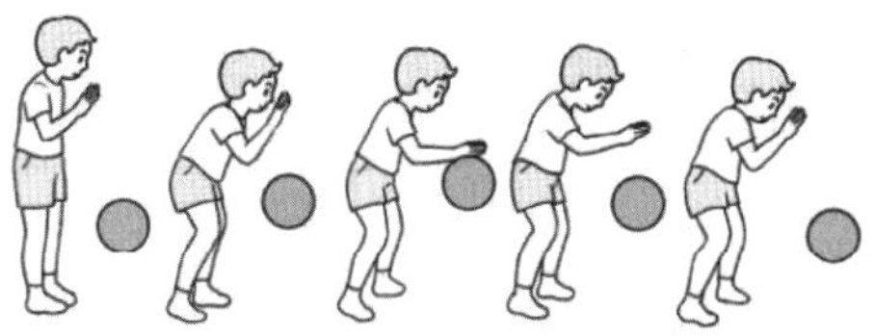
시작 단계의 드리블 동작

① 두 발을 벌리고, 내민 발의 반대편 손을 앞으로 내밀어 드리블하도록 지도한다.
② 허리 높이에서 몸통을 약간 앞으로 기울여 드리블하도록 지도한다.
③ 공을 튀길 때 손목 스냅을 이용하여 공을 바닥 쪽으로 밀어내도록 지도한다.
④ 공을 튀길 때 손바닥으로 공을 때리도록 지도한다.

노인체육론

01 노화에 따른 생리적 변화로 옳은 것은?

① 1회 박출량 증가
② 동 · 정맥산소차 감소
③ 근육의 산화능력 증가
④ 심장근육의 수축시간 감소

02 〈보기〉가 설명하는 노화이론은?

보기

항체의 이물질에 대한 식별능력이 저하되어 이물질이 계속 체내에 있으면서 부작용을 일으켜 노화 촉진

① 유전적노화이론
② 교차연결이론
③ 사용마모이론
④ 면역반응이론

03 〈보기〉가 설명하는 노화의 특징은?

보기

- 노화는 신체기능에 부정적 영향을 미쳐 사망을 초래한다.
- 나이가 들면서 신체기능이 더 좋아지면 노화가 아니다.

① 보편성　② 내인성
③ 점진성　④ 쇠퇴성

04 〈보기〉에서 설명하는 노인의 행동 변화 이론은?

보기

- 인간의 행동 변화는 환경의 영향, 개인의 내적 요인, 행동 요인에 영향을 받는다.
- 자아효능감은 행동 변화와 밀접한 관련이 있다.
- 운동지도자의 격려를 통해 지속적으로 운동프로그램에 참여한다.

① 지속성이론(continuity theory)
② 건강신념모형(health belief theory)
③ 사회인지이론(social cognitive theory)
④ 계획행동이론(planned behavior theory)

05 노인 폐질환에 관한 설명으로 옳지 않은 것은?

① 천식의 증상은 운동으로 악화되지 않는다.
② 만성폐쇄성폐질환자의 기도저항은 호흡근 약화를 초래한다.
③ 만성폐쇄성폐질환의 주요 증상은 호흡곤란, 가래, 만성적인 기침이다.
④ 천식 환자의 운동유발성기관지수축은 추운 환경, 대기오염, 스트레스에 의해 촉발된다.

06 한국형 노인체력검사(국민체력 100)의 측정항목과 측정방법의 연결이 옳지 않은 것은?

	측정항목	측정방법
①	협응력	8자 보행
②	심폐지구력	6분 걷기
③	상지 근 기능	덤벨 들기
④	유연성	앉아 윗몸 앞으로 굽히기

07 노인의 생활 기능 분류에서 도구적 일상생활 활동(Instrumental Activities of Daily Living : IADLs)에 해당하는 것은?

① 요리
② 목욕
③ 옷 입기
④ 화장실 사용

08 미국스포츠의학회(ACSM , 2022)가 제시한 노인의 운동지침으로 옳지 <u>않은</u> 것은?

① 유연성 운동: 약간의 불편감이 느껴질 정도로 30~60초 동안의 정적 스트레칭
② 유산소 운동: 중강도로 주 5일 이상 또는 고강도로 주 3일 이상의 대근육 운동
③ 파워 운동: 빠른 속도로 1RM의 60% 이상의 고강도 근력운동을 10~14회 반복
④ 저항 운동: 8~10종의 대근육군 운동, 초보자는 1RM의 40~50% 강도의 체중부하운동

09 노인의 신체기능검사에 관한 설명으로 옳지 <u>않은</u> 것은?

① 6분 걷기 검사는 6분 동안 걸을 수 있는 최대거리(m)로 심폐지구력을 평가하고, 장거리 보행이나 계단 오르기 등의 일상생활 동작과 관련이 있다.
② 기능적 팔 뻗기 검사(FRT)는 균형을 잃지 않고 팔이 닿을 수 있는 최대거리를 측정하여 동적 평형성을 평가하고, 노인의 낙상 위험도 범주 분류에 사용된다.
③ 노인체력검사(SFT)의 어깨 유연성을 평가하는 '등 뒤에서 손잡기' 검사는 머리 위로 옷을 벗거나, 자동차에서 안전벨트를 매는 동작과 관련된 항목이다.
④ 단기신체기능검사(SPPB)는 보행 속도, 균형 능력 및 의자 앉았다 일어나기 시간의 점수를 합산하여 평가하고 점수가 높을수록 더 낮은 기능을 의미한다.

10 〈보기〉에서 〈표〉의 특성을 가진 노인의 운동처방에 관한 설명으로 옳은 것만을 모두 고른 것은? (단, ACSM. 2022 기준)

- 나이: 68세
- 성별: 남
- 흡연
- 신장: 170 cm
- 체중: 65 kg
- BMI: 22.5 kg/m^2
- 혈압: SBP 129 mmHg, DBP 88 mmHg
- LDL－C: 123mg/dL, HDL－C: 41 mg/dL
- 공복시 혈당: 98mg/dL
- 근력운동의 경험 없음
- 지난 3개월 동안 주 2회, 20분 정도의 천천히 걷기 운동
- 걷기 운동 시 별다른 신체적 증상 없으나 가끔 종아리 통증이 느껴짐.

보기

ㄱ. 심혈관질환 위험요인의 양성 위험요인은 1개이다.
ㄴ. 선별알고리즘에 따라 중강도 운동 시 의료적 허가가 권장되지 않는다.
ㄷ. 운동자각도(10점 척도) 5~6의 빠르게 걷는 유산소 운동을 한다.
ㄹ. 1RM의 40~50%의 강도로 대근육군을 활용한 근력 강화 운동을 한다.
ㅁ. 과체중이므로 체중감량을 위한 운동처방을 해야 한다.

① ㄱ, ㄴ, ㄷ　　② ㄱ, ㄹ, ㅁ
③ ㄴ, ㄷ, ㄹ　　④ ㄷ, ㄹ, ㅁ

11 페르브뤼헌과 예터 (L. Verbrugge & A. Jette, 1994)의 장애과정 모델에서 장애에 이르는 과정을 옳게 나열한 것은?

① 손상 → 기능적 제한 → 병 → 장애
② 병 → 손상 → 기능적 제한 → 장애
③ 손상 → 병 → 기능적 제한 → 장애
④ 병 → 기능적 제한 → 손상 → 장애

12 에릭슨(Erikson, 1986)의 심리사회적 단계가 옳게 나열된 것은?

연령 증가 →

① 생산적 대 정체 → 자아 주체성 대 절망 → 친분 대 고독
② 친분 대 고독 → 생산적 대 정체 → 자아 주체성 대 절망
③ 자아 주체성 대 절망 → 생산적 대 정체 → 친분 대 고독
④ 생산적 대 정체 → 친분 대 고독 → 자아 주체성 대 절망

13 〈보기〉에서 설명하는 것은?

보기

- 죽상동맥경화 병변이 특징인 질환이다.
- 위험요인은 연령, 흡연, 고혈압, 당뇨병, 이상지질혈증이다.
- 주요 증상은 체중부하 움직임 시 하지의 간헐적 파행이다.

① 뇌졸중(stroke)
② 근감소증(sarcopenia)
③ 신장질환(kidney disease)
④ 말초동맥 질환(peripheral arterial disease)

14 노화에 따른 호흡계 변화로 옳은 것은?

① 잔기량의 감소
② 흉곽의 경직성 감소
③ 생리학적 사강의 감소
④ 호흡기 중추신경 활동에 대한 민감성 감소

15 〈보기〉에서 노인 당뇨병 환자의 운동 효과로 옳은 것만을 모두 고른 것은?

보기

ㄱ. 인슐린 저항성 증가
ㄴ. 체지방감소
ㄷ. 죽상동맥경화 합병증 위험 감소
ㄹ. 인슐린 민감성 감소
ㅁ. 골격근의 포도당 수송 능력 감소
ㅂ. 당뇨병 전단계에서 제2형 당뇨병으로의 진행 예방

① ㄱ, ㄴ, ㅂ ② ㄴ, ㄷ, ㄹ
③ ㄴ, ㄷ, ㅂ ④ ㄹ, ㅁ, ㅂ

16 세계보건기구(World Health Organization)가 제시한 노인의 신체활동에 대한 심리적 단기 효과는?

① 이완(relaxation)
② 기술 획득(skill acquisition)
③ 인지 향상(cognitive improvement)
④ 운동제어와 수행(motor control and performance)

17 노화에 따른 인지기능 변화로 옳지 않은 것은?

① 유동성 지능의 감소
② 결정성 지능의 감소
③ 단기 기억력의 감소
④ 인지 처리 속도의 지연

18 노인의 근·골격계 질환에 관한 권장 운동으로 옳지 <u>않은</u> 것은?

① 골다공증: 골밀도 증가를 위한 수영
② 관절염: 관절 부담을 적게 주는 자전거 운동
③ 척추질환: 단축된 결합조직을 이완시키는 유연성 운동
④ 근감소증: 넘어짐을 예방하기 위한 체중부하 근력 운동

19 〈보기〉에서 치매 노인에게 적합한 운동 형태로 옳은 것만을 모두 고른 것은?

보기

ㄱ. 계단 오르내리기
ㄴ. 밴드를 이용한 저항 운동
ㄷ. 물건 들고 안전하게 보행하기
ㄹ. 대근육군을 사용하는 자전거 타기

① ㄱ, ㄴ, ㄷ, ㄹ ② ㄴ, ㄷ, ㄹ
③ ㄷ, ㄹ ④ ㄹ

20 노인 운동 시 위험관리에 관한 지침으로 옳은 것만을 모두 고른 것은?

보기

ㄱ. 신체활동 프로그램 시작 전에 신체적 기능에 따라 참여자들을 선별한다.
ㄴ. 심정지 노인의 심폐소생술 시행 중에는 자동심장충격기를 사용하지 않는다.
ㄷ. 시각적 문제가 있는 경우 적절한 조명과 거울로 된 벽, 방향 표시를 한다.
ㄹ. 청각적 문제가 있는 경우 잘 들리지 않는 귀 쪽으로 큰 소리로 이야기하며 지도한다.
ㅁ. 심장질환의 징후인 가슴통증, 호흡곤란, 불규칙한 심박수가 나타나면 운동을 바로 중단한다.

① ㄱ, ㄴ, ㄹ ② ㄱ, ㄷ, ㅁ
③ ㄴ, ㄷ, ㅁ ④ ㄷ, ㄹ, ㅁ

스포츠교육학

01	02	03	04	05	06	07	08	09	10
④	③	①	③	①	①	②	④	①	②
11	**12**	**13**	**14**	**15**	**16**	**17**	**18**	**19**	**20**
②	④	①	③	③	②	②	③	④	④

01 ④

| 정답해설 |

확산 발견형 스타일은 구체적인 인지 작용을 통해 다양한 해답을 발견할 필요가 있을 때 사용된다.

| 추가해설 |

확산 생산식 스타일

- 구체적인 인지 작용을 통해 다양한 해답들을 발견
- 교사는 문제를 결정하고 학생의 반응을 수용하는 동시에 과제에 대한 검증자료 제공
- 학생은 확산적인 반응을 생성하며 문제에 대한 설계, 해답, 반응을 발견

02 ③

| 정답해설 |

체육 프로그램에서 학습한 배려를 일상생활에서 실천하는 것은 학교 밖에서 훌륭한 역할 본보기를 보이는 전이 단계에 해당한다.

| 추가해설 |

헬리슨(D. Hellison)의 책임감 수준

단계	특징	의사결정
5단계	전이	• 지역사회 환경에서 타인 가르치기 • 집에서 개인적 체력 프로그램 실행하기 • 청소년 스포츠 코치로 자원하기 • 학교 밖에서 훌륭한 본보기되기

03 ①

| 정답해설 |

실제평가는 수행평가의 한 형태로 실제 상황에서 요구되는 과제와 유사하거나, 같은 과제의 수행을 통해 피평가자를 측정하는 평가 방법이다.

| 추가해설 |

평가의 기준

준거지향평가	• 교육목표를 준거로 하여 목표의 달성도를 평가하는 방법 • 지도목표를 평가준거로 하기에 '목표지향 평가'라고도 불림
규준지향평가	학습자의 학업성취도를 상호 간의 상대적 비교를 통해 성적을 결정하는 평가
자기지향 평가	학습자의 지식과 기능을 활용해 학습과제를 스스로 수행하여 판단하는 평가
수행평가	학생의 수행이나 산출물을 직접 관찰하거나 검토한 것을 토대로 수행이나 산출물에 대한 질적인 평가
동료평가	집단 구성원 간 서로의 평가 방법으로, 서로 간에 객관적인 상호평가로 구성원들이 건설적인 방향으로 발전하도록 제언하기 위해 활용되는 평가

04 ③

| 정답해설 |

동료와의 협력은 체육 프로그램의 목표 중 정의적 영역에 해당하는 내용이다.

| 오답해설 |

① 체육 프로그램의 목표 중 심동적 영역에 해당하는 내용이다.
②, ④ 체육 프로그램의 목표 중 인지적 영역에 해당하는 내용이다.

| 추가해설 |

크래스홀(Krathwhol)의 정의적 영역

수용화	• 정보를 얻기 위해 관심을 기울여 보고, 듣는 능력 • 예 학생은 미국의 여성 스포츠 역사를 읽을 수 있다.
반응화	• 학습자가 보고, 들은 것에 대해 논쟁, 토론, 또는 동의(비동의)하는 능력 • 예 학생이 자신이 체육을 왜 좋아하는지 5가지 이유를 나열할 수 있다.
가치화	• 행위 또는 행사의 중요도를 결정할 수 있는 능력 • 예 학생은 사람들이 정기적으로 운동해야 하는 이유를 이해한다.
조직화	• 가치들을 비교하여 결정하고, 판단과 선택을 위해 조직화하는 능력 • 예 학생은 건강 체력 활동의 중요성을 말할 수 있다.)
인격화	• 가치들을 내면화하여 학생이 일상생활에 실천하는 능력 • 예 학생은 수업시간 이외 활동에서 게임 규칙과 예절을 지킬 수 있다.

05 ①

| 정답해설 |

연습형 스타일은 교사가 학습자 개인에게 스스로 과제를 연습할 시간을 제공하고, 개별 피드백을 제공할 필요가 있을 때 사용된다. 교사는 학습자를 관찰하며 개별적 피드백을 제공하거나 질문에 알맞은 답을 제공하고, 학습자는 과제활동 중 수업 장소, 수업 운영, 속도 · 리듬, 시작 · 정지 시간, 질문, 인터벌, 자세, 복장 · 외모의 9가지 의사결정을 한다.

06 ①

| 정답해설 |

블룸(B. Bloom)의 인지적 영역 수준 중 분석은 자료를 구성요소로 분류하고, 요소들 간의 상호관계를 이해하는 능력을 말한다. <보기>는 배드민턴 경기에서 상대 선수의 서비스와 관련된 자료를 분류해 이해하고 있으므로 분석에 해당한다.

| 추가해설 |

블룸(B. Bloom)의 인지적 영역

지식	• 사전에 학습된 정보를 회상할 수 있는 능력 • 예 학생은 테니스 라켓의 각 부분을 말할 수 있다.
이해	• 정보의 의미를 이해하는 능력 • 예 학생은 풋워크의 중요성을 설명할 수 있다.
적용	• 정보를 새롭고 구체적으로 적용할 수 있는 능력 • 예 학생은 보다 공정한 시합을 위해 게임 규칙을 적용할 수 있다.
분석	• 자료를 구성요소로 분류하고, 요소들 간의 상호관계를 이해하는 능력 • 예 학생은 동료의 수행을 관찰하고 실수를 찾아낼 수 있다.
종합	• 부분을 전체로 통합할 수 있는 능력 • 예 학생은 플래그 풋볼에서 공격적인 경기를 계획할 수 있다.
평가	• 상반되는 의견이 있는 상황에서 가치를 판단하는 능력 • 예 학생은 체조 시합을 판정할 수 있다.

07 ②

| 정답해설 |

<보기>는 토큰기법(토큰 수집)에 관한 설명이다. 토큰 수집이란 학습자가 어떤 행동을 할 때마다 점수를 제공하여 일정 수준이 되면 보상을 제공하는 행동수정기법이다.

| 추가해설 |

지도내용의 행동수정기법

행동계약	행동에 따른 보상과 처벌에 관한 규칙을 학생과 함께 결정
행동공표	행동계약으로 결정된 보상과 처벌을 공식적으로 공고
프리맥 원리	좋아하는 활동으로 싫어하는 활동에 학습동기를 부여
토큰 기법	어떤 행동을 할 때마다 점수를 제공해 일정 수준이 되면 보상을 제공
타임아웃	위반 행동에 대한 처벌로 일정 시간 동안 활동에 참가할 수 없도록 제지

08 ④

| 정답해설 |

지도자가 개념을 설명할 수 있는 지식은 메츨러(M. Metzler)의 절차적 지식 중 명제적 지식에 관한 설명이다.

| 추가해설 |

메츨러(M. Metzler)의 3가지 교사 지식

명제적 지식	• 교사가 구두나 문서로 표현할 수 있는 지식 • 체육수업에 필요한 여러 가지 내용에 대한 지식과 관련된 정보(규칙, 원리, 내용, 움직임)를 의미
절차적 지식	• 교사가 실제로 수업 전, 중, 후에 적용할 수 있는 지식 • 수업 관리에 필요한 지식으로 명제적 지식을 활용하는 능력을 의미
상황적 지식	교사가 특수한 상황에서 적절한 의사결정을 언제, 왜 해야 하는지에 대한 것

09 ①

| 정답해설 |

학교의 장은 원거리에서 통학하는 학생 선수를 위하여 기숙사를 운영할 수 있다.

| 추가해설 |

「학교체육 진흥법」 제11조(학교운동부 운영 등) ④ 학교의 장은 학생선수의 학습권 보장 및 신체적 · 정서적 발달을 위하여 학기 중의 상시 합숙훈련이 근절될 수 있도록 노력하여야 한다. 다만, 경기대회 참가 등을 위하여 불가피하게 합숙훈련을 실시하는 경우에는 학생선수의 안전 및 인권보호를 위하여 필요한 조치를 하여야 한다.

⑤ 학교의 장은 원거리에서 통학하는 학생선수를 위하여 기숙사를 운영할 수 있다. 이 경우 필요한 사항은 교육부령으로 정한다.

10 ②

| 정답해설 |

부상당한 학습자의 처리는 학습과 관련은 있으나, 직접적인 기여는 없는 간접기여 행동에 속한다.

| 추가해설 |

지도자 행동 유형

- 비기여 행동: 수업에 기여할 여지가 없는 행동
- 간접기여 행동: 학습에 관련은 있지만, 직접적인 기여는 없는 행동
- 집적기여 행동: 직접적으로 학습에 기여하는 행동

11 ②

| 정답해설 |

신호 간섭은 시선과 손동작 등 학습자의 부주의한 행동을 감소시키는 교수 행동이다.

12 ④

| 정답해설 |

「국민체육진흥법」 제12조(체육지도자의 자격취소 등) ① 문화체육관광부장관은 체육지도자가 다음 각 호의 어느 하나에 해당하면 제12조의2에 따른 체육지도자 자격운영위원회의 의결에 따라 그 자격을 취소하거나 5년의 범위에서 자격을 정지할 수 있다. 다만, 제1호부터 제4호까지의 어느 하나에 해당하면 그 자격을 취소하여야 한다.

1. 거짓이나 그 밖의 부정한 방법으로 체육지도자의 자격을 취득한 경우
2. 자격정지 기간 중에 업무를 수행한 경우
3. 체육지도자 자격증을 타인에게 대여한 경우
4. 제11조의5 각 호의 어느 하나에 해당하는 경우
5. 선수의 신체에 폭행을 가하거나 상해를 입히는 행위를 한 경우
6. 선수에게 성희롱 또는 성폭력에 해당하는 행위를 한 경우
7. 제11조의6 제1항에 따른 재교육을 받지 아니한 경우
8. 그 밖에 직무수행 중 부정이나 비위 사실이 있는 경우

13 ①

| 정답해설 |

<보기>는 피드백 및 교정(4단계) 단계에 관한 설명이다. 피드백과 교정에 관한 설명은 초기 학습과제가 이루어질 때 혹은 과제연습의 사이에 이루어진다. 지도자는 학습자에게 다음 과제를 제시하기 위해 핵심단서를 가르치거나 이전 학습과제를 되풀이할 수 있다.

| 추가해설 |

직접 교수 모형의 6단계

- 1단계: 전시과제복습
- 2단계: 새로운 과제제시
- 3단계: 초기 과제연습
- 4단계: 피드백 및 교정
- 5단계: 독자적 연습
- 6단계: 본시학습복습

14 ③

| 정답해설 |

IT 매체 활용의 효과로는 피드백 효과, 학습자 동기 효과, 의사소통 효과가 있다.

| 추가해설 |

IT 매체의 효과적 활용

피드백 효과	• 피드백 양 증가 • 피드백의 정확성 증가 • 즉시적 피드백 증가
학습자 동기 효과	• 스스로를 평가하는 과정은 수행자의 자기통제성을 향상시킴 • 흥미를 이끌어낼 수 있어 운동수행의 내적 동기가 강화됨
의사소통 효과	• IT 매체에 저장된 정보는 지도자와 학습자, 학습자 간의 의사소통을 증진시킴 • IT 매체를 통해 지도자와 학습자, 학습자 간 소통할 수 있는 가능성을 증진시킴

15 ③

| 정답해설 |

<보기>는 축소 수업에 관한 설명이다. 축소 수업(마이크로 티칭)이란 예비지도자가 모의 상황에서 동료 또는 소수의 참여자를 대상으로 일정한 시간 내에 구체적인 내용으로 지도기능을 연습하는 방법을 말한다.

16 ②

| 정답해설 |

지도사가 의사전달을 위하여 학습자의 신체를 바른 자세로 직접 교정해주는 지도 정보 단서는 조작 단서이다.

17 ②

| 정답해설 |

예방적 수업 운영이란 직접적인 학습 지도는 아니지만, 수업 자체를 관리하는 것을 말한다. 이에는 수업시간 준수, 주의 집중 신호, 격려 활동, 피드백 등이 있다.

18 ③

| 정답해설 |

<보기>는 정규게임의 대표성과 과장성을 반영하여 구성한 변형게임에 관한 설명이다. 그리핀(L. Griffin), 미첼(S. Mitchell), 오슬린(J. Oslin)은 이해중심 게임 모형을 변형게임으로 구성할 경우, 이의 핵심 내용인 대표성과 과장성이 반영되어야 한다고 주장한 바 있다.

| 추가해설 |

대표성과 과장성

대표성	게임의 형식은 나중에 학생의 정식 게임 참여 시 접하게 될 실제상황을 포함해야 한다.
과장성	학생이 오로지 게임 전술에 중점을 둘 수 있도록 게임의 형식이 설정되어 있어야 한다.

19 ④

| 정답해설 |

실제학습 시간(Academic Learning Time: ALT)은 학습목표 관련 신체활동에 성공을 경험하며 소비한 시간을 의미한다.

| 추가해설 |

학습 목표와 관련된 신체활동 소비시간

할당시간(AT)	신체활동에 참여하도록 계획된 시간
운동참여시간(MET)	실제로 신체활동에 참여한 시간
과제참여시간(TOT)	학습과제 관련 신체활동에 참여한 시간
실제학습시간(ALT)	학습목표 관련 신체활동에 성공을 경험하며 소비한 시간

20 ④

| 정답해설 |

학습자 평가는 학습 과정을 배제하고 결과 중심으로 순위를 결정하기 위한 목적으로는 활용되지 않는다.

| 추가해설 |

학습자 평가의 목적

- 교수-학습 효과성
- 학습자 운동수행 참여 및 동기 촉진
- 학습자의 학습 상태와 학습 지도 정보 제공
- 학습 지도 및 관리 운영 효율성을 위한 집단 편성
- 학습자 역량 판단으로 이수 과정 선택 정보 제공
- 교육 프로그램 및 교육과정 적절성 등 확인
- 교육 목표에 따른 학습 진행 상태 점검 및 지도 활동 조정

스포츠사회학

01	02	03	04	05	06	07	08	09	10
②	①	③	②	④	④	④	②	①	④
11	**12**	**13**	**14**	**15**	**16**	**17**	**18**	**19**	**20**
③	③	④	②	②	①	③	①	③	①

01 ②

| 정답해설 |

사회 통제 기능은 스포츠의 사회적 역기능에 대한 설명이다.

02 ①

| 정답해설 |

<보기>는 갈등 이론에 대한 설명이다.

| 오답해설 |

② 비판 이론: 인간의 삶과 관련된 사회 현상 등을 규명, 폭로하고 비판하는 이론이다.

③ 상징적 상호작용론: 인간의 실체는 타자들과 상호 과정에서 구성되기 때문에 이 실체는 행위자의 입장에서 이해해야 하는 이론이다.

④ 구조기능주의 이론: 사회를 하나의 유기체로 보며, 사회는 상호 의존적인 제도로 구성되어 있는 이론이다.

03 ③

| 정답해설 |

<보기>는 스포츠와 정치결합에 대한 내용이다.

㉠ 본질과 다른 무엇을 대리하고 지칭하는 것이 상징이다.

㉡ 타자와 일체가 되어 동화하는 것으로 타자와 자아가 혼동된 상태는 동일화이다.

㉢ 압력을 증대시키고자 하는 목적에서 행해지는 조정이 조작이다.

04 ②

| 정답해설 |

미디어가 스포츠에 미치는 영향에는 경기 규칙 개정, 일정 및 시간 변경, 기술 전문화 및 표준화 등이 있다.

05 ④

| 정답해설 |

상업주의가 심화되면, 스포츠 경기 규칙은 공정성 제고가 아닌 관중의 흥미와 관심을 더 유발하여 더 큰 이익을 가지려는 상업주의 목표 달성을 위해 이루어진다.

06 ④

| 정답해설 |

A 선수는 선수에서 은퇴 후 수석코치로 수직이동하였다. 이는 한 개인의 생에 내에서의 이동으로 세대 내 이동으로 볼 수 있다. 또한, 개인의 능력과 노력으로 사회적 상승을 하여 개인 이동을 하였다.

| 추가해설 |

- 이동의 방향: 수직 이동(위, 아래 이동), 수평 이동(이동 없음)
- 시간적 거리: 세대 내 이동(개인 인생 중 이동), 세대 간 이동(다음 세대로 이동)
- 이동의 주체: 개인 이동(개인 신분 상승), 집단 이동(집단의 신분 상승)

07 ④

| 정답해설 |

스포츠미디어를 통한 바렐(S. Birrell)과 로이(J. Loy)의 욕구유형은 인지적 욕구, 정의적 욕구, 통합적 욕구, 도피적 욕구가 있다. 도피적 욕구는 스포츠를 통한 스트레스, 불안과 같은 부정적인 감정들을 해결하도록 지원하는 욕구유형이다.

| 오답해설 |

① 통합적 욕구: 스포츠의 사회 구성원들의 관심들을 엮어서 사회를 하나로 통합하는데 지원한다.

② 인지적 욕구: 스포츠 지식 전달, 경기결과 등과 같은 통계적 정보를 제공한다.

③ 정의적 욕구: 스포츠의 즐거움과 흥미 등을 제공한다.

08 ②

| 정답해설 |

<보기>는 스포츠의 정치적 속성 중 대표성에 대한 설명이다. 대표성은 선수의 충성심을 재확인하는 과정을 통해 스포츠 조직을 강화하는 것을 의미한다.

| 오답해설 |

① 보수성: 스포츠는 보수적 성격을 가지고 있다는 속성이다.
③ 상호 의존성: 스포츠와 정치는 정부기관이 관계하게 될 때 정확하게 드러나는 속성이다.
④ 권력투쟁: 스포츠 조직은 불평등하게 이루어지는 권력이 있다는 속성이다.

09 ①

| 정답해설 |

스포츠 일탈은 현장에서 발생하는 시간적, 공간적, 사회적과 상관없이 항상 존재하는 현상이기 때문에 일탈 사례가 부족하지 않다.

10 ④

| 정답해설 |

쿨 미디어 스포츠는 정의성은 낮고, 감각 참여성은 높고, 감각 몰입성은 높고, 경기진행 속도는 빠르다는 특성이 있다.

| 추가해설 |

- 쿨(cool) 미디어: 청각적이며, 감성적인 관여와 경향이 있다(전화, 영화, TV).
- 핫(hot) 미디어: 논리적이며, 정적이고 개인적인 경향이 있는 기록 스포츠이다(신문, 잡지, 라디오).

11 ③

[정답해설]

<보기>는 투민(M. Tumin)이 제시한 스포츠계층이 형성되는 과정을 설명하고 있다. 스포츠계층 형성과정 순서는 ㉢ 지위 구분 → ㉡ 지위 서열화 → ㉣ 평가 결과 → ㉠ 보수와 포상 순이다.

12 ③

| 정답해설 |

스포츠가 세계화될수록 인종차별은 줄어든다.

13 ④

| 정답해설 |

<보기>는 부가가치이론(사회변형이론)에 대한 설명이다.

| 오답해설 |

① 전염이론: 일부 사람들에 의하여 전염되듯이 관중폭력이 발생한다는 이론이다.
② 수렴이론: 일반적으로 가지고 있던 개인의 생각과 성향이 군중성으로 인해 관중폭력이 표출된다는 이론이다.
③ 규범생성이론: 어느 집단이 발전하는 과정에서 핵심적 인물의 행동과 일반적인 구성원 사이 새로운 규범이 만들어지며 발생하는 집단행동 이론이다.

14 ②

| 정답해설 |

부정적 일탈은 규범을 위반하는 행동으로 규범체계에 대한 과잉동조성향과는 상반된다.

15 ②

| 정답해설 |

머튼의 아노미이론에 대한 설명이다.
① 갈등이론: 스포츠 내에서 권력, 위광, 부, 특권이 불평등하게 배분되어 갈등이 생성된다는 이론이다.
③ 차별교제이론: 일탈적 행동 양식과 비일탈적 행동 양식 간의 차별적 접촉을 의미하는 이론이다.
④ 낙인이론: 일탈은 행위 자체의 속성이 나쁜 것이 아니라, 남들의 일탈이라고 낙인을 찍히는 것을 의미하는 이론이다.

16 ①

| 정답해설 |

<보기>는 검은 구월단 사건에 대한 설명이다.

17 ③

| 정답해설 |

상류계급은 TV 시청과 같은 관람 스포츠가 아닌 참여 스포츠를 더 선호한다.

| 추가해설 |

- 상류층 스포츠: 골프, 요트, 승마, 테니스 등의 시간적 경제적 여유를 바탕으로 개인스포츠 참여가 높음
- 중 · 하류층 스포츠: 야구, 축구 등과 같은 단체 스포츠와 복싱, 이종격투기 같은 자극적인 스포츠를 선호

18 ①

| 정답해설 |

<보기>는 스포츠 사회화의 과정 중 스포츠로의 사회화에 대한 설명이다.

| 오답해설 |

② 스포츠로부터의 재사회화: 스포츠 활동 중이던 사람이 여러가지 이유로 인하여 스포츠를 중단하는 스포츠로부터, 탈사회화 후 다시 스포츠 현장에서 활동하게 되는 것을 말한다.
③ 스포츠를 통한 사회화: 스포츠에 참여하는 과정 속에서 긍정적이고, 다양한 사회적 양식을 습득하는 것이다.
④ 스포츠로부터의 탈사회화: 여러가지 요인으로 인하여 스포츠를 중단하게 되는 것을 말한다.

19 ③

| 정답해설 |

<보기>는 스포츠의 교육적 순기능 중 평생체육과의 연계에 대한 설명이다.

| 추가해설 |

스포츠의 교육적 순기능

- 전인교육 도모: 학생들의 신체 · 정신 · 사회적으로 건강 증진, 정서 순화 등
- 사회통합 기능: 스포츠를 통한 학교와 지역사회 통합 기능
- 사회선도 효과: 욕구불만 등 소외 계층의 사회선도, 평생체육 활동 장려로 건전한 사회 교육 기능
- 평생체육과의 연계: 스포츠 참여를 통해 생애주기에 적합한 스포츠를 즐길 수 있는 습관 형성 가능

20 ①

| 정답해설 |

<보기>는 스포츠 참가의 유형 중 행동적 참가에 대한 설명이다.

| 오답해설 |

② 인지적 참가: 다양한 정보를 인지하여 스포츠에 참여하게 되는 참가이다.

③ 정의적 참가: 실제 스포츠에 참가하지는 않지만, 간접적으로 특정 선수나 팀 또는 경기상황에 대해 감정적인 태도나 성향을 표출하는 참가이다.

| 추가해설 |

행동적 참가

- 일차적 행동 참가: 스포츠에 직접 참여하여 행동하는 참가 형태(운동선수)
- 이차적 행동 참가: 스포츠 생산에 필요한 형태로 일어나는 행동 참가 형태(생산자)

스포츠심리학

01	02	03	04	05	06	07	08	09	10
③	①	②	③	④	④	③	②	②	④
11	**12**	**13**	**14**	**15**	**16**	**17**	**18**	**19**	**20**
①	④	②	③	④	①	①	③	③	①

01 ③

| 정답해설 |

상변이는 협응구조의 형태가 변화하는 현상이며, 비선형성의 원리를 따른다.

02 ①

| 정답해설 |

'농구 대회에서 우승한다'는 수행목표가 아닌 결과목표에 관한 내용이다.

03 ②

| 정답해설 |

<보기>는 운동 학습 시 주요 요인의 관련된 내용으로 ㉠ 파지검사, ㉡ 전이검사에 관한 내용이다.

| 추가해설 |

- 파지검사: 운동 연습으로 향상된 운동 수행 능력을 오랫동안 유지할 수 있는 능력이다.
- 전이검사: 이전 학습내용이 후속 학습내용에 영향을 주는 것을 의미한다.

04 ③

| 정답해설 |

마지막 홀에 있는 해저드에 대해 생각한다는 것은 주의집중 방법과 관련이 없는 내용이다.

05 ④

| 정답해설 |

<보기>의 ㉠ 선수는 시합에서 느꼈던 감정을 실제처럼 시각화하여 떠올리는 이미지에 많은 감각을 활용한다. 이는 심상의 선명도에 관한 설명이다. ㉡ 선수는 부정적인 수행 장면을 성공적인 수행 이미지로 떠올리면서 긍정적인 효과를 발생시키는데, 이는 심상의 조절력을 설명한다.

06 ④

| 정답해설 |

<보기>는 보강적 피드백(외적 피드백) 유형 중 수행지식에 관한 내용이다.

| 오답해설 |

① 내적 피드백, ② 감각 피드백은 같은 의미로 운동을 수행함으로써 자동으로 발생하는 정보에 해당한다.

07 ③

| 정답해설 |

<보기>는 집단 응집력에 관한 내용이다. 집단 응집력은 혼자일 때 보다 집단에 속해있을 때 더 게을러지는 현상이다.

㉠ 링겔만 효과: 사회적 태만이라고도 한다.

㉡ 동기 손실: 집단의 인원수가 증가할 때 발생하는 개인의 수행 감소가 나타나는 현상을 말한다.

08 ②

| 정답해설 |

피츠(P.Fitts)와 포스너(M.Posner)의 학습 단계 이론

- 인지단계(㉢): 제일 처음 학습하는 단계로 학습의 개념, 움직임을 인지하는 단계이다. 동작이 느리고, 비효율적이며 일관성이 없다.
- 연합단계(㉡): 오류가 발생하면 수정하려고 노력하는 단계로, 동작이 능숙하고, 신뢰성을 가진다.
- 자동화단계(㉠): 정확한 동작 구현, 일관성, 효율적, 동작의 자동 조절 단계이다.

09 ②

| 정답해설 |

와이너(B.Weiner)의 3차원 귀인 요소 중 개인의 노력에 관한 내용으로 내적이며, 불안정적이고, 통제가 가능하다.

| 오답해설 |

①, ③ 외적이며, 안정적이고, 통제 불가능함은 개인의 '과제 난이도'에 관한 내용이다.

④ 내적이며, 안정적이고, 통제 불가능(가능 ×)은 개인의 '능력'에 관한 내용이다.

10 ④

| 정답해설 |

<보기>에서 수현이는 이전에 배드민턴을 배우다가 후속으로 테니스를 배우는 과정에서 학습의 이해가 부정적으로 방해가 되었다. 이는 부정적 전이라고 한다.

11 ①

| 정답해설 |

자극 제시부터 반응 시작하는 사이는 ㉠ 반응시간, 반응 시작부터 반응 종료 사이는 ㉡ 움직임 시간, 자극 제시부터 반응 종료 간의 사이는 ㉢ 전체 반응시간을 의미한다.

12 ④

| 정답해설 |

<보기>는 부정적인 자극을 긍정적인 생각으로 대체시키는 훈련 방법으로써 인지 재구성에 관한 개념이다.

| 오답해설 |

① 사고 정지: 부정적인 생각이 떠오르면 스스로 이를 정지시키고, 더 이상의 부정적 생각이 떠오르는 것을 막는 훈련 방법이다.

② 자생 훈련: 스스로 최면 상태에 도달하여 신체의 온도 변화를 느끼는 기술 훈련이다.

③ 점진적 이완: 자기관리를 통해서 자율신경계의 기능을 조절하고, 스트레스를 완화시키는 방법이다. 앉거나 누운 상태로 실시하며 신체부분에 긴장과 이완을 반복하는 특징을 가진다.

13 ②

| 정답해설 |

<보기>는 각성 효과 중 지각 협소화에 관한 내용이다.

| 오답해설 |

① 스트룹 효과: 일치하지 않는 자극을 보고 그 자극을 실행할 때, 일치하는 자극을 보고 실행할 때보다 반응 시간이 더 증가하는 현상이다.

③ 칵테일 파티 효과: 심리적인 여러 정보를 모두 받아들이지 않고 특정한 정보에 무의식적으로 주의를 기울이거나 의식하게 되는 현상이다.

④ 맥락간섭 효과: 운동기술을 연습할 때 다양한 요소들간 간섭현상이 일어나는 것이다.

14 ③

| 정답해설 |

선수에게 과도한 자신감을 부여하는 행동은 오히려 부정적인 요인으로 나타날 수 있다.

15 ④

| 정답해설 |

기억체계의 종류

- 감각기억(㉡): 받아들여진 자극이 분석되기 전에 잠시 유지된 본래의 자료형태이다.
- 단기기억(㉠): 의식적 사고 활동이 일어나는 것이다.
- 장기기억(㉢): 입력이 어렵고 기억을 다시 불러들일 때 시간적 소요와 노력이 많이 든다.

16 ①

| 정답해설 |

준비단계는 현재 운동을 하고 있지만, 가이드라인을 채우지 못하고 30일 내에 가이드라인을 충족하는 수준으로 운동을 시작할 의도가 있는 것을 의미한다.

17 ①

| 정답해설 |

<보기>는 어떤 상황에 처했을 때 일시적으로 느끼는 불안에 관한 내용으로, 불안의 구분 중 상태불안과 관련된 개념이다. 이외에 불안의 구분으로는 분리불안, 특성불안, 부적강화 등이 있다.

| 오답해설 |

② 분리불안: 가정, 개인이 강한 정서적 애착이 있는 사람들과의 분리와 관련하여 느끼는 불안이다.

③ 특성불안: 선천적으로 타고난 자신의 성격 때문에 생기는 불안이다.

④ 부적강화: 불쾌하거나 고통스러운 자극을 제거하여 바람직한 반응의 확률을 높이는 것이다.

18 ③

| 정답해설 |

㉠ 구획연습: 운동기술의 하위요소들을 한 동작을 여러 번 반복 연습한 후 다음 동작으로 넘어가는 방법이며이다.

㉡ 무선연습: 운동기술의 하위요소들을 순서 없이 임의대로 연습하는 방법이다.

19 ③

| 정답해설 |

스포츠 심리상담사는 내담자와 일상생활에서 개인적 관계를 맺어서는 안 된다.

20 ①

| 정답해설 |

자극확인 단계에서는 환경의 정보자극을 탐지하고 자극의 명확성과 강도, 그리고 자극의 유형을 인식한다. 그러므로 100m 달리기 스타트의 반응시간이 짧을수록 자극확인 시간 또한 짧다고 볼 수 있다.

| 오답해설 |

② 100m 스타트에서는 운동 프로그래밍 단계의 소요 시간이 상대적으로 짧다.

③ 배구 서브 리시브 상황에서는 자극확인 단계의 소요 시간이 상대적으로 길다.

④ 배구 서브 리시브 상황에서는 반응선택 단계의 소요 시간이 상대적으로 길다.

스포츠윤리

01	02	03	04	05	06	07	08	09	10
①	①	③	②	③	②	③	④	④	①
11	12	13	14	15	16	17	18	19	20
②	④	②	①	④	②	④	④	①	③

01 ①

| 정답해설 |

스포츠윤리의 역할 중 사실 판단은 관찰이나 과학적 혹은 역사적 탐구 등과 같이 객관적인 사실에 근거한 판단을 하는 것이다.

02 ①

| 정답해설 |

관찰이나 과학적 혹은 역사적 탐구 등과 같이 객관적인 사실에 근거한 판단한 내용으로 가치판단이 아닌 사실판단의 사례에 해당된다.

03 ③

| 정답해설 |

③ 스포츠는 자유로운 경쟁을 의미하는 아곤과 덕, 탁월함, 훌륭함을 의미하는 아레테 요소가 내재되어 있다. 다만, 스포츠의 긍정적인 면을 잘 보여주며 승리 지상주의의 병폐를 막기 위해 아곤보다는 아레테를 더 중시하는 경향이 있다

04 ②

| 정답해설 |

옳고 그름을 판단하는 원동력을 에토스(ethos)라고 한다. 배구에서 블로킹을 할 때 네트에 손이 닿지 않도록 주의를 기울이는 행동은 경기 규칙을 지키기 위한 행동으로, 에토스의 실천이라 볼 수 없다.

05 ③

| 정답해설 |

스포츠윤리 교육의 목적은 도덕적 문제에 대한 비판적, 독립적인 사고를 바탕으로 스포츠인의 도덕적 자율성을 함양하는 것이라 할 수 있다.

06 ②

| 정답해설 |

의무론적 윤리의 특징

- 인간이 추구해야 할 어떤 궁극적인 목적보다는 언제 어디서나 지켜야 할 행위의 근본원칙에 주목
- 인간행위의 옳고 그름을 행위 그 자체의 옳고 그름 및 행위자의 의도와 동기로 판단하고자 함
- 자율적인 도덕법칙에 따른 것은 옳은 행위이고, 자율적인 도덕법칙에 어긋나는 행위는 그른 행위
- 합리적 이성에 대한 신뢰를 바탕으로 의로운 삶을 중시하고, 공정한 절차와 정당한 원칙을 강조함
- 도덕적 법칙은 보편적이며 절대적인 것

07 ③

| 정답해설 |

<보기>의 내용에서 영향을 준 윤리 이론은 윤리적 상대주의이다. 윤리적 상대주의는 절대적이고 보편적인 윤리 규범은 존재하지 않으며 윤리적 가치는 시대와 장소에 따라 상대적이라고 보는 관점이다.

08 ④

| 정답해설 |

도핑 방지를 위한 선수의 역할과 책임

- 어떤 목적으로도 금지 약물 소지 금지
- 약물에 대한 책임감
- 의약품 처방 시 리스트 제출

• 시료 채취 상시 준비
• 도핑 방지 규정 숙지

09 ④

| 정답해설 |
홉스(T. Hobbes)의 폭력론은 인간은 누구나 자신을 보호하려는 본성을 가지고 자신 외의 다른 사람은 자기보존을 위협하는 잠재적 폭력이 된다고 주장한다.

10 ①

깨끗하고 아름다운 인간적 거처를 위해 환경윤리가 필요하다. 베르크는 자연중심적인 환경을 우선시하기보단 인간중심주의 환경을 주장하였다.

11 ②

| 정답해설 |
목적론적 윤리의 제한점
• 목적이 모든 수단을 정당화
• 목적달성을 위해서는 수단과 방법을 가리지 않아도 된다고 할 위험성
• 행위의 결과를 정확하게 예측할 수 없기 때문에 행위를 할 당시에는 옳고 그름을 판단할 수 없음
• 배분적 정의를 고려하지 못함

12 ④

| 정답해설 |
도핑의 원인
• 선수의 경기력 향상
• 경쟁에서 승리 추구
• 경기 참여에 대한 욕구
• 물질적 보상에 대한 욕구
• 선수로서의 사회적 인정 욕구

13 ②

| 정답해설 |
정의(justics)의 개념
• 절차적 정의: 어떤 것을 결정하고 판단하는 데 있어 공정했는가, 또는 그 과정이 공정했는가와 관련된 내용
• 평균적 정의: 개인 상호 간에 균형을 이루게 하는 것
• 분배적 정의: 어떤 것을 분배 또는 나누고자 할 때 어떠한 방법으로 하는 것이 공정한가를 의미
• 법률적 정의: 개인이 단체에 의무를 다했는가를 의미

14 ①

| 정답해설 |
<보기>와 관련된 맹자의 사상은 수오지심이다. 수오지심은 자신의 옳지 못함을 부끄러워하고, 다른 사람의 옳지 못함을 싫어하는 마음이다.

| 오답해설 |
③ 사양지심: 마음이 겸손하여 다른 사람에게 사양할 줄 아는 마음이다.
④ 시비지심: 잘잘못을 판단할 줄 아는 마음이다.

15 ④

| 정답해설 |
성차별적 인식 중 신체적인 차별에 관한 내용이다.

| 오답해설 |
①②③ 성차별적 인식 중 남성과 여성의 사회 · 문화적인 편견에 관한 내용이다.

16 ②

| 정답해설 |
심판에게 요구되는 개인윤리적 덕목보단 제도적 개선에 관련된 내용이다.

17 ④

| 정답해설 |
<보기>의 환경단체의 입장은 자연주의 중심적 환경 윤리에 해당된다. ㉢, ㉣의 내용이 이와 관련 있는 주장이다.

18 ④

| 정답해설 |
성폭력 예방 교육은 남성 · 여성, 선수 · 지도자 모두를 대상으로 교육이 이뤄져야 한다.

19 ①

| 정답해설 |
장애인 선수들에게 비장애인과 동일한 훈련량과 지도방법을 적용해서는 안 된다. 성별, 나이 등에 따른 개인의 기량에 따라 훈련량과 지도방법을 달리해야 한다.

20 ③

| 정답해설 |
<보기>의 내용에서 검은 장갑, 검은 양말은 흑인에 대한 인종차별에 대한 비판을 간접적으로 나타내고 있다.

운동생리학

01	02	03	04	05	06	07	08	09	10
②	③	④	③	④	①	④	③	①	①
11	**12**	**13**	**14**	**15**	**16**	**17**	**18**	**19**	**20**
③	②	③	①	②	①	④	②	②	④

01 ②

| 정답해설 |

쉽고 빠르게 ATP를 생성하는 것은 무산소 시스템이다. 유산소 시스템의 대표적인 특징은 산소를 이용하고, 탄수화물과 지방 모두를 이용할 수 있다는 점이다.

02 ③

| 정답해설 |

근육 내에서 산소를 운반하는 물질은 마이오글로빈이다. 산소와 결합한 마이오글로빈은 근세포의 미토콘드리아에 산소를 공급하는 역할을 하며, 모세혈관의 산소를 미토콘드리아에 전달해 근육이 많은 양의 에너지를 사용하게 한다.

| 오답해설 |

① 알부민: 생체 세포나 체액에 넓게 분포되어 있고, 혈장 알부민은 혈장 글로불린과 함께 세포와 혈장의 기초물질을 구성한다.
② 신경전달물질: 신경세포에서 분비되어 나오는 신호전달과 관련된 화학물질이다.
④ 아세틸콜린: 신경 말단에서 분비되어 신경의 자극을 근육에 전달하는 화학물질이다.

03 ④

| 정답해설 |

고강도 운동 시, ATP 합성에 사용되는 주요 기질은 근육 글리코겐이다.

| 추가해설 |

- 고강도 운동: 인원질 과정 > 젖산 과정 > 유산소 과정(탄수화물 > 지방)
- 저강도 운동: 유산소 과정 > 젖산 과정 > 인원질 과정(지방 > 탄수화물)

Energy · Intensity · Time

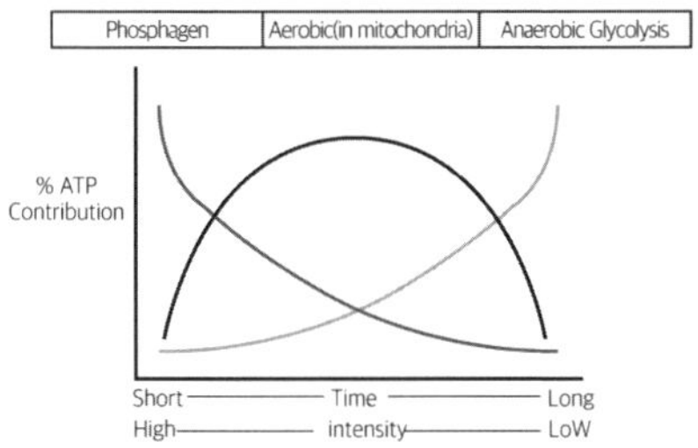

04 ③

| 정답해설 |

<보기>는 에피네프린에 관한 설명이다. 에피네프린은 심장에 주로 작용하여 심박수를 증가시키고, 간이나 근육에서 당원 분해를 촉진한다. 또한 간에서 혈액으로의 포도당 방출을 증가시켜 혈당을 상승시킨다. 운동 강도와 시간이 증가함에 따라 증가하며, 지방조직을 분해하는 역할을 한다.

| 오답해설 |

① 인슐린: 음식 흡수 과정에서 영양소가 소장에서 혈액으로 들어올 때 가장 중요한 호르몬으로 작용한다. 아미노산과 포도당 같은 영양소들이 혈액에서 조직으로 들어가는 것을 촉진시킨다.
② 글루카곤: 간에서 글리코겐을 분해하여 포도당을 만들고 아미노산으로부터 포도당을 합성시킨다.
④ 알도스테론: 콩팥의 원위세뇨관에서 Na^{+}의 재흡수를 촉진하고, K^{+}의 배출을 촉진하는 작용이다. 혈중 Na^{+} 농도와 K^{+} 농도를 일정하게 조절시킨다.

05 ④

| 정답해설 |

저항성 트레이닝 대사 적응

- 근비대와 근섬유 증식
- 속근섬유 비율 증가
- ATP-PC 재합성 비율 증가
- 글리코겐 저장 능력 증대
- ATP-PC 시스템과 무산소성 해당과정 효소 활동 증가
- 건 · 인대 조직의 양 증가

| 추가해설 |

지구성 트레이닝 대사 적응

- 미토콘드리아 크기와 수 증가
- 모세혈관 밀도 증가
- 모세혈관 수의 증가로 운동 중 골격근에 혈액 공급 원활
- 골격근에서 지방산화로 인한 에너지 생성 비율 증가
- 지근섬유 비율 증가

06 ①

| 정답해설 |

지구성 트레이닝의 적응으로 최대산소섭취량과 1회 박출량은 증가한다.

07 ④

| 정답해설 |

㉢ 활동전위는 안정막전위에서 세포막 안은 음극이 양극으로, 밖은 양극이 음극으로 역전되어 탈분극을 일으킨다.
㉣ 운동신경으로 전달된 자극을 통해 근수축이 시작되며, 신경과 근세포가 만나는 지점을 신경근 연접이다. 연접 부분의 근섬유막을 운동 말판이라고 한다.

08 ③

| 오답해설 |

① 헤마토크릿(hematocrit, Hct)은 전체 혈액에서 적혈구가 차지하는 비율을 말한다. Hct 수치가 증가하면 혈액 흐름이 느려진다.
② 일반적으로 남자는 45% 내외, 여자는 40% 내외의 적혈구용적률을 가질 때 정상수치로 본다.
④ 적혈구 수와 혈장량 증가로 인한 산소운반 능력의 향상은 지구력 트레이닝 적응의 결과이다. 또한 전체 혈액량 대비 혈장량의 비율이 높을수록 적혈구 용적은 낮아진다.

09 ①

| 정답해설 |

활동전위는 근형질세망에서 나온 칼슘(Ca^{2+})이 근형질 내로 유입 → 근형질 세망에 저장된 칼슘 이온을 방출 → 칼슘은 액틴 세사의 트로포닌과 결합하고, 트로포닌은 트로포마이오신을 이동시켜 마이오신 머리가 액틴과 결합 → 마이오신 머리에 있는 인산기가 방출되며 파워 스트로크(근수축)가 일어난다.

10 ①

| 정답해설 |

산소분압과 헤모글로빈의 산소포화도와의 상관관계를 곡선으로 표시한 것을 산소-헤모글로빈 해리곡선이라 한다. 심부체온이 증가하면 해리곡선은 오른쪽으로 이동하며, 헤모글로빈의 산소 친화력을 감소시킨다. 또한 신체의 pH가 감소하면 해리곡선은 오른쪽으로 이동하며, 헤모글로빈의 산소 친화력을 감소시킨다.

11 ③

| 정답해설 |

㉠ 단축성 수축은 근수축 속도에 반비례하여 근육이 힘을 생성하고, 근수축의 속도가 느릴수록 더 큰 근육 힘을 생성한다.
㉣ 신장성 수축은 근수축 속도에 비례하여 근육이 힘을 생성하고, 근수축 속도가 빠를수록 더 큰 힘을 생성한다.

12 ②

| 정답해설 |

탈수현상에 의한 체내 수분 손실은 혈액의 농축을 심화시키며, 혈액량의 감소와 그에 따른 정맥 환류의 양이 감소할 때 심박수는 점차 증가한다. 따라서 '점진적인 심박수 증가 → 혈액량 감소 → 점차적인 정맥 환류량의 감소' 순으로 영향이 미친다.

13 ③

| 정답해설 |

하나의 근신경 섬유가 지배하는 근섬유의 수를 운동단위라고 한다. 지근(Type Ⅰ)의 운동단위가 속근(Type Ⅱ)의 운동단위보다 먼저 동원된다.

14 ①

| 정답해설 |

갑상선자극호르몬은 갑상샘에 작용하여 갑상선호르몬의 합성 및 분비를 촉진하고, 갑상샘의 상피세포를 증대시킨다.

| 오답해설 |

② 노르에피네프린: 부신속질호르몬에서 분비되며 말초혈관에 작용하여 말초혈관을 수축시켜 혈압을 상승시키는 작용을 하고 혈관 수축, 동공 확대, 소화관의 운동 억제 및 소화액의 분비 억제 작용을 한다.
③ 성장호르몬: 뇌하수체 전엽에서 분비되며, 신체 발육과 성장을 촉진한다.
④ 인슐린: 이자(췌장)의 β 세포에서 인슐린(insulin)을 분비하며 음식 흡수 과정에서 영양소들이 소장에서 혈액으로 들어올 때 중요한 호르몬으로 작용한다. 인슐린은 아미노산과 포도당 같은 영양소들이 혈액에서 조직으로 들어가는 것을 촉진한다.

15 ②

| 정답해설 |

<보기>에서 ㉠ 속근섬유, ㉡ 지근섬유이다.

| 추가해설 |

속근섬유	• 미토콘드리아 농도와 유산소성 대사능력이 낮아 지근섬유보다 피로에 대한 저항이 낮다. • 당원저장과 해당작용 효소가 풍부해 무산소성 에너지 생산능력이 높다.
지근섬유	• 미토콘드리아 농도와 산화효소 능력이 높고, 속근섬유보다 많은 모세혈관이 분포한다. • 속근섬유보다 미오글로빈의 농도가 높아 유산소성 대사 능력이 높고, 피로에 대한 저항성이 높다. • 속근섬유에 비해 수축속도와 장력이 낮고, 에너지 효율성은 높다 • 일반적으로 단거리 선수는 주로 속근섬유의 비율이 높고, 장거리 선수에게는 지근섬유의 비율이 높다.

16 ①

| 정답해설 |

② 퍼킨제섬유: 동방결절과 함께 심장의 자극전도계에 속하는 섬유속이다. 방실결절(전원결절), 방실속(히스속), 퍼킨제의 섬유 순으로 나타난다.
③ 방실다발: 정상 기능을 하는 심장의 경우, 방실결절은 동방결절에서 시작한 탈분극을 결절 간 경로를 통해 전달받는다. 그 다음 심실에 있는 특수화된 신호 전달세포인 방실다발로 신호를 전달한다.
④ 삼첨판막: 심장에서 오른쪽 심방과 심실 사이의 구멍을 여닫는 판막이다.

17 ④

| 정답해설 |

저강도의 고반복 저항성 트레이닝은 근력 변화는 작지만, 근지구력을 향상시킨다. 반대로 고강도의 저반복 저항성 트레이닝은 근비대 및 근파워를 향상시킨다.

18 ②

| 정답해설 |

㉠ 산소: 기관지를 통해 폐포로 유입되어 모세혈관으로 확산된다.
㉡ 이산화탄소: 모세혈관 분압은 46mmHg, 허파꽈리(폐포)의 이산화탄소분압은 40mmHg이다. 6mmHg의 분압 차이로 이산화탄소가 폐포(허파꽈리)로 확산된다.

19 ②

| 정답해설 |

교감신경계 활성화 반응으로는 소화액분비 및 소화관 운동 억제, 심장박동촉진, 호흡운동촉진, 동공확대, 침분비억제, 방광확장 등이 있다.

| 추가해설 |

부교감신경 활성화 반응

소화액분비 및 소화관 운동 촉진, 심장박동억제, 호흡운동억제, 동공축소, 침분비촉진, 방광수축 등이다.

20 ④

| 정답해설 |

장기간 유산소 트레이닝에 의한 심혈관계의 적응으로는 안정시 심박수 감소, 1회 박출량 증가, 최대산소섭취량 증가, 최대심박출량 증가가 일어난다.

운동역학

01	02	03	04	05	06	07	08	09	10
①	①	④	④	①	①	④	①	③	③
11	**12**	**13**	**14**	**15**	**16**	**17**	**18**	**19**	**20**
③	④	④	②	③	②	④	②	③	③

01 ①

| 정답해설 |

저항력 분석은 운동역학 분야(kinetics)에서 연구하는 분석이다.

02 ①

| 정답해설 |

m/s는 속도의 단위이다.

03 ④

| 정답해설 |

보행 동작에서 보행자의 발에 가해지는 힘은 지면반력을 통해 측정한다.

04 ④

| 정답해설 |

등척성 수축(isometric contraction)은 근육의 길이와 관절의 각도가 변하지 않고 힘을 내는 수축 형태이며, 이 경우 기계적 일은 0이다.

05 ①

| 정답해설 |

충격량의 경우 벡터(vector)에 해당한다.

06 ①

| 정답해설 |

절구관절에는 어깨관절과 엉덩관절이 대표적이며, 회전 등의 모든 운동이 가능하여 움직임 자유도는 3이다.

07 ④

| 정답해설 |

3종 지레의 역학적(기계적) 이득은 항상 1보다 작다.

08 ①

| 정답해설 |

근전도 신호는 양(+)과 음(−)의 값을 동시에 가진다.

09 ③

| 정답해설 |

㉮ 구간은 가속도는 $1m/s^2$이며, ㉯ 구간의 가속도는 $0m/s^2$이다.

10 ③

| 정답해설 |

라디안(rad)은 원호 길이(s)를 반지름(r)으로 나눈 것으로, 반지름과 호의 길이의 비율로 계산한다.

11 ③

| 정답해설 |

해머의 각속도를 증가시키려면 안쪽으로 당기는 구심력이 동등하게 발생해야 한다.

12 ④

| 정답해설 |

반발계수(Coefficient of Restitution, COR)는 물체의 충돌 전후 상대속도의 비율을 나타내는 값이다.

13 ④

| 정답해설 |

클럽의 회전속도(각속도)가 동일하면 길이가 긴 클럽의 선속도는 짧은 선속도보다 크며, 공을 보다 멀리 보낼 수 있다.

14 ②

| 정답해설 |

각운동량의 전이는 각운동량이 일정할 때 신체의 일부가 각운동량을 만들면 신체의 나머지 부분이 그것을 보상하게 되는 원리를 의미한다. 높이뛰기는 높이뛰기 시 지지하는 발을 최대한 구부리면 에너지의 전환이 떨어지게 되므로, 각운동량의 보존과 전이에 관한 운동 동작 예시로 적절하지 않다.

15 ③

| 정답해설 |

영상분석은 기록된 영상으로부터 분석 대상점의 시간 정보와 위치 정보를 획득하고, 시간과 위치 정보를 이용하여 변위, 속도, 가속도 등의 변인을 추출하는 방법이다.

16 ②

| 정답해설 |

힘은 질량×가속도로 구한다. 즉, 80kg×12m/s=960N이며, 평균 힘의 크기는 960N/3초=320N이다.

17 ④

| 정답해설 |

㉢ 이 자세는 손을 들면서 무게중심이 배꼽 부근에서 위로 올라가며, 무게중심은 신체 내부에 해당한다.

18 ②

| 정답해설 |

위치 에너지는 물체가 특정 위치에서 가지고 있는 에너지이며, 운동 에너지는 운동하고 있는 물체가 갖는 에너지를 뜻한다. 플랫폼에서 정지하고 있는 선수의 운동 에너지는 0이고, 낙하할수록 위치 에너지는 감소하며, 운동 에너지는 증가하게 된다.

19 ③

| 정답해설 |

곡선운동은 곡선적 병진운동으로 신체 중심이 곡선으로 이동하고 회전 없이 던져진 물체나 신체 중심의 이동 궤적 운동을 의미한다.

20 ③

| 정답해설 |

선속도는 각속도×회전반경(라디안 각도가 적용)이다. 즉, 0.5m×50rad/s=25m/s이다.

한국체육사

01	02	03	04	05	06	07	08	09	10
④	②	④	②	①	③	③	④	③	④
11	**12**	**13**	**14**	**15**	**16**	**17**	**18**	**19**	**20**
①	④	②	①	①	④	②	①	②	③

01 ④

| 오답해설 |

① 영고(迎鼓): 부여(夫餘) 국가에서 진행된 집단적 제천의식이다.
② 무천(舞天): 고대 시대 예(濊)에서 해마다 음력 10월 진행된 제천의식이다.
③ 동맹(東盟): 고구려 시대 해마다 10월 중 국중대회를 개최하며 열린 제천의식이다.

02 ②

| 오답해설 |

① 삼강오륜(三綱五倫): 세 가지 강령(綱領)과 다섯 가지 인륜(人倫)으로 이루어진 유교의 도덕사상이다.
③ 문무겸비(文武兼備): 문예(글)와 무예(무술) 능력을 고르게 가진 훌륭한 사람이다.
④ 사단칠정(四端七情): 사단(四端)은 인간의 도덕적, 선천적 능력을 의미하고, 칠정(七情)은 인간에게 기본적인 일곱 가지(희, 노, 우, 사, 비, 경, 공) 정서 상태를 의미한다. 이는 성리학(性理學)의 철학적 개념이다.

03 ④

| 정답해설 |

『무예도보통지』는 조선 후기 무예 훈련 교범으로 정조의 명에 의해 만들어진 24가지 무예로 이뤄져 있다.

| 오답해설 |

① 강예재(講藝齋): 국학(國學)에 설치된 곳으로 무학(武學)을 공부하던 기관이다.
② 수박희(手搏戲): 두 사람이 서로 마주 서서 손의 힘과 기술을 겨루는 놀이이다.
③ 격구(擊毬): 말을 타고 달리거나 뛰어다니며 막대기로 공을 쳐 승부를 겨루는 군사훈련 및 여가활동이다.

04 ②

| 오답해설 |

① 각저(角抵): 두 사람이 씨름하듯이 맞붙어 힘을 겨루는 우리 고유의 운동이다.
③ 격구(擊毬): 말을 타고 달리거나 뛰어다니며 막대기로 공을 쳐 승부를 겨루는 군사훈련 및 여가활동이다.
④ 추천(鞦韆): 그네처럼 타고 앞뒤로 왔다 갔다 하며 노는 놀이이다.

05 ①

| 오답해설 |

② 묘청의 난: 고려 인종 13년(1135)에 묘청이 서경에서 일으킨 반란이다.
③ 이자겸의 난: 고려 인종 때 최고 권력자 이자겸 등이 십팔자가 왕이 될 것이라는 도참설을 주장하며 일으킨 반란이다.
④ 삼별초의 난: 고려 무신정권기 특수부대였던 삼별초가 몽고의 간섭에 대항하여 일으킨 반란이다.

06 ③

| 정답해설 |

<보기>는 1883년 민간에 의해서 함남 원산에 세워진 한국최초의 근대적 교육 기관인 원산학사(元山學舍)에 대한 설명이다.

| 오답해설 |

① 대성학교(大成學校): 1907년에 안창호가 평양에 설립한 학교이다.
② 오산학교(五山學校): 1907년에 이승훈이 민족 교육을 위하여 평안북도 정주에 설립한 학교이다.
④ 동래무예학교(東萊武藝學校): 1878년 부산 동래에 설립한 무예 학교이다.

07 ③

| 정답해설 |

갑오개혁 이전은 무사 체육 시대로, 무예를 중심으로 하는 전통 체육을 강조하였다. 이후에는 형식 체조 중심의 시대로 근대체육을 강조하였다.

08 ④

| 정답해설 |

조선시대 시험은 초시(무예), 복시(무예 + 강서), 전시(무예)까지 총 3단계로 진행되었다.

09 ③

| 정답해설 |

우리나라의 최초의 운동회는 1896년 5월 2일 영어학교에서 열린 화류회(花柳會)이다.

| 오답해설 |

① 개화기 운동회는 일제 침략에 대한 민족의 교육구국 의지와 민족단결 정신을 키우기 위해 열렸다.
② 운동회 최초 시행 종목은 육상 종목이다.
④ 운동회는 학교 정규교과목 활동과는 관련이 없다.

10 ④

| 정답해설 |

<보기>는 조선시대 군사의 시재(試才), 무예의 수련 및 병서의 습독을 관장하기 위해 설치된 관서인 훈련원(訓鍊院)을 말한다.

| 오답해설 |

① 사정(射亭): 무예 수련을 위해 활터에 만들어진 정자이다.
② 성균관(成均館): 조선시대 인재양성을 위해 서울에 만들어진 교육기관이다.
③ 사역원(司譯院): 고려부터 조선시대까지 외국어 통역 · 번역에 관한 일을 하는 관서이다.

11 ①

| 정답해설 |

『활인심방(活人心方)』을 펴낸이는 이황(李滉)이다. 활인심방은 조선시대 성리학자 퇴계 이황의 유작으로 도교의 양생사상을 바탕으로 한 의학서적이다.

12 ④

| 추가해설 |

대한체육회는 「국민체육진흥법」상에 명시된 특수법인이자 「민법」상 사단법인으로 한국의 아마추어 스포츠를 육성하고 경기단체를 지도, 감독하는 기구이다. 국제적으로는 대한민국을 대표하는 국가올림픽위원회(NOC)이다.

13 ②

| 정답해설 |

일본인 우치다는 유도를 보급하였다. 1896년 경무청에서 경찰훈련과 육군연무학교의 군사훈련과목에 검술 과목이 채택되며 일본식 검도가 보급되었다.

14 ①

| 정답해설 |

1914년 경성구락부에서 소개한 것은 탁구이다. 극장 단성사의 주인 박승필이 격투기를 좋아하여 권투를 스포츠로서 처음 소개하였다.

15 ①

| 정답해설 |

<보기>는 노태우 정권기의 스포츠 활동에 대한 설명이며, 내용은 국민생활체육진흥종합계획이다.

| 오답해설 |

② 제1차 국민체육진흥5개년계획: 김영삼 정권기 정책이다. 생활체육 범국민적 확산, 전문 체육 지속적 육성, 국제체육협력 증진, 체육과학 진흥, 체육행정체제의 보강을 내세웠다.

③ 제2차 국민체육진흥5개년계획: 김대중 정권기 정책이다. 국민 체육활동 참여기회 확대, 체육지도자 양성, 다양한 여가생활을 위한 복합체육시설 확충, 경기단체 재정자립 기금지원 및 법인화, 체육용 · 기구 품질 향상, 2002 FIFA 한 · 일 월드컵을 준비하였다.

④ 참여정부 국민체육진흥5개년계획: 노무현 정권기 정책이다. 생활체육 활성화를 통한 국민 삶의 질 향상, 과학적 훈련지원을 통한 전문 체육 경기력 향상, 스포츠산업을 새로운 국가전략사업으로 육성, 국제체육교류 협력 국가 이미지 제고, 체육과학의 진흥 및 정보화, 체육행정시스템의 혁신과 체육진흥재원 확충을 내세웠다.

16 ④

| 정답해설 |

황국신민체조는 1937년 8월 20일 조선 총독부 무사도 정신을 목적으로 만든 체조이다.

17 ②

| 정답해설 |

1936년 제11회 베를린올림픽경기대회 마라톤에서 손기정 선수는 1위, 남승룡 선수는 3위에 입상했다.

18 ①

| 오답해설 |

② 효창운동장(1960): 한국 최초의 축구전용 운동장이다.

③ 목동운동장(1989): 종합스포츠시설을 갖춘 운동장이다.

④ 잠실종합운동장(1984): 국민체육진흥 및 국제경기 유치를 위해 만든 운동장이다.

19 ②

| 정답해설 |

전두한 정부는 '체육부'를 신설하여 국민체육진흥을 본격화하고 체육을 생활화하며, 체육을 통한 국민 화합과 복지 증진 및 국위 선양을 위한 정책 의지를 관철시켰다.

| 오답해설 |

① 박정희 정부: '체력은 국력'이라는 이념으로 1962년 「국민체육진흥법」을 제정하고, 1966년 태릉선수촌 완공 및 대한체육회관을 설립하였다. 그리고 학교체육과 국력 홍보를 위한 전문체육이 중심이 되었다.

③ 노태우 정부: 1988년 서울올림픽경기대회의 성공으로 국민생활체육진흥종합계획을 세우고, 국민생활체육 발전의 제도적 기반을 만들었다.

④ 김영삼 정부: 생활체육의 범국민적 확산과 전문체육의 지속적 육성을 기반으로, 국제체육협력 증진과 체육행정체제 완성에 기반을 만든다.

20 ③

| 정답해설 |

㉠ 1988년 서울 올림픽경기대회의 마스코트는 '호돌이'이며, ㉡ 2018년 평창 올림픽경기대회의 마스코트는 '수호랑'과 '반다비'이다.

| 오답해설 |

- 서울아시아경기대회(1986): 공식 마스코트가 없었다.
- 부산아시아경기대회(2002): 마스코트는 '두리아'이다.

특수체육론

01	02	03	04	05	06	07	08	09	10
④	④	②	③	①	③	②	③	③	③
11	**12**	**13**	**14**	**15**	**16**	**17**	**18**	**19**	**20**
③	④	④	①,③,④	④	②	②	①	③	①

01 ④

| 정답해설 |

특수체육은 개인의 수용 태도를 지원하고, 활동적인 생활 스포츠 접근을 위해 창조와 협동의 지원을 촉진하는 등 전문 서비스를 제공하는 학문 분야이다. 신체활동 진행 중 신체 손상, 활동적 한계, 참여 제한에 대한 실질적인 이론과 다학문적 지식이라 할 수 있다. 신체 활동으로서 특수 체육과 보건복지 영역, 문화 체육 영역으로서 특수체육으로 세분화 할 수 있다.

02 ④

| 정답해설 |

측정을 위한 검사도구 또는 방법 선택 시 타당성, 신뢰성, 객관성 등 검사의 기준 요소가 고려되어야 한다.

| 오답해설 |

① 비용에 대한 예시이다.
② 객관성에 대한 예시이다.
③ 신뢰성에 대한 예시이다.

03 ②

| 정답해설 |

과제분석은 학습자에게 주어진 수행 과제를 하위 과제로 단순하게 분할하여 분석하는 것을 의미한다. 또는 계획과 과제의 세분화된 하위 과제로의 나눔을 의미하며, 하위 과제들은 누적된 습득을 통해 학습 목표에 도달할 수 있다는 가정 하에 근거로서 활용된다.

| 오답해설 |

① 준거참조평가: 준거 기준에 학습자들이 과제 영역, 분야에 관해 알고 있는 지식의 척도에 관심을 두는 평가 방식이다. 타인과 비교하여 결과를 산출하는 것이 아닌 특정 기준에 의거한 점수와 비교하는 절대 평가로, 기초학력 또는 자격증 시험을 평가하는데 주로 적용된다(준거: 사물의 정도나 성격 따위를 알기 위한 근거나 기준).

04 ③

| 정답해설 |

생태학적 평가는 대상자의 환경에서 상호 작용을 통해 발생하는 행동과 관련된 정보를 수집하는 평가 과정이다.

| 오답해설 |

① 루브릭: 정확한 수행 근거를 바탕으로 동작이나 기술의 세분화된 등급을 표현하기 위한 평가 방식의 일종이다.
② 포트폴리오: 작업 결과 또는 최종 작품, 결과 자료집, 서류철 등 문서를 보고 평가하는 방법이다.
④ 규준참조평가: 수백명 이상의 대규모 집단에 검사 도구를 적용하여 집단의 연령, 성별 등 특성에 따른 수행력 관련 통계 자료를 확보하여 사용하는 것을 의미한다.

05 ①

| 정답해설 |

장애인 스포츠 활동 변형 시 유의사항

• 최소한의 규칙을 사용
• 참여 극대화 유도
• 협동심이 필요한 활동을 제시
• 스포츠의 본질을 유지

06 ③

| 정답해설 |

시각장애인을 위한 신체활동 지도 시에는 청각과 촉각 정보는 충분히 제공되어야 한다.

| 추가해설 |

시각장애인을 위한 신체활동 지도 시 유의사항

• 저시력자의 경우, 청각과 촉각, 시각정보를 복합적으로 활용하도록 지도
• 지도자와 성별이 다른 경우 불필요한 신체 접촉이 발생하지 않도록 주의
• 시각장애인이 놀라는 상황이 발생하지 않도록 신체적 가이던스를 사전에 안내
• 전맹일 경우에 시범을 보이는 지도자의 자세를 직접 손으로 확인할 수 있도록 함

07 ②

| 정답해설 |

또래 교수는 교사가 체육수업 활동에서 보조 인원으로 학생을 직접 참여시키는 방식의 수업 스타일이다.

| 오답해설 |

① 팀 교수: 두 명 이상의 지도자에 의해 체육 활동을 동시에 지도하는 협력 수업 방식이다.
③ 협동 학습: 학생들끼리 서로 돕기 위해 팀이나 소규모 그룹으로 공부하는 수업 형태이다.
④ 역주류화 수업: 일반 학생들과 장애를 가진 학생들이 같은 수업에 함께 참여하는 것을 의미한다.

08 ③

| 정답해설 |

세계보건기구(WHO)는 1980년 장애는 3개의 차원(손상, 장애, 핸디캡)으로 분류가 가능한 것으로 정의하였다. 하지만 2001년 '손상'은 신체의 기능과 구조, '장애'는 활동성의 제한과 축소, '핸디캡'은 참여의 제약으로 그 용어를 변경하였다.

09 ③

| 정답해설 |

미국 지적장애 및 발달장애협회가 제시한 지적장애는 지적인 기능과 개념적, 사회적, 실제적 적응 기술로서 구현되는 모든 적응 행동에서 제한되는 면이 구체적으로 나타나는 특징이 있으며, 18세 이전에 진행된다.

10 ③

| 정답해설 |

자폐성 장애인은 소아기 자폐, 비전형적 자폐에 따른 언어 및 신체 표현, 자기 조절, 사회 적응 기능 능력의 장애로 인해 사회 구성원으로서 일상에 상당한 제약을 받아 다른 사람의 보조가 필요한 사람을 지칭한다.

| 추가해설 |

자폐성 장애인의 스포츠 지도전략

• 언어적 지도와 비언어적 지도를 병행

• 지도자가 학습자의 동적 의사를 말로 표현
• 사회적 관계 형성이 이뤄질 수 있도록 함

11 ③

| 정답해설 |

뇌성마비는 중추신경의 손상 부위에 따라 증상 정도에 따른 분류, 형태 분류, 신경 해부학적 분류, 움직임 기능에 따른 분류 등으로 세분화할 수 있으며, 스포츠 경쟁 시 기능적 분류로 구분된다. 출생 시기에 따라 뇌 손상과 결함에 따른 만성적 장애를 갖는 상태이다.

| 추가해설 |

뇌성마비의 분류

형태적 분류	단마비, 편마비, 양하지 마비, 사지 마비, 양측 마비	
신경 해부학적 분류	추체로성 뇌성마비, 추체외로성 뇌성마비, 소뇌성 뇌성마비	
운동 기능적 분류	경직성, 무정위 운동증, 운동 실조증, 혼합형	
증상에 따른 분류	경증	일상생활에 제한이 있으나 운동 기능이 상실되지 않은 정도
	중증	신체 활동에 어려움이 있으며, 보조 기구를 필요로 하는 정도
	심증	보조자 및 보조 기구가 꼭 필요한 정도

12 ④

| 정답해설 |

㉠ 회백수염: 외부에서 온 폴리오 바이러스의 감염으로 인한 급성 전염병으로, 구강을 통해 바이러스가 침투하여 척수로부터 손발의 마비를 발생시킨다.
㉡ 다발성경화증: 신체 내 동시다발적인 염증 발생으로 인해 근육 경직, 무력감이 발생한다. 뇌와 척수, 시신경 등 중추신경계에 발생하는 만성 신경 면역계 질환으로 감각과 운동신경 마비, 시신경염, 레르미테 증상, 복시, 우토프 징후 등의 증상이 있다.
㉢ 근이영양증: 다양한 근육군의 퇴화가 서서히 진행되는 유전 질환으로 호흡기 장애와 심장질환 등의 합병증을 유발한다. 골격근의 퇴화가 서서히 진행되며, 근육의 약화, 구축, 변형 등을 통해 특정 근육에 가성대비나 진행성으로 진행되는 대칭성 근위축이 나타난다.

13 ④

| 정답해설 |

절단장애는 사지의 일부 또는 전체가 상실된 것으로 선천성, 후천성으로 구분한다. 자율신경계 반사 부전증은 자율신경계의 과밀 활동을 의미한다.

14 ①, ③, ④

| 정답해설 |

뇌성마비 장애인의 체력프로그램에서 유의해야 할 사항

• 훈련 시작 전 관절의 가동 범위, 근장력, 균형, 협동력 등을 평가하여야 함
• 근력의 증감이 아닌 신체 제어 능력과 협응력 향상에 중점
• 신체 구조상 잡기 능력이 부족할 경우, 랩 어라운드 중량을 활용해 대상자가 수동으로 운동을 진행할 수 있도록 보조
• 지나치게 빠른 동작이나 반동은 근육 경련을 발생시키므로 주의
• 실 운동량에 비해 산소 소비 비율이 높기에 더 많은 피로감을 빨리 느낌

15 ④

| 정답해설 |

문제행동 관리 절차

1. 문제행동이 무엇인지 우선 파악한다.
2. 문제행동의 빈도, 기간, 유형 등의 자료를 우선 파악한다.
3. 적절한 행동관리법을 선정한다.
4. 효과적인 강화물을 조사 및 선정한다.
5. 행동관리를 시작한다.
6. 행동관리 시행에 따른 효과를 관찰하고 기록한다.
7. 행동 변화를 최종적으로 확인하는 평가를 한다.
8. 행동관리법에 사용된 강화물을 점차적으로 줄여나간다.

16. ②

| 정답해설 |

지적장애인은 고관절 과신전 부상에 유의하여야 한다.

| 추가해설 |

척수 장애인의 체력 훈련 시 유의사항

• 장시간 지속적 운동 시작 전 기립성 저혈압 여부 확인
• 방광 팽창을 방지하기 위해 운동 전 레그백 비우기
• 휠체어를 기울이는 것은 지양
• 과도한 운동을 지양하고 기능 중심의 근육 강화 실시
• 손 활용이 불편한 경우 기기 변형 필요
• 유산소 능력 향상을 위한 운동 실시

ADHD의 일반적 특징

• 동작이 서투르고 운동 발달이 느림
• 정확한 운동 조절과 타이밍에 결함 발생
• 뇌와 전두엽의 연결망 이상으로 인해 억제력, 작업기억, 실행기능 등에 불편함을 보임

청각 장애인의 체력 훈련 시 유의사항

• 심한 소음이나 시각적 자극이 많은 곳은 가급적 피함
• 정확한 입모양으로 큰 소리로 상황을 설명
• 프로그램 시작은 익숙한 것부터 시작

• 스포츠 참여 시 인공 와우 및 외부 장치를 반드시 제거
• 수중 활동 시 외부 장치 습기를 방지하기 위해 방수 처리 필수

17 ②

| 정답해설 |

지적장애인의 신체활동 지도전략으로는 운동 수행 발달 정도에 따른 꾸준한 지도, 현재 수행능력 파악 후 지도, 안전지도 방안의 실사 구체화, 언어 및 시범 지도, 직접 지도 활용 등을 꼽을 수 있다.

18 ①

| 정답해설 |

시각(vision)은 안구를 통해 빛의 자극을 받아들이는 감각 작용이다.

| 오답해설 |

② 시력(visual acuity)은 물체의 존재 및 그 형태를 인식하는 능력으로, 눈의 가장 본질적인 기능에 속한다.
③ 약시(amblyopia)는 눈에 특별한 이상을 발견할 수 없으나 정상적인 교정시력이 나오지 않는 상태이다.
④ 법적맹(legally blind)은 시력이 극히 나쁘거나 아무것도 볼 수 없는 상태로, 교정 시력이 20/200ft 이하이거나 시야가 20°이하인 사람을 말한다.

19 ③

| 정답해설 |

청각장애인의 신체활동 지도법
• 필요 시 원활한 대화 진행을 위해 필기도구를 구비함
• 청각장애인이 명확히 알고 있는 정해진 수신호를 활용함

20 ①

| 정답해설 |

척수장애인 신체활동 지도 시 유의사항
• 자세를 자주 변경하고 빠른 수분 흡수가 가능한 복장을 착용하여 욕창에 대비
• 고온다습 또는 극저온의 환경에서 운동을 하지 않도록 온도 변화에 대비
• 손가락 테이핑 또는 보호 커버를 활용하여 물집이 발생하지 않도록 대처

유아체육론

01	02	03	04	05	06	07	08	09	10
②	①	③	③	④	④	②	①	③	③
11	**12**	**13**	**14**	**15**	**16**	**17**	**18**	**19**	**20**
④	②	③	②	①	①	②	④	③	④

01 ②

| 정답해설 |

유아의 신체활동 지도 시에는 유아의 발달적 특성을 고려하여 목표를 설정하고 다양한 활동을 규칙적으로 지도한다.

02 ①

| 정답해설 |

유아기 신체활동 촉진을 위한 지도지침으로 근육과 뼈를 강화시키는 적절한 신체활동을 하도록 한다.

03 ③

| 정답해설 |

유아의 활동성을 고려해 넓은 공간을 확보하는 것이 바람직하다.

04 ③

| 정답해설 |

근지구력은 V자 앉기로 오랫동안 근지구력을 유지해 자세를 유지할 수 있는지 평가한다.

05 ④

| 정답해설 |

생후 4개월 정도까지는 정보부호화단계로 완전한 중추신경계의 발달이 이뤄지지 않아 피질하단계에서 통제되는 불수의적 반사움직임이 나타나는 것이다. 이 시기 이후 대뇌피질의 발달에 따라 정보처리단계인 수의적 활동으로 점차 대체된다.

06 ④

| 정답해설 |

실제학습시간을 증가시키기 위해서는 동작에 대한 시범은 간결하게 하여 실제학습시간에 더 오랜 시간을 할애한다.

07 ②

| 정답해설 |

3세 미만의 어린이를 영아라고 하고, 만 3세로부터 초등학교 취학 시기에 달하기까지의 어린이를 유아라고 한다. 이들을 합쳐 영유아라고 한다.

08 ①

| 정답해설 |

운동 발달과 관련성이 높은 감각체계들은 시각과 운동감각이다.

09 ③

| 정답해설 |

㉠ 탐색: 새로운 물체와 정보 획득을 위한 탐색 행동이다.
㉡ 놀이: 익숙한 물체에 대한 다양한 놀이 행동이다.

10 ③

| 정답해설 |

에릭슨의 심리사회발달 단계 중에서 목표나 계획을 세우고 성공하려 노력하고, 놀이를 조작하며 만족스러운 성취감을 경험하는 단계는 3단계 주도성 - 죄책감을 동시에 수반하는 단계이다.

11 ④

| 정답해설 |

리핑은 마치 허들을 뛰어넘는 동작과 같은 것이다.

12 ②

| 정답해설 |

인지는 어떤 대상을 느낌으로 알거나 이를 분별하고 판단하는 의식적인 작용으로 지식, 재인, 추론 등과 같은 심리적인 개념을 포함한다.

13 ③

| 정답해설 |

㉠ 적합성 원리: 적절한 운동이 적용되면 운동발달에 효과적이다.
㉡ 특이성 원리: 개개인의 유전과 환경을 고려한 특이성을 고려한 프로그램 구성이다.

14 ②

| 정답해설 |

과제제시 방법은 과제를 제시하여 유아들이 스스로 문제를 해결하고 학습하려는 노력을 이끌어내는 방법이다.

15 ①

| 정답해설 |

혼자(단독)놀이는 다른 친구와 떨어져 혼자 놀이하는 것이다.

16 ①

| 정답해설 |

㉠ 초보: 초보적 움직임으로 정확한 동작을 준비하는 단계이다.
㉡ 성숙: 성숙 단계로 체중을 이동하며 힘을 전달하는 단계이다.
㉢ 시작: 처음 시작 단계로 움직임을 선택하는 단계이다.

17 ②

| 정답해설 |

㉠ 조작운동: 추진운동과 흡수운동으로 구분된다.
㉡ 안전성운동: 축 이용 기술과 정적, 동적 운동으로 구분된다.

18 ④

| 정답해설 |

앞, 뒤, 옆, 위, 아래, 좌, 우, 비스듬히 등의 방향과 관련된 지각운동의 유형은 방향지각이다.

19 ③

| 정답해설 |

자발적인 신체활동을 통해 스포츠 기술을 습득하고 건강을 증진한다.

20 ④

| 정답해설 |

열성경련은 주로 영유아에게 나타나며 고열과 함께 경련이 일어난다.

노인체육론

01	02	03	04	05	06	07	08	09	10
①	②	③	④	①	③	④	③	③	④
11	12	13	14	15	16	17	18	19	20
②	②	③	④	④	③	①	②	①	④

01 ①

| 정답해설 |

통계청 자료에 따르면 2017년 상반기부터 우리나라는 생산가능인구(15~64세)가 줄어들기 시작하면서 전체 총인구도 감소하기 시작했다. 원인은 저출산으로, 고령인구가 증가하면서 고령화 사회(7%)에서 고령 사회(14%) 그리고 초고령 사회(20%)로 변화될 것으로 보인다. 현재 우리나라는 고령 사회에서 초고령 사회로 변화하고 있으며, 2060년 중반부터는 인구 절반이 65세 이상이 될 것으로 예상할 수 있다.

02 ②

| 정답해설 |

노화 관련 심혈관계 변화

중추적 변화	말초적 변화
• 최대심박출량 감소 • 최대 1회 박출량 감소 • 최대심박수 감소 • 심장근육의 수축 시간 연장 • 수축기 혈압의 점진적 증가 • 운동하는 동안 분비된 케터콜라민에 대한 심장근육 반응의 감소	• 운동하는 근육으로의 혈액 흐름 감소 • 동정맥 산소 차이 감소 • 근육의 산화능력 감소 • 근육 미토콘드리아의 숫자와 밀도 감소

03 ③

| 정답해설 |

노인에게 낙상 위험이 높은 원인은 발목 가동성이 감소되어 신체의 균형이 무너지는 경우가 많다. 또한 노인 의지와 관계없이 갑자기 넘어져서 근골격계 상처를 입는 사고가 자주 발생한다.

04 ④

| 정답해설 |

중강도의 규칙적인 운동에 따른 노인의 내분비계통 변화에 관한 설명이다. 운동을 통한 내분비계통 변화는 인슐린 감수성 증가, 인슐린 저항성 감소, 대사증후군 유병률 감소, 당뇨병 예방 및 개선, 상처 치유 속도 향상, 콜레스테롤 감소 등의 변화가 있다.

05 ①

| 정답해설 |

운동 목표를 설정할 때에는 측정 가능성, 구체성, 현실성, 행동성 등을 고려해야 하며, 특히 노인은 모험적인 목표가 아닌 목표 달성의 판단이 가능하도록 설정해야 한다.

| 추가해설 |

목표 설정

- 측정 가능성: 목표 달성 판단이 가능하도록 설정
- 구체성: 운동 형태, 시간, 강도, 빈도 등을 구체적으로 설정
- 현실성: 현실적인 목표 설정
- 행동성: 행동 지향적인 목표 설정

06 ③

| 정답해설 |

하비거스트(R. Havighurst)의 발달과업이론으로 생의발달단계는 생의주기에 따라 6단계 구분된다.

| 추가해설 |

노년기의 발달 과업(56세 이후~)

- 약화되는 신체적 힘과 건강에 대한 적응
- 퇴직과 경제적 수입 감소에 대한 적응
- 배우자의 죽음에 대한 적응
- 자기 동년배 집단과의 유대 관계 강화
- 사회적 역할을 융통성 있게 수행, 적응하는 것
- 생활에 적합한 물리적 생활환경의 조성

07 ④

| 정답해설 |

<보기>는 행동 변화 이론에서 계획된 행동 이론에 대한 설명이다. 합리적 행위 이론에 지각된 행동 통제력이라는 변인을 추가하여 행동 의도와 행동을 예측하는 이론이다.

| 추가해설 |

- 행동주의 학습 이론: 인간 행동의 변화에 초점 변화를 촉진시키는 자극이나 강화를 정밀하게 계획한 결과로 습득한 지식이 행동의 변화로 나타난다는 이론
- 건강 신념 모형: '신념'이 건강을 추구하는 행동에 중요한 역할을 한다는 이론으로 건강을 추구하는 행동을 할 것인지 예측하기 위해 지각된 개연성, 지각된 심각성, 지각된 이익, 지각된 장애, 행동의 계기, 자기 효능감까지 총 6가지 요소로 구성
- 합리적 행위 이론: 사람들이 어떤 행동을 하려고 결정하기 전에 관련된 정보를 합리적이고 체계적으로 사용하고, 행동의 결과에 신중하게 고려하고 행동한다는 이론
- 행동 변화 단계 이론: 신체 활동을 행동으로 옮길 수 있다는 자기효능감이 있으면 건강행동으로의 변화가 쉽게 이루어진다는 이론. 행동을 변화시키는 요인은 자기효능감, 이사결정 균형, 변화과정으로 구성
- 사회인지 이론(상호 결정론): 인간의 행동은 개인의 내적 요인(인지적 능력, 신체적 특성, 신념과 태도), 행동 요인(운동 반응, 정서적 반응, 사회적 상호작용), 환경 요인(물리적 환경, 사회적 환경, 가족과 친구)의 상호작용으로 변화한다는 이론

08 ③

| 정답해설 |

목표심박수 측정을 위한 Karvonen 공식

- 목표심박수 = [(최대 심박수 − 안정 시 심박수) × % 강도] + 안정시 심박수
- 최대심박수 = (220 − 나이)이므로, 70세 노인의 경우 150회 / 분이 최대심박수
- 60% 강도로 운동을 할 경우 목표심박수 = [(150 − 70) × 0.6] + 70 = 118회 / 분
- 70% 강도로 운동을 할 경우 목표심박수 = [(150 − 70) × 0.7] + 70 = 126회 / 분

09 ③

| 정답해설 |

김 할아버지는 65세 이상의 고연령에 신장에 비해 과체중이며, 공복 시 혈당이 135mg/dL(정상은 110mg/dL 미만)로 당뇨병 질환을 가지고 있다. 즉, 연령, 비만, 당뇨병, 흡연으로 심혈관질환 위험요인을 가지고 있다.

10 ④

| 정답해설 |

<보기>는 운동 프로그램의 가역성의 원리에 대한 사례이다. 가역성의 원리는 운동이 중지되었거나 과부하가 발생하지 않을 시 운동 능력이 빠르게 감소하는 원리이다.

11 ②

| 정답해설 |

<보기>는 리클리와 존스(Rikli & Jones)의 고령자를 위한 기능 체력 검사(SFT)에 관한 설명이다.

㉠ 등 뒤에서 양손 마주 잡기(상체 유연성): 머리 빗기, 머리 위로 옷 입기, 좌석 벨트 매기 등
㉡ 의자에 앉았다가 일어서기(하지근지구력): 계단 오르기, 걷기, 의자에서 일어나서 욕조 또는 차에서 나오기 등

| 추가해설 |

리클리와 존스(Rikli & Jones)의 고령자를 위한 기능 체력검사(SFT)

- 하지근지구력: 30초 동안 앉았다 일어서기
- 상지근지구력: 30초 덤벨 횟수
- 전신지구력: 2분 제자리 걷기
- 하체 유연성: 의자에 앉아 체전굴
- 상체 유연성: 등 뒤로 손잡기
- 민첩성: 2.44m 왕복 걷기
- 평형성: 눈감고 외발 서기

12 ②

| 정답해설 |

저항운동의 강도는 자각적 운동 강도(0~10)에 따라 중강도 눈금 5~6 사이(40~50%) 또는 고강도 눈금 7~8 사이로 8~12회 실시해야 한다.

13 ③

| 정답해설 |

정적 스트레칭은 자세를 고정하며 근육의 길이를 신장시키는 스트레칭이고, 동적 스트레칭은 한 자세에서 다른 자세로 서서히 이동하며 하는 스트레칭이다. 관절이 고정되어 스트레칭하는 정적 스트레칭이 상해 위험이 낮다.

14 ④

| 오답해설 |

① 계획 단계 지도에 관한 내용이다.
②③ 준비 단계 지도에 관한 내용이다.

| 추가해설 |

프로차스카(J. Prochaska)의 범이론적 모형 5단계

- 계획 전 단계: 변화의 필요함을 인지하지 못하고 있는 단계
- 계획 단계: 변화가 필요함을 인식하기 시작하는 단계
- 준비 단계: 변화하겠다는 동기가 증가하기 시작하는 단계
- 행동 단계: 변화를 위한 행동이 나타나는 단계
- 유지 단계: 사람과의 관계를 만들어가는 단계(변화를 통해 얻게 된 환경)

15 ④

| 정답해설 |

이상지질혈증(고지질혈증)이 있는 노인은 고강도 운동으로 에너지를 최대로 증가시키는 것보다, 점진적으로 운동 강도를 늘려가는 방향이 좋다.

| 추가해설 |

이상지질혈증(고지질혈증) 노인의 운동 방법

- 운동형태: 유산소 운동(걷기, 달리기, 수영, 자전거 등) 및 저항 운동
- 운동시간: 30~60분
- 운동강도: 최대산소섭취량의 50~60%, 운동자각도(RPE) 11~13 수준의 신체활동
- 운동빈도: 주 3~6회

16 ③

| 정답해설 |

골다공증 노인의 운동프로그램으로는 체중이 실리는 체중 부하 운동이 가장 적절하다.

| 추가해설 |

골다공증이 있는 노인의 운동프로그램

- 체중 부하 운동이 가장 효율적
- 수영 및 수중운동은 체중 부하가 낮아서 큰 효과는 없지만 근육에 대한 효과가 도움이 될 수 있음
- 짧은 시간 동안 다양한 근육군을 사용하는 운동이 좋음
- 같은 근육군을 반복적으로 사용하는 운동은 수행에 어려움
- 1주에 2~3회 정도 평형성 향상을 위한 운동 권장
- 골다공증이 심한 노인에게는 최대근력검사를 권하지 않음

17 ①

| 정답해설 |

어르신들의 이해를 위해 필요할 경우 시각적 정보를 제공하는 것이 좋다. 시각적 도구는 간결하고 쉽게 읽을 수 있게 제작해야 한다.

18 ②

| 정답해설 |

노인의 신체 활동 권고 지침 – 심폐지구력[미국스포츠의학회(ACSM, 2018)]

빈도	주당 운동 시간을 합산하여 150~300분
강도	자각적 운동강도(0~10)에 따라 중강도 5~6 정도
시간	10분 이상의 중강도 활동일 경우 최소 30분
종류	걷기, 수중운동, 좌식 자전거, 정원 활동, 가사 활동 등

19 ①

| 정답해설 |

운동강도가 높을수록 체온 상승으로 인해 단열성 높은 의복을 착용할 경우, 과도한 수분 배출로 탈수증상이 발생할 수 있어 주의해야 한다.

20 ④

| 정답해설 |

전문적인 의료기관에서 전문인이 오기 전까지 심폐소생술을 지속해야 하며, 생사판정은 전문 의료인만이 할 수 있다.

스포츠교육학

01	02	03	04	05	06	07	08	09	10
③	①	①	②	④	②	②	③	④	③
11	**12**	**13**	**14**	**15**	**16**	**17**	**18**	**19**	**20**
①	②	②	③	④	③	①	④	④	①

01 ③

| 정답해설 |

시덴탑(D. Siedentop)이 제시한 스포츠교육 모형의 6가지 요소에는 시즌, 팀 소속, 공식 경기, 결승전 행사, 기록 보존, 축제화가 있다.

| 추가해설 |

시덴탑(D. Siedentop)의 스포츠교육 모형 6가지 요소

시즌	내용 단원보다는 시즌이라는 개념을 사용
팀 소속	시즌 동안 한 팀의 일원으로 참여
공식 경기	시즌을 조직하고 운영하는 의사결정에 참여
결승전 행사	시즌은 토너먼트, 팀 경쟁, 개인 경쟁 등 다양한 형태로 마무리
기록 보존	게임 기록은 전략을 가르치거나 흥미 유발에 활용하고 평가에 반영
축제화	시즌 동안 경기의 진행이 축제 분위기로 유지

02 ①

| 정답해설 |

㉢ 교육과정과의 연계를 고려하여 프로그램을 개발해야 한다.

㉣ 학교체육시설, 지도 인력, 예산 등 학교 내·외적 환경을 고려해야 한다.

03 ①

| 정답해설 |

㉠ 체육 학문화 운동은 1960년대 중반 미국을 중심으로 전개된 체육 학문화 운동으로, 스포츠교육학이 체육학의 하위 학문 분야로 성장하는데 촉매제 역할을 하였다. 이후 체육은 '신체를 통한 교육'이라는 교육 이미지에서 ㉡ 이론적 연구를 주목적으로 하는 학문의 이미지로 변화하였다.

04 ②

| 정답해설 |

지도자는 새로운 연습 과제나 게임이 시작될 때, 안전한 학습환경 유지를 위해 지속적으로 학습자를 감독해야 한다. 위험한 상황이 예측될 경우 지도자는 과제를 중단하고 위험 요인을 제거해야 한다.

| 추가해설 |

체육활동 안전한 학습 환경 유지

- 활동 전, 안전 문제를 예측하고 교구를 배치
- 안전한 수업 운영에 필요한 절차를 명확히 전달
- 새로운 연습과제나 게임 시작 시 지속적으로 학습자를 감독

05 ④

| 정답해설 |

㉠ 유소년스포츠: 유아와 아동의 신체적·인지적 발달을 도모하며 기본적인 사회관계 형성을 목표로 함

㉡ 청소년스포츠: 운동기능 습득, 삶의 즐거움과 활력, 또래들과의 여가활동 등을 목표로 함

㉢ 성인스포츠: 신체적 건강 유지, 사교, 긴장 및 불안 해소, 삶의 의욕 제고, 사회적 안정 등을 목표로 함

| 추가해설 |

발달단계별 학습자 특정과 스포츠 활동

발달 단계	학습자 특징	스포츠 활동	활동 예시
유아기	• 인지성장과 언어발달이 빠르게 진행 • 신체구조와 기능이 빠르게 발달	놀이 중심의 움직임 교육에 중점	걷기, 뛰기, 던지기, 잡기 등
아동기	• 자기개념 및 자기효능감의 발달 • 신체활동의 급증 및 호기심 왕성	다양한 경험과 건강한 생활습관 형성	달리기, 뜀뛰기, 체조, 무용 등
청소년기	• 신체적·정서적·사회적 발달이 명확 • 자아정체감 형성 및 신체적 성숙 • 2차 성징	양질의 동적 신체활동	학교체육, 수영, 등산, 야영 등
성인기	활발한 사회활동과 사교활동 신체적·심리적 성숙	성인병 예방을 위한 신체활동	조깅, 웨이트, 유산소, 무산소 등
노년기	• 감소된 사회활동 • 신체적·정신적 기능 쇠퇴 • 체력 저하 및 운동기능 감퇴	건강과 체력 수준에 적합한 신체활동	걷기, 산책, 체조, 등산 등

06 ②

| 정답해설 |

스포츠 교육 학습자는 생애주기별 발달 특징에 따라 추구하는 목표와 활동이 다름으로, 지도자는 학습자의 발달 수준을 고려해야 한다.

07 ②

| 정답해설 |

지도자는 선수가 올바른 수단과 방법으로 승리할 수 있도록 지도해야 한다.

| 추가해설 |

스포츠 지도사의 자질

- 의사전달 능력
- 투철한 사명감
- 도덕적 품성
- 활달하고 강인한 성격
- 공정성

08 ③

| 정답해설 |

<보기>는 개별화지도 모형에 관한 설명이다. 개별화지도 모형에서 교사는 단원에 포함될 내용, 과제, 수행 기준 등을 결정하며, 학생은 자신의 속도에 맞춰 학습 진도를 결정한다. 이 모형을 통해 교사는 상호작용이 필요한 학생과 많은 상호작용할 수 있는 기회를 제공받으며, 학생은 자기 주도적인 학습을 할 수 있게 된다.

| 추가해설 |

개별화지도 모형의 수업 주도성

내용 선정	교사가 학습 내용, 학습 과제의 계열 순서, 수행 기준 결정
수업 운영	교사가 관리 계획, 학습 규칙, 구체적 절차 결정
과제 제시	교사로부터의 독립을 유도하며 개별학습 촉진
참여 형태	학생은 교사(혹은 다른 학생들)로부터 독립적으로 연습
교수적 상호작용	교사는 학생에서 높은 수준의 상호작용 제공
학습진도	학생은 자신만의 학습 진도를 결정
과제전개	학생은 계열상의 과제 진행속도를 결정

09 ④

| 정답해설 |

- 김 코치: 조금씩 단계적인 변화가 있도록 지도해야 한다.
- 박 코치: 목표행동은 명확히 진술하고 그에 따른 결과를 고려해야 한다.

10 ③

| 정답해설 |

㉠ 인지적

㉡ 팀 게임 토너먼트(TGT)

| 추가해설 |

인지적 영역

지식을 획득하고 사용하는 방식과 관련된 능력으로 이해력, 사고력, 분석력, 종합력, 평가력 등과 관련된 영역이다.

팀 게임 토너먼트(TGT)

- 서로 다른 팀의 같은 등수인 학생들의 점수를 비교해 평가
- 게임이 끝난 후 가장 높은 점수를 받은 팀이 승리
- TGT 순서: 1. 1차 연습 → 2. 팀별 시험 후 점수 비교(다른 팀의 같은 등수인 학생과 비교) → 3. 2차 연습 → 4. 팀별 시험 후 점수 비교(1차 평가와 동일)

11 ①

| 정답해설 |

국가는 학교운동부지도자의 자질 향상 및 전문성 강화를 위하여 연수교육 계획을 수립하고, 이를 실시하여야 하는데 연수교육을 관련 단체에 위탁할 수 있다(학교체육진흥법 제12조 제2항).

| 추가해설 |

「학교체육진흥법」 제12조(학교운동부지도자) ① 학교의 장은 학생선수의 훈련과 지도를 위하여 학교운동부에 지도자(이하 "학교운동부지도자"라 한다)를 둘 수 있다.

② 국가는 학교운동부지도자의 자질 향상 및 전문성 강화를 위하여 연수교육 계획을 수립하고, 이를 실시하여야 한다. 이 경우 연수교육을 관련 단체에 위탁할 수 있다.

③ 국가 및 지방자치단체는 학교운동부지도자의 급여에 필요한 경비를 지원하도록 노력하여야 하며, 학교의 장은 학교운동부지도자 임용에 필요한 경비를 「초 · 중등교육법」 제30조의2에 따라 설치된 학교회계에 반영하여 집행하여야 한다.

④ 학교의 장은 학교운동부지도자가 학생선수의 학습권을 박탈하거나 폭력, 금품 · 향응 수수(授受) 등의 부적절한 행위를 하였을 경우 학교운영위원회의 심의를 거쳐 계약을 해지할 수 있다.

⑤ 교육감은 학교운동부지도자의 지도 등을 위하여 학교운동부지도자관리위원회를 설치한다.

⑥ 교육감은 제4항의 사유 이외에 학교의 장이 부당하게 학교운동부지도자를 계약 해지하였을 경우 학교운동부지도자관리위원회의 심의를 거쳐 관련 계약 해지를 철회할 수 있다.

⑦ 그 밖에 학교운동부지도자의 자격기준, 임용, 급여, 신분, 직무 등에 필요한 사항은 대통령령으로 정한다.

12 ②

| 정답해설 |

문화체육관광부장관은 체육지도자 및 체육단체의 책임이 있는 자가 체육계 인권침해 및 스포츠비리와 관련하여 유죄판결이 확정되는 경우에는 운영위원회의 심의 · 의결을 거쳐 그 인적사항 및 비위 사실 등을 공개할 수 있다(국민체육진흥법 제12조의3 제1항).

13 ②

| 정답해설 |

<보기>는 자기점검형 스타일(자검식 스타일)에 관한 설명이다. 자기점검형 스타일에서 교사는 교과 내용, 평가 기준, 수업 운영 및 절차 등을 모두 결정하고 학생은 스스로 과제를 수행하며 자신을 점검한다. 이는 학생이 책임감을 가지고 스스로 과제를 수행하고 평가해야 할 필요가 있을 때 사용되며, 교사는 학생의 능력과 독립성을 존중해준다.

14 ③

| 정답해설 |

<보기>는 알몬드(L. Almond)의 게임 유형 중 필드형에 관한 설명이다. 필드형 게임에서는 개인의 역할이 경기에 중요한 영향을 미치므로, 역할에 대한 이해와 책임감이 강조된다. 팀의 구성원 모두가 공격과 수비에 번갈아 가며 참여하는 것이 특징이며, 대표적인 종목으로는 야구, 크리켓, 킥볼, 소프트 볼 등이 있다.

| 추가해설 |

알몬드(L. Almond)의 게임 유형

필드형	야구, 크리켓, 킥볼, 소프트볼
네트형(벽면형)	네트형(배드민턴, 피클볼, 탁구, 배구), 벽면형(라켓볼, 스쿼시)
침범형	농구, 하키, 풋볼, 라크로스, 넷볼, 축구, 프리스비
표적형	크로켓, 당구, 볼링, 골프

15 ④

| 정답해설 |

수행평가는 학생의 수행이나 산출물을 직접 관찰하거나 검토한 것을 토대로 평가하는 질적인 평가 방법이다. 이는 교사가 학생이 과제를 수행하는 과정과 결과를 관찰하고, 학생의 지식, 기능, 태도 등을 평가하는 것이 특징적이다.

16 ③

| 정답해설 |

학습평가 단계에서는 평가 시기, 평가 관리, 절차상의 고려 사항(시간 배정, 평가 운영, 필요한 기구 및 자료) 등을 제시하여야 한다.

| 추가해설 |

메츨러(M. Metzler)의 지도계획안 작성

1. 수업 맥락 기술	수업 시간 및 장소, 수업 차시 등 전반적인 지도 맥락 기술
2. 학습 목표	학습자 특성에 중점을 두어 1~3개 정도의 학습 목표 제시
3. 시 · 공간의 배정	수업 시간, 환경, 관리 방법 등을 고려하여 배정
4. 학습 활동 목록	수행 과제 순서로 학습 활동 목록 작성
5. 과제 제시 및 구조	과제의 내용 구조와 제시 방법을 포함하여 제시
6. 학습 평가	평가 시기, 평가 관리, 절차상의 고려 사항 제시
7. 학습 정리 및 종료	핵심 내용을 재확인할 수 있는 학습 정리 과정을 포함하여 종료

17 ①

| 정답해설 |

- 이 코치 – 회상형(회고적) 질문: 기억 수준의 대답을 필요로 하는 질문이다.
- 윤 코치 – 확산형(분산형) 질문: 이전에 경험하지 않은 문제해결에 필요한 질문이다.
- 정 코치 – 가치적 질문: 사실보다는 가치문제를 다루며 태도 · 의견 등을 표현하는 데 필요한 질문이다.

| 추가해설 |

질문의 4가지 유형

회상형(회고적)	기억 수준의 대답을 필요로 하는 질문
확산형(분산형)	이전에 경험하지 않은 문제해결에 필요한 질문
가치형	사실보다는 가치문제를 다루며 태도 · 의견 등을 표현하는 데 필요한 질문
수렴적(집중형)	이전에 경험한 내용분석 및 통합에 필요한 질문

18 ④

| 정답해설 |

<보기>는 확대(확장)과제에 관한 설명이다. 확대(확장)과제는 학습 경험을 간단하거나 쉬운 과제에서 복잡하거나 어려운 과제로 발전시킬 때 활용되며, 운동수행의 복잡성과 난이도 변화를 통해 이루어진다.

| 추가해설 |

링크(J. Rink)의 내용발달 단계

시작	가장 먼저 제시하는 과제로 기초적인 수준에서 가르칠 내용이나 전략을 소개
확대	학습 경험을 간단하거나 쉬운 과제에서 복잡하거나 어려운 과제로 발전
세련	수행의 질적 발달에 초점을 두고 학습자에게 책무성을 부여
응용	습득한 기능을 실제(혹은 유사한 상황)에서 사용할 수 있도록 내용을 조직

19 ④

| 정답해설 |

<보기>는 슐만(L. Shulman)의 교사 지식 중 학습자와 학습자 특성 지식에 관한 설명이다. 학습자와 학습자 특성 지식은 수업에 영향을 미치는 학습자와 관련된 것으로 <보기>는 노인, 장애 유형, 유소년 학습자와 관련된 지식을 나열하고 있다.

| 추가해설 |

슐만(L. Shulman, 1987)의 7가지 교사 지식

내용 지식	가르칠 교과 내용에 대한 지식
지도 방법 지식	모든 교과에 적용되는 지도법에 대한 지식
내용 교수법 지식	특정 학생에게 어느 교과나 주제를 특정한 상황에서 지도할 수 있는 방법에 대한 지식
교육 과정 지식	각 학년의 발달 단계에 적합한 내용과 프로그램에 대한 지식
교육 환경 지식	수업 환경에 영향을 미치는 지식
학습자와 학습자 특성 지식	수업에 영향을 미치는 학습자에 관한 지식
교육목적 지식	목적, 내용 및 교육시스템의 구조에 관한 지식

20 ①

| 정답해설 |

박 코치는 25m를 완주하는 목표를 가지고 해당 목표의 달성도를 평가는 절대평가 방법을 활용하고 있다. 한편 김 코치는 모든 회원의 기록을 측정하고, 그중 상위 15%에게 스티커를 제공함으로써 상대적인 비교를 통해 성적을 결정하는 상대평가를 활용하고 있다.

| 추가해설 |

평가의 기준

준거지향 평가(절대평가)	• 교육목표를 준거로 하여 목표의 달성도를 평가하는 방법 • 지도목표를 평가준거로 하기에 목표지향 평가라고도 함
규준지향 평가(상대평가)	학습자의 학업성취도를 상호 간의 상대적 비교를 통해 성적을 결정하는 평가
자기지향 평가	학습자의 지식과 기능을 활용해 학습과제를 스스로 수행하여 판단하는 평가
수행평가	학생의 수행이나 산출물을 직접 관찰하거나 검토한 것을 토대로 수행이나 산출물에 대한 질적인 평가
동료평가	• 집단 구성원 간 서로의 평가 방법 • 서로 간에 객관적인 상호평가로 구성원들이 건설적인 방향으로 발전하도록 제언하기 위해 활용되는 평가

스포츠사회학

01	02	03	04	05	06	07	08	09	10
②	①	④	②	④	②	④	③	①	③
11	12	13	14	15	16	17	18	19	20
①	③	①	③	④	②	②	③	①	④

01 ②

| 정답해설 |

스포츠사회학은 운동참여자의 운동수행능력과 관련된 직접적인 원인에 대해 설명하는 학문이 아니다. 스포츠와 사회관계 연구로 스포츠에서 일어나는 행동 유형과 사회 과정을 스포츠 구조와 스포츠 활동이 존재하는 일반 사회 구조의 측면에서 설명하는 학문이다.

02 ①

| 정답해설 |

<보기>는 축구전쟁에 관한 설명이다. 축구전쟁은 1969년 중남미 월드컵 지역 예선 경기에서 온두라스와 엘살바도르 응원단이 장외 난투극을 벌인 것에서 시작하여, 1969년 7월 양국에 전쟁이 일어난 사건이다. 100시간 전쟁이라고 불리며, 4일간의 전쟁으로 약 1만 7,000명의 사상자와 15만 명의 난민이 발생했다.

| 오답해설 |

② 헤이젤 참사: 1985년 5월 29일 유러피언컵 결승전이 열린 벨기에 브뤼셀의 헤이젤 경기장에서 이탈리아의 유벤투스 FC와 잉글랜드 리버풀 FC 응원단 사이 벌어진 싸움으로 39명이 사망, 454명이 부상한 사건이다.

③ 검은 구월단: 1972년 5월 뮌헨올림픽에서 이스라엘 선수단 2명을 죽이고, 9명을 인질로 붙잡은 사건은 검은 구월단의 존재를 세계에 알린 사건이다.

④ 핑퐁외교: 1971년 4월 10일 미국 탁구선수단이 중국을 방문하게 되는 역사적 사건으로, 탁구 교류로 미국과 중국이 수교를 맺게 되는 스포츠외교 사건이기도 하다.

03 ④

| 정답해설 |

파슨즈(T. Parsons)는 구조기능주의 이론을 이론 체계로 발전시킨 학자로 구조기능주의 4가지 요인을 체계 요구(system needs)라 한다. 사회 전체의 본질적 지향인 균형을 위하여 체제유지와 긴장해소, 통합, 목표성취, 적응 등의 4가지 기능을 수행한다는 이론이다.

04 ②

| 정답해설 |

Title IX 법안은 1972년 미국에서 제정된 교육법으로 미국 교육계에서 성차별을 없애기 위해 제정된 법률로, 성별에 의한 차별을 절대적으로 금지하고 있다.

05 ④

| 정답해설 |

<보기>의 내용 모두 프로스포츠의 순기능에 해당한다.

| 추가해설 |

프로스포츠의 역기능

- 프로스포츠의 급속한 발전으로 아마추어리즘과 스포츠 본질 퇴조
- 프로스포츠의 발전으로 도박 행위 심화
- 스포츠가 삶의 수단적 가치를 추구하는 매개체로 전락

06 ②

| 정답해설 |

상업주의에 따른 스포츠의 영향

내용	• 운동경기보다 세속적 운동경기 외적 사실 중시 • 심미적 가치보다 영웅적 가치 중시 • 전시 효과에 대한 요구 증가 • 아마추어리즘보다 프로페셔널리즘 추구와 확대
스포츠의 조직	• 경기대회는 대중 매체, 팀 구단주, 대회 후원자의 목적 영리를 위한 장 • 스포츠 경기를 흥미와 재정적 이익 창출을 위한 부산물로 평가 • 기업은 국제이벤트에서 운동경기보다는 기업 발전을 위한 시장 확대 홍보에 활용 • 스포츠 산업이 전 세계로 확장되며 스포츠조직도 세계화
스포츠의 구조	• 규칙과 제도 변화 • 프로그램 구성 변화 등

07 ④

| 정답해설 |

투민(M. Tumin)의 스포츠계층 형성과정에서 서열화는 역할 담당을 위해 개인적인 특성에 따라 서열이 형성되고, 특정 역할 수행에 필요한 숙련된 기능과 능력에 따라서 서열이 결정되는 단계이다.

08 ③

| 정답해설 |

스포츠는 과도한 경쟁 체계에 있으며, 스포츠 참가로 인해 사회이동이 촉진된다는 주장은 누구나 노력하면 성공 이데올로기를 대중에 확신시키기 위한 속임수이다.

09 ①

| 정답해설 |

맥루한(M. Mcluhan)의 매체 이론에 따르면 문화규범이론은 대중 매체가 사회 규범에 영향을 미치고, 수용자는 그 규범으로 생각과 행동을 취한다는 이론 핫 미디어와 쿨 미디어로 구분된다.

| 추가해설 |

	핫 매체(문자 미디어)	쿨 매체(전자 디미어)
정의	• 낮은 감각 참여와 몰입 상태 • 정보를 간접적으로 제공 받음	• 높은 감각 참여와 몰입 상태 • 정보를 직접적으로 제공 받음
특징	• 전달되는 메시지가 논리적 • 계획적, 직접적으로 전달되는 메시지 • 메시지의 높은 정의성	• 전달되는 메시지가 비논리적 • 즉흥적, 일시적으로 전달되는 메시지 • 메시지의 낮은 정의성
유형	신문, 잡지, 사진, 라디오, 화보 등	TV, 비디오, 영화, 게임, 인터넷, 소셜미디어, 모바일 등

10 ③

| 정답해설 |

㉠ 혁신주의: 불법약물복용은 수단과 방법을 가리지 않고 성공하려는 행위이다.
㉡ 의례주의: 승리보다는 경기 규칙을 지키며 최선을 다하는 행위이다.
㉢ 도피주의: 실력의 한계를 느껴 스스로 운동부에서 탈퇴하는 행위이다.
㉣ 반역주의: 운동선수의 학습권을 보장하기 위해 최저학력제를 도입하는 행위이다.

11 ①

| 정답해설 |

㉠ 전염이론: 폭력적 집단행동은 병이 점염되듯이, 군중 폭력까지 발생한다는 이론이다.
㉡ 수렴이론: 반사회적 생각이 하나로 모여 군중이라는 익명성을 방패삼아 표출된다는 이론이다.
㉢ 규범생성이론: 나머지 구성원이 동조해서 새로운 규범이 만들어지면 집단행동이 발생한다는 이론이다.
㉣ 부가가치이론: 집단행동이 일어나기 위해서 조건들이 순차적으로 조합을 이루어야 한다는 이론이다.

12 ③

| 정답해설 |

㉠ 인내규범: 위험과 고통을 감수하며 견뎌야 진정한 운동선수로 인정받을 수 있다고 강조한다.
㉡ 도전규범: 의무감으로 목표가 지나치게 강조되어 고난과 역경을 극복해가는 노력한다.
㉢ 몰입규범: 스포츠를 인생에 우선순위로 가지며 경기와 팀을 위해 자신을 희생하고 경기에 헌신한다.

13 ①

| 정답해설 |

<보기>는 유목민형에 대한 내용이다.

| 오답해설 |
② 정착민형: 영구적 거주지를 가지고 약 1년 주기로 생활하는 유형이다.
③ 개척자형: 새로운 영역, 운명, 진로 등을 개척해가는 유형이다.
④ 귀향민형: 자신의 고향으로 돌아가거나 돌아오는 유형이다.

14 ③

| 정답해설 |
<보기>는 상징적 상호작용론적 관점에서 스포츠일탈에 관한 내용이다.

15 ④

| 정답해설 |
㉠ 스포츠 재사회화: 스포츠에 참여했던 사람이 어떤 스포츠로부터의 탈사회화 과정 후 다시 스포츠에 참여하게 되는 것이다.
㉡ 스포츠로의 사회화: 개인이 스포츠에 참여한 경험의 영향으로 스포츠 개입 수준이 증가 또는 감소하는 것이다.
㉢ 스포츠를 통한 사회화: 스포츠 활동에 참여하여 사회생활에 필요한 긍정적인 가치와 태도, 규범, 행동양식 등을 배우는 것이다.

16 ②

| 정답해설 |
신자유주의 시대 스포츠 세계화의 특징은 스포츠 시장의 경계가 국경을 초월해 전 세계로 확대되었고, 세계인들이 표준화된 스포츠 상품과 문화를 소비하게 만들었다는 점이다.
㉡ 프로스포츠의 이윤 극대화로 인해 빈익빈 부익부 현상은 더 가중되었다.
㉣ 스포츠 세계화로 인해 전통스포츠보다 서양의 스포츠가 전 세계적 스포츠 문화로 확대될 가능성이 높아졌다.

17 ②

| 정답해설 |
㉠ 자본주의 이데올로기: 자본주의는 단순한 생산력 향상뿐만 아니라 노동력 재생산을 위한 구조 개선이 필요하다.
㉡ 젠더(성차별) 이데올로기: 성차별이 자연적 차이와 초자연적 신념 측면에서 정당화되는 것을 포함한 사회적 정당화를 부여받게 되는 사상이다.

| 추가해설 |

영웅 이데올로기	소수 엘리트주의로 미디어가 운동선수를 평가할 때 능력뿐만 아니라 경제적 보상도 중요하게 판단
성공 이데올로기	승자에게 초점을 두어 미디어 스포츠는 승자와 패자 또는 최종 결과만 강조
소비주의 이데올로기	상업적 속성에 의한 소비생활 조장
국가주의 이데올로기	개인보다는 민족이나 국가주의로 국민적 일체감 같은 주체사상을 강조
개인주의 이데올로기	선수 개인의 노력을 강조하여 사회적 문제를 개인의 노력으로 극복할 수 있다는 잘못된 메시지 전달

18 ③

| 정답해설 |
장애인의 적응력 배양 문제는 스포츠의 교육적 순기능 중 사회선도에 관한 내용으로, 스포츠 교육의 순기능에는 전인교육, 사회통합, 사회선도가 있다.

19 ①

| 정답해설 |
사회적 행동양식을 습득하고 수행하는 과정을 규명하는 이론은 사회학습이론이다.

| 오답해설 |
② 역할이론: 인간은 자신의 상황에서 경험을 통하여 스스로 학습하고, 각 사회구성원들이 영향과 역할을 주고받으며 적응해간다.
③ 준거집단이론: 인간은 집단 또는 타인의 다양한 감정과 행동 등을 척도로 삼아 적응하며, 자신의 감정과 행동들을 만들어간다.
④ 문화규범이론: 대중매체가 사회와 인간에 영향을 미친다는 이론이다.

20 ④

| 정답해설 |
통신 및 전자매체의 발달로 스포츠에서 미디어의 영향력은 증가되었다.

스포츠심리학

01	02	03	04	05	06	07	08	09	10
④	④	①	②	①	③	④	③	②	①
11	12	13	14	15	16	17	18	19	20
③	①	②	②	③	②	④	③	④	①

01 ④

| 정답해설 |
자신감이라는 심리적 요인은 독립변인, 수영 학습에 미치는 영향은 종속변인에 해당한다.

02 ④

| 정답해설 |
외재적(보강적) 피드백은 수행자 자신의 감각 시스템이 아닌 지도자나 동료, 영상 등을 통해 외부로부터 제공되는 정보를 말한다. 결과지식은 수행자의 감각 시스템에 의하지 않는 외부로부터 제공되는 정보에 해당되기에, 외재적(보강적) 피드백의 유형에 해당된다.

03 ①

| 정답해설 |

<보기>에서 배구 선수가 서브를 준비하면서 상대 진영을 살피는 것은 외부 환경의 넓은 범위를 주의하는 것이므로 광의 – 외적에 해당하고, 빈 곳을 확인하여 공을 서브하는 것을 외부 환경의 좁은 범위를 주의하는 것이므로 협의 – 외적에 해당한다.

04 ②

| 정답해설 |

계획된 행동이론은 행동에 대한 태도, 의도, 주관적규범, 행동통제인식으로 구성된다.

| 오답해설 |

- 동기: 어떤 목표를 향해 행동을 시작하도록 하는 내적 과정이다.
- 자신감: 주어진 과제를 성공하거나 목표를 성취할 수 있다는 능력에 대한 믿음이다.

05 ①

| 정답해설 |

스포츠심리기술 훈련을 통해 경기력 향상 효과를 얻기까지 시간은 일반적으로 어느 정도의 오랜 시간을 필요로 하기에, 즉각적 효과를 기대하기는 어렵다.

06 ③

| 정답해설 |

캐런(A. V. Carron)의 팀 응집력의 결정요인으로는 크게 환경 요인, 개인 요인, 리더십 요인, 팀 요인으로 구분하고 응집력의 결과는 집단적 성과와 개인적 성과의 두 가지 일반적인 결과로 구분한다.

07 ④

| 정답해설 |

내적 동기를 높이기 위해서는 외적 보상이 통제적으로 작용하지 않도록 하고, 행동과 보상에 연관성이 생기지 않도록 해야 한다.

08 ③

| 정답해설 |

운동 제어 체제는 감각, 지각 단계 → 반응선택 단계 → 반응실행 단계의 순서로 서로 작동한다.

| 추가해설 |

운동 제어 체제

감각, 지각 단계	환경의 정보 자극을 파악하고 자극의 명확성, 강도, 유형 등을 분석 및 의미화하는 단계
반응선택 단계	입력된 자극을 어떠한 반응으로 보일 것인가를 선택하는 단계
반응실행 단계	반응을 실제 행동으로 생성하기 위해 운동의 체계를 만드는 단계

09 ②

| 정답해설 |

구체적이고 실현 가능한 목표 설정은 스포츠 수행 시 목표 설정 속성 중 구체성에 대한 설명이다.

10 ①

| 정답해설 |

㉠ 외적 동기의 확인규제에 해당된다.

㉡ 내면적 보상과 연계시킨 것이므로 외적 동기의 의무감 규제에 해당된다.

11 ③

| 정답해설 |

인호가 테니스 기술을 배우는 것보다 테니스 게임에서 이기는 것을 더 좋아하므로 자기 목표 성향에 해당한다. 영찬이는 테니스 기술을 배우는 것에 목적이 있어 과제 목표 성향에 해당한다.

12 ①

| 정답해설 |

분절화는 학습할 전체 기술을 나누어 연습한 후, 각각의 기술이 어느 정도 도달했을 때 전체 기술로 결합하여 연습하는 방법이다.

13 ②

| 정답해설 |

SCAT(Sport Competitive Anxiety Test)는 마르텐스가 개발한 것으로, 스포츠 상황에서의 특성 불안을 측정하는 검사지이다.

14 ②

| 정답해설 |

갤러휴가 제시한 운동 발달 단계 순서는 반사적 움직인 단계 → 초기 움직임 단계 → 기본 움직인 단계 → 스포츠 기술 단계 → 성장과 세련 단계 → 최고 수행 단계 → 퇴보 단계 순이다.

15 ③

| 정답해설 |

연습 중에 실수한 것에 대해 가볍게 처벌하는 것은 처벌의 효과보다 처벌의 부정적인 영향이 더 클 수 있다.

16 ②

| 정답해설 |

내담자에게 관심을 갖고 집중하는 것은 상담의 기본 조건이며, 내담자를 계속 관찰하기보다는 내담자가 원하는 것이 무엇인가를 생각하며 들어야 한다.

17 ④

| 정답해설 |

운동발달 상황에서 나타나는 행동을 계통발생적 행동이라고 하며, 유아의 다양한 기초 움직임 능력 발달과정 등이 해당한다.

18 ③

| 정답해설 |

신체활동은 일련의 단계를 걸쳐 변화한다는 것을 기본적인 전제로 하는 운동행동이론은 '변화 단계이론'이다. 운동 행동의 변화는 무관심 → 관심 → 준비 → 실천 → 유지의 순서이다.

19 ④

| 정답해설 |

<보기>는 최적수행지역이론에 관한 내용이다. 이는 선수별, 운동 종목별 등에 따라 적정 각성 수준이 다르고, 각성 수준의 특정 범위에 들어왔을 때 높은 운동 수행 수준을 보임을 의미한다.

20 ①

| 정답해설 |

운동선수들은 강도 높은 훈련 후, 휴식과 영양 섭취를 통해 재충전할 수 있는 기회가 주어지지 않는다면 더 많은 과정 손실이 생길 수 있다. 이에 사회적 태만 허용상황을 미리 설정해서 예방해야 한다.

스포츠윤리

01	02	03	04	05	06	07	08	09	10
②	①	④	④	③	③	②	④	④	③
11	**12**	**13**	**14**	**15**	**16**	**17**	**18**	**19**	**20**
②	①	③	②	①	②	④	③	①	①

01 ②

| 정답해설 |

의도적 반칙에 대한 정당화의 근거를 제시하는 것은 스포츠윤리의 목적에 해당하지 않는다.

02 ①

| 정답해설 |

사실판단을 통해 진위를 가릴 수 있으며, 가치판단은 옳고 그름 혹은 바람직하거나 그렇지 못한 것 등 가치에 대한 진술로 이루어지며 당위에 근거한다.

03 ④

| 오답해설 |

① 유틸리티(utility): 유용성, 실용성이라는 의미이다.
② 테크네(techne): 고대 철학의 용어로 예술, 기술, 능숙함을 의미한다.
③ 젠틀맨십(gentlemanship): 스포츠 상황이 아닌 일반적 상황에서 지켜야 할 도리를 말한다.

04 ④

| 정답해설 |

<보기>에서 빈칸에 들어갈 내용은 아레테이다. 아레테는 사람 또는 사물이 가지고 있는 탁월성, 뛰어남 등을 의미한다.

05 ③

| 정답해설 |

<보기>에서 설명하는 명령은 정언적 명령의 형태이다. 칸트(Immanuel Kant)는 도덕법칙은 그 자체가 목적이므로 무조건적인 정언 명령의 형태로 제시된다고 주장했다.

06 ③

| 정답해설 |

<보기>에서 설명하는 윤리 이론은 길리건(C. Gilligan)과 나딩스(N. Noddings)의 배려윤리이다. 배려윤리는 법이나 정책을 통한 정의의 구현보다 다른 사람들을 보살피고 배려하는 공동체적 관계가 삶에서 더 중요하다고 주장한다.

07 ②

| 정답해설 |

㉠ 평균적 정의: 개인 상호 간에 균형을 이루게 하는 것이다.
㉡ 분배적 정의: 어떤 것을 분배 또는 나누고자 할 때 어떠한 방법으로 하는 것이 공정한가를 의미한다.

| 오답해설 |

- 절차적 정의: 어떤 것을 결정하고 판단하는 데 있어 공정했는가, 또는 그 과정이 공정했는가와 관련된 내용이다.
- 법률적 정의: 개인이 단체에 의무를 다했는가를 의미한다.

08 ④

| 정답해설 |

아파르트헤이트(Apartheid)는 백인 우위의 인종차별 정책이다.

09 ④

| 정답해설 |

<보기>의 폭력에 관한 설명에서 관계 깊은 사상가는 아렌트(H. Arendt)이다. 아렌트는 악의 평범성이란 모든 사람들이 당연하게 여기고 평범하게 행하는 일이 악이 될 수 있다는 개념을 주장하였다.

10 ③

| 정답해설 |

<보기>에 해당하는 반칙은 의도적 규제 반칙이다. 규제적 규칙은 각 종목의 특성에 따라 적용되는 규칙에 의해 수행되는 개인의 행동을 규제하는 것이다.

| 오답해설 |

① ② 구성적 규칙과 관련된 반칙이다. 구성적 규칙은 스포츠 경기를 진행하는 방법을 규정하는 것으로 스포츠를 수행하는 목적, 수단, 공간, 시간, 용품, 벌칙 등을 정하는 규칙이다.

11 ②

| 정답해설 |

- 충(忠): 모든 인간관계에서 성실과 신뢰를 위주로 사는 것을 의미한다.
- 절차탁마(切磋琢磨): 옥돌을 자르고 줄로 쓸고 끌로 쪼고 갈아 빛을 낸다는 뜻으로, 즉, 학문이나 인격을 갈고 닦는다는 것이다.
- 서(恕): 자기가 하기 싫은 일을 남에게 강요하지 않는 것을 의미
- 예시예종(禮始禮終): 예로 시작해서 예로 끝난다는 의미
- 극기복례(克己復禮): 욕망(慾望)이나 사(詐)된 마음 등(等)을 자기자신(自己自身)의 의지력(意志力)으로 억제(抑制)하고 예의(禮儀)에 어긋나지 않도록 함

12 ①

| 정답해설 |

스포츠윤리센터에 대한 설명이다. 스포츠윤리센터는 체육계 비리 및 인권침해를 조사하고 가해자 처벌 현실화, 피해자의 회복을 돕기 위한 심리 · 정서 · 법률 등 종합적 지원을 한다. 예방교육과 국내 · 외 정보공유를 통해 체육계 악습의 고리를 끊고 '체육의 공정성 확보와 체육인의 인권 보호'에 기여를 목표로 설립되었다.

13 ③

| 정답해설 |

<보기>의 ㉠에 해당하는 레스트(J. Rest)의 도덕성 구성요소는 도덕적 동기화(moral motivation)이다. 도덕적 동기화는 도덕적 행위를 우선시하는 것을 중요한 가치로 본다.

14 ②

| 정답해설 |

베닛(W. Benneitt)은 학생들의 도덕성을 위해 고전 · 인문학과 같은 인격교육이 필요하다고 주장했다.

15 ①

| 정답해설 |

<보기>는 맥페일(P. McPhail)에 관한 내용이다. 맥페일은 도덕적 가치들은 중요한 타자들이 우리와 다른 사람들에 대하여 어떻게 행동하고 있는가를 관찰하는 것에 의해 학습이 되어진다고 하였다. 즉, 도덕적 가치들은 교사의 모범을 포함한 다른 사람들의 모범으로부터 학습되어지는 것이라고 본다.

16 ②

| 정답해설 |

대회의 참여와 종목의 선택은 선수 본인에게 맡긴다.

17 ④

| 정답해설 |

㉠ 보편화 결과의 검토: 모든 사람이 그렇게 해도 좋은지 확인한다.
㉡ 역할 교환의 검토: 다른 사람에게 적용되어도 좋은지 확인한다.

18 ③

| 정답해설 |

스포츠에서 공격은 공격적으로 감정을 표출하는 수단으로 사용해서는 안 된다.

19 ①

| 정답해설 |

과학기술의 발달은 운동선수의 인격 형성과 무관하다.

20 ①

| 정답해설 |

편파성은 스포츠 규칙의 원리 중 공정성과 배치되는 개념이다.

| 추가해설 |

스포츠 규칙의 원리

- 공평성
- 임의성(가변성)
- 제도화

운동생리학

01	02	03	04	05	06	07	08	09	10
④	③	①	②	②	②	①	③	②	④
11	**12**	**13**	**14**	**15**	**16**	**17**	**18**	**19**	**20**
①	④	①	①	④	③	②	④	①	④

01 ④

| 정답해설 |

- 골격근은 체성신경계의 조절에 의해 수의적으로 수축한다.

• 걷기와 같은 저강도 운동 중에는 Type I 섬유가 주로 동원되고, 전력질주와 같은 고강도 운동 중에는 Type Ⅱ 섬유가 주로 동원된다.

| 추가해설 |

수의근과 불수의근

수의근	가로무늬근	골격근: 골격(뼈)에 붙어 있는 근육. 의지에 따라 움직임이 가능
불수의근	가로무늬근	심장근: 심장벽을 구성하는 근육. 오직 심장 내에서만 발견
	민무늬근	내장근(평활근): 위와 장의 외벽을 구성하는 근육. 수축과 이완을 통해 음식물 이동

Type I 과 Type Ⅱ

Type I	• 지근(적근), ST, Type I • 지구성 운동 특성을 갖는다. • 에너지 효율이나 피로에 대한 저항이 강하다.
Type Ⅱ	• 속근(백근), FT, Type Ⅱx, Ⅱa • 순발력 운동 특성을 갖는다. • 힘의 발생이나 수축 이완 시간이 빠르다.

02 ③

| 정답해설 |

호흡교환율(RER)은 'VCO_2(이산화탄소 생성량) / VO_2(산소 섭취량)'로 된 비율로, 호흡 지수(RQ)라고도 부른다. 운동강도가 증가 시 호흡교환율도 증가한다.

| 추가해설 |

• 호흡교환율(RER: respiratory exchange ration)
• 호흡 지수(RQ: respiratory quotient)

03 ①

| 정답해설 |

관상동맥은 대동맥에서 갈라져 심장근육에 있는 모세혈관까지 혈액을 운반하고, 다시 관상정맥동으로 이동해서 다른 우심방으로 간다. 즉 심장이 필요로 하는 산소와 영양소가 든 혈액은 관상동맥을 통해 공급된다.

04 ②

| 정답해설 |

	안정 시	최대하운동	최대운동
심박수	증가	증가	유지 / 감소
1회 박출량	감소	감소	감소
심박출량	감소	감소	감소

05 ②

속근과 지근의 특성

속근 (백근, FT, Type Ⅱx, Type Ⅱa)	지근(적근, ST, Type Ⅰ)
• 모세혈관 밀도 및 마이오글로빈 함유량이 낮다. • 순발력 운동 특성을 갖는다. • 힘의 발생이나 수축 이완 시간이 빠르다. • ATP-PC, 근글리코겐의 저장량이 높다. • 해당작용 효소가 발달해 있다. • 해당작용 능력이 높다.	• 모세혈관 밀도 및 마이오글로빈 함유량이 높다. • 지구성 운동 특성을 갖는다. • 에너지의 효율이나 피로에 대한 저항이 강하다. • 미토콘드리아의 수나 크기가 발달해 있다. • 산화 효소가 발달해 있다. • 미토콘드리아의 산화 능력이 높다.

06 ②

| 정답해설 |

전도 영역 (conducting zone)	• 기도, 구강, 비강, 기관지 • 공기를 통한 통로로써 제공할 뿐만 아니라 폐의 호흡 영역을 향해 공기가 움직일 때 습도와 필터 기능을 제공한다.
호흡 영역 (respiratory zone)	• 호흡 세기관지, 종말세기관지, 폐포(허파꽈리) • 호흡 세기관지에서 폐포까지의 공기 통로이며, 가스교환을 위해 확산이 용이한 구역을 말한다.

07 ①

| 정답해설 |

㉡ ATP-PCr 시스템에 관한 설명이다.
㉣ 유산소 시스템에 관한 설명이다.
㉤ 해당작용 시스템(무산소 해당 시스템)에 관한 설명이다.

08 ③

| 오답해설 |

• 인슐린(insulin): 랑게르한스섬 β 세포에서 분비한다. 혈액의 영양소 흡수에 관여하는 중요 호르몬이다.
• 글루카곤(glucagon): 랑게르한스섬 α 세포에 분비한다. 인슐린과 반대 작용에 작용하는 호르몬이다(체내 혈당량 증가).
• 안드로겐(androgen): 성 스테로이드 호르몬이다. 남성 생식계의 성장, 발달 및 기능에 영향을 미치는 호르몬이다.
• 티록신(thyroxine): 갑상선에서 분비되는 호르몬이다. 요오드를 다량 함유하고 있으며 체내 물질대사에 관여하는 호르몬이다.

09 ②

| 정답해설 |

근섬유는 골격근을 이루는 근세포(여러 개의 근원섬유로 구성됨)를 지칭하며, 근육 또는 근조직을 구성하는 섬유상의 단위가 되는 세포

를 말한다. 근원섬유는 근육은 튜브 형태의 근세포로 이루어지는데 각각의 근세포는 상당한 수의 근원섬유로 구성되어 있다.

10 ④

| 정답해설 |

등장성 수축은 근육의 길이와 관절각의 변화를 통해 힘이 발현되는 근수축의 형태이며, 근육 길이에 따라 두 범주로 구분한다. 근육이 짧아지면서 장력이 발생하는 수축은 단축성(구심성, concentric) 수축이며, 근육이 길어지면서 장력이 발생하는 수축을 신장성(원심성, eccentric) 수축이라 한다. 동일 근육에서의 신장성 수축은 단축성 수축에 비해 같은 속도에서 더 큰 힘이 생성된다.

11 ①

| 정답해설 |

심전도(ECG)

- 심근에 의해서 생성된 전기적 활동은 몸 전체에 걸쳐 전기장을 형성한다.
- 심전도는 심장 주기 중 심근의 연속적인 전기적 변화에 대한 기록을 보여준다.
- P파: 심방의 탈분극을 일컫는다.
- QRS복합파: 심실 탈분극과 심방 재분극을 일컫는다.
- T파: 심실 재분극을 일컫는다.

12 ④

| 정답해설 |

성장호르몬(GH)은 뇌하수체 전엽에서 분비하며, 성장 관여, 혈중 글루코스 유지 및 인슐린유사성장인자(IGF: insulin-like growth factor) 분비 자극에 관여한다.

13 ①

| 추가해설 |

구분		내용
안정 시		환기량의 변화 없음
운동 전		대뇌피질의 예측으로 환기량이 어느 정도 증가함
운동 중	초기	운동피질의 자극으로 환기량이 급격히 증가함
	중기	• 환기량이 안정되어 느리게 증가함 • 혈액에서 이산화탄소 증가, 산소분압 감소, pH 감소가 일어남
	후기	• 최대하 운동 시 환기량은 유지 상태이고, 최대 운동 시에는 환기량이 계속 증가함 • 혈액에서의 이산화탄소 증가, 산소분압 감소, pH 감소는 계속 나타남
운동 후		• 운동피질의 영향으로 환기량의 급격한 감소가 일어난 후, 환기량의 느린 감소가 이루어짐 • 혈액속 산소 감소, 이산화탄소 증가 등 pH의 항상성이 유지됨

14 ①

| 정답해설 |

칼륨(K+) 채널의 열린 상태가 유지되어 추가적으로 칼륨(K+)이 세포 밖으로 나가는 현상은 과분극기이다. 세포막 안이 안전막 전위보다 더욱 음전하가 되어, 전위가 안정 시보다 더 커진 상태(-극이 더 많은 상태)이다.

15 ④

| 오답해설 |

① 시냅스: 한 뉴런의 축삭돌기 말단과 다음 뉴런의 수상돌기 사이의 연접 부위이다.
② 운동단위: 하나의 근신경이 지배하고 있는 근섬유의 수이다.
③ 랑비에르 결절: 신경에서 수초에 둘러싸이지 않은 부분이다.

16 ③

| 오답해설 |

① 복사: 서로 다른 물체의 표면으로 물리적 접촉 없이 이뤄지는 열전달이다.
② 대류: 열이 한 장소에서 다른 장소로 이동되는 형태의 열전달이다.
④ 전도: 직접적 접촉을 통해 다른 물체로 열이 이동하는 형태의 열전달이다.

17 ②

| 오답해설 |

① 열사병: 40℃ 이상의 심부체온 상승, 중추신경계 기능 이상, 무한증(땀이 나지 않는 것)이 대표적 증상이며 신체 열 발산이 원활하게 이루어지지 않아 나타난 고체온 상태이다.
③ 열순응: 인체가 열(더위)에 적응하기 시작하는 것을 의미한다. 발한시점의 조기화 및 발한율의 증가, 땀에 의한 전해질 손실 감소, 피부 혈류량 감소 및 열충격 단백질 생성 증가와 같은 반응이 대표적이다.
④ 저나트륨혈증: 혈액 나트륨 농도가 135mmol/L 미만으로 낮아진 경우이다. 두통, 구역질 등의 가벼운 증상을 동반하며, 심할 경우 정신 이상, 의식 장애 및 간질 발작 등이 발생한다.

18 ④

신경계 전달 반응은 감각 수용기 → 구심성 신경 → 중추 신경 → 원심성 신경 → 효과기 순서로 진행된다.

| 추가해설 |

신경 뉴런의 기능적 분류

감각 뉴런	몸의 감각 수용기에서 받아드린 자극에 대한 정보를 중추 신경계로 전달
운동 뉴런	자극의 적절한 반응에 대한 정보를 몸의 반응기로 전달
중간 뉴런	감각 뉴런으로부터 온 정보를 분석하고 통합하여 적절한 반응에 대한 명령을 생성하여 운동 뉴런을 통해 반응기로 전달

19 ①

| 정답해설 |

Type Ⅰ 섬유는 유산소 트레이닝을 통해 증가한다.

20 ④

| 정답해설 |

부교감신경계는 자율신경계의 기능으로서 교감신경계와 반대 작용을 하여 심장박동수를 감속시키는 역할을 한다.

| 추가해설 |

최대운동 중 순환계통의 변화

- 최대심장박출량과 1회 박출량의 증가
- 심박수의 변화(지구력 훈련에 관련된 선수의 최대심박수는 감소)
- 최대유산소능력의 향상
- 총 근육혈류량의 증가

운동역학

01	02	03	04	05	06	07	08	09	10
②	①	③	②	③	②	②	④	③	②
11	**12**	**13**	**14**	**15**	**16**	**17**	**18**	**19**	**20**
①	②	①	②	①	①	④	②	①	③

01 ②

| 정답해설 |

운동불안 완화는 심리적인 요인에 대한 설명이다.

| 추가해설 |

대표적인 운동역학의 목적

- 운동 기술의 향상: 운동 수행의 최적화와 경기력의 극대화 추구
- 안정성의 향상: 상해의 원인을 분석, 이를 예방할 수 있는 동작 방법 제시 및 보호를 위한 상해 예방 기구 개발
- 운동 장비의 개발: 수행력 향상을 위한 각종 운동 도구 개발

02 ①

| 정답해설 |

복장뼈(흉골: sternum)는 어깨의 내측(medial) 부위에 있다.

03 ③

| 오답해설 |

① 병진운동은 무게중심이 직선으로 움직이는 직선 선운동과 곡선으로 움직이는 곡선운동으로 구분한다.

② 곡선운동은 병진운동(선운동)에 포함되는 운동이다.

④ 병진운동은 물체의 질량 중심점으로 힘이 작용했을 때 선운동이 발생하는 운동이다.

04 ②

| 오답해설 |

① kg, g은 질량의 단위이다. 무게의 단위는 N(뉴턴)이다.

③ 무게중심(신체중심)은 무게들이 균형을 이루는 점으로, 인체 분절마다 무게중심이 존재한다. 자세에 따라 분절의 상대적 위치가 변하고, 무게중심도 수시로 변한다. 이는 신체 외부에도 존재한다.

④ 질량은 인체를 포함해 모든 물체에 존재하는 불변의 물리량이다. 물체의 질량은 위치에 상관없이 크기가 변하지 않으며 외부 힘으로부터 물체를 가속하기가 어렵다는 특성이 있다. 더불어 질량은 관성의 척도이다.

05 ③

| 정답해설 |

무게중심의 높이는 낮을수록 안정성이 높고, 무게중심이 높을수록 무게중심이 기저면 밖으로 쉽게 벗어나기 때문에 안정성이 낮아진다.

06 ②

| 정답해설 |

1종 지레	• 힘점, 받침점, 작용점 형태의 지레 • 예 시소, 저울, 연탄집게, 손톱깎이 등
2종 지레	• 받침점, 작용점, 힘점 형태의 지레(힘팔이 작용팔보다 항상 크다) • 예 뒤꿈치들기, 팔굽혀펴기 동작 등
3종 지레	• 받침점, 힘점, 작용점 형태의 지레(작용팔이 힘팔보다 항상 크다) • 예 기구 운동

07 ②

| 정답해설 |

마그누스 효과는 물체가 회전하면서 유체 속을 진행할 때, 압력이 높은 곳에서 낮은 곳으로 양력이 작용하여 경로가 휘어지는 현상이다.

08 ④

| 정답해설 |

속도는 단위 시간에 움직인 변위를 나타내는 벡터량(vector)으로 정의한다. 따라서 속도는 '변위 / 소요 시간' 또는 '나중 위치 - 처음 위치 / 나중 시간 - 처음 시간'으로 계산한다.

09 ③

| 정답해설 |

속력은 단위 시간에 움직인 거리를 나타내는 스칼라량(scalar)으로 정의한다. 따라서 제시된 문제에서 평균속력은 1m/s, 평균속도는 0m/s이다.

10 ②

| 정답해설 |

<보기>는 등장성 수축에 관한 설명이다. 등장성 수축 중에서도 근육의 길이가 짧아지면서 장력이 발휘되는 단축성 수축에 대한 설명이다. 힘모멘트가 저항모멘트보다 커서 근육의 길이가 짧아지면서 힘이 생성된다.

11 ①

| 정답해설 |

마찰력은 물체가 다른 물체와 접촉하면서 표면과 평행하게 작용하는 힘으로 정의한다. 마찰력은 움직이는 방향의 반대 방향으로 작용하며, 크기는 마찰계수와 수직항력(표면에 직각으로 작용하는 힘)의 곱으로 결정되며 추진력으로 작용될 수 있다.

12 ②

| 정답해설 |

<보기>는 뉴턴의 선운동 법칙 중 제2운동법칙에 관한 내용이다. 이는 가속도의 법칙에 해당하며, 다음과 같은 특징을 갖는다.

뉴턴의 제2운동법칙의 특징

- 물체에 힘을 가하면 힘이 작용한 방향으로 가속도가 발생하며, 가속도는 물체에 가해진 힘에 비례함
- 물체의 힘이 작용하면 운동 상태가 변화하며, 이 변화는 물체의 빠르기와 운동 방향을 포함함
- 가속도는 힘에 비례하며, 질량에 반비례함

13 ①

| 정답해설 |

<그림>은 충격량에 대한 문제이다. A 선수(가)와 B 선수(나)의 면적이 동일하여 두 선수의 수직 충격량은 같다고 말할 수 있다. 충격량은 일정 시간 동안 어떤 물체에 작용한 힘의 총합이며, '힘 × 시간'으로 구할 수 있다.

14 ②

| 정답해설 |

다이빙 입수 시 수면과 수직 방향으로 몸을 최대로 신전시켜서 관성모멘트를 최대화하고 각속도를 최소화하여야 한다(관성모멘트는 각운동량에 비례하고 각속도에 반비례한다).

15 ①

| 정답해설 |

물체에 힘을 작용하여 움직였다면, 일(work)로 정의한다. 일의 단위는 J(Joule) 또는 Nm/1J = 1Nm이고, 힘이 물체가 움직이는 방향과 같다면 양(+)의 일, 방향과 반대라면 음(−)의 일이라고 말한다. 문제에서는 힘의 작용방향과 이동방향은 일치하기 때문에 수행한 일은 1J(Joule)이다.

16 ①

| 정답해설 |

일률(power)은 단위 시간당 한 일의 양으로서 역학적 일의 강도를 나타내는 지표로 사용되며 일의 빠르기를 나타내는 물리량이다. '한 일 / 시간 = 힘 × 속도(P = F · v)'로 구할 수 있으며, 제시된 문제의 일률은 100Watt이다.

17 ④

| 정답해설 |

위치에너지는 질량, 높이 모두와 관계가 있다.

18 ②

| 정답해설 |

운동에너지는 운동하는 물체가 가진 에너지로서 움직이는 물체가 생기는 운동에너지는 그 운동체 속도의 제곱에 비례한다. 운동량은 속도에 비례하고, 운동에너지는 속도의 제곱에 비례한다. 따라서 8m/s로 평지를 달리고 있는 질량 100kg인 럭비선수의 운동에너지가 가장 큰 역학적 에너지라고 할 수 있다.

19 ①

| 오답해설 |

㉢ ㉣ 스트레인 게이지 힘 분석과 지면반력 분석은 운동 역학적 분석에 해당한다.

20 ③

| 정답해설 |

근전도의 개념은 근육의 수축 활동에서 발생하는 전기적 신호를 그래프로 나타낸 것으로 근육의 수축과 근전도 신호의 생성을 나타낸다. 따라서 3차원적 위치좌표는 영상분석을 통해 얻을 수 있는 정보에 해당한다.

한국체육사

01	02	03	04	05	06	07	08	09	10
②	①	②	④	③	①	②	②	③	④
11	12	13	14	15	16	17	18	19	20
①	④	①	①	④	③	④	③	②	③

01 ②

| 정답해설 |

광복 전인 일제강점기의 체육은 일제 탄압의 저항 문화 운동의 일환으로 체육활동을 장려하는 민족주의 체육이었다면 광복 이후는 건민주의, 국가주의와 엘리트주의 체육이라고 말할 수 있다.

02 ①

| 정답해설 |

문헌이란 옛날의 제도나 문물을 아는 데 증거가 되는 자료나 기록 또는 연구의 자료가 되는 서적이나 문서를 말한다. 고구려 무용총 수렵도는 고구려인들의 역동적인 사냥의 모습을 묘사한 것이다.

03 ②

| 정답해설 |

저포(樗蒲)는 윷가락 같이 만든 다섯 개의 나무를 던져 승부를 겨루는 놀이로 이외에도 기마(騎馬), 수박(手搏), 격검(擊劍), 씨름 등을 민속놀이로 즐긴다.

| 오답해설 |

① 위기(圍碁): 흑백의 돌로 집싸움을 하는 바둑 게임이다.
③ 각저(角觝): 두 사람이 서로 맞잡고 힘을 겨루는 경기로 각력, 각희, 상박, 쟁교 등으로 불린다.
④ 마상재(馬上才): 달리는 말 위에서 여러가지 동작을 보이는 것이다.

04 ④

| 정답해설 |

화랑도는 '세속오계'를 바탕으로 문무를 겸비한 인재양성에 목적을 둔 교육 단체이다. 삼강오륜(三綱五倫)은 유교의 도덕 사상에서 기본이 되는 3가지의 강령과 5가지의 인륜을 의미하며, 붕우유신(朋友有信)은 5가지의 인륜 중 하나로 벗 사이에는 믿음이 있어야 한다를 뜻한다.

05 ③

| 오답해설 |

① 석전(石戰): 동편과 서편으로 나누어서 하는 돌팔매질(돌싸움) 놀이이다.
② 마상재(馬上才): 달리는 말 위에서 여러가지 동작을 보이는 것이다.
④ 수박(手搏): 겨루기 형식의 투기 스포츠이다.

06 ①

| 정답해설 |

강예재(講藝齋)는 국학의 7재 중 무학(武學)을 통해 장수(將帥)를 육성하는 강예재(講藝齋) - 국학(國學)에 설치한 칠재(七齋)의 하나로 무학(武學)을 공부하던 곳(무학교육기관)이다.

07 ②

| 정답해설 |

고려시대 귀족 체육인 격구(擊毬)

• 페르시아 폴로 경기에서 유래한 마상 스포츠
• 군사훈련의 수단으로 기창, 기검, 기사를 능숙하게 하기 위한 용도
• 귀족들의 오락 및 여가활동으로 부유한 귀족의 사치성 활동

| 오답해설 |

㉡ 축국에 대한 설명이다.
㉣ 서민이 아닌 귀족사회의 민속 스포츠와 오락이다.

08 ②

| 정답해설 |

고려시대 무예에는 수박(手搏), 궁술(弓術), 마술(馬術)이 있다. 수박은 맨손과 발을 이용한 격투기로 치기, 주먹지르기 등의 기술 포함을 하며, 마술은 말을 타고 여러 가지 자세나 기예를 보여주는 것이다.

09 ③

| 정답해설 |

병서(兵書) 강습과 마상(馬上) 무예 훈련을 주로 한 곳은 사정이 아니라 훈련원이다.

| 추가해설 |

훈련원과 사정(射亭)

무예연습과 병서강습을 가르치는 무인양성관련 교육기관이다. 즉, 훈련원이 공식기관이라면 사정은 비공식적 교육기관으로, 각 지역에서 무사 양성 기능을 담당하였으며, 병장기 사용법 기마술 궁술 등 교육을 시행했다.

10 ④

| 정답해설 |

줄다리기는 조선 시대 민중의 스포츠에 포함되며, 삭전(朔奠), 조리지희, 갈전(葛戰)이라고도 불린다.

| 추가해설 |

풍년을 비는 농경의식으로 그 이전부터 행하여졌다고 본다. 이외에도 장치기, 석전, 씨름, 추천, 제기차기, 연날리기, 팽이치기, 썰매, 널뛰기, 그네뛰기, 줄넘기 등이 있다.

11 ①

| 정답해설 |

이화학당은 여성을 위한 최초의 근대식 학교이며, 메리 스크랜턴이 설립하였다.

| 오답해설 |

② 배재학당에 대한 설명이다.
③ 오산학교에 대한 설명이다.

12 ④

| 정답해설 |

1903년에 황성기독교청년회가 창립되었고, 1906년에는 황성기독교청년회운동부가 만들어졌다. 개화기에 결성된 체육단체 중 가장 많은 활동을 하는 단체이며, 회장 터너와 총무 질레트 등의 노력으로 근대스포츠 발달에 큰 역할을 했다.

13 ①

| 정답해설 |

조선체육협회(1919, 朝鮮體育協會)는 일제강점기 조선 내 스포츠 단체를 관리하기 위해 1918년 조선에 있는 정구단이 모여 만들어진 '경성정구회'와 1919년 1월 만들어진 '경성야구협회'가 1919년 2월 18일 통합해 만들어진 근대스포츠 단체이다.

14 ①

| 정답해설 |

역도는 1926년 일본체육회 체조학교를 졸업한 서상천에 의해 국내 소개되었다.

15 ④

| 정답해설 |

화류회(1896)는 개화기에 있었던 역사적 사실로서 개화기 1896년 5월 2일 외국어 학교에서 열린 최초의 근대식 스포츠 경기 대회이며, 우리나라 최초의 운동회이다. 영국인 교사 허치슨(Hutchison) 등의 영국 교사들에 의해 영어학교에서 개최되었다.

| 추가해설 |

1897년 6월에 영어학교대운동회, 1898년 5월에 외국어학교연합운동회가 훈련원에서 열렸다. 종목은 100 · 200 · 400보 경주와 멀리뛰기 · 높이뛰기 · 씨름 등이었다. 이후 1905년 5월 황성기독청년회 운동회, 1906년 6월 남양지역 공립 · 사립 소학교 연합운동회 등이 열렸다.

16 ③

| 정답해설 |

<보기>는 일제강점기에 창립된 조선체육회에 대한 설명이다. 1920년 제1회 전조선 야구대회를 개최하였다.

17 ④

| 정답해설 |

<보기>는 광복 이후 남북체육 교류에 대한 설명이다. ㉠ 제41회 지바세계탁구선수권 대회, ㉡ 제6회 포르투갈세계청소년축구대회에 대한 설명이다.

| 추가해설 |

남북스포츠 친선교류

- 1990년 남북통일 축구대회(평양과 서울에서 번갈아 열림)
- 1991년 지바세계탁구선수권대회, 포르투갈 세계청소년축구선수권대회(남북단일팀 구성)
- 1999년 남북통일 농구대회, 남북노동자 축구대회
- 2000년 남북통일 탁구대회, 시드니올림픽 공동입장
- 2002년 태권도시범경기
- 2003년 제주도 민족통일 평화축전
- 2004년 아테네올림픽 공동입장

18 ③

| 정답해설 |

㉠ 1948년 제5회 스위스 생모리츠 동계올림픽경기대회 및 제14회 런던 올림픽경기대회에 'KOREA'라는 이름으로 태극기를 들고 참가했다.
㉣ 1976년 제21회 몬트리올 올림픽경기대회에서 양정모(레슬링) 선수가 첫 올림픽 금메달을 획득했다.
㉡ 1988년 서울올림픽을 개최했다.
㉢ 1991년 시드니 올림픽에 참가했다.

19 ②

| 정답해설 |

손기정 선수가 금메달을 획득한 대회는 제11회 베를린 올림픽경기대회(1936)이다.

| 추가해설 |

일장기 말소 사건과 일제의 탄압

- 손기정과 남승룡은 1936년 베를린 올림픽에 참가하기까지 일본인으로부터 많은 차별을 받음
- 손기정 선수가 베를린 올림픽에서 금메달을 딴 뒤, 일장기를 달고 시상대에 오른 사진이 보도됨
- 동아일보 기자 이길용은 이 사진에서 일장기를 지워버린 채 보도해 혹독한 고문을 받고, 동아일보는 무기정간처분을 받음

20 ③

| 정답해설 |

<보기>는 전두환 정권기의 스포츠 활동에 해당하며, 태릉선수촌은 박정희 정권기에 건립되었다.

특수체육론

01	02	03	04	05	06	07	08	09	10
③	②	②	①	③	①	①	④	①	②
11	12	13	14	15	16	17	18	19	20
④	①	④	③	②	②	④	②	②	①

01 ③

| 정답해설 |

특수체육은 특정한 신체적 활동으로 장애인의 운동 능력을 다시 회복시키거나 향상시키는 것이 목적이다.

02 ②

| 정답해설 |

2001년에 '손상'을 '신체기능과 구조', '장애'를 '활동의 제한', '핸드캡'을 '참여 제약'으로 용어를 변경했다.

03 ②

| 정답해설 |

지적장애인은 운동 학습 능력과 주의 집중 능력, 체력이 낮은 이상 등의 문제를 가지고 있어 배구공 대신 비치볼을 사용하는 것이 좋다.

04 ①

| 정답해설 |

특수체육을 지칭하는 용어로 그 명칭은 '㉢ 의료체조(medical gymnastics) - ㉡ 교정체육(corrective physical education) - ㉣ 특수체육(adapted physical education) - ㉠ 특수체육(adapted physical activity)'의 순서로 변화했다.

05 ③

| 정답해설 |

생태학적 과제분석은 운동기술, 움직임, 학생의 특성과 선호도, 운동기술이나 움직임의 수행에 영향을 줄 수 있는 환경요소를 의미한다. 생태학적 과제분석의 구성요소로는 수행자, 수행환경, 수행과제가 있다.

06 ①

| 정답해설 |

㉠ 뇌성마비: 뇌 손상 또는 결함으로 움직임에 만성적 장애를 갖는 상태이다.

㉡ 근이영양증: 다양한 근육군의 퇴화가 서서히 진행되는 유전 질환으로 호흡기 장애와 심장질환 등의 합병증을 유발한다. 골격근의 퇴화가 서서히 진행되며, 근육의 약화, 구축, 변형 등을 통해 특정 근육에 가성대비나 진행성으로 진행되는 대칭성 근위축이 나타난다.

07 ①

| 정답해설 |

TGMD-2는 기본 운동 기술 중 이동 기술과 조작 기술을 검사한다.

08 ④

| 정답해설 |

PAPS-D는 장애 학생의 건강 체력 수준을 파악하기 위한 검사로, 장애 유형을 6개로 구분하여 측정한다.

09 ①

| 정답해설 |

<보기>는 근거기반 프로그램에 관한 설명이다. 근거기반 프로그램은 체계적인 연구 결과를 통해 얻어진 과학적 근거를 바탕으로 근거한다.

10 ②

| 정답해설 |

임파워먼트는 장애인의 주도성, 혁신성, 창의성 등의 배양을 위해 권한을 신장시키는 노력을 의미한다.

11 ④

| 정답해설 |

신체적 손상, 환동 한계, 참여 제한과 같은 독특한 요구는 스포츠 활동으로의 변형에서도 활동의 본질은 유지해야 한다.

12 ①

| 정답해설 |

척수손상 장애인의 자율신경 반사 이상은 가슴 신경 상부와 목 신경 손상이 있을 때 나타난다.

13 ④

| 정답해설 |

모두 시각장애인의 체육활동을 지도할 때 고려해야 하는 사항이다.

14 ③

| 정답해설 |

확장적 지원은 일부 환경에서 정규적으로 이루어지는 지원이다.

15 ②

| 정답해설 |

과잉교정은 대상자에게 문제 행동에 대한 책임을 지게 하거나, 원래 상태보다 더 개선된 상태로 강화하는 방법 중 하나이다.

16. ②

| 정답해설 |

자폐성 장애인에게는 그림카드와 같은 시각적 단서를 제공하는 것이 효과적이다.

17 ④

| 정답해설 |

시각장애인의 신체 활동을 지도하기 위해서 잔존시력의 수준, 스포츠 형태, 시각장애 발생 시기와 원인 등을 고려해야 한다.

18 ②

| 정답해설 |

청각장애인 지도 시에는 부정확한 발음을 즉시 교정하는 것보다, 의사소통 능력을 확인하고 수어 등 절절한 의사소통 방법을 사용할 수 있다.

19 ②

| 정답해설 |

발작 후 1분간 호흡을 하지 않는다면 심폐소생술을 실시해야 한다.

20 ①

| 정답해설 |

경직성은 심한 정신지체를 동반하며 수축근과 길항근에서 근육의 강직을 보인다.

유아체육론

01	02	03	04	05	06	07	08	09	10
④	①	①	③	②	④	①	①	①	①
11	**12**	**13**	**14**	**15**	**16**	**17**	**18**	**19**	**20**
②	④	④	③	②	④	③	④	①	④

01 ④

| 정답해설 |

피아제(Piaget)의 유아 행동 기본 개념 도식을 동화, 조절, 평형화의 과정을 통해 이루어진다고 주장했다. 도식(schema)은 사물이나 사건에 대한 전반적인 형태로, 도식 형성과정에는 동화 과정, 조절과정, 평형화 과정이 있다.

| 추가해설 |

피아제(Piaget)의 도식(schema) 형성과정

- 동화(assimilation) 과정: 새로운 정보 혹은 경험을 접할 때 이러한 정보와 경험을 이미 자신에게 구성된 도식에 적용하려는 것(예 유아가 농구공을 축구공으로 인식하는 것)
- 조절(accommodation) 과정: 기존에 가지고 있던 도식을 수정하거나 조절해서 새로운 도식을 형성하는 과정(예 유아가 농구공과 축구공이 다른 것을 인지하고, 다름을 인지하고 농구공에 대해 질문하고 구별하게 되는 과정)
- 평형화(equilibrium) 과정: 동화와 조절을 통해서 여러 가지를 인지하고 균형을 잡는 과정

02 ①

| 오답해설 |

㉢ 영유아기는 근육량의 증가보다는 신경 기능의 발달이 일어난다. 안정 시 분당 심박수 증가는 근육량의 증가와 거의 관련이 없다.
㉣ 연령의 증가에 따라 상체와 하체의 비율은 변화한다.

03 ①

| 정답해설 |

비대칭목경직 반사는 출생 전부터 6개월까지 나타나는 반사 작용이다. 머리를 한쪽으로 돌려놓으면 얼굴이 향하는 쪽의 팔을 쭉 뻗으면서 반대쪽의 팔을 구부리는 작용이 나타난다.

04 ③

| 오답해설 |

① 게셀(A. Gesell)의 성숙주의 이론: 인간이 성숙한 단계에 이르게 되는 결정적인 힘은 개체가 가진 유전적 요인에 의존한다고 주장한다.
② 피아제(J. Piaget)의 인지발달 이론: 인간의 지적 능력은 환경에 적응해 가는 것이고, 인간의 지적 능력은 타고 나지만, 그것은 주어진 환경에 적응해가는 인지발달이라 주장한다.
④ 프로이트(S. Freud)의 정신분석 이론: 인간의 마음이 원초아, 자아, 초자아의 3가지 구조로 되어 있고, 인간 행동이 3가지 체계 간의 상호 작용으로 지배된다고 주장한다.

05 ②

| 정답해설 |

움직임 기술은 시작 단계, 초보 단계, 성숙 단계로 3가지의 구분된 단계로 나누어진다. 성숙단계의 드리블 동작은 한발을 앞으로 내밀고 반대편 손으로 드리블하는 것이다.

| 오답해설 |

①④ 드리블 동작의 초보 단계이다.
③ 드리블 동작의 시작 단계이다.

06 ④

| 정답해설 |

몸통 앞으로 굽히기(bending)는 축 이용 안정성과 관련이 있다.

07 ①

| 정답해설 |

자기개념 형성이 시작되는 시기는 자율성과 수치 및 회의(2단계)이다. 유아가 스스로 하고자 하는 자율성이 발달하는 시기로, 근육 발달을 조절하며 자기 개념이 형성되기 시작하면서 자기주장을 언어적 표현으로 하게 된다.

08 ①

| 정답해설 |

㉠ 장소, 높이, 방향, 범위, 바닥 모양의 공간지각 활동이다.
㉡ 속도와 리듬의 시간지각 활동이다.
㉢ 앞, 뒤, 좌, 우, 위, 아래 등의 방향지각 활동이다.

09 ①

| 정답해설 |

② 근지구력: 윗몸 말아 올리기(윗몸 일으키기) 횟수를 측정한다.
③ 평형성: 평균대 위에서 한 발로 선 시간을 측정한다.
④ 민첩성: 왕복 달리기(5m × 4) 시간을 측정한다.

10 ①

| 정답해설 |

수직 점프는 도약한 지점에서 최대한 가까운 지점에 착지해야 한다.

11 ②

| 정답해설 |

㉠ 안전성의 원리, ㉡ 적합성의 원리이다.

12 ④

| 정답해설 |

<보기>는 유아의 기본운동기술 유형 중 조작성(manipulation)에 대한 설명이다.

13 ④

| 정답해설 |

유아기는 남아와 여아의 관심과 능력이 유사하기에 분리 활동을 할 필요가 없다.

14 ③

| 오답해설 |

① 만 1세 이전: 부모가 한 시간 이상 같은 장소에 머물지 않고, 여러 번 신체적으로 움직이도록 돕는다.
② 만 1~2세: 매일 중간 강도 이상으로 최소 180분간 매일 신체 활동을 권장한다.
④ 만 5~17세: 매일 60분 이상의 중 · 고강도 신체 활동과 근육과 뼈 강화를 위한 활동을 주 3회 이상 실시를 권장한다. 매일하는 신체 활동은 유산소 활동이어야 한다.

15 ②

| 정답해설 |

유아의 이해력이 높지 않기 때문에 과제와 동작을 간단하게 설명한다.

16 ④

| 오답해설 |

① 자기개념은 하나의 단일 개념이 아니라 개인의 환경 영향을 받으며, 여러 개일 수 있다. 그리고 상황에 따라 변하기도 한다.
② 자신에 대해 어떻게 느끼고 인지하는가에 따라 자신이 어떤 일을 성공적으로 수행할 수 있는 능력이 있다고 믿는 기대와 신념은 달라진다. 즉, 자기 개념과 자기 효능감은 관련이 있다.
③ 스포츠 참여를 통한 성공 경험은 개인이 감각과 운동 능력을 사용하고 발전시키려는 유능감 등을 발전시킬 수 있다.

17 ③

| 정답해설 |

과제 성취는 유아의 노력에 의한 것으로 생각하도록 칭찬해 준다.

18 ④

| 정답해설 |

어렵고 위험한 과제에는 신체적 가이던스(physical guidance)를 적극적으로 사용해 안전한 운동 환경을 만들어준다.

19 ①

| 정답해설 |

체육 수업 환경에 필요한 적절한 교재 및 교구를 다양하게 배치하여 유아가 체육 활동에 재미와 흥미를 느끼도록 조성한다.

20 ④

| 정답해설 |

창의적으로 표현하기는 예술 경험 영역에 해당된다.

노인체육론

01	02	03	04	05	06	07	08	09	10
③	①	④	④	②	③	③	②	①	②
11	12	13	14	15	16	17	18	19	20
③	②	①, ② ③, ④	③	③	②	②	④	③	④

01 ③

| 정답해설 |

노화로 인한 수축기 및 이완기 혈압 수치는 점진적으로 증가한다.

02 ①

| 정답해설 |

㉠ 유전적 이론: 유전적 요인이 노화의 속도를 결정한다.

㉡ 손상 이론: 세포손상의 누적이 세포의 기능장애에 결정요소로 작용한다.

㉢ 점진적 불균형 이론: 인체기관이 다른 속도로 노화하면서 신경내분비계에 불균형을 초래한다.

03 ④

| 정답해설 |

에릭슨(E. Erikson)이 제시한 심리사회발달 단계 이론에서 노년기는 자아주체성 대 절망 단계이다. 이는 자신이 살아온 삶에 대한 자부심과 만족감을 느낄 수 있는 긍정적인 결과이다.

| 오답해설 |

① 독자성 대 역할 혼동 단계이다.

② 친분 대 고독 단계이다.

③ 생산적 대 정체 단계이다.

04 ④

| 정답해설 |

보상이 수반된 선택적 적정화 모델은 노화에 관한 심리학적 관점으로, 성공적 노화는 신체적, 정신적, 사회적 손실에 대한 적응력과 관련이 있다. 기능적 능력의 향상을 통해 노화로 인한 손실을 보완하도록 도움을 준다.

05 ②

| 정답해설 |

운동(exercise)은 구체적인 목표를 가지고 계획적이고 구조화된 반복적인 움직임으로 정의된다.

06 ③

| 정답해설 |

<보기>는 노화에 따른 신체적, 심리적, 사회적 변화를 보여주며, 수면장애, 불안감 고조, 사고력 약화가 주로 나타나는 증상이다. 고립감은 강화된다.

07 ③

| 정답해설 |

반두라(A. Bandura)의 자기효능감 이론 중 언어적 설득은 운동과 관련된 의사결정을 스스로 내리는 것이 아니라 다른 구성원에게 격려의 말을 통해 설정한 목표를 달성하고자 도움받는 것이다.

| 추가해설 |

반두라(A. Bandura)의 자기효능감 이론

반두라(A. Bandura)의 자기효능감 이론은 노인의 운동 참여 시 불안과 두려움을 극복하기 위해 제시된 이론으로 노인의 행동 변화와 동기 유발과 밀접한 관련이 있다. 서공 수행 경험, 간접 경험, 언어적 설득, 정서적 상태 변인 등의 요인으로 구성된다.

08 ②

| 정답해설 |

지도자가 노인에게 어린아이를 다루듯 말하는 방식은 옳지 않은 의사소통 방법이다.

09 ①

| 정답해설 |

개별상담을 통해 운동의 중요성을 인식하는 지도방법은 건강 신념 모형 중 행동의 계기와 관련이 있다.

10 ②

| 정답해설 |

㉠은 상지 근지구력에 관한 사례, ㉡은 민첩성 체력 요소에 관한 사례에 해당한다. 노인체력검사에서 상지 근지구력 검사는 30초 아령 들기, 민첩성 검사는 2.4m 왕복 걷기 방법이 있다.

| 추가해설 |

- 등 뒤에서 양손 마주잡기: 상체 유연성 평가 방법이다.
- 2분 제자리 걷기: 유산소 지구력에 대한 평가 방법이다.

11 ③

| 정답해설 |

노인이 장기간 저항성 운동을 했을 때 예상되는 변화는 근력향상, 골밀도 증가, 근육층의 발달, 지방층의 감소 등의 신체적 효과가 나타난다.

12 ②

| 정답해설 |

미국스포츠의학회(ACSM)가 제시한 노인을 대상으로 한 운동부하검사에서 트레드밀 부하는 속도보다 경사도를 증가시켜 걷기 능력에 따라 적응시키도록 권장하고 있다.

13 ①, ②, ③, ④

| 정답해설 |

국민체육진흥공단에서 발표한 최종 정답은 모두이지만, 이론상 ①, ②, ③은 옳은 내용이나, ④는 옳지 않은 내용으로 보는 것이 적절하다.

④ 수중운동 시 물의 부력과 정수압이 몸을 지탱하기 때문에 직립 자세보다는 물이 몸통 근육의 역할을 하도록 몸을 앞으로 기울이게 지도해야 한다.

14 ③

| 정답해설 |

장시간 계속 서 있는 행위는 허리 주변에 긴장도를 높여 요통을 유발할 가능성이 높아 피해야 한다.

15 ③

| 정답해설 |

미국스포츠의학회(ACSM)가 제시한 관상동맥질환의 위험인자에 해당하는 것은 가족력, 총콜레스테롤, 고밀도지단백질 콜레스테롤, 혈압, 신체활동이다.

| 추가해설 |

음성 위험 요인에 해당되면 양성 심혈관 질환 위험 요인의 합계에서 하나의 위험 요인을 제외한다.

16 ②

| 정답해설 |

미국스포츠의학회(ACSM)가 제시한 노인을 위한 신체활동 권장 프로그램에서는 저항성 운동 시 점진적 웨이트 트레이닝 또는 대근육군을 이용하는 유연체조를 실시해 근력 강화 활동을 권장한다.

17 ②

| 정답해설 |

준비운동은 폐 혈류의 저항을 감소시켜 폐의 혈액 순환을 향상시킨다.

18 ④

| 정답해설 |

노화에 따라 노인의 보행 시 보폭과 활보장은 감소한다.

| 추가해설 |

노인의 보행 변화

- 보행 높이 감소, 발과 바닥과의 간격 감소
- 느린 운동
- 질질 끄는 보행
- 발목의 배측 굴곡 감소

19 ③

| 정답해설 |

노인의 운동 지도 시 동작의 속도와 방향을 다양하게 할 경우 동작의 난이도가 높아지므로, 단기 기억 문제를 가진 노인에게 적합한 지도 방법이 아니다. 단순하고 천천히 수행할 수 있는 동작으로 지도해야 한다.

20 ④

| 정답해설 |

체성감각 기능의 저하는 균형 능력을 감소시켜 자세가 불안해지고 낙상 위험이 높아진다.

스포츠교육학

01	02	03	04	05	06	07	08	09	10
①	③	③	④	③	④	④	①	②	②
11	12	13	14	15	16	17	18	19	20
②	①	①, ④	④	③	④	②	②	③	①

01 ①

| 정답해설 |

'학교스포츠'란 학교에서 이루어지는 스포츠 활동을 말한다(스포츠기본법 제3조 제5호). 건강과 체력 증진을 위하여 행하는 자발적이고 일상적인 스포츠 활동은 생활스포츠를 말한다.

| 추가해설 |

「스포츠 기본법」 제3조(정의) 이 법에서 사용하는 용어의 뜻은 다음과 같다.

2. "전문스포츠"란 「국민체육진흥법」 제2조 제4호에 따른 선수가 행하는 스포츠 활동을 말한다.
4. "장애인스포츠"란 장애인이 참여하는 스포츠 활동을 말한다.
6. "스포츠산업"이란 스포츠와 관련된 재화와 서비스를 통하여 부가가치를 창출하는 산업을 말한다.

02 ③

| 정답해설 |

㉠ 스포츠강좌 이용권 지원: 스포츠복지 사회 구현의 일환으로 저소득층 유·청소년과 장애인에게 스포츠강좌 혜택을 받을 수 있는 일정 금액의 이용권을 제공하는 사업이다.

㉡ 행복나눔 스포츠교실: 소외계층 청소년을 대상으로 체육활동 참여기회를 제공하고 사회 적응력을 배양하는 것을 목적으로 시행되는 사업이다.

03 ③

| 정답해설 |

<보기>는 청소년의 발달 특성에 관한 설명이다. 청소년기는 신체적·심리적·사회적 성숙을 경험하며 이 시기의 경험은 인격과 태도 형성에 큰 영향을 미친다. 때문에, 체육활동을 통해 바람직한 가치를 경험하고, 평생체육의 기틀을 마련해줄 수 있는 동적 위주의 프로그램을 구성해야 한다.

| 추가해설 |

청소년기 학습자 특징과 스포츠 활동

발달단계	학습자 특징	스포츠 활동	활동 예시
청소년기	• 신체적 · 정서적 · 사회적 발달이 명확 • 자아정체감 형성 및 신체적 성숙 • 2차 성징	양질의 동적 신체활동	학교체육, 수영, 등산, 야영 등

04 ④

| 정답해설 |

㉠ 생활체육 프로그램의 목표는 구체적·세부적으로 진술해야 한다.

| 추가해설 |

생활 체육 프로그램의 목표

- 프로그램을 통해 기대되는 상태 및 운동 능력을 명시
- 프로그램을 구성하는 스포츠 활동 내용을 구체적, 세부적으로 기술
- 프로그램의 전개에 있어서 목표가 일관된 지침 역할을 하도록 설정
- 프로그램 시행 후 평가를 통하여 목표달성 여부를 검토할 수 있도록 기술

05 ③

| 정답해설 |

<보기>는 협동학습 모형의 교수 전략 중 직소(Jigsaw) 1 모형에 관한 설명이다.

| 추가해설 |

협동학습 모형의 교수 전략 – 직소(Jigsaw)

직소 1	① 과제를 등분하여 나누어 담당(팀원이 5명일 경우 학습과제도 5등분해 제공) ② 각각 한 부분씩 담당하고, 같은 과제를 담당한 학생들끼리 전문가 집단을 형성한 후 학습 ③ 본래 팀으로 돌아가 구성원들에게 가르침
직소 2	① → ② → ③ → ④ 평가 후 향상점수와 팀 점수를 산출
직소 3	① → ② → ③ → ④ 바로 평가하지 않고 정리할 수 있는 시간을 부여한 뒤, ⑤ 평가 및 향상점수를 산출

06 ④

| 정답해설 |

<보기>는 메츨러(M. Metzler) 교수·학습 과정안의 과제 제시와 과제 구조에 관련된 설명이다. 과제 제시는 학생에게 학습과제를 제시하기 위한 전략으로 활용되며, 과제 구조는 학습 활동을 설계하는 방식을 말한다.

| 추가해설 |

메츨러(M. Metzler)의 지도계획안

1. 수업 맥락 기술	수업 시간 및 장소, 수업 차시 등 전반적인 지도 맥락 기술
2. 학습 목표	학습자 특성에 중점을 두어 1~3개 정도의 학습 목표 제시
3. 시·공간의 배정	수업 시간, 환경, 관리 방법 등을 고려하여 배정
4. 학습 활동 목록	수행 과제 순서로 학습 활동 목록 작성
5. 과제 제시 및 구조	과제의 내용 구조와 제시 방법을 포함하여 제시
6. 학습 평가	평가 시기, 평가 관리, 절차상의 고려 사항 제시
7. 학습 정리 및 종료	핵심 내용을 재확인할 수 있는 학습정리 과정을 포함하여 종료

07 ④

| 정답해설 |

지도자는 새로운 연습 과제나 게임이 시작될 때 안전한 학습환경 유지를 위하여 지속적으로 학습자를 감독해야 한다. 만일 위험한 상황이 예측될 경우 지도자는 과제를 중단하고 위험 요인을 제거해야 한다.

| 추가해설 |

체육활동 안전한 학습 환경 유지

- 활동 전에 안전 문제를 예측하고 교구를 배치함
- 안전한 수업 운영에 필요한 절차를 명확히 전달함
- 새로운 연습과제나 게임 시작 시 지속적으로 학습자를 감독함

08 ①

| 정답해설 |

개인적·사회적 책임감 존중의 단계에서 학습자는 자기 통제를 보이며 타인을 방해하지 않고, 안전하게 참여한다.

| 추가해설 |

헬리슨(D. Hellison)의 책임감 수준

단계	특징	의사결정
0단계	무책임감	• 참여 의지 없음 • 자기 통제 능력 없음 • 다른 사람들을 방해하는 시도
1단계	타인의 권리와 감정 존중	• 자기 통제 보임 • 다른 사람들을 방해하지 않고 참여 • 타인을 고려하며 안전하게 참여
2단계	참여와 노력	• 자기 동기 부여 • 의무감 없는 자발적 참여 • 열심히 시도하는 모습
3단계	자기 방향 설정	• 자기 평가 가능 • 교사 감독 없이 과제 완수 • 부정적인 외부 영향에 대응
4단계	돌봄과 배려	• 경청하고 대응하기 • 거드름 피우지 않고 돕기 • 타인의 요구와 감정을 인정
5단계	전이	• 지역사회 환경에서 타인 가르치기 • 집에서 개인적 체력 프로그램 실행하기 • 청소년 스포츠 코치로 자원하기

09 ②

| 정답해설 |

㉠ 진단평가에 관한 설명이다. 진단평가는 교육 프로그램 실시 이전에 학습자의 특성을 점검하는 평가활동으로, 학습자의 정보를 수집하고 교육 방향을 설정하며 학습장애의 원인 정도를 파악하는 평가 방법이다.

㉡ 총괄평가에 관한 설명이다. 총괄평가는 교육 프로그램과 지도방법을 적용한 후, 학습자들의 성취도를 포함한 프로그램의 효과 및 효율성 등의 결과를 종합적으로 판단하는 평가 방법이다.

10 ②

| 정답해설 |

제시된 표는 체크리스트에 관한 자료이다. 체크리스트는 어떠한 사건이나 행동의 발생 여부를 '예 / 아니요'로 평가하기도 하지만, 운동수행의 질적 여부를 '우수 / 보통 / 미흡'으로 평가하기도 한다.

| 추가해설 |

평가 기법 체크리스트

- 측정 기준을 나열한 목록으로 어떤 사건·행동 발생 여부의 신속한 확인
- 제작이 용이한 반면, 좋은 목록을 구성하기 위해서는 세심한 주의 요망
- 어떠한 사건이나 행동의 발생 여부를 '예 / 아니요'로 평가하기도 하지만, 운동수행의 질적 여부를 '우수 / 보통 / 미흡'으로 평가하는 것 또한 가능

11 ②

| 정답해설 |

학교의 장은 학교 스포츠 클럽을 운영하는 경우 학교스포츠클럽 전담교사를 지정하여야 한다.

| 추가해설 |

「학교체육진흥법」 제10조(학교스포츠클럽 운영) ① 학교의 장은 학생들이 신체활동 프로그램에 참여할 수 있도록 학교스포츠클럽을 운영하여 학생들의 체육활동 참여기회를 확대하여야 한다.

② 학교의 장은 제1항에 따라 학교스포츠클럽을 운영하는 경우 학교스포츠클럽 전담교사를 지정하여야 한다.

③ 제2항에 따른 학교스포츠클럽 전담교사에게는 학교 예산의 범위에서 소정의 지도수당을 지급한다.

④ 학교의 장은 학교스포츠클럽 활동내용을 학교생활기록부에 기록하여 상급학교 진학자료로 활용할 수 있도록 하여야 한다.
⑤ 학교의 장은 교육부령으로 정하는 바에 따라 일정 비율 이상의 학교스포츠클럽을 해당 학교의 여학생들이 선호하는 종목의 학교스포츠클럽으로 운영하여야 한다.

12 ①

| 정답해설 |

ⓜ 체력단련장업: 운동전용면적 300제곱미터 이하, 운동 전용면적 300제곱미터 초과

체육시설업의 종류	규모	배치인원
체력단련장업	• 운동전용면적 300m² 이하 • 운동전용면적 300m² 초과	1명 이상 2명 이상

| 추가해설 |

체육지도자 배치기준

체육시설업의 종류	규모	배치인원
골프장업	• 골프코스 18홀 이상 36홀 이하 • 골프코스 36홀 초과	1명 이상 2명 이상
스키장업	• 슬로프 10면 이하 • 슬로프 10면 초과	1명 이상 2명 이상
요트장업	• 요트 20척 이하 • 요트 20척 초과	1명 이상 2명 이상
조정장업	• 조정 20척 이하 • 조정 20척 초과	1명 이상 2명 이상
카누장업	• 카누 20척 이하 • 카누 20척 초과	1명 이상 2명 이상
빙상장업	• 빙판면적 1,500m² 이상 3,000m² 이하 • 빙판면적 3,000m² 초과	1명 이상 2명 이상
승마장업	• 말 20마리 이하 • 말 20마리 초과	1명 이상 2명 이상
수영장업	• 수영조 바닥면적이 400m² 이하인 실내 수영장 • 수영조 바닥면적이 400m²를 초과하는 실내 수영장	1명 이상 2명 이상
체육도장업	• 운동전용면적 300m² 이하 • 운동전용면적 300m² 초과	1명 이상 2명 이상
골프연습장업	• 20타석 이상 50타석 이하 • 50타석 초과	1명 이상 2명 이상
체력단련장업	• 운동전용면적 300m² 이하 • 운동전용면적 300m² 초과	1명 이상 2명 이상
체육교습업	• 동시 최대 교습인원 30명 이하 • 동시 최대 교습인원 30명 초과	1명 이상 2명 이상

13 ①, ④

| 정답해설 |

① 체육지도자의 자격은 18세 이상인 사람에게 부여한다(국민체육진흥법 제8조 제2항).
④ 1급 생활스포츠지도사는 별표 1에 따른 자격 종목의 2급 생활스포츠지도사 자격을 취득한 후 3년 이상 해당 자격 종목의 지도경력이 있는 사람으로서 동일 자격 종목에 대하여 1급 생활스포츠지도사 자격을 취득하기 위한 자격검정에 합격하고, 연수과정을 이수한 사람으로 한다(국민체육진흥법 제9조 제5항).

| 추가해설 |

「국민체육진흥법」 제9조(스포츠지도사) ① 스포츠지도사는 1급 전문스포츠지도사, 2급 전문스포츠지도사, 1급 생활스포츠지도사, 2급 생활스포츠지도사로 구분한다.
② 1급 전문스포츠지도사는 별표 1에 따른 자격 종목의 2급 전문스포츠지도사 자격을 취득한 후 3년 이상 해당 자격 종목의 경기지도 경력이 있는 사람으로서 동일 자격 종목에 대하여 1급 전문스포츠지도사 자격을 취득하기 위한 법 제11조 제2항에 따른 체육지도자 자격검정에 합격하고, 법 제11조 제2항에 따른 체육지도자 연수과정을 이수한 사람으로 한다.
③ 2급 전문스포츠지도사는 해당 자격 종목에 대하여 4년 이상의 경기경력이 있는 사람으로서 2급 전문스포츠지도사 자격을 취득하기 위한 자격검정에 합격하고, 연수과정을 이수한 사람으로 한다.
⑤ 1급 생활스포츠지도사는 별표 1에 따른 자격 종목의 2급 생활스포츠지도사 자격을 취득한 후 3년 이상 해당 자격 종목의 지도경력이 있는 사람으로서 동일 자격 종목에 대하여 1급 생활스포츠지도사 자격을 취득하기 위한 자격검정에 합격하고, 연수과정을 이수한 사람으로 한다.
⑥ 2급 생활스포츠지도사는 2급 생활스포츠지도사 자격을 취득하기 위한 자격검정에 합격하고, 연수과정을 이수한 사람으로 한다.

14 ④

| 정답해설 |

마튼스(R. Martens)가 제시한 전문체육 프로그램 개발 6단계는 선수에게 필요한 기술 파악, 선수 이해, 상황분석, 우선순위 결정 및 목표 설정, 지도 방법 선택, 연습 계획 수립이다.

15 ③

| 정답해설 |

㉠ 개인교사는 교사로부터 받은 과제에 근거하여 학습자를 관찰하고 피드백을 제시한다.
㉡ 개인교사는 과제 수행 과정 중 학습자에게 교정적 피드백을 제공한다.

| 추가해설 |

동료교수모형

- 동료교수모형은 직접교수 모형의 변형으로 교사, 개인교사, 학습자가 수업을 함께 이끌어 감
- 교사는 학생에게 각 역할에 대한 임무와 과제를 제공하고, 학생은 개인교사와 학습자의 역할 번갈아 수행하며 협력하여 과제를 완수함
- 이 모형의 교수적 상호작용은 교사와 개인교사, 개인교사와 학습자 사이에서 발생함

16 ④

| 정답해설 |

그리핀(L. Griffin), 미첼(S. Mitchell), 오슬린(J. Oslin)은 이해중심게임 모형을 변형게임으로 구성 시, 이의 핵심 개념인 대표성과 과장성이 반영되어 있어야 한다고 주장하였다.

대표성	게임의 형식은 나중에 학생의 정식 게임 참여 시 접하게 될 실제상황을 포함해야 한다.
과장성	학생이 오로지 게임 전술에 중점을 둘 수 있도록 게임의 형식이 설정되어 있어야 한다.

17 ②

| 정답해설 |

㉠ 개방기술: 환경의 변화에 영향을 받지 않은 기술로 축구, 야구 등이 이에 속한다.

㉡ 폐쇄기술: 환경의 변화에 영향을 받지 않은 기술로 골프, 양궁, 사격 등이 이에 속한다.

| 추가해설 |

젠틸(A. Gentile)의 스포츠 기술

- 스포츠 기술은 환경의 안정성을 기준으로 분류(개방기술, 폐쇄기술)
- 기능의 속성에 따른 내용 발달

분류	내용	활동 예시
폐쇄기술	환경의 변화에 영향을 받지 않는 기능	축구, 야구
개방기술	환경의 변화에 영향을 받는 기능	골프, 양궁, 사격

18 ②

| 정답해설 |

<보기>는 알몬드의 게임 유형을 구분한 게임전술의 전이 가능성이다.

| 추가해설 |

알몬드의 게임 유형

게임 유형	종목
필드형	야구, 크리켓, 킥볼, 소프트볼
네트형(벽면형)	네트형(배드민턴, 피클볼, 탁구, 배구), 벽면형(라켓볼, 스쿼시)
침범형	농구, 하키, 풋볼, 라크로스, 넷볼, 축구, 프리스비
표적형	크로켓, 당구, 볼링, 골프

19 ③

| 정답해설 |

<보기>는 피드백 평가 중 중립적 피드백에 관한 설명이다. 중립적 피드백은 운동 수행 결과에 대한 만족·불만족 표시가 불분명한 피드백으로 판단이나 수정을 지시하지 않으나, 피드백 진술의 의미 변경이 가능하다.

| 추가해설 |

피드백의 구분과 유형

피드백 제공자(정보의 출처)	• 내재적 피드백: 운동 기능을 수행한 결과를 스스로 관찰하고 얻는 피드백 • 외재적 피드백: 운동 기능의 정보가 다른 사람으로부터 제공되는 피드백
피드백 방향성(피드백 대상)	• 정확한 피드백: 운동수행 정보가 운동기능을 정확하게 설명 • 부정확한 피드백: 운동수행 정보가 운동기능을 부정확하게 설명
피드백 정확성	• 언어 피드백: 운동수행 결과를 언어로 제공 • 비언어 피드백: 운동수행 결과를 행동으로 제공 • 언어와 비언어 결합 피드백: 운동수행 결과를 언어와 비언어를 함께 제공
피드백 양식	• 긍정적 피드백: 운동수행 결과에 대해 만족 • 부정적 피드백: 운동수행 결과에 대해 불만족 • 중립적 피드백: 운동수행 결과에 관한 만족·불만족 표시가 불분명
피드백 평가	• 교정적 피드백: 다음 수행을 위해 개선 방안을 제공 • 비교정적 피드백: 교정적 정보는 제공하지 않고 잘못된 부분의 정보만 제공
교정적 특성	• 개별적 피드백: 학습자에게 개별적으로 제공 • 집단적 피드백: 수업 맥락에서 구분한 집단에게 제공 • 전체 수업 피드백: 수업에 참여하는 모든 학습자에게 제공

20 ①

| 정답해설 |

링크의 내용발달 단계는 '시작과제 → 확대과제 → 세련과제 → 적용(응용)과제' 순으로 진행된다.

| 추가해설 |

링크(J.Rink)의 내용발달 단계

시작	가장 먼저 제시하는 과제로 기초적인 수준에서 가르칠 내용이나 전략을 소개
확대	학습 경험을 간단하거나 쉬운 과제에서 복잡하거나 어려운 과제로 발전
세련	수행의 질적 발달에 초점을 두고, 학습자에게 책무성을 부여
적용(응용)	습득한 기능을 실제(혹은 유사한 상황)에서 사용할 수 있도록 내용을 조직

스포츠사회학

01	02	03	04	05	06	07	08	09	10
①	④	①	③	②	③	③	④	①	①
11	12	13	14	15	16	17	18	19	20
②	①	②	④	③	④	②	④	③	②

01 ①

| 정답해설 |

<보기>는 파슨즈의 AGIL 모형의 구성요소에서 적응에 관한 내용이다.

| 추가해설 |

파슨즈(T. Parsons)의 AGIL 모형

체제 유지 및 긴장 처리	스포츠는 전체 사회의 규범과 가치를 개인에게 학습하게 하고 내면화시켜 사람들을 순응시키는 기능
목표 성취	스포츠는 사회 제도의 목적을 달성하는 데 동원 가능한 수단을 합법화하고 그것을 재확인하게 함
적응	스포츠가 사회 구성원에게 현실 적합한 사고, 감정, 행동 양식 등을 학습시켜 사회 구성원으로 문제없이 살아가도록 도움을 줌
사회 통합	스포츠가 사회 구성원을 결집시키고 조직에 대한 일체감을 조성함

02 ④

| 정답해설 |

에티즌(D. Eitzen)과 세이지(G. Sage)가 제시한 스포츠의 정치적 속성은 상호배타성이 아닌 상호 의존성이다.

03 ①

| 정답해설 |

<보기>는 사회학습이론 중 강화에 대한 설명이다. 사회학습이론은 사회적 행동을 습득하고 수행하는 과정을 규명하는 이론으로 스포츠 역할의 학습 접근 방법은 강화, 코칭, 관찰 학습으로 구성된다.

04 ③

| 정답해설 |

㉠ 스포츠 탈사회화: 부상으로 인해 골프선수를 그만두었다.
㉡ 스포츠를 통한 사회화: 골프의 매력으로 골프선수가 되는 사회화 과정이다.
㉢ 스포츠로의 사회화: 아빠를 통해서 처음 골프를 접하고 학습을 하는 과정이다.
㉣ 스포츠로의 재사회화: 골프를 은퇴하였으나 골프아카데미 원장으로 부임하였다.

05 ②

| 정답해설 |

학원엘리트스포츠의 역기능에 관한 내용이다. 학원엘리트스포츠의 역기능으로는 지도자의 폭력 문제, 인권침해, 승리 지상주의, 비인간적 훈련, 성폭력, 학습권 제한 등이 있다.

06 ③

| 정답해설 |

<보기>는 사회학 이론에서 상징적 상호작용론에 관한 설명이다.

07 ③

| 정답해설 |

스포츠 이벤트에서 국가 연주, 선수 복장, 국기에 대한 의례 등은 스포츠와 정치의 결합 방법 중 상징의식에 관한 내용이다. 상징은 본질과는 다른 무엇을 지칭하는 것으로 국가 연주자 국기 계양 등이 있다.

| 오답해설 |

① 상징의식에 대한 설명이다.
② 조직의식에 대한 설명이다.
④ 동일화의식에 대한 설명이다.

08 ④

| 정답해설 |

<보기>는 투민(M.Tumin)의 스포츠계층 형성 과정 중 지위의 서열화에 대한 설명이다. 이는 역할 담당을 위해 개인적 특성에 따라 서열이 형성되고, 특정 역할 수행이 가능한 사람에 따라 서열이 결정되는 것을 의미한다.

| 추가해설 |

투민(M. Tumin)의 스포츠계층의 형성 과정

지위의 분화	업무의 범위와 역할에 대한 권한과 책임이 명확히 구분
지위의 서열화	역할 담당을 위해 개인적 특성에 따라 서열이 형성
평가	지위를 적절하게 배열. 평가적 판단 요소는 권위, 인기, 호감 등으로 구성
보수 부여	분화 및 서열화. 평가된 각 지위에 따라 자원이 배분되는 과정

09 ①

| 정답해설 |

<보기>는 세방화(glocalization)에 대한 설명으로, 세방화는 세계화(globalization)와 현지화(localization)를 합성한 용어이다. 세계화를 추구하면서 현지의 문화와 특성을 반영하는 것이다.

| 오답해설 |

② 스포츠화(sportization): 불규칙적 신체적 활동이 스포츠 경기를 지배하는 규칙과 제도를 갖춘 스포츠로 문명화되는 과정이다.

③ 미국화(americanization): 기술, 미디어, 사회, 정치 등 미국 문화와 비즈니스가 다른 국가에 미치는 영향이다.
④ 세계표준화(global standardization): 모든 국가의 제품이 종류, 품질, 모양, 크기 등 일정한 기준에 따라 통일되는 것이다.

10 ①

| 정답해설 |

아파르트헤이트(apartheid)는 남아프리카 공화국 정권을 잡은 백인들이 유색인종 차별정책과 제도를 의미한다. 남아프리카 공화국은 아파르트헤이트로 인해 국제대회 참여가 거부되었다.

| 오답해설 |

② 1980년 모스크바 올림픽 경기에 구소련의 아프가니스탄 침공 항의로 미국이 불참하였다.
③ 남북 단일팀 결성은 메달 획득이 아닌 국제 이해와 평화를 위해 구성하였다.
④ 검은구월단 사건은 1972년 뮌헨올림픽 경기에서 발생하였다.

11 ②

| 정답해설 |

머튼(R. Merton)의 아노미(anomie) 이론은 사회 구성원이 일반적으로 받아들이는 문화적 목표와 그 사회가 인정하는 제도적 수단 사이에 차이로 발생하는 갈등 현상을 의미한다.
㉠ 의례주의: 결과보다 경기 내용을 중요하게 하는 것이다.
㉡ 혁신주의: 목표 성취를 위해 수단과 방법을 가리지 않고 성공하려는 행위이다.
㉢ 동조주의: 제도화된 수단을 따르며 목표를 성취하려는 행위이다.

12 ①

| 정답해설 |

사회 이동의 주체는 K라는 개인이며, 이동 방향은 가난한 가정에서 노력을 통해 축구 월드스타가 되었기에 수직 이동이다. 그리고 축구 장학재단을 통해 후진양성을 하는 것은 개인 생애에서 발생한 변화로 세대 내 이동에 해당한다.

13 ②

| 정답해설 |

<보기>는 개인차이론에 대한 설명으로, 개인차이론은 대중매체가 관람자의 개인적 특성에 호소하는 메시지를 제공한다는 이론이다.

| 오답해설 |

① 사회범주이론: 인간은 자신이 소속된 사회 구조적 위치나 배경에 영향을 받아 생각이나 행동 양식을 구성하는데, 비슷한 환경에서 생활하면 생각이나 행동도 비슷해진다는 내용이다.
③ 사회관계이론: 인간이 정보를 선택하고 해석하는데 있어 주변 사람의 영향이 크게 작용한다. 자신이 소속된 사회의 중요 타자와의 사회관계에서 영향을 받게 된다는 내용이다.
④ 문화규범이론: 대중매체가 사회 규범에 영향을 미치게 되어 수용자는 그 규범에 따라서 생각과 행동을 하게 된다는 내용이다.

14 ④

| 정답해설 |

상업주의로 인해 스포츠 규칙은 더 속도감 있게 변화하고, 관중의 흥미를 극대화하는 방향으로 전개되며 상업적인 광고 시간 할애가 늘어난다.

15 ③

| 정답해설 |

<보기>는 프로스포츠 제도 중 드래프트에 대한 설명이다.

| 오답해설 |

① FA(free agent, 자유계약): 일정 기간 소속된 팀에서 활동한 후, 다른 팀과 자유롭게 계약을 맺어 이적할 수 있는 제도이다.
② 샐러리 캡(salary cap): 선수 연봉에 상한선을 두는 제도이다.
④ 최저연봉(minimum salary): 선수 계약에 있어 최저 연봉을 보장하는 것이다.

16 ④

| 정답해설 |

스포츠가 미디어에 미치는 영향

- 미디어 기술의 발전
- 미디어 콘텐츠의 제공
- 미디어 장비의 확대
- 스포츠 보도의 위상 제고
- 미디어 이윤 창출 기여

17 ②

| 정답해설 |

학교 내 통합은 스포츠의 교육적 순기능 중 사회 통합에 해당된다. 스포츠는 학교에 공동 목표를 제공하여 우리 학교라는 공동체 의식을 형성한다.

18 ④

| 정답해설 |

코클리(J. Coakley)가 제시한 일탈적 과잉동조를 유발하는 스포츠 윤리 규범의 유형에는 구분 짓기규범, 인내규범, 몰입규범, 도전규범이 있다.

19 ③

| 정답해설 |

핫(hot) 미디어 스포츠는 경기 진행 속도가 느리며, 정적 스포츠, 개인스포츠, 기록스포츠 등이 있다.

| 추가해설 |

구분	핫 매체(문자 미디어)	쿨 매체(전자 디미어)
정의	• 낮은 감각 참여와 몰입 상태 • 정보를 간접적으로 제공 받음	• 높은 감각 참여와 몰입 상태 • 정보를 직접적으로 제공 받음
특징	• 전달되는 메시지가 논리적 • 계획적, 직접적으로 전달되는 메시지 • 메시지의 높은 정의성	• 전달되는 메시지가 비논리적 • 즉흥적, 일시적으로 전달되는 메시지 • 메시지의 낮은 정의성
유형	신문, 잡지, 사진, 라디오, 화보 등	TV, 비디오, 영화, 게임, 인터넷, 소셜미디어, 모바일 등

20 ②

| 정답해설 |

스포츠 세계화로 서구 스포츠가 전 세계적 스포츠 문화로 확대될 가능성이 있다.

스포츠심리학

01	02	03	04	05	06	07	08	09	10
①	③	③	④	①	③	①	③	④	④
11	12	13	14	15	16	17	18	19	20
①	②	④	④	②	②	①	②	③	④

01 ①

| 정답해설 |

레빈(K. Lewin)은 인간의 행동은 개인특성과 환경작용에 의해 결정된다고 주장하였으며, B = f(P, E) 공식을 제안했다.

02 ③

| 정답해설 |

운동 도구를 사용하여 운동 발달을 평가할 때, 대상자가 도구를 탐색할 기회를 제공해야만 심리적 안정을 느낄 수 있다.

03 ③

| 오답해설 |

㉠ 다이나믹 시스템 이론으로 인간의 운동은 자기조직(self-organization)과 비선형성(nonlinear)의 원리에 의해 생성되고 변화한다.

㉣ 생태학적 이론으로 환경정보에 대한 지각 그리고 동작의 관계(perception-action coupling)를 강조한다.

04 ④

| 정답해설 |

<보기>는 자극-반응 대안의 수가 증가함에 따라 선택반응시간이 증가하는 현상에 관한 설명이다. 이는 힉스의 법칙(Hick's law)을 의미한다.

| 오답해설 |

① 피츠의 법칙(Fitts' law): 동작 속도와 정확성의 관계를 수학적 원리로 설명한다.

② 파워 법칙(power law): 시간과 연습량 증가에 따라 수행 능력이 좋아진다는 법칙이다.

③ 임펄스 가변성 이론(impulse variability theory): 단위시간에 작용한 힘의 양이며, 근육 수축을 통해 생성된 힘이 사지를 움직이는데 작용한 힘의 크기에 대한 이론이다.

05 ①

| 정답해설 |

㉠ 자유도 풀림 단계에 대한 사례이다.

㉡ 반작용 활용 단계 대한 사례이다.

㉢ 자유도 고정 단계 대한 사례이다.

| 추가해설 |

'자유도 고정 단계-자유도 풀림 단계-반작용의 활용 단계'의 구분

자유도 고정 단계	새로운 운동기술을 학습하고자 할 때 처음 수행하는 데 동원되는 신체의 자유도를 고정하게 된다. 운동 동작을 수행하는 데 동원되는 모든 관절의 각도를 일정하게 유지하는 것이다.
자유도 풀림 단계	학습자는 고정했던 자유도를 풀어서 사용 가능한 자유도의 수를 증가시키게 된다. 이 단계에서 동작과 관련된 운동역학 요인과 근육의 공동작용, 관절의 상호 움직임 등의 변화가 일어난다.
반작용의 활용 단계	수행자와 환경 간의 상호작용으로 관성과 마찰력 같은 반작용 현상이 일어난다. 이 단계를 숙련단계라고 한다.

06 ③

| 정답해설 |

경쟁상태불안(competitive state anxiety)은 경쟁 및 시합 상황의 일반적인 스포츠 상황에서 나타나는 불안을 측정하는 요인이다.

07 ①

| 정답해설 |

인지능력은 단순한 것에서 복잡한 것까지 모든 종류의 과업을 수행하기 위한 뇌 기반의 기술 및 지식 획득 등을 말한다. 스포츠 재미의 영향 요인에는 해당되지 않는다.

08 ③

| 정답해설 |

도식이론은 폐쇄이론의 피드백과 개방회로 이론의 운동 프로그램의 개념을 통합한 운동 행동의 원리에 대한 이론이다.

㉠ 빠른 움직임은 개방회로 이론이고, 느린 움직임은 폐쇄 회로 이론으로 설명한다.

㉣ 느린 운동 과제의 제어에서는 회상도식과 재인도식이 모두 동원된다.

09 ④

| 정답해설 |

심리적 불응기는 먼저 제시된 자극(1차 자극)에 대한 반응을 수행하고 있을 때, 또 다른 자극(2차 자극)을 제시할 경우 2차 자극에 대한 반응시간이 느려지는 현상을 의미한다. 집단화(grouping)는 1차 자극과 2차 자극을 하나의 자극으로 간주하는 현상이다.

10 ④

| 정답해설 |

현재 나타나고 있는 움직임 양식이 과거 움직임의 경험이 축적되어 나타나는 것은 질적 측면이 아닌 종합적 측면에 대한 설명이다.

11 ①

| 정답해설 |

지각의 협소화(perceptual narrowing)는 각성 수준이 증가함에 따라 주의를 기울일 수 있는 폭이 점점 좁아지는 현상이다.

12 ②

| 정답해설 |

전환이론은 높은 각성 수준을 유쾌한 흥분으로 해석할 수도 있고, 불쾌한 불안으로도 해석할 수 있다.

| 오답해설 |

① 역U가설(inverted－U hypothesis): 각성이 아주 낮거나 지나치게 높으면 수행에 방해가 되며, 중간 정도의 각성 수준이 최고의 운동수행을 발휘한다는 이론이다.

③ 격변이론(catastrophe theory): 인지 불안과 신체적 각성을 동시에 고려해서 수행의 관계를 예측한다. 3차원 구조이며, 비선형적 관계를 예측하는 복잡한 이론이다.

④ 적정기능지역이론(zone of optimal functioning theory): 선수 및 운동 종목에 따라 적정한 각성 수준이 다르며, 각성 수준이 특정 범위 안에 있을 경우 높은 운동수행 수준을 보인다는 이론이다.

13 ④

| 정답해설 |

㉠ 자생훈련(autogenic training): 스스로 최면상태에 도달하여 신체의 온도 변화를 느끼는 훈련이다.

㉢ 체계적 둔감화(systematic desensitization): 불안이나 스트레스에 둔감해지도록 하는 훈련이다.

14 ④

| 정답해설 |

과제난이도는 외적이며, 불안적하지 않고 안정적이다. 하지만 통제는 불가능한 요인이다.

15 ②

| 정답해설 |

㉡ ㉣ 상징학습이론에 대한 설명이다.

16 ②

| 정답해설 |

㉠ 리더의 행동에 영향을 미치는 선행 변인에는 상황의 요인, 리더의 특성, 구성원의 특성이 있다.

㉣ 리더의 실제 행동과 선수의 선호 행동에 차이가 있으면, 선수의 수행 결과 또는 선수의 만족도가 낮아진다.

17 ①

| 정답해설 |

사회생태모형은 개인이 운동을 하거나 하지 않는 이유를 개인적인 관점에서만 보지 않고, 사회와 국가, 자연환경 등의 요인도 포함시켜 고려해야 한다는 이론이다.

| 오답해설 |

② 합리적행동이론: 개인이 운동을 하려 하는 의도가 있으면 운동을 하고, 의도가 없으면 운동을 하지 않는다는 이론이다.

③ 자기효능감이론: 특정 상황에서 주어진 과제를 성공적으로 수행할 수 있다는 신념이다.

④ 자기결정성이론: 자기결정성에서 내적동기와 외적동기를 설명하는 인지적 동기이론으로, 개인의 행동이 스스로 동기부여가 되고 스스로 결정된다는 것에 초점을 두는 이론이다.

18 ②

| 정답해설 |

인지적 변화과정은 개인이 행동을 변화할 때 사용하는 인지 관련 기술이며, 행동적 변화과정은 행동 관련 기술을 의미한다.

| 오답해설 |

① 변화 단계와 자기효능감의 관계는 비례해서 직선적으로 높아지는 경향을 보인다.

③ 변화 단계가 높아짐에 따라 운동에 대해 기대할 수 있는 혜택 인식은 증가한다.

④ 무관심 단계는 현재 운동을 하지 않고, 앞으로도 운동을 할 의도가 없다.

19 ③

| 정답해설 |

스포츠심리상담사는 상담에 참여한 사람으로부터 좋은 평가나 소감을 요구하지 않는다.

20 ④

| 정답해설 |

㉢ 신체적 자기가치의 하위영역에는 스포츠 유능감, 힘, 매력, 컨디션 등이 있다.

㉣ 스포츠 유능감은 운동 능력, 학습 능력, 자신감에 대한 인식이다.

스포츠윤리

01	02	03	04	05	06	07	08	09	10
④	③	①,②,③	①	②	②	①	③,④	①	④
11	**12**	**13**	**14**	**15**	**16**	**17**	**18**	**19**	**20**
①	②	②	④	②	③	③	③	①	④

01 ④

| 정답해설 |

매너(manner)는 존중의 뜻을 표하기 위하여 예(禮)로써 보이는 말투나 몸가짐을 나타내는 질서 및 체계이다. 다른 말로 '예의범절', 혹은 '예의'라고도 한다.

| 오답해설 |

①②③ 좋은 경기력과 관련된 내용이다.

02 ③

| 정답해설 |

㉠ 탁월성: 인간 발전의 조건이며, 따라서 그것은 모든 이의 관점에서 볼 때 선이 된다.

㉡ 불평등: 개인 간, 세대 간에 존재하는 천부적 재능, 사회적 지위, 역사적 우연 등에서 유래하는 인생 전반에 있어서의 불평등을 제도적 장치에 의해 교정해야 한다고 주장한다.

03 ①, ②, ③

| 정답해설 |

㉠㉡㉢ 가치판단은 좋고 나쁨, 옳고 그름, 아름다움과 추함, 고귀함과 저속함 등 주관적 가치에 근거한 판단이다.

| 오답해설 |

㉣ 사실판단에 해당하는 내용이다. 사실판단은 관찰이나 과학적 혹은 역사적 탐구 등과 같이 객관적인 사실에 근거한 판단이다.

04 ①

| 정답해설 |

<보기>의 내용은 결과주의 이론 혹은 목적론적 이론인 공리주의를 뜻한다.

| 추가해설 |

공리주의

- 어떤 행동이 좋은 결과를 낳는다면 그 행동은 도덕적으로 옳음
- 행위의 가치는 상황에 따라 변동되며, 좋은 결과를 위한 수단으로서의 가치를 지님
- 목적에 도움이 되는 수단은 윤리적으로 정당

05 ②

| 정답해설 |

아곤(agon)은 고대 그리스의 올림픽 경기에서 이루어졌던 운동경기의 경쟁과 대결을 의미하는 것으로, 비교를 통해 승자는 패자보다 우월하다는 의미를 갖는다.

06 ②

| 정답해설 |

야구의 압축배트, 최첨단 전신수영복 등은 공정성을 확보하지 않는 기술도핑으로 분류한다.

07 ①

| 정답해설 |

<보기>의 내용은 독일 철학자 호네트(A. Honneth)에 관한 내용으로, 호네트는 개인의 자아실현의 여부는 '사회의 인정'에 달려 있다고 주장했다.

08 ③, ④

| 오답해설 |

㉠ 목적론적 도덕 추론에 해당하는 내용이다. 목적론적 도덕에서는 자기 이익이라는 목적을 달성하는데 유효한 삶의 전략이라는 '가언적(hypothetical)' 의미의 도덕이 된다.

09 ①

| 정답해설 |

㉠ 평균적 정의: 개인 상호 간에 균형을 이루게 하는 것을 의미한다.

㉡ 절차적 정의: 어떤 것을 결정하고 판단하는 데 있어 공정했는가, 또는 그 과정이 공정했는가와 관련된 내용이다.

㉢ 분배적 정의: 어떤 것을 분배 또는 나누고자 할 때 어떠한 방법으로 하는 것이 공정한가를 의미한다.

| 오답해설 |
법률적 정의는 개인이 단체에 의무를 다했는가를 의미한다.

10 ④

| 정답해설 |
분할 향유의 가능성은 보다 많은 사람들이 가지면서도 각자 몫이 줄어들지 않는 것일수록 추구하는 가치의 서열이 높은 것이다.

| 추가해설 |
셸러 가치 서열 기준
• 지속성: 지속적인 것이 일시적인 것보다 추구하는 가치의 서열이 높음
• 근거성: 어떤 가치의 근거가 되는 것일수록 추구하는 가치의 서열이 높음
• 만족의 깊이: 일시적 쾌락보다 만족이 깊은 것이 추구하는 가치의 서열이 높음
• 분할 향유의 가능성: 보다 많은 사람들이 가지면서도 각자 몫이 줄어들지 않는 것일수록 추구하는 가치의 서열이 높음

11 ①

| 정답해설 |
레스트의 도덕적 구성요소 중 도덕적 감수성에 관한 내용이다. 도덕적 감수성(민감성)은 어떤 상황을 도덕적인 상황으로 지각하고 해석한다.

| 오답해설 |
② 도덕적 판단력: 어떤 행동이 도덕적으로 옳은 것인지 판단한다.
③ 도덕적 동기화: 도덕적 행위를 우선시한다.
④ 도덕적 품성화: 도덕적 행동을 실천하기 위해 필요한 자아강도, 인내력, 용기, 자기통제력을 말한다.

12 ②

| 정답해설 |
<보기>의 설명과 관계 있는 자연중심주의 사상가는 테일러(P. Taylor)이다.

| 추가해설 |
테일러의 자연중심주의
• 모든 생명체는 스스로 생존과 성장, 번식의 목적을 추구하는 '목적론적 삶의 중심'
• 인간은 다른 생물과 상호 의존하는 체계이기 때문에 결코 우월하지 않고, 모든 생명체를 도덕적 주체로 인식

13 ②

| 정답해설 |
아파르트헤이트(apartheid)는 백인 우위의 인종차별 정책이다.

14 ④

| 오답해설 |
① 르네지라르의 '분노'에 관한 설명이다.
② 푸코의 '규율과 권력'에 관한 설명이다.
③ 한나아렌트의 '악의 평범성'에 관한 설명이다.

15 ②

| 정답해설 |
㉠ 윤리경영, ㉡ 실천의지, ㉢ 투명성이다.

16 ③

| 정답해설 |
치료와 상담, 법률 지원, 임시보호와 연계는 가해자에게는 해당되지 않는다.

17 ③

| 정답해설 |
<보기>의 내용과 관련된 용어는 스포츠맨십(sportsmanship)이다.

18 ③

| 정답해설 |
<보기>의 대화에서 나타나는 스포츠 차별은 인종에 따른 차별이다.

19 ①

| 정답해설 |
<보기>의 설명과 관련된 제도는 최저학력제이다.

| 추가해설 |
「학교체육 진흥법」 11조 ① 학교의 장은 학생선수가 일정 수준의 학력기준(이하 "최저학력"이라 한다)에 도달하지 못한 경우에는 교육부령으로 정하는 경기대회의 참가를 허용하여서는 아니 된다.

20 ④

| 정답해설 |
인권은 인간으로서 기본적 권리이며, 스포츠 인권 역시 스포츠인으로서 당연히 가지는 기본적 권리이다. 민족, 국가, 인종 등에 상관없이 스포츠인이라면 누구에게나 인정되는 보편적인 권리 및 지위를 말한다.

| 오답해설 |
㉢ 스포츠의 종목이나 대상에 따라 권리가 상대적으로 보장되어서는 안된다.

운동생리학

01	02	03	04	05	06	07	08	09	10
①	④	③	③	④	①	②	③	②	④
11	12	13	14	15	16	17	18	19	20
③	②	④	①	②	①	①	③	④	②

01 ①

| 정답해설 |

<보기>는 특이성의 원리에 대한 설명이다. 이는 훈련 효과가 활동에 사용된 근섬유에만 일어난다는 것을 의미한다.

| 오답해설 |

② 가역성의 원리: 과부하가 이루어지지 않거나 운동이 중지되었을 때 운동능력이 빠르게 감소된다는 것을 의미한다.

③ 과부하의 원리: 훈련의 효과를 가져오기 위해서는 운동강도, 시간 및 빈도가 신체조직과 기관계통에 충분한 자극을 주어야 한다는 원리이다.

02 ④

| 오답해설 |

①②③ 체온 증가로 인해 나타나는 인체의 생리적 반응이다.

03 ③

| 정답해설 |

모세혈관 밀도는 증가가 지구성 트레이닝 후 최대 동-정맥 산소차 증가에 기여하는 요인이다. 지구성 훈련 후 향상된 근육 수용 능력은 주로 미토콘드리아 수의 증가와 함께 모세혈관 밀도의 증가로 인해 나타난다.

| 추가해설 |

동-정맥 산소차(arterial-venous oxygen difference)는 체순환 중인 조직에서 혈액 100mL당 섭취된 산소의 양을 의미한다.

04 ③

| 정답해설 |

운동 유발성 근육경련(Exercise-associated muscle cramps)

- 운동 중 또는 직후 골격근에 나타나는 경련성, 불수의적 수축
- 근육을 과도하게 사용(피로)하거나, 탈수 상황, 및 전해질(칼륨, 마그네슘 등)의 체내 불균형일 때 경련(cramp)이 발생할 수 있음

05 ④

| 정답해설 |

1회 박출량(stroke volume)은 심실이 수축할 때 배출되는 혈액의 양[1회 박출량 = 이완기말 용적(end diastolic volume, EDV)에서 수축기말 용적(end systolic volume, ESV)을 뺀 값이다.

| 추가해설 |

1회 박출량 증가의 요인

- 좌심실 크기 증대 또는 정맥 환류량의 증대(이완기 혈액량)로 인한 이완기말 용적 증가
- 심근수축력(다른 요인을 배제하고 일정한 근섬유 길이에서 수축하는 힘)의 증가
- 심장에서 나가는 혈류저항(심박출 혈액량)의 감소 등

06 ①

| 정답해설 |

시상하부는 항상성 조절 중추로서 신체 내부 환경의 변화를 감지하고 조절한다. <보기>는 간뇌(diencephalon)에 대한 내용이다.

07 ②

| 정답해설 |

서 있는 상태(직립 상태)에서 대부분의 혈류는 중력의 영향으로 폐 기저면에 쏠린다(예 서 있는 상태에서 하체에서 상체로의 혈액 흐름은 선형적으로 감소하고, 폐 상단에 모이는 혈액의 양도 매우 적다). 그러나 이런 현상은 운동으로 인해 변화하는데, 저강도 운동 시 폐 상단의 혈액 흐름이 증가하고 이는 가스교환을 증진시키는 데 유리하기 때문이다.

08 ③

| 정답해설 |

제자리높이뛰기는 기술 관련 체력 중 순발력에 해당하는 것으로, 건강체력 요소 측정에 포함되지 않는다.

09 ②

| 정답해설 |

운동 중 혈류 재분배에 관한 문항이다. 카테콜아민(catecholamine)은 혈압의 변화에 관여하는 호르몬이다.

| 추가해설 |

혈류의 내인성 조절(intrinsic control)

산소 분압 증가, CO2 감소, 칼륨 증가, 아데노신 증가, 산화질소(NO)의 증가, pH의 감소와 같은 대사물질의 변화 즉, 근육의 산소요구량 증가로 혈류가 재분배되고 근육의 에너지대사가 활발해지면서 내인성 조절인자 물질의 변화가 나타난다.

10 ④

| 정답해설 |

<보기>는 근수축 기전에 대한 설명 중 자극 및 결합 단계에 대한 설명으로, ㉠ 칼슘, ㉡ 트로포닌, ㉢트로포마이오신이다.

| 오답해설 |

칼륨(potassim, kalium)은 주요 양이온으로 세포막의 전위를 유지하고, 세포내액의 이온의 세기를 결정한다.

| 추가해설 |

자극 및 결합 단계

- 신경 자극이 발생하면 근신경연접에서 아세틸콜린(ACh)이 분비됨
- 근형질세망(sarcoplasmic reticulum)의 소포에서 칼슘(Ca^{2+})이 방출된됨
- 트로포닌에 칼슘이 부착되고, 트로포마이오신 위치를 변화시킴
- 액틴과 마이오신이 결합하여 액토마이오신을 형성함

11 ③

| 정답해설 |

㉠ 총폐용량, ㉡ 1회 호흡량, ㉢ 기능적 잔기량, ㉣ 잔기량이다. 운동 시 1회 호흡량(㉡)은 증가(㉡ 영역 확장)하며, 이는 기능적 잔기량(㉢)과 잔기량(㉣)이 안정 시 대비 상대적으로 감소하게 된다(㉢㉣ 영역 축소). 총폐용량(㉠)은 혈류량 증가와 관련있으며, 즉 폐 내 혈류량 증가는 폐 내 모세혈관 혈류량 증가로 이어져 기체 용적 공간이 감소(기체가 차지하는 부피 감소)하게 되면서 총폐용량이 약간 감소한다.

12 ②

| 정답해설 |

저항성 훈련의 대표적인 효과는 골밀도, 골 무기질 함량(BMC: bone mineral content) 증가, 근비대 및 근섬유 증식 등이다.

13 ④

| 정답해설 |

1회 박출량의 변인

- 심실이완기말(EDV) 혈액량(심실수축 직전의 혈액량)
- 후부하(afterload): 낮은 말초저항
- 심실수축력

| 오답해설 |

㉠ 동일한 절대 강도 운동 시 확장기말 용적(end-diastolic volume)은 증가한다.

㉡ 동일한 절대 강도 운동 시 수축기말 용적(end-systolic volume)은 감소한다.

| 추가해설 |

심실이완기말 혈액량에 영향을 미치는 요인

정맥혈회귀(심장으로 돌아오는 혈액)의 비율 → 정맥혈 회귀의 증가 → 심실이완기말 혈액량의 증가 → 1회 심박출량이 증가함

14 ①

| 정답해설 |

골격근의 신장성 수축(근육이 길어지면서)은 수축 속도가 빠를수록 더 큰 힘이 생성되고, 단축성 수축(근육이 짧아지면서)은 수축 속도가 빠를수록 힘의 생성은 작아진다. 동일 조건에서 신장성 수축은 단축성 수축보다 더 많은 힘을 생성한다. 즉 덤벨 운동 시 들어 올리는 동작보다 내리는 동작에서 더 큰 힘을 필요로 하며, 수축 속도가 느릴수록 큰 힘을 만들어 낼 수 있다.

| 추가해설 |

단축성 근수축에 있어서 발휘 근력은 관절의 각속도와 반비례한다.(고속운동에서는 액틴필라멘트와 연결되는 십자교수가 감소하기 때문이다). 한편 신장성 근수축에서는 운동속도가 상승하면 발휘되는 근력도 증가하고, 이때 발휘되는 근력은 단축성 근수축 근력의 120~160% 정도이다.

15 ②

| 정답해설 |

세동맥(arteriole)은 전체 혈관계에서 저항이 가장 큰 부분으로 혈압강하가 가장 크게 나타난다.

| 추가해설 |

세동맥에서의 혈압강하

혈류가 시작하는 대동맥에서 혈압이 가장 높으며(대략 100mmHg), 이후 큰 동맥들의 분지인 작은 동맥(small arteries)에서부터 혈압이 떨어지는 혈압강하가 본격적으로 발생한다. 이는 혈압강하가 발생하는 건 점차 혈관에 저항이 발생하기 때문이다. 세동맥(arteriole)은 전체 혈관계에서 저항이 가장 큰 부분으로 혈압강하가 가장 크게 나타난다.

16 ①

스프린트 트레이닝은 무산소성 운동에 해당하며, 주로 이용되는 근육은 속근 섬유(Type Ⅱ 계열 근육)이다. 지속적 트레이닝을 통해 속근섬유의 비대가 나타난다. 스프린트 종목은 빠른 에너지 공급이 필요하며 무산소 시스템(ATP-PCr과 해당과정)을 이용한다.

| 추가해설 |

무산소 트레이닝의 대사적 적응

- 속근섬유(FT섬유, Type Ⅱ섬유) 비율 증가
- 근비대와 근섬유 증식(근육량과 근력 증가)
- ATP-PC, 글리코겐 저장 능력 증가
- ATP-PC 시스템과 무산소성 해당과정에 필요한 효소 활동 증가
- 근섬유당 모세혈관 밀도 증가
- 미토콘드리아 수와 크기 증가
- 건, 인대 조직의 양 증가(결합조직의 변화)

17 ①

| 정답해설 |

베타산화(beta－oxidation)는 지방산을 산화시켜 아세틸 조효소 A를 형성한다.

| 추가해설 |

아세틸 조효소 A의 형성

신체에 저장된 지방은 지방세포나 근육세포에 중성지방 형태로 저장된다. 이렇게 저장된 부위에서 지방을 방출하기 위해서는 중성지방을 분해하여 지방산으로 유리해야 한다. 그렇지만 지방산이 유산소성 대사작용을 위한 연료로 사용되기 위해서는 반드시 아세틸 조효소 A로 전환되어야 한다. 이런 과정은 미토콘드리아에서 일어나며, 여러 단계의 효소적 촉매 단계를 거쳐 지방산을 활성화해 아세틸 조효소 A를 생산한다.

18 ③

| 정답해설 |

운동 중 혈액 재분배에 관한 문제이다. 운동 시 활동 근육의 혈류(골격근으로의 혈류)는 증가하나 비활동 근육의 혈류(내장기관으로의 혈류)는 감소한다. 이는 비활동적 조직으로부터 수축하는 골격근으로 혈액이 재분배되기 때문이다.

19 ④

| 정답해설 |

㉢ 에리스로포이에틴(erythropoietin): 주로 신장에서 만들어지는 호르몬으로, 골수에서 적혈구 생산을 조절한다.

㉣ 항이뇨호르몬(ADH): 뇌하수체 후엽에서 분비되며 체수분 손실을 억제하고, 혈장량을 유지하며, 신장에서 수분을 재흡수한다.

| 오답해설 |

㉠ 인슐린(insulin): 랑게르한스섬 β 세포에 분비한다. 소장에서 혈액으로 영양소가 흡수될 때 가장 중요한 호르몬이다.

㉡ 성장호르몬(growth hormone): 인슐린유사성장인자 분비를 자극한다. 성장에 관여하고, 혈중 글루코스를 유지한다.

20 ②

| 정답해설 |

<그림>은 활동전위를 나타내며, 활동전위는 나트륨(Na^+) 이온이 증가할 때 발생한다.

㉡ 탈분극에 해당되는 부분이다. 탈분극은 세포내막에 나트륨만 통과할 수 있는 문이 열려 밖에 있던 양전하들이 세포내막으로 들어오게 되는데, 이때 상대적으로 외막이 음전하를 띠게 된다.

운동역학

01	02	03	04	05	06	07	08	09	10
④	③	②	③	③	④	②	①	③	①
11	12	13	14	15	16	17	18	19	20
②	①	④	②	②	④	④	④	③	③

01 ④

| 정답해설 |

운동역학의 목적

• 운동 기술의 향상: 운동 수행의 최적화와 경기력의 극대화를 추구
• 안전성의 향상: 상해의 원인을 분석, 이를 예방할 수 있는 동작 방법 제시, 보호를 위한 상해 예방 기구 개발
• 운동 기구의 개발: 수행력 향상을 위한 각종 운동 도구 개발

02 ③

| 정답해설 |

뼈의 세로축이 신체의 중심선으로 가까워지는 움직임은 내전이다. 벌림(외전, abduction)은 중심선으로부터 인체 분절이 멀어지는 동작이다.

03 ②

| 정답해설 |

무게중심은 인체를 벗어나 위치할 수 있다.

| 추가해설 |

인체의 무게중심

• 인체 분절마다 무게중심이 존재함. 이런 분절들은 무게가 균형을 이루는 점이 전신의 무게중심(신체중심)임
• 자세에 따라 분절의 상대적 위치가 변하고, 무게중심도 수시로 변하며, 신체 외부에도 존재함
• 남성보다 여성의 무게중심이 낮고, 동양인의 무게중심이 서양인보다 낮으며, 유아는 성인보다 높음
• 무게중심(회전축)에 대한 회전력의 합이 0이 됨

04 ③

| 정답해설 |

2종 지레는 받침점과 힘점 사이에 작용점(저항점)이 있는 유형의 지레로, 힘팔(FA)이 작용팔(RA)보다 항상 크다. 뒤꿈치들기와 팔굽혀펴기 동작 등이 있으며, <그림>은 2종 지레 중 발뒤꿈치들기 그림이다.

05 ③

| 정답해설 |

힘은 크기와 방향을 지닌 벡터 물리량이다.

06 ④

| 정답해설 |

각변위란 처음과 나중 각위치가 이루는 각도로 회전하는 물체의 각위치 변화량을 의미하며, 방향을 갖는 벡터량이다.

07 ②

| 정답해설 |

투사체 운동은 물체를 지표면에 대해 일정한 각도로 던지는 물체의 운동을 말하며, 운동 궤적은 포물선이 된다.

| 추가해설 |

투사체의 포물선 운동

- 투사체는 좌우대칭의 포물선 운동
- 투사체 운동은 수평과 수직운동으로 구분, 두 운동이 합쳐져 궤적이 결정
- 수평운동: 초기 수평 투사속도가 일정하게 유지되는 등속운동
- 수직운동: 초기 수직 투사속도가 일정한 비율로 증가 · 감소하는 등가속도 운동

08 ①

| 정답해설 |

선속도란 일차원 운동에서 시간에 대한 위치의 변화율로, 직선 운동에서 물체의 빠름 또는 느림을 표현하는 물리량을 의미한다.

| 추가해설 |

선속도의 크기

- 회전하는 물체의 선속도는 각속도와 회전반경의 곱으로 결정
- 선속도 = 각속도 × 회전반경(라디안 각도가 적용)
- 각속도가 동일하면 회전축으로부터 가까운 지점의 선속도보다 먼 지점의 선속도가 더 크며, 이는 회전반경이 클수록 선속도가 크다는 것을 의미함

09 ③

| 정답해설 |

힘이 작용한 반대 방향으로 가속도가 발생하는 것은 마찰력이다.

| 추가해설 |

힘의 정의

- 물체를 특정 방향으로 밀거나 당길 때 작용하는 물리량
- 힘은 밀거나 당겨서 사람이나 물체의 운동 상태를 변화시키거나, 또는 변화시키려는 경향을 말함
- 물체의 변형을 일으키기도 함
- 단위: N(뉴턴) 또는 $kg \cdot m/s^2$
- 힘은 벡터 물리량으로 크기, 방향, 작용점으로 구성

10 ①

| 정답해설 |

유도에서 낙법은 신체가 지면에 닿는 면적을 넓혀 압력을 분산시키는 기술이다. 압력은 단위 면적에 수직으로 작용하는 힘으로 정의한다.

11 ②

| 정답해설 |

마찰력은 접촉면을 따라 운동을 방해하는 힘으로 정의하며, 크기는 마찰계수와 수직항력(표면에 직각으로 작용하는 힘)의 곱으로 결정한다.

| 오답해설 |

① 마찰계수는 접촉면의 형태나 성분에 따라 결정되는데, 표면이 거칠수록 마찰계수는 증가한다.

③ 운동마찰력은 외부의 힘에 의해 움직이기 직전의 최대정지마찰력보다 항상 작다.

④ 마찰력은 움직이는 방향의 반대방향으로 작용한다.

12 ①

| 정답해설 |

양력은 고체와 유체 사이에 움직임이 있을 때 그 움직임에 수직 방향으로 발생하는 힘이다.

13 ④

| 정답해설 |

충돌은 상대적으로 운동하는 두 물체 또는 입자가 근접 또는 접촉해서 짧은 시간 동안 강한 상호작용을 하는 경우를 의미한다.

| 추가해설 |

- 탄성: 외부 힘에 변형을 일으킨 물체가 힘이 제거되었을 때 원래의 모양으로 되돌아가려는 성질
- 복원계수(반발계수, coefficient of restitution): 충돌 전후의 상대속도 비율
- 탄성계수: 리바운드되는 높이 / 떨어뜨린 높이

14 ②

| 정답해설 |

관성모멘트에 관한 문제이다. 다이빙 선수가 전방으로 공중 회전하는 동작을 할 때, 사지를 쭉 편 레이아웃(layout) 자세보다 사지를 웅크린 턱(tuck) 자세가 회전수를 증가시킨다. 레이아웃 자세는 신체 질량이 회전축으로부터 멀리 분포되어 있어 회전반경과 관성모멘트가 커진다.

15 ②

| 정답해설 |

일률은 단위 시간당 한 일의 양을 의미하며, '한 일 / 시간 = 힘 × 속도($P = F \cdot v$)'로 구할 수 있다.

| 오답해설 |

① 일률의 단위는 Watt 혹은 J/s이다.

③ 일률(power)은 순발력의 개념이다(예 짧은 시간에 폭발적으로 발현하는 힘).

④ 일률은 단위 시간당 수행한 일(work)의 양으로 소요 시간이 길면 감소한다.

16 ④

| 정답해설 |

장대높이뛰기에서 역학적 에너지는 '도움닫기를 통한 운동에너지 → 장대의 탄성에너지로 전환 → 위치에너지 최대'로 변화한다.

| 추가해설 |

탄성에너지는 늘어나거나 오므라든 탄성체가 변형이 없어지는 동안 탄성력이 하는 일의 양을 의미한다.

17 ④

| 정답해설 |

<보기>는 정량적 분석방법(Quantitative)에 대한 설명이다.

| 오답해설 |

정성적 분석방법(Qualitative)은 좋은, 긴, 무거운, 유연한, 회전하는 등의 특성을 분석하는 방법으로 주관적인 의견이 반영될 수 있다.

18 ④

| 정답해설 |

㉠ 근전도분석기: 근육의 수축을 유발하는 전기적 신호를 측정한다.
㉡ 지면반력기: 인체가 지면에 작용한 힘에 대한 반작용력을 측정한다.
㉢ 동작분석기: 각속도, 각도(자세)를 측정한다.

19 ③

| 정답해설 |

지면반력은 인체가 지면에 작용한 힘에 대한 반작용력을 측정한 것이며, 뉴턴의 작용-반작용 법칙 이론에 근거하고 있다.

20 ③

| 정답해설 |

문제의 힘의 크기는 50N(무게) × 20cm(무게중심까지의 거리) / 2cm (팔꿈치 관절점에서 위팔두갈래근의 부착점까지의 거리) = 500N이다.

한국체육사

01	02	03	04	05	06	07	08	09	10
④	③	②	④	②	①	④	④	③	③
11	12	13	14	15	16	17	18	19	20
①	①	②	①	②	①	④	②	③	③

01 ④

| 정답해설 |

체육과 스포츠의 도덕적 가치판단에 대한 근거를 탐구하는 것은 스포츠윤리학에 관한 설명이다.

02 ③

| 오답해설 |

㉢ 기록사료: 문헌, 구전 등이 있다. 과거의 사실에 대한 의미를 해석하는 것으로 평가와 해석의 기준을 중요시하는 것은 사관(史觀)에 속한다.

| 추가해설 |

사료(史料)

과거의 사실을 객관적으로 밝히는 연구로, 역사를 고찰하는 데 있어 단서가 되는 자료를 말한다. 모든 역사연구의 기초적인 단계로 사료(史料)에 근거하여 규명하는 것이다.

물적사료	유물, 유적, 현존하는 모든 물질적 유산 등
기록사료	문헌, 구전 등
구술사료	과거 기억에 대한 증언 등

03 ②

| 정답해설 |

부여의 제천 의식은 영고이다.

04 ④

| 오답해설 |

㉠ 화랑도(花郎徒)는 신라 때 청소년으로 조직되었던 수양단체이며, 진흥왕(576년) 때 원화도를 개편하여 체계화하였다.

05 ②

| 정답해설 |

경당은 삼국시대 교육단체로서 서민을 대상으로 한 사립 초등기관에 해당되며, 주로 경전을 독서하고 활쏘기를 연습하였다.

| 오답해설 |

① 태학: 최초의 관학으로 국가의 관리 양성을 목적으로 설립된 고등교육기관으로, 소수림왕 2년(373년)에 설립되었다.

③ 향교(鄕校): 유학의 전파와 지방민의 교화에 목적으로 지방에 설치된 관립학교(고려시대, 조선시대)이다.
④ 학당(學堂): 서민을 위한 순수유학기관으로, 지방의 향교와 유사한 교육기관(고려시대)이다.

06 ①

| 정답해설 |

국자감(國子監)은 문무관 8품 이상의 귀족 자제를 위한 고려시대 최고의 종합교육기관(7재라는 교육과정 존재)이다. 국학의 7재 중 무학(武學)을 통해 장수(將帥)를 육성하는 강예재(講藝齋)이다.

07 ④

| 정답해설 |

㉠ 격구(擊毬): 페르시아 폴로 경기에서 유래한 마상 스포츠로 군사훈련의 수단이었다.
㉡ 수박(手搏): 맨손과 발을 이용한 격투 기술로 무인 인재 선발의 중요한 방법이었다.
㉢ 마술(馬術): 말을 타고 여러 가지 자세나 기예를 보여주는 것으로, 군자의 중요한 덕목 중 하나였다.
㉣ 궁술(弓術): 관직의 자질을 평가하기 위한 활쏘기 능력이 영향을 미쳤으며, 문무를 겸비한 인재 양성과도 관련이 있다.

08 ④

| 정답해설 |

조선시대 무과에는 정규적으로 실시되는 식년 무과와 증광시, 별시, 알성시, 정시, 춘당대시 등의 비정규 무과가 있었으며 선발 인원이 정해져 있었다.

09 ③

| 정답해설 |

석전(石戰)을 두 편으로 나뉘어 서로 돌팔매질을 하여 승부를 겨루던 놀이이다.

| 오답해설 |

① 투호(投壺): 화살 같은 막대기를 일정한 거리에서 있는 항아리 안에 던져 넣는 게임으로, 왕실과 귀족 사회에 매우 성행했다.
② 저포(樗蒲): 윷가락 같이 만든 다섯 개의 나무를 던져 승부를 겨루는 놀이이다.
④ 위기(圍碁): 흑백의 돌로 집 싸움을 하는 바둑 게임이다.

10 ③

| 정답해설 |

조선시대 체육사상은 숭문천무(崇文賤武)와 문무겸전(文武兼全)의 대립이며, 학사사상(學射思想)은 심신 수련으로써의 활쏘기를 중요한 교육수단으로 인재 등용의 수단으로 활용했다.

| 오답해설 |

㉣ 불국토사상(佛國土思想)은 신라 화랑의 체육사상으로 국토를 존엄하고 신성하게 다스리는 사상이다.

11 ①

| 정답해설 |

대한국민체육회(1907)는 개화기의 체육에 해당되며, 체육의 올바른 이념 정립과 체육 관련 정책의 개혁을 목표로 하였다.

12 ①

| 정답해설 |

㉠ 박신자는 1967년 세계여자농구선수권대회에 출전해 최우수 선수로 선정되었다.
㉡ 김연아는 2010년 밴쿠버동계올림픽경기대회에 출전해 피겨 스케이팅 금메달 획득을 하였다.

13 ②

| 정답해설 |

우리나라는 1986년 한국 첫 제10회 하계 서울아시아경기대회, 2002년 부산 아시아경기대회, 2014년 제17회 인천 아시아경기대회를 개최하였다.

14 ①

| 오답해설 |

② 민관식(1918~2006): 해방 이후 대한체육회 회장, 대한올림픽위원회 위원장 등을 역임한 체육인이다.
③ 김 일(1929~2006): 한국의 1세대 프로레슬링 선두주자로 불리는 프로레슬러로, 1960~70년대 일본과 한국에서 '박치기왕'이라는 별명을 얻으며 최고의 인기를 누렸다.
④ 김성집(1919~2016): 1948년 런던올림픽 역도 종목에서 대한민국 최초로 메달 획득했다. 올림픽 한국선수단 단장을 두 차례 역임했고, 18년 동안 태릉선수촌 촌장을 지냈다.

15 ②

| 정답해설 |

역도는 1926년 일본체육회 체조학교를 졸업한 서상천에 의해 국내 소개되었다.

16 ①

| 정답해설 |

조선체육회는 1920년에 설립한 민족체육단체이다. 現 대한체육회의 전신인 조선체육회가 창립되면서 한국 현대 올림픽 운동과 스포츠 발전을 주도하였다.

17 ④

| 정답해설 |

1936년 제11회 베를린올림픽경기대회 마라톤에서 손기정 선수가 1위, 남승룡 선수가 3위를 차지했다.

| 추가해설 |

일장기 말소 사건과 일제의 탄압

- 손기정과 남승룡은 1936년 베를린 올림픽에 참가하기까지 일본인으로부터 많은 차별을 받음
- 손기정 선수가 베를린 올림픽에서 금메달을 딴 뒤, 일장기를 달고 시상대에 오른 사진이 보도됨
- 동아일보 기자 이길용은 이 사진에서 일장기를 지워버린 채 보도해 혹독한 고문을 받고, 동아일보는 무기정간처분을 받음

18 ②

| 정답해설 |

㉠ 1984년 로스앤젤레스올림픽: 우리나라 여성이 최초로 금메달을 획득한 대회로, 서향순이 양궁 개인전에서 금메달을 획득하였다.

㉡ 1992년 바르셀로나올림픽: 올림픽 사상 처음 도입된 배드민턴 종목에서 한국이 금메달 2개 은메달 1개, 동매달 1개를 획득했다. 그리고 마라톤에서 황영조 선수가 우승했다.

19 ③

| 정답해설 |

<보기>는 노태우 정권(1988~1993)에 대한 설명이다.

20 ③

| 정답해설 |

2002년 제17회 월드컵축구대회는 한국과 북한이 단일팀을 이루지 않았다.

특수체육론

01	02	03	04	05	06	07	08	09	10
④	②	③	①	①	①	④	②	④	④
11	**12**	**13**	**14**	**15**	**16**	**17**	**18**	**19**	**20**
①	④	③	①	④	①	①	④	③	②

01 ④

| 정답해설 |

RICE(Best, Ice, Compression, Elevation)은 근골격계 손상 발생 시 즉시 시행할 수 있는 응급처치 방법이다.

02 ②

| 정답해설 |

환상통증의 가장 흔한 증상은 절단 후 남은 부위에 나타나는 근육 경련이다.

03 ③

| 정답해설 |

T6 이상에 손상을 입으면 혈류 이송 체계가 손상되며, 혈관이 수축하지 못하고 심박동과 심박출량을 증가시키기 위한 자극을 직접적으로 받지 못해 심박수를 증가시키지 못한다.

04 ①

| 정답해설 |

<보기>는 아스퍼거증후군에 관한 설명으로, 아스파거증후군은 자폐 스펙트럼 장애의 여러 임상 양상 중 하나이다.

05 ①

| 정답해설 |

프로그램 계획	목표 설정부터 기초 기능으로 지도하는 하향식 접근법을 사용한다.
사정	의사 결정을 위한 정보 자료 수집을 한다.
수업 계획	운동 기술 습득 후 학생의 요구를 해결할 수 있는 수업 계획 개발을 한다.
교수 · 지도	설정 목표를 성취할 수 있도록 학습 환경을 관리하는 과정이다.
평가	설정 목표와 예측을 관련하여 변화를 가치를 판단해 수행 자료를 조사하는 과정이다.

06 ①

| 정답해설 |

<보기>는 아웃리거에 대한 설명이다. 장애인 스키에서는 무릎 위를 절단한 외발 스키 기술 등을 이용하며, 부츠를 올려놓고 하나의 플레이트와 2개의 아웃리거를 사용한다.

07 ④

| 정답해설 |

잔스마와 프렌치가 제시한 4L

- 장애인스포츠와 관련된 지식의 창출과 보급
- 장애인스포츠 관련 단체 등의 목표를 성취하기 위한 집단행동
- 장애인스포츠에 대한 법률관계 확정을 위한 소송
- 장애인스포츠에 대한 실행을 보장하는 입법

08 ②

| 정답해설 |

볼링의 가이드 레일과 골프에서의 카트 사용은 장애인 선수의 경기 수행력에 직접적인 영향을 미치지 않는 한 합리적인 적응 방법을 제공하며, 편의를 제공한 일반스포츠이다.

09 ④

| 정답해설 |

미국스포츠의학회(ACSM) 사전 참여 시 의료적 허가 없이 운동프로그램을 시작할 수 있는 경우는 현재 운동을 하지 않고 과거에 이상 질환이 없는 건강한 참가자에 해당한다.

10 ④

| 정답해설 |

'미국 장애인교육법'의 원칙 중 통합 교육과 관련된 용어는 최소한으로 제한된 환경이다.

11 ①

| 정답해설 |

<보기>는 지시형 스타일에 관한 설명이다. 지시형 스타일의 교수 스타일에서는 교사가 수업 전 · 중 · 후에 관한 모든 결정을 하고 지도자가 제시한 방식대로 학습이 진행된다.

12 ④

| 정답해설 |

<보기>에서 제시된 수어는 스포츠 종목 중 축구에 대한 수어이다.

13 ③

| 정답해설 |

국제 뇌성마비 스포츠 레크리에이션 협회는 뇌성마비인을 8등급으로 나누고 있다. 등급 분류 체계에 따르면 1~4등급은 보행 가능 등급, 5~8등급은 휠체어로 이동 가능 등급이다.

14 ①

| 정답해설 |

미국 지적 및 발달장애협회의 지적장애 정의에 따르면 지적장애는 만 18세 이전부터 시작된다.

15 ④

| 정답해설 |

생태학적 과제분석은 운동기술, 움직임과 학생 특성, 운동 기술 등 환경 요소를 고려한 것으로 '과목 목표의 확인 - 변인 선택 - 관련 변인 조작 - 지도'의 4단계로 이루어진다.

16. ①

| 정답해설 |

특정 행동이 반복될 가능성을 증가시키기 위해서 어떤 것을 제시하거나 소거할 때를 강화라고 하고, 특정 행동이 반복될 가능성을 감소시키기 위해 제시하거나 소거할 때는 처벌이라 한다.

17 ①

| 정답해설 |

척수가 손상되면 손상된 부위의 아래 부분은 운동 기능과 감각 기능이 마비되므로 척수 손상 부위의 지점이 높을수록 신체 마비의 범위가 크다. 따라서 목뼈(경추) 1번과 2번 사이 손상이 장애의 정도가 가장 심하다.

18 ④

| 정답해설 |

개별화 교육 프로그램(IEP)의 목표 진술 중 비용은 포함이 되지 않는다.

19 ③

| 정답해설 |

체육 지도자의 연수 과정의 2급 장애인스포츠지도사 과정에는 선수관리와 코칭 실무가 있다(국민체육진흥법 시행령 별표4).

20 ②

| 정답해설 |

중도 지적장애인은 인지, 의사소통, 사회적 기술 등의 영역에서 지체를 보인다. 스포츠를 처음 배우는 중도 지적장애인은 높은 수준의 스포츠 기술을 단순화하는 변형이 필요하다.

유아체육론

01	02	03	04	05	06	07	08	09	10
①	①	④	③	①	③	②	②	③	①
11	**12**	**13**	**14**	**15**	**16**	**17**	**18**	**19**	**20**
②	④	③	②	④	③	①	④	④	②

01 ①

| 정답해설 |

영 · 유아기 발달은 몸의 중심신경(중추)이 먼저 발달하고, 말초신경은 후에 발달한다.

02 ①

| 정답해설 |

유아기의 운동프로그램은 다양한(이동성, 조작성, 안정성 등) 기본적인 능력을 발달시키고, 간단한 능력부터 점차 복잡한 능력으로 구성한다.

03 ④

| 정답해설 |

기본움직임에서 전문화된 움직임으로의 전환단계에서 움직임은 여러 복잡한 활동에 응용되어 보다 세련되고 복잡한 활동이 가능해지므로 질적 측면을 강조하여 구성한다.

04 ③

| 정답해설 |

피아제(J. Piaget)의 인지발달 이론은 기본적으로 인간의 지적 능력은 타고 나지만, 그것이 주어진 환경에 적응하는 것이 인지 발달이라고 하였다. ㉠ 동화(assimilation), ㉡ 조절(accommodation), ㉢ 조직화(organization)이다.

05 ①

| 오답해설 |

㉠ 스스로 자신의 운동수행을 평가하는 것은 한계가 있어 교사와 지도자에 의해 진행한다.

㉣ 이전 체육 활동과 연계하여 활동이 반복되도록 구성한다.

06 ③

| 정답해설 |

㉠ 시작 단계, ㉡ 초보 단계, ㉢ 성숙 단계이다.

| 오답해설 |

전문화 단계는 움직임은 일상생활 및 스포츠 기술과 여러 복잡한 활동에서 응용되어 보다 세련되고 복잡한 활동이 가능해지는 단계이다. 즉, 기본적인 움직임 단계에서 파생된 결과이다.

07 ②

| 정답해설 |

안정성 운동프로그램의 축 이용 기술에는 굽히기, 늘리기, 돌기, 비틀기, 흔들기가 있다.

| 오답해설 |

구르기, 거꾸로 균형은 안정성 운동프로그램에서 정적 및 동적 운동프로그램에 해당한다.

08 ②

| 정답해설 |

평가는 기준에 따라 규준지향 평가와 준거지향 평가로 나눈다.

| 추가해설 |

규준지향 평가	학습자의 평가 결과를 학습자의 집단 규준과 비교하여 상대적인 위치를 판단하는 평가 방법으로 개인의 차이를 변별하는 목적이 있다.
준거지향 평가	학습자의 점수를 절대적인 기준 준거에 맞추어서 해석하는 평가 방법으로, 학습자의 목표 도달 여부를 확인하는 목적이 있다.
결과지향 평가	결과의 양적 변화를 측정하여 특정 수행의 결과에 초점이 있고, 과정지향 평가는 목표한 기술 수행의 형태 또는 역학적인 측면에 중점이 있다.

09 ③

| 정답해설 |

국립중앙의료원(2010)의 어린이 · 청소년 신체활동 지침

- 어린이와 청소년은 매일 1시간 이상 운동을 권장함
- 일주일에 3일 이상 유산소 운동, 근육 강화 운동, 뼈 강화 운동을 함
- 인터넷, TV나 비디오 시청, 게임 등 앉아서 보내는 시간을 하루 2시간 이내로 함

10 ①

| 정답해설 |

유아 운동프로그램은 다양한 정보를 포함하여 구성하고 행동적인 목적 및 프로그램의 결과 중심적인 목적을 구체적으로 제시하여 운동을 지도한다.

| 오답해설 |

② 특이성의 원리에 대한 설명이다.

③ 연계성의 원리에 대한 설명이다.

④ 다양성의 원리에 대한 설명이다.

11 ②

| 정답해설 |

시각적 효과를 높인 교구배치는 유아에게 많은 프로그램과 높은 집중력을 제공하여 만족감을 높일 수 있다.

12 ④

| 정답해설 |

㉠ 스키너(B. Skinner) 행동주의 이론: 내적인 인간의 동기와 욕구 등에 초점을 두지 않고, 구체적으로 관찰할 수 있는 인간 행동에 관심을 기울인다. 인간행동이 학습되어 나타난 행동양상이기에 행동을 수정하도록 학습시키면 된다는 이론이다.

㉡ 피아제(J. Piaget) 인지 발달 이론: 인간의 인지발달은 환경과의 상호작용에 의해서 이루어지는 적응과정으로, 몇 가지 단계를 거쳐 발달한다고 본다. 아동의 단계 이행에 따라 이미 형성된 인지 구조는 새롭게 통합되며, 각 단계는 서로 독립적이지만 전체적으로 상호 의존적이라고 주장하였다. 그리고 성숙, 물리적 경험, 사회적 상호작용 등이 필수적이라고 보는 이론이다.

㉢ 반두라(A. Bandura) 사회 학습 이론: 학습은 단순히 타인의 행동을 관찰함으로써 이루어질 수 있다고 주장하며, 관찰 학습은 타인의 행동을 관찰하여 인지적으로 처리한 후 어떻게 행동할지를 결정하는 과정으로 4단계로 구성된다고 보는 이론이다.

13 ③

| 정답해설 |

전문화된 기술 습득은 전문화 단계에서 이루어진다. 유아체육은 이동성, 조작성, 안정성과 관련된 다양한 기본적 능력 발달을 강조한다.

14 ②

| 정답해설 |

㉠ 안정성 운동은 움직임 속에서 무게 중심의 변형을 통한 균형적인 요소로 징검다리 걷기를 통해 평형성을 익힐 수 있다.

㉡ 이동 운동은 신체를 움직여 이동하는 기술로 네발로 걷기가 있으며, 네발로 걷기를 통해 근력과 근지구력을 익힐 수 있다.

15 ④

| 정답해설 |

「국민체육진흥법」 제2조(정의) "유소년 스포츠지도사"란 유소년(만 3세부터 중학교 취학 전까지를 말한다. 이하 같다)의 행동 양식, 신체 발달 등에 대한 지식을 갖추고, 별표 1의 자격 종목에 대하여 유소년을 대상으로 체육을 지도하는 사람을 말한다.

16 ③

| 정답해설 |

걷기반사는 일반적으로 생후~5개월 사이 나타나는 반사 행동으로 수의적 운동행동의 발달을 추측할 수 있다. 아기의 체중을 앞으로 쏠리게 하고, 평평한 바닥에 세워 안으면 아기가 앞으로 걷기 반응을 보이는 반사 행동이다.

17 ①

| 정답해설 |

구르기 동작에서 이마가 지면에 닿게 지도하는 것은 시작 단계이다.

18 ④

| 정답해설 |

탐구적 방법은 학습의 결과보다 학습 과정 자체에 중점이 있기에 형식이나 정확성을 요구하지 않는다. 유아가 신체 동작의 가능성을 탐색하고 동작 기술을 발전시켜 창의적인 방법으로 표현하도록 해야 한다.

| 오답해설 |

① 유아-교사 상호 주도적 · 통합적 교수 방법에 관한 설명이다.
② 직접-교사 주도적 교수 방법의 과제 제시 방법에 관한 설명이다.
③ 직접-교사 주도적 교수 방법의 지시적 방법에 관한 설명이다.

19 ④

| 정답해설 |

고강도 운동 시 유소년은 성인보다 심박수가 높게 나타난다.

20 ②

| 정답해설 |

㉠ 민감기, ㉡ 발달과업에 관한 설명이다.

| 오답해설 |

감각운동기와 전조작기는 피아제(J. Piaget)의 인지 발달 단계이다. 인지 발달 단계는 감각 운동기-전조작기-구체적 조작기-형식적 조작기의 단계이다.

노인체육론

01	02	03	04	05	06	07	08	09	10
①	③	④	②	①	③	③	②	④	①
11	**12**	**13**	**14**	**15**	**16**	**17**	**18**	**19**	**20**
②	③	④	①	②	④	②	①	④	③

01 ①

| 정답해설 |

<보기>의 설명은 기능적 연력에 대한 내용이다. 역연령과 대비되는 개념으로 나이와 성별을 기준으로 기능적 체력에 따라 노인을 규정하는 연령이며, 신체 연령이라고도 한다

| 오답해설 |

② 주관적 연령: 개인 스스로 지각하는 연령이다.
③ 심리적 연령: 개인의 심리적 성숙도를 나타내는 연령이다.
④ 연대기적 연령: 출생 이후의 횟수를 기준으로 나타내는 연령이다.

02 ③

| 정답해설 |

성별 · 연령별로 몇 년을 더 살아갈 것인지 통계적으로 추정한 기대치는 기대 수명에 대한 설명이다.

03 ④

| 정답해설 |

㉠ 에릭슨(E. Erikson)의 심리사회발달단계 이론에서 8단계 자아 주체성 대 절망에 대한 설명이다. 각 단계는 일부 형태의 심리 · 회적 위기로 나타나며, 성공적인 노화를 위해서는 이러한 위기들이 해결되어야 한다는 이론이다.

㉡ 발테스와 발테스(M. Baltes & P. Baltes)의 보상이 수반된 선택적 적정화 이론에 대한 설명이다. 노인의 기능적 독립성 유지를 위한 선택, 적정화, 보상이라는 세 가지 전략에 초점을 둔 이론이다.

04 ②

| 정답해설 |

<보기>는 활동이론에 대한 내용이다. 노화와 관련된 사회학적 이론으로 일상생활의 신체적, 정신적 활동을 하는 사람은 건강하고 행복하게 노화한다는 이론이다.

05 ①

| 정답해설 |

㉠ 사회적 지지는 가족, 친구 등 주변 사람에 의해 제공되는 긍정적인 감정을 표현하고 상대방 행동에 대해 지지하며 실제적 도움을 주는 상호작용이다.

㉡ 자기효능감은 자신이 어떤 일을 잘 해낼 수 있다는 개인적인 신념으로 노인 운동 시 성취를 위한 자신의 역량에 대한 믿음이다.

06 ③

| 정답해설 |

운동 시 노인에게 미치는 심리적 효과는 우울증 감소와 심리적 웰빙 향상이다. 또한 건강이완, 스트레스와 불안 감소, 기분 상태의 개선 등의 효과가 있다.

07 ③

| 정답해설 |

노화로 인해 폐의 탄력성은 감소하고 흉곽 정직성은 증가한다.

08 ②

| 정답해설 |

㉡㉢㉣ 운동이 노인에게 미치는 생리적 효과에는 체지방 감소, 인슐린 감수성 증가, 안정 시 심박수 감소가 있다.

| 오답해설 |

㉠㉤㉥ 노인 운동은 인슐린 내성을 감소시키고 주어진 강도에서 심박수가 감소하며, 고밀도 지단백 콜레스테롤(HDL－C)을 증가시키는 효과가 있다.

09 ④

| 정답해설 |

평형성은 신체를 일정한 자세로 유지하는 능력을 말하며, 평형성을 요하는 운동을 하게 되면 자세 유지 능력이 향상되어 낙상을 예방할 수 있다. 평형성을 요하는 운동에는 뒤로, 옆으로, 발꿈치, 발끝으로 걷기 등이 있다.

10 ①

| 정답해설 |

목표심박수 측정의 카보넨(karvonen) 공식은 '(최대 심박수－안정 시 심박수) × 운동강도(%) + 안정 시 심박수'이다. 이에 따라 계산하면 ㉠ (150－80) × 0.4(%) + 80 = 108, ㉡ (150－80) × 0.5(%) + 80 = 115이다.

11 ②

| 정답해설 |

시설 안전을 위해 운동장비의 사용방법과 장비사용 시 주의사항을 적절한 장소에 게시해야 한다.

12 ③

| 정답해설 |

고혈압 질환이 있는 노인의 운동 지도 시 나트륨 섭취 제한, 체중조절, 유산소 운동을 권장하며, 저항성 운동 시 발살바 메뉴버(발살바 호흡 valsalva maneuver)에 의한 혈압 상승에 주의하며 지도해야 한다.

13 ④

| 정답해설 |

노인체력검사(senior fitness test) 항목에서 2.4m 왕복 걷기는 빠른 동작에 중요한 민첩성과 균형성을 평가하는 검사이다. 버스 빠르게 타고 내리기는 민첩성과 균형성을 요구하는 동작이다.

| 오답해설 |

① 자동차나 목욕탕에 들어가고 나오기는 하체 근력과 하체 유연성을 요구하는 동작이며, 30초 의자에 앉아 앞으로 굽히기 운동을 통해 평가해야 한다.

② 손자 안기, 식료품 가방 들기는 상체 근력을 요구하는 동작이며, 덤벨 들기 운동을 통해 평가해야 한다.

③ 장거리 보행, 계단 오르기는 지구력을 요구하는 동작이며, 6분간 걷기 운동을 통해 평가해야 한다.

14 ①

| 정답해설 |

노화는 심혈관계, 근육계, 신경계 등의 변화를 발생시키며 평형성과 기동성의 변화는 체성감각계, 시각계, 전정계, 운동계에 영향을 받는다.

15 ②

| 정답해설 |

㉡㉣ 수영과 수중 운동은 적은 체중 부하로 관절에 무리를 주지 않으며, 근골격계 질환이 있는 노인에게 근력과 심폐지구력을 향상시킬 수 있는 운동이다.

㉥ 고정식 자전거 타기는 일반 자전거에 비해 낙상 위험이 적고, 하체 근력 향상에 효과가 있어 근골격계 질환이 있는 노인에게 적합한 운동이다.

16 ④

| 정답해설 |

지각된 자기 인식은 건강신념행동 구성 요소에 포함되지 않는다.

17 ②

| 정답해설 |

㉠ 노인은 학력, 지적 능력, 흥미, 성격, 경험, 건강상태 등 개개인의 학습 욕구를 충족시켜줄 수 있는 개별화 학습이 필요하다.

㉡ 노인 교육에서 지도자와 학습자 간의 동등한 관계에서 출발하여 교육활동 전반에서 상호 간의 합의를 이루도록 하는 사제동행의 원리이다.

18 ①

| 정답해설 |

㉣ 앉았다 일어서기(스쿼트), 스트레칭은 저항성 운동과 유연성 운동에 해당한다.

| 추가해설 |

빈도	• 중강도: 주 5일 이상 신체활동 • 고강도: 주 3일 이상 신체활동
강도	• 중강도: 5~6 • 고강도: 7~8 (RFE 10점 만점 도구 기준)
시간	• 중강도: 1일 최소 30~60분, 한 번에 최소 10분 이상(주에 총 150~300분) • 고강도: 1일 최소 20~30분, 주에 총 75~100분
형태	운동, 걷기, 수중 운동 등 과한 스트레스를 유발하지 않는 운동

19 ④

| 정답해설 |

<보기>의 대상자는 체중조절, 건강관리 및 지속적인 운동 참여를 원하고 있으며, 질병치료에 대한 기대감은 대상자의 운동 참여 동기 유발 요소로 볼 수 있다.

20 ③

| 정답해설 |

노인운동 지도 시 소리를 질러가며 말해서는 안 된다. 언어적, 비언어적 자기주장 기술 등의 효과적인 의사소통을 사용하고 내용을 명확하게 전달해야 한다.

스포츠교육학

01	02	03	04	05	06	07	08	09	10
①	③	①	④	④	②	③	②	①	②
11	12	13	14	15	16	17	18	19	20
③	①	④	④	①	②	③	②	④	③

01 ①

| 정답해설 |

<보기>는 검사-재검사에 관한 설명이다. 검사-재검사는 시간차를 두고 개념이나 변인을 두 번 측정하여 얻은 두 관찰값의 차이로서 신뢰도를 측정하는 방법이다. 두 관찰값의 차이가 적으면 신뢰도가 높고, 차이가 크면 신뢰도가 낮다고 본다.

| 추가해설 |

신뢰도 검사 방법

검사-재검사	• 시간차를 두고 개념이나 변인을 두 번 측정해 얻은 두 관찰값의 차이로서 신뢰도를 측정하는 방법 • 두 관찰값의 차이가 적으면 신뢰도가 높고, 차이가 크면 신뢰도가 낮다고 봄
동형 검사	• 동일한 구인을 측정하는 두 개의 검사지를 개발해 나온 점수들 간의 상관관계를 구하여 신뢰도를 추정 • 동형검사의 추정은 검사-재검사 신뢰도 추정과 유사성이 있음
내적 일관성	• 하나의 측정도구 내 문항들 간의 연관성 유무를 통해 내적으로 일관성을 파악함으로써 측정문항의 신뢰도를 파악하는 방법 • 크론바흐 알파(cronbach alpha)라는 통계량을 사용하며, 도출한 통계량이 .7 이상 또는 .6 이상이면 측정문항 간에 내적 일관성이 있는 것으로 판단함

02 ③

| 정답해설 |

<보기>는 유도발견형 스타일에 관한 내용이다. 지도자는 학습자에게 계열적이고 논리적인 질문을 하며, 학습자는 주어진 질문에 대한 해답을 발견한다.

| 추가해설 |

유도발견형 스타일

계열적이고 논리적인 질문을 활용하여 미리 예정된 해답을 학습자가 발견하도록 유도할 필요가 있을 때 사용된다. 이 스타일에서 지도자는 학습자가 발견해야 할 목표 개념을 포함한 계열적인 질문을 설계하며, 학습자는 지도자로부터 주어진 질문에 대한 해답을 발견한다.

03 ①

| 정답해설 |

지도자의 경력은 로젠샤인과 퍼스트가 제시한 학습성취와 관련된 지도자 변인에 해당하지 않는다.

| 추가해설 |

로젠샤인(B. Rosenshine)과 퍼스트(N. Furst)의 학습성취 지도자 변인

- 명확한 과제제시
- 프로그램의 다양화
- 지도자의 열의
- 학습자의 학습 기회
- 과제 지향성

04 ④

| 정답해설 |

스테이션 교수는 교육목표나 행동에 따라 학생들을 모둠으로 구분하고, 각 모둠에서 교사가 해당 주제를 가르친다. 교육이 끝난 후 학생은 장소를 옮겨 가며 진행되는 협력 수업 방법의 일종이다.

05 ④

| 정답해설 |

체육의 공정성 확보와 체육인의 인권보호를 위하여 스포츠윤리센터를 설립한다(국민체육진흥법 제18조의3 제1항).

06 ②

| 정답해설 |

효율성의 원리란 과학적으로 스포츠교육 지도법을 활용하여 학습자를 보다 효율적으로 지도하는 지도 원리를 말한다.

07 ③

| 정답해설 |

직접교수모형은 지도자 중심으로 의사결정이 이루어지며, 학습자의 과제참여 비율이 높다.

| 추가해설 |

직접교수모형

- 교사는 수업 내용, 관리, 과제 참여 등 모든 의사 결정의 주도자
- 학생은 높은 참여 기회와 피드백을 제공받음
- 학생이 수업에 높은 비율로 참여하도록 하기 위해 시간과 자원을 효율적으로 이용하는 것이 특징

08 ②

| 정답해설 |

국민과 국가의 스포츠 역량을 높이기 위한 여건을 조성하고 지원할 것(스포츠기본법 제7조 제3호)가 스포츠 정책에 대한 고려사항에 해당된다.

| 추가해설 |

「스포츠기본법」 제7조(스포츠 정책 수립 · 시행의 기본원칙) 국가와 지방자치단체는 스포츠에 관한 정책을 수립하고 시행할 때에는 다음 각 호의 사항을 충분히 고려하여야 한다.

1. 스포츠권을 보장할 것
2. 스포츠 활동을 존중하고 사회전반에 확산되도록 할 것
3. 국민과 국가의 스포츠 역량을 높이기 위한 여건을 조성하고 지원할 것
4. 스포츠 활동 참여와 스포츠 교육의 기회가 확대되도록 할 것
5. 스포츠의 가치를 존중하고 스포츠의 역동성을 높일 수 있을 것
6. 스포츠 활동과 관련한 안전사고를 방지할 것
7. 스포츠의 국제 교류 · 협력을 증진할 것

09 ①

| 정답해설 |

포괄형 교수 스타일은 기존 지식의 재생산을 강조하는 수업 방식(모방)이다.

| 추가해설 |

포함식(포괄형) 스타일

- 교사는 과제의 난이도, 교과 내용, 수업 운영 및 절차 등을 모두 결정
- 학생은 자신의 성취기준을 설정하고 자신의 활동을 스스로 점검
- 하나의 과제에 대해 여러 가지 난이도를 설정함으로써 수준별 학습이 가능

대표성	게임의 형식은 나중에 학생의 정식 게임 참여 시 접하게 될 실제상황을 포함해야 함
과장성	학생이 오로지 게임 전술에 중점을 둘 수 있도록 게임의 형식이 설정되어 있어야 함

10 ②

| 정답해설 |

<보기>는 역순 연쇄에 관한 설명이다.

| 오답해설 |

① 규칙 변형: 경기규칙에 변화를 주어 학습자의 수준에 맞게 난이도를 조절하는 연습 방법이다.

③ 반응 확대: 학습 내용을 새로운 활동에 적응한 경험으로 발전시키는 연습 방법이다.

④ 운동수행의 목적 전환: 효율적인 운동수행을 위해 난이도를 조절하는 연습 방법이다.

11 ③

| 정답해설 |

<보기>는 상황이해에 관한 설명이다.

| 오답해설 |

① 접근통제: 방해 행동을 보이는 학생에게 교사가 가까이 접근하거나 접촉하는 교수 기법이다.

② 긴장 완화: 긴장 완화를 위해 교사가 유머를 활용하는 교수 기법이다.

④ 타임 아웃: 위반 행동에 대한 처벌로 일정 시간 동안 활동에 참가할 수 없도록 제지하는 교수 기법이다.

12 ①

| 정답해설 |

<보기>는 사건 기록법에 관한 내용이다. 사건 기록법이란 관찰하고자 하는 행동 범위를 결정하고 결정한 행동의 발생 빈도를 체크하여 행동빈도에 따라 평가하는 방법이다.

| 추가해설 |

- 평정 척도법: 관찰하고자 하는 행동에 대한 구체적 수준을 관찰하여 그 수준에 수치를 부여하는 방법
- 일화 기록법: 관찰하고자 하는 광범위한 행동범위를 결정하고 범위와 관련된 사건(행동)을 사실적으로 기록하는 방법
- 지속시간 기록법: 관찰하고자 하는 행동을 설정하고 행동의 시간이 얼마나 소비되는지 측정하는 방법

13 ④

| 정답해설 |

운동기능이 낮은 학습자를 위해 정식 게임을 대표할 수 있는 변형 게임으로 운영할 수 있다.

| 추가해설 |

변형 게임

그리핀, 미첼, 오슬린은 이해중심 게임 모형을 변형 게임으로 구성 시, 이의 핵심 개념인 대표성과 과장성이 반영되어 있어야 한다고 주장하였다. 즉, 변형 게임은 반드시 정식 게임을 대표할 수 있어야 하며, 전술 기능의 개발에 초점을 둘 수 있도록 게임 상황이 과장되어 있어야 한다.

14 ④

| 정답해설 |

목표 달성이 불가능할 경우의 대체방안은 메이거가 제시한 학습목표 설정 요소에 해당하지 않는다.

| 추가해설 |

메이거(R. Mager)의 학습목표 설정 요소
- 설정된 운동수행 기준
- 운동수행에 필요한 상황과 조건
- 기대되는 성취 행위, 기능, 지식

15 ①

| 정답해설 |

㉠ 탐구수업모형의 주제는 '문제해결자로서의 학습자'이다.
㉢ 지도자는 학생의 사고와 움직임을 자극하면서 질문의 형태로 과제를 제시한다.

| 오답해설 |

㉡ 학습 영역의 우선순위는 인지적, 심동적, 정의적 순이다.
㉣ 지도자는 질문에 학습자가 창의적인 답을 찾기 위한 기회를 제공한다.

16 ②

| 정답해설 |

심폐지구력은 심동적 영역에 해당하는 내용이다.

| 추가해설 |

스포츠 교육의 학습 영역

인지적 영역	지식을 획득하고 사용하는 방식과 관련된 능력으로, 학업 성적, 지적기능, 문해력과 수리력과 관련된 영역
정의적 영역	인간의 감정과 정서를 바탕으로 형성되는 행동으로, 심리적 건강, 사회적 기술, 도덕적 인격과 관련된 영역
심동적 영역	근육의 발달과 사용, 운동을 조절하는 신체 능력으로, 건강 및 체력, 스포츠 기능과 관련된 영역

17 ③

| 정답해설 |

<보기>는 과제 간 전이에 관한 내용이다. 과제 간 전이란 기능이나 과제의 학습이 다른 기능의 과제로 전이되는 학습 전이이다.

| 추가해설 |

- 과제 내 전이: 어느 한 가지 조건에서 학습한 기능이 다른 조건으로 전이되는 학습 전이
- 대칭적 전이: 한쪽 팔로 연습한 내용이 반대쪽 팔의 연습에 영향을 미치는 학습 전이

18 ②

| 정답해설 |

내용은 프로그램에서 가르쳐야 하는 내용이다. 지도자는 교육내용을 나열한 후 학습목표, 학습자의 능력 · 지식 · 태도, 소요되는 시간 등을 고려해 가르칠 내용 및 순서를 결정한다.

19 ④

| 정답해설 |

개별화지도모형
- 교사가 학생에게 수업 자료(수업 운영 정보, 과제 제시, 과제 구조, 수행기준과 오류분석이 포함된 학습활동 및 평가)를 하나의 묶음으로 구성하여 제공하는 설계
- 학생은 학습 능력에 따라 자신에게 맞는 속도로 학습
- 학생은 많은 피드백과 언어적 상호작용의 기회를 갖게 됨

| 오답해설 |

① 직접 교수 모형: 지도자가 수업 리더 역할을 한다.
② 동료 교수 모형: 나는 너를, 너는 나를 가르친다.
③ 스포츠 교육 모형: 유능하고, 박식하며, 열정적인 스포츠인으로 성장한다.

20 ③

| 정답해설 |

인권교육 연 1회 이상 이수 여부는 학교운동부지도자 재임용의 평가 내용이 아니다.

| 추가해설 |

「학교진흥법 시행령」 제3조(학교운동부지도자의 자격기준 등) ④ 학교의 장은 학교운동부지도자를 재임용할 때에는 다음 각 호의 사항을 평가한 후 그 결과에 따라 재임용 여부를 결정해야 한다.

1. 제3항 각 호의 직무수행 실적
2. 복무 태도
3. 학교운동부 운영 성과
4. 학생선수의 학습권 및 인권 침해 여부

스포츠사회학

01	02	03	04	05	06	07	08	09	10
①	②	①	②, ③, ④	③	①	④	②	②	③
11	**12**	**13**	**14**	**15**	**16**	**17**	**18**	**19**	**20**
②	①	②	③	①	④	④	③	④	①, ② ③, ④

01 ①

| 정답해설 |

㉠ 사회 통합, ㉡ 사회 선도, ㉣ 전인 교육은 스포츠의 교육적 순기능이다.

| 오답해설 |

㉢ 스포츠의 상업화, ㉤ 참여기회의 제한, ㉥ 승리지상주의는 스포츠의 교육적 역기능이다.

02 ②

| 정답해설 |

상업주의에 따른 스포츠의 변화는 경기보다는 세속적인 경기 외적 사실을 중요시하며, 아마추어리즘보다는 프로페셔널리즘 추구 성향을 보인다. 스포츠 경기는 대중 매체, 구단주(대표), 대회 후원기업의 영위를 위한 목적이 되며, 흥미와 이익 창출을 위한 영업적 도구로 사용(전시 효과에 대한 요구 증대)되기도 한다. 올림픽과 같은 이벤트들은 경기보다 기업을 위한 홍보에 따라 변한다. 상업주의에 따른 스포츠의 변화에 관한 설명으로 옳은 것은 ㉠, ㉢이다.

| 오답해설 |

㉡ 스포츠 내용 변화, ㉣ 스포츠 구조 변화는 상업주의에 따른 스포츠의 변화의 수단으로 활용한다.

03 ①

| 정답해설 |

<보기>는 스포츠 세계화의 원인 중 제국주의에 관한 설명으로, 스포츠를 피식민지 국민에 대한 동화 정책으로 활용하는 것이다.

04 ②, ③, ④

| 정답해설 |

② 특정 선수의 사인볼 수집은 행동적 참가에 해당된다.
③ 특정 스포츠 관련 SNS 활동은 정의적 참가에 해당된다.
④ 특정 스포츠 물품에 대한 애착은 인지적 참가에 해당된다.

05 ③

| 정답해설 |

㉠ 관료화: 국제스포츠조직은 규칙의 제정, 대회의 운영, 종목 진흥 등의 역할을 담당한다.
㉡ 전문화: 투수라는 같은 포지션 내에서도 선발, 중간, 마무리 등으로 구분된다.

| 추가해설 |

거트만(A. Guttmann) 근대스포츠의 특성

세속주의, 전문화, 관료화, 기록 추구, 평등화, 합리화, 계량화

06 ①

| 정답해설 |

스나이더(E. Snyder)가 제시한 스포츠 사회화의 전이 조건은 참여의 정도, 참여의 자발성 여부, 사회관계에 따른 가치(주관자의 위력 등), 참가의 개인적, 사회적 특성이다. 참가의 가치는 해당되지 않는다.

07 ④

| 정답해설 |

㉠ 인지적 욕구: 스포츠 경기의 결과, 선수와 팀에 대한 통계적 지식을 제공해 준다.
㉡ 정의적 욕구: 스포츠에 대한 흥미와 흥분을 제공해 준다.
㉢ 통합적 욕구: 다른 사회집단과 경험을 공유하게 하며 공동체 의식을 갖게 한다.

| 추가해설 |

버렐(S. Birrell)과 로이(J. Loy) 스포츠 미디어 충족 욕구 유형

인지적 욕구, 정의적 욕구, 통합적 욕구, 도피적 욕구

08 ②

| 정답해설 |

㉠ 보편적 접근권: 국민의 관심이 높은 스포츠 경기를 무료 혹은 저렴한 비용으로 시청할 수 있는 권리를 말한다.
㉡ 옐로 저널리즘: 선수 개인의 사생활을 중심으로 대중을 자극하고 호기심에 호소하는 흥미 위주의 스포츠 관련 보도를 지칭한다.

| 오답해설 |

- 독점 중계권: 방송을 중계할 권리를 독점으로 가지고 있는 것이다.
- 뉴 저널리즘: 기존 방식이 아닌 소설 작가 기법으로 상황에 대한 표현을 실감나게 전달하는 새로운 저널리즘 방식을 의미한다.

09 ②

| 정답해설 |

<보기>는 구단에서 해당 선수에 대한 권한을 포기하는 조항으로 웨이버 조항에 관한 설명이다.

| 오답해설 |

① 보류 조항: 선수계약 체결 권리를 보류하여 자유로운 계약과 이적을 막는 조항이다.
③ 선수대리인: 선수로부터 위임받은 권리로 선수 대리인 업무를 수행하는 제도이다.
④ 자유계약: 계약 기간 소속 팀 활동 후 다른 팀과 자유롭게 계약을 맺어 이적할 수 있는 제도이다.

10 ③

| 정답해설 |

스포츠에서 선수들의 약물복용으로 인한 공정성 훼손은 스포츠 일탈의 역기능에 해당하는 내용이다. 이는 스포츠의 질서와 예측 가능성을 위협하고 긴장과 불안을 조성을 의미한다.

11 ②

| 정답해설 |

㉠ 국위선양: 스포츠를 통해 자국의 존재와 가치를 부각한다.
㉡ 외교적 항의: 국제적 갈등 상황으로 인한 선수단 입국 거부, 경기 불참 등의 항의이다.
㉢ 정치이념 선전: 스포츠 경기의 승리 등으로 특정 정치 체제의 우월성을 과시한다.

12 ①

| 정답해설 |

<보기>는 문화자본의 유형 중 체화된 문화자본에 대한 설명이다. 이는 경제 자본이 외부에서 축적된 자원인 점과 달리, 소유에서 존재로 전이된 자본으로 신체와 결합된 성향에 의해 체화된 개인의 능력 등을 의미한다.

13 ②

| 정답해설 |

투민(M. Tumin)이 제시한 스포츠계층의 특성 중 보편성(편재성)은 보편적인 사회적, 문화적 현상이다. 스포츠가 인기종목과 비인기종목으로 구분되는 점과 체급에 따라 대전료와 중계권료 등에 차등이 있는 것 등이 이에 해당된다.

| 오답해설 |

㉡ 스포츠계층의 특성 중 역사성에 관한 것이다.
㉣ 스포츠계층의 특성 중 영향성에 관한 것이다.

14 ③

| 정답해설 |

㉠ 전염이론과 관련된 내용으로, 병이 전염되는 것과 같이 군중 소수의 영향을 받아 관중폭력이 발생한다는 것이다.
㉡ 부가가치이론과 관련된 내용으로, 집단행동이 일어나기 위해 어떤 조건들이 순차적으로 조합을 이루는 것이다.

| 오답해설 |

- 수렴이론: 개인이 가지고 있던 반사회적 생각들이 모여 군중을 방패 삼아 표출되는 관중폭력을 의미한다.
- 규범생성이론: 동질성이 없던 개인이 집단으로 발전하는 과정에서 핵심 구성원이 적절한 행동을 암시하고, 나머지 구성원이 동조하여 새로운 규범이 만들어지는 집단행동을 말한다.

15 ①

| 정답해설 |

개척자형은 새로운 영역과 운명 등을 처음으로 열어가는 유형이다.

16 ④

| 정답해설 |

㉠ 상대론적 접근: 특정 사회구조와 제도의 일치 여부로 일탈을 판단하는 관점이다.
㉡ 과잉동조: 과훈련과 같은 규칙이나 규범을 무비판적으로 수용하여 한계를 벗어나는 행위이다.

| 오답해설 |

- 절대론적 접근: 어떤 사회에서든 통용되는 보편적 기준이 있다(스포츠맨십, 법률 등에 대한 준수 여부로 일탈 구분).
- 과소동조: 훈련이나 경기의 규칙이나 규범을 몰랐거나 알면서도 무시하여 일어난 일탈행위이다.

17 ④

| 정답해설 |

사회학습이론은 스스로 학습하고 변화하는 것이 아닌 인간의 심리적 특성과 사회적 행동이 사회적 과정을 통해 학습하는 이론이다.

| 오답해설 |

① 강화의 관점에 따른 설명이다.
② 관찰학습의 관점에 따른 설명이다.
③ 코칭의 관점에 따른 설명이다.

18 ③

| 정답해설 |

<보기>는 스포츠의 정치적 속성 중 권력투쟁에 관한 설명이다. 선수와 팀, 경쟁 리그, 행정기구 등의 스포츠 조직에는 불평등하게 배분된 권력이 존재한다.

19 ④

| 정답해설 |

<보기>는 맥퍼슨(B. McPherson)의 사회관계 이론에 대한 설명이다. 이는 인간의 정보 선택 및 해석은 주변의 영향이 크게 작용을 한다는 것을 의미한다.

20 ①, ②, ③, ④

| 정답해설 |

<보기>는 스포츠사회학 이론 중 갈등이론, 구조기능이론, 비판이론, 상징적 상호작용 이론을 모두 설명하고 있다.

스포츠심리학

01	02	03	04	05	06	07	08	09	10
③	①	④	④	④	③	④	②	②	①
11	**12**	**13**	**14**	**15**	**16**	**17**	**18**	**19**	**20**
②	③	②	①	③	①	②	③	①	④

01 ③

| 정답해설 |

스포츠심리학의 주된 연구는 인간의 행동과 스포츠의 관점에서 심리적인 요소가 어떻게 작용하는지 연구하는 학문이다. 대부분 운동선수의 경기력을 증진시키는데 연구가 이루어지고 있으며, 생리학적 향상성 연구는 스포츠심리학의 주된 연구 영역에 포함되지 않는다.

02 ①

| 정답해설 |

무동기는 외적동기로 분류되지 않는다.

데시(E. Deci), 라이언(R. Ryan) 자결성 이론 4가지 외적 동기유형

- 외적 규제: 보상을 위한 목적(자기결정 수준이 가장 낮은 동기)
- 통합 규제: 자신이 가지고 있는 가치와 생각이 스포츠와 일치할 때 나타남(자기결정 수준이 가장 높은 동기)
- 내사(의무감) 규제: 죄책감, 창피함 등을 피하기 위한 목적
- 확인 규제: 개인적으로 중요하다 생각되는 것을 인식하기 때문에 하는 행동

03 ④

| 정답해설 |

<보기>는 칵테일파티 효과에 관한 설명으로, 칵테일파티 효과는 필요한 특정 정보에 선택적 지각으로 주의를 기울이거나 의식하는 것이다.

| 오답해설 |

① 스트룹 효과: 단어의 의미와 색상이 일치하지 않는 자극을 보고 그 자극의 색상을 명명할 때, 일치하는 자극을 보고 명명할 때보다 반응 시간이 더 증가하는 현상이다.
② 지각협소화: 각성 수준이 높아 주의하는 폭이 좁아지는 현상이다.
③ 무주의 맹시: 눈이 특정 위치를 향하고 있으나 주의가 다른 곳에 있어 눈이 향한 위치의 대상이 지각되지 못하는 현상이다.

04 ④

| 정답해설 |

야구는 개방운동기술로 신체 위치가 변화하는 상황에서 도구를 사용하기 때문에 환경적 맥락은 비안정적 조절 조건, 동작 시도 간 환경 변이성이다. 그리고 동작의 요구는 신체 이동이 있고, 물체 조작이 있다.

05 ④

| 정답해설 |

움직임 제한 요소 중 과제 제한 요소에 대한 설명이다.

| 오답해설 |

①②③ 움직임 제한 요소 중 개인 제한 요소에 대한 설명이다.

06 ③

| 정답해설 |

개체발생적 발달 원리는 환경적 요인에 영향을 받아 학습 과정을 통하여 획득되는 운동 원리이다.

07 ④

| 정답해설 |

격한 상황에서 자신의 감정을 공격적으로 표출하지 않도록 격려하는 것이 좋다.

08 ②

| 정답해설 |

<보기>는 수행목표와 과정목표에 대한 설명이다.

수행목표	운동 수행에 목표를 달성하는데 중점을 두는 목표와 달성의 기준점이 자신의 과거 기록이 됨
과정목표	운동기술을 잘 수행하기 위해서 필요한 핵심 운동에 중점을 두고, 자기효능감과 자신감을 높이고 인지 불안을 낮추는 데 도움이 됨

09 ②

| 정답해설 |

운동도식은 스미스(R. Smith)와 스몰(F. Smol)이 개발한 유소년 지도자 훈련 프로그램인 CET(Coach Effectiveness Training)의 핵심 원칙이 아니다.

| 추가해설 |

CFT 핵심 원칙

자기관찰, 상호지원, 발달모델, 긍정적 접근, 선수참여가 있다.

10 ①

| 정답해설 |

균형유지와 사지협응 및 자세제어에 주된 역할을 하는 뇌 구조(영역)는 소뇌이다.

| 오답해설 |

② 중심고랑: 전두엽과 두정엽이 나눠진 경계선, 앞쪽 1차 운동피질, 뒤쪽 1차 감각피질이다.
③ 대뇌피질의 후두엽: 시각 기능을 담당한다.
④ 대뇌피질의 측두엽: 관자놀이에 위치하며, 청각, 언어, 후각 기능을 담당한다.

11 ②

| 오답해설 |

① 속도검사: 제한된 시간에 수행 능력을 측정하는 검사이다.
③ 전이검사: 이전 학습이 후속 학습에 영향을 미쳤는지를 확인하는 검사이다.
④ 지능검사: 지적 능력을 수치로 나타내기 위하여 만든 검사이다.

12 ③

| 오답해설 |

① 어트랙터: 매우 안정된 상태로 시스템이 선호하는 행동 상태이다.
② 동작유도성: 유기체, 환경, 과제 상호 관계에서 나타날 수 있는 동작의 가능성이다.
④ 절대적 타이밍: 목표의 전체시간과 실제의 전체시간의 계산된 값으로 전체 힘, 근육 선택 등과 같이 가변적인 특성을 가지며, 매개변수화 및 수량화 학습에 지표로 사용한다.

13 ②

| 오답해설 |

㉡ 최소의 인지적 시간은 신체적 움직임보다 인지적인 과정을 중요시하기에 운동기술이라고 볼 수 없다.

14 ①

| 정답해설 |

㉠ 사회학습이론: 공격성은 환경에서 학습된다.
㉡ 본능이론: 인간의 타고난 특성이다.
㉢ 좌절-공격 가설: 좌절로 인한 분노로 일어난다.
㉣ 수정된 좌절-공격 가설: 좌절이 무조건 공격으로 나타나기보다 공격이 적절하다는 단서가 있을 때 일어난다.

15 ③

| 오답해설 |

㉠ 심리적 요인과 관련된 다차원적 구성개념, ㉣ 스포츠 자신감 모형에 대한 설명이다.

16 ①

| 오답해설 |

② 상변이: 안정성의 변화로 협응 구조의 형태가 변하는 현상이다.
③ 임계요동: 시스템 변이가 일어나는 임계점 접근에 따라 요동의 증폭이 증가되어 변이가 일어나는 임계점 바로 직전에 가장 커지는 현상이다.
④ 속도-정확성 상쇄 현상: 운동 속도가 빨라지면 운동의 정확성-감소 현상이다.

17 ②

| 정답해설 |

목표설정은 크게 두 가지 상황을 고려해야 한다.
㉠ 목표설정이 운동의 수행과 학습에 효과적이다.
㉢ 구체적인 목표를 설정했던 집단에서 더 높은 학습 효과가 나타났다.

18 ③

| 정답해설 |

학습자가 스스로 받아들이는 정보가 아니라 지도자가 제공하거나 영상(신호) 등을 통해 외부에서 제공되는 정보들은 보강 피드백이다.

19 ①

| 정답해설 |

㉠ 기술, ㉡ 도전, ㉢ 불안, ㉣ 이완이다.

칙센트미하이의 몰입 9가지 차원

- 도전과 기술 균형
- 변형된 시간과 감각
- 과제 집중
- 통제감
- 자기 목적 경험
- 행동과 인식 일치
- 명확한 목표
- 구체적 피드백
- 자의식 상실

20 ④

| 정답해설 |

학습된 무기력 귀인 재훈련에서 실패는 노력 부족이나 전략과 같이 통제 가능하며, 불안정성 등이 원인이었다고 받아들이게 하는 것이 좋다. 귀인 재훈련은 실패해도 미래에 성공할 수 있다는 기대감을 높이고 정서적 긍정 체험을 할 경우 수행이 좋아진다.

스포츠윤리

01	02	03	04	05	06	07	08	09	10
①	③	①	③	②	②	④	④	①	①
11	12	13	14	15	16	17	18	19	20
③	②	②	③	①	②	②	③	④	④

01 ①

| 정답해설 |

패자에 대한 예의와 배려가 스포츠맨십의 행위에 해당한다.

02 ③

| 정답해설 |

결과론적 윤리관은 행위의 결과에 관심을 갖는 것을 의미한다. 다시 말해 결과가 좋다면 올바른 행동이고 결과가 나쁘면 잘못된 행동이다.

03 ①

| 정답해설 |

인종차별보단 우수한 외국 선수 자원 획득에 관한 설명에 해당한다.

04 ③

| 정답해설 |

덕은 좋은 행위를 하려는 성향이다. '무엇이 올바른 행위인지'보다 '어떠한 행위를 하는 선수가 되어야 하는가'를 판단하는 데 더 주목한다.

05 ②

| 정답해설 |

스포츠윤리는 현장에서 윤리적 문제의 발생 원인을 밝히고 바람직한 윤리 규범 모색해야 한다.

06 ②

| 정답해설 |

<보기>의 빈칸 안에 들어갈 용어는 선의지이다. 선의지는 옳다는 이유만으로 행위하고자 하는 의지로, 도덕 법칙의 명령이기 때문에 행위하고자 하는 의지이다.

07 ④

| 정답해설 |

스포츠 선수의 유전자 도핑을 반대하는 이유

- 공정성: 스포츠의 도덕적 기준인 공정성 부정
- 평등성: 동등한 기회의 보장 부정
- 존엄성: 인간의 생명과 존엄성 위반
- 수단화: 선수의 몸을 의학적 수단으로 사용
- 모방성: 어린 선수들이 도핑을 모방할 가능성 증가

08 ④

| 정답해설 |

스포츠는 개인의 특성에 의해 역량이 결정되며 평균적 정의를 적용하지 않는다.

09 ①

| 정답해설 |

스포츠에서 선수는 의무론적 윤리, 감독은 공리주의를 가진다. 의무론적 윤리의 난점은 다수의 행복보다는 근본 원칙에 기본을 둔다는 점이다.

10 ①

| 정답해설 |

<보기>의 내용은 스포츠의 윤리적 논쟁에 관한 설명으로, 빈칸 안에 들어갈 용어는 경기장 안에서 행해지는 합리적 · 합법적인 폭력이다.

11 ③

| 정답해설 |

국제수영연맹(FINA)이 기술도핑을 금지한 이유는 도핑은 스포츠의 도덕적 기준인 공정성, 자연성, 공개성에 위배되기 때문이다.

12 ②

| 정답해설 |

- 형식주의: 경기규칙집에 명시되어 있는 것만을 경기규칙이라 생각하는 의견이다.
- 비형식주의: 경기마다 규칙뿐만 아니라 관습까지도 규칙에 포함시키려 하는 의견이다.

13 ②

| 정답해설 |

㉠ 측은지심(惻隱之心): 남을 불쌍하게 여기는 타고난 착한 마음을 이르는 말이다.

㉡ 수오지심(羞惡之心): 잘못을 부끄러워하고 악을 미워하는 마음이다.

14 ③

| 정답해설 |

장애를 이유로 스포츠 참여를 원하는 장애인을 제한, 배제, 분리, 거부하는 행위는 기본권의 침해에 해당한다.

15 ①

| 정답해설 |

지속 가능한 스포츠 발전

- 환경의 존중과 개발의 의미를 동시에 포함
- 한정된 자원의 범위 내에서 지속가능한 방법을 모색
- 환경오염의 발생은 불가피하기 때문에 피해를 최소화
- 인간중심주의와 자연중심주의 사이의 균형 유지

16 ②

| 정답해설 |

스포츠윤리규범은 '스포츠맨십 > 페어플레이 > 규칙준수'의 구조를 갖는다.

17 ②

| 정답해설 |

스포츠윤리센터의 운영, 이사회의 구성 및 권한, 임원의 선임, 감독 등 스포츠윤리센터의 정관에 기재할 사항은 대통령령으로 정한다(국민체육진흥법 제18조의3).

18 ③

| 정답해설 |

<보기>에서 국제육상경기연맹(IFFA)이 출전금지를 판단한 이유는 기술도핑으로, 기술적 불공정이 사유가 된다.

19 ④

| 정답해설 |

스포츠 성차별의 원인

- 기본적으로 성에 따라 스포츠 능력이 차별적으로 배분되어 있다고 생각
- 과격한 신체활동이 여성에게 생리적 측면에서 해롭다는 인식

• 여성의 신체를 근육질화시켜서 여성 고유의 신체 이미지를 손상시킨다는 생각

20 ④

| 정답해설 |

심판의 자질

• 공정성: 객관적이고 중립적인 공정성
• 청렴성: 성품과 행실이 바르고 탐욕이 없는 청렴성
• 자율성: 지시나 간섭을 단호히 뿌리칠 수 있는 자율성
• 정직함: 거짓이나 꾸밈이 없는 정직함
• 냉철함: 침착한 판단과 단호한 결정을 위한 냉철함
• 전문성: 정확한 판정을 내릴 수 있는 오랜 경험과 훈련의 전문성

운동생리학

01	02	03	04	05	06	07	08	09	10
②	①	④	①	③	④	④	①	②	③
11	12	13	14	15	16	17	18	19	20
③	①	②	②	③	③	②	①	④	④

01 ②

| 정답해설 |

에너지는 탄수화물, 지방, 단백질의 형태로 음식물에 들어 있다가 세포 내 분해를 통해 저장된 에너지를 방출한다. 체내의 잠재적 에너지원에는 ATP와 PC, 혈청 글루코스, 간 및 근육의 글리코겐, 혈청 유리지방산, 근육 및 지방조직에서의 중성지질, 근육 단백질 등이 포함된다.

02 ①

| 정답해설 |

신경 자극이 발생하면 근 신경연접에서 아세틸콜린이 분비된다. 다음 단계로 근형질세망의 소포에서 칼슘이 방출되고, 트로포닌에 부착된다. 그리고 트로포마이오신의 위치를 변화해 근수축이 시작된다.

| 오답해설 |

② 위성세포(satellite cell): 새로운 근육 생성 시 세포핵(nucleus)의 공급원으로써 근육의 성장 및 발달에 중요한 역할. 즉, 근섬유 재생과 성장 과정을 조절하는 줄기세포로서 작용한다.
③ 미토콘드리아(mitochondria): 진핵생물의 세포 안에서 ATP를 합성하고 세포 호흡을 담당하는 세포 소기관이다.

03 ④

| 정답해설 |

운동이 시작되면 ATP 생성이 시작되며, 시간이 지날수록 근육 내 크레아틴산(PC) 농도는 급격히 저하된다.

| 추가해설 |

운동 후 초과 산소섭취량(EPOC)에 영향을 미치는 요인

• 근육 내 크레아틴산(PC) 재합성
• 젖산염이 포도당으로 전환
• 근육과 혈액의 산소를 저장
• 체온상승
• 운동 후 심박수 및 호흡수 상승
• 호르몬의 상승 등

04 ①

| 정답해설 |

폐활량은 최대한 공기를 들여 마신 후 최대한 배출시킬 수 있는 공기의 양으로, 수중 운동 시 체온유지를 위한 요인에는 해당되지 않는다.

05 ③

| 정답해설 |

운동강도가 증가함에 따라 근섬유의 동원은 다르게 나타난다.

• 운동강도 증가: Type Ⅰ(낮음) → Type Ⅱa(중간) → Type Ⅱx(가장 빠름)
• 수축속도(Vmax): Type Ⅱx(가장 빠름) →Type Ⅱa(중간) → Type Ⅰ(낮음)

| 추가해설 |

• 속근: 백근, FT, Type Ⅱx, Type Ⅱa
• 지근: 적근, ST, Type Ⅰ

06 ④

| 정답해설 |

장기간 규칙적인 유산소 운동으로 나타나는 현상

• 최대심박출량과 1회 박출량의 증가
• 심박수의 변화(최대심박수의 감소)
• 최대 유산소성 능력의 향상
• 총 근육 혈류량의 증가와 같은 적응 현상

07 ④

| 정답해설 |

부적 피드백(negative feedback)은 항상성을 유지하기 위해 각 요소들을 일반 수치로 되돌리는 역할을 한다. 반면, 출산 시 자궁 수축 활성화 증가는 신체 조절 중 긍정 피드백(positive feedback)이다. 즉, 초기 자극을 증가시키는 역할로 자극과 같은 방향에서 일어나는 것을 말한다.

08 ①

| 정답해설 |

1회 박출량(stroke volume)의 증가 원인

- 좌심실 크기 증대 또는 정맥 환류량의 증대(이완기 혈액량)로 인한 이완기말 용적 증가
- 심근 수축력의 증가
- 심장에서 나가는 혈류저항(심박출량)의 감소 등

09 ②

| 정답해설 |

<보기>는 운동강도에 근육 연료 사용이 미치는 영향을 나타낸 그림이다. 낮은 운동 강도(25%)에서는 혈중 유리지방산의 이용 비율이 가장 높고, 높은 운동 강도(85%)에서는 근글리코겐의 이용 비율이 가장 높다.

10 ③

| 정답해설 |

소뇌는 신체 평형과 자세의 조정, 운동의 조절(자신에게 접근해 오는 속도 인식)에 기여하는 기관으로, ㉡㉢은 소뇌의 기능에 해당한다.

| 오답해설 |

- 대뇌: 수의적 운동에 관여, 복잡한 운동의 조직화, 학습된 경험의 저장 및 감각 정보의 수용 등에 작용한다.

11 ③

| 오답해설 |

㉡ 경동맥소체(경동맥에 위치한 화학수용기)는 동맥산소분압, 이산화탄소분압, pH의 변화에 민감하다.

㉢ 운동 강도 증가 시 호흡량과 호흡 빈도가 모두 증가한다.

| 추가해설 |

운동 시 환기량 변화 영향 요인

- 운동 시작 전: 운동 수행에 대한 기대감으로 환기량 증가(대뇌피질 자극)
- 운동 초기: 근육이나 관절수용기(근방추, 골지건)로부터 자극으로 증가
- 운동 중: 대사 과정의 산물(CO2, H^+, K^+)등에 의해 증가
- 운동 후: 체내 생성된 수소이온과 이산화탄소의 배출을 위해 증가

12 ①

| 정답해설 |

유산소성 ATP의 계산

- 해당작용을 통해서 2ATP, 2NADH(5ATP) 생성 = 7ATP
- 피르부산에서 아세틸 조효소 A로 변환되면서 2NADH(5ATP) 생성 = 5ATP
- 크렙스회로를 통해서 2GTP(2ATP), 6NADH(15ATP), 2FADH (3ATP) 생성 = 20ATP
  → 포도당 연료 사용 시: 7 + 5 + 20 = 32ATP 생성
  → 글리코겐 연료 사용 시: 7 + 5 + 20 + 1 = 33ATP 생성

13 ②

| 정답해설 |

운동 시 에너지 소비량은 안정 시 산소섭취량과의 곱으로, (10METs × 3.5 × 10min × 80kg) ÷ 200 = 140kcal이다.

| 추가해설 |

대사방정식

(METs × 3.5 × kg) / 200 = kcal/min

14 ②

| 정답해설 |

안정막전위(분극 상태)는 자극을 받지 않은 안정 시 세포막 내외에 존재하는 전압차를 의미한다. <보기>에서 세포막을 경계로 하는 두 전극 사이에 전위차(전압)는 신경에서 -70mV이다.

㉠㉡ 세포 밖에는 나트륨(Na^+)이 많고, 세포 내에서는 칼륨(K^+)이 많다.

㉢㉣ 세포막 안쪽이 음(-) 전위(-K)를, 바깥쪽이 양(+) 전위(+Na)의 성질을 갖는다.

15 ③

| 정답해설 |

장기간 규칙적인 훈련에 따른 순환계 적응

- 미토콘드리아의 증가와 모세혈관 밀도의 증가로 동정맥산소차 증가
- 심박수 증가
- 근육혈류량의 증가
- 최대산소섭취량은 일정히 증가하다가 최대치에 다르면 고원현상

16 ③

| 정답해설 |

심폐지구력은 심장, 폐, 순환계가 움직이는 근육에 효율적으로 산소를 공급하는 능력이다. 모세혈관의 밀도, 미토콘드리아의 수와 크기, 동정맥 산소차가 증가되면 향상된다.

17 ②

| 정답해설 |

운동 시 많은 양의 에너지가 필요하며, 즉 체내 글리코겐 분해(glycogenolysis)를 통해 많은 양의 글루코스가 근육으로 전달되어야 한다. 혈중 글루코스 농도는 에피네프린, 성장호르몬, 코르티솔 호르몬의 촉진을 통해 증가시키게 된다. 반대로 인슐린 호르몬은 글리코겐 합성에 관여하는 호르몬으로 작용한다.

| 오답해설 |

① 에피네프린(epinephrine): 글리코겐 분해를 가속시킨다.
③ 성장호르몬(growth hormone): 유리지방산의 동원을 증가한다.
④ 코르티솔(cortisol): 단백질 분해를 증가시켜 아미노산이 간에서 글루코스 신생합성에 사용되도록 돕는다.
  • 인체 내 글루코스는 글리코겐의 형태로 주로 간과 근육에 저장되어 있다.
  • 운동 중 혈중 글루코스 농도는 글루코스 흡수(근육)와 글루코스 방출(간) 간의 균형에 의해 조절된다.

18 ①

| 정답해설 |

<보기>는 감각신경(구심성) 고유수용기 중 근방추에 관한 설명이다. 근방추는 근육의 길이에 반응하는 수용체로, 근육의 신전에 관한 정보를 전달한다.

| 오답해설 |

② 골지건기관(golgi tendon organ): 장력에 반응하는 수용체로, 근수축에 관한 정보를 전달한다.
③ 자유신경종말(free nerve ending): 통각 수용기로, 조직 전체에 주로 분포한다.
④ 파치니안 소체(pacinian corpuscle): 동적 관절수용기로, 가속되는 자극이나 진동 자극에 민감하게 반응한다.

19 ④

| 정답해설 |

근력을 결정하는 요인 중 근섬유막의 두께는 해당되지 않는다.

| 추가해설 |

근력을 증가시키는 생리적 기전

신경적인 요인	• 훈련 초기의 근력증가는 근육의 크기 증대가 아닌 신경 적응 현상 • 근력훈련에서 신경의 적응현상은 운동단위의 동시 발화성의 향상, 동원능력의 향상 때문
근육의 크기 증대	• 근력 훈련은 Type Ⅰ과 Type Ⅱ 섬유형태의 크기를 증대시킴 • Type Ⅰ 보다 Type Ⅱ 섬유형태에서 더 많은 변화가 일어남 • 근비대와 근섬유 증식

20 ④

| 정답해설 |

공 던지기는 근육의 길이가 변화하면서 장력을 발생시키는 등장성 수축에 해당된다.

| 추가해설 |

등척성 수축	근섬유 길이의 변화 없이 장력이 발생하는 수축
등장성 수축	• 근섬유 길이의 변화와 관절각의 변화를 통한 수축 • 단축성과 신장성 수축으로 구분
등속성 수축	장력이 발생할 때 관절각이 동일한 속도로 운동하는 수축

운동역학

01	02	03	04	05	06	07	08	09	10
④	②	①	④	①	④	②	③	④	①
11	**12**	**13**	**14**	**15**	**16**	**17**	**18**	**19**	**20**
①	③	①	③	②	④	②	③	②	③

01 ④

| 정답해설 |

운동역학은 운동 중 인체에 작용하는 힘 또는 그 힘에 의한 움직임 자체의 운동 현상을 규명하는 학문이다.

| 오답해설 |

① 스포츠 사회학의 내용이다.
② 운동생리학의 내용이다.
③ 스포츠 심리학의 내용이다.

02 ②

| 정답해설 |

신장성(원심) 수축은 근육의 길이가 길어지면서 장력이 발생하는 것이다. 팔굽혀펴기의 팔을 펴는 동작에서의 상완삼두근 수축은 단축성 수축에 해당한다.

03 ①

| 정답해설 |

속도(velocity)는 단위 시간에 움직인 변위(직선거리)를 나타내는 벡터량이다.

| 오답해설 |

② 거리(distance): 물체가 처음 위치에서 마지막 위치로 이동하였을 때, 물체가 지나간 총길이를 나타내는 측정치(스칼라량)이다.
③ 가속도(acceleration): 단위 시간에 따른 속도의 변화량(크기와 방향의 변화를 고려한 벡터량)을 의미한다.
④ 각속도(angular velocity): 단위 시간에 회전한 각변위이다(크기와 방향을 모두 포함한다).

04 ④

| 정답해설 |

지면반력기는 인체가 지면에 작용한 힘에 대한 반작용력인 지면 반력을 측정하는 것으로, 체공기에 대한 힘의 크기는 측정할 수 없다.

05 ①

| 정답해설 |

인체의 수직축(종축)을 중심으로 회전하는 피겨스케이팅 선수의 몸통 분절 움직임은 장축과 횡단면에서 일어난다.

| 추가해설 |

전후면	인체의 전후로 형성되어 인체를 좌우로 나누는 평면
좌우축과 전후면	운동축과 운동면의 관계로, 사이클의 다리 동작, 앞 / 뒤 공중돌기, 윗몸일으키기 등이 해당된다.

06 ④

| 정답해설 |

복합운동(general motion)

- 선운동(병진운동)과 각운동(회전운동)이 동시에 일어나는 운동
- 대부분의 인체 운동은 복합운동이기 때문에 일반운동이라 함(스포츠 현장에서의 운동이 해당)

07 ②

| 정답해설 |

인체 무게중심

- 인체 각 분절마다 무게중심은 존재함. 이러한 분절들은 무게가 균형을 이루는 점이 전신의 무게중심(신체중심)
- 자세에 따라 분절의 상대적 위치가 변하고, 무게중심도 수시로 변하며, 신체 외부에도 존재함
- 남성보다 여성의 무게중심이 낮고, 동양인의 무게중심이 서양인보다 낮으며, 유아는 성인보다 높음

08 ③

| 정답해설 |

투사체의 포물선 운동

- 최고 높이까지는 속도가 점차 감소하고, 중력의 영향으로 떨어지기 시작하면서부터는 등가속도 운동을 함
- 공의 수평속도는 $0m/s^2$임
- 공의 수직가속도는 중력가속도와 같음
- 공의 투사각도, 투사속도, 투사높이는 투사거리에 영향을 미침

09 ④

| 정답해설 |

공의 충돌 전 수평속도 및 수직속도가 같다는 조건에서 공이 지면에 충돌하는 상황은 불완전탄성충돌이라 할 수 있다. 따라서 불완전탄성충돌(0 < 탄성계수 < 1) 상황에서는 물체가 일시적으로 변했다가 다시 원래 상태로 돌아온다. 리바운드되는 농구공, 축구의 킥, 야구공의 배팅, 테니스공 등이 해당된다.

10 ①

| 정답해설 |

운동량(P = m × v)과 충격량(I = F × t)을 가지고 수평 속도를 구하는 문제이다.

- 운동량: 물체가 운동하고 있는 상태를 나타내는 물리량(P = m × v, 운동량 = 질량 × 속도)
- 충격량: 물체에 작용한 출격의 정도(I = F × t, 충격량 = 충격력 × 시간)
- (60kg × 2m/s) + (− 20N · s + 80N · s) = 180m/s, 180m/s ÷ 60kg = 3m/s

11 ①

| 정답해설 |

<보기>에서는 농구공이 운동량(= 질량 × 속도)이고, 공을 당겨 받는 손이 충격량으로 볼 수 있다. 팔을 펴서 공을 바로 받는다면 공을 받는 시간을 줄일 수 있지만, 손에 받는 충격량은 클 것이다. 그러나 몸쪽으로 천천히 당겨온다면 운동량은 동일하지만 시간은 늘어난다.

12 ③

| 정답해설 |

일은 물체가 작용한 힘으로서 철봉에 매달려 정지해 있다면 일(work)에 해당되지 않는다.

| 추가해설 |

일(work)

- 물체에 힘을 작용하여 물체가 움직였다면, 작용한 힘이 물체에 일을 했다는 의미
- 단위는 J(Joule, 주울) 또는 Nm/1J = 1Nm

13 ①

| 정답해설 |

마그누스 효과는 물체가 회전하면서 유체 속을 진행할 때, 압력이 높은 곳에서 낮은 곳으로 양력이 작용하여 경로가 휘어지는 현상을 말한다.

| 추가해설 |

- 양력: 유체(공기나 물) 속의 물체에 운동방향의 수직방향으로 작용하는 힘
- 유체: 액체와 기체를 합쳐 부르는 용어

14 ③

| 정답해설 |

운동에너지는 운동하고 있는 물체가 가진 에너지로 움직이는 물체에 생기는 운동에너지는 그 운동체 속도의 제곱에 비례한다. 따라서 운동량은 속도에 비례, 운동에너지는 속도의 제곱에 비례관계이다. 때문

에 스키점프대 이륙 직후부터 지면 착지 직전까지 운동에너지는 동일하지 않다.

15 ②

| 정답해설 |

물체를 회전시켜 각운동량을 만드는 힘을 토크라고 하며, 돌림힘 또는 회전력이라고 한다. 암컬 동작 시 모멘트 암(팔꿈치 관절과 상완이두근의 착점의 거리)의 길이에 따라 토크가 달라진다. 신전 및 굴곡 상태에서는 모멘트 암의 거리가 짧아서 토크가 감소한다(90° 상태에서 토크가 가장 크게 발휘). 즉, 팔꿈치 각도가 커질수록 회전력은 줄어드는 그래프를 선택해야 한다.

16 ④

| 정답해설 |

3종 지레는 작용점과 받침점 사이 가운데에 힘점이 위치하는 지레 유형이며, 작용점이 항상 크다. 바벨운동이 이에 해당된다.

| 오답해설 |

② 1종 지레는 작용점(R)과 힘점(F) 사이에 받침점(A)이 있는 지레 형태이다.

③ 2종 지레는 받침점과 힘점 사이에 작용점이 있는 지레 형태이다.

17 ②

| 정답해설 |

관성모멘트는 외부의 토크가 회전 운동을 변화시키려 할 때 저항하는 물체의 회전 관성이다. 각운동량이 보존되는 상황에서 관성모멘트와 각속도를 곱한 전체 값은 일정하다. 즉, 각운동량이 보존될 때, 관성모멘트를 변화시켜 각속도를 변화시킬 수 있으며, 관성모멘트와 각속도는 반비례한다.

| 추가해설 |

다이빙 입수와 관성모멘트

- 다이빙 입수 전 몸을 펴면 관성모멘트가 증가하여 회전속도가 감소하고 입수동작을 조절하기 쉬움
- 다이빙 입수 시 수면과 수직방향으로 몸을 최대로 신전시켜서 관성모멘트를 최대화하고 각속도를 최소화함

18 ③

| 정답해설 |

공기저항을 무시하는 조건에서 물체가 공중에 머무른 상태로 수평 방향으로 운동한 거리(수평도달거리)를 계산하기 위해서는 '거리 = 속도 × 시간(s = v × t)' 공식을 이용해 계산해야 한다. 즉, 30m/s × 2초 = 60m가 된다. 포물선 운동의 경우 수평성분(물체에 작용하는 중력 = 등가속도 운동)과 수직성분(투사 시 생성된 초기 속도 = 등속운동)에 의해 움직임이 결정된다.

19 ②

| 정답해설 |

일률(power)은 단위시간당 한 일의 양으로, 일의 빠르기를 나타내는 물리량(일을 시간으로 나눈 값)이다. 단위는 Watt 혹은 J/s이며, 크기는 'J(일의 단위) = F(힘) × S(이동거리) = N(힘) × m(이동거리)'으로 구할 수 있다.

| 오답해설 |

② kg · m/s^2은 힘 또는 뉴턴(N)의 단위로 표시한다.

20 ③

| 정답해설 |

안정성을 높이기 위해서는 기저면을 넓게 유지하고, 무게중심(신체중심)을 낮게 유지하고, 신체중심을 기저면의 중앙에 근접하게 유지해야 한다.

한국체육사

01	02	03	04	05	06	07	08	09	10
④	①	③	④	②	②	②	③	①	③
11	**12**	**13**	**14**	**15**	**16**	**17**	**18**	**19**	**20**
①	④	③	②, ③	①	④	③	②, ④	④	①

01 ④

| 정답해설 |

- 사관(史觀)은 역사가의 역사적 인식과 가치관의 해석 원리에 따라 그 기준이 달라지는 것이다.
- 과거 체육과 관련된 사실을 담고 있는 역사 자료는 사료에 해당한다.

02 ①

| 정답해설 |

갑오경장(1894) 이전은 무예를 중심으로 한 무사 체육 등의 전통체육을 강조하였으며, 갑오경장 이후에는 근대체육을 강조하였다.

03 ③

| 정답해설 |

<보기>는 윷놀이에 대한 설명이며, 정월 초하루부터 대보름까지 4개의 윷가락을 던지고 그 결과에 따라 말(馬)을 사용하여 승부를 겨루는 전통놀이이다. 당시 부여의 사출도라는 관직의 이름에서 유래됐다.

04 ④

| 정답해설 |

화랑도(花郞徒)는 신라 때 청소년으로 조직되었던 수양단체이며, 진흥왕(576년) 때 원화도를 개편하여 체계화시켰다. 문무겸전(文武兼全)은 조선시대의 체육사상으로 '문식(文識)과 무략(武略)을 다 갖춘다'는 뜻이다.

05 ②

| 정답해설 |

<보기>는 축국(蹴鞠)에 대한 설명이며, 가죽 주머니로 공을 만들어 발로 차고 노는 게임이다.

| 오답해설 |

① 석전(石戰): 동편과 서편으로 나누어서 하는 돌팔매질(돌싸움) 놀이이다.
③ 각저(角觝): 두 사람이 서로 맞잡고 힘을 겨루는 경기로 각력, 각희, 상박, 쟁교 등으로 불린다.
④ 도판희(跳板戲): 널빤지 양쪽 끝에 한 사람씩 올라가서 번갈아 뛰어오르는 놀이로, '축판희'라고도 한다.

06 ②

| 정답해설 |

㉢ 방응(放鷹): 매를 길러 꿩이나 새를 사냥하는 일종의 수렵인 매사냥으로 귀족사회의 스포츠에 해당한다.
㉣ 추천(秋韆): 부녀자들이 그네를 타고 노는 놀이로 서민 사회의 스포츠와 오락에 해당한다.

| 오답해설 |

㉠ 풍연(風鳶): 종이에 댓가지를 가로세로 붙이고 실로 벌이줄을 매어 공중에 날리는 놀이로 서민 사회의 스포츠와 오락에 해당한다.
㉡ 격구(擊毬): 페르시아 폴로 경기에서 유래한 마상 스포츠로 귀족사회 스포츠 및 오락에 해당한다.

07 ②

| 정답해설 |

응방도감(鷹坊都監)은 고려 · 조선시대 매[응(鷹)]의 사육과 사냥을 맡은 관청이다.

08 ③

| 정답해설 |

조선시대 성리학을 담당한 곳은 서원이다. 성리학(性理學)은 12세기에 남송의 주희(朱熹)가 집대성한 유교의 주류 학파이며, 성리학의 어원은 주희가 주창한 성즉리(性卽理)를 축약한 명칭이다.

09 ①

| 정답해설 |

육예(六藝)에서 예(禮)는 예용(禮容), 악(樂)은 음악(音樂), 사(射)는 궁술(弓術), 어(御)는 마술(馬術), 서(書)는 서도(書道), 수(數)는 수학(數學)이다. 궁술(弓術)은 육예 중 사(射)에 속하며, 어(御)는 마술(馬術)에 해당한다.

10 ③

| 정답해설 |

무예도보통지(武藝圖譜通志, 무예통지보)는 1790년 무예제보(武藝諸譜)와 무예신보(武藝新譜)를 근간으로 한 · 중 · 일 삼국의 책 145종을 참고해 새로운 훈련 종목을 '더한 후 간행한 무예 훈련 교범이다.

| 오답해설 |

① 무예제보(武藝諸譜): 1598년 한교(韓嶠)가 편찬된 우리나라에서 가장 오래된 무예서로 6기(六技: 곤봉, 등패, 장창, 당파, 낭선, 쌍수도)를 수록한다.
② 무예신보(武藝新譜): 1759년 사도세자가 모든 정사를 대리하던 중 기묘년(1759)에 명하여 12가지 기예를 넣어 편찬한 무예서이다.
④ 무예제보번역속집(武藝諸譜翻譯續集): 무예제보에 넣지 못했던 일본의 지지(地志), 토속(土俗), 구술(寇術, 왜구의 기술), 검제(劍制)를 덧붙여 편찬한 것이다. 조선 무서 출간의 흐름은 '무예제보 → 무예제보번역속집 → 무예신보 → 무예도보통지'로 흘러간다.

11 ①

| 정답해설 |

<보기>는 오산학교에 대한 설명이다. 오산학교는 1907년에 이승훈이 민족 교육을 위해 평안북도 정주에 세운 4년제 중등 과정의 학교이며, 민족의식을 가진 실력 있는 인재를 길러 나라의 자주독립을 이루는 것을 목표로 두었다.

| 추가해설 |

② 대성학교: 1908년 국권회복운동의 일환으로 도산 안창호가 평양에 설립한 중등 교육기관이다.
③ 원산학사: 1883년(고종 20) 민간에 의해 함경남도 원산에 설립된 중등학교이다. 종래 한국 최초의 학교로 알려진 배재학당보다 2년 앞서 설립된 것으로 밝혀져 한국 최초의 근대 학교로 일컬어진다.
④ 숭실학교: 1897년 평양에 설립된 중 · 고등교육기관이다. 미국 선교사 베어드(W.M. Baird)가 평양에 설립한 미션계의 교육기관이다.

12 ④

| 오답해설 |

① 원산학사에 대한 설명이다.
② 최초 운동회는 영어 학교에서 개최한 화류회이다.
③ 배재학당, 이화학당, 경신학교 그리고 광혜원까지 모두 외국선교단체의 의해 기독교 확장 수단으로 설립된 선교단체 교육기관이다.

13 ③

| 정답해설 |

무도기계체육부는 1908년 무관 학교장이던 이희두와 윤치오(尹致旿)에 의하여 발기 · 조직된 단체로, 우리나라 최초의 기계체조단체이다.

군인 체육 기관의 시초이며, 습사(궁도 경기의 연습) · 승마 · 유술 · 격검(검도)을 실시하였다.

| 오답해설 |

① 청강체육부(1910): 중등학교 재학생인 최성희, 신완식 등이 조직한 단체이다. 매주 정례적으로 축구 게임을 실시했고, 우리나라 최초 교내 체육 활동이다.
② 회동구락부(1902): 우리나라에서 연식 정구(테니스)를 제일 먼저 행한 단체이다.
④ 대동체육구락부(1908): 사회 진화론적 자강론에 입각해 체육의 가치를 국가의 부강과 존폐의 근간으로 인식했다. 체육 계몽 운동을 통해 강력한 국가 건설을 지향했다.

14 ②, ③

| 정답해설 |

② 1920년 동아일보사 후원으로 설립된 기관은 조선체육회이다.
③ 서상천은 1923년 일본 체조학교를 졸업하였다.

15 ①

| 오답해설 |

② 대한체육구락부(1906): 우리나라 최초의 근대적인 체육단체로, 운동회 및 친선경기 등을 통해 체육계에 기여했다.
③ 조선체육회(1920): 현 대한체육회의 전신인 조선체육회가 창립되어 한국 현대 올림픽 운동과 스포츠 발전을 주도한 민족체육단체이다.
④ 조선체육협회(1919): 일제강점기 조선 내 스포츠 단체를 관리하기 위해 1918년 조선에 있는 정구단이 모여 만들어진 '경성정구회'와 1919년 1월 만들어진 '경성야구협회'가 통합해 만들어졌다.

16 ④

| 정답해설 |

체력장은 학생들의 기초체력 향상을 위하여 교육부에서 실시하는 중 · 고등학생에 대한 체력검정을 지칭하는 용어로, 1972년에 박정희 정권(1960~1979) 때 학생들의 기초체력을 향상시키기 위해 실시된 제도이다. 문교부(현 교육부)는 1971년 10세~17세의 전 학년을 대상으로 체력검사 실시했고, 이를 바탕으로 1972년부터 상급학교에 진학하고자 하는 중 · 고등학생을 대상 체력장 제도를 실시했다.

17 ③

| 정답해설 |

태권도는 무기 없이 손과 발을 이용해 공격 또는 방어하는 무도로, 발차기 기술을 특징으로 하는 현대에 형성된 전통무예 · 무술이다. 1988년 하계 올림픽에서 시범 종목으로 채택되었고, 2000년 하계 올림픽부터 정식 종목으로 채택되었다.

18 ②, ④

| 정답해설 |

② 제2차 세계대전을 일으킨 독일과 일본은 추축국(제2차 세계대전 당시 연합국과 싸웠던 나라들이 형성한 국제 동맹을 가리키는 말로 독일, 이탈리아, 일본의 세 나라가 중심) 조치로 인해 출전금지를 당했다.
④ 이효창, 이종국, 문동성이 최용진 감독과 함께 1948 생모리츠 동계올림픽에 스피드 스케이팅 국가대표로 선발되었다. 그러나 경기 전 문동성 선수의 부상으로 최용진 감독이 대신 500m 경기에 출전하였다.

19 ④

| 정답해설 |

2018년은 평창에서 개최된 23회 동계올림픽이다.

20 ①

| 정답해설 |

제41회 세계 탁구 선수권 대회는 일본 지바현에서 1991년 4월 24일에서 5월 6일까지 개최되었고, 남북 단일팀인 코리아팀이 우승을 하였다.

| 추가해설 |

남북스포츠 친선교류

- 1990년 남북통일 축구대회(평양과 서울에서 번갈아 열림)
- 1991년 지바세계탁구선수권대회, 포르투갈 세계청소년 축구선수권대회 남북단일팀 구성
- 1999년 남북통일 농구대회, 남북노동자 축구대회
- 2000년 남북통일 탁구대회, 시드니올림픽 공동 입장
- 2002년 태권도시범경기
- 2003년 제주도 민족통일 평화축전
- 2004년 아테네올림픽 공동입장

특수체육론

01	02	03	04	05	06	07	08	09	10
①, ②	④	③	④	③	①	①	④	③	②
11	12	13	14	15	16	17	18	19	20
④	②	③	④	①, ③	②	③	④	①	②

01 ①, ②

| 정답해설 |

① 환경적 요인뿐만 아니라 신체적, 개인적, 사회적 요인에 의하여 장애인이 될 수 있다.

② 유형과 정도가 같은 장애인들이어도 서로 다른 환경에 맞는 활동에 참여하도록 해야 한다.

02 ④

| 정답해설 |

<보기>에 제시된 내용은 미국 관보(Federal Register, 1977)가 체육을 정의한 내용에 모두 해당한다.

03 ③

| 정답해설 |

㉠ 정의적 영역에 해당되는 요인이다.
㉡ 심동적 영역에 해당되는 요인이다.
㉢ 인지적 영역에 해당되는 요인이다.

04 ④

| 정답해설 |

개별화전환계획은 장애학생 개개인의 능력을 고려하여 조정된 교육 내용을 지도하는 과정을 의미하며, 장애학생의 과거, 현재, 미래의 활동에 기대치를 볼 수 있다.

05 ③

| 정답해설 |

<보기>는 장애학생건강체력평가(PAPS-D) 중 규준 참조 검사에 대한 설명이다.

06 ①

| 정답해설 |

피바디 운동 발달 검사-2(Peabody Development Motor Scales-2: PDMS-2)의 평가영역은 반사, 움켜쥐기, 시각-운동 통합, 비이동 운동, 이동 운동, 물체적 조작이 있다.

07 ①

| 정답해설 |

갤러휴(gallahue)와 오즈먼이 제시한 운동 발달 단계에는 기본운동, 기초운동, 전문화된 운동이 있다.

08 ④

| 정답해설 |

평가는 장애인의 학습 정도와 프로그램의 효과를 확인하는 연속적인 과정 중 하나이다.

09 ③

| 정답해설 |

<보기>는 개별화교육계획의 기능 중 학생의 진보가 일치하는가를 보고 확인하기 위한 기능인 평가 기능에 대한 설명이다.

10 ②

| 정답해설 |

블룸(B.Bloom)의 교육 목표 영역

- 정의적 영역: 긴장 이완과 즐거움, 사회적 능력의 증대, 긍정적 자아 형성
- 심동적 영역: 체력 향상, 지각, 운동 스킬과 패턴, 반사적 운동 등
- 인지적 영역: 인지적·운동적 기능의 감각 통합, 창조적 표현능력, 놀이(게임) 행동

11 ④

| 정답해설 |

<보기>는 장애 유형 중 자폐성장애에 대한 설명이다.

12 ②

| 정답해설 |

<표>에서 제시된 수업목표가 추구하는 지각운동 영역은 방향정위이다. 시각장애는 방향 탐색 및 이동에 다소 어려움이 있다. 때문에 청각과 촉각 등 다른 감각을 더욱 세밀하게 활용할 수 있다.

13 ③

| 정답해설 |

<보기>는 청각장애의 유형 중 전음성 난청에 관한 설명이다. 전음성 난청은 소리가 전달되지 못하는 일반적인 청력의 손실 상태를 말한다.

14 ④

| 정답해설 |

지적장애는 단기 기억 및 인지적 능력에 어려움이 있고, 운동 학습 능력·주의 집중·체력이 낮으며, 체격 이상 등의 문제를 가지고 있다.

지적장애인의 지도 목표

- 경기 규칙을 단순화해야 함
- 다양한 강화 도구 및 지도법을 활용해야 함
- 반복 연습을 적용해야 함
- 간단하고 명확하게 설명해야 함
- 흥미와 관심을 유도해야 한다.
- 활동 공간을 정리하여 주의 산만을 예방해야 한다.

15 ①, ③

| 정답해설 |

<표>의 관찰내용에서 나타나는 장애 유형은 「장애인복지법」에서는 정서장애로 분류된다. 정서장애에서 주의력 결핍, 과잉행동, 충동성은 8세 이후에 나타난다.

16. ②

| 정답해설 |

<보기>에서 설명하는 시각장애 발생 원인은 녹내장이다.

17 ③

| 정답해설 |

㉠ 농구
㉡ 고맙습니다
㉢ 반갑습니다

18 ④

| 정답해설 |

장애 유형 중 지체장애의 경우 FITT 구분에 따른 운동 계획에서 본 운동은 3회 반복한다.

19 ①

| 정답해설 |

척수 손상위치가 흉추 1번~2번 사이인 경우에는 잠재적 능력을 고려한다면 휠체어 농구 교실에 참여가 가능하다.

20 ②

| 정답해설 |

<보기>는 보치아 경기규칙에 관한 설명으로 ㉠, ㉡이 옳은 설명이다.

유아체육론

01	02	03	04	05	06	07	08	09	10
④	③	①	④	④	③	①	④	①	②
11	12	13	14	15	16	17	18	19	20
④	③	①	④	①	②	②	③	③	②

01 ④

| 정답해설 |

영유아기에 뇌는 6개월까지 두뇌가 급격히 발달하다가 완만하게 발달된다.

02 ③

영유아의 형태지각

- 전체보다는 부분, 정지된 것보다는 움직이는 물체, 흑백보다는 컬러, 직선보다는 곡선을 선호함
- 단순한 도형에서 복잡한 도형으로 선호도가 바뀜
- 색깔이나 명암보다 형태가 주의를 끄는데 더 큰 영향을 끼침
- 물체보다 인간의 얼굴을 더 선호함
- 흑백의 대조를 이루는 눈을 가장 선호해 양육자와의 사회적 상호작용을 촉진시킴
- 생후 1개월: 턱과 머리 부분으로만 시선이 움직이고 윤곽에 집중함
- 생후 2개월: 입, 눈, 머리 부분 등이 더 다각도로 움직이고 윤곽보다 이목구비를 더 오래 응시함
- 생후 6개월: 낯익은 얼굴과 낯선 얼굴, 남자와 여자의 얼굴을 구별함
- 생후 8~10개월: 양육자의 얼굴에 나타난 정서적 표정에 따라 반응함

03 ①

| 정답해설 |

굽히기, 늘리기, 직립균형은 조작 운동이 아닌 안정성 운동에서 축 이용 기술에 해당한다.

04 ④

| 정답해설 |

경제성은 안전과 직결되는 교재와 교구는 견고함과 반영구적인 재료나 교체시기를 고려해 시공함으로써 시간 및 비용 면에서 경제적인 지도환경 조성하는 것이다.

05 ④

| 정답해설 |

적용 단계에서는 인지능력이 더욱 정교해지고 경험이 확대되면서 많은 것을 학습한다.

06 ③

| 정답해설 |

유소년 신체활동을 통한 자기개념에 발달에 대한 설명은 ㉡, ㉢이다.

㉠ 신체적 자기개념에는 지구력, 질병, 유연성, 비만, 신체적 힘, 유능감, 운동 자신감, 외모 등 다양한 하위요소가 존재한다. 움직임을 최상의 방법이라고는 할 수 없다.

㉣ 내재적 동기 유발에 관한 내용이다. 이는 실패의 경험을 줄이고 강화를 줄 수 있는 모델을 설정하는 방법 등을 통해 학습문제에 대한 호기심과 성취감을 갖게 한다.

㉢ 외재적 동기 유발에 대한 내용이다. 학습목표를 분명히 알게 하는 것, 학습과정과 학습결과에 대핸 상세한 정보를 제공하는 것, 학습자 개개인의 장점을 찾아 칭찬을 해주는 것, 약간의 경쟁심을 자극하는 것 등이 해당된다.

07 ①

| 정답해설 |

㉠㉡ 피카는 동작요소를 공간, 형태, 시간, 힘, 흐름, 리듬으로 구성된다고 하였다.

㉢ 퍼셀은 공간 인식, 신체 인식 노력, 관계 같은 동작요소에 대한 이해를 바탕으로 이를 응용영역에 적용시킬 수 있어야 한다고 하였다.

08 ④

| 추가해설 |

• 시작단계: 첫 움직임이 나타나는데 비교적 미숙하고 비협응적이다.
• 초보단계: 성숙과 기초의 과도기적 시기이다. 협응력, 자연스러운 수행능력이 발달하고 유아의 통제력도 증가한다. 주로 성숙에 의해 나타나는데 많은 연습과 격려와 지도로 성숙단계에 이르게 된다.
• 성숙단계: 움직임이 통합되고, 정확하고 효율적으로 발달하게 된다.

09 ①

| 정답해설 |

신뢰감 대 불신감은 부모나 주위세계의 일관성 있는 지지를 받으면 신뢰감을 얻을 수 있지만, 주위의 보호가 부적절하면 불신감을 갖게 되는 것이다.

10 ②

| 정답해설 |

<보기>에서 동일한 유형의 반사나 반응은 모로, 바빈스키, 비대칭목경직이다.

| 추가해설 |

쥐기반사	손바닥에 자극을 주면 움켜쥔다. 1세에도 해당 속성이 나타나면 신경적인 문제를 의심해야 한다.
젖찾기반사	뺨을 건드리거나 치면 자극 방향으로 고개를 돌린다. 젖을 찾기 위한 반사행동이다.
젖빨기반사	입술 근처를 가볍게 자극하면 자동으로 머리를 돌리고 입술을 갖다 대고 빤다.
모로반사	큰소리나 갑작스러운 위치 변화가 생기면 팔을 벌려서 끌어안을 것 같은 동작을 취한다. 출생 시 모로반사 행동이 없으면 중추신경계통의 장애를 추측하고, 소멸 시기 후에도 남아 있으면 감각운동 장애를 추측한다.
대칭목경직반사	목을 뒤로 젖히면 팔의 신전과 다리의 수축, 목을 앞으로 굽히면 팔 수축과다리 펴기가 나타난다. 대칭목경직반사가 지속적으로 나타나면 뻗기·잡기·앉기·걷기 등의 발달이 저해된다.
비대칭목경직반사	누워 있는 상태에서 머리를 한쪽 방향으로 돌리면 같은 방향의 팔과 다리를 펴고, 반대편 팔과 다리를 굽힌다. 6개월 후 지속적으로 나타나면 척추가 휘는 등 기형적으로 발달한 위험이 있다.
발바닥오므리기반사	발가락과 발바닥의 연결부위를 손가락으로 자극하면 발가락을 오므린다.
바빈스키반사	발바닥에 뾰족한 것이 닿거나 손가락으로 발바닥을 자극하면 발가락을 쫙 편다. 생후 6개월 후에도 지속적으로 나타나면 신경계통 이상을 추측해야 한다.

11 ④

| 정답해설 |

<보기>의 설명은 모두 모두 영유아 기도폐쇄 응급처치에 관한 설명이다.

12 ③

| 추가해설 |

• 건강체력

신체 구성	몸의 구성 비율
근력	근육의 수축으로 발생하는 힘
근지구력	근력을 일정하고 지속적으로 발휘하는 능력
유연성	관절의 가동 범위
심폐 지구력	산소를 이용한 운동 지속 능력

• 수행(기술 / 운동) 체력

평형성	신체의 안정성을 유지하는 능력
순발력	짧은 시간 최대의 힘을 발휘하는 능력
민첩성	방향 전환 능력
협응성	운동 조정 능력
스피드	재빠르게 움직이는 능력
반응 시간	순간적으로 반응하는 능력

13 ①

| 정답해설 |

건강을 유지, 증진하기 위해 체력운동 및 여가 생활을 실천해야 한다(실천의지).

14 ④

| 정답해설 |

축구패스공 멈추기, 야구 공중볼 받기는 조작운동에서 흡수운동이고, 지각운동 구성요소는 공간운동이다.

15 ①

| 정답해설 |

<보기>는 ㉠ 특이성의 원리에 관한 설명으로, ㉡ 탐색적 방법이 효과적이다.

| 추가해설 |

특이성의 원리	유아기 운동 발달 프로그램을 구성하는데 공통적이고 일반화된 특성과 개개인의 유전과 환경 요인 등 개인차를 고려해야 한다.
연계성의 원리	연령 및 성별과 신체 발달 프로그램 특성의 변화와 순서를 조직적으로 연계하며, 신체 발달, 정서적·사회적 발달을 위한 교육 프로그램의 연계성이 필요하다.

16 ②

| 정답해설 |

제자리멀리뛰기는 제자리에서 뛰어 가장 멀리 뛴 값을 측정하는 종목이다. 순발력과 탄력을 측정하기 위한 종목이며, 대근운동발달검사에서 검사항목이다.

17 ②

| 정답해설 |

미취학 연령의 어린이(3~5세)는 성장과 발달을 위해 활동적인 습관을 들이는 것이 중요하다. 어린이를 돌보는 성인은 어린이가 다양한 운동을 할 수 있도록 장려해야 한다.

18 ③

| 정답해설 |

학기 초에는 유아가 운동 기구에 익숙해질 때까지 팀을 나누어 순환식보다 병렬식 위주로 기구를 배치한다.

19 ③

| 정답해설 |

㉠ 유산소 운동: 하루에 60분 이상 중등도 이상의 운동을 해야 하며, 주 3일 이상은 격렬한 운동을 해야 한다.

㉡ 근력 강화(저항) 운동: 매일 60분 이상 실시하는 운동의 일부로, 주 3회 이상 근력 강화 운동을 포함해야 한다.

㉢ 뼈 강화 운동: 매일 60분 이상 실시하는 운동의 일부로, 주 3회 이상 뼈 강화 운동을 포함해야 한다.

20 ②

| 정답해설 |

체온조절을 위해 가능한 온도가 적당한 공간에서의 활동을 장려해야 한다.

노인체육론

01	02	03	04	05	06	07	08	09	10
②	④	①	①	②	④	④	①	③	②
11	12	13	14	15	16	17	18	19	20
④	④	③	③	③	①	③	④	③	③

01 ②

| 정답해설 |

기대수명은 성별, 연령에 따라 생존할 것으로 기대되는 생존연수를 추정한 나이이고, 평균수명은 특정 지역, 나라의 평균적인 수명을 의미한다. 기대수명과 평균수명은 동일한 개념은 아니다.

02 ④

| 정답해설 |

무릎골관절염을 앓고 있는 노인은 최대한 무릎관절에 충격이 적은 운동을 권장해야 한다.

03 ①

| 정답해설 |

<보기>에 대한 내용은 기능 관련성 원리에 대한 설명이다.

04 ①

| 정답해설 |

근감소증(sarcopenia)은 노화와 관련한 대표적인 증상 또는 질환이며, 대표적으로 근육 위축이라고도 불린다. 유산소 능력, 골밀도, 인슐린 민감성 및 신진대사율 감소를 유발할 수 있다.

05 ②

| 정답해설 |

노인 체중부하운동을 지도할 때는 활동량이 많은 과부하 운동 대신 관절을 최대한 안 쓸 수 있는 ㉠ 걷기, ㉡ 등산, ㉣ 스케이트 운동 등을 권장해야 한다.

06 ④

| 정답해설 |

측정 방법 중 8자 보행은 협응력을 보기 위한 측정 방법이다.

07 ④

| 정답해설 |

노인이 규칙적인 유산소운동을 할 때, 내분비 계통에서 복부지방은 감소하고 인슐린 감수성은 증가한다.

08 ①

| 정답해설 |

만성질환 노인의 운동 효과로는 체지방량이 감소하고, 인슐린 민감성은 증가한다. 또한 골다공증 노인의 골밀도는 감소하는 효과가 있다.

09 ③

| 정답해설 |

특수성의 원리는 스포츠 종목 및 개인의 특성에 맞는 프로그램을 설계하여 효과적이고 더 큰 적응에 도달하기 위한 트레이닝이다. 운동의 효과는 운동 중 사용한 특정 근육 및 부위에서 나타난다는 원리이다.

| 오답해설 |

① 점진성의 원리에 대한 설명이다.
② 과부하의 원리에 대한 설명이다.
④ 개별성의 원리에 대한 설명이다.

10 ②

| 정답해설 |

노인에게 건강한 걷기운동을 지도할 때에는 안전한 보행을 위하여지지 순서는 뒤꿈치 → 발바닥 → 앞꿈치 순으로 걷게 한다.

11 ④

| 정답해설 |

<보기>에서 설명하는 노화와 관련된 유전인자는 텔로미어(telomere)이다.

12 ④

| 정답해설 |

<보기>는 발테스의 보상이 수반된 선택적 적정화 이론에 대한 설명이다. 마이클조던은 성공적 노화를 보내기 위해 지속적인 신체적, 정신적, 사회적 손실에 대해 적응력과 노인의 기능적 독립성 유지를 위해 운동을 한다.

13 ③

| 정답해설 |

노인은 폐경으로 인해 에스트로겐이 감소하여 골다공증의 위험이 증가하며, 대사작용의 산물인 활성산소의 증가로 여러 노화 관련 질환이 유발될 수 있다.

14 ③

| 정답해설 |

<보기>는 계획행동이론에 대한 설명으로, 이는 합리적 행위 이론에 지각된 행동 통제력이라는 변인을 추가하여 행동 의도와 행동을 예측하는 이론이다. 구성 요인은 태도, 주관적 규범, 지각된 행동 통제, 의도, 행동통제인식이 있다.

15 ③

| 정답해설 |

지도자의 의사소통 기술 및 원칙

- 언어적, 비언어적, 자기주장 기술 등을 사용한 효과적인 의사소통
- 명확하고 간결한 내용 전달
- 전문용어나 어려운 단어 미사용
- 참여자와 자주 눈 마주치고 정면에서 응시
- 참여자의 말에 공감하며 경청
- 시각적 도구는 쉽게 읽을 수 있게 제작

16 ①

| 정답해설 |

대사당량(METs)이란 운동 강도를 나타내는 표시법으로 신체가 안전 상태를 유지하는 데 필요한 산소량을 의미한다. 안정 시 대사당량(METs)은 연령이 아니라 산소량에 따른다.

17 ③

| 정답해설 |

노인 운동 시 응급처치 방법으로는 2차의 추가 손상을 방지하고자 ㉠ 보호(protection)를 해야 한다. 냉찜질로 응급처치 시 ㉡ 통증, 부종, 염증을 감소시킬 수 있으며, ㉢ 근 경련 감소를 위해서는 고정을 시켜야 한다.

18 ④

| 정답해설 |

보폭이 좁은 오리걸음 패턴으로 걸을 경우, 낙상의 위험이 있기에 지도자는 노인의 걸음걸이를 고쳐주며 지도해야 한다.

19 ③

| 정답해설 |

체력은 신체 활동을 수행할 수 있는 기능적 특성이며, 평형성은 20대에 최대치를 이룬 후 점차적으로 저하된다. 체력요소를 촉진시키기 위해서는 과부하의 원리에 따라 평상시 신체활동보다 더 많은 부하에 자극을 받아야만 증가한다.

20 ③

| 정답해설 |

쇠퇴성은 생물학적 노화의 특성이나, 발달과는 별개이다.

| 오답해설 |

① 생물학적 노화의 특성 중 점진성에 관한 설명이다.
② 생물학적 노화의 특성 중 보편성에 관한 설명이다.
④ 생물학적 노화의 특성 중 내인성에 관한 설명이다.

2024 CBT 최신 기출 정답 및 해설

스포츠교육학

01	02	03	04	05	06	07	08	09	10
①	④	③	②	②	④	③	①	②	④
11	**12**	**13**	**14**	**15**	**16**	**17**	**18**	**19**	**20**
③	①	④	②	③	②	③	①	④	①

01 ①

| 정답해설 |

내용 지식(content knowledge)은 가르칠 교과 내용에 관한 지식이다.

| 추가해설 |

※ 슐만(Shulman. 1987)의 7가지 교사 지식

① 내용 지식: 가르칠 교과 내용에 대한 지식
② 지도 방법 지식: 모든 교과에 적용되는 지도법에 대한 지식
③ 내용 교수법 지식: 특정 학생에게 어느 교과나 주제를 특정한 상황에서 지도할 수 있는 방법에 대한 지식
④ 교육 과정 지식: 각 학년의 발달 단계에 적합한 내용과 프로그램에 대한 지식
⑤ 교육 환경 지식: 수업 환경에 영향을 미치는 지식
⑥ 학습자와 학습자 특성 지식: 수업에 영향을 미치는 학습자에 관한 지식
⑦ 교육목적 지식: 목적, 내용 및 교육시스템의 구조에 관한 지식

02 ④

| 정답해설 |

동료 평가(peer assessment)란 집단 구성원 간 서로의 평가 방법으로 서로 간에 객관적인 상호평가로 구성원들이 건설적인 방향으로 발전하도록 제언하기 위해 활용된다.

03 ③

| 정답해설 |

<보기>는 상규적 활동에 관한 내용이다. 상규적 활동이란 스포츠 지도 시간에 반복적으로 일어나는 활동으로 수업 시작, 출석 체크, 화장실에 가거나 물을 마시는 행동 등이 이에 해당한다. 교수자가 상규적 활동을 루틴으로 확립하여 학습자에게 적용하면 학습 과제 시간 증가에 도움을 준다.

04 ②

| 정답해설 |

㉠ 협동학습 모형에 관한 설명이다. 협동학습 모형의 주제인 '서로를 위해 함께 배우기'를 통해 학생은 책임감 있는 팀원이 되어 자신의 잠재능력을 개발하게 된다.
㉡ 개인적 · 사회적 책임감 지도 모형에 관한 설명이다. 개인적 · 사회적 책임감 지도 모형의 주제인 '통합, 전이, 권한 위임 교사와 학생의 관계'를 통해 학생은 자신과 타인에 대한 책임을 어떻게 져야 하는지 방법을 배우고 연습하는 기회를 갖게 된다.

05 ②

| 정답해설 |

㉠ 직접기여 행동이란 직접적으로 학습에 기여하는 행동으로 지도행동, 운영행동 등이 있다.
㉡ 비기여 행동이란 수업에 기여할 여지가 없는 행동으로 소방 연습, 외부 손님과의 대화 등이 있다.
㉢ 간접기여 행동이란 학습에 관련은 있지만 직접적인 기여는 없는 행동으로 부상자 관리, 과제 외 토론 등이 있다.

06 ④

| 정답해설 |

㉠ 이동 움직임이란 공간 이동이 있으며, 물체나 도구를 사용하지 않는 운동 기능을 말한다.
㉡ 비이동 움직임이란 공간 이동이 없고, 물체나 도구를 사용하지 않는 운동 기능을 말한다.
㉢ 조작 움직임이란 공간 이동이 있으며, 물체를 통제하기 위한 목적으로 물체나 도구를 사용하여 다루는 운동 기능을 말한다.

| 추가해설 |

움직임 기능과 학습과제

- 전략적 움직임: 역동적 상황에서 적용되는 움직임의 형태
- 표현 움직임: 주제, 개념, 느낌, 생각을 표현하기 위한 움직임

07 ③

| 정답해설 |

학교체육진흥법 제10조 제4항 학교의 장은 학교스포츠클럽 활동내용을 학교생활기록부에 기록하여 상급학교 진학자료로 활용할 수 있도록 하여야 한다.

| 추가해설 |

제10조(학교스포츠클럽 운영) ① 학교의 장은 학생들이 신체활동 프로그램에 참여할 수 있도록 학교스포츠클럽을 운영하여 학생들의 체육활동 참여기회를 확대하여야 한다.

② 학교의 장은 제1항에 따라 학교스포츠클럽을 운영하는 경우 학교스포츠클럽 전담교사를 지정하여야 한다.
③ 제2항에 따른 학교스포츠클럽 전담교사에게는 학교 예산의 범위에서 소정의 지도수당을 지급한다.
④ 학교의 장은 학교스포츠클럽 활동내용을 학교생활기록부에 기록하여 상급학교 진학자료로 활용할 수 있도록 하여야 한다.
⑤ 학교의 장은 교육부령으로 정하는 바에 따라 일정 비율 이상의 학교스포츠클럽을 해당 학교의 여학생들이 선호하는 종목의 학교스포츠클럽으로 운영하여야 한다.

08 ①

| 정답해설 |

상호학습형(교류식) 교수 스타일에서 학생은 동료와 함께 학습하며, 교사가 제공한 수행 기준에 준하여 동료와 피드백한다.

09 ②

| 정답해설 |

㉠ 인지적 자질
　학습자 개인 특성과 학습 정도 이해
　교과에 관한 전문지식 소유
㉡ 수행적 자질
　교육 과정의 개발 및 운영
　수업 계획 및 운영
　학습 관찰 및 평가
　구성원들과 협력관계 구축
㉢ 태도적 자질
　건전한 인성과 사명감 소유
　전문성 개발을 위한 반성과 실천

10 ④

| 정답해설 |

<보기>는 인지적 불일치(dissonance)에 관한 내용이다. 인지적 불일치란 학습자가 기존의 지식과 새로운 정보 사이에서 불일치를 느낄 때, 이를 해결하려는 동기화 과정이 발생하는 단계를 말한다.

| 추가해설 |

※ 의식적 사고과정 모형(SDMR)

자극(S) – 인지적불일치(D) – 사색(M) – 반응(R)

11 ③

| 정답해설 |

국민체육진흥법 제11조 제3항

제11조(체육지도자의 양성) ③ 연수과정에는 다음 각 호의 사항으로 구성된 스포츠윤리교육 과정이 포함되어야 한다.

1. 성폭력 등 폭력 예방교육
2. 스포츠비리 및 체육계 인권침해 방지를 위한 예방교육
3. 도핑 방지 교육
4. 그 밖에 체육의 공정성 확보와 체육인의 인권보호를 위하여 문화체육관광부령으로 정하는 교육

12 ①

| 정답해설 |

<보기>는 동료교수 모형의 수업 주도성 프로파일이다.

| 추가해설 |

※ 동료교수 모형의 수업 주도성 프로파일

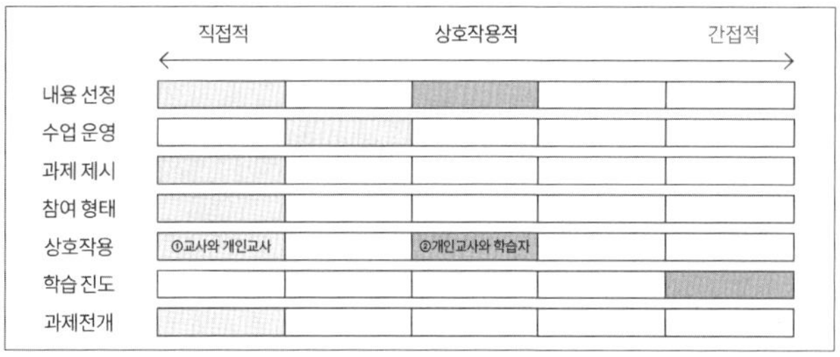

13 ④

| 정답해설 |

<보기>는 반성적 교수에 관한 내용이다. 반성적 교수란 교사가 학생들에게 수업의 목표와 평가 방법을 설명하고 수업 후 교수 내용과 교수 방법을 평가하는 방법이다.

14 ②

| 정답해설 |

국민체육진흥법 제2조 제6호

제2조(정의) 이 법에서 사용하는 용어의 뜻은 다음과 같다.

6. "체육지도자"란 학교 · 직장 · 지역사회 또는 체육단체 등에서 체육을 지도할 수 있도록 이 법에 따라 다음 각 목의 어느 하나에 해당하는 자격을 취득한 사람을 말한다.
　가. 스포츠지도사
　나. 건강운동관리사
　다. 장애인스포츠지도사
　라. 유소년스포츠지도사
　마. 노인스포츠지도사

15 ③

| 정답해설 |

리드 – 업 게임(lead – up game)은 메츨러가 제시한 체육학습 활동의 하나로, 정식 게임을 단순화하고 특정 기술이나 기능에 초점을 맞춰 진행하는 활동이다. 이러한 게임은 정식 게임의 복잡성을 줄이고 학습자에게 필요한 기술을 체계적으로 연습할 수 있는 기회를 제공한다.

16 ②

| 정답해설 |

㉠ 열정적(정의적 영역)
㉡ 박식함(인지적 영역)
㉢ 개인차를 고려한 변형

| 추가해설 |

※ 스포츠교육모형의 목적

- 유능한 스포츠인: 게임기술, 게임전략, 경기지식을 가지고 있는 스포츠 참여자
- 박식한 스포츠인: 스포츠 수행을 잘하는 참여자이자 안목 있는 스포츠 소비자
- 열정적 스포츠인: 다양한 스포츠 문화를 보존하고 보호하며 증진하도록 참여하는 스포츠인

17 ③

| 정답해설 |

<보기>는 현장 개선(action) 연구에 관한 내용이다. 현장 개선 연구란 현장교사가 동료교사나 대학연구자의 도움을 받아 자신의 교육실천을 스스로 체계적, 반성적으로 탐구하여 개선하는 연구 방법이다.

18 ①

| 정답해설 |

동시처리(overlapping)는 교사가 수업을 효과적으로 관리하고, 학생들이 학습에 몰입할 수 있도록 도와주는 교수 기능이다.

19 ④

| 정답해설 |

국민체력100은 국민의 체력 및 건강 증진에 목적을 두고 체력상태를 과학적 방법에 의해 측정 · 평가를 하여 운동 상담 및 처방을 해주는 대국민 스포츠 복지 서비스이다. 국민체력100에 참가한 모든 국민들은 체력수준 맞춤형 운동 프로그램을 제공받고, 체력수준에 따라 국가 공인 인증서를 발급받는다.

20 ①

| 정답해설 |

<보기>는 평정척도에 관한 내용이다. 평정척도란 행동의 질적인 차원을 양적으로 수집하기 위해 개발된 도구로써 행동의 적절성, 운동기능의 향상 정도에 관한 자료를 수집한다.

스포츠사회학

01	02	03	04	05	06	07	08	09	10
④	①	④	③	③	①	④	②	①	②
11	12	13	14	15	16	17	18	19	20
①	③	②	④	④	④	③	②	①,③	②

01 ④

| 정답해설 |

홀리안(B. houlihan)의 스포츠에 대한 정치적 개입의 목적

- Title IX는 1972년 스포츠 현장에서 성차별을 해소하기 위해 미국에서 통과된 남녀교육 평등법안, 여성 스포츠에 대한 재정적 지원과 관리방안 등 여성의 스포츠 참여를 활성화
- 시민들의 건강 및 체력유지를 위해 반도핑 기구에 재원을 지원
- 게르만족의 우월성을 강조하기 위해 1936년 베를린 올림픽을 개최
- 공공질서를 보호하기 위해 공원에서 스케이트보드 금지, 헬멧 착용 등의 도시조례가 제정

02 ①

| 정답해설 |

① 지정스포츠클럽은 전문선수 육성 프로그램을 운영할 수 있다.

03 ④

| 정답해설 |

㉡ 사회갈등 유발 기능은 구조기능주의 관점에서 사회적 기능이 아닌 사회적 역기능에 해당한다.

04 ③

| 정답해설 |

㉠ 피라미드 모형: 스포츠 참여의 기반이 확대되면 꼭대기에서 세계수준의 선수가 배출된다고 가정, 생활체육의 중요성을 강조할 때 근거로 활용
㉡ 낙수효과 모형: 엘리트스포츠의 발전으로 세계적 수준의 선수가 배출되면 대중 스포츠참여도 확대
㉢ 선순환 모형: 피라미드모델(생활체육우선론)과 낙수효과모델(엘리트체육우선론) 통합

05 ③

| 정답해설 |

스포츠 세계화의 동인으로 ㉠ 민족주의, ㉡ 제국주의, ㉢ 종교, ㉣ 과학기술의 진보가 있으며, ㉤ 인종차별의 심화는 해당하지 않는다.

06 ①

| 오답해설 |

② 역사성: 각 시대적 사회와 문화 배경에 따라서 다르게 나타나며, 특히 시대에 따라 계층간의 특성과 계층이 변화

③ 영향성: 경제력, 권력, 심리적인 상태에 따라서 나타나는 불평등한 구조들은 생활에 영향을 미침

④ 다양성: 평등한 가치를 반영하여 계층 간의 사회적 계층 이동이 이루어짐

07 ④

| 정답해설 |

④ 사회계층의 이동 유형은 시간에 따라 세대 내 이동, 세대 간 이동으로 구분한다.

08 ②

| 정답해설 |

<보기>에 대한 내용은 ② 차별교제 이론에 관한 설명이다. 차별교제 이론은 선천 X 상호작용으로 학습화과정을 통해 일탈로써 일탈 규범을 내면화하는 사회화 과정이 존재하며, 다른 사람과 상호작용을 통해 스포츠 일탈 행동을 학습한다.

09 ①

| 오답해설 |

<보기>에 대한 설명은 ① 경계 폭력에 관한 설명이며, 대부분의 선수나 지도자들이 용인하는 폭력 행위 중 하나이며, 경기 전략의 하나로 활용되지만 상대방의 보복 행위를 유발할 수 있다.

10 ②

| 정답해설 |

② 득점이 증가하게 되었다.

11 ①

| 정답해설 |

① 구조기능주의의 이론이다.

12 ③

| 정답해설 |

<보기>에 대한 설명은 ③ 상호의존성에 관한 내용이며, 스포츠와 정치의 결합은 정부기관이 개입될 때 확실히 드러나는데, 그 예로 일반 기업이 프로스포츠구단을 창설하게 되면 조세감면 혜택을 받는 경우이다.

13 ②

| 정답해설 |

㉠ 정치이념 선전

㉡ 외교적 도구

㉢ 갈등 및 적대감의 표출

㉣ 외교적 항의

14 ④

| 정답해설 |

스포츠 세계화의 특징으로 ④ 국가의 정체성보다는 외국인 선수 증가로 팀, 스폰서가 증가하였다.

15 ④

| 정답해설 |

스포츠의 교육적 역기능

- 승리지상주의(교육목표 결핍)
- 비인간적 훈련(학생선수 혹사)
- 일탈과 부정행위(승부조작)
- 참가 기회 제한(선수선발 부정행위)
- 학원스포츠의 상업화(상업화로 물질 만능주의)
- 성차별(남성 위주 문화)

| 오답해설 |

①, ②, ③은 스포츠의 교육적 순기능이다.

16 ④

| 정답해설 |

스포츠미디어에서 성차별 이데올로기는 ④ 여성의 성과보다는 여성성에 대한 보도를 더 많이 한다.

17 ③

| 정답해설 |

- 과잉동조 특성: 규칙과 규범을 맹신하여 따르며, 자신과 팀이 특별하다고 생각하여 일어나는 일탈
- 2022년 카타르 월드컵에서 손흥민 선수의 마스크 투혼은 위험을 감수하고 고통을 인내해야 한다.

18 ②

| 정답해설 |

<보기>에 대한 내용은 ② 코칭에 관한 내용이며, 코칭행동 주요 선행 요인으로는 구성원의 특성, 리더의 특성, 상황 요인이 있다.

19 ①, ③

| 정답해설 |

스포츠로부터의 탈사회화는 개인이 여러 요인으로 스포츠를 중단 또는 은퇴하는 경우를 말한다.

20 ②

| 정답해설 |

② 프로야구 경기에서 VAR 시스템 적용은 인간심판의 역할을 감소시켜, 더 정확하게 심판을 본다.

스포츠심리학

01	02	03	04	05	06	07	08	09	10
②	①	②	②	③	③	②	③	①	④
11	12	13	14	15	16	17	18	19	20
②	③	③	④	①	①	③	②	④	④

01 ②

| 정답해설 |

<보기>에 대한 내용은 ② 사회학습이론에 대한 설명이며, 다른 사람의 행동을 모방, 관찰하여 학습하는 이론이다.

| 오답해설 |

① 특성이론: 상황과 환경의 영향보다 개인의 본성을 중요하게 판단한 이론

③ 욕구위계이론: 5가지 욕구 위계적 이론 생리적 욕구 → 안전 욕구 → 애정 욕구 → 존경 욕구 → 자아실현 욕구

④ 정신역동이론: 인간의 성격을 의식보다 무의식의 작용을 더 강조한 인간의 성격을 원초아(id), 자아(ego), 초자아(super-ego)로 분류한 이론

02 ①

| 정답해설 |

① 농구 경기에서 자유투하기는 개방운동기술이 아닌 폐쇄운동기술이다.

03 ②

| 정답해설 |

㉠ 동기는 노력의 방향과 강도 결정

㉡ 내적 동기는 내적 즐거움을 위해 참여하는 기쁨, 즐거움 등

㉢ 외적 동기는 외적 보상을 위한 참여로 보상, 상금 등

04 ②

| 정답해설 |

㉠ 자극 확인

㉡ 반응 선택

| 심화해설 |

정보처리 과정과 반응시간의 관계

- 감각 · 지각 단계
- 반응 · 선택 단계
- 반응 · 실행 단계

05 ③

| 정답해설 |

<보기>에 대한 설명은 ③ 인지재구성에 대한 설명이며, 비합리적이고, 부정적 생각을 중지시켜 합리적이고, 긍정적인 사고로 전환한다.

06 ③

| 정답해설 |

운동발달의 단계 순서는 ③ 반사적 움직임 단계 → 기초단계 → 기본 움직임 단계 → 스포츠기술 단계 → 성장과 세련 단계 → 최고 수행 단계 → 퇴보 단계이다.

07 ②

| 정답해설 |

반두라가 제시한 자기효능감에 가장 큰 영향을 미치는 것은 ② 성취경험이다.

| 심화해설 |

반두라의 자기효능감 이론

- 성취경험: 성공과 실패의 경험을 얼마나 했느냐에 따라서 자기효능감은 달라짐
- 대리경험: 타인의 성공과 실패 경험의 목격 정도에 따라서 자기효능감은 달라짐
- 언어적 설득: 타인으로부터 격려와 칭찬과 같은 긍정적인 말을 얼마나 들었느냐에 따라 자기효능감은 달라짐
- 정서적 각성: 인간은 불안, 좌절과 같은 정서적 반응을 조절하는 능력을 갖추고 있느냐에 따라 자기효능감은 달라짐

08 ③

| 정답해설 |

ㄱ. 집중연습

ㄴ. 무선연습

ㄹ. 전습법

| 심화해설 |

• 전습법

㉠ 학습해야 할 운동기술을 전체적으로 학습하는 방법으로 운동 요소들이 긴밀하게 상호작용하고, 비교적 짧은 시간에 운동 수행이 끝나는 기술 연습에 효과적인 방법

㉡ 기억이 오래 유지되고, 학습에 대한 시간과 노력을 최소화하며 학습에 필요한 반복이 적음

㉢ 일정한 기준을 충족할 때까지 학습할 내용들을 나누어 연습한 후, 나누어진 각 학습 내용들을 동시에 연습하는 방법

• 분습법

㉠ 순수 분습법: 운동 기술을 하나씩 연습한 후 종합적으로 전체 기술을 연습하는 방법

㉡ 점진적 분습법: 복잡한 기술을 세분화한 후 점진적으로 연습하는 방법

㉢ 반복적 분습법: 한 기술을 연습하고 다른 한 기술을 연습하는 방법이며, 점차 연습 부분을 확장해가며 전체적인 기술을 완성

㉣ 분산 연습: 쉬는 시간을 연습 시간만큼 할애하거나 더 길게 하는 방법

09 ①

| 정답해설 |

① 스포츠에 참여하는 모든 사람과 전문적인 상담을 진행하는 건 적절하지 않다.

10 ④

| 정답해설 |

<보기>에 대한 내용은 ④ 절차적 기억에 대한 설명이며, 학습 후에는 자동으로 수행이 이루어지는 기억이다.

| 오답해설 |

① 감각기억: 환경에서 온 자극이 처리될 때까지 여러 가지 감각 시스템을 이용해 정보를 잠시 유지하는 정보 저장고

② 일화적 기억: 경험한 일이 어떻게 발생했는지 구체적으로 영상과 유사한 형태로 보유한 기억(첫 대회 기억, 특별한 파티 등)

③ 의미적 기억: 일반적, 체계적 지식 보유

11 ②

| 정답해설 |

㉠ 과제 지향 리더

㉡ 관계 지향 리더

| 심화해설 |

• 과제 지향 리더: 과제수행과 목표 달성에 중점

• 관계 지향 리더: 상호 대인관계 중점

12 ③

| 정답해설 |

③ 운동과제 수행의 수준과 환경의 요구에 대한 근골격계의 기능이 효율적으로 좋아지는 것은 인지역량이 아닌 생리적 역량변화이다.

13 ③

| 정답해설 |

㉠ 태도: 행동 실천에 개인이 가지고 있는 긍정적, 부정적 생각, 평가가 태도에 영향을 미침

㉡ 주관적 규범: 행동하는데 사회적 압력을 얼마나 받는가의 내용

㉢ 의도: 개인 의도가 행동을 유도하는 결정적 원인

㉣ 행동 통제 인식: 행동에 대해 개인이 느끼는 통제감

14 ④

| 오답해설 |

ㄴ. 도식 이론은 폐쇄회로 이론의 피드백과 개방회로 이론의 운동프로그램을 통합하여 운동 행동의 원리에 대한 설명이다.

15 ①

| 정답해설 |

㉠ 사회적 촉진

㉡ 단순존재 가설

㉢ 주의 분산/갈등 가설

| 오답해설 |

• 평가 우려 가설: 자신을 보는 타인이 자신의 수행을 비판적으로 평가할 수 있는 능력이 있다는 것을 알고, 타인의 평가가 수행자에게 긍정적, 부정적 영향을 준 학습경험이 있어야 한다는 가설이다.

• 관중효과: 관중은 수행자에 아무런 상호작용이 없어야 하지만 관중의 상호 작용이 전혀 없다고 보기 어려워 관중효과라고 한다.

16 ①

| 정답해설 |

힉스의 법칙은 ① 자극-반응의 대안 수 증가에 따라 선택 반응 시간이 증가하는 현상으로, 반응시간과 자극-반응 대안 간의 관계를 나타내는 법칙이다.

17 ③

| 정답해설 |

<보기> ㉠의 들어갈 정답은 ③ 심상 조절력이다. 긍정적인 생각을 하면 긍정적인 효과가 발생, 원하는 생각을 하도록 하는 심상 조절 능력이다.

| 오답해설 |

① 내적 심상: 수행자 관점에서 수행 장면을 상상하는 것
② 외적 심상: 관찰자 관점에서 수행 장면을 상상하는 것
④ 심상 선명도: 생각이 뚜렷할수록 심상 효과가 좋고, 많은 감각을 활용할수록 생각이 선명

18 ②

| 정답해설 |

㉠ 천장 효과
㉡ 바닥 효과

| 오답해설 |

- 맥락 간섭 효과: 다양한 요소 관계 사이에서 발생하는 간섭 현상으로 운동 기술을 연습하는 과정에서 나타나는 효과
- 부적 전이: 사전 학습이 후속 학습 이해 방해, 부정적 작용
- 학습 고원: 상승 곡선의 학습 효과가 일정 기간 정체되는 현상

19 ④

| 오답해설 |

ㄴ. 교육수준은 환경적 영향요인이 아닌 개인적인 영향요인이다.

20 ④

| 정답해설 |

<보기>에 대한 내용은 ④ 심리적 불응기에 대한 설명이며, 제시된 자극의 반응을 수행하고 있을 때 또 다른 자극이 제시될 경우, 두 번째 자극 반응이 느려지는 현상이다.

| 오답해설 |

① 스트룹 효과: 일치하지 않는 자극을 보고 자극을 실행할 경우, 일치하는 자극을 보고 실행할 때보다 반응이 늦는 현상
② 무주의 맹시: 시선이 특정 위치에 있으나 주의가 다른 곳에 있어 눈 위치의 대상이 지각되지 못하는 현상
③ 지각 협소화: 운동수행 시 각성 수준이 높아 주위를 살피는 폭이 점차 좁아지는 현상

스포츠윤리

01	02	03	04	05	06	07	08	09	10
②	④	④	①	①	②	②	②	③	①
11	12	13	14	15	16	17	18	19	20
④	④	①,② ③,④	①	③	①	③	③	③	②

01 ②

| 정답해설 |

<보기>에 대한 내용은 ② 스포츠기본법에 대한 내용이며, 스포츠기본법은 스포츠에 관한 국민의 권리와 국가 및 지방자치단체의 책임을 정하고 스포츠 정책의 방향과 그 추진에 필요한 기본적인 사항을 규정함으로써 스포츠의 가치와 위상을 높여 모든 국민이 건강하고 행복한 삶을 영위하고 나아가 국가사회의 발전과 사회통합을 도모하는 것을 목적으로 한다.

02 ④

| 정답해설 |

스포츠에서 발생하는 폭력의 유형과 특징 관련하여 <보기>의 내용은 모두 옳다.

| 심화해설 |

- 개인적 폭력: 상대방의 공격 및 좌절로 인해 분노했을 경우 충동적으로 표출되는 폭력 행위
- 도구적 폭력: 팀의 승리를 위한 수단으로 행하는 폭력 행위
- 구조적 폭력: 비가시적이며 장시간 이루어지는 폭력, 의도는 불분명하지만 관습처럼 반복되는 폭력 행위
- 문화적 폭력: '폭력은 옳은 것이다.'라며 문제가 되지 않게 만들기도 하며, 언어, 행동양식 등 상징적 행위를 통해 가해지는 폭력행위
- 직접적 폭력: 가시적이고 파괴적이며, 상해를 입히려는 의도가 있는 폭력행위
- 합법적 폭력: 스포츠 규칙에 의해 발생하는 불가피한 폭력행위, 타격이 가능한 스포츠(태권도, 권투, 이종격투기 등)

03 ④

| 정답해설 |

스포츠에서 여성에 대한 차별이 발생하거나 심화되는 원인으로 '여성 참정권'은 심화 원인으로 볼 수 없다.

04 ①

| 정답해설 |

<보기>에 대한 내용은 테일러에 대한 내용이며, 테일러는 인종차별 파트에서 자주 출제되는 학자이다.

| 심화해설 |
테일러: 모든 생명체는 고유한 가치를 가지며 인간은 네 가지 의무가 있다.
• 비상해
• 불간섭
• 신뢰
• 보상적

05 ①

| 정답해설 |
㉠ 인종
㉡ 사고 방식에 대한 내용이므로 '인종주의'
㉢ 차등을 조장하는 행위이므로 '인종 차별'

06 ②

| 정답해설 |
<보기>에 대한 설명은 의무론적 윤리체계에 관련된 '의무주의'에 대한 내용이며, 심판 B의 판정 견해에 따르면 피할 수 있음에도 피하지 않은 것은 비도덕적인 행동이라고 볼 수 있다.

| 오답해설 |
① 공리주의의 핵심개념
③ 행동의 가치를 쾌락, 즐거움에 두는 행동
④ 결과론적 윤리체계와 관련된 내용

07 ②

| 정답해설 |
<보기>에 대한 내용은 스포츠딜레마와는 관련이 없는 내용이다. 스포츠딜레마는 두 가지 이상의 선택에서 어려움을 겪는 것을 의미한다.

| 오답해설 |
① 공정한 행위를 의미
③ 도덕성이나 성품을 의미
④ 스포츠를 행하는 사람에게 필요한 자질

08 ②

| 정답해설 |
② 아크라시아: 무엇이 옳은지 알면서도 비도덕적 행위를 하는 자제력이 없는 것을 의미

| 오답해설 |
아리스토텔레스의 인간이 가질 수 있는 지식 3가지
① 테크네: 기술에 관련한 지식이나 제작 능력
③ 에피스테메: 참과 거짓을 구분할 수 있는 학문적 지식
④ 프로네시스: 실천적인 지식으로 반성하거나 판단할 수 있는 능력

09 ③

| 정답해설 |
<보기>에 대한 내용은 칸트의 의무주의, 본질주의 주장하는 내용이다. 칸트는 인간은 도덕적인 행동을 해야 하며 이를 준칙, 도덕적 법칙, 도덕적 명령이라고 하였다. 도덕적으로 행동하라는 명령은 '정언명령'이다.

10 ①

| 정답해설 |
<보기>에 대한 내용은 공리주의 중 '행위 공리주의'에 대한 내용이다. '행동'에 초점을 두고 있기 때문에 행위 공리주의에 해당한다.

11 ④

| 정답해설 |
<보기>에 대한 내용은 '절차적 정의'에 대한 내용이며, 절차적 정의로는 공격과 수비의 결정, 전후반의 코트 교대, 경기 운영의 공정한 절차 등이 있다.

12 ④

| 정답해설 |
<보기>는 공자의 사상 중 충서의 개념에 대한 설명이며, 유교의 대표적인 인물로
도덕적 행동을 강조하였다.
㉠ 충서
㉡ 충
㉢ 서

| 심화해설 |
• 정명사상
'이름을 바로 잡는다.'라는 뜻으로 사회 구성원은 자신의 역할에 맞는 행동을 해야함을 의미한다. '감독은 감독의 역할을, 선수는 선수의 역할을'

13 ①, ②, ③, ④

| 정답해설 |
<보기>의 내용만으로 추론하였을 때 승자와 패자의 만족도 즉, 결과에 만족 여부로 스포츠 경기의 유익성을 판단하는 것으로 공리주의와 관련이 있음을 알 수 있다.

14 ①

| 정답해설 |
<보기>에 대한 내용은 동기와 목표가 뚜렷함에서 의도적임을 유추할 수 있어 '의도성 구성 반칙'에 대한 내용이다. 구성적 규칙이란 말 그대로 특정 스포츠가 이루어질 수 있게 정해놓은 규칙, 약속이다.

15 ③

| 정답해설 |

진서의 동물윤리적 관점은 반종차별주의나 종평등주의에 가깝다. 윤성의 동물윤리적 관점은 종차별주의에 해당한다.

16 ①

| 정답해설 |

<보기>에 대한 내용은 '멕킨타이어'로, 그는 덕윤리의 대표적인 학자이다. 공리주의와 의무주의의 모순을 비판하면서 결국 도덕적 실천을 강조하였으며, '도덕이란 공동체의 가치를 내면화하는 것'이라고 주장하였다.

17 ③

| 정답해설 |

스포츠윤리의 특징으로 ①, ②, ④번은 옳은 설명이지만, ③번은 해석에 따라 다를 수 있기때문에 적절하지 않다.

18 ③

| 정답해설 |

학생운동선수의 학습권 보호와 관련된 것으로는 ㉠, ㉢, ㉣이며. ㉡은 치열한 경쟁을 유도하고 승격과 강등을 통해 리그의 보상을 주기 위해 운영하는 제도이므로 학습권 보호와는 관련이 없다.

19 ③

| 정답해설 |

<보기>에 대한 설명은 '윤리적 상대주의'에 대한 설명이며, 도덕적 가치가 사회나 사람에 따라 다르다는 의미이다.

20 ②

| 정답해설 |

<보기>에 대한 설명은 여러 가지 도핑 종류 중 '기술도핑'에 대한 설명이다. 과학기술의 발전이 경기 결과에 불공정하게 영향을 미치는 것을 의미하는데 이것이 문제가 되는 이유는 과학기술의 발전과 적용은 모든 국가와 모든 선수에 동일하게 유리하게 작용하지 않기 때문이다.

운동생리학

01	02	03	04	05	06	07	08	09	10
②	③	①	④	④	①	④	④	②	③
11	12	13	14	15	16	17	18	19	20
②	②	①,③	④	③	③	①	①	①	②

01 ②

| 정답해설 |

지근섬유는 속근섬유보다 더 많은 마이오글로빈을 함유하고 있으며, 지구성(유산소) 훈련은 마이오글로빈 함유량을 증가시켜 유산소적 대사 능력을 개선한다.

| 추가해설 |

※ 지구성(유산소) 훈련의 대사적 적응

지구성 훈련의 대사적 적응으로 미토콘드리아의 크기와 수, 모세혈관 밀도가 증가하여 ATP 생성 능력이 향상되고, 운동 중 혈액 공급이 원활해진다.

02 ③

| 정답해설 |

유산소성 트레이닝에 의한 대사적 적응으로 미토콘드리아의 크기와 수가 증가하여 많은 양의 ATP를 생성할 수 있다.

03 ①

| 정답해설 |

인슐린은 리파아제의 활성을 상승시켜 지방 세포 내의 중성지방 저장량을 증가시키고, 호르몬 감수성 리파아제의 활성을 저하시켜 중성지방 분해를 억제한다.

04 ④

| 정답해설 |

고강도 운동 시 비활동성 기관으로부터 활동성 골격근으로의 혈류 재분배가 이루어지며 세동맥 확장은 골격근 모세혈관의 보강으로 혈류량을 증가시킨다.

| 오답해설 |

① 점증부하 운동 시 산소요구량이 증가되어 신근산소소비량이 증가한다.
② 고강도 운동 시 근육으로의 혈류가 증가되며 내장 기관으로의 혈류 분배 비율은 감소한다.
③ 일정한 부하의 장시간 운동 시 산소요구량 증가에 따라 시간 경과에 따른 심박수는 증가한다.

05 ④

| 정답해설 |

㉠ 심근산소소비량 = 심박수(회/분) × 수축기 혈압(SBP)

㉡ 주어진 산소섭취량에서 팔운동은 다리운동보다 심박수와 혈압이 높게 나타난다.

| 추가해설 |

운동 중 심장에 부과되는 대사적 요구는 심근산소소비량으로 예측할 수 있다.

06 ①

| 정답해설 |

㉠ 특이장력 = 근력/근횡단면적

㉡ 근파워 = 힘 × 수축속도

07 ④

| 정답해설 |

㉠ 근방추: 근육 내에서 근육이 늘어나는 것을 감지하여 적절한 근육 길이로 유지

㉡ 골지건기관: 한 근육의 양쪽 끝에 있는 건 속의 기관으로 근수축 시 발생하는 장력을 지속적으로 감지하여 근육 수축을 예방하는 안전장치

㉢ 근육의 화학수용기: 근육 내 pH, 세포와 칼슘의 농도, O_2와 CO_2의 압력 변화를 수용 및 반응하여 중추 신경에 정보를 전달

08 ④

| 정답해설 |

통증을 회피하기 위해 통증 반대 부위의 대퇴 신전근이 수축된다. 이는 교차신근반사에 해당하며 부상 부위를 움직이는 동안 반대쪽 부위를 신전시켜 신체를 지탱할 수 있도록 하는 것이다.

09 ②

| 정답해설 |

ㄷ. 심각한 탈수 현상이 발생하지 않은 최대하 운동 시에는 혈장량의 감소가 크지 않아 1회 박출량은 유지된다.

| 심화해설 |

ㄱ. 고온에서의 운동은 저혈당을 촉진시키고 근당원 대사를 가속화시켜 저혈당증과 근피로를 유발한다.

ㄴ. 고온에서의 운동 시 체온이 상승하면 혈액은 체온을 낮추기 위해서 근육에서 피부로 이동하여 근혈류량이 감소한다.

ㄹ. 뇌의 온도증가는 근육의 신경전달을 감소시킴에 따라 운동단위의 활동이 감소되어 근피로를 유발한다.

10 ③

| 정답해설 |

트레드밀 운동량은 대상자 체중과 전체 수직이동거리를 곱한 값이다.

트레드밀 운동량 = 체중 × 전체 수직이동거리

체중 = 50kg

수직이동거리 = 트레드밀 속도 × 트레드밀 경사도 × 운동시간

⇒ 12km/h(분당 200m) × 5%(0.05) × 10(200m × 10min = 2000m) = 100m ∴ 50kg × 100m = 5000kpm

11 ②

| 정답해설 |

해당작용의 속도조절효소는 포스포프룩토키나아제(Phosphofructokinase, PFK)이다.

12 ②

| 오답해설 |

ㄷ. 근육이 발현할 수 있는 최대 근파워는 운동속도와 관련 있으며 많은 근육이 수축할수록 커진다. 또한 지금섬유보다 속근섬유 비율이 높을수록 높은 근파워가 나타날 수 있다.

13 ①, ③

| 정답해설 |

① 카테콜아민은 부산수질에서 분비된다.

③ a1 수용체 결합 시 혈관수축이 증가한다,

| 심화해설 |

카테콜아민(Catecholamine)은 부신수질에서 분비되는 수용성 화합물로 에피네프린과 노프에피네프린을 의미한다.

14 ④

| 정답해설 |

ㄴ. 유산소성 과정은 크렙스 회로와 전자 전달계를 통한 복합적인 상호작용으로 세포 내 미토콘드리아에서 만들어진다.

ㄷ. 해당 과정은 포도당 또는 당원을 분해시켜 젖산 또는 피루브산을 형성하며 최종산물로 ATP 2분자와 피루브산염(또는 젖산염) 2분자를 생성한다.

ㄹ. 호흡교환율이란 배출되는 이산화탄소의 양과 소비되는 산소의 양 사이의 비율을 의미한다. 이러한 호흡교환율이 높아질수록 탄수화물의 기여도가 높아지는 반면 감소할수록 지방의 대사 비중이 높아진다.

| 오답해설 |

ㄱ. 해당과정에서 NAD^+는 기질로부터 방출된 전자와 수소이온(H^+)을 받아들여 환원되며, 그 결과 NADH가 생성된다.

15 ③

| 정답해설 |

③ 노르에피네프린은 수축기 혈압을 상승시키며 골격근 조직 내 유리 지방산 산화를 증가시킨다.

16 ③

| 정답해설 |

ㄴ. 항이뇨호르몬은 땀 분비로 인한 혈장량 감소와 그에 따른 혈중삼투압을 증가시킨다.

ㄷ. 안지오텐신 II는 알도스테론 분비를 촉진하고 알도스테론은 나트륨과 물의 재흡수를 증가시킨다.

| 오답해설 |

ㄱ. 장시간의 중강도 운동 시 혈장량은 감소하고 알도스테론 분비가 증가한다.

ㄹ. 운동에 의한 수분손실은 혈중 삼투질 농도를 증가시켜 항이뇨호르몬을 분비하여 수분의 재흡수률이 증가한다.

17 ①

| 정답해설 |

ㄱ. 분당환기량은 1회 호흡량과 분당 호흡 빈도수를 곱한 값으로 세 참가자의 분당환기량은 모두 7,500으로 동일하다.

- 분당환기량(VE) = 1회 호흡량(Vt) × 분당 호흡 빈도수(f)

ㄴ. 다영의 폐포환기량은 (750 − 150) × 10 = 6,000ml 로 6L/min이다.
폐포환기량 = (1회 호흡량 − 사강) × 호흡률

| 오답해설 |

ㄷ. 주은의 폐포환기량이 가장 적다.

- 주은 폐포환기량 = 4,500ml
- 민재 폐포환기량 = 5,250ml
- 다영 폐포환기량 = 6,000ml

18 ①

| 정답해설 |

① 1회 박출량은 심장이 한 번의 수축으로 방출하는 혈액의 양을 의미하며, 1회 박출량이 증가하면 심장에서 펌프되는 혈액량이 증가하기 때문에 심박수는 감소하게 된다.

19 ①

| 정답해설 |

① 신경 자극이 근형질 세망에 도달하면 근형질 세망에 저장되어 있던 칼슘 이온이 방출되어 근육 속으로 확산된 후, 칼슘 이온이 가는 세사의 트로포닌과 결합한다.

| 오답해설 |

② 운동단위(motor unit)란 한 개의 운동 신경에 연결되는 근섬유이다.

③ 신경근 접합부에서 분비되는 근수축 신경전달물질은 아세틸콜린(ACh)이다.

④ 지연성 근통증은 신장성(eccentric) 수축에서 더 쉽게 발생한다.

20 ②

| 정답해설 |

② 속근섬유는 빠른 수축과 높은 힘을 요구함으로 근형질세망이 발달하여 칼슘 이온을 신속하게 방출하고 재흡수하여 근육의 수축과 이완을 효과적으로 조절한다.

| 오답해설 |

① 속근섬유는 빠른 수축과 높은 힘을 제공하지만 피로 저항력이 낮다.

③ 속근섬유는 빠른 수축을 위해 마이오신 ATPase의 활성이 높다.

④ 속근섬유는 빠른 신경 자극 전달을 위해 운동신경세포의 직경이 크다.

운동역학

01	02	03	04	05	06	07	08	09	10
①,② ③,④	③	①	②	①	②	④	③	③	④
11	**12**	**13**	**14**	**15**	**16**	**17**	**18**	**19**	**20**
④	③	④	②,③	④	④	③	③	②	④

01 ①, ②, ③, ④

| 정답해설 |

④의 대한 내용은 각운동량 보존의 법칙에 관한 내용이다.

| 추가해설 |

뉴턴의 3법칙

- 관성의 법칙(제1법칙): 외력이 작용하지 않는 한 물체나 인체는 원래의 운동 상태를 그대로 유지
- 가속도의 법칙(제2법칙): 물체에 힘을 가하면 힘이 작용한 방향으로 가속도가 발생, 가속도는 물체에 가해진 힘에 비례
- 작용 · 반작용의 법칙(제3법칙): A가 B에 힘을 가하면(작용력), B도 A에게 크기가 같고 방향이 반대인 힘(반작용)이 작용

02 ③

| 정답해설 |

'힘'에 관한 설명으로 옳은 내용은 ㉡, ㉢이다.

| 오답해설 |

㉠ 움직임을 일으키는 원인은 힘이다.

㉣ 크기를 갖는 것은 벡터이다.

03 ①

| 정답해설 |

① 원심력과 구심력은 크기가 같으며, 원심력은 구심력이 작용할 때, 반대방향으로 발생하는 힘이다.

04 ②

| 정답해설 |

② 충격량 = 힘(충격력) × 시간

| 오답해설 |

① 선운동량 = 질량 × 속도

③ 시간에 따른 힘 그래프에서 접선의 기울기는 힘의 증가율 또는 감소율을 의미

④ '충격량 = 운동량의 변화량'이므로 충격량이 토크로 전환 시 요구되지는 않음

05 ①

| 정답해설 |

① 일률, 힘은 운동역학적 분석요인이지만, 속도는 운동학적 분석요인이다.

06 ②

| 정답해설 |

㉠, ㉣ 벡터는 압력의 단위면적당 가해지는 힘이며, 토크는 회전을 시켜 일어나는 것이다.

07 ④

| 오답해설 |

ㄱ. 육상의 원반 투사 시, 최적의 공격각(attack angle)은 $\frac{양력}{항력}$이 최대일 때의 각도이다.

ㄴ. 야구에서 투구 시 공에 회전을 넣어 커브 구질을 만드는 것은 양력에 대한 설명이다.

08 ③

| 정답해설 |

③ 체조의 공중회전과 트위스트와 같은 운동 동작을 분석하는 데는 배율법이 아닌 3차원 영상분석이 활용된다.

09 ③

| 오답해설 |

㉠ 각속력은 스칼라이고, 각속도는 벡터이다.

㉣ 각거리는 물체의 처음과 마지막 각위치간에 이루는 각의 크기이다.

10 ④

| 정답해설 |

㉠ 유체의 밀도가 커질수록 부력도 커진다.

㉡ 물의 온도가 올라갈수록 부력은 작아진다.

㉢ 부력중심의 위치는 수중에서의 자세 변화에 따라 달라진다.

㉣ 부력 물에 잠긴 신체의 부피에 비례하여 수직으로 밀어 올리는 힘이다.

11 ④

| 정답해설 |

회전축에서 공까지의 거리인 회전반경을 반을 줄이면 ㉠ 1/2이 된다. '관성 모멘트 = 질량 × 회전반경'이므로, 회전반경이 반으로 감소하면, 관성모멘트는 ㉡ 1/4 로 감소한다. 각운동량이 변화 없는 조건에서 관성모멘트가 1/4 로 감소하면 회전속도는 ㉢ 4회전/sec로 증가하게 된다.

12 ③

| 정답해설 |

3종 지레에서 힘점은 축과 저항점 사이에 위치하고 역학적 이점이 1보다 작다.

13 ④

| 정답해설 |

④ 인체(물체)의 공중에서의 최고 지점에서 수직속도는 0m/sec

| 오답해설 |

① (A)부터 (B)까지 한 일(work)은 위치에너지의 변화량과 다르다.

② (A)부터 (B)까지 넙다리네갈레근(대퇴사두근, quadriceps)은 단축성 수축을 한다.

③ (B)부터 (C)까지 무게중심의 수직가속도는 감소한다.

14 ②, ③

| 정답해설 |

② 회전하는 물체의 각속도는 호의 길이가 아닌 각변위를 소요시간으로 나누어 구한다.

15 ④

| 정답해설 |

④ 인체의 무게중심은 동일한 위치에 머무르지 않으며, 인체의 움직임에 따라 인체의 질량이 재분배되어 위치가 항상 변화한다.

16 ④

| 정답해설 |

④ 토스한 배구공이 공중에 상승하는 과정에서는 중력가속도의 영향을 받는다.

17 ③

| 오답해설 |

① 골격근의 수축은 관절에서 회전운동(각운동)을 일으킨다.
② 골격근을 뼈에 부착시키는 역할은 건이며, 인대는 뼈와 뼈 사이에 결합된 조직을 뜻한다.
④ 팔꿈치관절에서 굽힘근(굴근, flexor)의 수축은 관절의 각도를 작게 한다.

18 ③

| 정답해설 |

③ 기저면은 물체가 지면에 접촉하고 있는 접촉점들을 연결시킨 면적을 의미하기 때문에 양팔을 좌우로 벌리는 것은 기저면의 변화를 준 것이라고 볼 수 없다.

19 ②

| 오답해설 |

① 일의 단위는 J(줄)로 나타낸다.
③ 일률은 이동한 거리를 고려한다.
④ 일은 가해진 힘의 크기에 비례한다.

20 ④

| 정답해설 |

④의 관한 내용은 심상훈련 중 스포츠심리학에 관한 적용사례이다.

한국체육사

01	02	03	04	05	06	07	08	09	10
②	②	③	①	④	①	①	③	③	③
11	**12**	**13**	**14**	**15**	**16**	**17**	**18**	**19**	**20**
①	④	②	②	④	①	④	③	②	④

01 ②

| 정답해설 |

ㄷ. 역사에 관한 기술은 사실 확인보다 가치평가가 우선시되는 것은 스포츠 윤리학에 관한 설명이다.

02 ②

| 정답해설 |

ㄷ. 영고(12월)는 부여의 제천의식
ㄹ. 동맹(10월)은 고구려의 제천의식

03 ③

| 정답해설 |

<보기>의 대한 내용은 ③ 성년의식에 관한 설명이며, 원시 사회에서 일정한 연령에 도달한 소년, 소녀에게 사회의 일원으로서 필요한 규범, 가치, 부족의 역사, 생활에 필요한 기술과 지식 등을 가르친다. 이를 보통 성년식이라 한다.

04 ①

| 정답해설 |

ㄱ. 신라는 궁전법을 통해 인재 등용
ㄴ. 고구려는 경당에서 활쏘기 교육

| 오답해설 |

ㄷ. 백제는 무예시험과 훈련이 아닌 박사제도가 시행되었다.

05 ④

| 정답해설 |

④ 강예재는 국자감에 설치한 칠재 중 하나이다. 무학을 전문으로 교육하는 분과이며 무학을 통해 장수를 육성하였다.

06 ①

| 정답해설 |

① 기격구는 서민층이 아닌 젊은 무관이나 민간의 상류층 청년들이 말을 타거나 걸어 다니면서 공채로 공을 치던 무예를 뜻한다.

| 오답해설 |

② 궁술: 신라시대 궁술에 의해 인재를 뽑던 전통이 전승되어, 관직의 자질을 평가하기 위해 활쏘기 능력이 영향을 미쳤으며, 문무를 겸비한 인재 양성과 관련이 있음

③ 마술: 말을 타고 여러 가지 자세나 기예를 보여주는 것, 군자의 중요한 덕목 중 하나

④ 수박: 맨손과 발을 이용한 격투기로 치기, 주먹지르기 등의 기술을 포함함, 무인들에게 적극 권장, 명종 때 수박을 겨루어 승자에게 벼슬을 주어 출세를 위한 방법으로 활용, 인재 선발을 위한 기준이 되었으며, 무신반란의 주요 원인 중 하나

07 ①

| 정답해설 |

① 석전은 관료 선발에 활용되지 않았다.

| 심화해설 |

석전

- 두 편으로 나뉘어 서로 돌팔매질을 하여 승부를 겨루던 놀이
- 음력 정월 대보름날 각 지방에서 행해지며, 편쌈, 변전(邊戰), 편전(便戰)이라고 함
- 민속놀이, 군사훈련, 구경거리 제공의 성격을 가짐

08 ③

| 정답해설 |

③ 종정도와 승경도는 조선시대 서민층이 행했던 민속놀이가 아니다.

09 ③

| 정답해설 |

③ 권보는 조선시대의 무예서에 해당하지 않는다.

| 심화해설 |

- 고병서해제: 병서에 대한 연구 서적
- 무예제보(武藝諸譜): 1598년 한교(韓嶠)가 편찬된 우리나라에서 가장 오래된 무예서로 6기(六技)(곤봉, 등패, 장창, 당파, 낭선, 쌍수도) 수록
- 무예신보(武藝新譜): 1759년 사도세자가 모든 정사를 대리하던 중 기묘년(1759)에 명하여 12가지 기예를 넣어 편찬한 무예서
- 무예도보통지(武藝圖譜通志): 1790년 무예제보(武藝諸譜)와 무예신보(武藝新譜)를 근간으로 새로운 훈련 종목을 더한 후 간행한 무예 훈련 교범

10 ③

| 오답해설 |

㉣ 불국토사상은 조선시대의 궁술이 아닌 신라시대에 해당한다.

| 심화해설 |

- 교육적 궁술: 육예(六藝)의 하나로 활쏘기를 통한 인간 형성을 지향하는 유교적 교육의 한 방식으로 인식
- 스포츠 성격의 궁술: 무술로서 발달하여 스포츠로 변화하였으며, 전쟁 기술이 아닌 일종의 게임으로 승부
- 편사(便射): 5인 이상 편을 구성하여 각 선수가 맞힌 화살의 총수로 승부를 겨루는 궁술대회

11 ①

| 정답해설 |

고종의 교육입국조서에서 삼양이 표기된 순서는 덕양(德養), 체양(體養), 지양(智養)이다.

12 ④

| 정답해설 |

<보기>에 관한 내용은 ④ 배재학당에 대한 설명이며, 1885년(고종 12년) 서울에 설립되었던 중등과정의 사립학교이다. 미국 선교사 아펜젤러가 설립하였으며 근대적 사학, 근대 문명의 지식을 주고, 과학을 이해하도록 교육하였다.

13 ②

| 정답해설 |

개화기 학교 운동회에서 초기로 시행한 종목은 구기 종목이 아닌 주로 육상, 경주와 공 던지기, 대포알 던지기, 멀리뛰기, 높이뛰기, 이인삼각, 당나귀 달리기, 동아줄 끌기 등이다.

14 ②

| 정답해설 |

② 조선체육진흥회는 일제강점기에 조선체육회를 해산(조선체육협회에 강제통합)시킨 뒤 일제 말기(1942년)에 일본의 주관으로 설립된 체육단체이다.

| 심화해설 |

체육단체의 결성

(1) 대한체육구락부(1906)
(2) 황성기독교청년운동부(1906)
(3) 대한국민체육회(1907)
(4) 대동체육구락부(1908)

15 ④

| 정답해설 |

<보기>에 대한 내용은 ④ 노백린에 대한 설명이다.

| 심화해설 |

노백린

- 신민회를 조직하여 구국운동을 전개하고 만주에 독립운동 전초 기지를 건설하기 위한 계획을 세우고, 고향인 송화에 민립학교 광무학당을 설립하는 등 구국교육운동을 전개
- 구한말 정부의 육군 참위로서 영재 양성에 남다른 관심을 쏟았으며, 체육을 지 · 덕 두 가지 교육과 함께 국민교육에 필수적인 영역이라고 주장
- '대한민국체육회'의 설립 과정에 발기인으로 참가, 병식체조 일변도의 학교체육 문제점을 바로 잡기 위하여 1907년 우리나라 최초의 체조강습회를 개최

16 ①

| 정답해설 |

① 원산학사는 한국 최초의 근대학교이다.

17 ④

| 정답해설 |

<보기>에 대한 내용은 모두 일제강점기의 조선체육회에 대한 설명이다.

| 심화해설 |

조선체육회(1920): 조선체육계를 대표하는 조선체육회는 1920년 7월 13일 국내 체육인, 일본 유학 출신자, 동아일보의 적극적인 후원으로 한국 체육통합단체로 창립되어 운동가를 양성하고 운동을 장려할 뿐만 아니라 운동가에 대한 편의를 도모할 수 있는 중요한 역할을 하였다. 조선체육회가 주최한 최초의 경기대회인 제 1회 전조선야구대회를 계기로 오늘날 권위 있는 대한체육회 주최인 '전국체육대회'가 되었다. 또한, 1923년 육상경기연구위원회를 구성하여 육상경기에 대한 과학적 연구를 하게 되었다.

18 ③

| 정답해설 |

③ 여운형은 '체육 조선의 건설'이라는 글에서 사회를 강하게 하는 것은 구성원의 힘을 강하게 하는 것이며, 그 방법은 교육이며, 여러 교육의 기초는 체육이라고 강조하였다.

19 ②

| 정답해설 |

대한민국 정부에 체육정책 담당 부처는 체육부 → 문화체육부 → 문화체육관광부 순서이다.

20 ④

| 정답해설 |

㉠ 탁구: 1973년 사라예보 세계선수권대회에서 단체전 우승 달성

㉡ 배구: 1976년 몬트리올 올림픽대회에서 구기 종목 사상 최초의 동메달 획득

㉢ 핸드볼: 1988년 서울 올림픽대회에서 당시 최강국을 이기고 금메달 획득

특수체육론

01	02	03	04	05	06	07	08	09	10
③	②	③	④	③	①	①	①,② ③,④	④	①,④
11	**12**	**13**	**14**	**15**	**16**	**17**	**18**	**19**	**20**
①	③	②	①	①	①,② ③,④	③	①	②,③	③

01 ③

| 정답해설 |

서울패럴림픽대회가 개최된 후 장애인 체육을 관정할 전문 기구의 필요성이 인식되면서 한시적으로 서울장애인올림픽조직위원회를 승계한 재단법인 한국장애인복지체육회가 1989년에 설립되었고 이후 한국장애인복지체육회는 장애인복지법에 근거한 우리나라 최초의 장애인 체육 행정 조직이 되었다.

| 오답해설 |

① 대한장애인체육회 설립(2005) – 도약기

② 대한민국상이군경회 설립(1963) – 태동기

④ 한국소아마비아동특수보육협회 설립(1966) – 태동기

02 ②

| 정답해설 |

② 기능회복을 위한 치료 서비스는 장애인스포츠지도사가 아닌 의료인의 역할이다.

03 ③

| 정답해설 |

㉠ 사정: 문제를 확인하고 교육적 의사 결정, 즉 평가에 필요한 자료를 수집하는 과정
㉡ 평가: 검사 도구로 측정하여 수집된 자료를 근거로 가치 판단을 통하여 교육적 의사결정을 내리는 마지막 과정으로서, 문제 해결을 위해 지속적으로 이루어지는 과정
㉢ 측정: 인간의 행동 특성에 대하여 검사 도구를 이용해서 정보 자료를 모으고, 이를 기호로 나타내는 과정
㉣ 검사: 개인의 지식이나 능력을 일정한 조건에 따라 체계적으로 관찰하기 위해 도구 혹은 특정 절차를 이용하여 자료를 수집하는 기술

04 ④

| 오답해설 |

① 검사 대상은 3세~10세 특수교육 대상자이다.
② TGMD-3은 대근 운동 능력을 측정하기 위한 규준 참조 검사이다.
③ TGMD-3은 이동 운동 6개, 공 조작 운동 7개 영역 검사로 총 13개의 기본 운동 능력을 평가한다.

05 ③

| 정답해설 |

③ 학생이 아닌 부모에게 정기적인 통지 방법에 해당한다.

| 추가해설 |

개별화 교육 계획의 구성 요소

① 특수 교육 수요자의 필요 인적 사항
② 수행 가능한 현재 학습 수행 수준
③ 장기 목표(연간) 및 단기 목표
④ 보조 인력 및 지원 서비스
⑤ 정식 편성된 교과 교육과정의 참여
⑥ 평가법(방식)의 변형
⑦ 서비스 플랜 또는 전환 서비스
⑧ 평가 과정의 부모 또는 보호자 통보

06 ①

| 정답해설 |

<보기>에 관한 내용은 ① 비대칭 긴장성 목반사에 관한 내용이다.

- 시기: 0~6개월
- 자극: 누운 자세에서 머리를 오른쪽이나 왼쪽으로 향하게 함
- 반응행동: 얼굴 돌린 방향의 팔다리는 뻗고 반대쪽은 굽힘

07 ①

| 오답해설 |

<보기>에 대한 내용은 스테이션 수업에 관한 내용이며, 그룹별 교수 학급을 소규모 단위로 분류하여 스킬을 연습할 수 있는 환경을 조성, 각 그룹이 순환하는 방식으로 학습을 진행하는 것을 의미한다.

| 오답해설 |

② 대그룹 수업: 흔하게 이루어지지 않는 수업 형태, 학생들의 참여를 유도하기 위한 특별한 목적에 이용
③ 협력학습 수업: 학생들끼리 서로 돕기 위해 팀이나 소집단으로 함께 학습하는 수업 형태
④ 또래 교수 수업: 교사가 체육 수업 활동에서 장애인 지도 시 학생을 보조 교사로 이용

08 ①, ②, ③, ④

| 정답해설 |

대근운동 영역 단계 중 초등 3~4학년 시기에 해당하는 내용은 간이게임과 관련 기술에 해당한다. 따라서 자세조절기술, 물체조작기술, 감각지각운동기술, 리드-업 게임과 기술 모두 해당된다.

09 ④

| 정답해설 |

④ 4~5세에는 던지는 팔과 같은 쪽 발을 앞으로 내밀며 공을 던진다.

10 ①, ④

| 정답해설 |

흉추 6번(T6) 이상에 손상을 입으면 혈류 이송 체계가 손상된다.

① 체력 향상을 위해서는 근육량이 적은 경우라도 유산소 운동과 무산소 운동을 병행하는 것이 더욱 효과적이다.
④ 심박수를 통한 운동과정과 회복과정은 운동처방을 할 수 없다.

11 ①

| 정답해설 |

㉠ 타임아웃: 정해진 시간에 정적 강화의 환경에서 대상자가 문제 행동을 나타낼 경우 대상자를 그 환경에서 퇴출시켜 제외하는 방법
㉡ 반응대가: 어떤 특권이나 점수를 잃게 되는 것으로 이전에 획득한 강화를 박탈하는 방법
㉢ 부적 벌: 특정한 행동의 발생 빈도를 줄이기 위해 자극(처벌)을 줄이거나 제거하는 것, 좋아하는 보상을 제거하여 행동을 감소

12 ③

| 정답해설 |

㉠ 지적 기능은 지수가 평균으로부터 -2 표준편차 이하이다.
㉡ 적응행동의 실제적 기술은 식사, 옷입기, 작업 기술, 건강과 안전, 일과 계획, 전화사용 등이 있다.
㉢ 22세 이전에 발생한다.

13 ②

| 정답해설 |

<보기>에 대한 내용은 다운증후군에 대한 설명이며, 다운증후군은 당분을 조절하는 내당 기능이 약해서 비만이 되기 쉽고 당뇨병 발생빈도가 높다.

14 ①

| 정답해설 |

<보기>의 내용은 ① 보체에 관한 설명이다.

| 오답해설 |

② 플로어볼: 스웨덴에서 체계화된 아이스하키 스포츠와 유사한 실내 팀 스포츠로, 한 팀 6명의 선수로 상대 골대에 골을 넣는 경기이다. 스페셜올림픽의 플로어볼 경기는 일반 경기를 수정하여 골키퍼, 필드 선수 3명으로 진행되며, 길이가 20m, 너비가 12m인 경기장에서 실시

③ 보치아: 뇌성 마비 중증 장애인과 운동성 장애인이 참가 가능하며, 표적구에 가까운 공의 점수를 합해 승과 패를 겨루는 경기

④ 넷볼: 영국에서 농구를 모방하여 마련되었으며, 여성의 약한 신체를 고려하고 신체 접촉을 최소화해서 섬세, 협동, 조화에 초점을 둠

15 ①

| 정답해설 |

㉠ 운동 실조성 뇌성마비는 소뇌에 손상을 입어 몸의 평형성과 협응성에 영향을 미침

㉡, ㉢ 무정의 운동성 뇌성마비는 대뇌 중앙에 위치한 기저핵 부분이 손상되면서 사지가 불수의적으로 불규칙하게 움직이는 것이다.

16 ①, ②, ③, ④

| 정답해설 |

④ 지도자의 의도가 아닌 참가자의 특수한 요구에 맞는 적절한 구조와 절차를 고안하여 활동을 제시하여야 한다. ①,②,③의 내용 또한 보기 ㉠의 내용과 연관된 내용이라 할 수 없다.

17 ③

| 정답해설 |

③ 자율신경 반사이상(autonomic dysreflexia)이 발생할 때 고강도 순환운동으로 전환할 시, 위험을 초래할 수 있다.

18 ①

| 정답해설 |

① 시각장애인의 지도전략으로는 개인 종목뿐만 아니라 다양한 스포츠에 참여하도록 하여 도전정신을 통한 자신감을 가질 수 있는 지도가 효율적이다.

19 ②, ③

| 정답해설 |

② 진행성 근이영양증 근위축은 근력 및 근지구력 운동을 통해 근육군의 퇴화와 근위축을 예방할 수 없다.

③ 정상아의 평균 지능 분포의 1 표준편차 정도가 저하된 경미한 지능 장애가 확인된다.

20 ③

| 정답해설 |

㉠ 운동

㉡ 수영

㉢ 스케이트

유아체육론

01	02	03	04	05	06	07	08	09	10
④	①	④	②	②	③	③	④	②	①
11	**12**	**13**	**14**	**15**	**16**	**17**	**18**	**19**	**20**
④	④	②	①	③	③	④	①	②	④

01 ④

| 정답해설 |

④ 새로운 기능 학습 시에는 수업 초반에 제시한 과제 수준을 일관되게 유지하기보다는 항상 창의력을 발휘하여 지도의 내용이나 방법 등을 변화시켜나가야 한다.

02 ①

| 정답해설 |

① 시범에서 언어적 표현보다 지도사가 직접 행동으로 표현해주는 것이 더 효과적이다.

03 ④

| 정답해설 |

④ 프로그램 내 과제 수준은 이동성, 조작성, 안정성과 관련된 다양한 기본 능력을 발달시키는 프로그램을 구성하여 지도해야 한다.

04 ②

| 정답해설 |

② 감각수용세포가 자극으로 들어온 정보를 뇌로 전달하는 것은 지각이 아닌 감각의 과정이다.

05 ②

| 정답해설 |

<보기>에 대한 설명은 ② 열사병에 대한 설명이며, 심부 체온이 섭씨 40도 이상이고 중추신경계의 이상소견이 함께 나타나는 증상을 말한다.

06 ③

| 정답해설 |

㉠ 연계성: 기초부터 향상된 단계까지 잘 조직된 운동 발달 프로그램을 제공하는 원리

㉡ 방향성: 성장과 발달은 일련의 방향성을 가지고 발달한다는 원리(머리 - 꼬리 법칙, 중심말초 법칙, 전체 - 부분 법칙)

㉢ 적합성: 유아기는 발달 단계에 따라 가장 많은 영향을 받는 '민감기'로, 이를 고려한 적절한 운동이 적용하는 원리

07 ③

| 정답해설 |

㉠ 발달: 출생에서 사망에 이르기까지 전 생애에 걸쳐 일어나는 체계적이고 연속적인 변화를 의미

㉡ 성장: 발달과정에 따른 단순한 양적 변화로 일정 시기가 되면 자연히 발생하는 신장, 체중, 체격, 신경조직, 치아 그리고 성징 등에 대한 발달을 의미

㉢ 성숙: 성장을 기초로 해서 나타나는 질적 변화로 단지 신체적, 생리적 변화만 뜻하는 것이 아닌 이것을 바탕으로 발생하는 행동의 변화를 의미

08 ④

| 심화해설 |

1. 기본 움직임 기술에 대한 대근운동발달검사(TGMD) 항목

이동 운동(하지의 근력, 리듬감, 상하체 협응 평가)

- 달리기(run): 뛰기
- 겔롭(gallop): 말 뛰기
- 립(leap): 도약 후 두 발 크게 벌려 뛰기
- 슬라이드(slide): 옆으로 뛰기
- 멀리뛰기(horizontal jump): 제자리 멀리뛰기

2. 물체조작 운동(수행 자세 및 과정 평가)

- 던지기(throw): 공 던지기
- 받기(catch): 공 받기
- 치기(srike): 막대로 공 치기
- 차기(kick): 공 차기
- 굴리기(underhand roll): 공 굴리기
- 튀기기(dribble): 제자리 공 튀기기

09 ②

| 정답해설 |

사회문화적 이론: 사회문화적 맥락 속에서 내포된 사회적 상호작용과 언어가 인지발달에 미치는 영향을 강조한 이론으로 주요 개념으로는 비계설정, 근접발달영역, 내면화 등이 있다.

10 ①

| 정답해설 |

① 피질의 발달과 특정 환경적, 뇌의 뇌간, 변연계, 대뇌피질의 세 부분 모두 현저한 발달이 이루어진다.

11 ④

| 정답해설 |

④ 자기 주도성 역량은 체육과 교육과정(2022)에서 추구하는 핵심적인 신체활동 역량의 내용이 아니다.

12 ④

| 정답해설 |

④ 안내 - 발견적 교수 방법은 교사가 사전에 결정된 학습목표에 맞추어 적절한 질문을 던짐으로써 유아가 표현하고 실험할 수 있도록 기회를 주고 이를 통해 점차 사전에 결정된 학습목표에 접근하도록 하는 방법이다.

| 오답해설 |

① A 지도자는 지시적 교수 방법

② B 지도자는 탐색적 교수 방법

③ C 지도자는 과제 중심 접근 교수 방법

13 ②

| 정답해설 |

㉠ 신체 인식: 전신의 움직임, 신체 부분의 움직임

㉡ 공간 인식: 수준, 방향

㉢ 노력: 시간, 힘

14 ①

| 정답해설 |

㉠ 지지면: 물체가 지면에 접촉하고 있을 때 그 접촉점들을 연결시킨 면적을 의미한다. 지지면이 클수록 안정성은 높아진다.

㉡ 가속도: 어떤 물체에 작용하는 힘은 그 물체에 작용하는 힘의 크기에 비례하는 가속도를 유발한다.

㉢ 거리: 역학적으로 일을 했다는 것은 물체(인체)의 위치의 변화를 통해서 거리가 생겼다는 것을 의미한다.

15 ③

| 정답해설 |

㉠ 여러 가지 스포츠를 포함한 즐겁고 성장 발달에 적절한 활동(달리기, 자전거 타기, 축구, 야구, 춤추기 등)

㉡ 신체활동은 구조화되지 않은 활동이나 구조화되고 적절하게 감독할 수 있는 활동으로 구성(푸쉬업, 스쿼트, 플랭크, 클라이밍, 레슬링, 요가 등)

㉢ 60분

16 ③

| 정답해설 |

움직임 기술의 발달 단계 구분은 특수성이나 관찰자의 정교함에 따라 움직임 기술의 발달 단계 구분은 영향을 받는다.

17 ④

| 정답해설 |

ㄱ, ㄴ, ㄷ 모두 '국민체력100'에서 제시하는 유아기 체력측정에 관한 설명이다.

18 ①

| 오답해설 |

ㄴ. 전면성의 원리: 신체의 모든 기관과 체력 요소를 균형 있게 발달시키는 원리

ㄷ. 점진성의 원리: 운동을 효과적으로 수행하기 위해서는 운동강도 및 운동량을 점차적으로 증가시켜야 하는 원리

19 ②

| 정답해설 |

㉠ 머리와 목 제어

㉡: 육상 허들 넘기

㉢: 손바닥 파악 반사

20 ④

| 정답해설 |

④ 공을 튀길 때 손바닥으로 공을 때리도록 지도하는 단계는 성숙단계로 발달하는 것이 아닌 시작단계에서 초보단계로 발달하도록 지도하는 방법이다.

노인체육론

01	02	03	04	05	06	07	08	09	10
②	④	④	③	①	③	①	③	④	③
11	**12**	**13**	**14**	**15**	**16**	**17**	**18**	**19**	**20**
②	②	④	④	③	①	②	①	①,② ③,④	②

01 ②

| 정답해설 |

② 노화에 따른 생리적 변화로 동정맥 산소차는 감소한다.

| 오답해설 |

① 1회 박출량 감소

③ 근육의 산화능력 감소

④ 심장근육의 수축시간 연장

02 ④

| 정답해설 |

<보기>는 면역반응이론(immune reaction)에 관한 내용이다. 면역반응이론이란, 항체의 이물질 식별 능력이 저하되면서 이물질이 체내에 남아 부작용을 일으켜 노화를 촉진한다는 이론이다.

03 ④

| 정답해설 |

<보기>는 노화의 특징 중 쇠퇴성(deleterious)에 관한 내용이다. 노화는 궁극적 사망에 이르게 하는 쇠퇴성을 특징으로 한다.

| 추가해설 |

※ 생물학적 노화의 특성

- 보편성: 노화에 따른 변화는 누구에게나 동일함
- 내인성: 노화는 질병이나 사고가 아닌 내적 변화에 의존
- 점진성: 노화에 따른 변화는 연령이 증가함에 따라 심해지며 회복이 불가능
- 쇠퇴성: 노화는 궁극적으로 사망을 초래

04 ③

| 정답해설 |

<보기>는 사회인지이론(social cognitive theory)에 관한 내용이다. 사회인지이론은 인간의 행동이 개인의 내적 요인, 행동 요인, 그리고 환경 요인이 상호 작용함에 따라 변화한다고 설명하는 이론이다.

05 ①

| 정답해설 |

천식 증상은 운동에 의해 유발되거나 악화될 수 있다.

06 ③

| 정답해설 |

상지 근 기능의 측정항목은 상대악력(%)이다.

07 ①

| 정답해설 |

노인의 생활 기능 분류에서 도구적 일상행위(Instrumental Activities of Daily Living; IADLs)는 노인이 독립적으로 생활하기 위해 필요한 복잡한 활동으로, 요리는 IADLs에서 중요한 활동이다.

08 ③

| 정답해설 |

미국스포츠의학회(ACSM, 2022)는 노인을 위한 파워 운동에서 중강도의 저항 훈련을 권장하며, 1RM의 20 - 60%를 사용하는 것이 적합하다고 명시하였다. 또한, 일반적으로 8 - 12회 반복을 제안한다.

09 ④

| 정답해설 |

단기신체기능검사(SPPB)는 보행 속도, 균형 능력 및 의자 앉았다 일어나기 시간의 점수를 합산하여 평가하고 점수가 높을수록 더 높은 기능을 의미한다.

10 ③

| 정답해설 |

ㄴ. 선별알고리즘에 따라 중강도 운동시에는 의료적 허가는 권장하지 않는다.

ㄷ. 3개월 동안 걷기 운동을 하였고 별다른 신체적 증상 없이 가끔 종아리 통증이 느껴지므로, 운동자각도 5~6에 해당하는 중강도의 빠른 걷기를 유산소 운동으로 시행하는 것이 적절하다.

ㄹ. 근력운동의 경험이 없으므로, 저강도(1RM의 40~50%)의 근력강화 운동을 하는 것이 적절하다.

11 ②

| 정답해설 |

페르브뤼헌과 에터의 장애과정 모델은 장애에 이르는 과정을 병(Disease), 손상(Impairment), 기능적 제한(Functional Limitation), 장애(Disability)로 제시하였다.

12 ②

| 정답해설 |

※ 에릭슨의 심리 사회적 단계

신뢰 대 불신 → 자율 대 수치와 회의 → 주도 대 죄책감 → 역량 대 열등감 → 독자성 대 역할 혼동 → 친분 대 고독 → 생산적 대 정체 → 자아 주체성 대 절망

13 ④

| 정답해설 |

<보기>는 말초동맥질환(peripheral arterial disease)에 관한 설명이다.

14 ④

| 정답해설 |

노화에 따라 호흡기 근력과 호흡기 중추 신경 활동의 민감성이 감소한다.

15 ③

| 정답해설 |

ⓛ, ⓒ, ⓗ은 노인 당뇨병 환자가 운동을 통해 기대할 수 있는 효과이다.

| 오답해설 |

ⓐ 인슐린 저항성 감소

ⓓ 인슐린 민감성 증가

ⓜ 골격근의 포도당 수송 능력 증가

16 ①

| 정답해설 |

세계보건기구(WHO)는 노인의 신체활동이 근골격계 건강뿐만 아니라 우울증, 스트레스, 불안 등의 심리적 위험 요소를 줄이는 데 중요한 역할을 한다고 강조하였다.

17 ②

| 정답해설 |

노년기에 유동성 지능이 쇠퇴하는 반면, 결정성 지능은 경험과 지식의 축적을 통해 유지되거나 향상될 수 있다.

18 ①

| 정답해설 |

골다공증 환자에게 수영은 골밀도를 증가시키는 데 효과적이지 않으므로, 골밀도 증가를 위한 권장 운동으로는 적합하지 않다.

19 ①, ②, ③, ④

| 정답해설 |

ⓐ, ⓛ, ⓒ, ⓓ은 치매 노인에게 적합한 운동이다.

20 ②

| 정답해설 |

㉠, ㉢, ㉤은 노인 운동 시 위험관리에 관한 올바른 지침이다.

| 오답해설 |

㉡ 심정지 노인의 심폐소생술 시행 중에는 자동심장충격기를 사용한다.
㉣ 청각적 문제가 있는 경우 잘 들리는 귀 쪽으로 이야기하며 지도한다.

메모

03

CBT 모의고사 이용방법 필수 3과목 +선택 5과목

QR스캔 > 회원가입 & 로그인 > OMR 정답입력 > 채점 및 결과확인

CBT

실전모의고사

스포츠교육학

01 <보기>의 ㉠, ㉡에 해당하는 용어로 바르게 연결된 것은?

보기

1960년대 중반 미국을 중심으로 전개된 (㉠)은 스포츠교육학이 체육학의 하위 학문으로 성장하는데 촉매제 역할을 하였다. 이후 신체를 통한 교육 또는 신체 교육이라는 이미지에서 (㉡) 이미지로 변화하였다.

	㉠	㉡
①	체육 교육화 운동	이론적
②	체육 교육화 운동	경험적
③	체육 학문화 운동	이론적
④	체육 학문화 운동	경험적

02 스포츠교육의 발전 과정에 관한 설명으로 옳지 않은 것은?

① 19세기 초 · 중반 체조 중심의 체육이 이루어졌다.
② 19세기 초 · 중반 성과 관련된 폐쇄적인 고정관념이 존재하였다.
③ 휴먼 무브먼트와 움직임 교육은 20세기 초반부터 시작되었다.
④ 체육 학문화 운동은 1960년 미국을 중심으로 시작되었다.

03 다음 중 <보기>에서 설명하는 스포츠교육의 실천 영역은?

보기

운동선수나 지도자를 양성하기 위한 활동으로 학교나 실업팀 등에서 선수들을 대상으로 이루어진다.

① 학교체육　② 전문체육
③ 생활체육　④ 유아체육

04 스포츠기본법(시행 2022.6.16.) 제3조 '정의'에 관한 내용 중 옳지 않은 것은?

① "장애인스포츠"란 장애인이 참여하는 스포츠 활동(생활스포츠와 전문스포츠를 포함한다)을 말한다.
② "스포츠산업"이란 스포츠와 관련된 재화와 서비스를 통하여 부가가치를 창출하는 산업을 말한다.
③ "학교스포츠"란 건강과 체력 증진을 위하여 행하는 자발적이고 일상적인 스포츠 활동을 말한다.
④ "스포츠클럽"이란 지역사회의 체육활동 진흥을 위하여 운영되는 법인 또는 단체를 말한다.

05 학교체육 진흥법 시행령(시행 2021.4.21.) 제4조 '스포츠강사의 자격기준 등'에서 제시한 스포츠강사의 재임용 평가 내용이 아닌 것은?

① 강사로서의 자질
② 학교운동부 운영 성과
③ 복무 태도
④ 학생의 만족도

06 다음 ㉠~㉤에서 체육시설법 시행규칙(시행 2021.7.1.) 제22조 '체육지도자 배치기준'에 부합하는 것을 모두 고른 것은?

체육시설업의 종류	규 모	배치인원
㉠ 스키장업	• 슬로프 10면 이하 • 슬로프 10면	1명 이상 2명 이상
㉡ 요트장업	• 요트 20척 이하 • 요트 20척	1명 이상 2명 이상
㉢ 승마장업	• 말 10마리 이하 • 말 10마리 초과	1명 이상 2명 이상
㉣ 골프연습장업	• 20타석 이상 50타석 이하 • 50타석 초과	1명 이상 2명 이상
㉤ 체력단련장업	• 운동전용면적 400제곱미터 이하 • 운동전용면적 400제곱미터 초과	1명 이상 2명 이상

① ㉠, ㉡, ㉢　② ㉠, ㉡, ㉣
③ ㉡, ㉢, ㉣　④ ㉡, ㉢, ㉤

07 다음 중 생활스포츠지도사에 대한 설명으로 옳지 않은 것은?

① 활동 목표를 설정하고, 프로그램을 개발하며, 효율적 지도법을 개발한다.
② 체육 프로그램을 제공하며 지속적인 스포츠 활동의 참여를 도모한다.
③ 투철한 사명감, 활달하고 강인한 성격 등의 자질이 요구된다.
④ 숙련된 경기지도와 전문지식을 소지하여 경기력 향상을 위해 지도한다.

08 다음 중 성장단계별 스포츠 프로그램의 목적 중 옳지 않은 것은?

① 유소년스포츠: 신체적, 인지적 발달 도모, 기본적인 인간관계 형성
② 청소년스포츠: 운동기능 습득, 삶의 즐거움과 활력, 양질의 동적 스포츠
③ 성인스포츠: 신체적 건강 유지, 흥미 확대, 사회적 안정을 추구
④ 노년스포츠: 신체적 건강과 체력 단련을 위한 신체활동

09 <보기>의 발달특성을 가진 학습자를 위한 스포츠 프로그램 구성 고려사항으로 적절하지 않은 것은?

보기
• 신체적 · 정서적 · 사회적 발달이 뚜렷하다.
• 자아정체감 형성 및 신체적 성숙해진다.
• 2차 성징이 나타난다.

① 생활패턴 고려
② 정적운동 위주의 활동
③ 개인의 적성과 흥미 고려
④ 스포츠 지속적 참여 고려

10 슐만(Shulman. 1987)의 교사 지식에 관한 설명으로 옳지 않은 것은?

① 교육 목적 지식: 목적, 내용 및 교육시스템의 구조에 관한 지식
② 내용 지식: 가르칠 교과내용에 대한 지식
③ 내용 교수법 지식: 모든 교과에 적용되는 지도법에 대한 지식
④ 교육 과정 지식: 각 학년의 발달 단계에 적합한 내용 지식

11 <보기>의 학교스포츠클럽에 관한 설명 중 옳은 것으로만 묶인 것은?

보기

㉠ 방과 후에 체육활동에 흥미를 가진 학생들로 운영된다.
㉡ 창의적 체험 활동 시간에 이루어지는 활동이다.
㉢ 정규 교육과정 중에 이루어지는 활동이다.
㉣ 「학교체육진흥법」 제10조를 근거로 따른다.

① ㉠, ㉡　② ㉠, ㉣
③ ㉡, ㉢　④ ㉢, ㉣

12 <보기>의 ㉠, ㉡에 해당하는 단계로 알맞은 것은?

보기

전문체육프로그램 개발의 6단계
선수에게 필요한 기술 파악 - (㉠) - 상황분석 - 우선순위 결정 및 목표 설정 - (㉡) - 연습 계획 수립

	㉠	㉡
①	선수 이해	지도방법 선택
②	스포츠에 대한 이해	지도방법 선택
③	선수단의 규모 설정	전술 선택
④	선수단의 목표 설정	전술 선택

13 <보기>에서 설명하고 있는 체육수업모형은?

보기

• 학생은 책임감 있는 팀원이 되며 팀의 성공을 위해 공헌한다.
• 팀이 과제에 참여하기 전에는 교사 중심으로 수업이 운영되며, 과제를 시작한 후에는 학생 중심으로 수업이 운영된다.
• 모든 팀원은 자신의 팀에게 할당된 과제를 나누어 담당하고 전문가 집단에서 과제를 익힌 후 다시 본래의 팀으로 돌아가 자신이 학습한 내용을 지도한다.

① 개별화 지도 모형　② 동료 교수 모형
③ 협동 학습 모형　④ 스포츠 교육 모형

14 링크(J.Rink)의 내용발달 단계 중 <보기>와 관련 있는 것은?

보기

• 수행의 질적 발달에 초점을 두고 학습자에게 책무성을 부여할 때 효과적
• 지도자가 학습자에게 운동 수행의 결과를 제공할 때 수행의 질이 향상

① 확대 과제　② 세련 과제
③ 응용 과제　④ 시작 과제

15 모스턴(M. Mosston)의 교수 스타일 중 포괄형에 관한 설명으로 적절하지 않은 것은?

① 지도자가 교과 내용과 과제의 난이도를 설정한다.
② 학습자가 스스로 자신의 성취기준을 설정한다.
③ 교수자는 학습자의 활동을 점검하고 평가한다.
④ 과제 난이도를 설정함으로써 수준별 학습이 가능하다.

16 다음 중 평가의 목적으로 가장 거리가 먼 것은?

① 학습자 운동수행 참여 및 동기 촉진
② 학습자의 학습 상태와 지도 정보 제공
③ 학습목표에 따른 결과 및 순위 중시
④ 교육 프로그램 및 교육과정 적절성 확인

17 다음 중 <보기>에서 설명하는 평가의 유형은?

보기

- 교육 프로그램 실시 이전에 학습자의 특성을 점검하는 평가
- 학습자에 관한 정보를 수집하고 교육 방향을 설정 및 수정

① 진단평가　② 수행평가
③ 형성평가　④ 총괄평가

18 다음 중 <보기>에서 설명하는 신뢰도 검사방법은?

보기

동일한 구인을 측정하는 두 개의 검사지에서 나온 점수들 간의 상관관계를 구하여 신뢰도를 얻는 검사방법이다.

① 검사-재검사　② 동형 검사
③ 내적 일관성 검사　④ 반분 신뢰도 검사

19 안전한 학습 환경 유지와 관련된 설명으로 적절하지 <u>않은</u> 것은?

① 지도자는 안전한 수업운영과 관련된 내용을 명확히 전달해야 한다.
② 지도자는 활동 전에 안전 문제를 미리 예측하고 교구를 배치해야 한다.
③ 지도자는 학습자의 요청이 있을 경우에만 위험한 상황에 개입한다.
④ 새로운 게임을 시작할 경우 지속적으로 학습자를 감독해야 한다.

20 다음 중 <u>스포츠교육</u> 전문인 성장 유형을 올바르게 나열한 것은?

㉠ 공식화된 교육기관 밖에서 이루어지는 조직적 교육
㉡ 교육으로 교육이수를 통해 학위 및 자격증을 부여하는 교육
㉢ 일상적인 경험에 대한 반성으로부터 이루어지는 교육

	㉠	㉡	㉢
①	비형식적 성장	형식적 성장	무형식적 성장
②	비형식적 성장	형식적 성장	형식적 성장
③	무형식적 성장	비형식적 성장	형식적 성장
④	무형식적 성장	형식적 성장	비형식적 성장

스포츠사회학

01 스포츠사회학에 대한 정의 및 개념의 설명으로 옳지 않은 것은?

① 스포츠사회학은 사회학적 이론과 연구 방법을 스포츠 현상에 적용하여 연구하는 학문으로 사회학과 스포츠과학의 한계 과학 또는 학제적 학문이다.
② 스포츠사회학은 스포츠에서 나타나는 행동유형과 사회과정에 초점을 두고 있으며, 이를 스포츠 활동이 존재하는 일반 사회구조의 측면에서 설명하는 학문이다.
③ 스포츠사회학은 사회학의 하위분야로 스포츠 현상에 사회학적 개념을 적용하여 스포츠의 맥락에서 인간의 사회행동 법칙을 규명하는 학문이다.
④ 스포츠사회학은 사회관계의 망 또는 인간의 조직을 의미하는 학문이다.

02 <보기>에서 스포츠의 사회적 기능을 설명한 파슨즈 AGIL 모형의 구성 요소는?

보기
- 스포츠는 사회 구성원에게 현실에 적합한 사고, 감정, 행동 양식 등을 학습할 수 있는 장을 마련해준다.
- 스포츠는 개인의 체력 및 건강 증진을 도모하여 효율적으로 사회 활동에 참여할 수 있게 한다.

① 체제 유지 및 관리
② 사회 통합
③ 목표 성취
④ 적응

03 <보기>에서 설명하는 스포츠의 사회적 역기능으로 옳은 것은?

보기
- 올림픽과 같은 국제 스포츠 경쟁이 국수주의적 고립 정책과 군국주의적인 성향을 유발한다.
- 경기의 승리를 자국의 국력 및 정치력의 척도로 평가한다.

① 국수주의 및 군국주의 팽창
② 성차별 및 인종차별
③ 상업주의의 발달
④ 강제와 통제

04 에티즌(Eitzen)과 세이지(Sage)가 제시한 스포츠의 정치적 속성으로 옳지 않은 것은?

① 상호 배타성　② 권력 투쟁
③ 대표성　④ 보수성

05 <보기>에서 괄호 안에 들어갈 내용으로 옳은 것은?

보기
1956년 멜버른 올림픽에서는 구소련의 (　　) 침공 사건에 대한 항의로 서방국가들이 불참하는 사태가 발생한다.

① 아프가니스탄　② 헝가리
③ 터키　④ 뉴질랜드

06 현대 스포츠의 발전에 영향을 미친 요소에 대한 설명으로 옳지 않은 것은?

① 산업의 고도화: 스포츠 용품의 대량 생산 체계가 갖춰지고 용구가 표준화되었다.
② 인구의 저밀도화: 쾌적한 생활환경으로 인해 스포츠 참가가 증가하였다.
③ 교통의 발달: 수송 체계가 원활해지면서 다양한 스포츠 행사가 열릴 수 있게 되었다.
④ 통신의 발달: 정보 유통이 원활해져 스포츠 저널리즘이 발달하게 되었다.

07 프로 스포츠의 기능 중 성격이 다른 하나는?

① 스포츠 관람을 통해 스트레스 해소
② 스포츠를 삶의 수단적 가치로 추구
③ 아마추어 선수에게 진로 개척과 희망 제공
④ 경제 발전 및 고용 증대

08 <보기>에서 설명하는 우리나라 학원 스포츠의 문화적 특성으로 옳은 것은?

보기

학생 선수들은 교실 공간과 분리되어 합숙소와 운동장에서 주로 생활하며 그들만의 공동체 문화를 만들어 간다. 또한 그들만의 동질감을 바탕으로 끈끈한 인간관계를 맺지만, 일반 학생들과는 이질화되고 있다.

① 신체 소외 문화
② 섬 문화
③ 군사주의 문화
④ 승리 지상주의 문화

09 스포츠의 교육적 기능 중 성격이 다른 하나는?

① 스포츠의 상업화
② 학업 활동의 격려
③ 학교와 지역 사회 통합
④ 장애인의 적응력 배양

10 <보기>에서 설명하는 스포츠가 미디어에 미치는 영향을 모두 고른 것은?

보기

㉠ 미디어 콘텐츠 제공
㉡ 미디어 기술의 발전
㉢ 경기 규칙 개정
㉣ 스포츠 보도 위상 제고
㉤ 경기 기술의 전문화

① ㉠, ㉡, ㉢　② ㉠, ㉡, ㉣
③ ㉡, ㉢, ㉤　④ ㉢, ㉣, ㉤

11 미디어가 스포츠에 미친 영향으로 옳은 것은?

① 스포츠와 관련된 다양한 방송 기사를 위해 새로운 콘텐츠를 제공한다.
② 수요자의 요구를 충족시키기 위해 방송 기술이 발전한다.
③ 미디어를 통한 경기 기술의 전문화와 표준화가 일어난다.
④ 방송 인지도 제고를 위해 인기 스포츠를 중계한다.

12 대중을 자극하기 위해 선수의 사생활을 보도하는 것으로 옳은 것은?

① 팩 저널리즘(pack journalism)
② 옐로 저널리즘(yellow journalism)
③ 하이에나 저널리즘(hyena journalism)
④ 뉴 저널리즘(new journalism)

13 <보기>에서 설명하는 기든스(A. Giddens)의 사회 계층 이동 준거와 유형을 올바르게 고른 것은?

보기
- S는 가난한 가정에서 태어나 끊임없는 훈련을 통해 축구 월드스타가 되었다.
- 월드스타가 되고 난 후, 축구장학재단을 만들어 개발도상국에 축구학교를 설립하여 후진양성에 큰 역할을 하고 있다.

	이동 주제	이동 방향	시간적 거리
①	집단	수평 이동	세대 내 이동
②	집단	수직 이동	세대 간 이동
③	개인	수평 이동	세대 간 이동
④	개인	수직 이동	세대 내 이동

14 스포츠 탈사회화와 스포츠 재사회화에 대한 설명으로 옳지 않은 것은?

① 스포츠로부터의 탈사회화 이후 스포츠 현장으로 복위하여 스포츠 사회화 과정을 다시 경험하는 것을 스포츠로의 재사회화라고 한다.
② 운동선수가 스포츠로부터의 탈사회화를 겪게 되는 요인에는 환경, 취업, 정서 등이 있다.
③ 모든 운동선수는 은퇴 후 스포츠로의 재사회화 과정을 겪는다.
④ 운동선수의 스포츠로부터의 탈사회화는 선수 은퇴를 말한다.

15 <보기>에서 설명하는 스포츠 일탈의 역기능을 모두 고른 것은?

보기
㉠ 스포츠의 공정성 및 질서 체계를 훼손함
㉡ 스포츠 참가자의 사회화에 부정적인 영향을 미침
㉢ 사회적 안전판의 역할을 함
㉣ 고정 관념에서 벗어나는 창의성을 가져다주는 역할을 함

① ㉠ ② ㉠, ㉡
③ ㉠, ㉡, ㉢ ④ ㉡, ㉢, ㉣

16 폭력행위 중 도구적 공격으로 옳은 것은?

① 야구에서 투수가 타자의 신체를 위협하는 공을 던지는 행위
② 축구에서 상대방 선수를 가격하기 위해 다리를 높게 드는 행위
③ 유격수에게 과감한 슬라이딩으로 더블 플레이를 방해하는 행위
④ 농구에서 팔꿈치로 상대방을 가격하는 행위

17 신자유주의 시대의 스포츠 세계화에 대한 특징으로 옳지 않은 것은?

① 프로 스포츠의 이윤 극대화에 기여하였다.
② 스포츠 시장의 경계가 국경을 초월해 전 세계로 확대되었다.
③ 세계인들에게 표준화된 스포츠 상품을 소비하도록 만들었다.
④ 각 나라의 전통 스포츠가 전 세계로 보급되어 새로운 스포츠 시장을 개척할 수 있게 되었다.

18 미래 사회의 스포츠 변화에 대한 설명으로 옳지 않은 것은?

① 전자매체의 발달로 다양한 스포츠 제공
② 스포츠 상업화로 인한 도박 감소
③ 스포츠 장비 개발 및 경기력 향상
④ 기술의 발전을 통해 새로운 스포츠 등장

19 <보기>와 같이 스포츠의 세계화로 인해 파생되는 현상은?

보기

최근 들어 우리나라 야구, 축구 선수들의 해외 리그 진출이 증가하고 있다. 또한 우리나라에도 축구, 농구, 배구 등에서 많은 외국 선수들이 활동하고 있다.

① 스포츠 국수주의 ② 스포츠 노동 이주
③ 스포츠 민족주의 ④ 스포츠 제국주의

20 <보기>에서 설명하는 케년(G. Kenyon)의 스포츠 참가(참여)의 유형은?

보기

실제 스포츠에 참가하지는 않지만 간접적으로 특정 선수나 팀 또는 경기 상황에 대해 감정적인 태도나 성향을 표출하는 참가

① 행동적 참가 ② 인지적 참가
③ 일탈적 참가 ④ 정의적 참가

스포츠심리학

01 다음 중 스포츠심리학의 연구 영역 정의에 대한 설명으로 옳은 것은?

① 운동 발달: 인간의 운동이 생성되는 기전과 운동의 원리를 규명하는 학문
② 운동 제어: 스포츠에서 개인의 특성을 바탕으로 하여 경험과 학습을 통한 변화 과정을 연구하는 학문
③ 스포츠심리학: 운동 경기 또는 스포츠 상황에서 응용하는 심리학의 한 분야
④ 건강운동심리학: 운동 기능 발달에 영향을 미치는 요인인 유전적 요소와의 관계 및 효과를 연구하는 학문

02 다음 중 협의의 심리학 영역과 관련이 없는 내용은?

① 자신의 능력이나 가치를 믿는 신념 또는 의지
② 인간의 운동이 생성되는 기전과 운동의 원리를 규명
③ 개인이 어떤 욕구를 만족시키기 위해 어떻게 행동하겠다고 마음을 먹는 것
④ 행동 특성과 관련해 비교적 일관된 행동을 보이는 개인의 독특한 심리적 특성

03 스포츠심리학자의 역할 중 바르지 않은 것은?

① 운동선수를 대상으로 한 상담만을 실시한다.
② 자신의 연구성과를 발표하고 검증받기도 한다.
③ 스포츠심리학, 운동학습, 운동제어, 운동발달 등을 가르친다.
④ 상담을 통해 선수가 필요로 하는 심리기술 훈련을 하기도 한다.

04 스포츠심리학의 주요 연구과제에 해당되지 않는 것은?

① 동기유발 전략
② 불안 감소 전략
③ 상담기술 및 방법
④ 체육행정 정책수립

05 운동 제어와 관련이 없는 내용은?

① 인간 움직임의 특성과 그 움직임이 어떻게 조절되는지를 연구하는 학문
② 운동 행동의 시간적 흐름, 즉 연령에 따라 계열적·연속적으로 변화하는 과정을 규명하는 학문
③ 인간의 운동이 생성되는 기전과 운동의 원리를 규명하는 학문
④ 자극에 대한 반응이 실제 행동으로 어떻게 이어지는지를 확인하고 수정하는 과정을 연구하는 학문

06 운동학습에 영향을 미치는 요인에 대한 설명으로 옳지 않은 것은?

① 기억은 기명, 파지, 재생, 재인과 같은 단계를 거쳐 현재의 사실이 이전 학습경험의 사실과 같다는 것을 확인하는 것이다.
② 학습의 전이는 이전 학습내용이 후속 학습에 영향을 주는 것으로 긍정적 전이, 부정적 전이, 수평적 전이, 수직적 전이가 있다.
③ 자기충족예언은 어떤 기대가 실현될 것이라는 믿음을 갖고 그것을 실현시키기 위한 종교적 힘을 통해 기대를 현실로 실현시키는 것을 의미한다.
④ 연습은 새로운 경험이나 행동을 획득하는 것을 목표로 정하고, 그 목표에 도달하기 위해서 끊임없이 반복적으로 운동하는 전체과정을 의미한다.

07 <보기>에서 공통적으로 제공하고 있는 피드백은?

보기

- 육상: 경기장면을 담은 영상을 보고 무릎의 동작을 수정하였다.
- 테니스: 코치가 "체중이동이 빠르다"라는 정보를 제공하였다.

① 바이오피드백(biofeedback)
② 내재적 피드백(intrinsic feedback)
③ 보강적 피드백(augmented feedback)
④ 고유감각 피드백(proprioceptive feedback)

08 다음에서 설명하는 성격이론은?

보기

인간의 성격은 '원초적인 자신', '현실적인 자아', '자기통제' 3가지 경우의 자신이 끊임없이 갈등하고 타협하는 상호작용을 통해 인간의 행동이 지배된다고 보는 이론

① 카텔의 특성 이론
② 반두라의 사회학습 이론
③ 매슬로우의 욕구위계 이론
④ 프로이트의 심리역동 이론

09 <보기>에서 설명하는 자신감 이론과 가장 관련이 있는 이론은?

보기

하나의 집단 내에서 발달한 기술들의 습득을 의미하며, 자기효능감은 개인에게 주어진 집단상황에서 어떠한 기술들을 제공할 수 있는지에 대한 이해를 반영한 것이다.

① 사회 인지 이론　② 사회 학습 이론
③ 계획된 행동 이론　④ 자기 개념 이론

10 <보기>의 상황에 해당하는 니드퍼(R. M. Nideffer)의 주의유형으로 가장 적절한 것은?

보기

사격선수인 효운이는 시합에서 오로지 표적을 바라보며 조준하고 있다.

① 넓은 - 내적　② 좁은 - 내적
③ 넓은 - 외적　④ 좁은 - 외적

11 다음 <보기>에서 설명하는 강화의 종류로 알맞은 것은?

> 보기
>
> A야구선수는 이번 시즌 내내 경기 성과가 좋지 않아 자신감이 매우 떨어져 있는 상태에서 오늘 경기에 선발투수로 나서게 되었다. 매우 긴장되어 있는 상태였지만, 감독이 다가와 A선수에게 칭찬과 밝은 표정으로 선수를 격려하고 응원해주었다.

① 연속강화　② 정적강화
③ 1차적 강화　④ 2차적 강화

12 집단응집력에 대한 설명으로 옳지 않은 것은?

① 집단응집력은 집단 구성원들과의 관계에서 원활한 상호작용을 위한 노력으로 개인이 집단에 관여하고 집단을 위해 헌신하는 것을 의미한다.
② 집단 구성원들이 서로 좋아하고 집단의 일원으로 지속적으로 머물고 싶어 하는 정도로 정의할 수 있다.
③ 공동의 일을 달성하기 위해 한 사람이 다른 사람들에게 지지와 도움을 얻는 것이다.
④ 집단응집력 집단 구성원들 간에 정서적으로 친밀감과 애착을 느끼는 정도를 의미한다.

13 반두라(Bandura)의 모델링 효과에 대한 설명으로 옳지 않은 것은?

① 모델링은 자신감을 향상시킨다.
② 간단한 운동과제일 때, 모델링의 효과는 크다.
③ 4~5세 이하의 아동들에게는 비언어적 모델링이 더 효과적이다.
④ 선수들의 공격적인 행동은 청소년들이 민감하게 반응하므로 주의해야 한다.

14 <보기>의 내용에서 운동의 심리적 효과와 관련한 가설 중 다음에서 설명하는 가설은?

> 보기
>
> 운동을 하면 기분이 좋아질 것이라고 기대하기 때문에 위약효과(Placebo Effect)에 의해 심리적인 효과가 발생한다.

① 사회 심리적 가설　② 모노아민 가설
③ 뇌 변화 가설　④ 생리적 강인함 가설

15 <보기>에서 설명하는 운동 심리 이론은?

> 보기
>
> • 지역 사회가 여성 전용 스포츠 센터를 확충한다.
> • 정부가 운동 참여에 대한 인센티브 정책을 수립한다.
> • 가정과 학교에서 운동 참여를 지지해 주는 분위기를 만든다.

① 자결성 이론　② 사회 형태 이론
③ 자기 효능감 이론　④ 합리적 행동 이론

16 운동심리이론 중 운동 행동 변화 단계에 대한 설명으로 옳지 않은 것은?

① 유지: 가이드라인을 충족하는 수준의 운동을 6개월 이상 한 상태로 운동이 안정 상태에 접어들었음
② 실천: 가이드라인을 충족하는 수준의 운동을 하지만 아직 6개월 미만임
③ 무관심: 현재 운동을 하지 않고 6개월 이내 운동을 시작할 의도가 있음
④ 준비: 신체 활동을 꾸준히 하지는 않지만, 30일 내에 신체 활동을 규칙적으로 할 의도가 있음

17 상담의 기법 중 신뢰 형성을 위한 내용과 관련이 없는 것은?

① 상담자의 긍정적인 인상
② 비언어적 메시지 전달
③ 내담자의 긍정적 기대감
④ 상담의 전문성

18 스포츠심리상담사가 가져야 할 역량이나 태도로서 합당하지 않은 것은?

① 스포츠심리상담사는 어떠한 경우에도 비밀을 지켜야 한다.
② 스포츠심리상담사는 풍부한 대인관계 기술을 필요로 한다.
③ 스포츠심리상담사는 선수들의 표정, 외모 등의 비언어적 메시지에도 주의를 기울여야 한다.
④ 스포츠심리상담사는 스포츠에 관한 전문적 지식과 함께 사회 전반에 관한 풍부한 지식을 가져야 한다.

19 스포츠 심리 기술 훈련에 관한 설명으로 옳지 않은 것은?

① 연령, 성별, 경기 수준과 관계없이 모든 선수들에게 적용될 수 있다.
② 경기력 향상이 필요시에는 일회성 교육으로 진행되어야 한다.
③ 심상, 루틴, 사고 조절 등의 심리 기법이 활용된다.
④ 평소 연습과 통합되어 지속적으로 진행되어야 한다.

20 스포츠심리상담의 목표로 옳지 않은 것은?

① 사회성 발달 개선
② 운동참여에 대한 만족도 향상
③ 운동수행 능력의 향상
④ 개인주의의 확산

스포츠윤리

01 레스트(J. Rest) 도덕성 구성요소에 대한 설명으로 옳은 것은?

① 도덕적 민감성(감수성): 도덕적 행동을 실천하기 위해 필요한 자아강도, 인내력, 용기, 자기통제력
② 도덕적 판단력: 어떤 행동이 도덕적으로 옳은 것인지 판단하기
③ 도덕적 동기화: 어떤 상황을 도덕적인 상황으로 지각하고 해석하기
④ 도덕적 품성화: 도덕적 행위를 우선시하기

02 다음 보기의 빈칸에 들어갈 알맞은 내용은?

보기

아리스토텔레스는 교육을 통해 형성되는 실천적 지혜인 (㉠)와/과, 반복과 습관을 통해 형성되는 (㉡)으로 나누어서 설명하였다. 특히 (㉡)에서는 중용을 강조했다.

	㉠	㉡
①	지성적 덕	품성적 덕
②	품성적 덕	지성적 덕
③	감성적 덕	품성적 덕
④	가명적 덕	지성적 덕

03 의무론적 윤리의 특징으로 옳지 <u>않은</u> 것은?

① 인간이 추구해야 할 어떤 궁극적인 목적보다는 언제 어디서나 지켜야 할 행위의 근본원칙에 주목
② 인간행위의 옳고 그름을 행위 그 자체의 옳고 그름 및 행위자의 의도와 동기로 판단하려고 함
③ 자율적인 도덕법칙에 따른 것은 옳은 행위이고, 자율적인 도덕법칙에 어긋나는 행위는 그른 행위
④ 옳은 행위는 덕이 있는 사람을부터 나온다고 생각

04 페어플레이의 형식적 의미의 설명 중 <u>틀린</u> 것은?

① 선수가 경기 중 지켜야 할 정정당당한 행위의 실천규범
② 스포츠 행위의 시작은 공정성을 기반으로 실행
③ 규칙의 숙지뿐만 아니라 준수에 대한 약속
④ 특정 선수에게 의무적으로 부여

05 그리스의 철학자 아리스토텔레스는 <수사학>에서 설득의 수단으로 3가지 개념을 설명하였다. 동일한 유형의 요소를 설명한 것을 고른 것은?

㉠ 이성적 · 과학적인 것을 가리키는 것으로 사고능력 · 이성 등 의미
㉡ 상대방을 설득하려면 말하려는 내용이 이성적인 논리로 잘 정리되어 있어야 함
㉢ 감각적 · 신체적 · 예술적인 것을 가리키며 정념 · 충동 등 의미
㉣ 옳고 그름을 판단하는 원동력이 바로 에토스이고, 에토스는 사람이 태어날 때 타고남

① ㉠, ㉡　　② ㉠, ㉢
③ ㉡, ㉢　　④ ㉢, ㉣

06 스포츠에서의 인종차별의 발생 이유에 대한 설명으로 옳지 않은 것은?

① 인종과 민족, 국적에 의해 구분되는 우월함은 존재 하지 않음
② 스포츠는 경쟁이기 때문에 우월감 또는 열등감으로 인종적 편견을 가지기 쉬움
③ 민족, 종교, 역사 등이 스포츠에 투영되어 왜곡된 집단의식을 부추김
④ 스포츠의 국제화에 따라 인종과 국가에 대한 편견과 차별이 더욱 드러남

07 장애인의 스포츠 참가 효과로 옳지 않은 것은?

① 스포츠를 통해서 신체적 · 심리적 치료의 효과를 기대할 수 있음
② 구성원 간의 이해와 소통의 기회를 제공
③ 신체적 · 생리적 능력 한계 수용
④ 사회 구성원의 조화와 화합의 방법이 됨

08 <보기>의 스포츠 환경의 동일한 범주에 속한 것을 고르시오?

보기	
㉠ 실내 체육관	㉡ 공원
㉢ 경기장	㉣ 슬로프
㉤ 아이스링크	㉥ 골프

① ㉠, ㉡, ㉢　② ㉡, ㉣, ㉥
③ ㉠, ㉢, ㉤　④ ㉣, ㉤, ㉥

09 생태 중심주의 윤리의 특징으로 옳지 않은 것은?

① 모든 생명체는 스스로 생존과 성장, 번식의 목적을 추구하는 '목적론적 삶의 중심'
② 생태적 위기와 환경 문제 해결을 위해 동식물뿐만 아니라 무생물에 대해서도 도덕적으로 고려할 필요가 있다고 봄
③ 생태계를 구성하는 요소 간의 관계와 과정 등에 대해서도 주목할 필요가 있음
④ 동물 중심주의, 생명 중심주의와 달리 전일론(전체론)적 관점에서 개체보다 상호 의존성에 바탕을 둔 생명 공동체 자체에 관심을 가짐

10 동물실험의 윤리의 3R원칙으로 옳지 않은 것은?

① 대체(Replacement)　② 축소(Reduction)
③ 순화(Refinement)　④ 존중(Respect)

11 스포츠에서 공격성이 나타나는 원인으로 옳지 않은 것은?

① 자신의 한계를 넘으려는 도전정신
② 자신의 탁월성을 남들에게 인정받고자 하는 시도
③ 인간의 원초적인 본능과 살아온 환경으로부터 습득
④ 상대 선수에 대한 존중과 배려

12 관중 폭력을 예방하기 위한 방법으로 옳지 않은 것은?

① 관중도 스포츠 참가자라는 인식을 심어주는 캠페인 필요
② 결과만 보는 스포츠문화 정착 필요
③ 관중 폭력을 예방할 수 있는 보다 구체적인 제도 마련
④ 건전하고 긍정적인 응원 문화 필요

13 도핑을 금지해야 하는 이유 중 윤리적 이유에 속하지 않는 것은?

① 공정성: 스포츠의 도덕적 기준인 공정성 부정
② 평등성: 동등한 기회의 보장 부정
③ 신체성: 선수는 신체적인 능력을 강화할 필요가 있음
④ 수단화: 선수의 몸을 의학적 수단으로 사용

14 효과적인 도핑금지 방안으로 옳지 않은 것은?

① 일회성 교육
② 도핑검사의 기술 강화
③ 윤리 · 도덕교육의 강화
④ 강력한 처벌

15 학생선수의 학습권 보장과 관련된 내용으로 옳지 않은 것은?

① 학습권은 선수이기 이전에 학생으로서 학습에 대한 권리를 의미
② 최저학력제는 학습보장 프로젝트이며, 학습권 보장제라고 함
③ 운동선수의 다양한 진로 선택의 기회 제공
④ 운동선수의 경기력 향상을 운동에 전념하도록 보장하는 제도

16 학생선수의 학습권 보장 제도로 옳지 않은 것은?

① 정규수업 이수 원칙
② 일정 운동 시간 제한
③ 합숙 기간 확대 보장
④ 경기대회 출전 횟수 제한 등

17 2015년 문화체육관광부는 스포츠계의 고질적인 4대 악습을 지목하고 이 악습의 척결에 총력을 집중할 것이라고 발표하였다. 4대 악습과 관련 없는 것은?

① 승부 조작 및 편파 판정
② 조직의 공적화
③ 폭력 및 성폭력
④ 입시 비리

18 심판의 자질과 관련 없는 것은?

① 공정성: 객관적이고 중립적인 공정성 소지
② 청렴성: 성품과 행실이 바르고 탐욕이 없는 청렴성 소지
③ 냉철함: 침착한 판단과 단호한 결정을 위한 냉철함 소지
④ 이해심: 선수 또는 팀의 사정이나 형편을 고려

19 스포츠 조직에서 비윤리적인 행동이 일어나는 원인으로 옳지 않은 것은?

① 개인윤리의 소멸
② 경영상의 어려움
③ 개인의 이익을 우선하는 생각과 행동
④ 외부 압력

20 심판의 오심과 편파 판정을 막기 위한 방안으로 옳지 않은 것은?

① 심판의 징계 강화
② 비디오 판독 등 보조적 수단의 기능 사용 금지
③ 정기적인 심판 보수교육
④ 자질 제고를 위한 지속적인 윤리교육

운동생리학

01 트레이닝 원리에 대한 설명으로 올바르지 <u>않은</u> 것은?

① 개별성의 원리: 수행자의 체력 수준, 건강 및 목적 등을 고려하여 프로그램을 제공함
② 특수성의 원리: 트레이닝이 적용된 근육 동작, 부위, 형태 등에 따라 효과가 달라짐
③ 점증 부하의 원리: 신체가 적응함에 따라 점차 운동 강도와 빈도를 증가시킴
④ 과부하의 원리: 수행자의 능력보다 약한 자극을 제공하여 적응 수준을 높임

02 근육이 순간적으로 빨리 수축하면서 나는 힘은 어떤 체력에 대한 정의인가?

① 민첩성 ② 순발력
③ 스피드 ④ 평형성

03 항상성 유지를 위해 자극에 대해 반대 방향으로 작용하는 반응 조절체계는 무엇인가?

① 부적피드백 ② 삼투압조절
③ 긍정피드백 ④ 전해질조절

04 항정상태에 관한 설명 중 ( ) 안에 들어갈 말이 차례대로 올바르게 짝지어진 것은?

> 신체 내부 환경을 일정하게 ( )하는 상태로서, 세포 조직의 요구량과 요구에 대응하는 신체 반응이 ( )을 이룬 상태

① 증가 - 불균형 ② 감소 - 균형
③ 유지 - 균형 ④ 유지 - 불균형

05 유산소 트레이닝 대사적 적응에 대한 설명으로 올바른 올바르지 <u>않은</u> 것은?

① 최대산소섭취량의 증가
② 1회 박출량의 증가
③ 지방대사의 감소와 근육 글리코겐 활용의 증가
④ 지근섬유 비율 증가

06 호흡 교환율에 대한 설명으로 올바른 것은?

① 운동강도가 올라가면 RER은 증가한다.
② 탄수화물이 분해될 때 RQ는 0.71, 지질이 분해될 때 1.0이다.
③ RER은 세포 내 호흡을 반영한다.
④ 이산화탄소 소비량과 산소섭취량 사이의 비율을 RQ라고 하며 호흡 교환율과는 다른 개념이다.

07 무산소 트레이닝 시 대사 적응으로 올바르지 않은 것은?

① 속근섬유 비율 증가
② ATP-PC 시스템 효소 활동 증가
③ 최대산소섭취량의 증가
④ 근비대와 근섬유 증식

08 운동강도와 대사에 대한 설명으로 올바르지 않은 것은?

① 저강도 운동(장시간) 시 지방이 주된 연료이다.
② 고강도 운동(단시간) 시 탄수화물이 주된 연료이다.
③ 저강도 운동(장시간) 시 유산소 과정을 통해 많은 ATP를 생산한다.
④ 고강도 운동(단시간) 시 유산소 과정을 통해 많은 ATP를 생산한다.

09 탈분극 상태에 대한 설명으로 올바르지 않은 것은?

① 조직을 자극하면 세포막의 Na^+, K^+의 투과성이 변화하여 안정 막전위가 깨진다.
② 세포막 안팎의 전극을 역전시키기 위해서는 일정 정도 이상의 강도로 자극해야 한다.
③ 활동 전위를 유발할 수 있는 최대한의 자극강도를 역치라고 한다.
④ 안정 막전위에서 세포막 안쪽의 음극(-)이 양극(+)으로, 밖은 양극(+)은 음극(-)으로 역전한다.

10 다음 설명의 (　)안에 들어갈 단어를 순서대로 나열한 것은?

> 세포 내로 (　) 유입 → 시냅스 소포에서 신경 전달물질 인 (　) 방출

① 칼슘, 세로토닌　② 칼슘, 아세틸콜린
③ 나트륨, 아세틸콜린　④ 나트륨, 세로토닌

11 교감신경과 부교감 신경에 대한 설명으로 올바르지 않은 것은?

① 교감신경에 의해 호흡 운동 촉진된다.
② 부교감 신경에 의해 소화액 분비 및 소화관 운동이 촉진된다.
③ 교감신경에 의해 심장 박동이 촉진된다.
④ 부교감 신경에 의해 침 분비가 억제된다.

12 근육에 대한 설명으로 올바르지 않은 것은?

① 심장근은 수의근에 해당하며 심장의 벽을 이루는 근육이다.
② 골격근은 수의근에 해당하며 뼈 또는 피부에 부착된 근육이다.
③ 내장근은 불수의근에 해당하며 내장의 기관이나 혈관 등의 벽을 이루는 근육이다.
④ 심장근과 내장근은 불수의근에 해당한다.

13 속근섬유와 지근섬유에 대한 설명으로 올바르지 않은 것은?

① 속근섬유는 미토콘드리아 농도와 유산소성 대사 능력이 낮다.
② 지근섬유는 속근섬유에 비해 수축 속도와 장력이 낮으나 에너지 효율성은 높은 편이다.
③ 속근섬유는 당원 저장과 해당 작용 효소가 풍부하여 무산소성 에너지 생산 능력이 높은 편이다.
④ 지근섬유는 속근섬유보다 미오글로빈 농도가 더 낮으므로 유산소성 대사 능력이 높은 편이다.

14 다음의 설명 중 올바르지 않은 것은?

① 등척성 수축은 근섬유 길이의 변화 없이 장력이 발생하는 수축이다.
② 등척성 수축은 근 통증을 유발하지 않아 재활 프로그램에 유용하다.
③ 원심성 수축은 근육이 짧아지면서 장력이 발생한다.
④ 구심성 수축은 근수축의 속도가 느릴수록 더 큰 근육 힘을 생산한다.

15 호르몬의 특성으로 올바르지 않은 것은?

① 극히 적은 양으로도 생리 작용을 조절한다.
② 혈액을 통해 이동하기 때문에 느리게 작용한다.
③ 호르몬 각각 표적 기관이 같으며 수행하는 역할도 비슷하다.
④ 한번 작용하면 단시간 내에 사라지지 않고 작용이 지속한다.

16 '호르몬'과 '운동 시 반응'이 올바르게 열거된 것은?

① 성장 호르몬 - 지속적 운동 시 감소
② 카테콜아민 - 운동 후 증가
③ 글루카곤 - 지속적 운동 시 증가
④ 갑상선 자극 호르몬 - 운동 시 무 변화

17 심장의 전기적 활동에 대한 설명으로 올바르지 않은 것은?

① 방실 결절은 전도 경로에 의해 심실과 심방을 연결 한다.
② 심장의 재분극파는 방실 결절을 경유하여 전달된다.
③ 심근 세포는 동방 결절에 의해 자발적 전기 활동을 한다.
④ 동방 결절의 탈분극 파장에 의해 심장이 수축한다.

18 심전도에 대한 설명으로 올바르지 않은 것은?

① 심전도는 심장의 전기적 활성도를 반영한다.
② 심방의 탈분극을 일컫는 용어는 P파이다.
③ 심실의 탈분극을 일컫는 용어는 QRS복합파이다.
④ 심실의 재분극을 일컫는 용어는 P파이다.

19 운동에 대한 순환계의 적응으로 올바르지 않은 것은?

① 운동으로 인해 산소 소비량이 증가한다.
② 최대 운동 시 최대 심박출량이 증가한다.
③ 안정 시 또는 최대하 운동 시 심박수가 증가한다.
④ 혈액 이동과 산소 운반 능력이 증가한다.

20 고온에서 운동 시 생리적 반응으로 올바르지 않은 것은?

① 고온에서 운동 시 근육과 피부의 혈류요구량이 감소한다.
② 피부 혈류감소로 인해 체온이 과다하게 상승한다.
③ 최대산소섭취량과 동 · 정맥 산소 차가 감소한다.
④ 혈장량 감소로 1회 박출량과 혈압이 감소한다.

운동역학

01 관절 운동 중 횡단면 운동에 대한 설명이다. 올바른 것은 무엇인가?

① 회내는 아래팔과 손이 외측으로 회전하는 운동을 말한다.
② 외회전은 분절의 장축을 중심으로 인체 중심선으로부터 바깥으로 향하는 회전을 말한다.
③ 회외는 아래팔과 손이 내측으로 회전하는 운동을 말한다.
④ 내회전은 분절의 장축을 중심으로 인체 중심선으로부터 바깥으로 향하는 회전을 말한다.

02 기저면과 안정성의 관계에 대한 설명으로 올바르지 않은 것은?

① 기저면은 크면 클수록 안정성이 높아진다.
② 무게 중심선이 기저면 밖에 있으면 인체는 불안정한 상태에 높이게 된다.
③ 무게 중심선이 기저면 중앙에 가까울수록 안정성은 낮아지게 된다.
④ 무게 중심선이 기저면 가장자리에 근접할수록 평형이 깨지게 된다.

03 포물선 운동 3요소 중 투사 속도에 대한 설명으로 올바르지 않은 것은?

① 투사 속도는 수평 속도와 수직 속도의 합력으로 나타낸다.
② 수직 속도가 빠를수록 투사 높이가 증가한다.
③ 투사 속도가 빠를 경우 투사체의 최고점 높이는 증가한다.
④ 수평 속도가 느릴수록 투사 거리가 증가한다.

04 다음의 설명이 말하는 가동관절은 무엇인가?

> 한쪽 관절 표면이 한 방향은 오목하게 들어가 있고 다른 쪽은 볼록하게 나와 있는 구조이며 손목뼈, 손바닥뼈 관절에서 분포되어 있다.

① 절구 관절 ② 경첩 관절
③ 활주 관절 ④ 안장 관절

05 다음의 설명으로 올바르지 않은 것은?

① 회전하는 물체의 선속도는 각속도와 회전 반경의 곱으로 결정된다.
② 각속도가 동일하다면 회전축으로부터 가까운 지점의 선속도가 먼 쪽보다 더 크다.
③ 선속도를 증가시키기 위해서는 각속도와 회전 반경을 감소시켜야 한다.
④ 회전 반경이 클수록 선속도가 크다.

06 2종 지레의 순서로 올바른 것은?

① 축 - 작용점 - 힘점
② 힘점 - 축 - 작용점
③ 축 - 힘점 - 작용점
④ 축 - 힘점 - 작용점

07 다음 설명으로 올바르지 않은 것은?

① 근전도 분석을 통해 운동 신경계의 활동 상황을 알 수 있다.
② 근전도 분석은 골격근 수축에 수반하여 일어나는 근활동 전류를 유도해서 증폭을 기록한 것이다.
③ 안근이나 손가락 운동과 같은 섬세한 근 활동 분석에는 이용할 수 없다.
④ 근전도 분석을 통해 근육 활성도, 피로도 및 수축 시점을 알 수 있다.

08 거리와 변위에 대한 설명으로 올바르지 않은 것은?

① 거리는 방향성과 크기가 모두 존재한다.
② 변위는 방향성과 크기가 모두 존재한다.
③ 거리는 스칼라량으로 표현한다.
④ 변위는 벡터량으로 표현한다.

09 다음의 설명에 해당 되는 것은 무엇인가?

> 물체의 형태가 변했다가 원래의 형태로 복원시킬 수 있는 에너지

① 운동 에너지 ② 위치 에너지
③ 탄성 에너지 ④ 역학적 에너지

10 인체 부위 방향 용어에 대한 설명으로 올바르지 않은 것은?

① 상(superior)은 인체 중심의 위쪽을 말하는 용어이다.
② 후(posterior)는 인체 중심의 뒤쪽을 말하는 용어이다.
③ 저측(plantar)은 발등 쪽을 말하는 용어이다.
④ 표층(superficial)은 인체의 표면 쪽을 말하는 용어 이다.

11 다음 설명의 (　　)에 해당하는 것은 무엇인가?

마찰력 = (　　) × 수직반력

① 마찰계수　② 정지 마찰력
③ 부력　④ 운동 마찰력

12 다음의 설명 중 올바른 것은 무엇인가?

① 물체가 상승할 때 위치 에너지는 감소하고 운동 에너지는 감소한다.
② 물체가 상승할 때 위치 에너지는 증가하고 운동 에너지는 증가한다.
③ 물체가 하강할 때 위치 에너지는 감소하고 운동 에너지는 감소한다.
④ 물체가 하강할 때 위치 에너지는 감소하고 운동 에너지는 증가한다.

13 다음 설명에 해당하는 것은 무엇인가?

이동하는 물체 주변의 유체의 상대 속도 차이에 의해 물체의 이동 방향에 수직으로 작용하는 힘

① 부력　② 양력
③ 항력　④ 마찰력

14 운동역학의 연구 방법 중 정량적 분석에 대한 설명으로 올바르지 않은 것은?

① 분석에 어느 정도 객관성이 확보되어야 한다.
② 분석에 다양한 장비를 활용하여 수치적 자료를 통해 동작을 분석하고자 한다.
③ 분석에 객관적이고 정확한 정보를 획득하며 주관적인 판단을 배제해야 한다.
④ 분석에 필수적이나 자료처리 시간의 지연으로 현장 적용에는 한계가 있다.

15 다음 설명의 (　　)에 해당되는 것은 무엇인가?

인체가 지면에 작용한 힘에 대한 (　　)인 지면반력을 측정함

① 작용력　② 반작용력
③ 상호작용력　④ 원심력

16 다음의 설명이 말하는 것은 무엇인가?

> 방향이 존재하며 회전하는 물체의 최초와 최후 지점의 각 위치 간의 차이 값

① 각가속도　② 각변위
③ 각거리　④ 각속력

17 운동역학의 목적으로 올바르지 않은 것은?

① 스포츠 동작 신기술 개발을 통한 경기력 향상
② 재활 현장에서 발생하는 상해 원인 분석
③ 역학적 이해를 통한 스포츠 동작의 효율성 극대화
④ 경기력 향상을 위한 운동 장비 개발

18 에너지에 대한 설명으로 올바르지 않은 것은?

① 운동 에너지는 운동으로 인해 물체가 갖는 에너지를 말한다.
② 질량의 변화가 없을 때 위치 에너지는 물체의 위치에 관계없이 모두 동일하다.
③ 운동 에너지는 운동체 속도의 제곱에 비례한다.
④ 지구상의 모든 물체는 일정한 중력의 작용을 받는다.

19 다음 설명이 올바르지 않은 것은?

① 2차원 영상 분석은 1개의 영상 기록을 통해 평면상의 운동 분석을 말한다.
② 2차원 영상 분석은 운동 평면상의 실제 좌표와 영상 좌표 사이의 일정한 배율 관계를 이용한다.
③ 3차원 영상 분석은 2개 이상의 영상 기록을 통해 입체적인 3차원 공간상의 운동 분석을 말한다.
④ 3차원 영상 분석은 2차원 분석에 비해 오차가 크다는 단점이 있다.

20 다음 설명의 (　)에 해당 되는 순서로 올바른 것은?

> 물체가 원운동을 할 때 중심 방향으로 작용하는 힘은 (　)이고, 중심으로부터 멀리 벗어나려는 힘을 (　)이라 한다.

① 관성력 - 모멘트　② 관성력 - 구심력
③ 회전력 - 원심력　④ 구심력 - 원심력

한국체육사

01 체육사 연구에서 사료(史料)에 대한 설명으로 옳지 않은 것은?

① 유물, 유적 등의 유산은 물적 사료이다.
② 공문서, 사문서, 출판물 등은 문헌 사료이다.
③ 과거의 기억에 대한 증언 등은 구술 사료이다.
④ 각종 트로피, 우승기, 메달, 경기 복장 등은 구전 사료이다.

02 체육사 연구에 대한 설명으로 옳지 않은 것은?

① 스포츠를 통해 변화하는 인체의 생리적 반응 연구
② 신체나 신체활동에 관한 사상이나 제도 연구
③ 체육과 스포츠의 역사적 한 분야를 연구
④ 어떤 시대나 특정 지역을 한정하여 시도하는 역사 연구

03 체육사의 의의에 대한 설명으로 옳지 않은 것은?

① 현재에 대한 근거를 파악하고 체육이라는 문화적 현상을 이해하는 데 도움을 준다.
② 체육의 역사를 통해 현재를 인식할 수 있는 기준을 제공해준다.
③ 체육과 관련된 과거 현상을 밝혀내고 이해하게 해준다.
④ 체육과 관련된 현재의 사건을 파악하며, 미래를 예측할 수 있게 해준다.

04 <보기>에서 설명하는 체육사 연구의 사료(史料)로 옳은 것은?

보기

㉠ 기록 사료는 문헌 사료와 구전 사료가 있다.
㉡ 물적 사료는 물질적 유산인 유물과 유적이 있다.
㉢ 기록 사료 중 민요, 전설, 시가, 회고담 등은 문헌 사료이다.
㉣ 전통적인 분류 방식에 따르면 물적 사료와 기록 사료로 구분된다.

① ㉠, ㉡　② ㉡, ㉢
③ ㉠, ㉡, ㉣　④ ㉡, ㉢, ㉣

05 선사 및 부족국가 시대에 대한 설명으로 옳지 않은 것은?

① 촌락의 형성과 공동체 구성
② 생존을 위한 신체활동이 놀이 및 유희의 수단이 됨
③ 경험을 통해 체력 단련의 방법 체득
④ 농경 사회의 발달로 인해 농민과 병사가 분리

06 삼국시대의 민속놀이에 대한 설명으로 옳은 것은?

① 저포(樗蒲)는 나무로 만든 막대기(주사위)를 던져 서 승부를 겨루는 놀이이다.
② 축국(蹴鞠)은 말 위에서 여러 동작을 보이는 것이다.
③ 추천(鞦韆)은 화살 같은 막대기를 일정한 거리에 서 항아리나 병 안에 넣는 놀이이다.
④ 투호(投壺)는 동편과 서편으로 나누어 돌팔매질 방법으로 승부를 겨루는 놀이이다.

07 신라의 화랑도에 대한 설명으로 옳지 <u>않은</u> 것은?

① 심신일체론적 신체관을 바탕으로 신체의 덕(德) 함양에 목적을 두고 있었다.
② 세속오계(世俗五戒)를 교육 핵심으로 두고 있었다.
③ 효(孝)와 신(信) 등 국민적 윤리를 강조하는 도의 체육(道義體育)이었다.
④ 교육 기관으로 풍류도(風流徒), 국선도(國仙徒) 등이 있었다.

08 화랑도의 교육 방법에 관한 설명으로 옳지 <u>않은</u> 것은?

① 삼강오륜의 붕우유신을 바탕으로 도의 교육을 실시하였다.
② 편력은 명산대천을 돌아다니며 수련하는 야외 활동이었다.
③ 심신일체론적 사상을 바탕으로 전인 교육을 지향하였다.
④ 입산 수행은 화랑도 교육 활동의 하나였다.

09 <보기>에서 설명하는 고려 시대의 무예는?

보기
- 손을 써서 상대방을 공격함
- 무신 반란의 주요 원인 중 하나
- 승자에게 벼슬을 주어 출세를 위한 방법으로 활용함

① 석전(石戰) ② 방응(放鷹)
③ 추천(秋韆) ④ 수박희(手搏戲)

10 <보기>에서 고려시대 서민의 민속놀이를 모두 고른 것은?

보기
㉠ 축국(蹴鞠) ㉡ 격구(擊毬)
㉢ 추천(秋韆) ㉣ 투호(投壺)
㉤ 각저(角觝) ㉥ 방응(放鷹)

① ㉠, ㉢, ㉤ ② ㉡, ㉤, ㉥
③ ㉢, ㉣, ㉥ ④ ㉣, ㉤, ㉥

11 조선시대 체육 활동으로 옳지 않은 것은?

① 봉희(棒戲): 공중에서 공을 쳐서 구멍에 넣는 놀이로 골프와 유사
② 격구(擊毬): 능숙한 승마 기술과 무예적 기량을 요구하여 귀족 스포츠에 속함
③ 투호(投壺): 화살 같은 막대기를 일정한 거리에 있는 항아리 안에 던져 넣는 게임
④ 추천(鞦韆): 궁정에서 행해진 유희적 스포츠

12 <보기>의 ㉠, ㉡에 들어갈 말로 옳은 것은?

보기

조선시대는 유교의 영향으로 인하여 (㉠) 사상이 만연하였다. 그러나 정조는 (㉡) 사상이 국가를 부강하게 한다고 생각하였다.

	㉠	㉡
①	단련주의(鍛鍊主義)	문무겸전(文武兼全)
②	숭문천무(崇文賤武)	문무겸전(文武兼全)
③	숭문천무(崇文賤武)	심신일여(心身一如)
④	금욕주의(禁慾主義)	단련주의(鍛鍊主義)

13 <보기>에서 설명하는 사립 학교는?

보기

- 1907년 국권회복운동의 일환으로 도산 안창호가 설립하였다.
- 구(舊) 한국군 출신이 체육교사로 부임하였다.
- 일반 체조를 포함하여 군대식 조련을 실시하였다.

① 대성학교 ② 오산학교
③ 배재학당 ④ 원산학사

14 일제강점기에 YMCA가 한국스포츠 발전에 미친 영향으로 옳지 않은 것은?

① 선교를 바탕으로 스포츠를 전국적으로 확산시키는 역할을 하였다.
② 야구, 농구, 배구와 같은 서구식 스포츠를 한국에 도입하였다.
③ 조선의 독립을 위해 스포츠를 전파하였다.
④ 많은 스포츠 종목의 지도자를 배출하였다.

15 일제강점기의 스포츠단체 결성과 활동에 대한 설명으로 옳지 않은 것은?

① 1920년 조선스포츠계를 대표하는 조선체육회가 설립되었다.
② 조선체육회는 일제강점기를 대표하는 스포츠단체로 오늘날까지 운영되고 있다.
③ 조선체육협회는 일제강점기 조선에서 스포츠 활동을 주도한 단체로서 한국 근대 스포츠사에 많은 영향을 미쳤다.
④ 1919년 조선체육회는 경성정구단과 경성야구협회가 중심이 되고 조선신문사의 후원에 힘입어 설립되었다.

16 박정희 정권의 등장 이후 학교체육의 발달과 관련된 내용으로 옳지 않은 것은?

① 체력장 제도　② 학교신체검사
③ 소년체전　④ 학교보건법

17 대한민국에서 개최된 하계아시아경기대회가 아닌 것은?

① 1986년 제10회 서울아시아경기대회
② 2002년 제14회 부산아시아경기대회
③ 2014년 제17회 인천아시아경기대회
④ 2018년 제18회 평창아시아경기대회

18 1991년에 남한과 북한이 단일팀으로 탁구 종목에 참가한 국제경기 대회는?

① 제41회 지바세계선수권대회
② 제27회 시드니올림픽경기대회
③ 제28회 아테네올림픽경기대회
④ 제6회 포르투갈세계청소년선수권대회

19 2002년 제17회 월드컵축구대회에 관한 설명으로 옳지 않은 것은?

① 한국은 4강에 진출했다.
② 한국과 일본이 공동으로 개최했다.
③ 한국과 북한이 단일팀을 구성하여 출전했다.
④ 한국의 길거리 응원은 온 국민 문화축제의 장이었다.

20 개화기에 도입된 근대스포츠 종목으로 옳지 않은 것은?

① 농구　② 역도
③ 야구　④ 육상

특수체육론

01 통합체육의 단점에 대한 설명으로 옳지 않은 것은?

① 장애학생이 일반체육수업 환경에 통합되려면 별도의 시설 및 특별한 기구가 추가적으로 필요하다.
② 수행능력 정도가 다양한 장애학생들이 모여있는 수업에서는 스포츠 활동을 진행하는 데 어려움이 있다.
③ 장애학생들은 대규모의 수업보다는 소규모 수업에 좀 더 안정적으로 참여한다.
④ 비장애 학생의 모범행동은 장애가 있는 학생들에게 효과적인 역할모델이 되지만, 통합체육은 비장애 학생에게 효과가 없다.

02 <보기>에서 설명하는 장애 모델은?

> 보기
>
> 장애는 신체적, 정신적, 감각적 손상으로 기능적 문제에 한계가 있는 것이 아니며 신체적, 사회적 장벽으로 인해 참여의 기회를 제약 받는다고 주장했다.

① 인권 모델 ② 도덕 모델
③ 사회 모델 ④ 의학 모델

03 국제 장애닌 스포츠 대회 중 만 8세 이상의 지적, 자폐성 장애인을 위한 대회는?

① 아시아 장애 청소년 경기 대회
② 스페셜 올림픽
③ 페럴림픽
④ 데플림픽

04 특수체육과 관련한 내용으로 옳지 않은 것은?

① 스포츠 참여가 가능한 장애유형은 지체장애, 뇌병변장애, 시각장애, 지적장애, 청각장애 등이다.
② 경쟁 스포츠 활동을 할 때 공평한 참여 기회와 대등한 경쟁을 위해 장애의 유형을 따로 구분하지 않는다.
③ 국내에서 특수체육의 대상은 장애가 있는 사람들만의 체육활동과 관련 있는 분야에서 사용되고 있다.
④ 특수체육에서 특수는 장애인 또는 특수교육대상자를 의미한다.

05 사정(assessment)에 관한 설명으로 옳은 것은?

① 배치, 프로그램 계획 등에 관한 의사결정을 목적으로 한 자료 수집과 해석의 과정이다.
② 체계적인 관찰과 특정 도구 혹은 절차를 이용하여 자료를 수집하는 과정이다.
③ 미리 설정된 표준과 비교하여 측정치의 결과를 해석하는 과정이다.
④ 간단한 평가를 통하여 심화평가 의뢰 여부를 결정하는 과정이다.

06 휠체어 농구 기술 수행 검사의 타당성과 관련한 내용으로 옳은 것은?

① 여러 사람이 측정해도 그 결과가 똑같은가?
② 최소의 시간과 비용으로 측정할 수 있는가?
③ 휠체어 조작 기술과 농구 기술을 정확하게 측정할 수 있는가?
④ 검사를 두 번 반복하였을 때 그 결과가 일치하는가?

07 비표준화 사정과 관련된 내용끼리 묶인 것 중 잘못된 것은?

① 대안적 사정 - 준거지향검사
② 규준지향검사 - 교육과정 중심사정
③ 준거지향검사 - 관찰사정
④ 교육과정 중심사정 - 대안적 사정

08 생태학적 과제 분석의 3대 구성 요소가 <u>아닌</u> 것은?

① 수행자 ② 수행 과제
③ 수행 환경 ④ 수행 평가자

09 기초 움직임 단계로 던지기, 차기, 회전하기, 굽히기 등의 다양한 운동 기술이 가능 발달 시기는?

① 출생 후 1년 이내
② 2~6세
③ 초등학생 시기
④ 청소년기

10 개별화 교육계획에 대한 설명으로 가장 적절한 것은?

① 개별화 교육계획은 쉽게 말해서 집단을 모둠화하여 지도하는 것만을 의미한다.
② 개별화 교육계획은 교육목표를 제시할 뿐 평가도구의 역할은 못한다.
③ 개별화 교육계획 작성 시 학부모의 의견은 포함시키지 않는다.
④ 개별화 프로그램은 필요에 따라 언제든지 수정, 보완 할 수 있다.

11 운동발달의 원리가 아닌 것은?

① 머리 → 발 방향의 발달
② 근위 → 원위 협응 발달
③ 발달단계의 동일성
④ 소근육 → 대근육 발달

12 체력 훈련 시 기립성 저혈압의 병력 확인이 필요한 장애 유형은?

① 시각 장애　② 척수 장애
③ 뇌성 마비　④ 절단 장애

13 정서 장애의 행동 특성에 해당하지 않는 것은?

① 소극적 행동　② 사회화된 공격
③ 불안　④ 주의력 문제

14 자폐성 장애인의 문제점과 해결할 수 있는 전략이 바르게 묶인 것은?

문제점	해결 전략
① 부정적인 신체적 자아 개념	불필요한 자극을 줄인다.
② 상동 행동	지도 환경을 구조화하고 지도 방식의 일관성을 유지한다.
③ 의사소통의 어려움	언어적 단서를 줄이고 수업 환경에서 자연스러운 단서를 활용한다.
④ 감각 자극에 대한 비정상적인 반응	개인 활동에서 시작하여 단체 활동으로 발전시킨다.

15 자폐성 장애의 특성이 아닌 것은?

① 언어 발달의 문제
② 수면 및 음식섭취 곤란
③ 낮은 체력수준
④ 품행장애와 주의력의 문제

16 정서장애는 장기간에 걸쳐 학습상의 어려움을 겪기 때문에 특별한 교육적 조치가 필요한 사람이다. 다음 중 정서 장애인으로 볼 수 없는 것은?

① 개인문제에 관련된 신체적인 통증이나 공포를 나타내 는 사람
② 언어의 수용 및 표현능력이 인지능력에 비하여 현저하게 부족한 사람
③ 일반적인 상황에서 부적절한 행동이나 감정을 나타내 는 사람
④ 전반적인 불행감이나 우울증을 나타내는 사람

17 <보기>에서 설명하는 청각장애의 정도는?

보기

A학생은 청각장애인이다. A학생의 청각장애 정도는 상대방의 입술 모양을 보고 상대방과 의사소통이 가능하며, 보청기를 사용하지만 언어습득과 발달은 지체된 정도의 장애를 갖고 있다.

① 경도(26~40dB) ② 중등도(41~55dB)
③ 중도(56~70dB) ④ 농(91dB)

18 청각장애인이 비장애인에 비해 운동 수행력이 낮은 이유로 적절하지 않은 것은?

① 청각장애로 언어훈련에 힘쓰느라 운동 경험이 부족하다.
② 어휘력의 발달이 부족하여 신체활동을 바르게 이해하지 못하는 경우가 발생한다.
③ 청각장애로 의사소통에 어려움이 있기 때문에 신체활동 참여 기회가 적다.
④ 청각장애는 지적기능의 손상을 동반하기 때문에 운동수행을 정확히 이해하기 힘들다.

19 시각 장애의 기능적 분류에서 전방 1m의 움직임 정도만 구분이 가능한 상태를 의미하는 것은?

① 광각 ② 수동
③ 지수 ④ 저시각

20 청각장애 체육활동 지도 시 특수체육 지도자의 고려사항으로 적절하지 않은 것은?

① 지도자는 태양을 등지고 설명한다.
② 심한 소음이나 시각적 자극이 많은 곳은 가급적 피한다.
③ 정확한 입모양으로 큰 소리로 상황을 설명한다.
④ 프로그램 시작은 익숙한 것부터 시작한다.

유아체육론

01 <보기>에서 동일한 유형의 반사(reflex)나 반응(reaction)인 것을 고른 것은?

보기

㉠ 기기반사 ㉡ 걷기반사
㉢ 모로반사 ㉣ 수영반사
㉤ 턱걸이반사 ㉥ 낙하반사

① ㉠, ㉡, ㉢ ② ㉠, ㉡, ㉣
③ ㉢, ㉤, ㉥ ④ ㉣, ㉤, ㉥

02 피아제의 인지 발달 단계에서 전 조작기에 대한 설명 중 맞는 것은?

① 상징을 사용하고, 사물의 크기 · 모양 · 색 등과 같은 지각적 특성에 의존하는 직관적 사고를 보이며, 자기중심적 태도를 보임
② 감각적 반사운동을 하며 주위에 대해 강한 호기심을 보임 숨겨진 대상을 찾고, 보이지 않는 위치이동을 이해할 수 있는 대상영속성의 개념을 이해
③ 사물 간의 관계를 관찰하고 사물들을 순서화하는 능력이 생기며, 자아중심적 사고에서 벗어나 자신의 관점과 상대방의 관점을 이해하기 시작
④ 논리적인 추론을 하고, 자유 · 정의 · 사랑과 같은 추상적인 원리와 이상들을 이해할 수 있게 되는 시기

03 에릭슨이 제시한 심리사회발달 단계에 대한 내용의 연결이 적절하지 않은 것은?

보기	단계	내용
①	출생~2세 (구강기)	부모나 주위세계의 일관성 있는 지지를 받으면 신뢰감을 얻을 수 있지만, 주위의 보호가 부적절하면 불신감을 갖음
②	2~3세 (항문기)	부모나 주위의 분별력 있는 도움과 격려는 자부심을 키우게 되지만, 과잉보호나 부적절한 도움은 자신의 수치심을 느끼게 함
③	4~5세 (남근기)	정서적 안정과 좋은 성역할의 모델리 있으면 자신에 대한 통찰과 자아정체감을 갖게 되지만, 그렇지 않으면 직업선택이나 성역할, 가치관의 확립에 있어 심한 갈등을 야기 시킴
④	6~11세 (잠복기)	무엇을 성취하도록 기회를 부여받으면 그 결과 근면성을 갖게 되지만, 비난이나 좌절감을 경험하면 열등감을 갖게 됨

04 세계보건기구, 미국스포츠의학회, 국립중앙의료원에 따르면 어린이 및 청소년의 유산소 활동을 주 몇회 이상을 권고 하고 있는가?

① 권고하지 않음 ② 주 1회 이상
③ 주 2회 이상 ④ 주 3회 이상

05 유아기 발달의 일반적 원리 중 옳지 않은 것은?

① 유아의 발달은 일정한 순서를 따른다.
② 유아의 발달에는 최적기가 있다.
③ 발달은 불연속적이며, 순간적으로 이루어진다.
④ 발달은 개인차가 있다.

06 유아기 운동 발달의 기본 움직임 단계중 초보 단계의 설명중 틀린 것은?

① 움직임이 통합되고 정확하고 효율적으로 발달하게 됨
② 성숙과 기초의 과도기적 시기이다.
③ 협응력, 자연스런 수행능력이 발달하고 유아의 통제력도 증가한다.
④ 주로 성숙에 의해 나타나는데 많은 연습과 격려와 지도로 성숙단계에 이르게 됨.

07 유아기 신체 기능과 관련된 내용 중 틀린 것은?

① 신경 기능: 5세 때 유아는 성인의 85% 정도로 발육
② 순환 호흡 기능: 맥박수는 100~120회/분
③ 호흡 기능: 호흡한계는 40~50회/분
④ 근 기능: 근 기능도 작지만 천천히 성장

08 기본움직임기술과 움직임 양식과의 연결이 옳지 않은 것은?

① 안정성 운동: 굽히기, 늘리기, 돌기
② 이동 운동: 걷기, 달리기, 리핑
③ 이동 운동: 기어오르기, 슬라이딩, 잡기
④ 조작 운동: 공 굴리기, 치기, 튀기기

09 지각 운동 프로그램 구성 요소의 연결이 옳지 않은 것은?

①	공간 지각	장소, 높이, 방향, 범위, 바닥 모양
②	방향 지각	방향(앞, 뒤, 옆, 위, 아래, 좌, 우, 비스듬히)
③	시간 지각	균형, 시간, 힘, 흐름
④	관계 지각	신체 간의 관계, 사람과의 관계, 물체와의 관계

10 <표>에서 체력의 구분 및 요소의 연결이 옳은 것을 고른 것은?

보기	구분	체력요소
①	건강 체력	근력, 유연성
②	건강 체력	심폐 지구력, 반응 시간
③	운동 체력	민첩성, 유연성
④	운동 체력	신체 구성, 평형성

11 유아기 운동 발달 프로그램의 기본 원리의 설명이 옳지 않은 것은?

① 적합성의 원리: 유아기는 발달 단계에 따라 가장 많은 영향을 받는 '민감기'로, 이를 고려한 적절한 운동이 적용되면 효과적이고 긍정적인 운동 발달을 유도할 수 있음
② 방향성의 원리: 성장과 발달은 일련의 방향성을 가지고 발달한다는 원리로, 대근육에서 소근육으로 발달 순서를 보이며, 머리 - 발가락, 중심 - 말초 원리로 설명한다.
③ 특이성의 원리: 유아기 운동 발달 프로그램을 구성하는데 공통적이고 일반화된 특성과 개개인의 유전과 환경 요인 등 개인차를 고려해야 한다.
④ 연계성의 원리: 개인의 기술 능력 차이에 따른 생각과 지도 방법을 말하며, 프로그램은 재미있고, 다양한 경험을 제공하며, 지속적이고 체계적인 운동 프로그램이어야 한다.

12 유아기 운동 프로그램 구성시 고려 사항으로 옳지 않은 것은?

① 사회성 발달을 위해 팀별로 운동을 구성
② 활동적이며 흥미롭게 구성되어야 함
③ 연령과 발달에 따른 개인차와 신체적 · 정서적 · 사회적 · 인지적 균형 발달을 고려해야 함
④ 평가와 피드백을 실시해야 함

13 국민 체력 100의 유아기 체력 측정 중 옳지 않은 것은?

① 근지구력: 윗몸말아올리기
② 유연성: 앉아 윗몸 앞으로 굽히기
③ 심폐지구력: 10m왕복오래달리기
④ 민첩성: 제자리 멀리뛰기

14 지각 운동의 과정의 설명 중 옳지 않은 것은?

① 감각 정보 입력: 감각 양식(시각, 청각, 촉각, 운동감각)을 통한 자극 수용
② 움직임 활성화: 움직임 실행
③ 감각 통합: 현재 정보와 기억 정보를 바탕으로 내적 운동 의사 결정
④ 피드백: 다양한 감각 양식에 대한 움직임 평가를 통한 새로운 주기의 시작

15 <보기>와 같은 유아 체육 지도 방법의 종류는 무엇인가?

보기

- 유아에게 주도권을 주고 유아가 학습의 중심이 되는 지도 방법
- 문제 해결 능력, 실험, 자기 계발과 같은 유아 개인의 차이를 인정하여 유아 스스로 활동을 수행해 나아가는 데 초점을 두고 결과보다 과정에 중점을 두는 방법

① 직접 - 교사 주도적 지도 방법
② 간접 - 유아 주도적 지도 방법
③ 유아 - 교사 상호 주도적 지도 방법
④ 유아 - 교사 상호 통합적 지도 방법

16 유아 체육 지도 원리의 설명이 옳지 않은 것은?

① 놀이 중심의 원리: 유아의 흥미를 고려하여 체육 활동이 지속될 수 있도록 함
② 개별화의 원리: 유아가 신체 활동 시간을 스스로 결정하도록 제공
③ 탐구 학습의 원리: 유아가 스스로 움직임을 탐색하고 학습하도록 유도
④ 반복 학습의 원리: 유아 체육은 안정, 이동, 조작 운동의 3가지 기초 운동 반복 학습

17 유아 운동 지도자의 역할 중 틀린 것은 ?

① 경쟁의식을 갖도록 지도함
② 열정을 가지고, 긍정적인 모습을 보여줌
③ 좋은 음악을 선택하거나 충분한 시간을 제공함
④ 단계를 낮추어 보는 등 수업 방법을 다양화함

18 유아 체육 시간 중 신체 활동 시간을 증가시키는 전략으로 옳지 않은 것은?

① 지시는 간결하고 명료하게 함
② 움직임을 관찰하고, 충분한 신체 활동이 이루어지지 않으면 변형 필요
③ 유아가 참여하기 어려운 활동과 게임도 할수 있도록 함
④ 대기 시간을 줄임

19 유아 체육 지도 방법 중 옳지 않은 것은?

① 다양한 영역 활동이 개별적으로 다루어지도록 구성해야 함
② 일상생활에서 자신의 신체에 대해 자연스럽게 인식하도록 신체 놀이를 계획함
③ 신체 활동을 하면서 공간, 시간, 힘, 흐름 등 동작의 기본 요소를 반영함
④ 유아의 신체 활동만큼 휴식도 중요하므로 적당한 휴식 계획도 필요함

20 유아 운동 발달 프로그램 목표로 옳지 않은 것은?

① 유아의 일상생활이 반영된 다양한 체육 프로그램 개발 및 운영
② 기초 운동 기술은 스포츠와 관련된 체육 활동에 앞서 가르치고, 학기 말에 질서 놀이 등을 통해 규칙을 가르침
③ 모든 체육 활동은 시작 전 준비 운동으로 심박수를 높이고, 혈액 순환과 호흡 속도를 원활히 하여 준비함
④ 체육 기능 훈련뿐만 아니라 다양성과 통합성도 함께 지도

노인체육론

01 노화에 따른 신체적 변화 중 사고의 직접적인 원인으로 옳은 것은?

① 전정계 기능의 향상
② 시청각 기능의 향상
③ 심장 비대와 심장 박동의 약화
④ 고유 수용 감각의 감소

02 <보기>에서 설명하는 심리학적 노화 이론은?

보기

- 삶의 최우선 영역에 초점(만족감과 통제력의 느낌을 가져다주는 영역에 초점)
- 삶을 풍요롭게 하고 삶의 질을 향상시키는 데 도움이 되는 자신의 기술과 재능을 최적화
- 목표를 달성하기 위해 자신 또는 다른 사람의 다양한 개인적 전략과 기술적 자산을 사용하면서 신체적, 정신적 손실을 보상

① 매슬로(Maslow)의 욕구단계 이론
② 에릭슨(Erikson)의 심리사회적 단계 이론
③ 발테스(Baltes)의 선택적 적정화 이론
④ 손상 이론

03 <보기>의 ㉠~㉣에 들어갈 말로 올바르게 연결된 것은?

보기

노화에 따라 노인의 보행 높이는 (㉠)하고, 짧아진 보폭으로 인한 분당 보폭 수는 (㉡)한다. 노인의 보행 주기 중 양발지지기는 (㉢)하고, 안정적인 걷기 동작을 위해 의식적 관여가 (㉣)한다.

	㉠	㉡	㉢	㉢
①	감소	감소	증가	증가
②	감소	증가	감소	증가
③	감소	증가	증가	증가
④	증가	감소	증가	감소

04 노인의 정의에 대한 설명으로 옳지 않은 것은?

① 생활상의 적응 능력이 향상되고 있는 사람
② 인체조직의 예비 능력이 감퇴하여 적응력이 떨어지는 사람
③ 신체에 대한 자체 통합력이 쇠퇴하고 있는 사람
④ 환경변화에 적절히 반응할 수 있는 조직기능이 쇠퇴하고 있는 사람

05 체력의 구성 요소 중 행동 체력 요소로 옳지 않은 것은?

① 심폐 지구력 ② 순발력
③ 협응성 ④ 온도 조절

06 노인이 운동참여로 얻을 수 있는 사회적 효과로 옳지 않은 것은?

① 세대 간의 교류 기회를 확대시킨다.
② 역할 유지와 새로운 역할을 맡는 데 도움이 된다.
③ 새로운 우정과 교류를 촉진시킨다.
④ 새로운 운동 기술을 습득한다.

07 운동의 신체적 효과에 대한 설명으로 옳지 않은 것은?

① 운동을 통해 호흡이 깊어지고 폐활량도 커져 호흡 효율을 높인다.
② 운동은 우울증, 불안 등을 포함한 질병치료에 중요한 역할을 제공한다.
③ 운동은 심장이 혈액을 뿜어내는 능력과 근육에서 산소를 소비하는 능력을 향상시킨다.
④ 운동은 근육 조직을 굵어지게 하고 근력 향상과 골조직의 노화를 예방한다.

08 노인 체육 관련 용어의 의미가 옳지 않은 것은?

① 운동: 관찰 가능한 외현적인 움직임
② 건강: 질병이 없거나 허약하지 않을 뿐만 아니라 신체적, 심리적, 사회적으로 건강한 상태
③ 신체 활동: 골격근에 의해 에너지 소비가 이루어지는 신체의 움직임
④ 체력: 신체 활동을 수행할 수 있는 기능적 특성

09 <보기>의 기능을 평가하기 위한 리클리와 존스(Rikli & Jones)의 노인 체력 검사 항목은?

보기

- 버스타고 내리기
- 빨리 일어나서 전화 받기
- 욕조에 들어가고 나오기
- 자동차나 다른 물체로부터 신속하게 몸 피하기

① 2분 제자리 걷기
② 덤벨 들기
③ 의자 앉아 앞으로 굽히기
④ 2.44m 왕복걷기

10 미국스포츠의학회(ACSM)가 제시한 노인을 대상으로 한 운동 부하 검사의 고려 사항으로 옳지 않은 것은?

① 낮은 체력을 가진 노인은 초기 부하가 낮고, 부하 증가량도 작은 노턴 트레드밀 프로토콜을 이용한다.
② 균형감과 근력이 낮고, 신경근과 협응력이 저조하여 검사의 두려움이 있다면 트레드밀의 양측 손잡이를 잡고 검사를 실시한다.
③ 트레드밀 부하는 경사도보다는 속도를 증가시킨다.
④ 시력 손상, 보행 실조, 발의 문제가 있는 경우 자전거 에르고미터 검사를 실시한다.

11 노인 운동 프로그램 구성요소에 포함되지 않는 것은?

① 운동 빈도
② 운동 시간
③ 운동 형태
④ 운동 비용

12 노인 운동의 동기유발 요소에 대한 설명으로 옳지 않은 것은?

① 정신 건강을 위한 스트레스와 불안감 해소
② 사회적 건강을 위한 사회적인 접촉과 교류
③ 신체적 건강을 위한 질병 위험 감소 및 건강 증진
④ 외모 개선을 위한 병원 방문

13 당뇨병 질환 환자에 대한 설명으로 옳지 않은 것은?

① 노인들에게 흔한 질병으로 I형 당뇨병을 앓는 전체 인구의 약 50%가 65세 이상이다.
② I형 당뇨병은 신체의 인슐린을 생성하는 췌장세포의 파괴가 원인이고, II형 당뇨병은 결함이 있는 인슐린 분비와 함께 나타나는 인슐린 저항성이 원인이다.
③ 운동 시작 전 혈당치가 250 혹은 300mg/dl 이하를 권장한다.
④ 운동 강도, 운동 빈도, 운동시간은 노인의 병력에 기초하며, 운동 처방에 영향을 줄 수 있는 기타 사항들을 고려해야 한다.

14 골다공증이 있는 노인의 운동에 관한 설명으로 적절하지 않은 것은?

① 평형성 향상을 위한 운동을 권장한다.
② 무산소성 운동과 저항성 근력 운동을 병행한다.
③ 통증을 유발하지 않는 중강도 운동을 권장한다.
④ 심각한 골다공증이 있는 노인에게는 최대 근력 검사를 권장하지 않는다.

15 고혈압이 있는 고령자의 운동프로그램에 대한 설명으로 옳지 않은 것은?

① 운동 프로그램이 혈압의 비정상적인 변동을 초래하지 않도록 조심하도록 한다.
② 최대 산소 소비량의 60~80%의 수준의 강도로 운동을 실행한다.
③ 낮은 강도의 운동도 혈압을 낮춰 주므로 고강도의 운동과 같은 효과를 얻을 수 있다.
④ 심장 약물인 베타 차단제를 복용 중인 사람에게는 운동의 강도를 정하기 위해 운동자각도(RPE)를 측정할 것을 권장한다.

16 심장질환이 있는 고령자에 대한 설명으로 옳지 <u>않은</u> 것은?

① 심장질환의 증상에는 가슴 통증, 현기증, 부정맥, 호흡 곤란 등이 있다.
② 65세 이상의 약 1/4 정도가 증상을 보이며, 이 연령대가 급성 심근경색 발생의 2/3를 차지한다.
③ 운동 프로그램으로 저항이 강한 실내 자전거 타기, 유산소 운동이 적합하다.
④ 긴 시간 동안의 준비운동을 포함하여 강도가 낮은 운동으로 구성하는 것이 중요하다.

17 <보기>에서 노인의 의사소통 방법을 모두 고른 것은?

보기
㉠ 공감하며 경청한다. ㉡ 분명하고 명확하게 말한다. ㉢ 한 번에 많은 정보를 전달한다. ㉣ 신체 접촉을 사용하지 않는다. ㉤ 시각적 도구는 쉽게 읽을 수 있게 만든다.

① ㉠, ㉡, ㉤　　② ㉠, ㉡, ㉢
③ ㉡, ㉢, ㉣　　④ ㉡, ㉣, ㉤

18 지도자가 노인의 운동을 중지시켜야 할 조건으로 옳지 <u>않은</u> 것은?

① 급격하게 혈압이 상승할 때
② 참여자가 운동 중단을 요구할 때
③ 호흡 곤란 및 하지 경련이 발생할 때
④ 운동 강도에 따라 심박수가 증가할 때

19 시·청각적 문제가 있는 노인 운동 참가자를 위한 환경으로 옳지 <u>않은</u> 것은?

① 청각적 문제가 심할 경우에 참가자와 서로 마주보면서 운동에 참여한다.
② 시각적 문제가 있는 참가자는 시각만을 이용하여 지도한다.
③ 청각적 문제가 있는 참가자에게 시각적 시범 및 보조물을 이용하여 운동 방법을 설명한다.
④ 시각적 문제가 있는 참가자에게 장애물이 될 수 있는 시설물은 정리한다.

20 지도자의 의사소통 기술에 대한 설명으로 옳지 <u>않은</u> 것은?

① 필요에 따라 참여자와 눈을 마주친다.
② 어려운 단어나 용어는 사용하지 않는다.
③ 참여자와 정면에서 눈을 마주친다.
④ 의사소통에는 언어적 기술, 비언어적 기술, 자기주장 기술이 있다.

CBT 실전 모의고사 정답 및 해설

스포츠교육학

01	02	03	04	05	06	07	08	09	10
③	③	②	③	②	②	④	④	②	③
11	**12**	**13**	**14**	**15**	**16**	**17**	**18**	**19**	**20**
②	①	③	②	③	③	①	②	③	④

01 ③

| 정답해설 |

보기의 내용은 체육 학문화 운동과 관련된 설명이다.

02 ③

| 정답해설 |

휴먼 무브먼트와 움직임 교육은 20세기 중반 이후 시작되었다.

03 ②

| 정답해설 |

전문체육은 전문 운동선수 혹은 지도자를 양성하기 위한 체육활동으로, 학교나 실업팀 등에서 이루어진다.

04 ③

| 정답해설 |

"학교스포츠"란 학교에서 이루어지는 스포츠 활동을 말한다.

05 ②

| 정답해설 |

제4조(스포츠강사의 자격기준 등) ③ 초등학교의 장은 스포츠강사를 재임용할 때에는 다음 각 호의 사항을 평가한 후 그 결과에 따라 재임용 여부를 결정하여야 한다.

1. 강사로서의 자질
2. 복무 태도
3. 학생의 만족도

06 ②

| 정답해설 |

체육시설업의 종류	규모	배치인원
ⓒ 승마장업	• 말 20마리 이하 • 말 20마리 초과	1명 이상 2명 이상
ⓔ 체력단련장업	• 운동전용면적 300제곱미터 이하 • 운동전용면적 300제곱미터 초과	1명 이상 2명 이상

07 ④

| 정답해설 |

전문스포츠지도사에 대한 내용으로, 전문스포츠지도사는 숙련된 경기 지도와 스포츠 과학의 전문지식을 소지하여 경기력 향상을 위해 지도한다.

08 ④

| 정답해설 |

노년스포츠는 건강과 체력 수준에 적합한 신체활동을 추구한다.

09 ②

| 정답해설 |

<보기>는 청소년기 스포츠교육 학습자의 특징이다.

10 ③

| 정답해설 |

내용 교수법 지식: 특정 학생에게 어느 교과나 주제를 특정한 상황에서 지도할 수 있는 방법에 대한 지식이다.

11 ②

| 정답해설 |

학교스포츠클럽은 「학교체육진흥법」 제10조를 근거로 방과 후에 체육활동에 흥미가 있는 학생들로 운영된다.

학교스포츠클럽의 개념

구분	내용
개념	방과 후에 체육활동에 흥미를 가진 동일 학교 학생들로 구성 및 운영되는 스포츠 동아리
형태	정규교육과정 외
시간	등교 전, 점심시간, 방과 후 등
근거	「학교체육진흥법」 제10조

12 ①

| 정답해설 |

㉠은 선수 이해 단계이며, ㉡은 지도방법 선택 단계이다.

13 ③

| 정답해설 |

협동 학습 모형

- 학생은 책임감 있는 팀원이 되며 자신의 잠재능력을 개발
- 학생은 팀의 성공을 위해 공헌
- 수업운영: 팀이 과제에 참여하기 전에는 교사 중심이며, 팀이 과제를 시작한 후에는 학생중심으로 이루어짐
- 직소(Jigsaw)1: ①과제를 등분하여 나누어 담당 → ②각각 한 부분씩 담당하고, 같은 과제를 담당한 학생들끼리 전문가 집단을 형성한 후 학습 → ③본래의 팀으로 돌아가 구성원들에게 가르침

14 ②

| 정답해설 |

<보기>에서 설명하는 내용발달 단계는 세련 단계이다.

링크(J.Rink)의 내용발달 단계

단계	내 용
시작	가장 먼저 제시하는 과제로 기초적인 수준에서 가르칠 내용이나 전략을 소개
확대	학습 경험을 간단하거나 쉬운 과제에서 복잡하거나 어려운 과제로 발전
세련	수행의 질적 발달에 초점을 두고 학습자에게 책무성을 부여
응용	습득한 기능을 실제(혹은 유사한 상황)에서 사용할 수 있도록 내용을 조직

15 ③

| 정답해설 |

포괄형 스타일에서 학습자는 자신의 성취기준을 설정하고 자신의 활동을 스스로 점검한다.

16 ③

| 정답해설 |

학습목표에 따른 결과 및 순위 중시는 평가의 목적과 거리가 멀다.

17 ①

| 정답해설 |

진단평가는 교육프로그램 실시 이전에 학습자들의 특성을 점검하는 평가활동으로 학습자의 정보를 수집하고 교육방향을 설정하며 학습장애의 원인 정도를 파악한다.

18 ②

| 정답해설 |

동형 검사

- 동일한 구인을 측정하는 두 개의 검사지를 개발하여 나온 점수들 간의 상관관계를 구하여 신뢰도를 추정하는 방법
- 동형검사의 추정은 검사-재검사 신뢰도 추정과 유사성이 있음

19 ③

| 정답해설 |

체육활동 안전한 학습 환경 유지

- 활동 전에 안전 문제를 예측하고 교구를 배치
- 안전한 수업 운영에 필요한 절차를 명확히 전달
- 새로운 연습과제나 게임 시작 시 지속적으로 학습자 감독

20 ④

| 정답해설 |

㉠은 무형식적 성장을 뜻하고, ㉡은 형식적 성장, ㉢은 비형식적 성장을 뜻한다.

스포츠사회학

01	02	03	04	05	06	07	08	09	10
④	④	①	①	②	②	②	②	①	②
11	12	13	14	15	16	17	18	19	20
③	②	④	③	②	③	④	②	②	④

01 ④

| 정답해설 |

사회관계의 망 또는 인간의 조직은 스포츠사회학이 아니라 사회학에서 다루는 사회 구조에 대한 설명이다.

02 ④

| 정답해설 |

<보기>는 파슨즈 AGIL 모형의 구성 요소 중 적응에 관한 설명이다.

03 ①

| 정답해설 |

국제 스포츠 경쟁에서의 승리는 해당 국가 국민의 자긍심을 고취시키는데 기여하나 민족 우월주의나 맹목적인 애국심과 같은 극단적인 국수주의 의식을 심화시킬 수 있다.

04 ①

| 정답해설 |

에티즌과 세이지가 제시한 스포츠의 정치적 속성은 상호 배타성이 아니라 상호 의존성이다.

05 ②

| 정답해설 |

1956년 멜버른 올림픽에서는 구소련의 헝가리 침공 사건에 대한 항의로 서방국가들이 불참하는 사태가 발생한다.

06 ②

| 정답해설 |

현대 스포츠에서는 인구가 밀집되어 있는 지역이 스포츠 관련 성공 가능성이 높다.

07 ②

| 정답해설 |

스포츠가 삶의 수단적 가치를 추구하는 매개체로 전락하는 것은 프로스포츠의 역기능에 대한 설명이다.

08 ②

| 정답해설 |

<보기>는 학생 선수들의 고유한 공간에서 그들만의 공동체 문화 형성과 동질감을 바탕으로 새로운 문화를 형성하는 섬 문화에 대한 설명이다.

09 ①

| 정답해설 |

교육적 역기능에 해당하며, 나머지는 스포츠의 교육적 순기능에 해당한다.

10 ②

| 정답해설 |

스포츠가 미디어에 미치는 영향

- 미디어 콘텐츠 제공
- 미디어 기술의 발전
- 미디어 장비의 확대
- 스포츠 보도 위상 제고
- 미디어 이윤 창출 기여

11 ③

| 정답해설 |

미디어를 통한 선진 기술의 도입으로 경기 기술 및 전략이 전문화되고 표준화되었다.

12 ②

| 정답해설 |

옐로 저널리즘은 대중의 관심과 주목을 끌기 위해 특정 선수 및 관계자를 비평하고 의도적으로 사생활을 침범하는 선정적, 비도덕적인 기사들을 과도하게 취재 또는 보도하는 것을 의미한다.

| 추가해설 |

① 팩 저널리즘: 독창성과 개성이 없는 단조로운 보도
③ 하이에나 저널리즘: 사회적 지위 또는 권력이 낮은 사람들을 대상으로 노골적인 보도
④ 뉴 저널리즘: 기존의 일방적인 표현 대신 소설처럼 작가의 표현력을 동원하여 보다 실감나게 전달하는 보도

13 ④

| 정답해설 |

<보기>는 사회 계층 이동의 준거와 유형에 대한 내용이다. 사회 이동의 주체는 S라는 개인이고, 노력을 통해 축구 월드 스타가 되었기 때문에 수직 이동하였다. 또한 축구 장학 재단을 통해 양성을 하는 것은 개인의 발생하는 변화이므로 세대 내 이동의 해당한다.

14 ③

| 정답해설 |

모든 운동선수가 탈사회화 이후 스포츠 재사회화 과정을 겪는 것은 아니다.

15 ②

| 정답해설 |

㉠, ㉡ 스포츠 일탈의 역기능에 해당하며, ㉢, ㉣ 스포츠 일탈의 순기능에 해당한다.

16 ③

| 정답해설 |

도구적 공격은 상대의 고통이 목적이 아닌 승리, 금전, 위공 등 다른 외적 보상이나 목표를 획득하기 위한 폭력 행위이다. 더블 플레이를 방해하는 것은 승리를 위한 공격이므로 도구적 공격으로 볼 수 있다.

17 ④

| 정답해설 |

국제 스포츠 경쟁에서 국가 간의 경쟁이라는 의미가 축소되고, 국제 스포츠 조직의 확대를 통한 범세계적 교류가 증진되었다. 또한, 기술과 정보의 혁명을 통한 교통 · 통신 · 전자 분야의 첨단 기술은 스포츠가 행해지는 공간적 거리를 무의미하게 만들고, 스포츠 정보를 거래하는 데 드는 비용과 시간이 중요시 되었다.

18 ②

| 정답해설 |

스포츠의 상업화로 인해 경기 조작, 부정행위, 도박 등이 증가하였다.

19 ②

| 정답해설 |

<보기>의 내용은 스포츠의 노동 이주와 관련 있다. 우리나라 운동선수도노동자의 일원으로 해외 리그에 진출하여 활약하고 있으며, 해외 운동선수도 우리나라에 들어와 국내 프로 리그에서 운동선수로 활동하고 있다. 즉, 국가의 장벽이 허물어지며 노동의 이주가 이루어지는 현상이 나타나고 있다.

| 추가해설 |

① 스포츠 국주수의: 스포츠에 있어 과도한 애국심으로 자신이 속한 나라가 가장 뛰어난 것으로 믿고 다른 나라와 민족을 배척하는 극단적인 태도나 경향

③ 스포츠 민족주의: 스포츠를 통해 민족의 정체성을 확인하고 민족을하나로 결속시키는 민족 형성에 결정적 영향을 미침

④ 스포츠 제국주의: 스포츠를 피식민지 민족에게 문화적 수단을 활용한동화 정책의 일환으로 활용함

20 ④

| 정답해설 |

<보기>는 스포츠를 통한 사회화로 직접이 아닌 간접적으로 특정 선수나 팀 또는 경기 상황에 대하여 감정적 태도 성향을 표출하는 ④정의적 참가이다.

스포츠심리학

01	02	03	04	05	06	07	08	09	10
③	②	①	④	②	③	③	④	②	④
11	12	13	14	15	16	17	18	19	20
④	③	②	①	②	③	②	①	②	④

01 ③

| 정답해설 |

스포츠심리학은 운동 경기 또는 스포츠 상황에서 응용하는 심리학의 한 분야로 인간의 운동 수행과 관련한 심리적 요인들 간의 영향 관계를 연구하는 학문이다.

| 추가해설 |

① 운동 발달은 운동 기능 발달에 영향을 미치는 요인인 유전적 요소와의 관계 및 효과를 연구하는 학문 이다.

② 운동 제어는 인간의 운동이 생성되는 기전과 운동의 원리를 규명하는 학문이다.

④ 건강운동심리학은 건강 운동과 운동 실천의 인식, 운동 참가 동기, 운동 참여의 지속, 정신 건강 등을 심리학적 측면에서 폭넓게 연구하는 학문이다.

02 ②

| 정답해설 |

운동 제어에 대한 설명이며, 운동 제어는 광의의 심리학과 관련된 내용이다.

03 ①

| 정답해설 |

스포츠심리학자는 운동선수들뿐만 아니라 상담이 필요한 모든 수행자들을 대상으로 상담을 실시한다.

04 ④

| 정답해설 |

체육행정 정책수립은 체육행정학에 해당하는 연구과제이다.

05 ②

| 정답해설 |

운동 행동의 시간적 흐름, 즉 연령에 따라 계열적 · 연속적으로 변화하는 과정을 규명하는 학문은 운동 발달과 관련된 내용이다.

06 ③

| 정답해설 |

자기충족예언은 어떤 기대가 실현될 것이라는 믿음을 갖고 그것을 실현시키기 위해 본인 스스로 노력함으로써 결국 원래 기대를 현실로 실현시키는 것을 의미한다.

07 ③

| 정답해설 |

보강적(외재적) 피드백은 자신의 감각정보가 아닌 외부에서 주어지는 정보로, 언어적 · 비언어적인 방법을 통해, 수행의 결과 또는 수행 유형 자체에 대한 정보를 수행 동안 또는 수행 후에 제공한다.

| 추가해설 |

① 바이오피드백: 근육활동 수준, 관절 위치 등 눈으로 확인할 수 없는 정보를 제공하는 것
② 내재적 피드백: 운동을 수행함으로써 자동적으로 발생하는 정보
④ 고유감각 피드백: 근육이 수축 또는 이완할 때 만들어지는 감각 정보로 자기 신체의 각 부분에 대한 위치 정보를 의미하며 고유감각은 관절 운동에 의한 감각에 대한 피드백을 주는 것

08 ④

| 정답해설 |

프로이트의 심리역동 이론: 인간의 성격은 '원초적인 자신', '현실적인 자아', '자기통제' 3가지 경우의 자신이 끊임없이 갈등하고 타협하는 상호작용을 통해 인간의 행동이 지배된다고 보는 이론이다.

| 추가해설 |

① 카텔의 특성 이론: 개인의 성격을 기술하는 이론으로 개인의 성격 특성이 비교적 오랫동안 유지된다고 보며, 특정한 개인이 어떤 성격적 요소에 영향을 받음에 따라 성격유형을 분류한다.
② 반두라의 사회학습 이론: 인간의 행동은 사회에서 학습한 것과 개인이 처한 상황의 상호작용에 의해서 결정된다고 주장하는 이론이다.
③ 매슬로우의 욕구위계 이론: 인간의 성격적 본질은 인간의 내적 욕구체계에 의해서 결정되고 5가지 욕구가 위계적으로 존재한다고 주장하는 이론이다.

09 ②

| 정답해설 |

<보기>는 사회 학습 이론에 대한 내용이다.

| 추가해설 |

① 사회 인지 이론: 구체적인 상황에서 성공할 수 있다는 자신의 능력에 대한 신념으로 한 사람이 과제, 목표, 도전에 어떠한 방식으로 접근하는지에 중요한 역할을 함
③ 계획된 행동 이론: 개인의 의도는 매개변수로서 작용되는 것으로 구체적인 목표를 계획한 사람이 계획한 행동을 할 가능성이 높다고 봄
④ 자기 개념 이론: 사람들이 외적 정보에서 얻은 단서들을 활용하여 자신의 존재를 어떠한 방식으로 지각 또는 해석하는지를 설명하는 것

10 ④

| 정답해설 |

(1) 넓은 - 외적 유형
- 상황을 재빠르게 평가함
- 관련이 없는 단서에 초점을 둘 수 있고, 쉽게 속아 넘어갈 수 있음

(2) 넓은 - 내적 유형
- 많은 정보를 한 번에 분석하고 계획함
- 관련 없는 부분까지 생각할 수 있음

(3) 좁은 - 내적 유형
- 수행에 대한 정신적 연습 및 정서를 조절함
- 내면의 생각에 초점을 두며, 주의의 초점이 하나의 단서에만 맞춰짐으로써 압박감을 느낄 수도 있어 오히려 주의가 분산될 가능성이 있음
- 내면의 생각에 초점을 둠

(4) 좁은 - 외적 유형
- 하나 또는 두 개의 단서에 전적으로 주의를 집중함
- 주의의 폭이 좁아 중요한 단서를 놓칠 가능성이 있음
- 하나의 대상에 초점을 둠

11 ④

| 정답해설 |

2차적 강화는 칭찬, 미소와 같이 코치와 선수의 사회적 관계를 이용해 강화하는 것을 의미한다.

12 ③

| 정답해설 |

공동의 일을 달성하기 위해 한 사람이 다른 사람들에게 지지와 도움을 얻는 것은 리더십이다. 즉, 리더십은 집단의 공통적인 목표를 효과적으로 달성할 수 있도록 방향을 유도하는 것이다.

13 ②

| 정답해설 |

모델링의 효과는 간단한 운동과제보다는 몇 가지 단계로 구성된 비교적 복잡한 운동과제일 때 더 크다.

14 ①

| 정답해설 |

운동을 하면 기분이 좋아질 것이라고 기대하기 때문에 위약 효과(Placebo Effect)에 의한 심리적인 효과가 발생한다는 가설은 사회심리적 가설에 관한 내용이다.

| 추가해설 |

② 모노아민 가설: 운동을 하면 신경 전달 물질의 분비가 증가하기 때문에 정서에 변화(운동이 우울증에 효과가 있다는 가설에 대한 근거를 설명)가 생긴다.
③ 뇌 변화 가설: 운동을 하면 뇌의 혈관이 많아지기 때문에 인지 능력이 향상된다.
④ 생리적 강인함 가설: 운동을 규칙적으로 하면 스트레스를 규칙적으로 가하는 것이기 때문에 스트레스를 견디는 능력이 향상되어 정서적으로 안정된다.

15 ②

| 정답해설 |

사회 형태 이론(모형)은 개인이 운동하거나 안하는 이유를 개인적인 관점에만 찾는게 아니라 사회와 국가, 자연환경 등의 다른 차원이 요인도 포함시켜 고려시켜야 한다.

16 ③

| 정답해설 |

현재 운동을 하지 않고 6개월 이내 운동을 시작할 의도가 있는 단계는 관심 단계에 해당한다.

17 ②

| 정답해설 |

비언어적 메시지 전달은 상담의 기법 중 경청에 해당한다.

18 ①

| 정답해설 |

상담에서 비밀보장은 반드시 지켜야 하는 일반윤리로 상담자와 내담자 간의 약속된 비밀은 반드시 지켜져야 한다. 그러나 내담자가 자신이나 타인에게 위험한 행동을 할 경우, 미성년 내담자가 근친상간, 강간, 아동학대 등 여타의 범죄의 희생자라고 판단될 경우, 내담자가 입원할 필요가 있다고 판단될 경우, 법적 문제가 있다고 판단될 경우 예외가 존재한다.

19 ②

| 정답해설 |

스포츠 심리 기술 훈련을 통해 경기력 향상 효과를 얻는 방법은 운동종목과 선수 개인에 따라 일반적으로 오랜 시간이 걸린다.

20 ④

| 정답해설 |

개인주의의 확산은 스포츠의 경기력에 방해가 될 수 있으며, 팀 분위기 저하, 팀내 갈등 등의 문제를 발생시킬 수 있다.

스포츠윤리

01	02	03	04	05	06	07	08	09	10
②	①	④	④	①	①	③	③	①	④
11	12	13	14	15	16	17	18	19	20
④	②	③	①	④	③	②	④	③	②

01 ②

| 정답해설 |

도덕적 판단력에 관한 설명이다.

- 도덕적 민감성(감수성): 어떤 상황을 도덕적인 상황으로 지각하고 해석하기
- 도덕적 동기화: 도덕적 행위를 우선시하기
- 도덕적 품성화: 도덕적 행동을 실천하기 위해 필요한 자아강도, 인내력, 용기, 자기 통

02 ①

| 정답해설 |

㉠ 은 아리스토텔레스가 말한 실천적 지혜인 지성적 덕을 뜻하고, ㉡ 은 반복과 습관을 통해 형성되는 품성적 덕을 뜻한다.

03 ④

| 정답해설 |

덕론적 윤리: 옳은 행위는 덕이 있는 사람을부터 나온다고 생각

04 ④

| 정답해설 |

모든 선수에게 의무적으로 부여된다

05 ①

| 정답해설 |

㉠ 로고스 ㉡ 로고스 ㉢ 파토스 ㉣ 에토스

06 ①

| 정답해설 |

인종차별은 특정 인종과 국가는 다른 인종 또는 국가보다 열등하거나 우월하다는 믿음에서 발생한다

07 ③

| 정답해설 |

신체적 · 생리적 능력의 차별성을 느껴선 안된다

08 ③

| 정답해설 |

순수환경: 공원, 보전구역, 카누, 카약, 요트 등
개발환경: 골프, 사격, 트레일, 슬로프, 실외 수영장, 스포츠 필드 등의 야외활동
시설환경: 실내 체육관, 경기장, 아이스링크 등의 실내 활동

09 ①

| 정답해설 |

①은 생명 중심주의 윤리의 특징이다
· 생명 중심주의 윤리: 목적론적 삶의 중심
· 생태 중심주의 윤리: 생명공동체의 조화, 균형 기여 여부

10 ④

| 정답해설 |

동물실험의 윤리의 3R원칙
• 대체(Replacement): 가능한 비동물 실험으로 대체
• 축소(Reduction): 실험에서 사용되는 동물의 수를 최소화
• 순화(Refinement): 동물의 고통이 적도록 실험을

11 ④

| 정답해설 |

상대 선수에 대한 존중과 배려는 공격성과 상반된 개념이다

12 ②

| 정답해설 |

결과만 보는 스포츠문화가 아닌 과정을 중요하게 생각하는 스포츠문화 정착 필요

13 ③

| 정답해설 |

도핑을 금지해야 하는 윤리적 이유: 공정성, 평등성, 존엄성, 수단화, 모방성

14 ①

| 정답해설 |

일회성 교육이 아닌 지속적인 교육이 더 효과적

15 ④

| 정답해설 |

최저학력제: 운동선수의 학습권 보장과 운동의 병행을 위한 제도

16 ③

| 정답해설 |

합숙 기간 축소 및 자제

17 ②

| 정답해설 |

4대 악습: 승부 조작 및 편파판정, 폭력 및 성폭력, 입시 비리, 조직의 사유화

18 ④

| 정답해설 |

공정성, 청렴성, 자율성, 정직함, 냉철함, 전문성

19 ③

| 정답해설 |

조직의 이익을 우선하는 생각과 행동이 원인

20 ②

| 정답해설 |

비디오판독 등 객관적인 심판제도의 도입

운동생리학

01	02	03	04	05	06	07	08	09	10
④	②	①	③	③	①	③	④	③	②
11	12	13	14	15	16	17	18	19	20
④	①	④	③	③	①	②	④	③	①

01 ④

| 정답해설 |

과부하의 원리는 수행자의 능력보다 강한 자극을 제공하여 적응 수준을 높임을 말한다.

02 ②

| 정답해설 |

순발력은 근육이 순간적으로 빨리 수축하면서 나는 힘이다.

| 추가해설 |

① 민첩성은 운동의 목적에 따라 신체를 신속히 정확하게 조작하는 능력이다. ③ 스피드는 움직임이 진행되는 빠르기를 말한다. ④ 평형성은 신체를 일정한 자세로 균형을 유지하는 능력이다.

03 ①

| 정답해설 |

체내 심부 온도를 일정하게 유지하기 위해 체온 증가(자극) 시 뇌의 시상하부(조절센터)에서 피부로 혈관 확장, 땀 배출이라는 열 손실 신호를 통해 체온이 감소(반응)하도록 한다. 신체 대부분은 부적피드백을 통해 항상성을 유지한다.

04 ③

| 정답해설 |

항정상태는 내부 환경이 일정하게 유지하는 상태를 말하며, 일정하게 유지되고 있다.

05 ③

| 정답해설 |

유산소 트레이닝을 통해 지방 대사는 증가하고 근육 글리코겐 활용은 감소한다

06 ①

| 정답해설 |

② 탄수화물이 분해될 때 RQ는 1.0, 지질이 분해될 때 0.71.이다.
③ RQ는 세포내 호흡을 반영한다.
④ 이산화탄소 생성량과 산소섭취량 사이의 비율을 호흡지수 (RQ)라 하며, 호흡교환율과 동일하다.

07 ③

| 정답해설 |

최대산소섭취량의 증가는 유산소 트레이닝 시 나타나는 대사 적응이다

08 ④

| 정답해설 |

단시간의 고강도 운동 시 주된 에너지 생산 시스템은 ATP-PCr(인원질 과정)이며, 젖산, 유산소 순으로 에너지를 공급한다.

09 ③

| 정답해설 |

활동 전위를 유발할 수 있는 최소한의 자극강도를 역치라고 한다.

10 ②

| 정답해설 |

신경 전달 과정에 대한 설명이다. 세포 내로 칼슘이 유입된 후 시냅스 소포에서 신경 전달 물질인 아세틸콜린을 방출한다.

11 ④

| 정답해설 |

부교감 신경에 의해 침 분비가 촉진된다.

12 ①

| 정답해설 |

심장근은 불수근에 해당한다.

13 ④

| 정답해설 |

지근섬유는 속근섬유보다 미오글로빈 농도가 더 높으므로 유산소성 대사 능력이 높아 피로에 대한 저항성이 높은 편이다.

14 ③

| 정답해설 |

원심성(신장성) 수축은 근육이 길어지면서 장력이 발생한다.

15 ③

| 정답해설 |

호르몬 각기 표적 기관이 다르며 수행하는 역할도 다르다.

16 ①

| 정답해설 |

운동을 시작한 후 성장 호르몬은 증가한다.

17 ②

| 정답해설 |

심장의 탈분극파는 방실 결절(전도 조직)을 경유하여 전달된다.

18 ④

| 정답해설 |

심실의 재분극을 일컫는 용어는 T파이다.

19 ③

| 정답해설 |

안정 시 또는 최대하 운동 시 심박수는 감소한다

20 ①

| 정답해설 |

고온에서 운동 시 근육과 피부의 혈류요구량이 증가한다.

운동역학

01	02	03	04	05	06	07	08	09	10
②	③	④	④	②,③	①	③	①	③	③
11	12	13	14	15	16	17	18	19	20
①	④	②	①	②	②	②	②	④	④

01 ②

| 정답해설 |

외회전은 분절의 장축을 중심으로 인체 중심선으로부터 바깥으로 향하는 회전을 말한다.

| 추가해설 |

① 회내는 아래팔과 손이 내측으로 회전하는 운동을 말한다. ③ 회외는 아래팔과 손이 외측으로 회전하는 운동이다. ④ 내회전은 분절의 장축을 중심으로 인체 중심선으로 향하는 회전을 말한다.

02 ③

| 정답해설 |

무게 중심선이 기저면 중앙에 가까울수록 안정성은 높아지게 된다.

03 ④

| 정답해설 |

투사 속도의 경우 수평 속도가 빠를수록 투사 거리가 증가한다.

04 ④

| 정답해설 |

안장 관절은 한쪽 관절 표면이 한 방향은 오목하게 들어가 있고 다른 쪽은 볼록하게 나와 있는 구조이며 손목뼈, 손바닥뼈 관절에서 굽힘, 신전, 모음 및 벌림 운동에 이용된다.

05 ②, ③

| 정답해설 |

선속도를 증가시키기 위해서는 각속도와 회전반경을 증가시켜야 한다.

06 ①

| 정답해설 |

2종 지레는 작용점과 힘점 사이에 받침점이 있는 형태를 말한다.

07 ③

| 정답해설 |

근전도 분석을 통해 안근이나 손가락 운동과 같은 섬세한 근 활동 분석에도 이용할 수 있다.

08 ①

| 정답해설 |

거리는 방향성은 없고 크기만 존재한다.

09 ③

| 정답해설 |

탄성 에너지는 저장 에너지의 형태이며, 물체를 원래의 형태로 복원시킬 수 있다

10 ③

| 정답해설 |

저측은 발바닥 쪽을 말하는 용어이다. 발등 쪽을 말하는 용어는 배측(dorsal)이다.

11 ①

| 정답해설 |

마찰력은 마찰계수와 수직반력의 곱으로 나타낸다.

12 ④

| 정답해설 |

물체가 하강할 때 위치에너지는 감소하고 운동에너지는 증가한다.

13 ②

| 정답해설 |

양력은 유체(공기나 물)속의 물체에 운동방향의 수직방향으로 작용하는 힘이다.

| 추가해설 |

① 부력은 물체를 둘러싼 공기와 같은 유체가 물체를 위로 밀어 올리는 힘이다. ③ 항력은 유체에서 이동하는 물체가 운동 방향의 정면으로 받게 되는 힘이다.

14 ①

| 정답해설 |

① 정성적 분석에 대한 내용이다.

15 ②

| 정답해설 |

지면 반력 측정의 활용에 대한 설명이다. 인체가 지면에 작용한 힘에 대한 반작용력을 측정하는 것이다.

16 ②

| 정답해설 |

각변위는 시계 방향과 반시계 방향으로 표시하며, 회전하는 물체의 최초 지점 각 위치와 최후 지점 각 위치 간의 차이값을 말한다.

17 ②

| 정답해설 |

스포츠 상황에서 역학적으로 발생하는 상해 원인 분석이 목적이다.

18 ②

| 정답해설 |

질량의 변화가 없다면 위치 에너지는 물체의 위치에 의해 달라진다.

19 ④

| 정답해설 |

3차원 영상 분석은 2차원 영상 분석에 비해 오차가 적은 편이다.

20 ④

| 정답해설 |

물체가 원운동을 할 때 원의 중심 방향으로 작용하는 힘은 구심력이고, 원운동을 하는 물체가 궤도를 이탈하려는 힘, 원의 중심으로부터 멀리 벗어나려는 힘을 원심력이라 한다.

한국체육사

01	02	03	04	05	06	07	08	09	10
④	①	④	③	④	①	④	①	④	①
11	12	13	14	15	16	17	18	19	20
④	②	①	③	②	③	④	①	③	②

01 ④

| 정답해설 |

사료(史料)는 역사를 고찰하는 데 단서가 되는 자료를 의미한다. 역사가가 역사를 연구하고 기술할 때 이용하는 모든 것이 사료이다. 물적 사료는 유물, 유적 등 현존하는 모든 물질적 유산을 의미하며, 기록 사료에는 문헌, 구전 등이 있고, 구술 사료는 과거 기억에 대한 증언 등을 말한다.

02 ①

| 정답해설 |

스포츠를 통해 변화하는 인체의 생리적 반응 연구는 운동생리학 분야의 연구 영역이다.

03 ④

| 정답해설 |

체육사는 체육과 관련된 과거와 현재의 사건을 파악하여 미래를 예측하게 할 수는 없다.

04 ③

| 정답해설 |

㉠ 기록 사료는 문헌 사료와 구전 사료가 있다.
㉡ 물적 사료는 물질적 유산인 유물과 유적이 있다.
㉣ 전통적인 분류 방식에 따르면 물적 사료와 기록 사료로 구분된다.

05 ④

| 정답해설 |

선사 및 부족국가 시대의 수렵활동은 가장 중요한 일이었으며 불의 사용, 도구의 제작, 식물 채집 등을 통해 경험과 지식을 축적했을 뿐만 아니라 촌락을 형성하고 공동체를 구성하였다

06 ①

| 정답해설 |

저포(樗蒲)는 윷가락 같이 만든 다섯 개의 나무를 던져 승부를 겨루는 놀이이다.

| 추가해설 |

② 축국(蹴鞠): 가죽 주머니로 공을 만들어 발로 차고 노는 게임
③ 추천(秋韆): 두 줄을 붙잡고 온몸을 흔들어 발의 탄력을 이용해 온몸을 마음껏 날려 보내는 놀이
④ 투호(投壺): 화살 같은 막대기를 일정한 거리에서 있는 항아리 안에 던져 넣는 게임

07 ④

| 정답해설 |

신라의 교육 기관에는 화랑도와 국학이 있었다.

08 ①

| 정답해설 |

삼강오륜은 유교 윤리에서의 세 가지 기본 강력과 다섯 가지 실천적 도덕 강목이며 붕우유신은 친구 사이의 도리는 믿음에 있다는 의미의 오륜 중 하나이다.

09 ④

| 정답해설 |

<보기>의 내용은 수박희에 대한 설명이며, 맨손을 이용한 격투 기술로 삼국 시대의 무예를 그대로 계승한 고려 시대의 대표적인 체육이다.

10 ①

| 정답해설 |

고려시대 서민의 민속놀이에는 석전(石戰), 추천(秋韆), 축국(蹴鞠), 각저(角觝), 연날리기 등이 있다.

11 ④

| 정답해설 |

추천(鞦韆)은 그네뛰기를 말하는 것으로, 단오절에 가장 많이 행하였다.

12 ②

| 정답해설 |

숭문천무(崇文賤武)

- '글을 숭상하고 무력을 천시한다'는 뜻
- 조선시대는 성리학과 유교주의적 특성으로 인해, 문과에 비해 무인 교육에 소홀한 편
- 유교와 성리학은 도덕과 인을 중시, 신체적 힘을 기른다는 것은 전쟁이나 폭력을 유발할 수 있다고 판단

문무겸전(文武兼全)

- '문식(文識)과 무략(武略)을 다 갖춘다'는 뜻
- 정조는 천시되었던 무에 대한 새로운 인식을 끌어내 국정 운영의 철학으로 발전
- '무적(武的) 기풍 확산을 통한 국정 쇄신'이라고 함
- 병전(兵典)을 중심으로 법전을 변화시키고, 병학통(兵學通)과 무예도보통지 등 병서를 간행

13 ①

| 정답해설 |

대성학교는 1907년 국권회복운동의 일환으로 도산 안창호가 평양에 설립한 중등 교육기관이다. 인재 양성을 통한 교육 구국의 이념 아래, 건전한 인격의 함양, 애국정신이 투철한 민족운동가 양성, 실력을 구비한 인재의 양성, 건강한 체력의 훈련 등을 강행하였다.

14 ③

| 정답해설 |

YMCA의 스포츠 활동

- 개화기부터 외국인 선교사가 근대스포츠를 도입 및 보급하면서 한국 근대스포츠의 발전에 많은 영향을 미침
- 독자적인 스포츠 활동을 전개함
- 강건한 기독교주의와 민족주의 사상을 바탕으로 함

15 ②

| 정답해설 |

일제강점기 조선을 대표하는 스포츠단체로서 조선스포츠계를 이끌어 온 조선체육회는 중일전쟁으로 전시체제가 되자 일본의 조선체육협회에 흡수되면서 해산되었다.

16 ③

| 정답해설 |

소년체전은 우수 선수를 육성하기 위한 엘리트 스포츠 정책이다.

17 ④

| 정답해설 |

2018년은 평창에서 개최된 23회 동계올림픽이다.

18 ①

| 정답해설 |

제41회 세계 탁구 선수권 대회는 일본 지바현에서 1991년 4월 24일에서 5월 6일까지 개최. 남북 단일팀인 코리아팀이 단일팀 우승을 하였다.

| 추가해설 |

남북스포츠 친선교류

① 1990년 남북통일축구대회(평양과 서울에서 번갈아 열림)
② 1991년 지바세계탁구선수권대회, 포르투갈 세계청소년 축구선수권대회 남북단일팀 구성
③ 1999년 남북통일농구대회, 남북노동자축구대회
④ 2000년 남북통일탁구대회, 시드니올림픽 공동입장

⑤ 2002년 태권도시범경기
⑥ 2003년 제주도 민족통일 평화축전
⑦ 2004년 아테네올림픽 공동입장

19 ③

| 정답해설 |

2002년 제 17회 월드컵 축구 대회는 한국과 북한이 단일팀을 이루지 않았다.

20 ②

| 정답해설 |

역도는 1926년 일본체육회 체조학교를 졸업한 서상천에 의해 국내 소개되었다.

특수체육론

01	02	03	04	05	06	07	08	09	10
④	③	②	②	①	③	②	④	②	④
11	12	13	14	15	16	17	18	19	20
④	②	①	③	④	②	②	④	③	①

01 ④

| 정답해설 |

통합체육은 장애학생과 비장애학생 모두에게 유익할 수 있다. 비장애 학생의 모범행동은 장애가 있는 학생들에게 효과적인 역할모델이 되며, 비장애 학생은 장애학생을 존중하는 법을 배운다.

02 ③

| 정답해설 |

<보기>는 6가지 장애 모델 중 ③ 사회 모델에 대한 설명이다.

03 ②

| 정답해설 |

스페셜 올림픽의 자격요건은 만 8세 이상의 지적, 자폐성 장애인이며, 이 올림픽의 목적은 지속적인 스포츠 훈련 기회 제공을 해주는 목적이 있다. 일반 올림픽과 같이 4면마다 동, 하계 대회로 개최한다.

04 ②

| 정답해설 |

경쟁 스포츠 활동을 할 때 공평하고 대등한 경쟁을 위하여 장애의 유형을 구분하고 있다.

05 ①

| 정답해설 |

사정은 평가와 측정의 중간 개념으로 교육적 의사결정에 필요한 자료를 수집하는 과정이다.

06 ③

| 정답해설 |

측정 검사 도구 선택 시 타당성, 신뢰성, 객관성 등의 검사 기준 요소를 고려해야 한다. 타당성은 신체 능력, 인지적, 정의적 요소의 특성을 충실하게 측정하는 정도를 말한다.

07 ②

| 정답해설 |

규준지향검사는 표준화 사정에 해당된다.

| 추가해설 |

- 비표준화 사정: 대안적 사정, 준거지향검사, 교육과정 중심사정, 관찰사정 등
- 표준화 사정: 규준지향검사

08 ④

| 정답해설 |

생태학적 과제 분석은 운동 기술, 움직임과 학생의 특성, 운동 기술이나 움직임의 수행에 영향을 줄 수 있는 환경을 고려한 것을 의미한다.

09 ②

| 정답해설 |

기초 움직임 단계는 2~6세 시기해 해당하며, 던지기, 차기, 회전하기, 굽히기 등의 다양한 활동이 가능하다.

| 추가해설 |

① 출생 후 1년 이내: 반사 움직임 단계
③ 초등학생 시기: 전문화 움직임 단계
④ 청소년기: 성장과 세련 단계

10 ④

| 정답해설 |

개별화 교육계획(IEP)은 개인의 운동수행 능력에 맞춰 적절한 교육목표와 방법을 수정, 보완할 수 있다.

| 추가해설 |

① 개별화 교육계획은 개개인의 학습능력에 맞도록 조정된 교육내용을 지도하는 방법으로, 집단을 모둠화하여 지도하는 것만을 의미하지 않는다.
② 개별화 교육계획은 평가도구, 관리도구, 점검도구 등의 역할을 한다.
③ 개별화 교육계획 시 대상자의 인적사항, 학습수준 등과 함께 학부모의 의견도 포함된다.

11 ④

| 정답해설 |

발달의 원리

- 발달은 위에서 아래, 중심부위에서 말초부위, 전체운동에서 특수운동으로 진행됨
- 대근육에서 소근육으로 발달이 진행됨
- 머리가 다른 신체부위에 비해 먼저 발달됨
- 태어나면서 사망할 때까지 연속적으로 이루어짐
- 발달의 순서는 동일성을 가지나 발달의 속도는 개인차가 존재함
- 신경계통의 발달이 있어야 운동기능에 발달을 가져옴
- 인지적, 사회적, 정서적, 신체적 등의 발달은 상호연관성을 가짐
- '양방향 → 일방향 → 교차성' 순으로 발달

12 ②

| 정답해설 |

척수 장애는 혈류 이송 체계가 손상되기 때문에 기립성 저혈압이 발생할 수 있어 병력 확인 필요하다.

13 ①

| 정답해설 |

장애 정도가 높을수록 기분 조절력이 통제되어 제한적이기 때문에 과잉 행동 빈도가 높다.

14 ③

| 정답해설 |

의사소통의 어려움을 해결하기 위해 언어 지시와 시각적 단서를 제공한다.

15 ④

| 정답해설 |

품행장애와 주의력의 문제는 정서장애의 인지행동 특성에 포함된다.

16 ②

| 정답해설 |

언어의 수용 및 표현능력이 인지능력에 비하여 현저하게 부족한 사람은 지적장애인이다.

17 ②

| 정답해설 |

중등도(41~55dB)는 사람의 입술 모양을 읽는 훈련이 필요하고, 보청기를 사용하며, 언어습득과 발달 지체의 특성이 있다.

| 추가해설 |

① 경도(26~40dB)는 약간의 소리를 인지할 수 있고, 일정 거리를 유지할 경우 음을 이해하며, 언어발달에 약간 지체를 갖고 있는 정도이다.

③ 중도(56~70dB)는 일반학교에서 수업을 받는 것이 어렵고, 개별지도가 필요하며, 또래 도움 학습이 필요한 정도이다.

④ 농(91dB)은 보청기 등의 보조기구를 사용해도 의사소통이 불가능한 상태이다.

18 ④

| 정답해설 |

청각장애는 지적기능의 손상 때문에 운동수행을 정확히 이해하기 힘든 것과는 거리가 있고, 체력요인 중 평형성, 협응력 등의 문제가 발생할 수 있다.

19 ③

| 정답해설 |

전방 1m의 움직임 정도만 구분이 가능한 상태는 ③지수에 해당한다.

20 ①

| 정답해설 |

스포츠지도자가 태양을 등지고 지도 시 학생들이 태양을 직접적으로 바라보고 수업을 받아야 하기 때문에 정확한 커뮤니케이션에 한계가 있다.

유아체육론

01	02	03	04	05	06	07	08	09	10
②	①	③	④	③	①	④	③	③	①
11	12	13	14	15	16	17	18	19	20
④	①	④	③	②	②	①	③	①	②

01 ②

| 정답해설 |

영유아의 반사 움직임

- 원시적 반사, 자세 반사, 이동 반사
- 원시적 반사: 비대칭성 목 경직 반사, 대칭 목 경직 반사, 손바닥 잡기 반사, 모로 반사, 빨기 반사, 바빈스키 반사, 젖 찾기 반사
- 자세 반사: 미로성 몸 가누기 반사, 턱걸이 반사, 낙하산 반사
- 이동 반사: 기기 반사, 걷기 반사, 수영 반사

02 ①

| 정답해설 |

인지 발달 단계

전 조작기: 상징을 사용하고, 사물의 크기 · 모양 · 색 등과 같은 지각적 특성에 의존하는 직관적 사고를 보이며, 자기중심적 태도를 보임

03 ③

| 정답해설 |

에릭슨(E. Erikson)의 심리 사회 발달 단계

남근기: 주변세계를 탐색할 수 있는 기회와 자유는 어린이의 진취성을 발달시키지만, 그렇지 않으면 자신의 행동에 죄책감을 갖음

04 ④

| 정답해설 |

어린이 및 청소년의 유산소 활동

- 국립중앙의료원: 일주일에 3일 이상 유산소 운동, 근육 강화 운동, 뼈 강화 운동을 해야함
- 세계보건기구: 매일 하는 신체활동 운동의 대부분은 유산소 활동 운동이어야 한다. 뼈와 근육을 강화하는 격렬한 강도의 활동을 적어도 주 3회 이상 한다.
- 미국스포츠의학회: 하루에 60분 이상 중등도 이상의 운동을 해야 하며 주 3일 이상은 격렬한 운동을 해야 함

05 ③

| 정답해설 |

- 발달은 개인차가 있다
- 유아의 발달은 일정한 순서를 따른다
- 성숙과학습이 발달에 상호 영향을 미친다
- 발달은 계속적인 과정이지만, 달달의 속도는 일정하지 않다.
- 유아의 발달에는 최적기가 있다.
- 발달은 연속적이며, 점진적으로 이루어진다.
- 발달은 분화와 통합으로 이루어진다.

06 ①

| 정답해설 |

- 시작단계에는 첫움직임이 나타나는데 비교적 미숙하고 비협응적이다.
- 초보단계는 성숙과 기초의 과도기적 시기이다. 협응력, 자연스런 수행능력이 발달하고 유아의 통제력도 증가한다. 주로 성숙에 의해 나타나는데 많은 연습과 격려와 지도로 성숙단계에 이르게 됨.
- 성숙단계에는 움직임이 통합되고 정확하고 효율적으로 발달하게 됨

07 ④

| 정답해설 |

신경 기능	• 5세 때 유아는 성인의 85% 정도로 발육하나 그 기능도 85%까지 발달했다고 볼 수 없음 • 대뇌의 기능이 활발하지 않기 문에 기본적인 운동(걷기, 달리기, 뛰기 등)만 가능하며, 운동의 질이 높다고 볼 수 없음
순환 호흡 기능	맥박수는 100~120회/분 정도(성인은 70~80회/분)
호흡 기능	호흡수는 25~45회/분(성인은 16~18회/분): 유아의 경우 호흡수를 증가시킬 여유가 적음(호흡 한계 40~50회/분)
근 기능	• 근 기능을 보려면 근력의 발달을 보는 방법이 간단하지만, 유아의 경우 근력을 측정하기 어려운 부분이 있어 세밀하게 알아보기 어려움 • 2세에서 3세로 넘어가는 시기의 신체 조절 능력을 보면 근 기능은 작지만 빠르게 성장한다고 예상

08 ③

| 정답해설 |

이동 운동

기초 운동	걷기, 달리기, 리핑, 호핑, 점핑
복합 운동	기어오르기, 겔로핑, 슬라이딩, 스키핑

09 ③

| 정답해설 |

신체 지각	신체 명칭, 신체 모양, 신체 표현
공간 지각	장소, 높이, 방향, 범위, 바닥 모양
방향 지각	방향(앞, 뒤, 옆, 위, 아래, 좌, 우, 비스듬히)
시간 지각	속도, 리듬
관계 지각	신체 간의 관계, 사람과의 관계, 물체와의 관계
움직임의 질	균형, 시간, 힘, 흐름

10 ①

| 정답해설 |

- 건강 체력: 신체 구성, 근력, 근지구력, 유연성, 심폐 지구력
- 운동 체력: 평형성, 순발력, 민첩성, 협응성, 스피드, 반응 시간

11 ④

| 정답해설 |

- 안전성의 원리: 유아기는 호기심이 강하고 주의력과 조심성이 부족하여 위험에 대한 인식과 적응이 어려우므로, 지도자는 안전에 관심을 기울이고 충분히 안전이 확보된 공간에서 활동이 이루어지도록 주의하며, 안전 프로그램 숙지 및 안전 지도에 최선을 다해야 한다.
- 연계성의 원리 " 연령 및 성별과 신체 발달 프로그램 특성의 변화와 순서를 조직적으로 연계하며, 신체 발달, 정서적 · 사회적 발달을 위한 교육 프로그램의 연계성이 필요하다.
- 다양성의 원리: 개인의 기술 능력 차이에 따른 생각과 지도 방법을 말하며, 프로그램은 재미있고, 다양한 경험을 제공하며, 지속적이고 체계적인 운동 프로그램이어야 한다.

12 ①

| 정답해설 |

팀과 개인의 운동의 배합이 적당해야 함

13 ④

| 정답해설 |

• 성장상태(키, 체중, 체질량지수)
• 근력(악력)
• 근지구력(윗몸말아올리기)
• 유연성(앉아 윗몸 앞으로 굽히기)
• 심폐지구력(10m왕복오래달리기)
• 민첩성(5m 4회 왕복달리기)
• 순발력(제자리 멀리뛰기)
• 협응력(3x3 버튼 누르기)

14 ③

| 정답해설 |

• 감각정보 입력: 감각 양식(시각, 청각, 촉각, 운동감각)을 통한 자극 수용
• 감각 통합: 수용된 감각 자극의 조직화, 기존 기억 정보와 통합
• 운동해석: 현재 정보와 기억 정보를 바탕으로 내적 운동 의사 결정
• 움직임 활성화: 움직임 실행
• 피드백: 다양한 감각 양식에 대한 움직임 평가를 통한 새로운 주기의 시작

15 ②

| 정답해설 |

유아 체육 지도 방법: 직접 - 교사 주도적 지도 방법, 간접 - 유아 주도적 지도 방법, 유아 - 교사 상호 주도적 · 통합적 지도 방법

16 ②

| 정답해설 |

• 개별화의 원리: 유아 개인의 운동 능력과 발달 속도에 맞추어 체육 활동 참여
• 생활 중심의 원리: 일상생활에서 신체 활동 경험을 바탕으로 체육 활동 참여
• 융통성의 원리: 유아가 신체 활동 시간을 스스로 결정하도록 융통성 제공
• 통합의 원리: 유아 대근육 운동 중 기초 운동(안정, 이동), 운동 능력(협응, 균형, 힘, 속도), 지각 운동 능력(공간, 신체, 방향, 시간)이 통합적으로 발달

17 ①

| 정답해설 |

과도한 경쟁의식을 갖지 않도록 지도하며, 칭찬을 자주 함

18 ③

| 정답해설 |

유아가 제외되거나 참여하기 어려운 활동과 게임은 하지 않음

19 ①

| 정답해설 |

다양한 영역 활동이 통합적으로 다루어지도록 구성해야 함

20 ②

| 정답해설 |

노인체육론

01	02	03	04	05	06	07	08	09	10
④	③	③	①	④	④	②	①	④	③
11	**12**	**13**	**14**	**15**	**16**	**17**	**18**	**19**	**20**
④	④	①	②	②	③	①	④	②	①

01 ④

| 정답해설 |

노화에 따른 신체적 변화 중 노인 사고 원인에 해당하는 것은 고유수용 감각의 감소이다.

02 ③

| 정답해설 |

<보기>는 발테스(Baltes)의 선택적 적정화 이론에서 말하는 노년에서의 기능적 독립성 유지를 위한 3가지 행동적 생활 관리 전략 내용이다.

03 ③

| 정답해설 |

노화에 따른 노인의 보행 높이는 감소하고, 짧아진 보폭으로 인한 분당 보폭 수는 증가한다. 보행 주기 중 양발이 지면과 접촉한 시간인 양발지지기는 증가하고, 사고 위험을 예방하고 안정적인 걷기 동작을 위해 의식적 관여는 증가한다.

04 ①

| 정답해설 |

생활상의 적응 능력이 향상되는 것이 아니라 감퇴되고 있는 사람이다.

05 ④

| 정답해설 |

온도 조절은 방위 체력의 구성 요소에 해당한다.

06 ④

| 정답해설 |

사회적 효과가 아닌 운동의 신체적 효과에 대한 설명이다.

07 ②

| 정답해설 |

신체적 효과가 아닌 심리적 효과에 대한 설명이다.

08 ①

| 정답해설 |

운동은 구체적인 목표를 가지고 수행된 계획적이고 구조화된 신체 움직임으로 정의한다.

09 ④

| 정답해설 |

<보기>에 대한 설명은 빠른 동작을 필요로 하는 과제에 중요한 민첩성과 동적 균형을 평가한다.

10 ③

| 정답해설 |

미국스포츠의학회(ACSM)가 제시한 노인을 대상으로 한 운동 부하 검사에서 트레드밀 부하는 속도보다 경사도를 증가시켜 걷기 능력에 따라 적응시키도록 권장함

11 ④

| 정답해설 |

노인 운동 프로그램 구성요소에는 운동 형태, 강도, 시간, 빈도가 있으며, 운동 비용은 포함하지 않는다.

12 ④

| 정답해설 |

외모 개선을 위한 병원 방문은 노인운동의 동기유발 요소에 해당하지 않는다.

13 ①

| 정답해설 |

I형 당뇨병 설명이 아닌 II형 당뇨병을 앓는 전체 인구의 약 50%가 65세 이상이다.

14 ②

| 정답해설 |

골다공증이 있는 노인에게는 걷기, 등산과 같은 유산소성 운동과 저항성 근력 운동을 병행해야 한다.

15 ②

| 정답해설 |

최대 산소 소비량의 40~50%의 운동훈련이 강도가 높은 운동만큼이나 혈압을 낮춰 주는 것으로 드러났다.

16 ③

| 정답해설 |

가벼운 걷기나, 매우 약한 저항 또는 저항이 없는 실내 자전거 타기 등의 운동 프로그램이 심장 질환이 있는 고령자에게 적합하다.

17 ①

| 정답해설 |

지도자의 의사소통 기술 및 원칙

- 효과적인 의사소통에는 언어적, 비언어적, 자기주장 기술 등
- 내용을 명확하고 간결하게 전달
- 전문 용어나 어려운 단어 사용하지 않기
- 참여자와 자주 눈 마주치고 정면에서 쳐다보기

18 ④

| 정답해설 |

운동 강도에 따라 심박수가 증가하는 현상은 정상적이므로 지도자는 유심히 옆에서 관찰해야 한다.

19 ②

| 정답해설 |

시각적 문제가 있는 참가자는 시각만이 아닌 다른 감각, 특히 청각을 이용하면 더 효과적이다.

20 ①

| 정답해설 |

지도자는 운동 참여자와 자주 눈을 마주치려고 노력해야 한다.

취미에서 밥벌이까지
N잡러를 위한 합격서, 취밥러!

스포츠지도사 2급 필기 문제집

출제예상문제 과목별 50문항 | 2020~2024기출문제 5회 | 모의고사 1회

초판인쇄 2024. 1. 3
초판발행 2024. 1. 10
2판인쇄 2025. 1. 8
2판발행 2025. 1. 15

저자와의 협의하에 인지생략

발 행 인 박 용
출판총괄 김세라
개발책임 이성준
책임편집 윤혜진
마 케 팅 김치환, 최지희, 이혜진, 손정민, 정재윤, 강은지, 최선희, 오유진
일러스트 ㈜ 유미지
표지 및 편집 디자인 ㈜그린칼라

발 행 처 ㈜ 박문각출판
출판등록 등록번호 제2019-000137호
주 소 06654 서울시 서초구 효령로 283 서경B/D 5층
전 화 (02) 6466-7202
팩 스 (02) 584-2927
홈페이지 www.pmgbooks.co.kr

ISBN 979-11-7262-311-1
정 가 20,000원